当代中国农业史研究文稿

DANGDAI ZHONGGUO NONGYESHI YANJIU WENGAO

农业部农村经济研究中心 编

中国农业出版社

图书在版编目（CIP）数据

当代中国农业史研究文稿/农业部农村经济研究中心编.—北京：中国农业出版社，2010.9
ISBN 978-7-109-14962-5

Ⅰ.①当…　Ⅱ.①农…　Ⅲ.①农业史—研究—中国—现代　Ⅳ.①F329

中国版本图书馆 CIP 数据核字（2010）第 176629 号

中国农业出版社出版
（北京市朝阳区农展馆北路 2 号）
（邮政编码 100125）
责任编辑　杨桂华

中国农业出版社印刷厂印刷　　新华书店北京发行所发行
2010 年 9 月第 1 版　　2010 年 9 月北京第 1 次印刷

开本：889mm×1194mm　1/16　　印张：29.75
字数：718 千字　　印数：1～1 000 册
定价：98.00 元

编辑委员会

序

中华人民共和国的诞生，揭开了农业农村发展的新篇章。新中国成立初期完成了土地改革和随后的农业社会主义改造，亿万农民当家做主，农业生产得到恢复和发展。20世纪70年代末起，我国展开了波澜壮阔的农村改革，逐步建立与社会主义市场经济相适应的农村体制机制，极大地解放和发展了农村社会生产力，农村经济欣欣向荣。党的十六大以来，党中央提出了统筹城乡经济社会发展、发展现代农业和建设社会主义新农村的重大战略，把“三农”工作作为全党工作的重中之重，坚持“工业反哺农业、城市支持农村”和“多予少取放活”的方针，出台了一系列具有里程碑和划时代意义的强农惠农政策，现代农业和社会主义新农村建设稳步推进，统筹城乡发展迈出坚实的步伐。

新中国农业农村发展的历史是弥足珍贵的财富。古人云，“物有本末，事有始终，知所先后，则近道矣”。对新中国农业农村发展史展开全面、系统、深入的研究，科学地记载亿万农民在中国共产党领导下为实现农业农村现代化而努力奋斗的历史，从中总结经验教训、认识和把握发展规律，可以更好地贯彻落实科学发展观，避免已发生过的失误，为制定正确的方针、政策提供科学依据。

为了推动当代中国农业史研究，在编写出版“当代中国”丛书之《当代中国的农业》、《当代中国的农业合作制》等卷的基础上，1992年农业部成立了由分管副部长任组长的农史编研领导小组，并决定在农业部农村经济研究中心增设中华人民共和国农业史研究室（简称当代农业史研究室）。当代农业史研究室组织各方面的力量，已完成了《农业学大寨运动的回顾》、《“南粮北调”转变为“北粮南运”历史的研究》、《十次中共中央全会通过的农业决议与当代中国“三农”政策演变的系统分析》等十多项专题史研究，编写出版了《土地改革研究》、《中国传统农业向现代农业转变研究》、《中国农业大波折的教训》、《当代中国农业变革与发展研究》、《中国共产党“三农”思想研究》、《解决“三农”问题之路——中国共产党“三农”思想政策史》、《半个世纪的中国农业》、《一号文件与中国农村改革》、《目标与路径——中国共产党“三农”理论与实践60年》等专著。

特别有价值的是，当代农业史研究室自成立起，持之以恒地开展史料收集与整理，组织有关部门、当事人、知情人撰写有关重大农业历史事件来龙去脉的纪事本末体文章或回忆文章等，抢救了大量珍贵的第一手史料，还先后将其集册成内部刊物《当代农史研究》（1994年起至1998年，共19期约220万字）、内部资料《共和国农业史料征集与研究报告》（1999年起至今，已出16集约330万字），送有关老领导、老专家、老的农村实际工作者等当事人、见证人征求意见，力求留下科学的信史。为了发挥存史资政育人的作用，促进学术交流和研究工作的深入开展，农业部农村经济研究中心决定从《当代农史研究》和《共和国农业史料征集与研究报告》中选择史料价值、学术价值较强的文章，集册陆续出版《当代中国农业史研究文稿》。

新中国农业农村发展史研究是一项不可或缺的重大事业。全面系统地收集整理史料特别是当事人、知情人掌握的珍贵的第一手史料，再现更加接近真实的历史，开示历史的奥蕴更显紧迫。希望农业部农村经济研究中心以高度的责任感，担当起推进当代农业史研究广泛深入开展的重任，不断取得新的成果，更好地发挥当代农业史研究的作用。

农业部副部长：陈晓华

2010年8月18日

前 言

新中国成立以来农业农村发展的历史，是一部艰辛探索、勇于改革、奋力开拓创新的历史。真实再现这些历史，可以起到存史资政育人的作用。农业部农村经济研究中心当代农业史研究室自1992年成立起，以高度的历史责任感，把抢救当事人、知情人经历的有关重大农业农村历史事件的第一手史料，作为学科基础建设工作，持之以恒地开展起来。

令我们非常感动和敬佩的是，有关老领导、老专家、老的农村实际工作者，不顾年迈体弱，与同事共同回忆，重新开启难辨的笔记本，翻箱倒柜整理珍藏的资料，四处查阅余缺资料，并字斟句酌形成文稿。

农业部农村经济研究中心当代农业史研究室将这些珍贵文稿，以及党史、国史、经济史、农史研究领域的专家、学者的相关文章，先后发表在内部刊物《当代农史研究》和内部资料《共和国农业史料征集与研究报告》上，并以此为交流平台，推动农业农村发展史料收集和整理工作的进一步开展，并征求知情人、见证人的意见。在这些过程中，很多知情人、见证人认真审阅，对一些史实进行了核校和补充，对一些问题提出了不同的见解。农业部农村经济研究中心当代农业史研究室的郑有贵、董彦彬、焦红坡、陈艳丽、武春香，曾在该室工作过的欧维中（农业部农村经济研究中心原副主任兼当代农业史研究室首任主任）、杜珉、赵玉田、马国中、刘新、李贵卿、闫辉等同志，在选题、组稿、资料查阅、文稿审订和编辑等方面做了大量细致的工作。

为了促进学术交流和研究工作的深入开展，更好地发挥存史资政育人的作用，自2010年起，我们将从《当代农史研究》和《共和国农业史料征集与研究报告》中选择史料价值、学术价值较强的文章，集册陆续出版《当代中国农业史研究文稿》。本书由郑有贵、焦红坡、董彦彬、陈艳丽编辑和审订，宋洪远、邓志喜审定。

本书收入的一些文章，由于作者年迈导致资料收集难以完整、记忆难免模糊和认识的局限性，难免会有不准确和不妥当之处，敬请广大读者指正，以便进一步修订。

农业部农村经济研究中心主任： 宋洪远

2010年8月15日

目录

改革开放（1978—2010）

恢复发展

(1949—1952)

新解放区农村的清匪反霸减租退押斗争*

陈廷煊

一、清匪反霸减租退押是新区土地改革的必要准备

新解放区系指1949年4月以后，中国人民解放军进军华东、中南、西北、西南新解放的广大尚未实行土地制度改革的地区。这些地区，当时具有以下几个特点：

第一，社会秩序混乱、环境很不安定。在新中国成立前夕，国民党行政院提出所谓“战时施政方针”，即“实行军政配合，加强省县职权、发展民众武装、进行敌后游击、贯彻总体战”。他们的所谓“民众武装”就是政治土匪，所谓“敌后游击”就是在解放区进行骚扰破坏，所谓“军政配合”、“贯彻总体战”就是要使这种特务性的土匪武装与残留的地方反动政权及各种反动势力勾结起来，进行祸国殃民的罪恶活动。国民党军队在溃败中，即有计划地潜藏大批武装特务，与各地土匪相结合，进行反革命破坏活动。西南地区在新中国成立前夕，蒋介石曾亲自部署“应变计划”，在成都陆军军官学校和贵阳市开办“游击干部研究班”训练武装特务、土匪骨干分子共达4 700余人，分发枪支秘密派遣各地，网罗土匪、恶霸、逃亡地主、兵痞、流氓，利用封建迷信团体，胁迫落后群众，举行武装暴动，妄图伺机配合逃至台湾的国民党残余军队反攻大陆。据1950年初统计，经过1949年的清匪斗争以后，全国仍有土匪武装100万人以上，其中，华东区5.9万多人，中南区28.8万多人，西北区4.2万多人，西南区65.5万多人，华北区2万多人。① 新中国成立初期，这些土匪十分猖狂，危害极大，主要进行以下的破坏活动：(1) 袭击新生的人民政府机关，杀害干部和农民积极分子。(2) 破坏交通道路，袭击车辆和船只，抢劫运输物资。(3) 袭击、抓捕和杀害解放军零星外出人员，骚扰与阻止人民解放军的作战行动。(4) 扰乱社会治安，绑架勒索群众财物，奸淫妇女，制造恐怖气氛、威慑群众。(5) 制造谣言、欺骗群众，组织迷信团体，煽动群众，组织武装暴乱。中国人民解放军西南军区向中央报告：“西南川、康、云、贵各省，连续有土匪在各地发动大规模武装暴乱。一些国民党匪军遗留下来之保安团队、惯匪、反动会道门，勾结乡村反动封建势力，趁我各地政权刚刚建立，以及一些地方的政权还没来得及建立，群众尚未完全发动之机，利用各地当前一度出现的灾荒，公开对群众进行欺骗煽惑，提出‘反征粮、不交粮，反合理负担’，叫嚷‘等待忍耐半年，瞅准时机反攻’，‘赶走共产党，三年不纳粮’等口号，并且大肆收罗国民党散兵游勇，各种地痞、流氓，组织名目繁多的各种土匪武装，纷纷在各地发动武装暴乱，包

---

* 本文收入内部刊物《当代农史研究》1994年第1期。

① 石玉山：《剿灭土匪，巩固新生的人民政权》，载《党的文献》1990年第6期。

围、袭击我军队和地方各级政权，杀害我地方干部、工作人员、征粮工作人员以及解放军干部、战士，焚毁抢劫仓库、监狱，阻塞车船交通，建立所谓‘大陆游击区’，企图达到长期与我相对抗之目的，气焰十分嚣张。”在广西，连续发生恭城、玉林、恩乐等十几个县的土匪大暴乱。另外还有湖南的南县、资兴县，广东的昌乐，江西的光泽、资溪等共数十地也发生土匪暴乱。匪过之处，烧杀抢掠无恶不作。土匪的骚扰破坏，使新解放区社会环境极不安定。

第二，广大农村基层政权尚来不及改造。许多基层政权仍为地主阶级操纵控制。在土匪横行的地区，地主阶级当权派与土匪有或明或暗的勾结，土匪依靠恶霸地主作掩护，恶霸地主则利用土匪当爪牙、打手，作为统治农民的工具。在边远山区，恶霸地主与土匪公开勾结，与人民为敌。在人民解放军和人民政府军事的控制区域，未经改造的政权，虽然在表面上不得不接受县、区人民政府的领导，不得不执行人民政府征收公粮、筹款、派差的任务，但是，其中绝大多数仍为地主所控制，对人民政府的政令和下达的应完成的任务，采取敷衍、拖延的对策，广大人民仍处于被统治的无权地位。

第三，新解放区广大农民尚未组织起来。由于国民党政府的长期统治和欺骗宣传，广大群众对中国共产党、人民解放军存在着不同程度的疑惧，农民阶级觉悟比较低。再加上农村社会环境不安定，农村基层政权尚未改造，农民存在着很多的顾虑，还不敢起来为改变自己的地位，摆脱封建统治而斗争。更谈不上具有为了获得土地、没收和分配地主阶级的土地、消灭封建的土地制度而斗争的阶级觉悟。

第四，新解放区农村干部缺乏。新解放区面积广大，人口众多，远远超过原来的老解放区。从老解放区不可能抽调更多农村干部到新解放区，而且老区干部对新区的社会、政治、经济和历史情况比较生疏，需要调查研究，熟悉新区情况，并与当地的农村干部相结合，才能担负起领导新区农民起来改造原来的基层政权，建立农民自己的组织——农民协会，并使农民摆脱封建剥削和压迫的严重任务。新区农村干部的发现和培养，也需要经历一个较长时期的农民群众斗争才有可能完成。

早在解放战争时期，1948 年 5 月 25 日中共中央就总结了解放区土地改革的经验，提出只有具备以下 3 个条件的地区，才能划入土地改革的范围：第一，当地一切敌人武装力量已经全部消灭，环境已经安定，而非动荡不安的游击区域；第二，当地基本群众（雇农、贫农、中农）的绝大多数人已经有了分配土地的要求，而不只是少数人有此要求；第三，党的工作干部在数量上和质量上，确能掌握当地的土地改革工作，而非听任群众的自发活动。如果某一地区，在上述 3 个条件中，有任何一个条件不具备，即不应被列入当年土地改革的范围。

1949 年 3 月 5 日毛泽东在中共七届二中全会上针对即将解放的广大南方新解放区的情况指出：“南方和北方的情况是不同的，党的工作任务也必须有所区别，在这里党和人民解放军的任务是在城市和乡村中消灭国民党的反动武装力量，建立党组织，建立政权，发动民众建立工会、农会和其他民众团体，建立人民武装力量，肃清国民党残余势力，恢复和发展生产。在乡村中，则是首先有步骤地展开清剿土匪和反对恶霸即地主阶级当权派的斗争，完成减租减息的准备工作，以便在人民解放军到达那个地区大约一年或者两年以后，就能实现减租减息的任务，造成分配土地的先决条件；同时必须注意尽可能地维持农业生产的现有水平不使降低。”这就为南方新解放区如何创造土地改革的条件，提出了切合实际的方针和策略步骤。

新区的土地改革为什么必须具备以上3个条件？为什么必须先经过清匪反霸、减租退押斗争的过渡步骤？这是有深刻的原因的。

土地改革是一场推翻封建地主阶级的政治统治、废除封建土地制度的深刻的社会变革。第一，需要有一个安定的农村社会环境。为此就必须消灭国民党的残余武装力量和土匪，以消除造成农村社会环境不安定的根源。第二，实行土地改革需要唤起广大农民群众（包括雇农、贫农和中农）的阶级觉悟，组织起农民群众的队伍，来完成这一深刻的社会变革，使土地改革真正成为农民群众的自觉行动，而不致成为少数勇敢分子脱离广大农民群众的盲目行动。而广大农民群众能否积极参加土地改革，又取决于国民党残余武装力量和土匪是否消灭，社会环境是否安定。土匪不消灭，社会不安定，农民的顾虑就不可能消除。第三，实行土地制度的改革，需要有正确的没收和分配土地的政策和策略指导，为此，就要有一支能够熟悉当地农村情况，正确贯彻实行政策和策略的农民干部队伍，以保证土地改革的顺利实现，排除各种错误倾向的干扰。

上述3个条件不可能自发地出现，需要中国共产党依靠和发动广大农民群众在斗争中创造出来。第一，需要集中力量消灭国民党残余武装力量——土匪特务，并结合反霸斗争肃清各地潜藏的武装匪徒，以创造出安定的社会环境。第二，通过反霸斗争，初步改造农村基层政权，反对恶霸即反对地主阶级当权派，推翻地主阶级的政治统治，使广大农民在政治上翻身，当家做主，从而启发广大农民的阶级觉悟，调动起广大农民反封建的积极性，并在斗争中建立起农民自己的组织——农民协会。第三，在清匪反霸斗争中，发现和培养农民积极分子，使他们在斗争中经受考验，从中选拔农村基层干部，为初步改造农村基层政权创造干部条件。

如果说，反霸斗争是反对地主阶级当权派斗争，那么减租退押斗争就是组织农民向整个地主阶级的剥削作斗争。减租退押斗争，虽然还不是完全取消封建剥削，消灭地主经济，但是，它明确宣布地租剥削要减轻，租地押金不合理、不合法，要退还农民，这就是对地主地租剥削的动摇和否定。抗日战争时期和解放战争时期的经验证明，通过减租退押斗争可以进一步启发农民群众的阶级觉悟。在减租退押斗争中，通过揭露地主剥削农民的种种行径，用农民终年劳累不得温饱的切身痛苦，对比地主不劳而获的生活，开展算封建剥削账，诉阶级压迫苦，使广大农民认识到他们受剥削、受压迫的根源是封建的土地制度。而减租退押斗争的胜利，使农民获得实际的经济利益，从而调动起农民为进一步获得土地，根本废除地主土地所有制而斗争的积极性。

经验还表明，通过减租退押斗争，可以进一步把农民组织起来，以确立贫农、雇农和中农在农村中的政治优势，根本改变过去地主与农民之间的统治与被统治的关系，进一步改造农村基层政权，废除旧的保甲制度。

通过减租退押斗争，可以进一步培养和选拔一批立场坚定、办事公道的农民干部，并让他们在实际斗争中学习本领、增长才干，使其成为懂政策、有能力、密切联系群众的农村基层干部。这样一支扎根于农民群众中的农村干部队伍的形成，就为进一步实行没收和分配地主的土地，彻底废除封建土地制度，准备了干部条件。

二、清匪反霸斗争在新区的开展

（一）清匪反霸斗争的任务和目的

如前所述，在新解放区存在着国民党残余武装特务和占山为王的惯匪达100万人以上，尤其是在朝鲜战争爆发以后，这些土匪特务的破坏活动更加猖狂，他们勾结各地的恶霸地主流氓，采取土匪游击战争的方式，妄图配合窃踞台湾的国民党军队反攻大陆。在土匪控制的地区，人民政府的政令无法推行，旧的反动政权不能改造，人民的负担很难减轻，救灾治水等工作无法展开，城乡交流中断，市场萧条，生产无法恢复。土匪成为当时人民的最凶恶的敌人。1950年6月6日，毛泽东在中共七届三中全会上指出，“国民党反动派在大陆若干地区内采取了土匪游击战争的方式，煽动了一部分落后分子，和人民政府作斗争。国民党反动派又组织许多秘密的特务分子和间谍分子反对人民政府，在人民中散布谣言，企图破坏共产党和人民政府的威信，企图离间各民族、各民主阶级、各民主党派、各人民团体的团结和合作。特务和间谍们又进行了破坏人民经济事业的活动，对于共产党和人民政府的工作人员采取暗杀手段，为帝国主义和国民党反动派收集情报”。他提出，“必须坚决地肃清一切危害人民的土匪、特务、恶霸及其他反革命分子”。①

土匪是国民党的残余武装，它与恶霸、反革命分子构成三位一体的反动统治势力。在一些匪患严重的边远山区，土匪是反动统治势力的主体。因此，清匪反霸的首要任务是以军事力量剿灭股匪，消灭国民党残余武装力量，以安定社会环境。

消灭股匪之后，还要进一步肃清潜散的土匪，尤其要捉拿或镇压潜藏的匪首，防止他们重新纠集继续危害人民，破坏社会治安。在匪患严重的地区，潜藏的土匪大多与当地的恶霸即地主阶级当权派相勾结，或为恶霸所掩护，或成为恶霸统治人民的工具。因此，肃清散匪要与反霸斗争相结合。

反霸斗争就是反对地主阶级当权派的斗争。通过反霸斗争打倒地主阶级的政治统治，摧毁旧的封建性的保甲制度，将地主阶级当权派统治的旧的基层政权，改造为农民群众当家做主的人民民主政权。因此，初步改造旧的农村基层政权就成为清匪反霸斗争的重要任务。

反霸斗争，打倒地主阶级当权派的统治，改造农村基层政权，是一场深刻的农村社会变革。实现这一变革，必须唤起贫农、雇农、中农的阶级觉悟，调动起广大农民群众的积极性，把广大农民群众组织起来，成立农民协会，以形成农民群众的优势，根本改变过去地主与农民之间的统治与被统治的关系，同时通过反霸斗争，打倒地主阶级当权派，才能促使农民的觉醒，使农民亲眼看到，这些昔日当权人物，不过是纸老虎，亲自体验到农民群众团结起来的力量，提高斗争信心和勇气。在斗争中发现和培养农民积极分子，并从中选拔阶级觉悟高、组织纪律性强、办事公道、密切联系群众的农村基层干部。②

① 《毛泽东选集》第五卷，人民出版社1977年4月版，第16、20页。

② 《毛泽东选集》第五卷，人民出版社1977年4月版，第16页。

（二）清匪斗争的政策及实施

对于新解放区的严重匪患和清匪斗争，中共中央早有预见和部署。早在 1949 年 3 月中共七届二中全会上毛泽东就指出："在农村中则是首先有步骤地展开清剿土匪和反对恶霸即地主阶级当权派的斗争，完成减租减息的准备工作。"中共中央华东局在 1949 年 4 月 1 日发出的关于江南新区农村工作的指示中提出，要"采取政治军事双管齐下的办法，坚决地消灭国民党和地主阶级的反动武装力量和有步骤有方法地肃清匪患。"

为了正确地指导清剿土匪的斗争，中共中央及时地制定了清剿土匪的方针和政策。关于清剿土匪的基本方针是："军事打击、政治争取与发动群众相结合。"这一方针在不同的地区，根据匪情严重程度各有侧重。在匪情严重的地区，要以军事打击为主，政治争取为辅，军事政治双管齐下。在一般情况下，则以政治争取为主，军事打击为辅，在实行军事打击和政治争取的同时，均应充分发动群众。尤其是在那些群众被土匪裹胁较严重的地区，必须首先重视对群众的教育和发动。只有教育和发动了群众，使广大群众提高了阶级觉悟，与匪首和惯匪划清了界限，并起来投入清匪斗争，才能从根本上清除土匪生存和活动的条件。

关于清匪反霸的政策，中共中央规定："实行镇压与宽大相结合的政策，即首恶者必办，胁从者不问，立功者受奖的政策。"各地根据上述政策，制订了具体的条例和办法。1949 年 9 月 6 日，华东军区制定的《惩治土匪暂行条例》规定，"凡以武装反抗人民政府，危害人民利益，扰乱社会治安者，概以匪论"，对"为首组织及率领土匪武装，进行武装暴动"及其他罪行造成"重大损失者"，"处死刑"。被胁迫犯罪者，"得按其情节轻重及悔悟程度，予以减刑或免刑"。"率领同伙来归，或交出武器，向人民政府自首悔过者，得按情节轻重及悔悟程度，减刑或免刑。""自首立功者可将功折罪，并可按其立功大小予以奖励"，"劝说瓦解匪特来归向人民政府悔过自新者受奖"。

1950 年 3 月 18 日中共中央关于剿匪的指示中对剿匪政策作了以下的规定："对于一切手持武器聚众对抗，向我公共机关和干部进攻，抢劫物资之匪众，必须给以坚决的镇压和剿灭。""在捕获这些匪众后必须严加追问，以便捕获其首要和组织者处以极刑。""进行反革命活动和组织有确实证据者，须处以极刑或长期徒刑。为了反革命目的而杀害我们的干部，破坏工厂、仓库、铁路、轮船及其他公共财产者，一般应处以死刑。""对于土匪过去的犯罪行为，只要他们投降改邪归正，一般是可以既往不咎的，但对于继续抵抗的土匪首领，有政治背景的土匪分子，窝藏与勾结土匪的豪绅地主，继续抵抗不思改邪归正的惯匪，应加以严厉处罚，处以长期徒刑或死刑。"

在一些边远山区或大多数群众被土匪裹胁的地区，在清匪政策上，首先要分清匪、民。把那些被迫替土匪扛枪、做工、站岗放哨的群众解脱出来，摘去土匪的帽子，通过教育，启发群众觉悟，起来揭发土匪罪行。其次要分清主、从。争取胁从，孤立罪首，首恶必办，以达到争取多数，打击少数，利用矛盾，各个击破，彻底清除的目的。

新解放区清剿土匪的斗争，以人民解放军 1949 年 4 月 2 日渡江作战，追灭国民党残余军队，解放广大江南新区为起点。人民解放军在进军途中，就抽调一部分军队执行新区的清匪任务。当时初到新区，主要以军事打击为主，截至 1950 年 5 月一年多时间内，人民解放军在消灭了 183 万国民党的军队的同时，就消灭了 98 万土匪游击队。

朝鲜战争爆发以后，特别是美国在朝鲜仁川登陆以后，各地土匪特务反革命分子的破坏活动更为猖狂。加上前一时期在清匪政策的执行上过于宽大，有的被俘释放匪首，又重新纠集匪徒，危害人民。广西桂北地区匪首李基被俘释放后，重聚匪众，不到一个月，就杀害群众数百人，烧毁民房千余间。“宽大无边”、助匪凶焰，群众不满，引起中共中央的高度重视。根据抗美援朝以后的匪情发展，以及蒋介石残余军队可能登陆进犯，毛泽东亲自起草电文，分别对中南、华东的剿匪斗争发出指示。1950 年 11 月 4 日在关于肃清广西匪患和增强广东兵力致叶剑英等的电报中指出，要端正政策，改善干部工作作风，希望 6 个月内能够肃清主要匪患。同月 17 日在关于加强华东军区领导和做好剿匪工作致陈毅、饶漱石的电报中指出：闽浙两省剿匪工作极为重要，特别是福建匪患必须使用四五个主力师全力穷追猛打、限期肃清。1951 年 1 月 28 日，毛泽东对西南军区剿匪工作发嘉奖电，指出“路线正确、方法适当”，“成绩极大”。各地根据毛泽东的指示加强了清剿土匪工作的领导，展开了轰轰烈烈大规模的剿灭土匪的斗争。这一斗争在各地大致经历了以下 3 个阶段：

1. 集中兵力，重点进剿

在匪情严重的地区，经过周密侦察以后，对大股土匪采取奔袭、追击等手段，给以歼灭性打击，使其失去集中活动的能力。广西省根据毛泽东限期肃清的指示，以“集中对集中”的办法，对十万大山、六万大山、大容山、大瑶山地区的股匪进行了重点进剿，70 天内歼匪 55 891 人。其中对大瑶山地区土匪的重点进剿是有代表性的一仗。当时这一地区聚集土匪 2 万余人，而且还有许多匪首聚集在此。由广西军区副司令员李天佑、省委副书记何伟统一指挥 14 个半团的兵力，在地方武装、民兵和广大群众的配合下，对匪区构成了一道周长 500 公里的大包围圈。然后实行分割包抄，拉网扫荡，经十多天的战斗一举歼灭土匪军长以下 13 000 多人，“广西游击联军”总司令黄品琼等顽固匪首困死在深山中。其他地区在重点进剿阶段也都取得了重大的胜利。这一阶段，各地消灭了集股活动的土匪数十万人，有力地支援了抗美援朝战争的胜利进行。

2. 分区驻剿

大股土匪被歼灭和击溃以后，人民解放军针对匪情的变化，改重点进剿为分区驻剿，以分片包干的办法，加强对面的控制，使分散活动的土匪无法集股再起，使胆敢再行暴乱的土匪得以及时平息。同时深入发动群众，开展强大的政治攻势，以争取零星股匪投诚。在平原地区发动群众开展村与村、乡与乡、区与区之同的民兵联防，使零星散匪无处躲藏。西南、中南和华东地区驻剿部队根据当地山多林密、少数民族众多，土匪多利用各省区交界处集结活动的特点，在当地党委统一领导下，组成军队、地方联合剿匪指挥机构，实行点面结合、小型合击等办法进行反复会剿，以连排班为单位划分地段分散驻剿，同时宣传镇压与宽大相结合的政策，促使土匪投降自新。经过以上斗争，歼灭了许多小股土匪，促使一些土匪投诚。即使一些顽固匪首妄图集股发动暴乱的也能很快平息。1951 年 1 月川西靖化（今金川）懋功地区的匪特，及川、康、甘、青四首逃窜到这里的恶霸地主与惯匪互相勾结，发动暴乱。川西军区迅速调集部队很快平息，歼灭“反共联盟军”副总司令刘野樵以下土匪 3 000 多人。

3. 结合反霸斗争，清除潜散的土匪

经过重点进剿和分区驻剿之后，残存的土匪特务多属漏网匪首、隐散的特务等顽固不化的反革命分子。他们转入隐蔽活动，有的潜入深山密林，有的藏入地洞，有的逃往别处。彻底清查这些潜藏的土匪，必须与反霸斗争密切结合。在有土匪活动和潜藏的地区，土匪往往与当地恶霸相互勾结，不反对恶霸，群众不易发动起来，只有除掉了恶霸，才能使土匪失去生存和活动的社会条件，从而摧毁土匪滋生的社会基础。在反霸斗争中，废除旧的乡保政权组织，旧乡保人员集中管训，分别处理。旧乡保武装缴械集训，彻底改编。西南区在县、区、乡三级建有党外民主人士参加的清匪委员会，村有清匪小组，区有捕捉队。各地建立清匪情报站和检查站。与此同时，各地开展捕捉匪首与镇压匪首运动，在清剿中严密搜捕，盘查行人，依靠群众及投降自新的匪众检举指认，发动群众积极参加侦察匪踞、捕捉匪首。还普遍组织便衣捕捉队，掌握有关匪首的各种材料，熟悉匪首相貌特征，为专门捕捉某一匪首，不受地区、时间的限制，对逃到外县外省的匪首穷追到底，直到捉拿归案绳之以法为止。通过以上斗争最终根绝了匪患。

到1952年底，大规模清匪斗争基本结束，全国共歼灭土匪261.59万余人，其中西北区9.09万人、西南区116万余人、中南区115万余人、华东区24.6万余人、华北区2.9万人。这样，不仅消灭了国民党残余武装特务土匪，同时清除了历史上长期以来危害人民的惯匪，巩固了新生的人民民主专政的政权。

（三）反对恶霸斗争的政策及其实施

如前所述，在有土匪活动和隐藏的地区，在清匪斗争的后期就开展了反对恶霸的斗争。那时的反霸斗争是作为深入清匪斗争的一个阶段，同时也是清匪斗争的继续和发展。

中央人民政府政务院关于划分农村阶级成分的决定中指出："凡称恶霸，是指依靠或组成一种反动势力，称霸一方，为了私人的利益经常用暴力和权势去欺压与掠夺人民，造成人民生命财产之重大损失，查有实据者。"一般说来，恶霸即是地主阶级的当权派。但是，地主当权派不一定都是恶霸，或者因为他当权不久，尚未造成人民生命财产之重大损失，或因为地主当权派中的派系斗争，为笼络群众以伪善面目出现，尚未能称霸一方。同时，也有一些并不是当权派的恶霸地主，他虽不是乡长、保长，但他拥有自己的武装。或者是过去的当权派，现在的在野派，仍然骑在农民头上作威作福，欺压农民，为农民所痛恨。

反恶霸斗争的发动和开展，关键是提高农民群众的觉悟和组织程度，激发贫苦农民的阶级仇恨，实行正确的政策和策略，使斗争沿着正确的轨道发展。

首先，正确区分恶霸与非恶霸的界限，防止扩大打击面。严格区分经常用暴力和权势欺压与掠夺人民的恶霸罪行与流氓、狗腿子依仗恶霸势力对群众的欺骗、敲诈勒索行为。将可以争取教育的流氓、狗腿子与恶霸区别开来。还要区别恶霸分子与一般的地主分子。据各地调查，恶霸地主一般只占地主分子的10％。

其次，对不同的恶霸分子实行不同的处置办法。主要根据恶霸分子的罪恶大小及其所犯罪行的危害程度，受害群众的广度和深度、群众痛恨程度，在经过群众检举揭发批判斗争之后，由人民法庭分别判处死刑或有期徒刑，或在区、乡集中管训，或交群众管制。1951年2月22日毛泽东致电中南局指出：凡与剿匪有关的一切恶霸（即通匪恶霸——引者注）均可由军区、军分区的军事法庭判处死刑。乡村中普通恶霸及不法地主情节较轻者，可暂由农民斗争监视，及由人民法庭判处一定徒刑。罪大恶极，不杀不足以平民愤的大恶霸，经过农民群众检举揭发斗争之后，由人民法庭判处死刑。通匪窝匪或直接掌握策动土匪的恶霸，应坚决斗争，从严处理，罪行严重的由人民法庭判处死刑。罪行严重，民愤较大的恶霸分子，经过群众斗争以后由人民法庭判处有期徒刑。一般恶霸分子，罪恶不大，经过群众斗争，低头认罪，并赔偿受害群众经济损失之后，交由区乡集中管训或群众管制、监督劳动，给予生产自新之路。

反恶霸斗争是对地主阶级政治统治的斗争，其目的在于从政治上打倒国民党统治的基层政权，废除旧的保甲制度，通过斗争改造旧的政权，建立新的以农民基本占优势的人民民主政权。因此，在反霸斗争中，除收缴恶霸枪支外，将旧乡保人员集中管训，分别处理，对旧乡保武装缴械集训，彻底改编。并在斗争中建立和发展农民协会、妇女会、青年及少年儿童组织，建立民兵组织和地方武装力量。

在反恶霸斗争中，对恶霸的土地财产的处理，实行区别对待的政策。1950 年 4 月 27 日华东新解放区农村减租条例规定，“凡豪绅恶霸侍强霸占农民的土地及财产，经农民告发，当地农民协会证明，区人民政府调查属实，报请县人民政府批准者，得由原主无代价收回”。对罪大恶极被判处死刑或有期徒刑的恶霸地主，经县人民政府批准，没收其土地财产；但是须留下其家属维持生活的必需的土地财产。一般恶霸地主的土地财产在土地改革以前暂不没收，但对其依仗权势抢占掠夺和敲诈勒索农民的土地和财物，进行清算斗争，如数退还给受害农民，没收其贪污的公共财物。非地主成分的一般恶霸分子，经过群众斗争，低头认罪以后，不没收其土地财产，但须退出侵吞的赃款、赃物，赔偿给受害农民。

没收恶霸分子的土地和财产分配办法如下：恶霸的土地没收以后，在土地改革以前仍归原佃户耕种，如系恶霸自己经营的土地，则分给无地农民耕种，如系恶霸掠夺受害农民的土地，则退还原主。没收恶霸的财物，除了其中直接掠夺侵占受害农民的财物退还原主之外，主要用于帮助贫苦农民解决生产中的困难，缺多补多，缺少补少，用于发展生产。

反恶霸斗争的总的策略是，最大限度地孤立恶霸分子，团结一切可以团结的力量，建立广泛的反恶霸的统一战线。在斗争中依靠贫农、雇农、团结中农和一切可以团结的力量包括地主阶级中的开明绅士在内。1949 年 4 月 1 日，中共华东局在关于江南新区农村工作的指示中指出：“对农村中的开明绅士和比较进步的知识分子，他们在全国胜利的形势下，可能要求靠近我们，我们不应拒绝同他们合作……因为这些分子往往是地方的在野派，与他们的合作，既能分化地主阶级，又能在反对地主阶级当权派的斗争中，起其一定的作用。”吸收地主阶级中的开明士绅参加反霸斗争，有利于最大限度地孤立恶霸分子，团结一切可以团结的力量。反恶霸最先的打击对象，一般集中在那些罪大恶极、民愤极大，危害范围最广的在全乡、全区甚至全县有重大影响的统治人物，或者拥有武装，对抗人民政府，继续欺压人民的恶霸分子，暂时麻痹或中立那些尚未公开抵抗和继续作恶的分子，或者是过去的当权人物。这样，有利于分化瓦解，各个击破。

在新区开展反霸斗争，先集中干部力量，突破一点，取得经验，再逐步推广。一般做法是，干部深入农民中从调查恶霸的罪行入手，通过访贫问苦个别发动，逐步串联，把贫农、雇农以及受恶霸之害的农民组织起来，开展诉苦教育，启发农民的阶级觉悟。必要时对查有实据的罪大恶极的恶霸分子，由人民政府拘捕，再组织召开有准备的群众大会斗争恶霸分子。根据恶霸罪行及其危害的大小，斗争大会由村农民协会主持召开或由联村农民协会共同召开。由受害农民苦主上台面对面地检举揭发控诉恶霸的罪行。通过会上苦主们的控诉，以苦引苦，激发农民对恶霸罪行的仇恨。使世世代代被奴役被欺压的贫苦农民，扬眉吐气地上台与恶霸分子开展面对面的说理斗争，昔日在农民头上作威作福的恶霸分子在大量人证物证面前不得不低头认罪，威风扫地。

有的地区为了推动反恶霸斗争的开展，在重点试验村斗争恶霸分子的群众大会上，对查有实据的罪大恶极、不杀不足以平民愤的恶霸分子，在经过群众面对面的斗争之后，由人民法庭在群众大会上当场实行公审，公开宣布判处死刑立即执行，使广大农民扬眉吐气，拍手称快。

反恶霸斗争在少数地区曾一度发生扩大打击面和斗争方式过火的偏向。把斗争恶霸分子变成普遍斗争地主和富农，把清算少数恶霸分子的斗争变成清算地主剥削的斗争。有的地方斗争方式简单生硬，不注重说理，滥施体罚和人身侮辱，甚至在个别地区发生将恶霸分子在斗争会上打死的现象。这些偏差各地人民政府发现后即及时纠正，使整个反霸斗争沿着正确轨道发展。

反霸斗争斗倒了恶霸，打倒了地主阶级当权派的统治，镇压了一批罪大恶极、血债累累的恶霸分子。经过反霸斗争，分清了敌我，农民内部空前团结，“天下农民是一家，团结起来力量大”。特别是在那些长期存在着宗族矛盾，发生“械斗”的地区，由于斗倒了恶霸地主，挖掉了制造和扩大宗族矛盾、滋生械斗的根子，加强了劳动农民的内部团结。经过斗争初步改造了基层政权，建立贫农、雇农、中农基本群众的政治优势，建立了以农民基本群众为主体的人民民主政权。建立和巩固了反恶霸反封建统治的统一战线。从而为下一步减租退押斗争准备了前提条件。

三、减租退押运动在新区的开展

（一）减租退押斗争的任务和目的

减租是在土地改革以前，减少农民交给地主的地租数额。退押则是根据江南新解放区土地租佃关系广泛存在着押租制而提出来的。押租制是佃农租佃地主土地时，必须先向地主交纳押租金。押租金本来是佃农可以用于投入农业生产的资金，被地主索去用于消费或用作兼并土地和经管商业、高利贷的资本，成为进一步榨取农民的手段，是对农业生产力发展的一种障碍。许多佃农无力支付押租金，不得不向地主借贷而又承受高利贷盘剥。押租是佃农的沉重负担，在土地改革以前发动农民向地主索要押租金，可以增加农民投入农业生产的资金。因此，减租退押斗争的主要任务是减轻农民所受地主的地租剥削，使农民通过减租退押，向地主索回押租金，用于发展农业生产和改善生活，从而提高农民发展农业生产的积极性，使受长期封建土地制度束缚和战争破坏的农业生产较快恢复和发展。

开展减租退押斗争，可以进一步启发广大农民的阶级觉悟，破除农民思想上长期形成的地租剥削合理合法、农民受苦贫穷是命中注定的陈旧观念。可使农民认清，地主不劳动，凭借对土地的占有，无偿剥夺农民的劳动果实——地租，过着荒淫无耻的寄生生活，而广大农民终年劳累却不得温饱，不是地主养活了农民，而是农民养活了地主，农民贫穷的根源是极不合理的封建土地制度，要挖掉贫穷落后的根源，必须废除地主土地所有制，实行农民土地所有制。通过减租退押斗争，还可以进一步破除农民由于长期的封建剥削和压迫养成的自卑心理和种种思想顾虑，并使农民得到经济果实，从而调动农民为进一步获得土地，废除封建土地制度而斗争的积极性。

开展减租退押斗争的目的还在于进一步削弱封建势力，扩大农民协会组织，培养出一大批农民反封建积极分子，进一步增强贫农、雇农和中农等基本农民群众力量的优势。进而选拔和培养农民基层干部，建立起农民协会组织和乡、村基层政权组织的领导骨干和核心，为进行土地制度的改革准备好前提条件。

（二）减租退押政策

新解放区减租政策最早见于1949年9月15日中共中央华东局制定的《华东新区农村减租暂行条例（草案）》。其主要内容是：（1）关于减租，凡地主、旧式富农及一切机关学校、祠堂、庙宇、教会等所出租之土地的地租，应按照原租额减低25%～30%。如因不可抗拒的灾害而致歉收或全部被毁时，应酌情减交或免交地租。解放以前农民对地主富农的欠租一律免交。出租土地者均不得预收地租或地租以外的任何变相剥削。减租后应确实保障佃权，地主不得收回土地转租、出典或出卖。凡战争罪犯及反革命首要分子，没收其土地。凡豪绅恶霸恃强霸占农民的土地财产，经农民告发，农会证明，政府调查属实者，得由农民无代价收回。（2）关于债务清理，凡战争罪犯及罪大恶极的恶霸分子，其债权一律废除。过去农民向地主及旧式富农所借的债务，如属高利贷性质者，一律停利还本，低息债务照常还本付息。地主富农借工商业中的债权、债务不在停息之列，今后借贷利息则由双方自由议定，并须有借有还。此条例于1949年10月10日公布，作为中共中央华东局向华东各地人民政府、各界人民代表会议的建议，供各地讨论采纳。中共中央1949年11月24日转发华东局关于减租问题的指示中说，华东局公布新区减租条例时，考虑到新区群众觉悟与组织程度及党的主观领导条件，对若干问题曾有意识地未予提出，以免策略步骤上陷入被动。例如债务问题，如江南借贷关系复杂，对利率未作硬性规定，以免有窒息借贷关系的危险。雇工工资待遇问题亦未作具体规定，免使雇工受解雇及失业威胁，影响农业生产。未提退还押租问题，因为退押租，易发展为普遍的算旧账，难于掌握。未提调剂土地，因若不谨慎，易造成无准备无计划的直接分配土地的行动。在群众真正发动起来及党的领导条件尚无保证之前，除减租外，以上各项都希望暂缓进行，以免妨碍生产。以上问题在以前老解放区的减租减息政策中均有具体的规定，这可以说是新解放区减租政策的一个重要特点。

1950年2月28日中央人民政府政务院发出《关于新解放区土地改革及征收公粮的指示》，决定全国所有的新解放区在1950年秋收之前，一律不实行分配土地的改革，应一律实行减租。在实行分配土地以前，地主依法实行减租后，向农民收租，仍认为是合法的，农民仍应向地主交租，而地主之土地仍归地主所有。根据这一指示，华东军政委员会修订了《华东新区农村减租暂行条例（草案）》，经国务院批准于1950年4月27日作为正式《条例》公布施行。修订后的《条例》将原来提出的地租应按原租减低25%～30%，作了更具体的规定，原租额占土地正产物50%以上者，其租额按原租减去30%，原租额占土地正产物不足50%者，其租额按原租额减去25%。减租后，租额最高不得超过土地正产物35%，超过者应减低至35%。地租以外的额外剥削一概取消。同时，删去了有关债务的规定，以防止普遍算旧账和窒息农村借贷关系等偏向的发生。其他地区也发布了减租政策。

经过1949年冬和1950年春各地的农民减租斗争，在有些农民发动起来的地区，曾发生农民不交租的偏向。加上1950年6月8日中央人民政府公布了《中华人民共和国土地改革法》，明确宣布废除地主阶级封建剥削的土地所有制，实行农民的土地所有制。具体规定“没收地主的土地、耕畜、农具、多余的粮食及其在农村中多余的房屋”。有的地方人民政府据此提出“农民一律不交租”，并准备将这一口号载入地方政府有关法令中。中共中央发现以后及时加以纠正。1950年8月1日在关于农民给地主交租的问题的指示中指出，“决定一律不交租”“是不策略的，因为这与中央政府过去发布的法令不符”，“因地主多数自己不种地，农民不交租，他们就无粮食，故在政府法令上仍以照过去所规定的减租办法规定为宜”。根据这一指示，西北和中南军政委员会分别于8月16日和9月7日发布减租办法和减租条例，西南军政委员会9月1日发布《西南区退押实施条例》，主要内容如下：

1. 关于减租

一般租地不论定租、活租制均规定减租25%，对伙种地即地主除出租土地以外还供给佃户一部或大部耕牛、农具、肥料、种子等生产资料的租佃关系，西北区减租办法规定按原租额减10%～20%，最高租额不得超过40%；中南区减租条例规定应低于二五减租原则。西北区对当地较普遍存在的安庄稼又称招门客的租佃形式（即地主除出租土地还提供全部耕畜、农具、肥料，并供给佃户口粮和住屋）规定照原租额减10%～20%，出租人所得最多不得超过收获量的50%。土地副产物随正产物按成分配。出租人对所借粮食及窑房不得收取利息及租金。

各地减租条例和办法还规定：取消地租以外的额外剥削；地租一律于农产品收获后交纳，不得预收；农民在新中国成立前的欠租，一律免交；减租后切实保障佃户的佃权，严禁地主夺佃或变相夺佃；减租时限一般规定从当地解放时或颁布减租条例时算起。

2. 关于退押

在1950年7月以前，各地减租条例中均未规定退押的办法，但在实际的减租斗争中，有些有押租制的地区，进行了退押斗争，因无具体政策规定和办法，曾在少数地区出现对地主追逼过甚的偏向。中共中央4月曾发出指示停止退押，1950年7月15日中共中央发出关于在土改中退还押金和债务问题的指示中，对退押问题作了原则的规定：“在原则上地主应将押金退还给农民，但只将农民最后所交给地主之押金退还，不应翻老账，亦不应计算利息。”“在最近几年内，地主向城市及工商业中亦逃避了不少财产，有些地主对农民的押金是能够退得出的，有些亦能退出一部分，但应估计到一定还有一部分地主，特别是小地主是退不出押金的，对于那些退得出或能退一部分押金的地主，要他们退给农民，是有好处的。”中央认为，在适当的限度内，在土地改革前或土地改革中要地主向农民退还押金，是可行的。但领导上必须很好地掌握，必须做得很适当，才能一方面既有成果，另一方面又不致发生乱捕乱打等混乱现象。在各地的减租条例和退押实施办法中，根据中央指示，明确规定废除押金制度，如有非法勒索押金者以违法论处。地主已收之押金，原则上应全部退还佃户。对退押确有困难的，西南区规定，经农民协会及佃户本人同意，采取3种办法予以照顾：（1）无力一次全退者，分期退还；（2）无力全退者，退还一部；（3）无力退还者，免予退还。中南区则规定一般可折半清理，在折半清理中如地主因一时困难，不能一次退清者，可分期退还，不能全部退还者可只退一部，实在无力退还者，可全部免退。减免标准，由乡农民代表会议民主评定规定，报区人民政府和区农民协会批准。

退押实施办法中还规定，所退押金均不计利息，但应依照原约定数目按保本保值的原则计算，原交银洋者照银洋现在价格退还；原交实物者，即退实物，或照实物现价退还；原交纸币者照当时纸币实际价格退还。凡在土地改革法中规定应予没收分配之财产和地主所有之工商业不得抵还押金，以免破坏农业生产和工商业。凡佃户所收回之押金，原则上归原佃户，在照顾原佃户的基础上适当加以调剂，照顾其他贫苦农民，以利生产。但对佃中农（包括富裕中农）、佃贫农所得押金，应全部归佃中农、贫农所有，不得用于调剂。

3. 关于债务问题

解放初期的减租政策规定中曾有意识地不提出债务问题。但是，农村债务纠纷在土地改革中必然发生，1950 年 7 月 15 日中共中央关于在土改中退还押金和债务问题的指示中就明确指出，这一问题必须准备妥善的办法加以处理，并提出处理原则："农民欠地主的旧债废除，从当地解放以后所欠的新债不废，以后借贷自由，利息亦不加限制。"中央人民政府政务院在 1950 年 10 月 20 日通过了《新区农村债务纠纷处理办法》，主要内容是：（1）解放前农民及其他劳动人民所欠地主的债务，一律废除。（2）解放前农民及其他劳动人民所欠富农的债务，发生纠纷时，依下列规定处理，利倍于本（例如借本百元已付利息百元者），停利还本；利两倍于本者（例如借本百元已付利息二百元者），本利停付；付利不足本之一倍者，应承认富农的债权继续有效；付利已达本之一倍以上而不足两倍者，得于付利满两倍后解除债务关系；付利已达两倍以上者，其超过部分亦不再退回。凡在中途改换新约的债务关系，在另立新约时将欠款之利息累计在本金之内者，其累计数无效，仍按债权人原借出之本金清理之。（3）解放前农民及其他劳动人民所欠学校的债务，按本办法第二条的规定处理之。所欠祠堂、庙宇及其他社团体的债务，一般应予废除。（4）解放前的义仓积谷无论借给何人，均应依原约定本利归还。（5）凡货物买卖及工商业往来欠账（包括地主、富农兼营的工商业之货物买卖与往来欠账在内），仍依双方原约定处理。（6）解放前农民所欠农民的债务及其他一般借贷关系均继续有效。（7）解放后成立的一切借贷关系，包括地主借出者在内，其由双方自由议定的契约，均继续有效。今后借贷自由，利息由双方议定，政府不加干涉。

在债务问题上，严格区别解放前与解放后的借贷关系，实行不同的处理原则，既可以达到减轻农民因解放前所受封建剥削造成的沉重的债务负担，又可以不至于因清理债务影响当时农村借贷关系，并进而影响农村商品经济的发展，从而有利于促进农业生产的恢复和发展。在对新中国成立前债务的清理中，又严格区别农民对地主和农民对富农的债务，实行不同的处理原则，体现了对因封建剥削造成的农民债务负担和因受资本主义剥削及其他原因造成农民债务负担在政策上的原则区别。

关于少数民族地区的减租，中共中央 1951 年 10 月 20 日在对新疆开展减租反霸运动的指示中指出，少数民族地区复杂而严重的民族问题和宗教问题，在开展减租反恶霸运动中，必须特别注意以下事项：（1）开好县、区、乡农民代表会议和县的人民代表会议，使全体干部、农村积极分子和各方面的代表人物都能充分明了政策和工作方法，积极参与到运动中去。使减租反恶霸运动真正成为当地民族人民的自觉的群众运动。这种会议应有计划地开几次，以便训练干部，教育群众，扩大反帝反封建统一战线，孤立各民族内部的人民公敌，使减租反霸运动真正成为当地各族人民的自觉的群众运动。(2)要吸收大量的当地民族干部参加群众运动，又必须实行党的坚强领导。必须由有相当经验的老干部去担负实际领导责任，以便使运动循正轨前进。凡尚无此种条件的地区，就不要急于去展开运动。而领导骨干的任务，最主要的就是在实际工作中培养当地民族干部，团结他们，教给方法，由他们出面办事，帮助总结经验等。我们一定要在这个群众运动中，培养出一大批坚强的当地民族干部，任何包办代替的做法都是不对的。(3)在新疆这样多民族地区进行社会改革必须加强党的领导，实行严格的请示报告制度，稳当地逐步地推广前进。一切简单急躁，强迫命令，包办代替，单纯任务观点等错误的思想作风，都是要不得的。凡是领导条件、干部条件、群众条件没有准备好的地区，都不要去开展运动。此外还提出，在发展群众运动中，应积极地、有准备地推行民族区域自治。其办法，可以先从较小民族在较小范围聚居的地区办起，研究情况积累经验，再逐步地去办较大民族在较大范围聚居的区域自治。

(三)新区减租退押运动的开展

新区的减租退押运动是随着清匪反霸斗争取得胜利之后，逐步开展的。整个运动的发展，大体上可分为以下两个阶段。

第一阶段是从1949年冬季到1950年6月《中华人民共和国土地改革法》公布以前，在华东、中南以及华北晚解放的绥远省开展的减租运动。这一阶段的减租运动具有以下两个重要特点：一是在政策上有意识地不提出退押和清债等内容，在有些有押租制的地区，曾经自发地开展了退押斗争，但是，由于当时群众发动不充分和党的领导力量尚不够强，或者由于清匪反霸斗争不彻底，土匪恶霸仍在暗中活动，威胁着农民不敢起来斗争，因而在许多地区的退押陷于僵持的局面。而在有些地区则发生农民对地主追逼过甚的偏向。为此，中共中央在1950年4月指示各地停止退押。已经开展了退押斗争的中南区，则规定只限于十分反动的大地主。二是减租斗争与农村救灾工作紧密结合。由于1949年许多新解放区遭受了严重的水灾，面临着救灾的繁重任务，因此减租运动密切结合各地的救灾工作。通过减租运动，使农民获得经济利益，以缓解受灾农民口粮不足和生产自救资金缺乏的困难，促进了灾区农业生产恢复。

第二阶段是从《中华人民共和国土地改革法》公布以后，1950年冬开始的减租退押运动。这一阶段的减租退押运动，明显是作为土地改革运动准备阶段进行的。由于各个地区的土地改革是分期分批有计划、有准备地进行的，各地的减租退押运动是根据土地改革总的部署有计划、有准备地分期分批开展的。同时，各个地区已经制定了比较完善的减租退押斗争的政策和法令。政务院也通过了《新区农村债务纠纷处理办法》，这就使这一阶段的减租退押运动，包括了减租、退押和清理债务等方面的内容，具有清算地主阶级封建剥削的性质，其直接目的是为土地改革准备先决条件。

在一个地区发动减租退押运动，一般是先召开省、县级各界人民代表会议，制定和通过减租退押补充条例和实施办法。各省、县开办减租退押训练班，培训领导减租退押运动的干部和农民积极分子，掌握政策和策略。然后再分级召开省、县、区、乡各级农民代表会议，传达讨论本地区的减租退押的任务和政策。新区的减租退押运动的开展，均经过典型试验、取得经验、逐步推广的过程。在一个村开展减租退押，干部和农民积极分子一般都深入群众，与当地农民实行三同(同吃、同住、同劳动)，在农民中访贫问苦，调查当地的土地租佃关系，包括租佃形式、地租率以及地租以外的额外剥削形式等。以当地地主残酷剥削压迫农民的具体事实，通过诉苦、算账（算地主剥削账）教育启发农民的阶级觉悟。同时召开佃户会、贫雇农会、全体农民会，宣传党和政府的减租退押政策。通过访贫问苦，发现农民积极分子，组织或改选农民协会，由农民协会领导减租退押运动。农民协会根据减租退押政策和条例，制定本村减租退押的办法和方案，确定本地土地出租人应减地租和应退押金的具体数额，并经过村农民代表大会讨论通过。由农民协会出面召开地主会议，向他们宣讲减租退押政策，争取地主中的多数能遵守政府法令减租退押。组织佃户向地主谈判，提出要求减租退押的具体数额。如发生纠纷和争执，由农民协会出面根据政策进行调解和说服。经过以上工作，达成协议，要求地主按协议实行减租退押。如果地主继续抵抗，就属无理违法，就需要开展说理斗争。说理斗争首先是选择对农民剥削最重、压迫最狠、民愤最大的顽固地主，以“斗一儆百”。说理斗争会坚持说理（即说清道理）斗法（以减租退押法令为依据），发动农民在斗争会上，充分揭露顽固地主剥削压迫农民的事实和对抗减租退押的违法行径，揭露其伪善顽固面目。如属于恶霸地主，则要揭发恶霸罪行，实行清算斗争，给予必要处罚。总之，要使被斗地主低头认错，接受农民减租退押的要求。如果再顽抗，引起公愤，则上诉人民法庭，由法庭判决，强令执行。

各地减租退押运动的实践证明，真正能够主动按政府法令减租退押的开明地主，在地主中只占少数。据川西温江县调查，开明地主约占地主的10%。大多数地主开始都不肯减租退押，抱有侥幸心理，或软拖抵赖，甚至有的施展各种鬼蜮伎俩，对抗减租退押。只是在充分发动农民群众，开展了必要的说理斗法之后，才不得不遵守法令减租退押。地主抵抗减租退押的行径，据各地报道，大致有以下数种：

（1）比较普遍地发生地主埋藏金银、粮食及其他财物，或转移分散给亲戚、朋友、邻居。财物埋藏转移之后，地主装穷叫苦，穿破衣、吃粗粮稀饭给农民看，晚上偷着打牙祭。湖北远安白鹤村地主彭洪屋内藏稻谷30石①，却说自己没有粮吃，到街上买粮食，结果被农会查出。

（2）施小恩小惠，软化佃户。如请佃户吃饭，送礼、修改租佃契约。湖北宜昌九区六保地主林发银兄弟4个请8个佃户吃酒席，地主在席上提出，政府要退庄（押）你们不退或少退，佃户吃了地主的饭，被软化了，给地主换佃契。

（3）施展“美人计”。地主将女儿或丫环许配给干部和农民，川南资中县三区十分会一地主将丫环嫁给佃户，要佃户承认一只银碟合500斤②粮作抵押，实际不值100斤。

（4）假意开明、欺骗佃农。湖北宜昌有的地主私自召集佃户，拿出部分粮食，分给佃户，企图以此表明他遵守了政府法令退了押。实际是以少数粮食诱骗佃户，不按法令减租退押，宜昌县约有5个区农民都受了地主的骗，吃亏不小。

（5）卖地换佃，制造农民之间的矛盾和斗争。湖北宜都景家桥地主刘云章将佃户袁德金种的二亩田暗地里卖给贫农龚必达，当龚去种田时，袁尚不知田已为龚所买，龚要种田，袁不给，发生争执，袁丧失了佃权。去问地主刘云章，刘说田卖了，与我无关。结果是地主卖田得了钱，退了佃在

① 石为非法定计量单位，1石=100斤=50千克。

② 斤为非法定计量单位，1斤=500克。

一旁看笑话，制造矛盾，作弄老实农民。

(6) 少数顽固地主组织假农会或篡夺农会领导权，对抗减租退押。湖北宜都县王家畈曾发现3个假农会，是农民代表到县里开会时，地主乘机组织的。有的假农会，地主自任会长，继续作威作福。此种假农会在长阳、兴山、当阳、秭归等地均有发现。秭归龙城六保地主吴子祥，在工作组离村后，擅自召开群众会议，改变原来所划成分，罢免农会主席，指定原乡丁、甲长鲜恩堂代理，篡夺了农会领导权。

(7) 制造谣言，恫吓农民。许多地区都发生地主造谣"第三次世界大战爆发了，国民党要回来"，威胁农民说，"谁要减租非要你们的命不可"。

(8) 杀人放火、行凶报复。贵州贵阳孟关乡发生地主收买农会干部，组织暗杀工作干部及农会积极分子4起；西康省冕宁地主放火烧毁农民房屋二三十间。

以上大量事实说明，地主总是要千方百计地逃避和反对减租退押的，在减租退押运动中，始终存在着地主与农民之间的反霸斗争。斗争的胜负归根结底取决于双方力量的对比，农民群众的力量能否占优势，关键又在于是否在减租退押运动中放手发动了农民群众。地主抵制对抗减租退押之所以在一些地区能够得逞，主要是由于这些地区的领导和干部忽视了减租退押斗争的艰巨性，不做深入细致的教育和发动农民群众的思想工作，或者急于求成，贪图省事，只靠少数干部和农会积极分子包办代替。这样的斗争，虽然也能取得一时的成效，但是它不是依靠农民群众团结战斗的力量取得的，农民群众的力量尚未占优势，一旦干部离开，地主的反攻倒算就很容易得逞。为了纠正包办代替，许多地区开展了减租退押复查，防止地主的反攻。

在纠正了包办代替和忽视放手发动农民群众的偏向之后，有的地区曾一度发生忽视党的政策指导，出现了某些违反政策规定的错误倾向。对此，中共中央和各地党委发现后及时予以纠正，主要有以下几个方面：

(1) 有些地区农民发动起来，建立了农民群众力量的优势之后，农民不向地主交租。农民说，土地改革法已公布要废除地主土地所有制，不交租符合土地改革法令。农民不交租，地主无粮食，也不能交公粮。而在农民尚未发动起来的地区，地主乘机向农民收租后迅速将粮食分散或出卖，有的地主逃跑不交公粮。当地政府鉴于这种情况准备承认农民可以不交租，将一律不交租载入政府法令。为了解决上述问题，湖南省委提出，由农会代地主收租并代交公粮，除给地主吃粮外，多余粮食作为退押，用于救济贫苦农民。但对小土地出租者，则仍实行减租后依法交租。1950年8月12日中共中央关于新区减租退押问题的指示中认为，以上办法在农民组织健全，乡村政权已经改造的地区，是可行的。但在农会组织不健全的地区则很难办到或办好，仍以依法减租交租，农会不加控制为宜。农民不交租的偏向及时得到纠正。

(2) 有的地区在减租退押中对不同的地主未实行区别对待，不分恶霸与非恶霸，不分开明与顽固，不分守法与违法，不分大小，不论有无困难，一律实行急退（押）全退（押）。有的甚至以能急退全退的地主为开明，否则就是顽固。无限度的清算，退租不按年限，笼统算剥削账，追挖地财，因此发生打击面过宽，少数地区甚至出现对所有地主一律斗争，斗则必罚、必打，人身侮辱，变相肉刑，使开明守法的地主无所适从。个别地区对富农与地主同样对待，不加区别一律打击，违反了关于中立富农的政策。上述错误发生后，各地根据中央有关减租退押实行区别对待的政策，及时予以纠正，严格区别对待恶霸地主与一般地主，争取开明地主，缩小打击面，严格实行中立富农的政策，严禁乱斗、乱打、乱罚和变相肉刑。

（3）在减租退押的高潮中，有的地方发生侵犯工商业的偏向。例如中南区湖北农民进武汉市内，川东和重庆市郊农民进重庆市内，向居住在城市的工商业者兼地主追索应减租和应退的押金。有的不经过公安机关私自进城捕捉住在城市的地主以及工商业者兼地主。有的以退租退押为名，搬走工厂的原料和工具，运走商店的货物，有的甚至坐镇店铺，卖一文收一文，使店铺倒闭。中南区退押按折半清理后，有些有店面权的租地应退押金，仍等于该田4年的租粮收入。退租有退至十年八年的，追缴余粮有追至三四年之多的。因此，有许多工商业在减租退押中全部资金被算光，因而倒闭，有的工商业者兼地主分散资金躲藏起来。据汉口市不完全统计，该市工商业者中有60%～70%兼地主，这种清算对工商业及税收影响极大，汉口市1951年1月税收比1950年12月减少2/3。为了纠正减租退押中侵犯工商业的错误，1951年1月22日中共中央中南局发出关于限制农民在减租退押中侵犯工商业的办法。规定：①农民要工商业者兼地主退租，只限于1949年、1950年两年应减而未减的租粮，长江以北之老区则以3年为限，不得多退；②退押按折半清理，押金过重者以原田一年租粮收入为限，不得无限制清算；③新中国成立后变卖田亩者，将所得田价退还农协处理。1951年1月27日中共中央向华东、西南、西北局批转了这个限制办法，望各地充分注意研究仿照执行。2月14日中共中央发出关于土地改革地区设立城乡联络委员会的指示，推广中南区在武汉等市组织城乡联络委员会的经验，指出凡农村方面须从城市逮捕的罪犯或须向城市某些人办理减租退押者，一律经由城乡联络委员会审核后依法执行。实践证明，经过城乡联络委员会办理城市工商业者兼地主的减租退押问题，既可以保证城市工商业不受影响，又可以保证减租退押任务的完成。

（4）在减租退押经济果实的分配中，存在着侵犯中农利益的偏向。佃中农在减租退押中获得的经济利益比贫农多，有的地区为了解决贫雇农在生活上及生产上的困难，规定从佃中农减租退押的经济果实中抽出一定的比例分给有困难的贫雇农。例如，广西省就曾规定从佃中农减租退押的经济收入中抽40%。还有许多地区如西南区的川南、川东也提出了这一要求。为了纠正这种偏向和不正确的要求，中共西南局于1950年12月28日发出《关于在减租退押运动中坚决保护中农利益的指示》，指出要中农拿出一部分减租退押果实分给贫雇农的意见是错误的，必须加以纠正。指示认为这实际上是一种片面的贫雇农路线的残余思想，是从满足贫雇农要求，一次解决问题的主观愿望出发的。在减租退押中，佃中农多得些果实，不论从政治上、经济上看，都是有好处的。佃中农受地主、富农的剥削，他在租入地主的土地时，拿出的押金是自己劳动所得的血汗，在退押中收回这种劳动所得是合情合理的，这不能说是意外之财，而是应得的果实。保护中农这种应得的利益，就会更巩固地团结中农，使中农更加拥护党和人民政府。佃中农拿这些果实用于发展生产，对农业生产大有好处，对国民经济的发展也是有利的。这个指示发出，使各地侵犯中农利益的错误偏向迅速地得到制止和纠正。

上述错误倾向的及时纠正，保证了减租退押运动朝着中共中央和中央人民政府所规定的政策轨道发展。

新区减租退押运动完成的时间大致如下：华东区在1950年底基本上完成了全区的减租退押运

动。中南区除广东、广西两省外，其他各省在1950年参加减租退押运动的农业人口达6 000多万人，共退租谷10亿斤以上。西北区从1950年冬季开始在陕西、甘肃、宁夏、青海的100多个县，4 900多个乡，共1 200多万人口的地区开展了减租退押运动，1951年7月胜利完成。西南区从1950年11月开始在全区开展减租退押运动，到1951年5月，除云南省外，全西南约在5 000多万农村人口地区，215个县市，胜利完成了减租退押任务①。中南区的广东省、广西省从1951年4月开始开展减租退押运动，到夏收后胜利结束。到1951年8月，全国新解放区除新疆等少数民族聚居区以外，减租退押运动胜利结束。新疆1951年9月开始有领导、有步骤、有秩序地分期开展了减租反霸运动，到1952年5月胜利结束。全新疆9个分区、58个县、1 500多个乡，近400万人口的地区完成了减租反霸的任务。②

减租退押运动的开展，使新区广大佃农获得了经济利益，农民收入增加。据西南区各地统计，减租退押运动以后，有50%～70%的农户增加了经济收入③。据各地总结报告的数字，农民获得的经济果实归纳如下：西南区的川东农民在减租退押运动中，获得的经济果实折合稻谷达30亿斤，其中金、银、棉纱占64%，有黄金18 399两、白银26 985两存入川东人民银行分行④。重庆市郊区农村共退押金397.37亿元⑤，减租果实稻谷2 058.08万斤。川西区减租果实约7亿斤大米。贵州减租果实合粮食1.5亿斤。中南区湖北、河南、湖南、江西4省，在6 000多万农业人口地区减租果实合亿斤以上。广东省16 000万农业人口减租退押果实合稻谷4.3亿多斤⑥。广西省600万农业人口地区减租退押果实合稻谷1.9亿多斤⑦。新疆近400万人口地区减租果实小麦1.8亿多斤⑧。

农民因减租退押所增加的经济收入，如按每人或每户平均计算，川东平均每人200～300斤稻谷。重庆市郊区农民每户平均增加收入（比减租前）两倍以上，退押金每人平均15万元（旧币）。贵州省平均每个农民得减租粮52斤，加上反霸斗争果实合粮食可达100斤。新疆平均每户增加收入合小麦300～400斤，最高的达2万斤。

另据川西行署农林厅对华阳县中兴、万安等地调查，中农在减租后比往年实际收入增加19%，每人平均增加大米124斤；退押后，总收入比以前增加了54%，每人平均增加362斤米，除生活比以前提高10%，生产资料的投资比以前提高1倍以外，每人尚有余粮261斤。贫农在减租后比往年的实际收入增加了39%，每人平均增加了米111斤。退押后总收入比以前增加了45%，每人平均增加362斤米。除生活比以前提高了18%，生产资料投资提高了3倍外，每人余粮24斤。退押收入：中农每人平均280斤米，贫农平均209斤。交租：中农每人平均比上年少交124斤(34%)，贫农比上年少交米111斤（45%)⑨。另据贵州省财经委1951年1月对贵筑县孟关乡减租退押后603户佃户的经济情况的调查，佃农减租比上年多得稻谷53.7万斤，占往年收入的

① 中共中央西南局：《西南农村清匪反霸减租退押运动报告》，1951年3月16日。
② 中共新疆分局减租反恶霸运动的基本总结，1952年6月20日。
③ 中共新疆分局减租反恶霸运动的基本总结，1952年6月20日。
④ 川东区党委关于5个月来清匪、反霸、减租退押概况及今后土地改革计划报告，1951年4月25日。
⑤ 旧币，见中共中央西南局《西南农村清匪反霸减租退押运动报告》，1951年3月16日。
⑥ 广东省退租退押清匪反霸运动初步总结与今后任务，1951年9月5日。
⑦ 中共广西省委关于继续深入退租退押斗争的指示，1951年8月18日。
⑧ 中共新疆分局减租反恶霸运动的基本总结，1952年6月20日。
⑨ 农业部计划司：《两年来的中国农村经济调查汇编》，1952年3月版，第298页。

7.62%，除去上交公粮数后，每户平均比往年多得530斤[①]。

减租后，农村各阶级阶层收入发生了变化。据湖北省政府政策研究室1950年对黄陂县方梅区农村119个典型户调查[②]，农村减租后各阶级阶层收入变化如下：

1950年黄陂县农村减租后各阶级阶层收入变化

	地主	富农	中农	贫农
减租前每人平均收入（斗谷）	78.7	62.12	43.32	31.78
减租后每人平均收入（斗谷）	51.99	55.67	45.12	36.44
减租后为减租前的%	66.06	89.62	104.16	114.66

可见，减租退押以后，地主收入明显下降，富农收入有所下降，中农和贫农的收入都有所增加。

减租退押运动，增加了广大中农和贫农的收入，改善了农民的生活，同时也提高了广大农民发展农业生产的积极性。他们用增加的收入，增加对农业生产的投资，购买耕牛和农具，增施肥料，兴修水利，改良土壤，开垦荒地。据广西南宁地区统计，1951年减租退押后，农民开垦荒地6.4万亩，仅苍梧一县就垦荒地6 907亩。全区兴修水利灌溉和防洪工程58处，可灌溉耕地面积14万多亩[③]。南宁地区减租退押果实大部投入生产，永淳六景乡农民村村户户都订了生产计划，保证果实投入生产；各村订立了爱国公约，积极生产增施肥料；为保证增产、减少水旱灾，全乡共修大小水利项目17个，挖井12眼。横县二区苏逢村农民用果实买了8头牛，50把锹。四区广郎村，买了耕牛30头[④]。另据川西行署农林厅对华阳县中兴、万安等地调查，农民减租后，对生产的投资比过去大大增加了，中农比过去增加105%，贫农比过去增加325%，其中主要是农具修补和养猪投资，两项即占总生产投资的70%[⑤]。

减租退押运动使广大农民群众受到了生动的阶级斗争教育，提高了阶级觉悟和政治觉悟，激发了他们对中国共产党和对祖国的热爱，推动了抗美援朝、保家卫国运动的发展，广大青年农民踊跃报名参加中国人民志愿军，农民积极参加增产节约、捐献飞机大炮的运动。

减租退押运动，进一步增强了农民之间的团结，把过去分散的农民组织起来，充分发挥了广大青年农民和妇女的积极作用，普遍发展了农民协会，建立了新民主主义青年团和妇女联合会组织，有重点地建立和发展了农民武装力量——民兵组织。例如新疆在减租运动中，发展了80多万农民参加农民协会，建立了390多个农村青年团支部，5 000多农村青年加入了青年团组织，普遍建立了乡村妇联组织，有重点地建立了民兵组织。从而进一步加强了农民群众在政治上的优势。

减租退押运动中涌现出一大批农民积极分子，他们经过与违法地主进行面对面的斗争的考验，立场坚定，在斗争中学会了以说理斗争和依据政府法令为武器斗倒违法地主的实际本领。以这批积极分子为骨干和核心的农民协会组织的战斗力得到进一步的加强。同时，减租退押斗争的胜利，鼓

① 农业部计划司：《两年来的中国农村经济调查汇编》，1952年3月版，第311页。
② 农业部计划司：《两年来的中国农村经济调查汇编》，1952年3月版，第311页。
③ 广西全省减租退租运动的情况报告，1951年7月7日。
④ 中共南宁地委：《南宁专区退租退押初步总结》，1951年8月8日。
⑤ 农业部计划司：《两年来的中国农村经济调查汇编》，1952年3月版，第301～302页。

舞了广大农民，增强了他们对根本废除封建土地制度的信心和勇气，从而为下一步实行土地改革准备了群众条件。

经过减租退押运动，锻炼和培养了一大批农村工作干部，他们在阶级斗争的风浪中，经受了锻炼，接受了考验，立场更加坚定，政策水平和工作方法均有很大的提高和改进。在实际的斗争中，他们克服了简单急躁、脱离群众的包办代替的工作作风，树立了深入农民群众调查研究的工作作风，学会并熟练了启发农民诉苦进行自我教育的工作方法，积累了放手发动群众加强党的政策指导相结合的实践经验。他们中的许多优秀分子被选拔充实到各级领导岗位，从而为下一步实行土地制度的改革，准备了干部条件。

（作者：中国社会科学院经济研究所研究员）

《中华人民共和国土地改革法》的制定*

赵增延

新中国刚成立时，广大新解放区农村，其主要矛盾，依然是封建主义和民主主义之间的矛盾，即地主与农民之间的矛盾。为了解决这个矛盾，变革长期阻碍农村生产力发展的封建土地占有关系，实现“耕者有其田”，为争取国民经济的根本好转和有计划地进行经济建设创造有利条件，中国共产党在广大新解放区农村发动和领导了亿万农民参加的土地改革运动。

新中国成立以前，中国共产党已经在约有11 900万农业人口的老解放区（总人口约13 400万）完成了土地改革。到中华人民共和国成立时，尚有约29 000万农业人口的新解放区（总人口约33 600万）需要进行土地改革。

新中国成立前老解放区的土地改革，是遵照《“五四”指示》和《中国土地法大纲》进行的。新中国成立后，由于形势和条件都发生了很大变化，原有的土改政策已不能完全适应新区土改的需要，因此，在中华人民共和国成立后不久，中共中央和中央人民政府就开始进行新区土改政策，即《中华人民共和国土地改革法》（以下简称《土地改革法》）的制定工作。

一、中共中央关于新区土改政策的酝酿

中国共产党关于新区的土改政策，并不是一蹴而就的，而是经过了一个认真准备和充分酝酿的过程。根据过去土改中的经验教训，如何对待农村中的富农，是正确解决土地问题的一项大政策。为此，党和政府在酝酿新区土改政策的过程中，把改变对富农的政策当成了重点。作为新中国缔造者的毛泽东、刘少奇、周恩来等老一辈无产阶级革命家亲自领导和主持了这项工作。

1949年12月，在北京召开的中共中央政治局会议上，毛泽东就曾提出过，在新区土改中“暂时不动富农”的主张。因时间关系，这次会议尚未来得及对这个问题做详细的讨论。

1949年底至1950年初，毛泽东在苏联访问期间，仍非常关心新区土改政策特别是富农政策的制定工作。他根据苏联在1929年农业全盘集体化时消灭富农经济的历史教训与中国富农的特点，于1950年2月17日同周恩来联名写信给刘少奇，指出：“江南土改应慎重对待富农的问题”，“江南土改的法令必须和北方土改有些不同”，对于1947年的《土地法大纲》“必须有所修改”。

1950年3月12日，毛泽东写信给各大区中央局的负责同志，向他们正式提出：“在今冬开始的南方几省及西北某些地区的土地改革运动中，不但不动资本主义富农，而且不动半封建富农，待

* 本文收入内部刊物《当代农史研究》1996年第4期。

到几年之后再去解决半封建富农问题”的建议，并且在信中详细阐明了这样做的理由：第一，“土改规模空前伟大，容易发生过左偏向，如果我们只动地主不动富农，则更能孤立地主，保护中农，并防止乱打乱杀，否则很难防止”。第二，“过去北方土改，是在战争中进行的，战争空气掩盖了土改空气，现在基本上已无战争，土改就显得特别突出”。第三，“我们和民族资产阶级的统一战线，现在已经在政治上经济上和组织上形成了。而民族资产阶级是与土地问题密切联系的。为了稳定民族资产阶级起见，暂时不动半封建富农似较妥当的”。他认为，现在已经到了需要对富农政策“作决定的时机”，“否则将错过时机，陷于被动”。因此，他要求各中央局的同志们“对此问题加以讨论”。

在过去解放区的土地改革中，之所以要征收富农的多余土地，主要是认为不如此，就不能满足农村中广大无地和少地农民的土地要求。在新中国成立后的新区土改中，如不动富农的土地，对这个问题又如何解决呢？为此，在毛泽东向各中央局提出关于不动富农土地的建议后不久，即 1950 年 3 月 30 日，中共中央向各大区中央局发出指示信，就富农政策问题提出两种方案进行询问：一种方案是只“没收分配地主阶级的土地、牲畜、农具、粮食、房屋，而对富农的土地财产一律不动，照此办法，无地少地的农民能分到多少土地，相当于全村平均数的百分之几十?”另一种方案是“如只没收分配其出租的土地，其余的土地财产一概不动”，“照此办法，连同没收地主之土地，加以分配后，无地少地的农民能分到多少土地，相当于全村平均数的百分之几十?”为了解决在“僧多粥少”的情况下土地不敷分配的问题，中共中央在信中提出了两项办法征求各地的意见：一是“对向来不依靠农业为生的人，原则上一律不分给土地”；二是“不动富农时，雇工可否不分地，而只适当地改善其工资待遇”。

二、各大区中央局对新区土改政策的意见

各大区中央局在接到毛泽东和中共中央关于征询对富农政策意见的指示信后，都非常重视，并立即组织了讨论，有的中央局和省委还就富农的人口比例和土地占有等情况，进行了专门的调查研究，以作为制定富农政策的依据。最后，除东北区业已全部完成土地改革任务外，其他几个大区的中央局和有关省委都分别将他们讨论的意见书面报告中央。从他们的书面报告来看，华北局、华东局、西北局和西南局的贵州省委，同意不动富农的土地，包括其出租土地在内。中南局同意中央提出的中立富农的方针，并认为不动富农的雇工和自耕土地及其全部财产，也是非常英明的。但是，他们提出：富农的出租土地应该动，动了并不妨碍中立富农。这两种意见，都有各自的理由。

先说前一种意见。他们同意不动富农的土地，包括其出租土地在内的理由，归纳起来，主要是两点：第一，富农的出租土地数量不大。这种情况，不仅在解放较早的华北地区是如此，而且新解放的西北地区也是这样。根据关中、陇东和宁夏川原地区的调查资料，富农的出租土地，一般只占土地总数的 1%左右。经过他们计算，动富农的出租土地，所得甚微。根据贵州省 4 个保的调查统计，如只没收分配地主土地而不动富农土地，每人平均可以分得 2.177 亩土地；如征收富农的出租土地，每人平均可以分得 2.28 亩土地。动与不动，相差无几。因此，他们认为，与其是这样，还不如不动。第二，不动富农的出租土地，除个别地区外，无地少地农民所需的土地，亦可大体解

决。据河北省保定专区 126 个村的材料，不动富农的出租土地，贫雇农所得土地，约占总平均数的 99%。

再说后一种意见。他们提出征收富农的出租土地的主要理由是：中南各省的土地占有状况，经过十年内战中革命老根据地土地革命的震动和八年抗战的破坏，以及国民党反动派长期压榨的结果，已不像大革命以前那样集中。如湘、鄂、赣 3 省的地主、富农土地及公共土地，不及总土地的 50%。地主、富农的出租土地，加起来不及 40%。在江西、湖南、湖北等省的老苏区及其周围地区，土地更加分散，地主、富农土地只占 1/3 左右。根据上述情况，他们认为，在土改中如连富农的出租土地都不动，则贫雇农所得甚少。据中南 4 省 10 个村的调查，照这种办法，贫雇农所分得土地，比过去按人口平均分配土地的数量要少 1/4 至 1/3。同时，他们还提出，由于划分阶级的界限难明，估计许多中、小地主会混到富农、中农里面来，这就更缩小了没收范围，而佃富农、佃中农又需要多少照顾一点（即多分一点），这样，则贫雇农实际所得土地会更少。

此外，对于中共中央提出的实行不动富农土地的政策后的两项解决土地不够分配的办法，各中央局也进行了讨论。关于不依农业为生者是否可以不分配土地的问题，有两种意见：一种意见同意原则上不分配土地。有的中央局说，根据过去经验，分了还是个累赘，卖了不好看，种又不可能。另一种意见则主张应该给这些人分配土地，其理由是：新中国成立后城市的贫民及失业工人尚无法安置，如农村中再不吸收一批人，势必会增加社会的混乱与不安。因此，在土改时，凡城市的失业工人回家者，以及被裁减返乡的战士和工勤人员等，一般应分给土地。关于雇工是否分给土地的问题，各中央局的意见一致，应分给土地。

在酝酿新富农政策的过程中，为了稳定富农的生产情绪，中国共产党开始进行关于不动富农土地和财产的宣传工作。1950 年 4 月 29 日，刘少奇在全国政协为庆祝五一国际劳动节召开的干部大会上公开宣布：在今后的土地改革中，“不动富农的土地和财产”。在中共中央为庆祝 1950 年五一国际劳动节发布的口号中，其中有一条口号，就是“不动富农的土地财产”。各大区中央局根据中共中央的统一部署也作了类似这样的宣传。中国共产党不动富农土地和财产的宣传，很快在人民群众中引起强烈的反响。在中国江南地区，不少富农在看了五一节关于不动富农的口号后，非常高兴，马上就跑去买了很多肥料，积极投入生产。有的干部和群众也说：“没收地主阶级的土地，天经地义，保存富农经济，完全应该。”这些反映表明，中共中央关于在新区土改中保存富农经济的政策，是符合实际的。

1950 年 5 月 12 日，毛泽东写信给中共中央中南局副书记邓子恢，对中南局关于应该动富农出租土地的意见给予了答复。信中说：“鉴于富农出租地数量不大，暂时不动这点土地，影响贫雇农所得土地数量也不会大。现在我的意见仍以为暂时不动较为适宜。”

中共中央对于新富农政策的酝酿和宣传工作，同新区土改法令，即《土地改革法》的起草工作几乎是同时进行的。为了与这项工作相配合，中共中央还要求中南局和华东局各起草一个土地法令草案，供中央参考。中南局和华东局根据中共中央要求起草的土地法令草案分别于 1950 年 3 月和 5 月提出。他们仍坚持各自的主张。如中南局草拟的《中华人民共和国土地法草案》中第八条规定：“富农的土地财产不动。对富农土地之出租部分，得按减租办法减租。如某些地区贫苦农民所得土地太少，不足维持最低生活者，得经省人民政府批准，酌情征购富农出租土地的一部或全部。”

而华东局起草的《土地改革条例草案》的第七条中则明确提出："不动富农的土地财产"，其中包括富农的出租土地亦不动。

三、中共七届三中全会对《土地改革法》草案的讨论

1950年6月6日至9日，中共七届三中全会在北京召开。讨论新区的土地改革问题，是这次中央全会的一项重要内容。毛泽东在会上所作的报告和讲话，把完成新区的土地改革作为争取国家财政经济状况的基本好转的首要条件。① 同时他又指出："在土地改革中，我们的敌人是够大够多的。""我们要同这些敌人作斗争，在比过去广大得多的地区完成土地改革，这场斗争是很激烈的，是历史上没有过的。"② 会议审议了新区土地改革的3个文件：（1）由中共中央政策研究室起草的《中华人民共和国土地改革法》（草案）；（2）刘少奇向中国人民政协会议第一届全国委员会第二次会议提出的《关于土地改革问题的报告》；（3）《农民协会组织通则（草案）》。在审议《土地改革法》（草案）时，讨论比较多的仍是富农政策问题。一直主张应征收富农出租土地的中南局的同志们仍坚持他们的这个意见，并在会上作了进一步的说明。他们提出：在中南地区，各地的土地占有情况是不同的。在土地比较集中的地区，一般来说，不动富农的出租土地，也可以适当满足贫雇农的土地要求，而且还能解决其他失业人员的问题。但在土地比较分散的地区（特别是经过土地革命的老苏区），如不动富农的出租土地，就会使贫雇农分得土地的数量减少很多，差不多要减少10%到20%。因此，他们建议：不要把不动富农的出租土地说死，应该机动一些。如有的地区土地特别少，不征收富农的出租土地就无法解决大多数贫雇农最低限度的生活，那么，就可以经过省人民政府的批准，允许在这些地区实行征收富农出租土地的政策。经过讨论，会议接受了中南局的这个建议，将原来《土地改革法》（草案）中规定"不动富农的土地财产"，改成"保护富农所有自耕和雇人耕种的土地及其财产，不得侵犯。富农所有已出租的小量土地，亦于保留不动；但在某些特殊地区，经省以上人民政府的批准，得征收其出租土地的一部或全部"。从而胜利完成了《土地改革法》，特别是新富农政策的酝酿和制定工作。它的成功，是中国共产党奉行一切从实际出发的基本原则和群众路线的工作方法的结果。中共七届三中全会，除了审议并通过《土地改革法》（草案）外，还讨论了新区土地改革的步骤、大致的时间安排等问题。

此外，为了加强对新区土地改革运动的领导，中共七届三中全会决定：由刘少奇、彭德怀、习仲勋、王震、刘伯承、邓子恢、黄克诚、饶漱石、叶剑英、彭真、刘澜涛等组成土改委员会，由刘少奇负责。

中共七届三中全会后不久，经中央人民政府委员会的批准，各大区先后成立了土改委员会（东北和华北除外）。大区的土改委员会，一般由25～27人组成，设正、副主任，归大区军政委员会直接领导。各大区土改委员会正、副主任的名单如下：华东区，主任谭震林、副主任刘瑞龙、牛树才；中南区，主任李雪峰、副主任杜润生、郝中士；西北区，主任习仲勋、副主任韩兆鹗；西南区，主任张际春。

① 毛泽东：《为争取国家财政经济状况的基本好转而斗争》（1950年6月6日），《毛泽东选集》第5卷，第18页。

② 毛泽东：《不要四面出击》（1950年6月6日），《毛泽东选集》第5卷，第21～22页。

四、《土地改革法》中若干政策的变化

1950年6月14日至23日，中国人民政治协商会议第一届全国委员会在北京举行第二次会议，讨论由中共中央建议的《土地改革法》（草案）。会上，刘少奇代表中共中央作了《关于土地改革问题的报告》，就新区土地改革的重大意义，《土地改革法》（草案）中有关政策的提出依据和起草经过，以及在进行土地改革时应该注意的事项等，作了简要的说明，并强调指出：在新区的土地改革运动中，“必须完全依照中央人民政府和各级人民政府所颁布的法令及其所决定的方针、政策和步骤，有领导、有计划、有秩序地去进行”。会议经过审议，同意刘少奇的《关于土地改革问题的报告》和中共中央提出的《土地改革法》（草案），并对《土地改革法》（草案）作了若干有益的修改和补充，建议中央人民政府采纳实行。在会议结束时，毛泽东发表了重要讲话，指出：“中国的主要人口是农民，革命靠了农民的援助才取得了胜利，国家工业化又要靠农民的援助才能取得成功，所以工人阶级应当积极地帮助农民进行土地改革，城市小资产阶级和民族资产阶级也应当赞助这种改革，各民主党派各人民团体更应当采取这种态度。”还指出：“战争和土地改革是在新民主主义的历史时期内考验全中国一切人们，一切党派的两个‘关’。”他号召大家，“打通思想，整齐步伐，组成一条伟大的反封建统一战线”，像过好战争关一样，过好“土改一关”。①

1950年6月28日，中央人民政府委员会召开第八次会议。会议根据全国政协第一届委员会第二次会议的建议，通过了《土地改革法》（草案），并于6月30日正式颁布了《土地改革法》，以作为在全国新解放区开展土地改革运动的法律依据。

《土地改革法》共6章40条，它同1947年9月中国共产党全国土地会议通过的《中国土地法大纲》（以下简称《大纲》）相比较，在若干政策上作了较大的改变，其主要有：

（一）对富农由征收其多余土地和财产，改为保存富农经济

按照《大纲》规定，不仅富农的多余土地要被征收，而且富农的牲畜、农具、房屋、粮食及其他财产的多余部分，也要拿来分给缺乏这些财产的农民。在这样的政策下，农村中的富农经济就难以保存。而《土地改革法》对富农的政策则有了重大变化。如前所述，不仅富农所有的自耕和雇人耕种的土地得到保护，而且对富农的其他财产也不得侵犯。对富农出租的小量土地，原则上保留不动。如果要动，也要实行有条件的征收。《土地改革法》对于富农的土地和财产的上述规定，其目的就是要保存富农经济，并且在土地改革中，能从政治上中立富农，更好地保护中农和小土地出租者，以便孤立地主阶级。

同时，《土地改革法》还规定：“半地主式的富农出租大量土地，超过其自耕和雇人耕种的土地数量者，应征收其出租的。富农租入的土地应与其出租的土地相抵计算。”鉴于半地主式的富农所拥有的大量出租土地属于封建剥削性质，而新民主主义革命的根本任务又是反帝反封建，因此，在土地改革中，征收半地主式的富农的这一部分土地，是完全正确的。

① 毛泽东：《做一个完全的革命派》（1950年6月23日），《毛泽东选集》第5卷，第26、27页。

为什么在过去的土地改革中我们曾经允许农民征收富农的多余的土地和财产，而在新中国成立后的土地改革中又主张实行保存富农经济的政策呢？刘少奇在《关于土地改革问题的报告》中，对此作了详细的说明。他说："这主要是因为现在中国的政治和军事形势已经不同。"在过去"人民革命力量与反革命力量还处在残酷的战争中，人民力量还处于相对的劣势，战争的胜负属谁还没有确定，一方面，富农还不相信人民能够胜利，他们是倾向于地主阶级和蒋介石一边，反对土地改革和人民革命战争；另一方面，人民革命战争又要求农民付出极大的代价（出兵、出公粮、出义务劳动）来支援战争，以争取战争的胜利。而争取战争的胜利，则是全国人民最高的利益，一切都是应该服从于它的。正是在这种时候，我们允许了农民征收富农的多余的土地和财产，并对地主的一切财产也加以没收，以便更多一些地满足贫苦农民的要求，发动农民的高度革命热情，来参加和支援人民革命战争，打倒美帝国主义所支持的蒋介石政权"。新中国成立后，形势已经与过去根本不同。现在全国人民的根本任务是在全国范围内进行经济建设。同时，富农的政治态度，一般也比以前有了改变，在土地改革中，能够争取富农中立。因此，采取保存富农经济的政策，不论在政治上和经济上都是必要的。刘少奇在报告中还着重指出："我们所采取的保存富农经济的政策，当然不是一种暂时的政策，而是一种长期的政策。这就是说，在整个新民主主义的阶段中，都是要保存富农经济的。"他的这段话，对于广大干部和群众认真贯彻执行保存富农经济的政策，以及稳定富农和中农的生产情绪，无疑是十分重要的。

（二）对地主只没收其"五大财产"，其他财产不没收

《大纲》规定，"废除一切地主的土地所有权"（第二条），并没收"地主的牲畜、农具、房屋、粮食及其他财产"（第八条），这实际上是没收地主在农村中的一切财产。《土地改革法》则规定，只"没收地主的土地、耕畜、农具、多余的粮食及其在农村中多余的房屋"这5大财产，而"地主的其他财产不予没收"。在地主的其他财产中，除了地主所经营的工商业过去就规定不予没收外，还有许多如现金、衣物等财产。对于地主这样处理，和过去比较，显然是宽大得多了。《土地改革法》作这样的改变，是正确吸取了过去土改中的经验教训。因为没收和分配地主的这些财产，会引起地主对于这些财产的隐藏分散和农民对于这些财产的追索，从而容易发生混乱，并造成社会财富的浪费和破坏。这样，就不如把这些财产保留给地主，地主可以依靠这些财产维持生活，同时，也可以把这些财产投入生产。这对于社会是有好处的。

（三）对小土地出租者保留土地的标准提高

在土地改革前的中国农村，有一些因缺乏劳动力，或从事其他职业（如工人、教职员、自由职业者等）而出租少量土地者，亦即小土地出租者。对他们的这一部分土地如何处置，《大纲》并没有规定专门的政策。因此在实行土地改革的过程中，常常出现把小土地出租者的少量出租土地也一块拿来没收分配的情况。新中国成立后，中国共产党和人民政府就着手制定对小土地出租者的政策。1950年1月22日经中央人民政府政务院批准，并于同年2月颁布的《河南省土地改革条例》中，首次提出了小土地出租者保留土地的标准，规定"其土地数量在当地每人平均土地数百分之一百五十以下者，不得没收，并允许其继续出租"。《土地改革法》不仅对小土地出租者有单独的政

策，而且提高了小土地出租者保留土地的标准，规定“其每人平均所有土地数量不超过当地每人平均土地数百分之二百者（例如当地每人平均土地为 2 亩，本户每人平均土地不超过 4 亩者），均保留不动。超过此标准者，得征收其超过部分的土地”，同时，还规定：“如该项土地确系以其本人劳动所得购买者，或系鳏、寡、孤、独、残废人等依靠该项土地为生者，其每人平均所有土地数量虽超过百分之二百，亦得酌情予以照顾”（第五条）。当时，农村中具备这两种条件的小土地出租者为数不少，也就是说应当受到的照顾面是比较宽的。《土地改革法》作这样的规定，实际上是容忍了小块的出租土地不加没收。这对于农村生产虽有一些不利的影响，但没有大的不利，因为这种小块的出租土地总数，不超过全国耕地总数的 3%～5%。同时，在当时的小土地出租者中有一些失业和丧失劳动能力的人员，给他们多保留一部分，并由其继续出租或自耕，既能起到社会保险的作用，又可减少对土地改革的阻力。对小土地出租者采取这样的政策，对整个社会来说是有好处的。

（四）对中农的土地由彻底平分改为完全不动

《大纲》规定，“乡村中一切地主的土地及公地，由乡村农会接收，连同乡村中其他一切土地，按全乡全部人口，不分男女老幼，统一平均分配”（第六条）。在这种平分一切土地的政策下，中农超过人口平均数的多余土地，也就被平分掉了。实践证明，这样做是错误的，它严重侵犯了中农的利益。《土地改革法》根据历史的经验，将按人口彻底平分改为“保护中农（包括富裕中农在内）的土地及其他财产不得侵犯”（第七条）。《土地改革法》不但保护了一般中农的利益，而且对农村中的佃中农也给予照顾，规定“原耕农民租入的土地抽出分配时，应给原耕农民以适当的照顾。应使原耕农民分得的土地（自有土地者连同其自有土地在内），适当地稍多于当地无地少地农民在分得土地后所有的土地”（第十二条）。这个照顾，就可以使佃中农在抽出他们租入土地时不受或少受损失。有了上述两项规定，中农的利益就能得到切实的保护。

（五）增加了照顾少数民族的政策

中国是一个多民族的国家，而各少数民族地区之间政治经济发展又极不平衡，如何根据各少数民族地区的不同情况，制定出相应的土地政策，是新区土地改革中一个非常重要的问题。《大纲》虽然没有单独提出关于少数民族土地的政策，但在有关的政策规定中实际上已涉及少数民族的土地问题，如第三条规定：“废除一切祠堂、庙宇、寺院、学校、机关及团体的土地所有权。”这里所说的庙宇、寺院土地，有的就同少数民族土地有联系，如清真寺、喇嘛庙，就分别属于回族、蒙古族和藏族。至于少数民族聚居地区，其本身就是少数民族土地了。因此，《大纲》对少数民族土地的政策既不明确，更没有给予区别对待和进行必要的照顾。而《土地改革法》则解决了这个问题。一方面，照顾到少数民族地区土地问题的某些特殊性，把这些地区的土地改革同汉族地区的土地改革分别开来，规定《土地改革法》“不适用于少数民族地区”（第三十六条）。对这些地区的土地改革，则根据中共中央“坚持民族团结，慎重稳进”的方针，放在条件成熟时再进行。另一方面，《土地改革法》对汉族地区及少数民族散居地区在土地改革中某些涉及少数民族的土地，给予了适当的照顾，如第三条规定“清真寺所有土地，在当地回民同意下，得酌予保留”。《土地改革法》的上述两条规定，对于贯彻执行党的民族政策和宗教政策，增进全国人民大团结，都是有益的。

（六）债务政策有所变化

《大纲》规定“废除一切乡村中在土地制度以前的债务”（第四条）。这种废除一切债务的主张，是不恰当的。因为在土地改革前农村的债务关系中，除了有劳动人民欠地主、富农和高利贷者的高利贷债务外，还有一些其他的债务。例如，劳动群众相互之间的债务，地主、富农欠劳动群众的债务（如拖欠雇农的工资）等。农村中的高利贷债务，属于封建剥削性质，理应在废除之列，但是，对不属于高利贷的其他债务，就不能废除。因此，1948 年中共中央在《大纲》此规定的后面加注说：“本条所称应予废除之债务，系指土地改革前劳动人民所欠地主富农高利贷者的高利贷债务。”新中国成立后，由于百废待兴，在当时农村债贷关系中的主要问题，是怎样解决农民借不到钱的困难，如一般提出废债口号，将更增加这种困难。所以，中共中央在起草《土地改革法》时，就有意地没有就废债问题作出具体规定。经过总结新区开展减租减息的经验，中央人民政府政务院于 1950 年 10 月 20 日颁布了一个《新区农村债务纠纷处理办法》（以下简称《办法》）。它同以前的债务政策相比，除了明确规定“解放前农民所欠农民的债务及其他一般借贷关系，均继续有效”外，一个重要的变化就是，农民及其他劳动人民欠富农的债务，由废除改为有区别地处理。如《办法》规定：凡利倍于本者，停利还本；利两倍于本者，本利停付；付利不足本之一倍者，应承认富农的债权继续有效；付利已达本之一倍以上而不足两倍者，得于付利满两倍后解除债务关系；付利已达两倍以上者，其超过部分亦不再退回。在新区土地改革中，对农民及其他劳动人民所欠富农债务采取这种区别处理的办法，是与《土地改革法》关于保存富农经济的政策相适应的。一方面，可以免除农民所受的高利贷剥削；另一方面，不至于给农村中新的借贷活动带来不良影响。

（七）只建立农民协会，不再组织贫农团

《大纲》第五条规定：“乡村农民大会及其选出的委员会，乡村无地少地农民所组织的贫农团大会及其选出的委员会，区、县、省等级农民代表大会及其选出的委员会为改革土地制度的合法执行机关。”而《土地改革法》的规定是，“乡村农民大会，农民代表会及其选出的农民协会委员会，区、县、省各级农民代表大会及其选出的农民协会委员会，为改革土地制度的合法执行机关”（第二十九条）。这就是说，在新区土地改革中，除了农民协会之外，不再组织贫农团，也不成立雇农工会。因为过去在东北、华北等老解放区实行土地改革时，曾组织过贫农团，但实践证明，贫农团的组织，不利于团结中农，也容易发生过左的错误。当然，不再组织贫农团，并不意味着忽视贫农在土地改革中的作用。正如刘少奇在《关于土地改革问题的报告》中所说，“农民协会中的主要领导成分应该由贫农雇农中挑选”，但“同时，必须吸收中农积极分子参加农民协会的领导，规定各级农民协会领导成分中有 1/3 的数目由中农中挑选”。这样的做法，既维护了依靠贫雇农的基本原则，又能巩固地团结中农，因而是完全必要的和正确的。

总的来说，《土地改革法》的制定，标志着中国共产党解决土地问题的政策，在经过长期的摸索和实践之后，已臻于完善。《土地改革法》在废除封建土地制度的前提下，对于应有的照顾在政策上都作了必要和周到的照顾，这对于保证土地改革的顺利进行，以及国民经济的恢复和发展，都具有十分重要的意义。

五、各阶层对《土地改革法》的反映

由于新颁布的《土地改革法》在若干政策上比过去放宽、细致和明确，因而在各阶层中引起了比较强烈的反响。又由于中国有14 500万农业人口（总人口约16 000万）的地区在《土地改革法》颁布前已完成或基本完成了土地改革，而这些地区的土地改革又是按照《中国土地法大纲》及其以后的补充政策进行的，因此，《土地改革法》颁布后，已土改区和未土改区的反映并不完全一样。

（一）已土改区的反映

刘少奇在《关于土地改革问题的报告》中指出："在那些土地改革业已完成的地区，是不能容许富农借此向农民收回土地的。"《土地改革法》颁布后，在已完成土地改革的地区中，反映最大、最强烈的主要是富农。他们无视党的政策，向农民威胁说，"中央颁布了命令，需保护富农，我不是地主，应受保护"，"政策变了，地还不退回吗?"他们中的一些人，采取种种方式，对过去被征收的土地和财产表示不满，有的提出要收回已被征收的土地；有的逼农民卖地、还地和退回土改时废除的高利贷；有的将农民从分得的房屋里赶出来。据河北省天津专区5个县的不完全统计，自《土地改革法》公布后的几个月中，共发生富农向农民要地事件117起。上述事件的发生，除了有富农本身的原因之外，这些地区的党和政府对《土地改革法》的宣传教育工作做得不够，以及某些农村基层干部思想不纯，也是一个重要原因。

中共中央华北局早已估计到会发生这种情况，因此在《土地改革法》公布的前夕（即1950年6月24日）曾发出《关于执行中华人民共和国土地改革法与保护过去土改成果的指示》，指出："已土改区动了富农多余土地财产是对的，合法的。必须坚决保护农民已得的土地财产不受任何侵犯。如有地主和富农趁机夺地夺财者，就是侵犯地权，就是犯法行为，依法应加处分，并彻底粉碎任何地主和旧富农的反攻阴谋。"中共河北省委根据华北局的上述指示和各地发生的问题，首先是广泛宣传改变富农政策的目的和意义，提高党员、干部和群众认真贯彻执行这一政策的自觉性。其次是明确宣布："所有夺回的土地房屋一律退还农民，对过去征收富农的财产，无论已分、未分，明确一律有效"。① 同时还提出，对于违法夺地、夺房情节严重的富农，则给予严肃处理。

（二）未土改地区的反映

由于《土地改革法》主要是针对广大尚未进行土改的新解放区制定的，而且在若干政策规定上比老解放区的土改要宽得多，因而它的颁布，立即受到新解放区各阶层的欢迎和赞扬。

占新区农村人口绝大多数的贫雇农高兴地说："这是我们穷人翻身的印把子（指土改法），只要掌握了这个法宝，我们就能和地主进行说理斗争。"中农对于《土地改革法》关于保存富农经济的规定，普遍表示欢迎。如有的中农在听到《土地改革法》不动富农土地的规定后，怕将来变成富农而地被平分的顾虑打消了，生产开始积极起来。有的中农愉快地说："富农都不动了，我们睡觉都

① 中共河北省委：《对地富反攻处理情况给华北局的报告》，1950年8月13日。

安稳”。[①] 至于新区的富农，更是欣喜万分。有的富农说，“从前说富农不动，以为是欺骗我们，今天土改法公布，才相信是真的”，“这个办法好”。[②] 他们表示，一定要安心生产，搞好生产。但也有的富农对党的新富农政策还存有疑虑，不相信真的不动和长期不动，担心3年之后还会再来一次土地改革。农村中的小土地出租者对《土地改革法》给予他们的照顾，也感到满意。他们赞扬说，“毛主席想得周到”。[③] 作为土地改革的主要对象地主来说，对《土地改革法》的反应也是不同的。一部分比较开明的地主，表示拥护《土地改革法》和政府的其他法令，希望赶快实行土改，早日放下包袱。一些兼营工商业的地主，对《土地改革法》中关于保护工商业的规定，特别感兴趣，他们说，心里好像放下了一块大石头。也有的地主因看到党的保存富农经济的政策而感到自己孤立，有的竟铤而走险，或破坏生产，或转移土地和变卖房屋、农具、家具，以及出卖田契等，以此同土地改革相对抗。

在城市中，各界人士纷纷举行座谈会，畅谈对《土地改革法》的认识。会上，一位民主党派负责人说：“土地改革法合情合理，我们坚决拥护。”一个工商业资本家表示：“我们应该以行动来拥护土地法，自己在乡下有土地的，首先把土地交出来，并且动员自己的亲友拥护土改法令。”[④] 为了能更好地贯彻实施《土地改革法》，一些多年同中国共产党合作共事的朋友们还向政府提出了应迅速成立县以上的各级土改委员会，健全与纯洁农民队伍，设立各县人民法庭，大量整训干部和吸收大学师生参加土改等宝贵意见和建议。

从各阶层对《土地改革法》的反映表明，它是符合中国农村的实际情况的。同时，我们也不能不看到，由于《土地改革法》在若干政策上比过去老区的土改政策有所放宽，尤其是改变了对富农的政策，因而在一部分农村干部和贫雇农中，认识曾一度跟不上去。有的农村干部认为：“不动富农，土改没改头。”[⑤] 他们说：实行保存富农经济的政策“道理通，原则通，具体不通”。[⑥] 有的农村干部怕打不通群众思想而感到这次土改困难。在一些贫雇农中，因担心新的富农政策不能满足他们的土地要求，思想有些抵触。有的贫雇农发牢骚说“不动富农，穷人翻半边身”，甚至提出“将富农提成地主成分，我们就可以分田了”。[⑦] 为了解决干部和群众中对《土地改革法》的模糊认识，各级党和政府进一步组织他们学习毛泽东主席在中共七届三中全会上的报告和刘少奇关于土地改革问题的报告。有的还通过对本地区富农土地占有情况的实际调查，具体说明实行保存富农经济的政策并不会给贫雇农的土地要求带来多大影响的道理。例如，中共河南商丘地委经过调查向干部和群众说明全专区不动富农，无地和少地的农民每人平均只少分3分地的情况后，原来他们的一些担心和疑虑，也就基本上得到解决，从而为《土地改革法》的实施奠定了一个良好的思想基础。

（作者：中国社会科学院经济研究所副研究员）

① 中共浙江省委：《关于三个地区各阶层对土改法的反映》，1950年7月29日。

② 人民日报社：《临安地区各阶层对〈土改法〉的反映》，1950年8月3日。

③ 中共湖南省委宣传部：《土地改革法公布以后湖南各阶层的反映》，1950年9月6日。

④ 《中南军政委员会召开座谈会，各界人士一致拥护土地法》，1950年7月24日。

⑤ 新华社山东分社：《山东新区各阶层对土地改革法的反映》，1950年7月27日。

⑥ 中共河南商丘地委政策研究室：《对保存富农经济和具体执行土改法的疑问》，1950年9月27日。

⑦ 新华社中南分社：《广西各阶层对土改法的反映》，1950年11月30日。

土地改革对国家与农民关系的重塑*

武 力

土地改革以无偿的方式满足了广大无地少地农民对土地和财富的要求，调动了他们的生产积极性，而且更重要的是它彻底清除了农村中根深蒂固的腐朽势力，为新生政权赢得了广大的忠心耿耿的支持者，使得新中国政府的号召力和行政命令以从未有过的力度深入农村，从而为中国共产党建立社会主义经济体制创造了条件。在这里，我只想就土地改革对国家与农民关系的重塑谈一点肤浅的看法。

一、关于中国传统农业的估计

在这里，首先遇到的问题是怎样估计中国的传统农业和农村经济。在1840年鸦片战争以前，中国是一个历史悠久的农业大国，这是不争的事实。但是中国农业的发展水平究竟如何，它与上层建筑，即政治制度和意识形态的关系究竟如何，仍然研究得不够。从唐代中期以来，由于土地资源的稀缺程度高于人力资源的稀缺程度，人们对耕地的占有欲望就超过了对劳动力的占有欲望，这恐怕是中国封建社会的农村经济不同于欧洲封建庄园和农奴制的根本原因。由于土地资源稀缺程度远高于劳动力，而农业又是社会的主要产业（商业、手工业的发展繁荣是建立在农业基础上的，并且吸纳人口有限），因此土地的使用费（即租金）就较高，这不仅使得大土地占有者出租土地比自己直接经营更合算，佃农不得不接受较高的租金，从而只能靠尽量增加耕地产出和从事家庭副业以维持和争取改善生活；而且对贫农和自耕农来说，由于增加耕地的可能性很小，随着家庭人口的增加，即使要保持生活水平不变，也不得不靠增加耕地单位面积产量和发展家庭副业来解决。这里还不包括随着经济发展国家赋税不断加重的压力。因此，以雇农、贫农、自耕农为主体的小规模的家庭经营就成为农业生产组织的主要形式，而耕地单位面积上的高投入和高产出，则成为明清以来中国传统农业的特点，并由此创造出高度发达的农业，并在此基础上形成了发达的“小商品经济”，建立了规模庞大的城市以及城乡商业网络，在此经济基础上，又形成了成熟的中央集权政治制度。

在以资本主义为代表的工业文明影响和进入中国之前，中国的农村经济基本上是呈现出一种周期性的恢复、发展和繁荣、停滞、衰退然后再进入恢复这样一个螺旋式的发展。这种周期性的发展在政治上的表现，就是朝代的更替，即一个朝代所经历的建立和巩固阶段、发展和昌盛阶段、政治

* 本文收入内部报告《共和国农业史料征集与研究报告》第4集，2000年。

腐败和社会矛盾激化阶段、大规模战争和改朝换代阶段。在这种经济和政治发展的周期中，除了因政府的过度压迫和剥削导致覆亡（如秦、隋、元）和民族融合引起的振荡外，经济和政治的兴衰的深层原因是土地占有关系的变化，即土地由自耕农为主的分散占有逐步向官僚和地主手中集中，这种土地的逐步集中，一方面造成官僚和地主的奢侈腐败和诛求无已，另一方面则使农民难以维持简单再生产，直至土地集中所引发的上述现象导致农民起义。

但是，在1840年中国被纳入世界资本主义体系后，上述以传统农业为基础的社会兴衰周期和螺旋式发展则因工业文明的替代趋势（即工业化及其引发的政治、文化的现代化）而发生了根本转变。就工业化过程中的农业来看，一般地说，现代工业的主导地位和其创造的财富、吸纳的人口，以及世界市场的形成，都使农业不再是一个社会财富主要来源和决定国家兴衰的关键因素，工农业收益的差距，也使购买耕地和投资农业的吸引力大大下降。因此，即使不考虑革命的因素和工业投资的回报，农村土地占有也应呈现分散化的趋势。但是，在1840—1949年期间，由于中国政治上的腐败（此时清朝正处于中国自己发展周期中的土地集中、政治腐败和社会矛盾激化阶段）和西方列强的侵略，工业化进程受到严重阻碍，政治动荡和工业投资环境的恶劣，不仅使官僚地主对工业望而却步，仍将资金用于购买耕地，而且工业的不发展，也使农村人口不能向非农产业大量转移，农村中地主与农民的矛盾并没有缓解。从财政方面看，一方面政治腐败所造成的开支浩大和赔款都使支出大为增加，另一方面工业的不发展又使政府的财政收入仍然主要来自农业，农业赋税不断加重。再加上帝国主义侵略、战争破坏以及政府很少投资水利工程所引发的自然灾害频繁，遂使农村经济在1840年以后不仅没有享受到工业文明因素进入中国所应带来的帮助，反而呈现出衰退和萎缩，中国农村成了一个火药桶。而民国以后，上述状况并没有好转，反而在某些方面有所加剧。

就农村土地产权制度来看，漫长的封建社会里形成了具有中国特色的制度，一方面，中国历代封建王朝都强调“普天之下，莫非王土，率土之滨，莫非王臣”，皇帝对臣民的土地有予夺之权，不存在西方启蒙运动后提出的“私有财产神圣不可侵犯”；另一方面，中国的土地私有化实行得很早，土地买卖、转让相当频繁，私有观念非常明确。由此形成中国的土地产权制度一方面非常明晰，产权所有者可以自由处置自己的土地；再一方面，这种私有权又是不完整的，其中含有国家（皇帝）可以处置的最高权力。

近代以来，随着现代化的进展，资本主义的经济观念和法律体系也逐渐在我国产生。辛亥革命以后，随着封建王朝的覆灭，农村土地私有权中的“君权”退出历史舞台。“私有财产神圣不可侵犯”列入国家的宪法草案和民法。

另外，在中国长期的封建社会里，还始终存在着一种非主流的农民的“均田”思想，这种思想往往成为历次农民起义领袖动员贫苦农民的口号。这种非主流的、重新无偿分配耕地的思想，正好与中国共产党领导的土地革命思想相吻合。

在长期的封建社会里，在中央集权的政府与农民之间，实际上还横贯着一个地主豪绅阶层，它们具有承上治下的职能，即对上替国家征收各种赋税和摊派，对下则负责管理地方的治安和社会秩序，这种地主豪绅的统治往往还借助于族权。即使到了近代甚至国民党统治时期，国家政权必须借助于地主豪绅来统治乡村的局面仍然没有多少改变。

二、土地改革的背景、目的和方式

讨论土地改革对新中国成立后国家与农民关系的影响，不能不对中国内地土地改革的背景、目的和方式作些说明。我们这里所说的土地改革，是指中国共产党领导的土地改革，如果从1927年算起，到1952年基本结束，长达25年的时间，可以说是以战争和政权更替为基本背景的。

（一）土地改革的领导者

中国土地改革的领导者和保障者是中国共产党及其所建立的政权。中国共产党是以马克思列宁主义为理论基础的革命政党，其政权也不是以和平选举方式产生的，而是武装斗争的结果。在中国共产党武装夺取政权的过程中，开展土地革命、向腐败政府宣战和坚决反对外国侵略，是赢得广大农民参与和拥护的根本原因。而在当时工业不发展、农村人口过多的情况下，对稀缺资源——耕地的平均占有，是保证每个人都具有生存发展权的前提。因此中国土地改革所呈现的过度平均，不仅不可避免，恐怕也是必要的。

中国共产党正是抓住了当时中国现代化过程中最尖锐也是涉及人口最多的经济问题。中国共产党从第二次全国代表大会开始，就提出无偿没收地主阶级土地归农民所有的主张。这种主张，始终作为党在民主革命时期的基本纲领。

中国共产党在土地改革中的领导和保障作用，必然导致它要将其理论和目标融入土地改革的具体政策和办法中，这就是阶级斗争方法、无产阶级专政理论和社会主义目标。

（二）土地改革的目的

本来，土地改革是资产阶级民主革命的任务，是为资本主义的发展扫清道路的，土地改革是为了解除地主经济及宗法制度对农民的人身束缚问题，解除农村商品经济发展障碍问题，提高农业劳动生产率。因此，土地改革从根本上是不会削弱“私有财产神圣不可侵犯”（没收敌产当然例外）和“等价交换”市场准则的，资本主义国家的土地改革基本上都是如此。但是，中国的土地改革，由于是中国共产党领导的，其目的就不再是为资本主义的发展扫清道路，其第一个目的，也是直接目的，是要解决农村中因土地占有过分悬殊而造成的阻碍农业经济的发展和社会安定问题；土地改革的第二个目的，是要获得广大农民对共产党和新生政权的支持，以解决中国革命的前途问题，即解决中国共产党对新中国的领导权问题和社会主义与资本主义谁领导谁的问题，解决战胜资产阶级，完成向社会主义过渡的问题。1948年9月召开的中共中央政治局扩大会议和后来召开的七届二中全会，都非常明确地阐述了这一点。这样一来，土地改革就不可能是以资产阶级的“私有财产神圣不可侵犯”和“等价交换”为准则，也不可能达到土地改革后人人平等的结果。

（三）土地改革的方式

中国共产党的领导和土地改革伴随着民主革命的过程以及中国革命的特点，都使得中国的土地改革在方式方法上既根本不同于资产阶级领导的土地改革，也不同于苏联和东欧民主国家的土地改革。第一，中国的土地改革有1/3的人口发生于革命战争时期，新中国成立后的土地改革又对汉族聚居地和少数民族聚居地采取了不同的办法，因此土地改革在时间方面拉得很长，地区方面差异较大。第二，中国的土地改革，是采取自上而下的彻底发动群众的方式进行的。从形成上看，是在政府直接领导和帮助下，由人民群众（农会）自己解决土地问题。例如新中国成立以后土地改革的具体办法就是：第一，在中国共产党的统一领导下，通过清匪反霸，建立共产党领导的各级乡村政权。第二，由各级人民政府成立土地改革委员会，直接指导土改工作的进行。第三，由土改委员会组织土改工作队，下到农村基层，具体协助农民组织农会和开展土改的各项工作。土改工作队除了有各级党、政机关干部和大学师生参加外，还吸收了各民主党派和无党派民主人士参加。仅华东区的土改工作队就达6万余人。第四，在各级政府和土改工作队的领导下，由农会来划分阶级、没收和分配土地和财产。这种方式使得广大农民通过参与土地改革，受到了中国共产党思想和理论的教育，拉近了农民与国家的距离，加强了国家在农村的动员能力。

三、土地改革对产权制度的影响

土地改革本身就是一场产权革命，但是就这场改革来说，一般分为两种，一是共产党领导的社会主义或新民主主义国家，这些国家一般对地主阶级的土地实行无偿没收和无偿分配给农民的办法。在这类国家中，又分为实行土地国有和土地私有两种办法，前者将全部土地收归国家所有，然后无偿分配给农民耕种；后者则继续实行私有，只是将原来属于地主富农以及反革命分子的土地无偿转为农民所有。另一种则是实行旧民主主义革命的国家和地区，对私有土地实行数量限制，对多余土地实行有偿征收和有偿分配的办法，如战后的日本和中国台湾地区。

中国内地的土地改革，属于共产党领导的新民主主义性质的土地改革，但是在具体做法上又有自己的特点：一是对阶级和阶层的划分非常详细；二是实行以农民私有为主体、以国家所有为辅的两种所有制结构。无偿没收和无偿分配的办法，特别是划分阶级以及对不同阶级实行不同政策的办法，对农村产权制度的演变产生了重要影响。

（一）划分阶级和成立农会的影响

将农村的所有人口都划分为不同的阶级和成立在中国共产党和政府领导下的农会组织是中国土地改革的重要特点，这对土地改革及其以后的农村政治经济产生了重大影响。

阶级的划分确定了其财产的处置、政治经济待遇和社会地位。由于对作为划分阶级标准的耕地及其他财产，并不考虑其来源，即属于合法继承、本人劳动积聚，还是依靠权势和非法收入霸占购买的，甚至不允许土地所有者以捐献的方式将土地和财产贡献出来，只要被划分为地主，就要无条件地没收其一切财产（对富农则是无偿征收其多余土地和生产资料）。另外，阶级划分还不仅用于没收和分配土地，更重要的是将部分人在政治上打入另册或升为优等阶层，如一旦被划为地主，就被列入敌对阶级，被剥夺了公民权和在社区内的平等权利，更不用说参加政权的机会了。这种划分并不由你个人对新政权的态度以及德行所决定。另外，细致的等级划分，也为国家利用不同的等级政策提供了条件。这种办法实际上就是由国家掌握了每个人的生杀予夺大权，造成国家直接干预农民的命运和农民对国家的服从。

同样，通过土地改革，农村的政权基础发生了巨大变化，过去以地主豪绅和宗族为基础的乡绅统治土崩瓦解，取而代之的是以共产党组织、农会以及共青团、妇联等群众组织为基础的现代政府管理。这对中国农村来说，是一个巨大的社会进步。它大大加强了国家对农村的控制，保障了国家实行优先发展重工业战略。

（二）无偿没收土地的影响

中国土地改革与非社会主义国家和地区（如日本，如中国台湾地区）土地改革的根本性区别有两个：一是土地的征收和分配都是无偿的；二是没收对象的确定不是根据政治态度或者财产来源，换句话说，土地和财富的多少是所有者能否保有所有权的唯一标准（是否参加农业劳动只是一种附属性的标准，土地和财富多了以后，所有者自然就不会参加农业生产劳动，因为体力劳动毕竟不是一种享受，财产管理和贪图享受是拥有财富的必然结果）。

承认私有财产神圣不可侵犯和权利平等规则，就等于否认国家权威的至高无上和部分人享有特权，实际上这也是市场经济运行的前提，是产权制度上资本主义区别于封建社会的根本所在。因为资本主义制度的确立就在于否定将国家置于人民之上的封建制度，确定国家只能代表人民的愿望和利益，而不能凌驾于人民之上，不能从自己的利益出发，以自己的意志来处置个人的财产及其收益。

表面上看，土地改革前是土地私有，土地改革后仍然是土地私有，从产权制度上来说并没有多少变化，但是后一种私有，是建立在靠政府来否定部分人（地主和部分富农）私有基础之上的，换句话说，土地改革以后的私有制，已经融入（或称“铸进”）了国家的权力，尤其是土地改革说明：土地和财富增加反而会导致其所有权的丧失，也就是说国家法律将不会最终承认和保护合法的私有财产。

（三）无偿平均分配土地的影响

以乡为单位，按人口平均分配土地的办法，以及按阶级和贫困程度分配其他生产资料和财产，实际上是一种“均贫富”的“免费午餐”，农民无偿得到的土地和财产，来自于国家的赐予（虽然是以农民自己斗争的形式），来自于政治斗争，这就使得土改后的以土地为主的产权被掺进了政治因素，一方面造成分得土地和财产的农民对共产党和政府感恩戴德，将其经济和社会地位的升迁归为共产党和政府；另一方面则强化了政府与农民之间统治与被统治关系，而这与现代民主国家发展趋势是不符合的，即政府只是人民意志的代表和公仆，而不是凌驾于人民之上的统治机器。

四、土地改革对国家与农民关系的再造

过去，国内专家的着眼点往往是土地改革对农村经济恢复发展的作用，国外学者虽然注意到土地改革对于新中国政府直接统治乡村起到了重要作用，但是却没有注意到土地改革对国家与农民关系的重塑。土改后所形成的新的国家与农民的关系，并不单纯是强化了国家对农民的控制能力，还

扩大和巩固了党和政府在农村的统治基础，土改对农村各阶层经济和政治关系的调整，为党和政府培植了一大批忠实的支持者和追随者。这也是后来中国共产党和政府能够轻易推行“统购统销”和合作化的重要原因。

（一）强化了政权基础，贯彻了革命思想

新中国成立前后的土地改革，对中国内地后来的制度变革和经济发展都产生了深远影响。从政治上来看，土地改革彻底消灭了地主阶级，从而彻底清除了中国几千年来逐渐形成的牢固的乡村封建统治，为现代民主政治制度深入农村铺平了道路。通过土地改革，长期把持农村政治的豪绅势力、宗族势力让位于中国共产党领导下的政府和民众组织，使政府的权威和组织动员能力空前提高，直接深入到村和农户。由于中国的绝大部分人口在农村，这就为中国共产党后来进行的急剧社会制度变革和大规模动员社会资源奠定了基础。同时，土地改革将马克思主义的观念直接传递给农民，政治民主、经济平等、剥削有罪的观念通过事实深入到农民心中，这也为后来的政治、经济制度演变做了观念上的准备。

（二）削弱了私有产权，将国家意志铸入农民对土地的所有权

无偿没收地主和富农的土地财产并无偿分配给贫苦农民，这从观念上极大地冲击了私有制，助长了人们靠政治、运动和服从政府来保护或提高社会地位的倾向。土地改革以后，尽管很快颁发了土地证，但是出于马克思主义基本理论和向社会主义过渡的考虑，我国在 20 世纪 50 年代始终没有颁布保障私有财产不可侵犯的宪法和民法。换句话说，国家始终没有将农民可以自由处置自己的土地作为治国的基本法律。

（三）强化了国家对农村的经济控制

1. 土地改革中，国家将部分土地收归国有

《中华人民共和国土地改革法》以及有关城市郊区土地改革和小城镇地主房屋处理的单行法规曾规定：（1）凡城市郊区没收的土地，归国家所有，不是分配而是出租给农民；（2）在分配土地时，县以上人民政府可酌量划出一部分土地归国有，作为一县或数县范围内举办国营农场之用；（3）小城市和集镇中没收的地主房屋和房基地与非农用地，除分配给农民居住的归农民所有外，一律归政府所有。

2. 在国家与农民的关系方面，土地改革强化了国家对农民的控制

这一方面表现在国家通过土地改革，废除了长期在农村基层发挥社区管理和服务作用的族权、士绅以及学田、庙产；另一方面则建立了自上而下的农会并在村一级农会中发展党员，在乡一级建立党支部。

3. 土地改革加强了国家对农民经济上的控制

在无偿没收地主财产和富农多余财产的规定下，农村的土地改革必然要通过清算、退押、没收转移财产等方式，将没收范围扩大到地主、富农经营的农村工商业。特别是商业，农村原有私营商业在土改后的没落，为国家控制农村市场和城乡关系提供了有利的时机和条件，这也加强了国家对

农民经济上的控制。土改以后国家控制的供销合作社迅速占领农村市场和控制了城乡交流，即证明了这一点。

从农村资金市场来看，土地改革通过废除高利贷和农民与地主之间的债务，实际上也在很大程度上削弱了农村长期形成的自由契约式的借贷关系（尽管这种借贷利息因资金的短缺程度、风险的大小呈现出严重的不合理），加上土地改革“均贫富”所导致的剩余高度分散，为国家所控制的金融机构控制农村短期资金市场起到了重要作用。土改以后，绝大部分农民的贷款要依靠国家金融机构，合作化过程中国家通过信贷倾斜来吸引农民加入合作社的作用，就说明了国家掌握农村金融市场的重要性。

（作者：中国社会科学院当代中国研究所副所长、研究员）

全国第一个农业高级合作社*

——桦川县星火集体农庄

王　敏

中华人民共和国第一个集体农庄——星火集体农庄，是于1951年2月19日建立的。该农庄位于当时的松江省桦川县星火乡，建立时有36户朝鲜族农民，农庄主席为金白山、副主席为李在根。这个集体农庄，对周围农村的影响是很广泛深远的。

一、星火集体农庄的建立

1947年，中国共产党和人民政府决定在佳木斯市东面的草原上建立1个示范农场——桦川水利农场，吸收附近农民参加农场耕作，由国家供给土地、房屋和机械，使农民在自己的亲身经验中，认识集体劳动、机械耕作和大规模农业生产的好处，从而自觉自愿地走向集体农业经济。当时农场干部缺乏经验，他们只是简单地用强迫命令的方式把农民们“四户一组”编成耕作组，按各组的劳动力拨给一块土地，就开始了第一年的生产。事实证明，农民们并不因为在国家土地上耕作，就能立即丢掉传统的、顽固的私有观念。有许多组，把农场供给小组公共使用的土地，每人一份“平分”了。那些没有把国家土地“平分”的耕作组，劳动起来是你推我拖，偷懒耍滑，到分配收获时又你争我夺。虽然形式上组织起来了，实际上没有起到互助的作用。他们既没有制度，也不评工记分，平常糊里糊涂地干活，秋后马马虎虎地“人各一份”地“平分”了秋收的粮食，第一年组织的共耕组完全失败了。1948年农场党组织针对农民中普遍存在着的自私自利的小农思想和绝对平均主义的农业社会主义思想，加强了教育工作，加强了党在农民中的政治工作。农场行政方面组织农民劳动时，坚持了“自愿两利”的原则。1949年，出现了3种劳动形式：（1）少数农民认为人多心不齐，向农场领一份土地单干去了。（2）绝大多数农民自找对象，两相情愿地组成三四户或五六户的小型互助组。（3）农民中的先进分子，组成了农业合作社性质的耕作小组。集体农庄的前身——第三农庄金白山、慎自成等5户组成第五小组就是上述最后一种小组中最好的一个。金白山来农场后，在农场干部的宣传教育中了解到：只有实现集体化的农业，才能使农民真正走向幸福的生活。因此，1949年他组织第五小组时就主张组织集体化耕作组，大家在农场拨给使用的土地上共同劳动，秋后按劳动分配收获物。这一年，因为组里都是对心思的人，又有了一些评工记分的制

* 本文收入内部刊物《当代农史研究》1997年第1期。

度，有事大家开会民主决定，组员们生产情绪好。虽然遭到严重虫灾，每公顷稻田仍平均收获稻谷4 800斤，没有受灾的每公顷稻谷产量达6 400斤，超过其他各组。劳动效率也提高了，每个劳动力耕种的土地，由前一年的1公顷扩大到1.78公顷。他们这个组被选为模范组。第三农庄的农民，亲眼看到金白山、慎自成领导的第五小组，庄稼收获那么多，干部又领导得好，大家抢着参加。1950年就成立了1个包括14户的集体耕作组。组扩大了，而且实行了“按劳取酬”的分配制度，组员们劳动热情很高，集体劳动的好处一天比一天明显地表现出来。人手多了，可按各人特长分工，“能行风的行风，能行雨的行雨”，劳动效率也提高了。这一年每个劳动力的耕种面积提高到1.8公顷，稻谷产量达到每公顷6 880斤，是全农场产量最高的，比单干户每公顷多收2 800斤，比互助组多收2 000斤，比农业合作社或小型的集体化耕作组每公顷也多收800斤。这时，农民们对第五小组羡慕不已，纷纷要求参加，第五小组一下扩大到36户。农场领导看到时机已经成熟，便投资1.8亿元为他们建立起“新庄”。于是，在1951年2月，桦川水利农场的第一个集体农庄——星火集体农庄便诞生了。

他们参照苏联集体农庄的模式，制定了《星火集体农庄章程》。章程中明确规定：(1) 组织起来，发展生产，走共同富裕的道路；入庄自愿，退庄自由；土地归农庄公有，取消入股分红；庄员参加集体生产劳动，实行各尽所能，按劳取酬的分配原则。(2) 庄员私有的车马、农具等生产资料作价归集体，可顶入庄股金和生产费股金。(3) 在生产上划分耕作区、耕作队，实行四定（定耕作队、定耕作区、定产量、定奖惩）责任制。(4) 在劳动管理上实行劳动定额，按劳记分，按分分红。(5) 年终收益分配，要从总收入中提取10%左右的公积金，15%左右的公益金。

二、共产党是集体农庄的组织者

这个集体农庄的每一个成就，都是和党在农民中间进行的政治工作和教育工作分不开的，都是和党员的忘我劳动和模范行动分不开的。为了克服农民“单干”的思想，从农场建立时起，便在农民中间进行了广泛的政治工作：建立冬学、开办训练班、利用各种集会向农民群众宣传组织起来合作生产的好处，宣传大规模地使用机械的农业生产的优越性；宣传社会主义、共产主义美好的前途；使农民从社会发展规律中，认清他们应该选择的道路。号召农村中的党员和先进农民，用自己的模范行为和对农民的具体帮助来团结和教育农民，以便逐渐地引导他们走向生产合作的道路。农民是最实际的人，只有看到集体耕作能给他更多的利益时，他才会相信它、拥护它、参加它。党员的忘我工作和模范的劳动态度，是鼓舞庄员们前进的巨大动力。农庄主席金白山、副主席李在根，是两个很好的党员干部。金白山领导全体庄员进行生产工作，做得有条不紊，使全庄99公顷的稻谷得到了空前的丰收，因此庄员们选他参加了1951年度松江省的劳动模范大会，被评为全省的模范干部之一。李在根善于依靠群众、团结群众，工作认真负责。在集体农庄刚成立时，他带病领导群众建庄园，提前完成任务，被选为出席1952年东北区工农兵劳动模范代表大会的代表。

三、集体农庄的庄员们成为新型的农民

党领导农民创造了幸福的新生活，也培育着新农民。爱劳动、爱集体、爱公共财产和热爱祖

国，已开始成为集体农庄庄员们新的特质。这个集体农庄的庄员们生活得很好，他们把集体农庄变成了农民团结友爱的大家庭。他们的劳动出于自觉，在生产中没有偷懒耍滑。这个集体农庄是在换工互助、农业合作社的基础上一步步发展起来的，是农民从自己的亲身体验里，认识了集体劳动会带给他们更幸福的生活以后，自觉自愿地组织起来的。他们认识到，在集体生产中劳动越好，生活也就越丰裕；他们的农庄越来越大，他们的利益也就越来越多。因此，每个庄员都把集体农庄的事情看做是自己的事情。爱护公共财产和保护全农庄的利益，已成为庄员们新的道德标准。晚上收工后，打谷场上总有不少人自动留在后边，清扫场院，把每一件农具收拾得妥妥帖帖。“每人为大家，大家为每人”，从哪一个庄员身上都可以找到爱劳动、爱集体、爱公共财产的新品质。新型的农民有新的生活方式，农庄有很好的民主管理制度，有自觉的纪律。

四、实行民主管理，各尽所能，按劳取酬

吸收新庄员时，必须由庄员大会讨论通过才行，任何个人都不能自作主张。庄员大会是集体农庄最高的权力机关，它要选举集体农庄的主席和管理委员会的委员；讨论批准农庄的生产计划；拟定庄员的工作标准和工作报酬；审查农庄财政开支和批准预算；听取管理委员会和主席的工作报告和总结等。总之，集体农庄的一切重要的事情都要经庄员大会讨论批准才能实行。1952 年这个集体农庄的庄员由原来的 36 户扩大到 60 户，可是专业干部还是 3 人，并没有增加。

集体农庄的一切生产和工作，都是按着庄员们的特长分配的。合理的评工记分，科学地计算劳动日，是组织集体劳动发挥每个人的劳动热情的关键。这个集体农庄把男劳动力分成 7 级，最高的 11 分，最低的 8 分；把女劳动力分成 3 级，最高的 7 分，最低的 6 分，每一级差半分。另外，根据各个农业季节对于农作物生长的不同的关系，每个季节的记分标准又不一样，春天最多，以后按顺序，每个季节降低半分。评定庄员的劳动分数时，是根据很多条件的，如劳动效率、质量、技术等。除一般的评工记分以外，农庄里还有近乎奖励的提高分数办法，从而提高了庄员的劳动积极性。根据 1951 年的经验，庄员们已经感到这种评工计分的方法还有很大的缺点。主要表现在分有最高额的限制、等级差额太小和男女劳动力分开评分，没有同工同酬。在秋收时，他们想办法克服了这些缺点，实行定额管理，无论男女庄员，谁做到这个标准的质量都记一个劳动日，多做多得劳动日。这个办法，鼓舞了所有人的劳动积极性。集体农庄收获物的分配是按劳取酬，每个庄员都可以得到和他们所做的劳动相适应的报酬。工作得越多越好，得到的报酬也就越多越大，不劳动是没有任何收入的。按劳取酬的分配制度，是保证庄员在集体劳动中各尽所能的基础，是提高和鼓励庄员的劳动热情、劳动积极性的物质力量。集体农庄的全部收入中，一部分交给桦川水利农场，向国家纳税；一部分以公积金的形式留在农庄公有；其余的部分按庄员的劳动日分配给庄员。为了扩大再生产和购买较重要的农业机器，庄员们决定以 1952 年总收入的 20％～25％作为公积金。

五、农庄生产的发展和庄员生活的改善

1951 年，农庄成立的第一年，农业生产获得了大丰收。全庄播种水稻 1 432.5 亩，平均亩产

296.5千克，比1950年增产33%，向国家交售商品粮27.15万千克，平均每户交售791.5千克，创当时全省户均交售粮食的最高纪录。曾受到国务院“第一个突破大面积高产”的锦旗和两匹大红马、1台胶轮大车的奖励。并授予农庄主席金白山为全国农业劳动模范的光荣称号和1枚金质奖章。这一年每个劳动力平均耕种2.5公顷土地，全庄99公顷土地，平均每公顷稻谷达到8 430斤的高产。这个农庄的庄员们，都过上了丰衣足食的幸福生活。一个整劳动力的庄员的个人收入，最低的有9 500斤稻谷，最高的达到14 000多斤；连他们的家属在内，每人有2 500～3 300斤稻谷的收入。集体农庄已经建立起巨大的公有财产：他们有了28台锄草机、8台脱谷机、5台条播机和其他许多机具；建起了拥有4部电力制米机的制米厂；拥有了5部电动机、1部内燃机和1座铁工厂；他们还有46头耕牛和10头“巴克夏”种猪。每一家都住在1951年新建起来的新房子里，房子整齐美观，向阳的一面是高大的玻璃窗。每一幢房子里都有电灯。家家雪白的墙壁上贴着毛泽东和斯大林的相片或其他的新年画。家家都有1个书桌，上面放满了各种书籍和报纸。每户庄员有1所包括4个房间的屋子，2间作卧室，1间作厨房，另一间是储藏室。全庄所有的农民，顿顿都是香气扑鼻的大米饭，只是有的家庭三个菜，有的家庭两个菜罢了。丰裕的收入，使每个劳动的庄员都变成富裕的人了。他们不仅衣食住等条件大大改善了，就是日常用品也讲究起来，香皂、毛巾等已变成日用必需品。每个庄员都有两三套衣服，劳作时有劳作的衣裳，平常有平常的衣裳。那些劳动好、劳动日多的庄员们，还有进城、过节、串亲穿的衣服。丰裕的物质生活，直接促进和提高着庄员们的文化生活。全庄124个7岁以上、50岁以下的人，有57个成年人参加了冬季夜校，8个青年在佳木斯中学读书，16个高小学生、34个儿童在本庄小学读书。计算起来，全庄有115个人参加学习。除劳动外，看书读报已成为庄员的重要生活。全庄1952年扩大到60户，平均每一家都有1份报纸，1种刊物。庄员们对知识的追求是热烈的，兴趣是极其广泛和多种多样的，每个庄员的书桌上，几乎都有《社会发展史》、《论共产党员的修养》、《我们的目的是共产主义》等书籍。

这个集体农庄，对周围农村的影响是很广泛、很深刻的。其他农庄的农民，都纷纷要求参加新农庄；农场周围农村的农民们，也学着它的榜样，开始在本村建立农业合作社。这个集体农庄，成为附近农村的旗帜。

（作者单位：黑龙江省农业厅农业志办公室）

围绕山西发展农业生产合作社问题的争论*

石　英

一、争论的经过

（一）中共中央华北局调查组与中共山西长治地委的分歧

1950年7月，中共山西省委派以省政府农业厅厅长武光汤和省委办公室郭忠为首的考察组，到老解放区武乡县农村了解生产情况。考察组经过深入调查，于8月25日写出《老区武乡农村考察报告》，并发表在《人民日报》上。这个报告提出了老区“经过土地改革运动，农村情况已经发生根本变化”，“中农在农村占了绝大多数”，“农村阶级已经开始有了新的分化”，并且研究与分析了发生问题的原因，提出党要加强对农民的领导，指明农村生产的发展方向，发展互助合作，活跃农村信贷等。中共山西省委对这个报告加了按语，认为“值得全省干部很好注意研究，特别是老区干部应当学习讨论，结合当地具体情况，加以研究，以便正确掌握情况，确定办法，改进领导，为全省农民进一步的富裕而奋斗”。

同年11月14日，《人民日报》又发表了中共山西长治地委《关于组织起来的情况与问题的报告》。这个报告进一步指出，由于农村新的阶级分化开始，“在经济上升比较迅速的农民中，产生了愿意自由地发展生产，产生了不愿意组织起来或者组织起来兴趣不大的‘单干’思想”。并且认为“这是老区互助组今年呈现涣散、萎缩以至部分陷于解体的基本原因”。提出农业生产的远大目标是现代化、集体化，要达到这个目标，在发展过程中，要组织各种各样的合作社（包括生产、供销、信用的合作社，互助组织亦是合作社的一种形式）。这是使绝大多数农民上升为富裕农民的必由之路。一方面必须反对走向集体化的急性病，另一方面必须反对放弃领导，任其自流。同时，还提出把互助合作与推广新的科学技术结合起来。1951年2月，中共山西省第二次代表会议把长治地委提出的这些问题作为重要议题进行讨论。省委书记赖若愚在会议上作的报告，支持长治地委的看法和做法，阐述了省委对互助合作运动的基本观点，并决定在长治地区的各县每县试办几个农业生产合作社。

中共中央华北局的工作人员研究了上述报告和当时苏联、东欧一些国家的农业合作社的经验，以及马克思、恩格斯、列宁、斯大林和毛泽东有关农业合作社和改造小农的论述，建议华北局派人到长治地区对报告中所提出的问题和意见进行一次调查研究。华北局领导接受了这个建议，于

* 本文收入内部刊物《当代农史研究》1998年第2期。

1951 年三四月间派政策研究室农村科长史林琪和工作人员石英以及中央农业部的几个同志组成调查组到长治地区平顺县进行调查。

华北局调查组到达长治后，首先参加了长治地委召开的 10 个互助组试办农业生产合作社会议。之后，调查组到平顺县全国劳动模范郭玉恩互助组所在地川底村调查他们试办农业生产合作社的情况。同时，分出一个小组由石英带领几个同志到界畔峻省劳动模范杨玉峰常年互助组进行调查。调查后，调查组到县委、地委作了汇报和讨论。调查组对农业生产合作社的性质和试办的必要性提出了一些问题。长治地委认为，要防止农村两极分化，提高互助组必须试办土地入股、统一经营的农业生产合作社，并指出简单协作和分工协作的优越性，以及资本主义经济发展过程中的工场手工业阶段。当时，对这些问题没有发生争论，调查组也没有反对试办农业生产合作社。后来，在地委讨论中，调查组和地委对农业生产合作社的劳、地分红的比重和社员退社能不能带走公积金这两个问题发生了分歧。华北局调查组参加讨论的有史林琪和石英，地委参加讨论的有书记王谦、副书记贾俊、专员张天翼、秘书长张军等，另有省委办公室陪同华北局调查组下乡的郭忠。调查组根据农民对试办农业生产合作社的疑虑，提出试办阶段土地分红可以高于 30%，社员退社可以带走公积金。长治地委不同意这个意见，为了保证合作社的性质不变，根据他们的测算必须坚持按劳分配部分占 70%，土地分红部分不得高于 30%；公积金是集体劳动创造的，退社一定不能带走。没有展开争论，最后华北局调查组把调查情况和分歧意见如实地向华北局写出书面报告，并按华北局的要求必须由地委在调查报告上签署意见。地委签署了意见后，调查组回到太原，又向中共山西省委书记赖若愚作了汇报。

（二）中共山西省委与中共中央华北局的争论

华北局调查组由史林琪向省委汇报，有石英参加，省委只有赖若愚一人听取汇报。汇报后，赖若愚表态支持长治地委的意见，并且简略地说明分歧的实质是如何对待私有基础的问题，提出省委将以专题向华北局报告。调查组因此没有进行争辩。回到北京，又如实地向华北局领导作了汇报。

4 月 17 日，中共山西省委向华北局写了《把老区互助组织提高一步》的专题报告。报告除重申了 3 月省党代表会议的一些意见外，并进一步指出："老区互助组的发展，已经达到了一个转折点，使得互助组必须提高，否则就要后退，必须在互助组内部，扶植与增强新的因素，以逐步战胜农民自发的趋势，积极地稳健地提高农业生产互助组，引导它走向更高级一些的形式，以彻底扭转涣散的趋势。"报告具体提出增强新的因素、战胜自发势力的最根本办法有两个：一是在互助组内按土地应产量征集公积金，增强公共积累，归全组成员所有，出组不许带走。报告认为这样做"虽然没有根本改变了私有基础，但对私有基础是一个否定因素"。"对于私有基础不应该是巩固的方针，而应该是逐步地动摇、削弱它，直至否定它"。二是成立农业生产合作社，采取按土地和按劳力两个标准分配，按土地分配的比重不能大于按劳力分配部分，并且要随着生产的发展逐步加大按劳分配的比重。报告认为："把'公共积累'和'按劳分配'这两个进步的因素，在互助组织逐步地增强，它将使老区互助组织大大地前进一步。"山西省委的这个报告，把当时讨论中的分歧提高到一个理论和战略的高度。这就不能不引起华北局领导的高度重视。

中共中央华北局得知山西省委的基本看法就表示不同意。为慎重起见，华北局第一书记薄一波曾向中共中央主持日常工作的刘少奇请示，刘少奇也表示不同意山西省委的意见，并且说待山西省委的正式报告收到后，予以批评。山西省委《把老区互助组织提高一步》的专题报告送达华北局以后，当时主持华北局日常工作的第三书记刘澜涛再次向刘少奇请示。刘少奇明确指出：现在采取动摇私有制的步骤，条件不成熟。没有拖拉机，没有化肥，不要急于搞农业生产合作社。在现有基础上组织农业生产合作社是空想社会主义。

华北局为了解决这一分歧，决定于4月下旬召开一次互助合作会议。这次会议在北京交道口菊儿胡同原华北局招待所一栋小白楼内召开，后来通称华北局小白楼会议。

会前，华北局再次向刘少奇请示汇报。刘少奇支持华北局的意见，并重申了他对山西省委的批评意见。华北局向政策研究室的工作人员传达了刘少奇的指示。

这次会议由刘澜涛亲自领导，华北局政策研究室主任李哲人主持。参加会议的，有河北省农业厅副厅长张克让、省委政策研究室周树平，山西省有长治地委书记王谦、兴县地委书记黄志刚、省政府农业厅厅长武光汤、省委研究室副主任王秀锦等，农业部有农政司司长刘定安，中共内蒙古分局、中共山东分局和京津两市也都有人参加，华北局政策研究室有史林琪、姚广、孙子英、刘西瑞等，会议的工作人员有石英等。

会议一开始就展开了激烈的争论。争论主要是围绕当前应该不应该动摇农民的私有基础，要不要试办以至推广初级农业生产合作社进行的。山西的王谦、黄志刚等轮番发言，坚持省委的意见，认为对私有基础不应该是巩固的方针，“逐步动摇、削弱直至否定私有基础”是正确的。黄志刚还以兴县劳动模范贾宝直在解放战争时期办起的农业生产合作社的实践，证明上述意见是正确的，试办农业生产合作社是必要的、可能的。华北局政策研究室和其他省的一些同志表示反对山西省委的意见。姚广针锋相对地指出，土地改革后相当一段时期内应当是巩固农民的私有制，逐步动摇私有基础是错误的。没有机械化，就不能发展农业生产合作社，实行合作化、集体化。而农业部的刘定安则同意山西的意见，认为不但要试办农业合作社，还要试办集体农庄、消灭富农。他还援引列宁关于“富农是最残忍，最横暴，最野蛮的剥削者”的话作为自己的论据。会上没人理会他的意见，而是轮番针对山西的观点发表意见。会议开了四五天，意见没能统一。4月29日，由华北局政策研究室主任李哲人代表华北局作了初步总结。

会后，刘澜涛找王谦、黄志刚做思想工作，力图说服他们改变自己的意见。但王谦、黄志刚仍坚持并保留自己的意见。

李哲人的总结发言指出，少数老区有些互助组发生涣散现象，这是事实。但涣散的原因主要不是农民的自发倾向，而是没有及时充实互助的内容，使农民增加财富。经济恢复后农民有自发趋势，并且和组织有矛盾，有斗争，这也是事实。农民的自发性是不可避免的，现在只是开始，并不严重。现在提出互助组实行按劳分配、征集公积金出组不退，动摇私有基础，增加社会主义成分，是错误的。现阶段只有保护一般私有才能克服空想的农业社会主义思想，才能发动农民的积极性。保护农民的私有制财产，这正是为了发展生产，为走向社会主义的远大前途打好物质基础。对私有不能逐步动摇，这既不适时也不策略。在新民主主义阶段，不管农村阶级如何分化，即使富农以阶级姿态出现，也不能普遍组织动摇私有的农业生产合作社。每个省经省委批准可以试办若干个，目的是研究和教育农民、积累经验、培养干部，为将来集体化做准备，但不能推广。当前最重要的还是普遍组织没有公共财产的互助组。

5月4日，华北局正式批复了山西省委《把老区互助组织提高一步》专题报告，指出："用积累公积金和按劳分配办法来逐步动摇、削弱私有基础直至否定私有基础是和党的新民主主义时期的政策及共同纲领精神不相符合的，因而是错误的。""农业生产合作社，全省只能试办几个作为研究、展览和教育农民之用。即使试办，也要出于群众自愿，不能强行试办，更不宜推广。"

5月初，王谦等回到山西，立即向省委作了汇报。省委常委召开了扩大会议，对华北局的批评意见进行了认真的讨论和研究，认为对几个问题的不同看法有向华北局申述的必要，接着讨论通过了赖若愚起草的《关于互助组会议的几个问题》的申述报告。申述的要点：（1）省委4月17日专题报告是讨论互助组和农业生产合作社内部的问题，而不是一般的讨论农村问题或农业生产问题，这一点必须首先弄清。（2）农业生产合作社，属于合作社的性质，是和手工业生产合作社属于同一性质的。手工业生产合作社有公积金，按劳分红，反对资金分红。农业生产合作社是土地分红和劳力分红同时存在，也抽一定的公积金，既承认私有基础，又肯定存在社会主义因素，是半社会主义性质，这似乎也不算错。（3）全省试办10个农业生产合作社，是带有研究性质的，不是现在就普遍推广或过渡到社会主义去，不能说是把新民主主义革命和社会主义革命混淆起来。（4）互助组和农业生产合作社限制富农，是合作社性质所规定的，不妨碍对互助组以外的富农的保护，犹如供销和手工业合作社内限制资本家剥削不妨碍私营工商业资本家的存在与发展是一样的。（5）说农业生产合作社的公积金和按劳分配两个因素，是对私有基础的否定因素，它逐渐动摇、削弱，直至否定私有基础，这也是说合作社内部，不是说合作社外部，而是逐渐加强社会主义因素，是个历史过程。这不违背共同纲领。合作社也是共同纲领所规定的5种经济成分之一。报告的最后一条提出"陶鲁笳同志在北京，希能找他谈一谈"。

刘澜涛找陶鲁笳谈过一次，并向陶鲁笳传达了5月4日对山西省委专题报告的批复意见。陶鲁笳进行了口头申述。5月6日，赖若愚和山西省委副书记解学恭又以两个人的名义致华北局，对华北局的批评进行再一次申述，认为中共七届二中全会已经明确半社会主义性质的合作社是新民主主义5种经济成分之一，试办农业生产合作社不存在违背"共同纲领"的问题。这些都没有引起华北局的注意。6月1日，华北局通知陶鲁笳参加华北局办公会议。在会上，薄一波、刘澜涛对山西省委的请示报告和申述意见又进行了批评，并要求省委再讨论一次。6月29日，薄一波在《人民日报》上发表的《加强党在农村中的政治工作——纪念中国共产党三十周年》一文，又不指名地批评山西省委。7月25日，华北局向中央作了《关于华北农村互助合作会议的报告》，继续表示不同意山西省委的意见，并将这个报告登在华北局党刊《华北建设》上。

（三）毛泽东支持山西省委的意见

在毛泽东对这场争论没有表态以前，刘少奇始终是支持华北局的意见，批评山西省的意见。7月3日，刘少奇正式对山西省委《把老区互助组织提高一步》的专题报告写了一段批语，指出："在土地改革以后的农村中，在经济发展中，对农民的自发势力和阶级分化表示害怕，并企图加以阻止或避免。他们想用劳动互助组和供销社的办法去达到阻止或避免此种趋势的目的。已有人提出了这种意见：应该逐步地动摇、削弱直至否定私有基础，把农业生产互助组提高到农业生产合作社，以此作为新的因素，去‘战胜农民的自发因素’。这是一种错误的、危险的、空想的农业社会主义思想。”刘少奇并批示，把山西省委的报告连同他的批语印发给各位中央委员和各个中央局。同时，又给中共中央办公厅主任杨尚昆写了批语，要他印发给马列学院来春耦斋上课的一班学员。

7月5日，刘少奇以《中国共产党今后的历史任务》为题给马列学院学员讲课时，批评山西省委“对农民自发力量表示害怕”。“用‘提高农业生产互助组织，引导它走向更高级一些的形式，以彻底扭转涣散趋势’，这完全是空想。农业生产互助组织提高得更高，数量就会更少。它完全不能阻止，还要增加农民自发的趋势。”“企图在互助组内逐步动摇、削弱，直至否定私有制走上农业集体化。这是完全的空想。”这种想法“在目前是冒险的，‘左’的，带破坏性的，在将来是右的，改良主义的”。“目前的互助组或供销社都不能逐步提高到集体农场。集体农庄是另外一回事，要另外组织，而不能由‘互助组发展到’，也不能由供销社发展到。”“在一定限度内的自发发展，有好处，没有危险，不要怕，不能阻止。”“一方面，是农村中广大自发势力和资本主义思想、富农思想的发展；另一方面，是互助组、合作社、国家贸易与对富农的累进税，并且还可以有工会，党的政治教育和集体主义的教育。这两种潮流要同时在农村中发展和斗争。最后，依靠国家、工人阶级，吸引农民到集体经济中来，消灭资本主义。”

刘少奇对7月25日华北局向中共中央所作的《关于华北农村互助合作会议的报告》稿作了多处修改和补充，尤其对有争论的部分修改补充得更多。他在修改补充中，强调不能由以个体经济为基础的互助组织直接地发展到集体农场。强调以国家工业化和使用机器耕种以及土地国有为条件普遍组织起来的集体农场，对于目前的农业劳动互助组来说，是一种完全新的组织，强调互助组织在长时期内，在农民中进行一种实际的集体主义教育，是将来组织集体农场必需的思想基础。

毛泽东了解了争论双方的意见以后，找刘少奇、薄一波、刘澜涛谈话，明确表示不支持他们，而支持山西省委的意见。毛泽东批评了互助组不能成长为农业生产合作社的观点和现阶段不能动摇私有基础的观点。他说，既然西方资本主义在其发展过程中有一个工场手工业阶段，则中国的合作化，依靠统一经营形成新的生产力，去动摇私有基础，也是可行的。这样，毛泽东就说服了刘少奇、薄一波、刘澜涛等。刘少奇修改的华北局7月25日给中共中央的报告没有发出，还通过赖若愚向马列学院一班学员收回7月5日下午在春耦斋发给他们的讲话稿。

9月，毛泽东提议召开一次全国互助合作会议，委托当时中共中央政策研究室主任陈伯达主持并起草《关于农业生产互助合作决议》。

后来，毛泽东在许多会议上批评了刘少奇、薄一波等的观点。刘少奇在1954年2月七届四中全会上，薄一波在全国财经会议上，对此都作了自我批评。这场争论，就这样结束了。

二、争论的焦点

这场争论，开始只是对试办农业生产合作社土地分红比重是否可以超过30%，退社可以不可以带走公积金有分歧；后来把这种分歧提高对私有基础的不同认识；进而发展成为可以不可以试办和发展农业合作社的问题，并且围绕试办和发展农业生产合作的争论，还涉及一系列基本理论和方针政策的不同意见。当时，对有的问题展开了比较深入的讨论，但对有些问题只是涉及或提出，而没有展开深入的讨论。对这场争论，涉及的主要理论政策问题，归纳起来有以下几个方面。

（一）保护农民私有，能不能“动摇、削弱直至否定私有基础”的问题

主张保护私有就不能动摇私有基础的同志认为，动摇私有是违背中共七届二中全会精神和共同纲领的，是“左”倾、冒险的方针。主张对私有制应当是巩固，也就是后来毛泽东所批评的“确保”的方针。

坚持保护私有也可以同时动摇私有基础的同志认为，保护私有不等于巩固和确保私有。中共七届二中全会和共同纲领都提出要发展半社会主义性质的合作社经济，组织以私有为基础的各种形式的劳动互助和生产合作社。这种合作社经济既是以私有制为基础，保护了私有，又是动摇、削弱直至否定私有基础。土地分红是保护私有，逐步扩大按劳分配比重就会动摇、削弱直至否定私有，合作社内部的按劳分配和公积金就是私有的否定因素。合作社经济本身就是矛盾统一体。因此，对待私有不应当是巩固方针。

（二）对农民自发势力和两极分化趋势，能不能通过互助组、合作社阻止或避免的问题

主张不能通过互助组、合作社阻止或避免农民自发势力和两极分化的同志认为，农民自发势力、农村两极分化趋势不可怕，不能阻止，不可避免，在一定限度内自发发展有好处，有利于社会生产，农村两极分化还要发展，农民自发势力还要增加，用互助组、合作社去阻止、避免或战胜这种趋势的发展，是一种错误的、危险的、空想的农业社会主义思想。农村两极分化正是将来搞社会主义的基础。现在搞合作社，富农反对，中农动摇，脱离多数。待农村两极分化到一定程度，贫雇农成为多数，再搞集体农庄。农业集体化必须以国家工业化和土地国有化为条件。

坚持通过互助组、合作社去阻止农民自发势力、避免农村两极分化的同志认为，批评试办农业生产合作社“是一种错误的、危险的、空想的农业社会主义思想”，在理论上是讲不通的，违背历史经验的。农村两极分化、农民自发趋势虽然不可怕，但对多数农民不利。无产阶级取得政权以后，不能走少数人致富、多数人受穷的道路，不能对农民不加领导，任其自发发展。通过互助组、合作社这个中间环节走向集体化道路，完全可以阻止农民自发趋势和农村两极分化。通过合作社改造小农，是农民可以接受的唯一道路，是农民解放的必由之路，是由穷变富的必由之路，达到集体化的唯一道路。马克思、恩格斯、列宁、斯大林、毛泽东对这些早有论述。中外历史都有这方面的经验。因此，试办和发展农业生产合作社是必要的、可行的。

（三）没有机械化能不能实行合作化的问题

主张没有机械化就不能办农业生产合作社的同志认为，新式农具不能改变木犁加牛马的落后状况，没有国家工业化，没有拖拉机之前，只对农具做一点改良，是不能发展农业生产合作社的。农业集体化要等机器，不等机器不妥。

坚持没有机械化也可以办农业生产合作社的同志认为，新式马拉农具和木犁加牛马有本质的区别，是技术上一大进步。初级农业生产合作社同这样新的生产水平是相适应的，是将来使用拖拉机的一种过渡。西方资本主义发展过程中的工场手工业阶段，只有工作机的改良，而没有动力机的出世，依靠工场分工就形成了新的生产力，为过渡到机器动力的现代工厂准备了条件，为什么中国农业不能靠畜力加新式农具办农业生产合作社。

（四）对富农参加互助组、农业生产合作社要不要加以限制的问题

主张互助组、合作社不要限制富农的同志认为，富农要参加互助组或互助组有了富农，应采取不干涉的态度。将来富农以阶级姿态出现，甚至有些支部、政权被富农操纵也不可怕，大一些多一些没有关系。富农固然有剥削，但也有好处，能稳定中农。农业合作社限制不了富农的发展；如果限制，反而可能被他们操纵把持。

坚持互助组、合作社限制富农的同志认为，限制富农参加互助组、合作社是合作社经济性质所规定的。如果互助组不限制富农，一个结果是互助组涣散，另一个结果是互助组变成富农的“庄园”。在互助组内部限制富农，并不妨碍对组外、社外富农的保护。

（五）实现农业集体化能不能通过互助组、合作社增加社会主义因素直接达到的问题

主张不能通过互助组、合作社直接达到农业集体化的同志认为，不但互助组、农业生产合作社不能直接走向社会主义，互助组、供销社也不能提高到集体农场。只有将来先工业国有化，然后才能实行农业集体化。要依靠政权，采取革命手段剥夺富农、取消私有制，一片一片地搞集体农庄，用一两年时间来一个革命解决问题，既不是全国一起搞，又不是逐渐搞。发展农业生产合作社，现在是“左”的空想农业社会主义，将来是右的改良主义。由互助组到集体农场是两个不同的阶段，不能把两个革命混为一谈。

坚持互助组、合作社可以通向集体农场的同志认为，通过互助组、合作社逐渐增加“公共积累”和“按劳分配”两个社会主义因素以及国家对互助组、合作社的扶植和优待，完全可以从互助组、合作社直接发展到集体农场。对农民个体经济只能通过合作社这个中间环节逐步过渡到社会主义，不能采取革命手段剥夺来实现集体化。

三、争论的实质

关于发展农业生产合作社这场争论，虽然只局限在党内领导层中进行，但它所提出和讨论的问题也正是党外广大干部和社会民主人士所考虑和关心的问题。因此，这场争论具有普遍的重要意义。

这场争论涉及的重大理论、政策问题虽然很多，争论双方的具体论点和意见也不一定都很全面，但争论的实质却是无产阶级革命运动所遇到的一个老问题，即无产阶级领导的民主革命取得胜利以后，要不要立即起步向社会主义过渡问题。西欧的老社会民主党人和俄国的孟什维克等人就主张，无产阶级领导民主革命胜利以后，不要立即进行社会主义革命，要等待资本主义充分发展以后

再发动社会主义革命，甚至提出要等一两百年以后再进行社会主义革命，即革命间断论。马克思、恩格斯、列宁则主张不断革命论，即无产阶级领导民主革命取得胜利以后，要立即把已经发动起来的无产阶级革命引向社会主义革命。俄国十月革命的实践就是这样取得胜利的。至于如何把革命群众引向社会主义革命，各国的情况不会是相同的。中国围绕发展农业生产合作社争论的双方不一定都意识到争论的实质是这样一个马克思主义原则问题。但在讨论中所暴露出的思想观点正是说明争论的实质是这样一个马克思主义基本原则问题。

反对试办和发展农业生产合作社的同志思想很明确，主张在新民主主义革命取得胜利以后，不要立即向社会主义过渡，要巩固一段新民主主义秩序，使5种经济成分共同发展，然后通过革命手段剥夺富农、资产阶级，取消私有制，一两年完成社会主义革命。他们认为，这样可以避免“打草惊蛇”，稳定富农、资产阶级，减少反抗，有利生产。俄国民主革命胜利后，政权落到资产阶级手里，无产阶级需要立即转向社会主义革命。而中国民主革命胜利后，政权在无产阶级手里，不必急于把经济落后的中国过渡到社会主义。他们认为，两个革命之间可以横插一个相对独立的新民主主义社会形态。实际上这也是一种革命间断论。

主张试办和发展农业生产合作社的同志则认为，新民主主义革命胜利，完成土地改革以后，无产阶级应当领导农民继续前进，逐步把农民引到社会主义轨道上来，可以立即实行逐步过渡，通过渐进的方法，一步一步把农民引向社会主义。无产阶级取得政权，正好为采取渐进的方法创造了有利条件。即是革命阶段论和革命发展论相结合的原则，也就是毛泽东在新民主主义革命时期所指出的原则。他在《中国革命和中国共产党》一书中说：“民主主义革命是社会主义的必要准备，社会主义革命是民主革命的必然趋势。”“只有认清民主主义革命和社会主义革命的区别，同时，又认清二者的联系，才能正确地领导中国革命。”① 他在《新民主主义论》一书中又说：“两个革命阶段中，第一个为第二个准备条件，而两个革命阶段必须衔接。”② 毛泽东在新民主主义革命胜利前夕的中共七届二中全会上的讲话，讲到人民共和国的5种经济成分时指出，国营经济要首先发展，逐步地而又积极地引导个体的农业经济和手工业经济向现代化、集体化方向发展，还要发展国家资产主义，限制私人资本主义经济。实际上，就是逐步过渡。毛泽东在人民共和国成立初期又明确指出，新民主主义秩序不能巩固，是一个过渡时期。也就是从中国的实际出发，两个革命衔接是采取逐步过渡的方法，而不是等待资本主义充分发展了、阶级分化了以后，采取骤然革命的步骤。

实际上，这场争论早在1950年就已经开始了，是围绕东北富农问题争论的继续。有的主张在土地改革后，无须有个新民主主义阶段，应立即起步向社会主义过渡，逐步把互助组提高一步，给互助组以各种可能的优待和扶助，不允许党员雇工、单干。另一些同志认为，农村资本主义一定程度的发展是不可避免的，一部分党员向富农发展不可怕，认为党员不能剥削是一种教条主义。对富农雇人买马不要限制，多数发展成中农，能够单干了，互助组缩小了，是好现象。现在的变工互助是建立在破产、贫农的个体经济基础上的，不是一个好基础。变工互助不能发展成将来的集体农

① 《毛泽东选集》第二卷，1991年版，第651～652页。

② 《毛泽东选集》第二卷，1991年版，第685页。

庄。由个体经济到集体经济，是生产方式的革命。

后来，党内一致同意逐步过渡，反对不过渡。当然，也反对超速过渡，跃进过渡。

（作者单位：农业部乡镇企业学院）

主要参考文献

薄一波著．1991. 若干重大决策与事件的回顾．中共中央党校出版社．

陶鲁笳著．1993. 一个省委书记回忆毛主席．山西人民出版社，1993.

回忆克山县土改后农村经济和互助合作发展的历史*

赵　明

我在1947年冬于黑龙江省克山中学高中部结业后，被分配到克山县政府秘书室和教育科工作，1949年8月被调到克山县委宣传部，1950年7月被任命为县委秘书，1952年县委秘书室改为县委办公室，先后被任命为该室副主任、县委委员兼主任，直至1953年秋调到中共中央东北局农村工作部互助合作处工作。

在克山县这6年，在县长、县委书记直接领导下，除了完成日常业务工作外，我以相当部分精力学习和具体做了大量的落实农村经济政策、发展农村经济和通过互助合作把农民组织起来发展农业生产的工作。

记得在1949年春天，在黑龙江省克山县政府工作的时候，在报上看到了党的七届二中全会公报，接着党内传达了这次会议精神，并传阅了毛泽东主席在这次会议上的工作报告。给我印象最深的是新民主主义全面胜利即将到来。在打倒蒋介石解放全中国和在全国完成土地改革以后，意味着反帝、反封建、反官僚资本主义的新民主主义革命的胜利，解决了中国广大人民群众与帝国主义、封建主义和官僚资本主义这个国内主要矛盾。以后的任务是逐步实现由落后的农业国变成先进的工业国，由新民主主义社会向社会主义社会过渡，逐步解决这个过渡时期国内的主要矛盾，即工人阶级和资产阶级之间、社会主义道路和资本主义道路之间的矛盾。

毛主席在这次会上的工作报告，从理论上、发展方向上和指导方针政策上论述中国农村经济。他说："中国还有大约百分之九十的分散的个体的农业经济和手工业经济，这是落后的，这和古代没有多大差别的。……古代有封建的土地所有制，现在被我们废除了，或者将被废除，在这点上，我们已经或即将区别于古代，取得了或者即将使我们的农业和手工业逐步向着现代化发展的可能性。但是，在今天，在今后一个相当长的时期内，我们的农业和手工业，就其基本形态说来，还将是分散的和个体的，即是说，同古代近似的。"在论述现状后，进一步指出：对这种农业经济和手工业经济，"是可能和必须谨慎地、逐步地而又积极地引导它们向着现代化和集体化的方向发展的，任其自流的观点是错误的。必须组织生产的、消费的和信用的合作社和中央、省、市、县、区的合作社领导机关。这种合作社，是以私有制为基础的在无产阶级领导的国家政权管理之下的劳动人民群众的集体经济组织。中国人民的文化落后和没有合作社传统，可能使得我们遇到困难；但是可以

* 本文收入内部报告《共和国农业史料征集与研究报告》第15集，2008年。

组织，必须组织，必须推广和发展。单有国营经济而没有合作社经济，我们就不可能领导劳动人民的个体经济逐步地走向集体化，就不可能由新民主主义社会发展到将来的社会主义社会，就不可能巩固无产阶级在国家政权中的领导权”。

党的七届二中全会这些思想，从此就在我的脑子里扎了根。我记得邓子恢同志1953年春在全国第一次农村工作会议上的总结报告中更具体地指出，解决农业生产和农民生活的困难有两条道路，一条是“让少数人发财致富，多数人破产贫困”的旧道路，另一条是领导农民走组织起来大家富裕的新道路。他明确指出“毫无疑义”，我们党要领导农民走这条新道路。邓老这些观点与七届二中全会精神是一脉相承的。根据中央的这些精神和我实际工作的切身体会，使我更进一步相信党只有领导农民走组织起来逐步实现共同富裕的道路，才能逐步实现社会主义农业现代化，确实是只有社会主义，才能救中国。

一、县委县政府领导教我做农村调研工作

在这6年多的工作时间，我有幸遇到了一些政治思想水平高，善于做农民群众工作，善于调查研究，善于分析、概括，又善于写作的好领导，他们是我做好农村调研工作的启蒙老师。特别是县委书记韩玉同志，跟他一起工作的机会最多，面对面地教我的东西也最多。我作为县委秘书和办公室主任，常随他下乡做调查研究。开始时，我既不会跟农民讲话，也不会搞调查研究。我记得有一次韩玉同志针对我有些怯懦的弱点说：“我们不欠谁的债，为什么不敢讲话?”并让我独立到一个屯子里去开会，逼我主动联系群众，使我逐步跟农民有了感情，不但学会了和群众说话，群众也愿意向我说心里话了。

韩玉同志每次作系统的农村调查前，都组织调查组成员反复学习毛主席关于调查研究的教导，特别是重点学习毛主席关于《农村调查》的序和跋，使我懂得了“没有调查，就没有发言权”的道理。使我终生不能忘记的毛主席的一段话是：“没有满腔的热忱，没有放下臭架子、甘当小学生的精神，是一定不能做，也一定做不好的。必须明白：群众是真正的英雄，而我们自己则往往是幼稚可笑的，不了解这一点，就不能得到起码的知识。”

在经过学习，有了正确的态度的基础上，韩玉同志又领我们起草了调查提纲，然后率领调查组驻村调查。他主持调查会，按提纲虚心向群众请教，亲自做记录。他作出样子后，再让我们独立到外屯作调查。在大家取得了应取得调查材料的基础上，他又把大家召集起来进行汇报和讨论，在初步分析、综合的基础上最后由他概括出几点结论来，引导大家进一步研究和提高认识。然后让我或别的同志起草调查报告。经过他和调查组审改后的调查报告，反映了农村经济发展的新情况和新问题，集中了广大群众的意见，因而是符合客观实际的。

每次调查，都有新事物、新观点、新概念被发现。因而每次都是在调查研究的基础上提出一些有针对性的改善工作的方针政策和措施。可见这些调研的作用是无可代替的。通过反复的、多次的农村调研工作，使我观察问题、搜集资料和分析与概括的能力，逐步有所提高。后来经过不断的农村工作实践、经常性的理论学习（如读十二本书和社会主义革命和建设的理论学习，特别是反复学习毛主席的《实践论》、《矛盾论》等）和有关写作方法等方面的学习，使我认识问题的能力、分析

概括的能力和写作水平都在不断提高。

二、连续三年参加农村经济发展状况的系统调查

20世纪50年代初，每年进行一次系统的农村经济发展状况的调查，是黑龙江省委规定的一项制度。中共克山县委认真执行了这一制度，我在克山县委工作期间连续参加了韩玉同志具体指导下的1950年、1951年、1952年调查研究工作。一般是在冬季进行，每次由县委统一组织3个调查组，分赴不同的典型村进行驻村调查，每组都由县委、县政府负责同志带队。我是跟随县委书记韩玉同志驻村调查的。我记得去北兴区民立村（互助生产搞得好，有著名的杨显庭互助组，后升为农业社）和北联区的复兴村（互助生产一般）的次数多。各组调查结束，都写出调查报告。然后县委召开调查汇报会，会上进行分析研究和概括，最后写出全县典型村的调查报告，上报省委。我记得那时得出的调查结论大体是：从1947年冬完成土地改革以后，广大农民生产积极性空前高涨，农业生产和农村经济迅速发展；多数农民的生活水平已经相当于或超过土改前的中农生活水平，他们既有继续发展生产的积极性，又有扩大再生产上的困难和新的顾虑。部分农民的生活仍比较困难，要求政府帮助他们赶上来；互助合作组织，经过5年左右的实践受到广大群众的欢迎，绝大多数农民都参加了互助组，并开始试办农业生产合作社。广大农民普遍要求提高互助合作的质量，以解决他们扩大再生产中的困难；也有少数先富起来的户，感到在互助组内受到限制而退出；有些地方的互助组出现“春插、夏散、秋垮台”等现象。当时的省委、县委都针对发现的一些问题，根据中央决议，提出了一系列进一步调动农民积极性、扩大再生产和解决农民实际问题和思想顾虑等的措施。

可惜，我当时起草并经韩玉同志详改定稿的调查报告丢失了，只有一些记忆和被省里的综合调查报告及其他有关材料中吸收进去的部分资料。现把有关内容分述于下：

1. 农民生产积极性空前高涨，农村经济迅速发展

据克山县的北联区复兴村、古北区保安村、西联区西大村、古城区胜必村4个村的调查统计，1951年的农民生产生活与1949年对比是“四增、一提高”。即耕地（开荒）增加265垧，增加12％；耕畜增加96头，增加16.3％；农具和车辆增加167台（件），增加27％～53％；新房增加139间，增加20％。农民生活提高了：新被褥增加16％～34％，细粮和肉食增加13％～22％。据黑龙江省省委调查组1952年度的《目前农村经济、农村工作发展中的新情况和新问题》一文中，列举克山、海伦、肇源3县5个村的统计：1952年都丰收，粮食总产量超过1951年的66％；据其中4个村统计，其商品粮占4个村粮食总产量的42％。5个村主要生产资料，1952年较1951年增加较多：耕地增加1.89％，耕畜增加22.58％，大车增加4.2％；农民消费资料也增加不少，布增加6.19％，棉花增加17.4％，豆油增加25.9％，农民生活消费购买力比1951年提高了16.65％。

2. 达到或者超过土改前中农生活水平的农民

达到或者超过土改前中农生活水平的农民在1950年就已占多数，到1952年已占农民总户数的70％以上。据前述5个村的调查，在1952年底，已达到土改前中农生活水平的农民，占农户总数的71.65％。这些户的劳动力占总劳力数的73.2％，土地占89.63％，车辆占87.79％，农具占

89.4%。据4个村统计，他们的商品粮占这4个村商品粮总数的87.6%。他们不仅在经济上占绝对优势，在政治上也占优势。在人民代表、村政府委员、互助组长和党团员中，他们都占80%左右。由此可见，他们已是农产品最主要的生产者，商品粮最大的提供者，也是工业品在农村最普遍的、数量最多的购买者，他们的兴衰已经影响到城乡经济的发展。

在上述农民中，已有相当一部分达到了富裕中农的生活水平。据上述5个村的统计，他们已占到总农户的23.31%。他们占有的生产、生活资料，又多，又好，又齐备。一般1户有地7～12垧，耕畜2～5匹以上。他们是农民中力量最强的阶层，也是令大多数农民羡慕的阶层。克山县委书记韩玉同志分析说，他们是农民中的排头兵，他们的动向，应引起充分重视。

整个达到中农和中农以上生活水平的农民，绝大多数有扩大再生产的要求。多数要求添车买马，增补农具，扩大再生产，希望多打粮食，撵上富裕中农。他们认为走组织起来的新道路，能解决困难，能多打粮食，基本上是满意的。生活已经达到富裕中农的一部分人，在较好的常年互助组或农业生产合作社中，得到了好处，积极扩大再生产，坚决走新道路，一部分人还积极经营畜牧业、手工业作坊和运输等。他们当中的另一部分人，对扩大再生产有种种顾虑：对政策不托底，怕将来归大堆，白干了。在互助组里，感到受限制。退组单干吧，又怕干不过来还得雇工，怕将来不知落到什么份上。因此一部分户怕露富搞假分家，或者把余粮余钱用在消费上，说什么“吃点、喝点、穿点、得点”。我记得复兴村还有的户怕“归大堆”而杀猪，大吃大喝，吃坏了，弄得全家“跑肚拉稀”。

3. 工作薄弱村状况，值得重视

在大多数农民已经达到中农或富裕中农的生活水平的同时，还有一部分农民仍处于贫困状态，也出现了个别的新富农。据前述5个村的统计：生活仍处于贫困状态的农民占总户数的24.27%，新富农占3.03%。先进村经济发展快，而且大多数户都逐步走向富裕，薄弱村则相反，而且两极分化的情况较明显。以克山县为例，先进的民立村，达到或超过中农生活水平的户早已占绝大多数，其中达到富裕中农生活水平的户就占30%多，新富农只占1.42%；而薄弱村的工农村已上升到中农或中农以上生活水平的仅占农户的55.16%（其中相当于富裕中农的只占5.32%），仍处于贫困状况的农民则占37.4%，已达到新富农的户数占总数的5.58%。薄弱村的特点是工作放任自流，党对农村的经济政策得不到落实，组织起来的工作很落后。5个村的统计，到1952年底，参加组织起来的农户占总户数的百分比，已由1951年的86.8%，增加到94.5%。而且互助合作的质量也在提高：常年组由1951年占7.43%，提高到20.35%；季节组由38.5%，降为23%；出现了4个合作社（其中一个自发社），入社农户占总户数0.7%，这些社办的基本成功。互助合作的内容也不断在扩大，开始涉及推广新技术，扩大互助合作项目，结合供销、信贷，实行分工分业，开展爱国增产运动和增加公共积累等。而其中的两个薄弱村组织起来工作，则处于放任自流、盲目发展的状态。因而互助合作基础薄弱，参加互助合作的农户只占两村户数58%，季节组占32.43%，临时组占57.46%，已有两个农业社（其中一个是自发社）。有的互助组只是为一两户大户服务的，如克山工农村，有一户有22垧地两个劳力九匹马，以他为主成立一个12户的互助组，其中无马户8户，无马户地的耕作总是排在最后，人马换工不两利，富户当组长，贫困户感到受气、吃亏。现有的互助组很多处于春插、夏散、秋垮台的状态。在这类村子里富裕农民要想扩大再生产缺劳力，贫困农民的生产生活困难，都难以得到解决。农民只好各奔前程。富裕的添车买马、雇工，开荒种地，饲养畜禽、开五坊（油、豆腐、粉、磨、糖等坊），拉脚经商。有的甚至靠购置土地、房屋和放高利贷发财。困难的只有靠借债、卖工，甚至卖房卖地以维持生存。因而这种薄弱村，经济发展迟缓，两极分化较快，贫困农民和新富农均比一般村多。可见抓好改变薄弱村面貌的工作，乃是继续发展农村经济、提高大多数农民的生活水平的一个重要环节。

从上述情况可以看出，要使整个农村经济持续发展，必须进一步消除农民顾虑，办好互助合作工作。因此1953年全省都大力抓了政策补课工作和提高互助组质量与试办农业社的工作。

三、我所经历过的克山县50年代初期农民组织起来的情况

在这个时期，我和唐桂生同志（县委研究组组长）都是县委委员，都是县委抓全县互助合作工作的主要助手，参与了互助合作全过程的工作。我还有一个经常性的任务是搜集、整理起草这方面工作的文字材料。因此到现在还留有较深的印象①。

克山县在完成土改后的1948年春，广大农民响应党的“组织起来发展生产”的号召，走上了组织起来的道路。1949年组织起来的农民户数占农村总户数的80%，1950年占75%，1951年占85%，1952年占91%。经过1951年冬的充分酝酿于1952年2月正式成立了杨显庭农业生产合作社（县试办），3月省里也在克山试办了和平集体农庄，到该年5月县试办社共达到了8个。到1953年县、区试办的农业生产合作社则达到77个，成为全省农业生产合作社办得好的先进县之一。互助合作组织的发展促进了生产的发展。1952年粮食总产为318 880吨，已超过1943年的5%；单位面积产量每垧为1.89吨，比1949年增加22%。人民购买力，每人年均为：1948年为81 000元，1949年为121 000元，1950年为235 000元，1951年为407 000元。② 全县74%以上的农民已经过上相当于中农和中农以上的生活。

克山县农民组织起来比较顺利而且有效地推动生产发展，其具体情况如下：

（一）组织起来是农民发展生产的客观需要

1947年冬完成土改后，全县农民开展了大生产运动。当时的情况是：种麦子、谷子等需要3匹马犁3个人才能配套种地（即耕犁组），即3匹马犁和赶套，扶犁、点种、压滚各1人。种大豆、玉米、高粱等扣地（即翻地），则需6匹马犁和4个人（同上）配套种地。开荒需要10～12匹马套一副犁才能拉动（详见附件《东北农作问题初步研究》）。这正如1953年中央农工部李友九等同志来克山考察时说的“这里适合于大生产”的结论。但是，土改后多数农户没有这种独立种地的能力。全县3万多农户中，仅有1/10左右的农户牲口、农具比较齐全，能够相对独立生产。而广大农户平均每户不到一匹马，相当多的农户还缺农具、种子和资金，有些还缺劳力，没有独立生产的能力。因此要进行生产，就必须联合起来，组成人马犁配套的小组。旧社会许多小农都是以插犋换

① 写这部分稿子时，还参考了克山县原县长李永海同志1993年7月3日写的《记韩玉同志在克山七年如一日开基创业事迹》一文和克山县委办公室提供的一些档案资料。

② 旧币。

工等形式联合种地的。在组织农民大生产中，政府顺应这种客观需要，发动群众组织起来。当时县委书记韩玉等主要领导同志通过召开座谈会，组织调查研究；在群众中广泛地开展了互助互济，解决缺农具、种子和资金等困难；通过群众之间的换工插犋，解决缺劳力和畜力的困难；帮助农民组织互助合作，把农民逐步组织起来。在这一过程中，凡是适合农民发展生产需要的事，就引导农民采用，否则就纠正。

（二）县委大力抓农业生产互助组的发展、巩固和提高工作

1. 在互助组中坚持贯彻自愿、互利和民主原则

在组织互助组的初期，有些农村干部为了让农民尽快把地种上，竟违背自愿、互利原则，硬性让农民联组，有的甚至按每趟房编大组，铲地时从第一家往后排，引起农民强烈不满。韩玉同志领导县委一班人，就这个问题在北兴区的北兴、民主两个村和长发区胜利村进行了调查。根据这3个村生产需要和农民的愿望，明确提出了以耥犁组为基础组织小组，以扣犁组为基础组织大组的群众容易接受的生产组织形式。实践的结果证明，这样联组既坚持自愿、互利政策和民主原则，又没有放任自流；既积极领导又纠正了强迫命令。韩玉同志把这种做法加以总结写成《关于生产小组的意见》一文，发表在1949年5月22日的《新黑龙江日报》上。

由于县委从生产需要和农民意愿的实际出发，坚持了自愿、互利和民主原则，使广大农民组织起来的积极性大大提高，全县生产互助组蓬勃发展起来。从三五户的临时插犋，发展到季节性换工互助，再发展到互助合作关系比较稳定的常年互助组。据1951年春统计：全县有互助组5 688个，其中扣犁组3 514个（包括144个大组），耥犁组1 174个。据1952年春统计，全县组织起占总户数96%强，互助组中常年组占39%，三大季组（春夏秋）占44.7%，临时组占19.2%，春耕中一副扣犁组在一起行动的占78%，其余以耥犁组或两个组联合进行生产活动。还出现了18匹马以上的大组317个。

2. 县委通过总结先进典型经验，引导广大农民学习推广

在全县互助合作运动初期，就出现了杨显庭、滕永福等常年组办得好的一批先进典型。比如全县第一名的杨显庭常年互助组；善于推广使用新农具，各项农活一直保质保量的走在前面的腾永福常年互助组；劳畜能调开扇，农副结合好，多开荒多打粮的李长福互助组；一贯巩固团结，不散花的柳和常年互助组；组长以身作则，合理评工互助互利和民主管理都搞得好的刘有山常年互助组等。他们的事迹突出：杨显庭常年互助组，从1948年成立互助组，从未散过，由于充分调动了男女劳力的积极性，充分发挥土地、劳力的作用，并发展副业生产，虽然连受两年旱灾，但生产生活上都有很大提高。到1951年底，全组16户中，有14户过着中农水平以上的生活，只有两户还停在贫农阶段（其中一户是后搬来的）。全组有86.1垧耕地和组内公有35垧开荒地，18匹大马，4匹小马，3辆车和全套新改马拉农具和5台铲耥机。杨显庭被省评为特等劳动模范。县区领导经常组织农民、干部来这些先进组参观学习。推广肇源丰产经验和各种新技术，也在这些典型组先推广。我保存的一本克山县1950年度的《农业劳动模范事迹介绍》中模范互助组就有14个。这些典型对广大农民产生了很大的吸引力，有些未入组的人强马壮户，看到这些办得好的互助组的优越性也积极地入组。在这批先进典型影响下，据1952年5月中旬统计，全县订增产计划的组、社达

50%～60%，村、屯、组展开春耕评比竞赛的达60%以上。全县种小麦比往年提前3天，种大田只用了22天，上粪施肥面积比上年增加19%。

3. 注意解决“春插冬散”的问题

在互助组的发展中，有些地方存在的一个比较严重的问题是“春插冬散”。县委书记韩玉同志和县委研究组组长唐桂生等同志深入调查研究，亲自总结而写出了《关于加强冬季互助合作运动的领导，改变春插冬散的规律》。韩玉同志又根据他检查河南、滨河二区春耕生产时，发现有些互助组不起作用，就如何发挥互助组作用问题，亲自给各区委写了专门材料，还发表了他和县委委员刘瑞生同志就整顿生产互助组问题给各区委的通报。县委还印发了《关于生产小组问题的研究》材料。在这些文件中，强调组织生产互助组要从生产需要出发，坚持自愿、互利、民主和勤俭的原则；要培养领导骨干，特别是要培训组长和会计；还要开展新道路教育，落实党关于发展农村的各项经济政策；要做好生产计划，扩大生产门路，开展多种经营，要搞好分工分业和劳动调配，搞好合理换工；实行账目公开和健全组内各项管理制度，处理好组内各项利益关系，搞好团结等。这些对全县互助合作运动的健康发展，起到了重要的指导作用。

“春插冬散”的主要原因，是没有多打粮食，没有增加收入。具体原因无非是领导骨干弱，组内生产内容单一和互利政策没落实好等，而关键是领导骨干弱，因此要加强互助组组长和会计的培训。克山县每年冬春要集中培训，提高他们的思想觉悟和领导能力。如1950年至1951年办的互助组组长训练班，多的为4期，少的为1期，一般区都办3期左右，共训练了2 174名互助组组长，占扣犁组数的近62%。培训的主要内容是如何提高生产技术，多打粮食，增加生产门路，增加组员收入；边训练边解决组内不互利、不团结等问题。经过训练提高了互助组组长对农业技术的认识；提高了管理能力，制订了生产计划，增加了生产门路；提高了对组织起来方向和农村具体经济政策的认识，解决了误认为组织起来是“归大堆”、“拉帮穷人”等模糊观念；进一步落实了农村各项经济政策，调动了广大农民的生产积极性。

克山县委从1950年至1952年每年冬春作农村经济发展情况的调查结果说明，从1948年到1952年生产发展很快，农民生活普遍提高。但还存在两方面的问题：一方面是有部分干部对党的政策宣传不全面，而且又企图以简单的办法提高互助组的急躁情绪，引起了一些富裕农民对互助组不托底，怕将来富了归大堆；另一方面，仍有自流现象，三马农户没入组的多，入了的又想出组单干。北联区复兴村1949年三马未入组的9户，1950年增到41户，党员未入组的5户。农村贫困户、老弱户受排斥和受高利贷盘剥的也比较严重。有的地方把放高利贷转为“明三暗七”，甚至仍行“大加一”等现象。

县委根据这两方面的问题，决定对广大农民进行农村发展方向和党在农村各项政策的教育。首先在党团员中先开展这种教育，号召党团员干部带头走互助合作的道路，不放高利贷，不歧视不排挤贫困户。从1951年冬开始，县劳模会、党团员干部训练班、生产组长训练班等，都把此项工作列为重要内容。1952年5月9日韩玉同志写出《继续积极的正确的贯彻新道路的教育，发挥农村一切经济的生产积极性，争取全年丰收》一文。并于5月14日至17日召开全县、区、乡三级干部及农村供销社主任参加的400多人的大会。会上集中讨论了农村发展方向，如何使互助合作运动健康发展和落实党对农村的各项具体经济政策的问题。韩玉同志在大会上提出多个大家有疑问的问题，让大家讨论。如：什么是新道路，什么是旧道路，组织起来的目的为啥，在法定范围之内雇工、单干、放贷等是否允许，怎样搞好互助组等十多个问题，引起了与会同志的热烈讨论。韩玉同志在总结时对会上所提出的各种问题，都给予了答复。着重从理论和实践阐述了组织起来走新道路的好处，走旧道路的坏处，和党在农村中的一系列方针政策。当讲到放贷等农村具体政策时，他指出“我们禁止高利贷，并不是不叫借贷，而是欢迎和提倡低利借贷；我们号召马工不应高于人工，并不是叫有马户吃亏，而是照顾其有利可图；我们提倡帮助困难户入组，并不是叫富裕户拉帮穷人，而是对两方面都有好处；我们号召卖余粮，并不是挤兑富裕户，这一方面是爱国行为，同时在经济上也增加了收入……”这次会议，通过专题讨论、领导讲课，总结和典型人物现身说法，对会上提出的问题都作出了明确的答复，使与会同志受到一次生动实际的农村发展方向和农村各项经济政策的教育。会后各区集中力量通过培训互助组组长等方式把会议精神传达到广大干部和农民中去，使广大群众进一步提高了走新道路的觉悟，对党的具体经济政策也托了底，生产积极性高涨。并通过春耕评比，开展夏锄增产竞赛，继续提高互助组质量，防止夏散。

1953年春，部分农民对发展生产仍不托底，加上部分农民有些实际困难没解决，全县约有五千垧地，有扔地（种不上）的危险。当时，县委领导和全体农村干部继续向广大农民讲解了党在农村的经济政策，以充分地发挥各种经济的生产积极性。说明多种地多打粮，对国家对自己都有好处，纠正了误认为“多种地是剥削”、“互助组内地多的剥削地少的”的糊涂观念，以及“按人背地，多者归公”的错误做法。使许多不托底，要扔地的农民情绪稳定下来，有些准备扔地的户又都种起地来了。我记得以陈俊生为书记的县委还决定，县委委员分头到各区亲自宣讲农村的发展方向、党在农村的经济政策和帮助农民解决春耕生产上的各种困难，我当时被分配到北联区。当时区委书记告诉我农民确实还有一些顾虑，有的甚至说“三马一车是个臭名”，“穷光荣、富损种、不穷不富占中等”等。我和区委书记在全区、村干部大会上，一方面大力宣传农村发展方向，一方面宣传党在农村生产、开荒、雇佣、租佃、借贷、换工等具体经济政策，说明土改后，农民勤劳致富是光荣的，有条件致富而不勤劳的人是落后的，够吃够喝不向前奔，也是不对的。三马一车不是什么臭名，是农民富裕的表现，只要在法定范围内积累的财富，都为个人所有，受到政府保护，怕露富是不必要的。既要积极地逐步组织起来，也允许单干，保护私有，保护合法的借贷、雇佣、租佃等。富裕农民入组入社，和一般农民一样是自愿的，强迫的要纠正过来。富裕农民参加互助组，是不会吃亏的。互助组主要坚持自愿、互利和民主原则，而且也解决了这些户种地缺劳力的问题，多余的马工也会得到合理的安排并取得合理的报酬。就是入社也不会吃亏，就像试办社那样，土地、马匹、大农具都作了股份，是要分红的，其他设备也会给予合理的补偿。即使像和平集体农庄那样，入社资产，按人作股份，多退少补，也保证任何人既不吃亏也不占便宜，而庄员还有自己的园田、大牲畜、猪、羊、鸡等。经过政策交底，许多原准备扔地的农民情绪也稳定下来，不仅不扔地了，还比上年多种地。北联区复兴村吴景云3个牲口，只打算种8垧地。在政策托底后说：“说实在的，3个牲口种8垧地，都不够牲口吃的，过去以为多种地是剥削呢！”结果他比1952年还多种了3垧地。一部分干部想扔地的经过教育，都首先纠正过来了。许多准备扔地的群众也跟着纠正过来了。还动员有条件的互助组，增加耕地面积，帮助解决贫困农民生产上的困难。如复兴村张福廷互助组，每劳力只勾5垧地，组长张福廷劳而苦干，因为无马怕还不起马工钱只种两垧地，还有一半小麦（省工）。马多户也有怕欠下不还的顾虑。经过组员讨论定下了：按季清账能还的当时还，实在没有的缓期拿利，大家担保的制度。于是张福廷多种了两垧地，全组比上年多种了7垧地。另一方面，以自力更生、组内调剂、自由借贷等办法为主，帮助解决贫困农民缺籽种、吃粮、马料与草等实际困难，使他们维持和扩大再生产。全县解决这方面的具体措施有五：一是自力更生，用副业卖猪等解决草料、种子。二是互相调剂有无，如吴玉林有马没劳力准备扔两垧地，而孙连阁有劳力无马准备也扔两垧地，结果一调剂，谁也不扔地了。三是宣传“提倡低利借贷，保证有借有还，保质保量，年利三分，一本常行，单利计算”。转变农村借贷“犯死证”，有些户拿出粮食、种子等外借了。四是用一部分地种省工作物（如小麦、苏子、麻子等）。五是政府发放农贷。经过这次工作，调动了各方面各种经济成分的生产积极性，基本上解决了扔地问题，使生产得到了发展。

（三）试办农业生产合作社和集体农庄

1. 县委集中力量试办好杨显庭农业生产合作社，省里在克山试办了和平集体农庄

县委在大力办好常年互助组的同时，根据省委关于试办农业生产合作社的指示精神，从现有常年组中挑选一个最好的、具备办社条件，本组又确实有办社需要和要求的互助组——就是杨显庭常年互助组。经过省委批准，在韩玉同志和县委帮助下，于1952年2月建立起全县第一个农业生产合作社——杨显庭农业生产合作社。

杨显庭互助组于1948年初建立，农业生产和社员生活有很大提高。但是再往前发展确实受到互助组形式的局限影响。诸如早种晚种、先铲后铲、先割后割、分工找零、换工不等价，组员白天干活晚上铡草喂马影响学习和休息，土地过于分散一条一块很多地半子，不能发挥新农具作用等一连串问题，都影响着生产的更快发展。在1951年秋割地时，大家就合计打开地界，一起喂马。杨显庭上北京参加国庆观礼回来介绍张贵庄合作社的情形，大家都很羡慕，但不知怎么个搞法。后来经省委宣传部李剑白部长的教育和帮助，加强了集体主义观念，解决了个别人认为搞合作社是“归大堆、大平均”等误解；解除了怕劳动不好的要尖头，怕搞不好把自己拉进去等顾虑。经过全体组员反复讨论，一致同意把互助组提高为农业生产合作社。原有15户全部入社，新入社1户（村长，可作合作社领导骨干）。当时，县委书记经常来此指导，还派县委研究组苗东升同志长期驻社帮助。他们的具体办法是：

土地：各户留下自己的园田共计6垧3亩，全社共同使用的有熟地86垧[①]1亩[②]，按地板好坏分等入股：一等地1垧作为1.2股，二等地1垧作为1股，三等地一垧作为0.8股，共计作84.7股，打开地界共同使用。另外全社公有35垧荒地。

马力：按软硬评分入股，最高的12分，最低的9分，全组18匹马共作189.5分。草料由马主拿。马全部保上险，有病不算误工。在一起由一人喂养，粪归公有。

人力：共21.5个劳力，根据劳动强弱评分，按闲忙季节订出标准分：整劳力一般的种地前干零活1天是7分，春耕和拉打时9分，铲、割地时10分。按日记分，根据劳动好坏，随时增减，

① 垧为非法定计量单位，1垧=15亩=1公顷。

② 亩为非法定计量单位，1亩=1/15公顷。

以鼓励社员生产积极性，社员有病两个月内不算误工（老病不在内）。农忙时吃饭按劳力出吃粮，由专人做饭在一起吃。妇女除侍弄自己家留的园田外，俐手俐脚的参加农业生产，挣工资不作股；有小孩的搞家庭副业，担当家中一切零活。

粮食分配：去了公粮和5%的公积金、公益金、农具折旧费、妇女工资并留够第二年需用籽种，剩余粮食人分六成五（按人的一年总分数多少分粮），马分二成五（按马的一年总分数分粮），地分一成，按股分粮，籽种按分粮办法拿。

农具：大车和一切旧农具、绳套等，根据需要收买为公有，共同使用。

领导组织：设立理事会，由5～7人组成。杨显庭任主任，李永祥（村长）任副主任，吕凤彩、周贵、孙殿文为理事，下设农业、副业、农具、行政、学习、供销等组长，另外有秘书、管理员。并建立起时事、政治、文化学习制度，闲时学习两小时，忙时学习一小时，每天读报，由学习组长负责。

社办起来后就紧紧地抓住提高技术多打粮食这一重要环节。90%的耕地都上了底肥，30%耕地上了追肥，近一半耕地间了苗。种地、铲地比本村互助组都做得好、做得快。发挥了新农具作用，小麦是用收割机收的，用脱粒机打的。秋翻地占耕地一半。劳动组织比较严密，逐步有了分工负责制，全社分两个男队、一个女队，车、马、农具都有专人保管使用；克服了春季干活时“大统套”，没分工没计划，一大早起来吵吵到太阳出来才下地的窝工浪费现象。还逐步建立起有计划的生产制度，有5年奋斗目标，有年度的、季节的、半月、十天，一小段的计划等。还注意贯彻按劳取酬原则，备耕时只记误工，每个社员只要出耕1天就记1个工。春耕时改为按人评定工分等级，实行死分活评。夏锄后，铲地、耥地、割小麦、秋翻地、托土坯、割大秋等则实行短期包工制，效果很好。社员说：“短期包工好，又出活，又不亏人，多干多得，少干少得，公平合理。”秋收分粮后，经过社员大会讨论，1953年在定额管理的基础上，实行常年包产超额奖励制，结合短期包工，实行这种办法。杨显庭农业生产合作社，思想政治工作抓得特别紧。采取了社内红旗竞赛形式，实行短期评比上“前进图”。隔5～7天就开一次检查评比会，按评比结果，把先进、一般、后进的社员分别放在墙上图表中的汽车、马车或牛车的牌子上。每个季节搞一次红旗竞赛，社内设3面红旗，在3个生产队流动。全年实行奖励模范社员制度，1952年秋收民主选出周贵等6名社员为模范社员，开大会表彰。在政治思想教育中重点解决社员中的自私散漫，极端民主，不民主家长制与保守等落后思想。增强关心集体爱护公共财产，遵守劳动纪律服从领导，依靠全体社员办好社与不断改进农业技术等的先进意识。秋后分配工作结束后，展开了全社自下而上的民主检查，在肯定成绩基础上，查出了盲目扩大公共财产，存在各种浪费和由于副业摊子铺得多了些，在一定程度上影响了农业生产等问题，社领导进行了诚恳的自我批评，并根据社员建议，提出了改进工作的计划。总之办了一年就基本成功。1952年全社种地118垧，尽管主要作物小麦、大豆遭灾，还打了623.8石粮，平均每垧5.59石，超过全村平均产量的14.1%，超过较好互助组平均产量的21.7%。副业及其他收入折标准粮141.1石。全社农副业总收入折标准粮863.64石，除去一切开支（包括1953年的种子、马料等），每个劳力平均可分标准粮13.59石。按平均每户1匹马、5垧地、1个标准劳力计算可分得15石粮。社员程和挣308个劳动日，1匹马，5垧地，分18.2石。社员高兴地说：“还是农业生产合作社好，要是在互助组哪能收到这些粮食啊！”

1952 年 3 月，省里在克山县八区和平村，试办了集体农庄。全村 108 户，土改时，有 88 户是贫雇农。旧社会地主“四霸天”统治该村，农民的处境是“给袁玉和扛活凭命由天，给吴东甲扛活是坐井观天，李殿奎一手遮天，给杨承玉扛活的叫苦连天”。土改后，农民翻了身，组织起来发展生产。66%的农民过着中农和中农以上的生活。1952 年 3 月省委派来了工作组驻在和平村，帮助农民办起了集体农庄。采取以劳动力为单位平均入股的方法。入庄的 108 户，都把自己的土地、耕畜、车辆、农具、籽种和耕畜饲料折价按各户应入的股份缴为农庄公有，多的部分由农庄退给个人，不足部分由个人逐步补齐。每户还保留一二头牛、房屋、园田等私有财产和饲养猪、鸡等。采取按劳取酬分配劳动果实。在劳动中，分队分组，“能行风的行风，能行雨的行雨”，各尽所能。什么材料也屈不着，半劳力负责打更、喂马、做饭、放牧，整劳力全部下地，52 名妇女也参加生产。在全庄开展了生产竞赛和实行了以生产队为单位的定质、定量、定时的包工制，奖勤惩懒。所以比互助组、比往年活干得都快都好，打粮多。同一垧地遭受同样病灾的小麦，平均每垧，农庄打了 3 石，互助组只打 6 斗。农庄大豆每垧能打 9 石，比 1949 年多打 2 石。全庄 1952 年 640 垧地，能打 4 800 石粮。除去公粮，种子，马料和 5%公积金，每一户可净分 30.8 石自然粮。以一户五口之家为例，除去吃穿用外，还余 18.8 石粮。平均人均收入这么多是过去所没有的。从 1949 年到 1952 年一家有两个劳力养二三匹马的户，一年收入也超不过 30 石粮。这些事实说明省里试办的集体农庄也是成功的。这两个典型的先进事迹，影响着全县互助合作，更加积极地、健康地发展。好多先进的常年互助组，暗地里为办社创造着条件，并公开向组织提出办社要求，请求批准他们办社。

2. 清理自发社，扩大试点社

在杨显庭社和和平集体农庄示范作用的影响下，有些地方未经批准就自发地组织了农业生产合作社，到 1952 年春全县已发现自发社 34 个。据了解所出现的自发社，有些办得好，有些办得差。县委为了查清自发社的情况，由县委书记韩玉同志主持召开了第一次农业生产合作社主任座谈会。在了解了各社情况后，韩玉同志着重讲了办社的目的、方针和必须具备的 3 个条件，并必须经过政府批准才能办。这 3 个条件是：(1) 有 3 年以上常年互助组的历史；(2) 有较强的领导骨干和会计；(3) 群众真正自愿，积极要求办社。他指出不具备这 3 个条件的，不能急于办社。经过会议研究，大家认为条件成熟的已办起来的，办得好的合作社有 8 个，经过县委批准并作为县委的试办社。他们除杨显庭社外，还有刘殿新、马国财、滕永福、姬富、韩德、赵清海、王颜久合作社。对不具备条件的，尽量说服动员改为互助组，继续努力创造办社条件，开始扭转了部分干部和农民在办社问题上急于求成的情绪。

3. 提高 8 个县试办社的经营管理水平

为了办好试点社，除杨显庭已派驻社干部外，其余 7 个社也由区委书记亲自抓，并派专干帮助。县委为了提高他们的经营经常掌握他们的情况、经验和问题，并加以交流，以便取长补短，逐步提高办社质量。1952 年 6 月县委书记韩玉和县委委员高玉成、县委研究组组长唐桂生和我到杨显庭合作社召开座谈会。区委书记、社主任、劳动模范、妇女主任共 57 人参加。与会同志听取了杨显庭社的介绍，参观访问了田间作物、社员劳动和社员家庭生活情况，观摩了社员评比先进情况。通过参观学习并交流了提高经营管理水平和加强政治工作的经验。会后，学习杨显庭、社比组强成了农民的舆论中心，特别是这 8 个试办社，都在努力把自己的社办好。1952 年 8 月县委派工作组深入8个试办社，对其经营管理情况进行调研和帮助，进行初步总结。然后召开县委及有关部门参加的会议，进一步总结试办社的经验和要解决的问题。会上讨论确定全县在现有8个社的基础上，1953年计划试办73个社。要求各区委书记亲自动手试办，认真学会办社。在思想上、组织上和物资上准备好区级开展试办社工作。

1952年12月为了搞好试办社的分配工作，由韩玉同志和我带领工作组和区干部、社主任、会计28人，深入古城区姬富、滕永福二社进行年终分红工作试点。在学得经验后，各村普遍进行了年终分红工作。从分红结果看，8个试办社基本是成功的。有7个社的粮食产量比互助组高3%～21.7%，超过全区平均产量10%。杨显庭社最突出，前已述。赵清海社，每户纯收入粮食19.82石（每石240斤左右）。有4个社分红后买进马10匹。这些社都充分发挥了劳动力的作用，过去一向不下地干活的北大荒妇女，也下地干活了，开始撑起了半边天。老弱和半劳力也有活干了，开始做到人尽其才，地尽其力。社员思想变化大，人们之间关系更融洽，团结合作，关心集体的精神大为增强。由于地连片，统一耕种，增加了耕地面积，提高了土地利用率；新式农具也充分发挥了作用；改进耕作方法和推广新技术的工作成绩也很显著。

4. 整顿薄弱生产合作社

1953年县区共试办了77个农业生产合作社。这些社“生产好，摊子小，浪费少”。群众也认为合作社“生产好，前途大，矛盾小，不吃亏”。从领导上看“社数多，经验少，抓包工多，抓教育少”。因此全县还有19个社窝工、旷工多，社员思想混乱。有的铲耥慢，有扔地危险。1953年7月1日由县委书记陈俊生同志主持的农业生产合作社座谈会上，除研究了区委如何进一步领导好试办社外，并帮助各区委逐个地研究了薄弱社的问题和解决办法，会后各区委都派了区委委员和较强干部去进行整顿。

从经过各区委整顿的薄弱社看，这些社主要问题是骨干力量弱，又互不团结，工作不负责任。如颜儒合作社的社员分3派，骨干弱，统一不起来，大仗就打了6次，把主任都急病了。该社生产没计划，社员干活松懈，窝工浪费多，铲耥进速慢。其次是建社后马租和使马、病马、社员家的活、劳动纪律等具体问题处理得不当。在整顿这些薄弱社中，工作组注意个别访问，了解存在问题，然后同群众研究如何解决。如丁振财合作社，社员们说“我们不成问题，你把主任和管委会那帮人整好了就行”。解决这类问题，主要是通过个别谈话，召开理事会和党团员会，总结工作，提高干部、会计管理水平和解决干部之间不团结问题。然后召开社员大会，向有关干部提出批评，这些干部和歇工多的社员都进行了自我批评，表示今后一定改正。在此基础上提出进一步搞好合作社的意见，并评选了模范社员，树立了榜样。接着处理社内存在的实际问题。如徐振东合作社纠正了马租过低的偏向。经社员讨论决定：把原来一等一级的马由3石租提高到5石，全社的马共分3等6级，每级差3斗，每等差8斗。社员家里使马等问题，也都做了合理解决。然后理事会分了工，列出下步生产计划，适当地调整了劳动组织，建立了责任制，有的社实行了小包工。经过整顿，社员没有无故歇工的了，干部也各负其责。郑万有合作社，原来有12垧地要扔，这回由妇女下地薅出来了，社主任也增强了办好社的信心。

1952年10月，县委在连续3年农村经济发展调查和5年来互助合作运动发展总结的基础上，制订了《克山县五年农业生产发展计划》。这是县委书记韩玉同志亲自召开县委会等会议听取了各部门提供的情况和规划意见后，在县委深入讨论基础上，由韩玉同志概括出纲目，由我起草，最后由韩玉同志详改后定稿。其中对农业生产合作社也作了详细计划。该计划，在1953年后又经新任县委书记陈俊生同志根据实践经验，作了部分修改。计划的主要指标是，到1957年粮食总产量比1952年增加1.24倍，1952年粮食单产为每垧1 533千克，到1957年达到4 436千克。为此到1957年新农具要达到1 500套，部分使用拖拉机，改变耕作方法。普遍地大量地推广肇源丰产经验——“等距、间苗、保苗、分期追肥的经验”①，同时要提高粪肥质量，到1957年全部大田都上有底肥；要推广大豆、苞米、小麦等优良品种；要提高耕种质量，推广优良马种。农村经济的发展还要增加运输力，现有9 696辆车中，花轮车占8 300辆，所以计划5年后全县汽车达150辆，胶皮车达到1 000辆。5年内还要增设国营农场一两个，每区建立1个新农具修理站。5年计划中，还计划推行速成识字班，3年内让全部青壮年农民都识字。到1957年全县适龄和超龄儿童基本入学。每村有3个图书馆，每户订1份报纸。对改变农村个人卫生、环境卫生和消灭地方病，也提出了要求。要求改善农民居住环境。现在每户农民有住人房子1.3间，人均0.3间，40%都是厢房和马架，争取到1957年90%以上农户能住上比较宽敞的砖瓦房。

克山县农村经过5年（1948—1952年）的组织工作，以及1952年和1953年广泛地进行农村发展方向教育，有力地推动了全县农村经济的发展。一方面纠正了部分干部和农民中的平均主义和急于求成，不顾条件盲目办社办大组，引起农民不必要的顾虑；另一方面纠正了放高利贷等违背党的经济政策的资本主义自发趋势，特别由于互助合作发展，解决了一些户或缺乏劳力或缺乏畜力、资金等实际困难和对党团员与干部专门进行党的基本知识和农村发展方向教育，使他们的觉悟不断提高后，雇工等情况大大减少了。据8个区统计：1951年雇工的党支部书记7名、村长21名、党员37名、一般农民348户；1952年没有支部书记雇工了，村长雇工减少到4名、党员8名、一般农民87户，直接放高利贷与马工高于人工的现象不见了。但在农村中，仍有25%农民停留在贫农生活水平，又出现1%的富农经济，2%～3%的雇农。农村一方面仍有部分富裕农民对发展生产存在顾虑和误解；另一方面，资本主义自发趋势仍在滋长。

在这种形势下要巩固和提高互助合作的质量，充分显示出比富农经济的优越性，使互助合作运动健康地积极地向前发展，就要继续加强对干部群众农村发展方向和农村经济政策的教育，充分调动各阶层的生产积极性，大力增加农民收入，以保证5年农业生产发展计划的完成。

克山县的县级干部在1952年已取得试办的经验。计划1953年使全县县、区干部和一部分村干部也取得经验，需要全县农业生产合作社办到100个。1954年是农业合作化的准备阶段，使全县村级干部都取得经验，全县计划办374个社。1955年则大量推广，全县合作社应达到1 000个，农业生产合作社将成为互助合作的主要形式。1957年要达到1 300个，全县合作化即已完成。

在实施5年计划中新老县委强调要抓好以下工作：

（1）要在健康办好现有社，充分发挥其优越性的基础上，积极地稳步地搞好区级试点，进而搞好村级试点，然后加以推广。在这一过程中特别要认真提高经营管理水平，争取使社员收入超过富

① 1952年冬或稍后，县委派我带领县劳模和县区村干部有关领导干部，赴肇源县参观学习其丰产经验。后来陈俊生书记又派我去推广丰产经验好的杨显庭农业生产合作社，筹备迎接全县劳模和区、村干部到该社参观学习丰产经验的表演。事后我写《教育群众的好办法》一文，登在《黑龙江日报》1953年5月9日二版头条。

裕中农水平。同时对那些薄弱社和自发社及时加以整顿，基本具备办社条件的就要大力帮助办好，不具备条件的则说服改为互助组为办社创造条件。总之，既要积极领导稳步前进，也要及时防止和纠正消极等待思想和急躁冒进情绪。

（2）对每个新建社要严格地审查条件，这些条件是：①户数变动不大的，有集体劳动和民主互利习惯的常年互助组，同时基本以原组为基础建社，防止盲目扩大组的偏向。②必须要由本组的骨干分子来领导，他们应具备两方面条件：一方面有组织集体劳动的经验，能贯彻互利原则，并能实行民主管理；另一方面觉悟较高，办事公正，威信较好，有说服教育能力；此外，要有3名左右觉悟高、劳动积极、有一定能力的“骨干分子”（包括一名妇女队长）和1名会计。③完全自愿，不是少数骨干的自愿，而是多数群众的自愿（包括多数社员家属在内）。同时允许本组组员不参加社，防止不问同意与否要求组内百分之百户入社。

1953年9月全县要求建社的互助组有142个，质量较好，多数合乎条件。其中只有两个不是常年组，9个组无党员、团员骨干，骨干分子和群众都要求建社的95个，只是骨干分子要求建社的有47个。

（3）大量培养农业生产合作社的骨干，是加速合作化的关键。培养的主要方法是：每年要预定下一年具备办社条件对象，每个社预定3人，通过每年按季节召开的4次农业生产合作座谈会吸收他们参加，每年冬与来年春举办“办社骨干培训班”两次。计划1953年训练1 644名，1954年训练1 800名，1955年训练1 900名，对其中的会计与技术人员要专门进行专业训练3次以上。

（4）不断提高互助组的质量，鼓励其为发展农业生产合作社创造条件，特别要加强对比较困难的互助组和部分仍停留在贫农生活水平的户，加以扶助。帮助他们搞好生产，逐步地使其过上中农或中农以上的生活水平。同时要正确执行改造二流子，土地、畜力买卖登记和合理负担等政策。

（5）要对广大农民和基层干部连续地、反复地进行农村发展方向和党在农村经济政策的教育。试办农业生产合作社以至整个农业合作化过程是进行合作社前途、优越性、性质、目的的教育过程。教育的形式可以多种多样，如上课，开会（党团员会、社员会、家庭会等）、参观访问、社员思想变化典型介绍、边提问题边讨论边解决问题和通过工作总结和部署工作等。无论哪种形式，都必须使理论联系实际，从实际出发，切实解决问题。通过教育提高农民的社会主义思想觉悟，增强集体观念，克服保守思想。要经常针对部分农民的思想顾虑，正确宣传农村发展方向和现实的借贷、雇佣、租佃等具体政策，以继续发挥各阶层农民生产积极性，繁荣农村经济。

我于1953年8月中旬，奉命调东北局农工部互助合作处工作。后来得知，在新县委领导下，克山的互助合作运动蓬勃发展，提前完成了5年计划。

（作者：农业部原人民公社局局长）

附件：

东北农作问题初步研究[①]

燕　凌

东北的农作和关里的有极大的不同。我在明水县[②]三区曾找了6个“打头”的老农民开座谈会请他们给我讲东北的农作。他们有时也各有一套，彼此说法也不一样。我自己对农作实在是个门外汉。现在，只提出一些他们的意见近乎一致的问题，特别是和目前群众彻底翻身斗争及春耕准备有关的，供大家研究。

一、土地与牲畜

曾扛了二十八年大活，又是有名的“打头”的李天福愤恨地对我说：“地主真奸心！斗不过理，地给你，牲口他拉走，总想不叫咱穷人翻身！”

他告诉我，在东北如果没有牲口，熟地也要撂荒。因为土地寒（地冻五尺深）、地沉（土质黏）、地皮硬，并且土地多（一口人可分一垧），锄头解决不了问题。因此，没有人像关里那样用人工锄地，就是四头大马套一副犁，如果畜力较为软一点儿的都不顶事。

种地，分三类：（1）开生荒：至少要10个、甚至12个牲口套一副犁才能拉动，要有开两副犁的换班，一天也只开约1垧。（2）扣地：就是翻地。例如麦子收割后，当年就翻地，次年再春耕；但有些如高粱、苞谷米等，在春耕时才扣。扣地，关里只用1个牲口，2个人，但东北用的是大铧，至少是6匹马，4个人（1个赶套、1个扶犁、1人点籽、1人压滚）。首先是把去年的垄破开，点上籽，再回来深深的翻一遍把籽盖上。这样来回翻，一天一般的能种一垧地。据说：去年的撂荒地，扣起来，将更费劲。（3）耲地：去年扣过的地，今年春耕拉成垄点下籽就叫耲地，种小麦、谷子都是这样，只用3个牲口，套耲耙，4个人（赶套、扶犁、点籽、压滚各1个）。有的因为牲口不够，就用锄头先刨了高粱、苞谷米等的茬（又可当柴火），然后只耲地，而不扣地；但是只耲不扣，没有彻底翻扣垄台高，因此，收成不如扣过的地多。

田野上，我们看见整整齐齐的垄沟，庄稼，就长在垄台上。不论种什么，都非开垄不可；这些田垄，约2尺宽1尺半高，原因是：一是抗寒：西满这地方就是到了铲草的时候，地里也只不过是尺把深，为了保存温度，故翻起了温土修高垄。垄高，见阳光，庄稼就长得好。二是抗雨：有时候雨水大，地土黏不易浸，垄低，水就会把根冲出土外，让太阳晒死。垄高，沟深，即可以护根，又

① 原载《西满日报》，1948年3月12日一版。

② 明水县的农作与克山县相同。

可以保存水分。三是抗风：西满风大，有时会刮倒庄稼，庄稼刮倒主要是根底浅，西满地皮下的土硬，庄稼的根不易发展而根又长（高粱根有尺把长），如果垄大又高，使根好伸展蒂固，就刮不倒。因此，除了小麦，其他大田铲一次草，就要用 3 个牲口 1 个副犁耥一次（即把垄沟的土再培高垅台），每年应该铲三四遍（过去也有铲一二遍的，但是，少铲一遍，至少每垧少得 5 斗粮），铲 3 遍，耥 3 遍，没有牲口就不成。

所以，不少顽固地主只交地，不愿交牲口，这不仅仅是尽力保存他的不义之财，主要的，是使农民不能翻身。这就不难了解：为什么成千成万的农民男女老少都冒着风雪白天黑夜去查黑马黑地。

二、肥料与农具

从前土地不是农民的，打下的庄稼也不是农民的，因而农民对上肥就不那么积极，有些地 3 年才一上粪。地主的土地多，又不拾粪，所以就只有扬粪，他说："扬粪来年见利。"其实，肥料都糟蹋了。

上肥，最好是点粪，跟着牲口点籽上粪，牲口快，怕跟不上，可以春耕前抓紧时间把粪早送到地里，然后，肥料顺着垄先点，男女大小全可以参加。这样的点粪，农谚说"当年得利"。如果同样多的粪，点法则比扬法每垧至少要多得粮一石，这也是一种细做法。但是，想多得粮，最好是多上粪；一垧地，最好上 15 大车，一般的，只上七八车，比起来，少打 1/3 的粮食。今年，地是农民的了，增产也全是农民的了，所以，大家都抢着拾粪，对翻了身的农民，目前应鼓励积肥。

再谈一谈农具。这个报上谈得很少，分果实中也提得很少，对于农民，这也是个大问题，值得大家注意！在西满种地，如果仅靠一种农具不能种好庄稼，要准备好几种农具。一般的，有开荒的大铧（重 28 斤），种麦子的铧溜（狭长，约重 3 斤），扣地的大铧（宽 1.2 尺、重 8 斤），耥头遍用的铧板、二三遍用的接四铧，还有耰铧、耰耙、与铲草用的锄头、收割用的镰刀。开始翻身的穷哥们儿买不起这些农具。因此，在分果实时，换工时，要和农民讨论解决这个困难。

三、春耕与换工

此地春耕短。关里拿河北来说："九九加一九，犁牛遍地走。"东北则"清明忙种麦，谷雨种大田"。关外开始种小麦时，关里的大田已长出三寸苗；关外大田下种时，关里已抡着锄头铲头遍草了。并且，东北的春耕时间短，即便从种小麦开始算，长也不过是 25 天至 30 天，关里则有两三个月长。再加上东北的土地多。（关里每人一般是四五亩，关外翻了身的农民男女老少平均每人约得一垧地）所以，春耕在东北都是近乎抢种。牲口少、春耕期短、土地又多，在这种情况下，就给换工队提供了许多新问题。

换工，问题虽然很多，但是今年的换工主要的问题是牲畜。从前，土地集中在地主手里，牲口也集中在地主手里，所以牲口不成问题。今年，土地和牲口都分给每个农民，但是有些是几家一个牲口，即使一家一个吧，一个牲口单独也不能种地，要联合换工。换工主要是解决牲口问题，在穷哥们儿方面是比较好说话，但是现在畜力较富裕的是富农和上中农，因而在换工中应特别强调对双方有利，这一点，特别要向富农、中农多作解释。有些县屯早已注意这个问题，在斗争结束时分地分房中和富农、中农等换牲口，这是一个好办法。地是有钱买不到的，富农、中农都乐意换，但应注意，不要只为了要牲口而使农民少得了地。

组织换工队应注意的是组织不应太大。在关里都是锄头手好集合，可以组织大换工队。但在东北都用牲口就不易大集合，套犁，就更费手续，如果集合才出发，那就会误工。并且，又因为是近乎抢种，太大的组织，先下种的和最后下种的收获就相差很远。东北原有换工大都是两三家，这是值得研究的。换工队以自愿为原则，划分小组，为最适当。

换工队还有一点应注意的是如何节省人力和畜力，争取多生产。现在，明水县有些换工队决定扣地耲地结合，9 个牲口 6 个人一组。3 个牲口 2 个人先破垄（他们专负此责），后面 6 个牲口 4 个人扣地，把土翻起培高垄，只走一次不回头。这样一天至少能种 2 垧地。如果分开，6 个牲口 4 个人能种一垧地，联合则 9 个牲口 6 个人能种 2 垧地，一天种 2 垧地即提高了劳动率 33%，那全东北全春耕期，最少即可增加耕地总面积 33%，这是一件大事情。希望同志们也研究这个问题。

关于农业合作化的回忆*

吴天锡

1950年初，全国范围内的农业社会主义改造运动揭开了序幕。在广大的新解放区内，中国共产党领导劳动农民建立农会，在开展减租减息群众运动的基础上，先后进行了土地制度的改革。在已土改过的老解放区内，1 130多万农户在“自愿、互利”原则下，组织了各种形式的农业互助合作组织，参加互助合作组织农户已占全国总农户的10.7%。同年12月，中共中央作出《关于农业生产互助合作的决议（草案）》，鼓励农民在实现“耕者有其田”后，趁热打铁，组织起来，走共同发展、共同富裕的道路。

到1952年春季，全国范围内的土地改革运动基本结束。3亿多无地少地农民，分得了7亿多亩地，实现了“耕者有其田”。劳动农民的生产热情高涨，为发展农业生产，改善城乡人民生活提供了条件。新分得土地的农民，为了克服生产、生活上的种种困难，学习老区经验，也纷纷组织起来。到1952年上半年底，各地组织起来的农户占各地总农户的比重：东北区80%、内蒙古区70%、华北区65%、西北区60%、华东区33%、中南和西南（除西藏自治区）区各占18%以上。全国已建的劳动互助组600多万个、农业生产合作社4 000多个。

当时的农业互助合作组织的主要形式是：

（1）简单的、临时性或季节性的劳动互助组，其规模较小，一般是三五户，实行忙时互助，以工换工；闲时解散，其收获全归自家所有。

（2）常年互助组，土地仍是私有，但在生产过程中，统一组织劳动，进行技术分工，有的还实行农、副业结合，或有少许公共财产；主要仍是换工互助，绝大部分收获归己。

（3）以土地入股为特点的初级农业生产合作社。土地统一管理；建立了分工分业的劳动组织；实行按劳分配和土地入股分红相结合的分配办法，并提留少量的公共积累（公积金和公益金）。

（4）土地和其他主要生产资料归集体所有的高级农业生产合作社。其经营管理办法同初级社一样，实行统一计划，统一经营，但完全按劳分配，按一定比例提留公共积累；社员还拥有不超过5%的自留地，主要用于种菜和饲料。

坚持“自愿、互利”原则，通过典型示范，循序渐进的做法，全国农业合作化运动逐步在农村中推开。到1955年上半年，全国各地已有7 731万农户加入了各种形式的互助合作组织，占当时全国总农户数的64.9%。互助组共714.7万个，入组农户6 038.9万户，其中40%的组是常年性的；还有1 692.1万户参加了农业生产合作社，占全国总农户的14.3%，主要是初级社；同时，各

---

* 本文收入内部报告《共和国农业史料征集与研究报告》第12集，2004年。

地还试办了高级社 529 个。

这一段时期，我一直在农业部农政司（后改为合作事务管理局）工作，做过一些有关农业合作化运动的调查研究。根据我的体会，这一段时期内全国农业合作化运动的发展是比较健康的。其主要原因是：①广大劳动农民为了克服生产困难，并不断发展农村生产力。②走共同富裕的道路，防止小农经济状态下的两极分化。③农村供销、信用合作社的相继建立，起了推动和促进作用。④有一系列好的方针、政策，如“自愿、互利”原则，典型示范、循序渐进的方针等。⑤中央和地方都加强了对农业合作化运动的领导。现就这 5 个方面，根据当年下乡工作报告的底稿、原始记录等，把我的体会整理如下：

一、组织起来克服生产困难，并不断发展农业生产力

1. 土改后，广大劳动农民生产热情高涨，但他们普遍缺少耕畜、农具和资金，只有联合几家人的力量，才能进行生产。1950 年秋后，我在江苏省宜兴县白茫乡乙字村参加土改。当时乙字村 200 户，3 000 多亩地，新分得田地的农户，耕畜、水车、农用船都极为缺乏，一头牛负担耕地 100 多亩，肥料也不足。春节还未过完，农会积极分子民兵周义青等，就自发地组织起来，以农用船为中心，三五户组织在一起，到附近河湖去挖河泥，积造肥料；春耕时，又以牛具为中心组织互助组，按时完成春耕活动。从乙字村的生产实践中，我初步感受到，劳动农民有一种天然的互助合作激情，关键在于领导。

2. 当时，社会上正在就“是先机械化，还是先合作化”进行激烈辩论。带着这个问题，农政司派邢毅同志（农政司生产运动处处长）带领我们去东北作实地考察，先后在辽宁省沈阳、黑龙江省尚志、龙江、克山等地十多个村调查研究。黑龙江省早在 1947 年就进行了土改，经过几年恢复和发展，一般农户拥有 1～2 匹牲畜（主要是马），还有 10%～20%的无畜户。而春耕种地时，至少需要 3 匹马组成一副耥犁（即在垄沟把土耕开点种），要有 5～6 名劳力才能把地种上，维持过去的生产水平；如果想要多打粮食，则须使用扣犁种地（即把垄翻下，改垄种地，一般比耥犁耕种能增产 20%～30%），要有 6 匹马和更多的劳力；如果需要开荒扩大面积，则需用 9～12 匹耕畜。因此当地农民必须组织起来，合作种地。当地干部、群众都说：“机械化要花大量资金，近几年都攒不够，还是从实际出发，先组织起来再说。”这里的群众组织起来，既是为了克服生产困难，也有发展生产力的想法。

3. 20 世纪 50 年代早期，在抗美援朝的战争环境下，农业合作化运动是同爱国增产运动结合进行的，二者相互促进。到 1952 年，全国农作物播种面积已达 21 亿多亩，比 1949 年增多 4 亿多亩；全国粮食和棉花产量，已分别达到 3 087 亿斤和 2 607 万担[①]，都已超过我国历史上最好的年成。同时，经过摸底调查，发现我国可开垦荒地资源有限，而且大都分布在边远或交通不便之处，一时难以开发。于是，可把增产的途径放在推广实用技术提高单位面积产量和改变当地生产条件扩大复种面积等方面。这时，群众参加互助合作组织，主要是为了发展农业生

① 担为非法定计量单位，1 担＝50 千克。

产力。

1951年10月，我随王兆荃（经济作物局专家）等同志去陕西韩城、大荔、华县等地调查。大荔县谢家坡劳模张星斋叙述他筹办合作社的经过："我们这里沙土多，不长庄稼，但村里有个老上中农，打了口井，又养了家畜，粪大水勤，他种了几亩棉花，日子过得挺美。富裕中农能办到的事，我们几家合力来办，也一样可以办到。于是，我联合了12家，先是组织劳动互助，打了口井；过年我们又酝酿办合作社，把地归到一起，安排好茬口，多上些底肥，也种棉花，现在棉、粮产量都超过了那位老上中农。"

1952年6月，陕西兴平县窦马乡农民赵近礼的旱地小麦亩产超过600斤。我和陕西省农业厅同志一起去验收，并总结他的丰产经验。赵近礼是土改后新发起来的"上中农"，土地较多，他平时又钻研种地技术，实行了合理轮作，在苜蓿茬口上种麦，选用碧玛一号良种，深耕密植，合理中耕，因而创造了当时全国旱地小麦亩产的新纪录。赵近礼受中央奖励后，轰动了全县，窦马乡在当年秋种时，掀起了互助高潮，赵近礼也带头筹组了常年互助组，进一步实行土地连片种植，把所有农作物的茬口都倒顺了。

1953年夏季，河南省武陟县劳模李恩同互助组创造了小麦大面积丰产纪录，我和中南局农林部的同志一起去总结经验。主要做法是：集资购买解放式水车和七寸步犁，把部分旱地改成水浇地；贷款扶助组员养猪积肥，底肥足，追肥合理；选用良种。他们听了陕西赵近礼的倒茬经验，就酝酿办社，准备把土地统一经营起来，实行合理轮作。

接着，我们又去江西万载县新乐乡等地考察水稻丰产经验。新乐乡有刘继生、钟全仕等11户早稻亩产700～800斤。其主要经验是：组织起来兴修农田水利，合作车水，保证用水需要；组织起来改良土壤，改造冷浸田；选好作物茬口，丰产田前茬都是红花草子；组织起来防治病虫害，选用南特号良种。该县县委认为，主要经验就是组织起来，把两年三季改造成一年两季，或是两年五季（其中一季绿肥）。

从1952—1955年上半年，我还多次去山西长治、大同和山东烟台等老区考察农业合作化情况。其中，平顺县西沟李顺达、川底郭玉恩、羊井底武侯犁等劳模领导的合作社，有多年劳动互助，生产救灾的经验；建社以后，又兴建梯田、栽种果树、林木，发展牛、羊，实行分工分业，办农民技术夜校，推广实用技术，充分显示了合作社的优越性。尤其是郭玉恩摸索出来的"包工、包产"办法，对管理集体经济、保障按劳分配有示范作用。

1954年春季，随赵纲处长（农政总局合作处）去江苏、四川等地考察农业合作化运动情况。江苏省在丹阳县珥陵地区投资兴建的8个水电提灌站，可灌溉13万亩稻田，解决了历史上经常受旱减产问题，推动该区办起了60多个合作社，增加了复种面积，提高了单产，由1950年的200斤增加到1953年的500～600斤（其中水稻400斤、小麦200斤或黄豆160斤），社员收入一般倍增。随后，又到四川长寿县向金全合作社调查，该社是由于群众迫切要求兴修水利而办起来的。他们把原来灌冬水的田，分别改造成山湾大塘，利用腾出来的冬水田种一季越冬作物，增加了粮食产量；推行社有户养办法，扶植社员养猪，增加了肥料；合理整修梯田，合并田块，改造低产田，使生产条件大为改善，比周围互助组产量高出30%。以上许多事例表明，劳动农民为了发展生产而组织起来，而合作社的集体经营，又把当地农村生产力提高了一步。

二、走共同富裕道路，防止了小农经济必然会产生的“两极分化”现象

在农村经济迅速恢复和发展的同时，许多地方相继出现“中农化”现象；并且某些地方在土地买卖后，出现占有不均，雇工和高利贷等现象，农村出现了“两极分化”的苗头。从这个发展趋势看，有必要加速农业互助合作的进程，引导社会主义的生产关系，逐步占领农村阵地。

据东北农业部汇报，由于连续几年经济生活水平上升，1951 年，全区已出现“中农化”的趋势。据对克山、蛟河、凤城等 7 县 17 个村 3 450 户的典型调查，已有 2 293 户即相当于 66.46%的农户，其经济生活和生产能力达到或略有超过土改时的中农水平。又据黑龙江省阿城、勃利等 6 县 6 村 2 102 户的典型调查：1951 年初，这些户拥有的耕畜，比 1948 年土改后增加 65%，大车增加 66%，大型农具增加 49%。6 个村中 68.1%的农户经济生活，相当于土改时的中农，有 300 多户盖了新房。华北地区的山西、河北等地农村的典型调查，也有类似的“中农化”趋向，当时农村流行“三十亩地一头牛，老婆孩子热炕头”的说法，反映了“中农化”后农村群众的思想动态。1953 年，我去江西万载新乐乡调查时，据报“土改两年多后，约 60%的农户生活已赶上土改时的中农水平，有一半左右的农户生产能力相当于土改时上中农的水平”。1954 年，我在江苏宜兴、陕西长安、四川郫县等地调查时，也有类似“中农化”现象。这里不再一一列举。而当时，这些新区的农业合作化运动，在某些点上已有声势，面上的情况还是比较滞后的。

“中农化”是土改后农村发展的主流。但是，在某些地区也出现贫困户土地被富户收买、兼并，雇工剥削和高利贷复活等现象，农村“两极分化”的苗头开始出现。1951 年，黑龙江省反映，某些富裕户的耕畜发展过多过快，出现“马背地”的现象，该省著名劳模王振堂家有 7 匹马，他领导的合作社实行畜力顶股分红办法（该社按劳分配 50%；入股畜力分红 35%；入股土地分红 15%），一匹马可以分得 1.8 石粮食。农村雇工现象也已出现，据华北局 1952 年在山西等 8 个村的典型调查，雇长工、短工的 475 户，占典型户总数的 20%。河北省大名县著名劳模张希顺，因为雇工搞副业赚钱，被清除出党。尤其引人注意的是，在土改后因缺少劳力、进城就业、劳力生病等多种原因，出卖土地的事例也时有发生。据山西省委 1950 年在武乡 6 个村调查，1948—1949 两年有 139 户（占 6 个村总户数的 11.8%）出卖土地 410 亩（占 6 个村总土地面积的 2.28%）。又据山西忻县地委 1952 年在 49 个村的调查，出卖土地有逐年增长趋势，这 49 个村 1949—1951 年 3 年间共出卖土地 10 748 亩，其中 1949 年占 4%，1950 年占 37%，1951 年占 51%还多。土改后，农村资金极为缺乏，高利贷现象重新抬头，在沿海经济发达的农村地区尤为猖獗。1954 年，我到江苏宜兴调查时，县委反映高利贷流行，“一般利率是春借 1 石黄谷，秋后还 1 石白米”。

这些现象虽然只是苗头（据东北、华北等老区反映，新富农占当地农户总数的 1%～2%），但其影响不小。因此，许多地方都在爱国增产竞赛运动中，抓紧教育农民走组织起来之路，实现共同富裕。1954 年 5 月，我在四川长寿（现划归重庆市）邀请前进、金星等 12 个试点社干部座谈合作社财务分配问题，各社会计带账参加，据当时汇总统计，社员收入普遍比入社前大幅增加，而且比

邻近单干农民平均增收20%～30%。邻近村未组织起来的农户收入很不平衡，少数富户人均收入800～900元，而不少穷户人均收入在100元左右；合作社收入，以按劳分配为主，加上土地分红和自留地、家庭副业收入，最多与最少的人年均收入相差一般在3倍以内。组织起来有效地防止了农村可能出现的“两极分化”现象。

三、农村供销、信用和各种专业合作社的发展，同农业生产互助合作相互结合、相互促进

中共中央在1951年12月和1953年12月所作的有关农业合作化的决议，都曾指出：农业生产互助合作，农村供销合作和农村信用合作是农村合作化的3种形式。这3种合作互相分工而又互相联系、互相促进。

早在土地革命时期，农村供销、信用、运输等类合作社即已出现。1950年，全国各地供销社已发展到39 000多个，拥有社员2 500多万，领先于生产互助合作社组织的发展。到1952年，全国已有2/3的县建立了省、县各级的联社，形成全国范围内的一个大供销体系，其虽在组织上脱离了农业互助合作组织，但它在及时供应生产物资、社员生活资料、收购农副产品并组织加工等方面，一直是为农业生产和农村人民生活服务的。

农村信用合作社的发展较晚一些，经过1952年的试办阶段，到1953年后逐渐发展，1955年初，全国农村信用社发展到16万多个，社员增加到1.85亿人，股金扩大到20 890亿元。中央也成立了农业银行辅导和支持农村信用合作事业，发放农贷，吸收存款，也是为农业生产和人民生活服务的。

农村供销合作和信用合作的发展，在供应各类物资、保障生产发展需要、满足农村社会基本需求、发放支农资金、吸收存款、活跃农村金融等方面起了积极作用；它也为打击农村高利贷和商业投机倒把等不法行为作出了贡献，客观上堵住了城乡资本主义的联系，有利于整个社会主义改造事业的推进。如果说，农业生产互助合作是农业合作化的主体，那么供销合作和信用合作就是农业合作化的两翼，有了这两只翅膀，更加速了农业合作化运动的发展。

在农业互助合作组织的发展过程中，随着农村劳动力的充分利用，自然而然地衍生了分工分业现象。这在一些先进的常年互助组中已有出现（如建立副业组）。初级社办起来以后，役畜一般集中管理，统一调配使用，饲养任务都专门由饲养员担当；为了帮助社员发展家畜、家禽，一些社分派有经验的社员从事种畜的饲养和管理，有的还专门建立了畜禽饲养组。为了就近开发资源，一些有条件的合作社还兴办了林场、渔场和手工业组等，向农、林、牧、副、渔业结合，多种经营的方向发展，从而丰富了农业合作化运动的内容，并推动农村经济的综合发展。

在祖国边疆和少数民族聚集地区，多是牧区、林区或渔区，在农业合作化运动的推动下，也先后按照各自的生产经营特点和社会需要，贯彻实行“自愿、互利”原则，建立了各式各样的专业合作社。虽各有特色，但在适应生产力发展需要上则完全是一致的。这也有利于各民族的团结和共同进步。

四、以“组织起来，共同富裕”为目标，采取了一系列相应的方针、原则和工作方法

在农业合作化的发展过程中，以“组织起来，共同富裕”为目标，采取了一系列相应的方针、原则和工作方法，主要是：

（一）遵循“循序渐进，逐步过渡”的发展方针

农业生产力的发展，要有个革新技术、积累资金和加强管理的过程；同样地，几千年来形成的农民私有观念，也必须采取各种说服教育的手段，逐步加以改造，帮助他们在集体劳动过程中，逐步增强集体观念，这也需要一个过程。因此采取“循序渐进，逐步过渡”的方针是推动农业合作化运动的战略方针。

在农业合作化运动的初期，尊重和维护土地和其他生产资料私有的现状，强调劳动互助，通过集体劳动，克服生产困难，并逐步培养集体意识。从季节性的互助合作到常年性的互助合作，一般都经历了3～5个生产周期的磨合。到1952年中期，占全国总农户40％的农民参加了互助组，互助组成为这一段时期农民合作化的主要形式。

1952年中期，全国试办了3 634个初级农业生产合作社，入社农户以入股方式把土地和其他生产资料交给合作社统一经营；并按照各个社员特长，进行必要的分工分业，扩大了生产经营领域；在分配上除部分按劳分配外，还按土地股份分红，使大多数社员都能从集体经济中获得比互助组时期更多的收入。到1956年中期，全国已建初级农业合作社68万多个，入社农户已近当时全国总农户的30％。初级社成为这一时期农业合作社的主要形式。

随着农村集体经济的发展，合作社已拥有一定数量的公共财产；集体劳动所创造的价值已经远远超过了土地股份的价值；合作社逐年提高的公益金，已大体能够弥补弱势社员的基本生活需要；而且从多年集体经营实践中，已培养出一批公道、能干的办社骨干。在这种条件下，掀起了农业合作运动的高潮，在两三年内普遍办起了高级社，深深的影响广大农民的生产和生活方式。

从互助组发展到高级社，从集体劳动到集体经营，从土地入股分红到完全按劳分配，一般都经过十几个生产周期（从种到收）的磨合，一步一步地前进，逐步过渡，集体观念逐步积累，这一切都是“循序渐进”的。它避免了因所有制突然变化所带来的震动和损失，整个运动是积极而又平稳的。当然，某些地方的发展也有曲折，曾发生不顾条件，盲目发展的事例；也有个别地方发生少数社员退社事件，但都经各级政府予以纠正和处理。我曾参加陕西个别农民要求退社的处理，他们退社的主要原因，是不满某些社干部的工作作风和“土政策”的不当，并无反对合作社制度的事例发生。

（二）坚持“自愿、互利”的原则

“自愿”的原则是在经过宣传、说服教育和集体劳动实践后，引发农民在“自愿”的基础上，加入互助合作组织的，不能理解为坐等他们去报名入社。互助合作初期时有反复，如“春插夏散、秋垮台”现象，农民是在实践中反复比较单干和组织起来的优点以后，才真正自觉自愿地加入互助

合作组织的。

互助合作组织不仅在发展生产时，产生一种强有力的合作动力；就是在遇到严重灾害时，这种凝聚力也自然流露出来。1953 年，在河南等地发生了一次毁灭性的晚霜灾害，数千万亩麦田绝收，群众恐慌，有的甚至外出逃荒。当时，我参加了这次救灾工作，深深体会到互助合作的凝聚力量。我们当时下乡住在社（组）员家里，依靠他们了解情况去做工作。这里没有单干户那样紧张地去排队挤粮，起哄闹事，而是千方百计地依靠集体生产自救，渡过灾荒。有的合作社听到天气预报后立即采取防霜措施，减少或消灭了损失。合作社本身就在凝聚力量，吸引着周围农民自愿参加。

“互利”原则一直贯穿在整个农业合作化过程中。在互助组时期，强调“以工换工，等价交换”来做到组员间的互利。在初级社时期，主要是通过土地和劳动比例分红来体现“互利”原则，在南方地少人多地区，土地分红的比例略高一些；而在北方地多人少地区，劳力分红比例就高一些。党中央还强调“团结中农”的政策，也是为了照顾他们的利益，保障他们入社后收益高于单干时期。在高级社时期，提倡定额管理、包工等办法来合理计酬，保障在正常年景使 80%以上的社员增加收入；同时，“互利”原则进一步体现在国家、集体和社员“三者利益兼顾”的政策上。“互利”原则是巩固农业合作化的重要力量，也是保障共同富裕的基础。

（三）采取“典型示范”的工作方法

农业合作化运动的整个过程，都是在中共中央的积极领导下进行的。从老解放区提倡“变工互助”时起，“通过典型带动一般”就已成为农村工作中的一种基本方法。新中国成立以后，各地采取“试办”方法来加以延续，在互助组时期，有领导地试办“初级社”；在初级社时期，有领导地试办“高级社”。从有条件的地方试办起，一省几个，一个地区一个，以后又逐步进行一县一个试点。典型示范的过程，就是整个农业合作化的过程。采用集中力量办好典型，再组织附近群众参观、评比等方式加以推广。

典型成为附近群众行为的样板和前进的方向；参观典型，座谈典型经验，实际上是一种推广方式；让广大群众从参观典型中，体会互助合作的优越性，学习办社方法。再通过评比、竞赛来推陈出新，使典型更加完善，更体现了社会主义制度下的人际关系，互相帮助，互相学习，共同前进，蔚然成风。这正是推动农业合作化运动又快、又好地发展的基本动力，也有利于合作社的巩固。

五、加强领导

中央和地方都加强了对农业合作化运动的领导。党中央在领导全国劳动农民胜利进行土改的同时，就着手研究农村经济的改造和发展问题，1951 年 12 月中共中央发布了《关于农业生产互助合作的决议》，指出：“要使广大贫困的农民能够迅速地增加生产而走上丰衣足食的道路，要使国家得到比现在多得多的商品粮食及其他工业原料，同时也就提高农民的购买力，使国家的工业品得到广大的销场，就必须提倡组织起来。”1953 年 12 月中共中央《关于发展农业生产合作社的决议》中，进一步明确指出发展农业互助合作的方针、政策，并强调“党在农村中工作的最根本的任务，就是要善于用明白易懂而为农民所能够接受的道理和办法，去教育和促进农民群众逐步联合组织起来，逐步实行农业的社会主义改造”。同一时期，中共中央设立了专门指导农业合作化运动的农村工作部，贯彻执行各项有关政策、方针。1955年7月31日，毛主席《关于农业合作化问题》发表以后，极大地鼓舞了群众的办社热情。在合作化的高潮中，又着手起草了《高级农业生产合作社示范章程》，并于1956年6月经全国人大第三次会议通过实行。

在农业合作化运动的高潮中，农业部设立了“合作事务管理局”，主要负责农业合作社经营管理工作；专门列支农业事业费用，成立了经营管理辅导站、农业技术推广站，组织了县以下近百万人的辅导和推广队伍；在农业部干部学校为各省、市、自治区培训了合作社经营管理、财务会计人员；预算各地农村资金需要，提出农贷指标，报请国务院批准，由各地银行、信用社发放；编写了合作社会计账簿（初级本、中级本），供各地培训会计时参考使用。从组织上、技术上和资金上支持并促进农业合作化运动的发展。

1955年秋季，我在李世俊局长领导下，参与了《1956—1967年全国农业发展纲要》四十条中部分条款的调查工作，着重研究从初级社向高级社转变的条件问题。从当时各地情况看，要把比例分红改为固定地租报酬，直到其占分配很小比例时，大体上需要七八年时间，因此在讨论时，多数人意见倾向于1967年全国实现高级社的过渡。这年的冬季，我和同局的徐益华同志在辽宁营口浑河边上的灯塔社调研“过渡”问题。这个社已办3年，年年增产增收，土地分红只占可分配收入的百分之十几。为发展生产，正计划引水灌溉改种水稻，并试办高级社。我们考虑该社各项过渡条件具备，但在引水线上有3户老上中农的地挡着，必须说服他们同意，于是几经动员，讲条件，怎么说也不行。这天夜里，河对岸鞭炮连天，群众报说：“传达了毛主席的指示，群众决定升为高级社，正在热烈庆祝哩！”3户农民中有两户先后来找我们说：“不当小脚女人了，我们同意土地折价作为股份基金，记在账上，入社后再说。”

这件事经过一年多，中共中央提出的《纲要》修正草案第一条已修改为：“我国的农业合作化已经在1957年基本完成，今后的任务是：……把所有的农业生产合作社巩固起来。”

我国农业合作化的成就，不仅得到广大人民的拥戴，而且也得到国际社会的热情称赞。

1959年国庆十周年之际，我在全国农展馆接待社会主义国家代表团时，他们留言：“从中国的实际情况出发，把一个农业经济如此衰败、农村社会长期动荡不安的国家，改造成为社会主义生机勃勃、欣欣向荣的乐园，是对人类历史的伟大贡献！”（译文大意）

1978年，我在罗马参与筹备“世界农村改革和发展大会”工作时，曾向筹备小组领导介绍我国土改和合作化情况。筹备小组负责人圣·克鲁斯听后，说：“……有两点特别引起我的兴趣：一是中国在土改后趁热打铁，号召农民组织起来，实现了公平增长（意即共同富裕）。大家知道，在市场经济条件下，小农经济是不稳定的，时刻都在分化。中美洲国家早在一百多年前就搞了土改。有的国家（如洪都拉斯）已经进行过四次土改，土地问题仍未解决……；二是循序渐进的方针，一步步地把农民引导到集体经济的轨道上，让他们在经济上和思想上都不因剧烈的变革受到不必要的损失。看来农村经济发展必须和社会发展协调进行。”他在1979年联合国召开的“世界农村改革和发展大会”上，评价一些国家的农村改革和发展情况时说：“……中国的农业合作化是社会经济发展的必然结果。”

（作者：农业部国际合作司原副局级研究员）

关于“从小农经济出发”和反对“五多”*

燕　凌

1952年春天，各地普遍传达了中共中央《关于农业生产互助合作的决议（草案）》。这个文件虽然开头就讲了农民在土地改革基础上发扬起来的生产积极性表现在两个方面，但许多农村干部却忽视农民单干的积极性，片面强调互助合作的积极性。文件中虽然指出对待互助合作有两种不同的错误倾向，但许多农村干部却只注意反对右倾思想，而助长了“左”倾思想。文件中虽然提出要注意两种错误的领导方法，但许多农村干部却一味反对放任自流的错误而助长强迫命令的错误。这个文件中指出：“片面地提出‘发家致富’的口号，是错误的。”这也引起了不少农民和干部的误解。有些干部在对农民群众和基层干部进行社会主义和共产主义的远景教育的时候，对如何逐步走向社会主义讲得很不清楚，同时却说“单干就是走资本主义道路”，甚至用粗暴的手段对待农民的私有财产。

1952年，《人民日报》比较突出地宣传了在农村中只占极少数的农业生产合作社和个别集体农庄，而对大量存在的单干农民和互助组生产中的情况和问题则宣传不多或比较平淡，引不起人们注意。特别是夏秋之间，连续地报道了中国农民代表团访问苏联集体农庄的情况，集中地宣传“苏联农民的今天就是中国农民的明天”；这些农民代表在各地作报告也大讲集体农庄多么好。这些都有意无意地使人们对中国农村小农经济仍占有优势、个体经济的积极性仍很重要有所忽视。

1952年9月起，中共中央政治局开始酝酿由新民主主义转变到社会主义的过渡时期总路线，在明确规定不向下传达之前，有的地方已经在一定范围内作了传达，即将开始对农业进行社会主义改造的一些说法也就难以避免地、过早地在农村基层有所流传。

这年冬天到1953年春天，在领导农业生产和互助合作中的强迫命令、急躁冒进的倾向在不少农村越来越多地出现了。这就引起了许多农民的不安，妨碍了生产积极性的发挥。

1952年冬天，山东省聊城地区高唐县部分农民给中共中央写了一封信，诉说这个县的某些干部强迫群众一律提前10天拔棉柴，以致少收了棉花，还强迫群众在一些麦地植种，毁坏了麦苗等。中央农村工作部部长邓子恢当即把这种情况电告华东局，华东局当即电告山东分局，山东分局转告聊城地委立即派人去高唐作了调查。调查结果，群众反映的情况大部属实。聊城地委会同高唐县委对这些情况进行了检查后，向山东分局作了报告，认为“这类问题的发生不是偶然的，这是我们长期缺乏高度的政策观念与群众观点所造成的”。聊城地委也检查了领导作风，进行了自我批评。县委、地委领导干部在各种会议上对农村干部和农民群众作了检讨，并给造成损失的农户以经济

* 本文收入内部报告《共和国农业史料征集与研究报告》第1集，1999年。

补偿。

1953年3月17日，中共中央就这件事向各中央局、分局、省委发出了《关于布置农村工作应照顾小农经济特点的指示》，更深刻地分析了高唐发生这类事情的根源。中共中央指出：这种严重的强迫命令错误"屡纠屡犯，实有一重大原因，这就是党政机关布置任务时对小农经济的私有性、分散性这些本质的特点认识不足"。应教育广大干部时刻记住并且照顾到小农经济的特点，多强调自下而上，集中群众要求，因地制宜，而不可强调自上而下布置任务，强求一致完成。毛泽东在审阅这个指示稿的时候，特意加写了一句话："即使在互助合作组织普遍发达的农村，也要照顾这种分散的特点，因为目前的互助组和农业生产合作社的组织还是小型的组织，并且是建立在私有财产基础之上的，使用落后工具的。"

1952年11月间，中共中央西北局派出检查组在陕西咸阳、兴平两县检查工作，发现区里乡里任务多、会议和集训多、公文报告表册多、组织多、积极分子兼职多现象相当严重，致使农村工作经常处于忙乱被动状态，工作质量差、效果小，强迫命令与形式主义相当严重。检查组为此写了一个专题报告，在列举了诸多具体情况之后作了分析，认为，区乡工作中的许多问题与区乡干部的思想作风虽有一定关系，但主要原因不在区乡而在县级以上的领导机关的官僚主义的不科学的、缺乏民主的领导作风，长期战争环境和紧张繁重的社会改革工作中相沿下来而在新形势下已不适用的"一揽子"（即党政不分，党委包办代替一切）"突击"的工作方法。

毛泽东看了这个报告，认为写得很好。1953年3月19日，他为中共中央起草了《关于解决区乡工作中"五多"问题的指示》，其中指出："我们党政组织在农村工作中存在一些严重地脱离农民群众，损害农民及其积极分子的利益的问题，即所谓'五多'问题。""中央曾对其中有些问题有过指示，要求各级党委予以重视和解决，但是不但没有解决，反而越来越严重。其原因，是没有将整个问题系统地提出来，尤其重要的是没有在中央、大区、省（市）、专区和县这五级党政领导机关中展开反对分散主义和官僚主义的斗争。因为区乡的'五多'，基本上不是从区乡产生的，而是从上面产生的，是因为在县以上各级党政领导机关中存在着严重的分散主义和官僚主义引起的，有些即是过去革命和土地改革时期的产物，未加改变，遗留至今的。因此，必须在1953年内，在执行中央关于反对官僚主义、反对命令主义、反对违法乱纪的指示中，着重地克服领导机关中的官僚主义和分散主义，并将那些过去需要现在已不需要的制度和办法加以改变，方能解决这个问题。今后各级领导机关在规定任务的问题上，在召集会议和调人集训的问题上，在发出公文表册和向下级要报告的问题上，在规定区乡组织形式的问题上以及在使用乡村积极分子的问题上，都要由县以上党委和政府的主要负责同志，按照实际可行的情况，加以适当的规定，有些则要由中央作出统一的规定。过去由各级党、政、民组织的许多工作部门，各自独立向下级分派任务，随便召集下级人员和农村积极分子开会或训练，滥发公文表册和向下级人员和农村随便要报告等各项不良制度和不良办法，必须坚决废止，而代之以有领导的统一的和适合情况的制度和办法。至于在农村中每个乡存在着许多种委员会以及积极分子兼职太多，均属妨碍生产，脱离群众，也应坚决地但是有步骤加以改变。"

他还强调指出："农业生产是农村中压倒一切的工作，农村中的其他工作都是围绕着生产而为它服务的。凡是以妨碍农民进行生产的所谓工作任务和工作方法，都必须避免。目前我国的农业，基本上还是使用旧式工具的分散的小农经济，这和苏联使用机器的集体的农业，大不相同。因此，我国在目前过渡时期，在农业方面，除国营农场外，还不可能施行统一的有计划的生产，不能对农民施以过多的干涉；还只能用价格政策以及必要和可行的经济工作和政治工作指导农业生产，并使之和工业相协调而纳入国家经济计划之中。超过这种限度的所谓农业'计划'，所谓农村中的'任务'是必然行不通的，而且必然要引起农民的反对，使我党脱离占全国人口百分之八十以上的农民群众，这是非常危险的。所谓区乡工作中的'五多'问题，其中有很大的成分就是这种过多地干涉农民的表现（另一部分成分是因为革命战争和土地改革的需要而产生和遗留下来的），已经引起农民的不满，必须加以改变。"① 中央下发的这个指示还指出："即就广泛发展中的农业互助组和现在还不多的农业生产合作社来说，也只是几家在一起或几十家在一起的小型组织，而且是建立在私有财产基础之上的，大多数尚不固定，又是使用旧式农具的。因此，对于这些互助组和合作社，按照中央已有的决定给予积极的提倡和适当的指导是完全必要的，但是决不应当将它们混同于社会主义的集体农庄，决不应当施行过多的干涉。我党现在农村中的主要危险倾向，就是许多同志将分散的经济混同于集体的经济，就是干涉过多。"②

1953 年 2 月 15 日，中共中央发出毛泽东起草的通知："中央于 1951 年 12 月所发关于农业生产互助合作的决议草案，经一年多的实施证明是正确的，应即作为正式决议，将'草案'二字删去。"针对"五多"的现象，毛泽东在这个正式决议中重申了这样两句话："在农村中压倒一切的工作是农业生产工作，其他工作都是围绕农业生产工作而为它服务的。任何妨碍农业生产的所谓工作任务和工作方法，必须避免。"

正是从小农经济的现状出发，在决议的最后一段，毛泽东加写了一段怎样对待单干农民的话："在解决了有关农业互助合作的许多问题之后，党中央认为必须重复地唤起各级党委和一切从事农村工作的同志和非党积极分子的注意，要充分地满腔热情地没有隔阂地去照顾、帮助和耐心地教育单干农民，必须承认他们的单干是合法的（为共同纲领和土地改革法所规定），不要讥笑他们，不要骂他们落后，更不允许采取威胁和限制的方法打击他们。农业贷款必须合理地贷给互助合作组织和单干农民两方面，不应当只给互助合作组织方面贷款，而不给或少给单干农民方面贷款。在一个农村内，哪怕绝大多数农民都加入了互助组或合作社，单干农户只有极少数，也应该采取尊重和团结这少数人的态度。"草案中所说的"个体经济的农民"、"个体农民"，在正式决议中改为"单干农民"。因为互助组也是个体经济的农民的劳动互助组织，土地入股的农业合作社也还是建立在个体经济的基础上的。把没有参加互助合作组织的农民称为"单干农民"更为确切。

毛泽东把修改补充了的决议文本送交中央政治局一些委员和中央其他负责人审阅。决议公布以前，中央还作了其他一些修改：

草案上说"党中央的方针就是根据可能条件而稳步前进的方针"，正式决议补充为"党中央的方针就是根据生产发展的需要与可能的条件而稳步前进的方针"。

草案上说以土地入股为特点的农业生产合作社是"建立在土地私有或半私有基础上"的，正式

① 《毛泽东选集》第五卷，人民出版社 1977 年 4 月第 1 版，第 77～79 页。

② 在编辑《毛泽东选集》第五卷的时候，大概编者认为这几句话已经过时，节略了。作为史实，是应当保留的。

决议中把“半私有”删去了。

草案中指出：“片面地提出‘发家致富’的口号，是错误的。”鉴于1952年一些地方在批判了这个口号之后又出现了忽视农民增加收入、改善生产的偏向，正式决议在这里加上了一句，“当然，不把爱国的口号和改善农民的生产具体联系起来，也是不对的。”

草案中讲到，有些地方的同志们开始犯了强迫命令的错误，碰到困难之后就又走入放任自流的另一个极端；在修改通过成为正式决议的时候，鉴于1952年一些地方干部中“左”倾冒进倾向的抬头，中共中央在这里特意加上了一句话：“而当批判和纠正了放任自流的倾向之后，又容易反转过来产生急躁冒进的情绪。”

1953年春天，中央农村工作部刚开始工作，就接受中共中央委托，代中央起草了《关于春耕生产给各级党委的指示》和《人民日报》社论《领导农业生产的关键所在》。这两个文件都经过毛泽东审阅批准，中央领导人一致同意。

针对1952年3月8日发出《关于缩减农业增产和互助合作发展的五年计划数字给各大区的指示》。3月14日，中共中央同意并向各中央局和各省委转发中南局关于纠正试办农业生产合作社中的急躁倾向的报告写了指示：“一切才结束或结束土地改革不久的地区，都应将主要注意力放在端正地贯彻各项社会政策和经济政策，以解除群众对发展生产的疑虑，和组织临时性互助组以克服农民在土改后所遇到的生产困难，而不宜过早过多地举办农业生产合作社，将自己的注意力吸引在这一次要方面。”“在这方面如果采取急躁冒进态度，上级计划过大，要求过高，势必使下面发生强迫命令现象，结果不仅影响农业生产降低，而且将要影响我党与农民关系，影响工农联盟之巩固。”

3月14日中共中央《关于春耕生产给各级党委的指示》（以下简称《指示》）中再次提出：“为正确地组织领导农民，发挥农民的生产积极性，必须切实纠正互助合作运动中正在滋长着的急躁冒进倾向。”《指示》中列举了这种急躁冒进倾向的具体表现：“在新区和互助运动基础较差的地区主要是：打击单干农民，强迫编组，满足于形式主义的做法。有些地方的工作干部在土地改革刚刚结束以后，不在农民群众中充分进行保护农民所有制的政策宣传，解除农民‘怕归公’的思想顾虑，安定农民的生产情绪，而是盲目要求大量发展互助组，把土地改革的思想和做法搬到互助合作运动中来，在互助组内强调满足贫雇农利益，因而侵犯中农利益，损害了在新区农村中占人口绝大多数的个体农民的生产积极性。在老区和组织起来的面比较广的地区，‘左’倾冒进的倾向主要是：轻视初级互助组，提倡土地耕畜农具公有制，盲目追求高级形式，违反中央所指示的有控制地试办农业生产合作社的方针，而贪多贪大；在组内社内的经营管理方法上标新立异，越复杂越好，越‘社会化’越好；在入社的土地牲畜农具的报酬问题上忽视目前的农业生产合作社是建立在私有财产基础之上的特点，而侵犯农民的私有财产，侵犯中农利益，不根据群众的经验水平与生产发展的程度和需要，盲目要求增加社会主义因素；过多过急地扩大公积金和公共财产，有的甚至采取共同消费的制度，等等。”总之，就像有些农民批评的那样：“步子跨得太大，两步当做一步走。”这样做，使局部地区“发生一冬无人拾粪，无人搞副业生产，出卖牲口，砍树杀猪，大吃大喝等破坏生产的严重现象”。《指示》提出“我们必须提醒同志们，在组织互助组合作社时，不要忘记从群众的觉悟水平与切身体验出发，从群众的实际要求出发，从小农经济的生产现状出发，正确地解决农民的个体利益与公共利益的结合问题，稳步地循序而进，任何急躁冒进的方针都会挫折广大农民的生产积极性，都将损害春耕生产工作，因而都是极有害的。在农村中取消雇佣自由、借贷自由与贸易自由，企图完全排除富农发展的可能性，这在今天对发展生产也是不利的，而且是不可能的。自然，另一方面，对农业生产互助合作运动采取消极态度，放任自流，对小农经济中自发的资本主义趋势任其泛滥发展的倾向，在互助组合作社中排斥贫困农民使贫困农民吃亏，对一切组员社员实行等价互利政策贯彻不够的现象，以及土地分红比例过高，使劳力多者吃亏的现象，这些也都是必须纠正的。”

作为《人民日报》社论发表的《领导农业生产的关键所在》中提出，为了做好农业生产工作，必须针对工作上存在的毛病，首先解决两个关键问题：

“第一，按照中央指示切实将生产任务当做当前农村中压倒一切的中心工作，反对工作上的平均主义和分散主义。”

“第二，按照中央指示‘从小农经济的生产现状出发’改进对农业生产运动的领导方法，使之符合于现在农村经济的现实状况，反对工作上的主观主义和命令主义。”

社论分析了土改完成以后广大农村的基本情况，说明发挥一万万户个体农民的生产积极性在当时发展农业生产的事业中占有着头等重要地位。然后，阐述了如何把农民引向互助合作的问题：

“我们不能长期停留在这种小农经济的基础上面，因为它不能满足农业生产的不断增长和人民物质文化生活不断提高的要求，我们必须随着国家工业化的过程，把农业集体化当做农村中主要的建设任务，必须按中央指示，领导农民积极而又稳步地开展互助合作运动，逐步地过渡到社会主义制度。对于正在开展的互助合作运动，必须推动它向前发展，对于那些不热心于小农经济改造工作的自流论者，必须加以反对。”

“但是当我们向互助合作道路上前进时，切不要忘记前进的出发点乃是小农经济，工作对象是小私有者。而对于这种小私有者个体农民说来最关紧要的问题，是他们的切身利益能否得到保护和发展的问题。如果在组织互组合作社时，对他们采取强迫态度，侵犯了个体农民的利益，就会使他们离开互助合作组织。没有一个农民会相信当前强迫他们和侵犯他们利益的互助组合作社，可以在未来满足他们利益的。如果像某些地方盲目地扩大社会主义成分，将农民的私有生产资料变相地无偿归公，无限制扩大公积金，取消或不合理地减少对土地和牲畜的报酬，盲目地从各方面向私有制发动攻击，必然会吓退农民，使互助合作社自身垮台。”

社论断言：“想把互助合作办好，就必须坚决执行保护个体农民利益的政策，必须谨防各种冒进倾向的发生。”

中共中央《关于农业互助合作的决议》、《关于春耕生产给各级党委的指示》和《领导农业生产的关键所在》于3月26日同时在《人民日报》发表。然后由中央汇编为一册，由毛泽东主席定名为《当前农村工作指南》。1953年4月1日，中共中央发出关于学习《当前农村工作指南》的通知，说明这3个文件“提示了党在当前阶段指导农村工作时所必须掌握的理论认识和重要的政策原则，以及群众路线的工作方法”，号召各级党委组织一切从事农村工作的各方面工作人员来一次认真的学习；并希望通过这一次学习，能将农村工作人员的思想水平在全体规模上提高一步，以保证党在农村战线上工作中的不断胜利。

此后几个月里，各地农村工作人员普遍认真学习了《当前农村工作指南》。边学习，边检查，边改进，端正了政策观念，转变了工作作风，初步克服了“五多”，纠正了不注意从小农经济的现状出发的急躁冒进的偏向，使1953年的农业生产和互助合作都比上年有所改进。

1953年6月7日，新华通讯社发布综合报道，宣告“去秋到今春，各地在组织农民互助合作中的盲目冒进偏向，目前已经基本上得到纠正。3月下旬，各地报纸刊载了中共中央《关于农业互助合作的决议》和《关于春耕生产给各地党委的指示》以后，各地都对本地区互助合作运动盲目冒进的情况作了具体研究”。综合报道中对东北、华北、中南、华东、西南、西北各地按照中共中央指示的精神从小农经济现状出发纠正急躁冒进倾向和强迫命令作风的情况分别作了论述，并且对执行中央指示的结果大大鼓舞了农民生产积极性的情况作了介绍。

同年8月12日，毛泽东在全国财经工作会议上讲话时，一开头就说：“现在我们可以看出，在‘三反’‘五反’运动之后，党内有两种性质的错误。一种是一般性的错误，如‘五多’，大家都可能犯，什么时候都可能犯。‘五多’的错误也可以变成‘五少’的错误。另一种是原则性的错误，如资本主义倾向。这是资产阶级思想在党内的反映，是违背马克思主义立场问题。”① 这样，就在判断“左”的偏向已经基本纠正之后，又明确地提出反对右倾了。

同年11月4日，在第三次全国农业互助合作会议期间，毛泽东同中央农村工作部几位负责人谈话的时候，更进一步指出：“有些人想从小农经济做文章，因而就特别反对对农民干涉过多。那个时候，也确是有些干涉过多，上面‘五多’，条条往下插，插得下面很乱。‘五多’哪一年也不行，不仅农村不行，工厂也不行，军队也不行。中央发了几个文件，反对干涉过多，这有好处。什么是干涉过多呢？不顾需要和可能，不切实际，主观主义的计划；或者计划倒合实际，但用命令主义的方法去做，那就是干涉过多。主观主义、命令主义，一万年也是要不得的。不仅是对于分散的小农经济要不得，就是对于合作社也是要不得的。但是，不能把需要做、可能做的事，做法又不是命令主义的，也叫做干涉过多。检查工作，应当用这个标准。凡是主观主义的，不合实际的，都是错误的。凡是用命令主义去办事，都是错误的。稳步不前，右了，超过实际可能办到的程度勉强去办，‘左’了，这都是主观主义。冒进是错误的，可办的不办也是错误的，强迫解散更是错误的。”他还说：“‘农村苦，不大妙，措施不合乎小农经济’，党内党外都有这种议论。农村是有一些苦，但是要有恰当的分析。其实，农村并不是那样苦，也不过百分之十左右的缺粮户，其中有一半是很困难的，鳏寡孤独，没有劳动力，但是互助组、合作社可以给他们帮点忙，他们的生活比起国民党时期总是好得多了，总是分了田。灾民是苦，但是也发了救济粮。一般农民的生活是好的，向上的，所以有百分之八十至九十的农民欢欣鼓舞，拥护政府。农村人口中间，有百分之七左右的地主富农对政府不满。‘农村苦，不得了了’，我历来就不是这样看的。有些人讲到农村苦，也讲到农村散，就是小农经济的分散性；但是他们讲分散性的时候，没有同时讲搞合作社。对于个体经济实行社会主义改造，搞互助合作，办合作社，这不仅是个方向，而且是当前的任务。”②

当时城市粮食供应日益紧张，中共中央政治局开会讨论这个问题如何解决，准备召开全国粮食问题紧急会议。这时，毛泽东提出，要大张旗鼓地向城乡人民，特别是农民群众，宣传党在过渡时

① 《毛泽东选集》第五卷，人民出版社1977年4月第1版，第90页。

② 《毛泽东选集》第五卷，人民出版社1977年4月第1版，第121～122页。

期的总路线。他说，在大规模建设中，粮食问题是必然要发生的，是不可怕的；只有把政治思想教育做好，粮食问题才好解决。他同时提出：1954年老区农业生产合作社要翻一番，新区每个县也要办一个到三个社。他说，要从各方面堵死农民走向资本主义道路。还指出：今年春天反对“五多”以后，有些干部不大起劲，农村资本主义发展起来了。一定要对农民宣传社会主义。什么叫干涉过多？主观主义，强迫命令。只要不是这样，就不能叫干涉过多。农村支部教育，宣传员工作，都要加强。

就在这时候，中共中央和毛泽东仍然没有忽略小农经济在农村仍占优势的现状。在12月间中共中央领导制定《关于发展农业生产合作社的决议》的时候，特别在决议稿中加写了一节关于仍要注意发挥单干农民的生产积极性的话。毛泽东在12月13日审阅决议稿的时候，批示：这一节“加得好，但还应发挥一点，可引用过去决议中的一些话”。“过去决议”指中共中央《关于发展农业生产互助合作的决议》，“一些话”指春天公布这个决议之前毛泽东加上的关于对待单干农民的那段话。《关于发展农业生产合作社的决议》中引用了这段话，并作了些发挥，指出：“如果歧视和打击单干农民，把互助合作农民与单干农民互相对立起来，又如果完全抹杀单干农民还有一定的生产潜在力量，这就是很错误的。”

（作者：原人民日报编委、农村部主任）

新中国土地改革后新富农问题研究*

苏少之

新富农，是指经过中国共产党领导的土地改革后，在农民占有土地等生产资料大体均等（尤其是老区）基础上，在农村经济迅速恢复发展、广大农民大多经济上升而出现的中农化趋势中，有少数土改前的中农甚至贫农，因积极发展生产、努力经营，节衣缩食进行积累，经济规模扩大，开始突破完全使用家庭劳动力的局限而使用少量雇工进行经营，获得一定的要素分配收入，因而产生的农村中的新的阶层。新富农的出现是农村经济发展的结果和不可避免的现象。同时，由于土地改革后中国农村是处于新民主主义社会、政策环境中，人民政府在鼓励个体农民发展生产、劳动致富的同时，积极倡导、组织建立在农民个体私有制基础上的互助合作组织，对仍面临困难的农民积极进行扶植、救助，这些政策措施实际上就是在对农民个体经济的发展进行的适度领导和控制。因而，从土地改革结束到农业集体化高潮前夕，新富农的出现，从全国范围来看是稀少而缓慢的。认为土地改革后农村中新富农到处出现，两极分化日益严重，资本主义泛滥，这种对当时农村形势的估计显然是不符合实际的。本文只能算是初步的研究成果，望对此问题感兴趣的学术同人提出宝贵意见。

一、新中国农村新富农的产生、规模及其分布

（一）新富农产生的一般趋势

早在抗日战争时期，由于抗日根据地内建立了人民民主政权，实行了减租减息或土地革命（如陕甘宁边区的部分地区），封建土地所有制被消灭或受到很大削弱，在民主政府的鼓励和扶助下，农民生产积极性提高，经济发展，使农村阶级结构发生了重要的变化，即地主和旧式富农经济被削弱，贫农减少，中农增加。其中，还有少数原来的贫苦农民经济发展很快，上升为新富农。如陕甘宁边区的吴满有，就是当时新富农的典型人物。在抗日战争时期，民主政权对新富农采取鼓励政策，对其中翻身不忘本、积极发展经济而又拥护民主政府者予以表彰。在解放战争后开始的土地改革中，特别是在《中国土地法大纲》公布后1947年冬土地改革的高潮中，由于出现了平均主义的“左”倾错误倾向，连中农和工商业者的利益都受到侵犯，新富农更是受到严重打击。1947年12月会议后开始纠偏，要求在土地改革中对劳动起家的新富农经济应按富裕中农待遇，予以适当照

* 本文收入内部报告《共和国农业史料征集与研究报告》第14集，2006年。

顾，并强调革命胜利后的新民主主义农村中仍应允许新富农的存在。有些地区还在政策上提出对受到严重侵犯的新富农进行补偿。但这些政策在实际执行中并无真正成效。因此，在这场大的平分土地的运动中，抗日战争期间由根据地民主政府鼓励、扶助下产生的新富农，虽然一般受到比地主和旧式富农较好的待遇，但大多下降为中农，有的甚至被打击到贫农水平，新富农经济作为农村中一种经济形式基本上被消灭①。所以，新中国的新富农经济，是在老区 1947 年土改和新区 1950 年土改后农村新重新出现的经济形式。

由于老区最先完成土地改革，获得和平稳定的社会环境，农村经济较早得到恢复和发展，新富农最先出现在这些地区。据时任中共松江省委书记张闻天 1949 年 5 月 17 日给东北局和毛泽东的电报中反映，随着农村经济的发展，多数农民的生活有所改善。阶级分化已开始：多数贫雇农上升为中农，中农已经成为农村多数；一部分分得土地、牲畜的贫雇农生活还面临困难；少数原中农上升很快成为新富农②。华北局 1950 年 5 月向中央报告，在 1947 年完成了土地改革的华北老区农村，在经过去年和前年两年的生产运动之后，绝大部分贫农雇农和中农摆脱贫困，普遍上升，中农已成为农村中的绝大多数。据冀、察两省 23 个村共 3 097 户的调查，贫雇农户占农村总户数比例从土改前的 51%下降到 15%，中农从 37.6%上升为 77%，有原富裕中农 1 户上升为新富农③。这些最早披露的关于新富农的情况的资料表明，新中国的新富农，是在农村经济得到恢复发展，广大农民经济普遍改善，中农逐渐成为农民的多数的社会经济背景下产生的。

此后，关于新富农的材料虽然有不少，但由于土地改革后到农业集体化高潮前，中国农村没有普遍、公开地重新划分阶级，关于新富农的记载都是散见在各种农村调查材料中，而这些调查又往往涉及范围小，零星、分散，断断续续。随便拿出一些材料，采取举例法，是无法从宏观上反映全国新富农状况的。本文对所收集到的资料进行了整理，尽量使用调查机构最权威、调查面比较广、调查抽样量大、调查方法比较科学的材料，以便能反映新中国农村新富农产生的总体面貌。④

先看老区东北地区的情况。据中共中央东北局农村工作部 1950 年对黑龙江、吉林、辽东 3 省 4 县 17 个典型村 5 510 户调查的 4 个调查报告反映的情况看，有的调查报告根本未提及新富农问题，有的调查报告称未发现新富农，有的只说新富农“很少”而无具体材料，只有一份报告举出了 1 户新富农的例子⑤。这说明从 1948 年东北大部地区完成土改到 1950 年，农村中的新富农产生很少。当然，也可能是当时的农村经济调查并没有刻意在农村中去划分并反映新富农问题。再看 1951 年、1952 年的情况。

---

① 关于根据地时期新富农问题，详见拙著《根据地新富农问题研究》，载《近代史研究》，2004 年第 1 期。

② 《关于农村工作的三个问题》，《张闻天选集》，人民出版社 1985 年 8 月版，第 447～448 页。

③ 《华北老区农村阶级变动与生产情况调查》（1950 年 5 月），《中国土地改革史料选编》，国防大学出版社 1988 年 12 月版，第 690 页。

④ 本文所使用的材料可分成两大部分。第一部分是各大区、省、地、县分别组织的农村调查材料。第二部分是国家统计局 1955 年春组织进行的 1954 年农家收支调查资料。因这些调查都是一次性调查，组织、实施者不同，调查范围、对象不同，调查方法和统计口径也不完全相同，所以各材料之间在进行纵向和横向比较时，不具有严格的可比性。由于历史原因造成的资料的缺乏状况是无法弥补的，但利用这些材料的研究可以大体反映出当时新富农的基本情况。

⑤ 参见中共中央东北局农村工作部编：《1950—1952 年东北农村调查汇集》关于 1950 年的 4 个农村经济调查报告。

表 1　1951 年东北地区 6 省农村经济调查中所反映的新富农情况　　单位：户

省份	调查典型村	总户数	新富农户数	新富农占总户数比重（%）
黑龙江省	海伦县第十六区永安村、西安村	394	3	0.67
	讷河县向阳村	470	5	1.06
松江省	呼兰县孟井村	234	2	0.86
	阿城县共和、常胜、海红 3 屯	366	未见	—
辽西省	黑山县二区崔家屯村	260	未见	—
辽东省	通化地区 4 个村	421	4	0.95
	海城县管饭寺、盖平县暖泉村	988	15	1.52
热河省	北票、宁城、隆化 3 个县 9 个村	1 938	未见	—
以上合计	5 省 23 个村	5 071	29	0.57
吉林省	全省农村经济综合材料	估计	未见	1

根据中共中央东北局农村工作部编《1950—1952 年东北农村调查汇集》中 1951 年的 10 个农村经济调查报告整理。

表 2　东北 3 个省 14 个典型村 1952 年新富农情况　　单位：户

省、县、村	农村总户数	新富农户数	新富农占总户数比重（%）
黑龙江省克山、海伦、肇源 3 个县 5 个村的调查	1 055	32	3.03
热河省 6 个典型村的调查	1 488	18	1.2
辽西省 3 个村的调查	1 132	1	0.1
3 省 14 村合计	3 675	51	1.39

根据中共中央东北局农村工作部部编《1950—1952 年东北农村调查汇集》中 1952 年的全部 4 个农村经济调查报告整理。

从表 1 和表 2 的资料看，与 1950 年前相比较，东北地区在 1951 年和 1952 年，新富农的发展相对较快，1951 年大体不到 1%，1952 年超过 1%。

最后，再看 1953 年和 1954 年的情况。据中共中央东北局 1953 年对黑龙江、松江、吉林、辽东、辽西、热河 6 省 33 个典型村 8 930 户的调查，新富农占农村总户数比重为 1.42%。①

又据国家统计局 1954 年农家收支调查中对黑龙江、吉林、辽宁 3 省 1735 户的调查，新富农占总户数比重为 1.33%（详见表 3）。

以上调查材料表明，在东北地区，从 1948 年完成土地改革到 1950 年，农村经济还在恢复中，新富农产生还很少。1951 年到 1952 年，随着经济的恢复发展，新富农经济有所发展。1953 年到 1954 年，新富农发展势头减缓。当然，即使在东北地区内部，各省的情况也不尽完全相同。如据中共中央东北局农村工作部 1953 年 12 月的 1 个调查汇报纪要反映，1953 年“新富农在北满较 1952 年略有减少，在南满特产区则略有增加”②。

东北地区的情况大体可以代表老区新富农产生的一般趋势。但由于各地社会经济条件差别很大，新富农发展的程度又有很大差异。如据对山西省 20 个典型乡 6 023 户调查，1952 年新富农占

① 根据中共中央东北局农村工作部所编《1953 年东北农村调查汇集》第一辑、第二辑中的 6 个调查报告和 2 个汇总报告整理推算。

② 《中共中央东北局农村工作部关于各省 26 个村调查的汇报纪要（1953 年 12 月）》，载中共中央东北局农村工作部编：《1953 年东北农村调查汇集》第二辑，第 3 页。

调查总户数的0.08%，1954年新富农为总户数的0.06%①，即新富农发展趋势与东北地区大体相同，但新富农户占总户数比重要低得多。

新区土地改革是从1950年秋冬开始进行的，一般是在1951年和1952年完成土地改革，到农业集体化高潮前，农民个体经济只有两三年的发展时间。而且1952年以后，政策环境发生很大变化。因此，新区的新富农产生发展时间短，且大都不定型。据湖北省12个乡3 754户调查，1952年尚未发现新富农，1954年有新富农12户，占调查总户数的0.32%②。又据湖南省9个乡3 575农户调查，1952年新富农占总户数比重为0.17%，1953年占总户数的0.25%，1954年占总户数的0.11%③。再据江西委调查组对9个典型乡3 638户调查，1952年新富农尚未产生，到1954年，出现4户新富农，占调查总户数比重为0.11%④。广东省与湘、鄂、赣3省相比，土地改革完成时间更晚，大部地方是在1952年完成土改的。根据中共中央中南局农村工作部1953年年底对广东12个典型乡的调查，新富农比例还低于湘、鄂、赣等省，而在1954年全国农家收支调查中，广东省农村中新富农户数为1.23%（详见表3），在全国范围内看，已是新富农比重较高的地区了。

表3　1954年全国21个省新富农情况　　单位：户

地区	省份（自治区）	调查户数	新富农情况						
			各省新富农户数	土地改革结束时			新富农占各省调查户比重（%）	各大区新富农户数	各大区新富农占调查户比重（%）
				贫农	中农	地主			
东北地区	辽宁	500	9	2	7	—	1.8	23	1.33
	吉林	537	9	2	7	—	1.68		
	黑龙江	698	5	2	3	—	0.72		
华北地区	河北	1 019	5	—	4	1	0.49	10	0.47
	山西	893	4	—	4	—	0.48		
	内蒙古	278	1	—	1	—	0.36		
华东地区	江苏	500	2	—	2	—	0.4	21	0.57
	安徽	984	7	2	5	—	0.71		
	浙江	460	1	1	—	—	0.16		
	山东	1 054	10	2	8	—	0.95		
	福建	499	1	—	1	—	0.2		
西北地区	甘肃	600	2	—	2	—	0.33	12	0.62
	青海	200	1	—	1	—	0.5		
	陕西	1 000	8	—	8	—	0.8		
	新疆维吾尔	140	1	—	1	—	0.71		

① 中共山西省委农村工作部编的《山西省20个典型乡调查资料·土地改革结束时期—1952年—1954年》（1956年5月印），山西省档案馆，第6805号。

② 湖北省委农村工作部：《湖北省12个典型乡调查统计表（1955年）》，湖北省档案馆SZ18—1—154。

③ 根据湖南省委农村工作部1954年对长沙县草塘乡等9个乡调查表汇总计算。

④ 江西省委调查组调查组：《关于全省（9个典型乡）经济调查综合表》（1956年），江西省档案馆X006—2—13。

（续）

<table>
<tr><th rowspan="3">地区</th><th rowspan="3">省份（自治区）</th><th rowspan="3">调查户数</th><th colspan="7">新富农情况</th></tr>
<tr><th rowspan="2">各省新富农户数</th><th colspan="3">土地改革结束时</th><th rowspan="2">新富农占各省调查户比重（%）</th><th rowspan="2">各大区新富农户数</th><th rowspan="2">各大区新富农占调查户比重（%）</th></tr>
<tr><th>贫农</th><th>中农</th><th>地主</th></tr>
<tr><td rowspan="4">中南华南地区</td><td>河南</td><td>993</td><td>3</td><td>—</td><td>3</td><td>—</td><td>0.3</td><td rowspan="4">15</td><td rowspan="4">0.47</td></tr>
<tr><td>湖北</td><td>700</td><td>1</td><td>—</td><td>1</td><td>—</td><td>0.14</td></tr>
<tr><td>湖南</td><td>697</td><td>1</td><td>—</td><td>1</td><td>—</td><td>0.14</td></tr>
<tr><td>广东</td><td>816</td><td>10</td><td>3</td><td>7</td><td>—</td><td>1.23</td></tr>
<tr><td rowspan="2">西南地区</td><td>贵州</td><td>500</td><td>—</td><td>—</td><td>—</td><td>—</td><td>—</td><td rowspan="2">—</td><td rowspan="2">—</td></tr>
<tr><td>四川</td><td>1 140</td><td>—</td><td>—</td><td>—</td><td>—</td><td>—</td></tr>
<tr><td colspan="2">合计</td><td>14 334</td><td>81</td><td>14</td><td>66</td><td>1</td><td>0.57</td><td>81</td><td>—</td></tr>
</table>

资料来源：根据中华人民共和国统计局《一九五四年全国农家收支调查资料》（1956 年 5 月）整理计算，广东省档案馆 WA07—61・222。

注：在全国 25 省、区的调查中，因热河、江西、广西未报相关分表，云南未按全国统一规定综合，故本表共综合了 21 个省 14 334 户资料。

综合以上老区和新区的情况，中国土地改革后，新富农的发展大体上在 1953 年到 1954 年发展到最高峰。从 1955 年下半年起，中国农村掀起农业集体化高潮，新富农与农民个体经济一同迅速地消亡了。1955 年春，为了配合农业合作化开展，国家统计局和各省农村工作部，对 1954 年农村经济情况进行了比较集中的调查，为我们研究新富农问题提供了比较系统的资料。因此，下面将以 1954 年为重点，对中国农村在农业集体化高潮前新富农发展的规模、分布及其经济特点进行研究。当然，由于 1953 年提出过渡时期总路线，并开始对粮棉油等重要农产品实行统购统销，对新富农经济的发展产生了很大的影响，因此，在研究中也还要结合 1954 年之前的情况进行分析。

（二）1954 年中国农村新富农的规模及其分布

1. 新富农发展的规模与在各省、自治区之间的分布

1955 年春耕前，在国家统计局统一组织下，全国 25 个省、自治区进行了 1954 年农家收支调查。这次调查事先设计了抽样调查的统一方案，在调查中共调用在职干部 5 000 人，在 824 个乡村中调查了 16 468 个农户，调查完毕后整理汇总出了 23 个省 15 432 户的调查资料。汇总后又经过审核、研究。因此这份调查资料应该是我们研究到 1954 年为止全国农村阶级变化总体状况和趋势的重要依据。根据该调查，到 1954 年，全国各大区、省、自治区新富农的情况如表 3。

从表 3 的资料看，据 21 省、区 14 334 户调查，1954 年新富农占农村总户数 0.57%。在新富农户中，土地改革结束时的中农户占 81.5%，贫农户占 17.3%，地主户占 1.2%，即中农占了大部分，但贫农户也有一定的比重。

分省、自治区看，新富农比重最高的辽宁省占调查户的 1.8%，其他超过全国平均水平的省、区依次是吉林、广东、山东、陕西、黑龙江、安徽、新疆，都在 0.7%以上。新富农比重最低的依次是四川、贵州、湖北、湖南、浙江、福建，都在 0.3%以内。其余青海、河北、山西、江苏、内蒙古自治区、甘肃、河南 7 省在 0.5%～0.3%。

分各大行政区看，东北地区新富农比重最高，西北地区次之，华东地区与全国水平持平，华北、中南地区低于全国水平，西南2省在这次调查中未发现新富农。

2. 影响新富农产生规模、分布因素的分析

为了研究新富农产生的规律，我们以省（自治区）为单位，挑选了农民人均收入水平、入社农户占总户数比重、中农户比重等指标和新老区的划分等各种因素，对影响新富农产生的规模、地区分布的因素进行分析。考察土地改革完成的早晚、农村经济发展水平、中农化水平、农村政策的宽严程度和政治气氛对新富农产生、发展的影响。

根据表4的资料计算，新富农比重的大小与农村居民人均收入水平高低的相关系数为0.266，即两个变量成正相关关系，但相关性很弱。即是说，在不同省份之间，新富农的多少与经济发展程度关系不紧密。

表4 1954年20个省、区农民人均（总）收入及新富农户、社员户、贫农户占农村总户数比重

省份（自治区）	调查总户数（户）	人均收入（元）	新富农户比重（%）	中农＋社员户比重（%）	社员户比重（%）
河北	1 019	149.57	0.49	81.16	8.15
山西	839	167.15	0.48	86.41	20.62
陕西	1 000	197.12	0.8	64.3	0.5
山东	1 054	132.18	0.95	68.31	3.98
河南	993	133.65	0.3	62.94	1.11
辽宁	500	182.15	1.8	71.8	9
吉林	537	164.86	1.68	65.36	9.5
黑龙江	698	191.89	0.72	56.02	8.31
内蒙古	278	216.15	0.36	60.07	7.91
甘肃	600	190.11	0.33	65.33	1.33
青海	200	265.50	0.5	69	0.5
江苏	500	155.17	0.4	65	1.2
安徽	984	128.93	0.71	51.32	2.74
浙江	640	163.59	0.16	66.88	0.78
湖北	700	137.87	0.14	72.29	1.86
湖南	697	149.04	0.14	69.01	0.29
四川	1 140	143.83	0	62.02	0.53
广东	816	173.67	1.23	54.53	2.08
贵州	500	94.54	0	68.2	2
福建	499	194.95	0.2	68.14	4.41

资料来源同表3。由于新疆自治区阶级结构的统计资料不完整，没有列入其中。

但是，如果从同一省份不同时期看，情况则又有不同。以湖南省为例：根据对该省9个典型乡的调查，1952年和1953年年景较好，调查农户人年均收入折粮从1 426.7斤增加到1 572斤，提高了10.2%，新富农占总户数比重从0.17%提高到0.25%。1954年因遭受涝灾，农业减产，农民人均收入下降到1 227.7斤，比上年下降了21.9%，新富农占农村总户数比重也下降到0.11%

（详见表5）。根据湖南省的这份调查资料，农村经济发展，农民收入增加，新富农也增多；而其他阶层农户与新富农收入差距反而缩小。农业生产下降，农民收入水平降低，新富农也减少，农村其他农户与新富农经济的差距却扩大①。这说明，新富农的增加并不是以其他农户的收入减少为前提的，却是经济发展、农户收入普遍增加的结果。

表5　1952—1954年湖南省9个乡农村人均收入与新富农户占农户比重

年份	调查总户数（户）	人均收入（折粮斤）	其中非新富农户		其中新富农户		
			户数（户）	人均收入（折粮斤）	户数（户）	占总户数比重（%）	人均收入（折粮斤）
1952	3 488	1 426.7	3 482	1 425.1	6	0.17	2 111.5
1953	3 284	1 572	3 276	1 571.5	8	0.25	1 998.84
1954	3 575	1 227.7	3 571	1 226.2	4	0.11	2 006.1

资料来源：根据湖南省档案馆藏《省委农村工作部关于湘潭县清溪乡1952年至1954年经济情况调查分析表（1955年）》，案卷号146—1—176；《省委农村工作部关于湘潭县长乐乡1952年至1954年经济情况调查分析表（1955年）》，案卷号146—1—197；《省委农村工作部关于安乡县竹林垸乡1952年至1954年经济情况调查分析表（1955年）》，案卷号146—1—205；《省委农村工作部关于安乡县蹇家渡乡1952年至1954年经济情况调查分析表（1955年）》，案卷号146—1—204；《省委农村工作部关于沅陵县肖家桥乡1952年至1954年经济情况调查分析表（1955年）》，案卷号146—1—246；《省委农村工作部关于沅陵县蒙福乡1952年至1954年经济情况调查分析表（1955年）》，案卷号146—1—272；《省委农村工作部关于沅陵县牧马溪乡1952年至1954年经济情况调查分析表（1955年）》，案卷号146—1—260；《省委农村工作部关于长沙县卷塘乡1952年至1954年经济情况调查分析表（1955年）》，案卷号146—1—153；《省委农村工作部关于长沙县草塘乡1952年至1954年经济情况调查分析表（1955年）》，案卷号146—1—165汇总计算。1952年和1954年汇总了9个乡的资料。1953年汇总了8个乡的资料。

另据表4的资料的计算，各省、自治区中农户加社员户之和占总户数（反映中农化的水平；因为此时入社的农户大多为原来的中农，而且社员户的经济水平基本上与中农相似）的比重与新富农户比重的相关系数为－0.114。即两个变量呈负相关性，但相关性很弱。即是说，在各省之间，新富农的多少，与中农化水平关系不紧密。

再据表4的资料的计算，各省农村中社员户的比例（反映农业集体化水平的高低）与新富农户占农村总户数比重的相关系数为0.347，成正相关关系，呈低度相关性。根据人们一般的印象，农业集体化水平越高，说明该地区对新富农的政策越严厉，政治压力越大，新富农的产生发展受到的限制就越大，两个变量应呈负相关性。但相关性分析的结果正相反。说明多种因素对新富农的产生、发展发生作用，单因素的分析不能解释清楚新富农产生这个复杂的社会经济问题。

如果我们把21个省划分为新区、老区和新区老区交错的地区3个部分，表6的资料表明，老区新富农比重要高于新老区交错的地区，新老区交错的地区要高于新区。但在各类地区内部，各省的情况差别也很大。从表3可以看出，新富农比重高的地区主要集中在老区的东北3省、山东省和新老区交错的陕西等省份，但也包括广东、安徽、新疆等新区。富农比重不到0.3%的省份都分布在新区。但老区的河北、山西和新老区交错的河南等省，新富农比重也都低于全国平均水平。

① 必须要补充说明的是，1953年新富农人均收入的减少，原因可能是由于新增加的新富农户经济水平低于原来的新富农，使得平均收入水平下降。1954年新富农户数减少，实力较弱的新富农因受灾退出新富农阶层，反而使得平均收入水平增加。

表6 1954年老区、新老区交错地区和新区新富农占农村总户数比重

	调查户数（户）	新富农（户）	新富农占农村总户数比重（%）
老区省份合计	4 674	42	0.9
新区与老区交错省份合计	1 993	11	0.55
新区省份合计	7 694	28	0.36

资料来源同表3。其中老区包括辽、吉、黑、冀、晋、鲁等省，新老区交错的地区包括陕、豫两省，新区包括内蒙古、新疆、青、甘、鄂、湘、苏、浙、皖、闽、粤、川、黔等省、自治区。这种划分只是大略的，并不十分严格。

通过上述分析，我们可以看出：

第一，大体上说，老区最早完成土地改革，农村经济较早得到恢复发展，新的富裕农户也较多出现在老区。在农民个体经济的竞争中，不可能是所有农民在经济发展中齐步走，出现新的贫富差别是不可避免的。

第二，在各省之间，农民的富裕程度与新富农比重大小关系不明显。但湖南省1952—1954年的调查情况说明，在我国土地改革后，新富农的出现，并不是某些人所认为的少数人吞并其他人的财产进行资本积聚，致使大多数人陷入贫困的结果，而是大多数农民辛勤劳动、努力经营、经济上升，有少数人经济上升更快成为富裕农民的过程。当然，在这个过程中，还有部分农民上升较慢或难以上升，但这与新富农出现并不一定有直接关系，而主要是他们自身的原因。这些农民或家底薄、土地改革中又未得到充分满足，或缺乏乃至没有劳动力，或不善经营，或遇天灾人祸，甚至还有些懒汉二流子。应由国家对其中的鳏、寡、孤、独、老、弱、病、残者进行救助，扶持那些尚有困难的农民通过发展生产来改善经济地位。而且只有整个农村经济和国民经济发展了，国家和社会才能有更多的力量对农村贫困户进行救助和扶持。

第三，在农业集体化高潮前，农业合作化程度较高亦即是较早对新富农采取限制政策的地区，但在这些地区新富农的比重并不一定低于甚至高于其他地区。主要是因为这些地区往往又是老区，同时又从一个侧面反映了直到农业集体化高潮前一个时期内中国政府农村经济政策的矛盾性。即土地改革后只有从政策上鼓励个体农民努力生产经营，才能促进农村经济的发展。而既要鼓励广大农民努力生产、扩大积累，又要限制农民个体经济在经济竞争中出现贫富差距和产生新富农，这在具体政策上难以兼顾。正是这个矛盾促使中国政府后来加速实现农业集体化，通过消灭个体经济以根除新富农产生的土壤。

以上分析了土地改革完成后到农业集体化高潮前全国新富农产生的规模和地区的分布情况。那么，新富农的产生对农村阶级结构变动的趋势的影响是怎样的呢？根据1954年农家收支调查，在土地改革完成时，贫农占农村总户数的比重为57.1%，到1954年底，这些贫农户的46.9%（占农村总户数26.8%）已上升为中农，使得农村阶级结构发生了重要的变化，即贫农占农村总户数的比重下降到29%，中农的比重从土地改革完成时的35.8%上升到62.2%，接近2/3，成为农村中的主体。与此同时，老富农在土地改革完成时占农村总户数的比重为3.6%，到1954年底，这些老富农的56.5%（占农村总户数2.1%）已下降为中农或贫农，而新富农的产生缓慢而稀少，不到农村户数的0.6%，因此，新老富农户数占农村总户数比例到1954年底为2.1%，比土地改革结束时减少了1.5个百分点①。综上情况，应该说，从土地改革结束到农业集体化高潮，新富农的产生，并没有改变农村中农化的总体趋势。当然。土地改革后农民在走向富裕的道路上不可能是齐步走，因而，新富农的产生又是中农化过程不可避免的现象。正确地对待新富农经济，对于打消土地改革完成后翻身农民发展生产的顾虑，调动农民努力积累扩大再生产的积极性，促进农村经济的恢复发展，无疑有着重要的意义。

二、新富农经济是当时农村具有较大生产规模和较高生产率的经济形式

（一）新富农一般具有较大的家庭规模和生产规模

在1954年进行的农家收支调查中，对于农村各阶层人口、生产资料、收入支出等情况的统计，是把新富农与老富农合并在“富农”中统计的，依据这份资料无法对新富农的经济状况进行深入的分析。但东北地区的黑龙江、吉林、辽宁3省境内绝大部分地区属于老区，即都是按照1947年《中国土地法大纲》消灭富农的政策进行土地改革的，只有极少地方保留了富农经济。因此，这3省在1954年农家收支调查中的“富农”基本上都是新富农，可以依据本材料对这3省的新富农进行研究。而对其他省份，则只能通过各省自行组织的调查资料进行研究。这样，以下对新富农的分析，各省的材料之间就缺乏严格的可比性，但应能反映这个阶层的基本情况。

1. 有较大的家庭规模和较多的劳动力

从各地的调查情况看，新富农家庭规模较大，拥有的人口与劳动力，一般都多于农村其他各阶层。先看东北黑龙江、吉林、辽宁3省的情况（详见表7）。

表7 1954年农家收支调查资料中东北辽、吉、黑3省农村各阶层户均人口、劳力情况

	黑龙江省			吉林省			辽宁省			东北3省合计或平均		
	调查总户数（户）	户均人口（人）	户均劳动力（人）	调查总户数（户）	户均人口（人）	户均劳动力（人）	调查总户数（户）	户均人口（人）	户均劳动力（人）	调查总户数（户）	户均人口（人）	户均劳动力（人）
总计或平均	698	5.5	2.5	573	6.2	2.8	500	6.1	2.7	1 735	5.9	2.6
社员户	58	5.7	2.7	51	7.3	2.5	45	6.4	2.9	154	6.4	3
贫农	284	4.4	2.1	163	4.8	2.1	125	4.9	2.1	572	4.6	2.1
中农	333	7.8	2.8	300	6.6	3	314	6.5	2.8	947	7	2.9
新富农	5	7.4	3	11	9.2	3.9	9	9.6	3.6	25	9	3.6
过去地主	18	6.4	2.6	12	6	2.7	7	5.1	1.9	37	6	2.5

资料来源：中华人民共和国统计局：《一九五四年全国农家收支调查资料》（1956年5月），广东省档案馆WA07—61·222。

注：（1）吉林省实际只有新富农9户，表中数字11户中包括了2户老富农。原因是原始资料中新老富农没有分列，一并在“富农”阶层中反映。但在11户新老富农户中新富农占了9户，因此，“富农”阶层的统计数字大体可以说明新富农的情况。以下凡使用该资料反映吉林省新富农情况时都是如此。（2）3省平均数是加权平均数。

① 国家统计局：《1954年我国农家收支调查报告》，统计出版社1957年版，第13～14页。

根据表7的资料，1954年东北3省1 735户农民家庭平均人口5.9，2.6个劳动力；而新富农家庭平均每户有9口人，3.6个劳动力。虽然3省情况略有差别，但总体来看，新富农无论是家庭人口数还是劳动力数，在农村各阶层中都是最多的，户均人、劳数大体为平均水平的1.5倍和1.4倍，贫农户的2倍和1.7倍，中农的1.3倍和1.3倍。

又据山西省委农村工作部对1954年20个典型乡6 203户的调查，农村各阶层农户平均人口为4.3，其中贫雇农户、中农户、“其他劳动人民”户、过去富农户、过去地主户、“其他剥削阶级”户分别为2.9人、4.5人、2.8人、5.4人、4.4人和5.6人，而新富农户为6人，在农村各阶层中最多，为平均水平的140%，贫雇农户的2倍多，中农户的133%。农村各阶层户均有劳动力1.8人，按上述阶层排列的各阶层户均拥有劳动力分别为1.2人、1.9人、1人、2.1人、1.7人和1人，而新富农户为2.3人，也是各阶层中最多的，为平均水平的128%，贫雇农户的192%，中农户的121%。①

再据湘、鄂、皖、粤4省1953年和1954年的调查，新富农户均家庭拥有人口、劳动力都超过农村平均水平（详见表8）。其中湘、鄂、粤3省新富农户均人口分别相当于贫农户的185%、142%和234%，相当于中农户的155%、118%和197%；户均劳动力分别相当于贫农户的176%、144%和225%，相当于中农户的136%、105%和205%。

表8　1953年、1954年湘、鄂、皖、粤4省22乡新富农户均拥有人口、劳动力及与其他阶层的比较

	湖南3乡			湖北12乡			安徽6乡			广东省新会县北洋乡		
	调查总户数（户）	户均人口（人）	户均劳动力（人）	调查总户数（户）	户均人口（人）	户均劳动力（人）	调查总户数（户）	户均人口（人）	户均劳动力（人）	调查总户数（户）	户均人口（人）	户均劳动力（人）
总计或平均	1 086	4.6	2	3 754	4.3	2.1	1 768	4.6	1.8	957	3.5	2
贫农	277	4.1	1.7	944	3.7	1.6	436	3.7	1.5	312	3.2	1.7
中农	682	4.9	2.2	2 403	4.5	2.1	1 115	5	2	522	3.8	2.2
新富农	4	7.6	3	12	5.3	2.3	13	5.6	2	2	7.5	4.5
老富农	32	4.7	2.1	185	4.9	2.2	66	5.9	2	38	3.6	1.9
过去地主	43	4.6	1.8	135	4.1	1.8	76	4.8	1.5	55	2.9	1.3

资料来源：湖北省委农村工作部：《湖北省12个典型乡调查统计表（1955年）》，湖北省档案馆SZ18—1—154；中共安徽省委农村工作部办公室：《安徽省农村典型调查（土改结束后至1954年）》；湖南省委农村工作部《湘潭县清溪乡1952年至1954年经济情况调查分析表（1955年）》，《沅陵县肖家桥乡1952年至1954年经济情况调查分析表（1955年）》，《沅陵县牧马溪乡1952年至1954年经济情况调查分析表（1955年）》，湖南省档案馆146—1—176，146—1—246，146—1—260；中共粤中央委员会调查组：《广东省新会县北洋乡经济调查（1953年12月）》，载《农村经济调查选集》，湖北人民出版社1956年1月版，第56、79、81、88～89页。以上表格中的数据是在原始资料的基础上汇总计算的结果。

注：(1) 各阶层之和不等于总数是因为省略了“其他劳动人民”和“其他剥削阶级”。但其中广东省1乡的“过去地主”中包括了“其他剥削阶级”，原因是原始资料中两者是合并统计的，无法剥离。(2) 湘、鄂、皖3省为1954年情况，广东省为1953年情况，下同。(3) 以上东北3省、山西省、南方4省统计阶级的标准并不完全相同。基本相同的是贫农、中农都是依据农户在调查时的经济状况重新确定的成分；土地改革时的地主阶级的成员虽然大部分经济状况只相当于贫农，但正式改变成分的很少，大部分仍划在“过去地主”中。“过去富农”的情况较为复杂，有的地区统计中包括了土地改革中划为富农又仍维持富农经济状况、已达不到富农经济状况而未改变成分或已改变成分、土地改革中“漏划”而又维持富农经济状况这4种情况，有的地区则只包括以上情况之一或之二、之三。“其他劳动人民”主要包括小商小贩、手工业者和自由职业者。其“他剥削阶级”主要包括小土地出租者。另外，东北3省的社员户是单列的，而其他各省社员户没有单列，而是按各自的成分列在各阶层中。

① 中共山西省委农村工作部编：《山西省20个典型乡调查资料·土地改革结束时期—1952年—1954年》（1956年5月印），山西省档案馆，第6805号。

新中国成立之初，我国农业生产水平很低，在技术设备条件落后和缺乏社会化服务体系的情况下，农民家庭为一个生产经营单位，必须拥有一定数量的劳动力，才能独立地完成农业生产活动。新中国成立前，我国农村的地主、富农家庭，往往因经济条件好而早结婚、早生育、多生育、多养育，富为因，人口多为果。土地改革后的新富农，绝大多数是由土地改革前的贫农和中农上升起来的，他们的人口多、劳动力多则成为其家庭经济能够迅速上升的重要有利因素。再从上述统计资料看，农村中新富农、中农、贫农的家庭人口、劳力多寡的排列，与成分高低的排列基本一致，则从一个侧面说明，土地改革后农民家庭经济能否上升，上升快慢，与家庭规模特别是劳动力多寡是直接相关的。

2. 新富农家庭一般都有较多的生产资料和较大的生产规模

据1954年农家收支调查，东北黑、吉、辽3省新富农户均占有的土地为农村各阶层平均水平的192%，贫农户的268%，中农户的169%；大牲畜（包括马、驴、骡、牛等）为平均水平的281%，贫农户的6.2倍，中农户的187%；大型农具为平均水平的约3.5倍，贫农户的11倍，中农户的2.4倍；大车为平均水平的213%，贫农的约5倍，中农户的156%（详见表9）。

表9　1954年农家收支调查资料中东北黑龙江、吉林、辽宁3省农村各阶层户均拥有生产资料

	调查总户数（户）	户均土地（亩）	户均大牲口（头）	户均猪羊（头）	户均家禽（只）	户均大型农具（部）	户均大车（辆）	人均土地（亩）
总计或平均	1 735	46.5	1.19	1.46	7.7	0.38	0.3	7.9
社员户	154	45.7	1.29	1.97	9	0.27	0.17	7.1
贫农	572	33.3	0.54	0.64	5.5	0.12	0.13	7.2
中农	947	52.7	1.83	1.68	8.6	0.54	0.41	7.5
新富农	25	89.2	3.36	4.2	12.3	1.32	0.64	10
过去地主	37	57.3	0.9	0.76	7.7	0.25	0.19	9.5

资料来源同表7。

东北地区土地辽阔，可以代表人少地多地区的一般情况。下面考察的湘、皖、鄂、粤4省，大体可以代表南方地区新富农的经济状况。

南方4省与东北3省相比的一个显著特点是人多地少，人均占有土地只有2.81亩，大大低于后者的7.9亩，其他生产资料的户均水平也相应低于东北3省。

该4省的另一个特点是都为新区，在土地改革中执行的是保留富农经济的政策，但实际上，富农经济在土地改革中不同程度上受到打击，老富农占有的生产资料虽然还高于平均水平，但优势已不大。而土地改革后产生的新富农，已经成为农村中最富裕的阶层。

从表10的情况看，该4省新富农户平均占有的土地、耕畜和农具，分别为平均水平的150%、200%和159%；贫农水平的204%、3.2倍和2.6倍；中农水平的135%、165%和133%；老富农水平的107%、165%和112%。

综合东北3省和南方4省的情况看，新富农户均占有土地约为平均水平的1.5～2倍，耕畜为平均水平的2～3倍，优势相当明显。但新富农的数量却很少，从1954年的农家收支调查看，在全国范围内不到农户的0.6%，据此计算，占有耕地不会超过农村耕地总数的1%，耕畜不超过

1.5%。所以，从总体上看，新富农占有生产资料的优势对农村生产资料分布的总体格局不会产生根本性的影响。

表 10　1953 年、1954 年湘、鄂、皖、粤 22 乡新富农户均占有生产资料及其与其他阶层的比较

	调查总户数（户）	户均土地（亩）	户均耕畜（头）	户均主要农具（件）	人均土地（亩）
总数或平均	7 565	12.5	0.42	1.76	2.81
贫农	1 969	9.2	0.26	1.06	2.41
中农	4 722	13.8	0.51	2.1	2.91
老富农	321	17.5	0.51	2.49	3.49
新富农	31	18.7	0.84	2.8	3.1
过去地主	309	10.5	0.18	0.7	2.46

资料来源：同表 7、表 8。

注：（1）各乡"耕畜"统计口径不一致，有的为"耕畜"，有的为"耕牛"。（2）本表中统计的是"主要农具"，与东北 3 省的"大农具"不同。（3）原始资料中，湘、鄂、皖 3 省统计的是"主要农具"，广东 1 乡统计中包括了小农具，因此，本表在进行计算过程中，"户均主要农具"只计算了湘、鄂、皖 3 省 21 乡的数字，广东 1 乡未计算在内。（4）4 省 22 乡的平均数为加权平均数。

同时，新富农户生产资料的优势又是建立在家庭人口多的基础上的，按人均计算，优势就没有这样大了。例如在东北 3 省，按人口平均计算的土地，新富农人均数仅为农村平均水平的 127%，贫农户的 139%，中农户的 133%，土地占有水平与其他阶层相比差别并不大。南方 4 省的情况更是如此，新富农户人均占有土地的数量仅为贫农水平的 127%，中农水平的 107%，低于老富农，为平均水平的 110%，即接近平均水平，几乎没有什么优势。从土地占有看，尤其在南方各省，新富农户均占有土地的优势主要是由于家庭人口多而形成的规模优势。

另外，新富农户占有生产资料的另一个特点是，土地占有优势相对较小，其他生产资料优势较大。在东北 3 省，新富农占有的生产资料的优势，以大农具最为明显，其次为大牲畜、大车，土地相对优势最小。在南方 4 省，新富农占有的牲畜、农具优势也明显大于土地。在我国，由于人多地少（特别是南方地区），可开垦的荒地有限，农户耕地的占有往往具有排他性。而农户对耕畜、农具等农业生产资料占有则是可以随着农村经济的发展而增长的。新富农户占有非土地生产资料的优势，既是这些农民在土地改革后努力经营、积极进行生产积累的结果，也是农村经济发展的表现。

（二）新富农的收入水平与生产率

1. 土地改革后的新富农户是我国农村中收入最高的阶层

根据 1954 年的农家收支调查，东北 3 省户均年总收入为 1 052 元，贫农为 693 元，中农为 1 244元，过去地主为 1 074 元，新富农为 2 492 元。新富农是农村中收入水平最高的阶层，户均总收入为平均水平的 2.3 倍多，为贫农水平的 3.6 倍，中农水平的 2 倍。

另据山西省 20 个典型乡调查，1954 年新富农户均农副业总收入折合粮食 7 900 斤，为平均水平（4 151 斤）的 1.9 倍，贫农的 4.3 倍，中农水平的 1.8 倍。

再据湘、鄂、皖、粤南方 4 省 1953 年和 1954 年调查，新富农户年均总收入稻谷 11 484 斤，为平均水平（5 200 斤）的 2.2 倍，贫农和过去地主的 3.2 倍，中农的 1.9 倍，过去富农的 1.8 倍

（详见表11）。综合各地的水平，大体上看，新富农的户均收入水平大约为平均水平的2～2.4倍，中农收入水平的2倍左右，贫农收入水平3倍多甚至超过4倍。

表11　1954年8省农村各阶层户均收入

	1954年农家收支调查资料中东北3省户均总收入（元）	1954年山西省20个典型乡调查户均农副业总收入（折合粮食斤）	1953年、1954年南方4省调查户均总收入（折合原粮或稻谷斤）
总计或平均	1 052	4 151	5 200
贫农	693	1 830	3 595
中农	1 244	4 440	5 988
新富农	2 492	7 900	11 484
过去富农	—	5 138	6 390
过去地主	1 074	3 775	3 603

资料来源：东北3省同表7，南方4省同表9（其中湖北省12个乡的调查中只汇总了5个乡的收入情况，安徽省的调查中，只有3个乡有详细的分阶层的收入资料），山西省资料来源系中共山西省委农村工作部编：《山西省20个典型乡调查资料・土地改革结束时期—1952年—1954年》（1956年5月印），山西省档案馆，第6805号。以下关于各省的收入方面的数据，资料来源与本表相同的就不再一一注出。

注：(1) 总收入都是指毛收入。(2) 各地收入统计的原始资料中，有的为“总收入”，有的为“农副业总收入”，有的为“年收入”，统计口径不完全一致。计算单位，东北3省为元，其他各省则各为“粮食”、“原粮”、“稻谷”等。

2. 土地改革后的新富农是农村具有较高生产率的农户

首先，具有较高的劳动生产率。据1954年农家收支调查，东北3省农村平均每个劳动力年创造总收入421元，其中贫农户中的劳动力创造总收入330元，中农444元，过去地主413元，新富农813元，新富农平均每个劳动力创造的总收入为平均水平的近2倍，为贫农水平的2.5倍，中农水平的近1.9倍。

又据山西省20个典型乡调查，农村中新富农户每个劳动力平均年创造农副业总收入折合粮食3 565斤，为平均水平（2 306斤）的近1.5倍，贫农的255%，中农的147%，过去富农的140%，过去地主的155%。

再据1953年、1954年典型调查，南方湘、鄂、皖、粤4省农村每个劳动力平均年创造总收入折合粮食（原粮或稻谷）2 600斤，其中贫农户每个劳动力年创造总收入2 247斤，中农2 852斤，老富农3 043斤，过去地主2 252斤，而新富农为4 785斤。新富农每个劳动力年创造的总收入为平均水平的184%，贫农水平的213%，中农水平的168%，老富农的157%，过去地主的212%。

表12　农村各阶层平均单位土地面积的总收入

	1954年农家收支调查资料中东北3省农户户均单位土地面积总收入	1954年山西省20个典型乡调查户均单位土地面积农副业总收入	1953年、1954年南方4省调查户均单位土地面积总收入
	（元/亩）	（折合粮食斤/亩）	（折合原粮或稻谷斤/亩）
平均	22.62	146	391
贫农	20.81	88	380
中农	23.61	151	404
新富农	27.94	103	450
过去富农		146	343
过去地主	18.74	163	328

资料来源同表10。

其次，新富农户一般具有较高的土地生产率。如据 1954 年农家收支调查，东北 3 省新富农户平均每亩地的农副业总收入为 27.94 元，是平均水平（22.62 元）的 124%，为贫农水平（20.81 元）的 134%，为中农水平（23.61 元）的 118%。又据 1953 年、1954 年调查，南方湘、鄂、皖、粤 4 省新富农户平均每亩地的农副业总收入折合成稻谷或原粮为 450 斤，为平均水平（391 斤）的 115%，为贫农水平（380 斤）的 118%，中农水平（404 斤）的 111%，过去富农（343 斤）的 132%。但 1954 年山西省 20 个典型乡调查的结果却与上述情况不相同。该省 20 个乡的 3 户新富农每亩地的平均总收入为 103 斤，低于平均水平的 146 斤，更低于中农水平的 151 斤，只是略高于贫农水平的 88 斤，土地生产率与劳动生产率情况有很大差别。

三、新富农经济的经营结构与经营方式

（一）新富农的经营结构

关于新富农的经营结构，我们主要是通过其收入结构来研究的。

表 13　1954 年东北 3 省新富农收入结构及其与农村平均水平的比较　　单位：%

	农业总产值	新建房屋	手工业产品	货运收入	商业收入	出雇工资	出租生产资料	出典生产资料	借款	收回贷款	补助金	其他收入
平均	81.27	1.03	0.48	1.56	0.12	1.90	0.36	0.27	4.7	0.95	0.43	6.93
新富农	84.36	0.32	0.01	4.28	0.24	0.26	1.26	0.34	1.77	2.41	0	4.75

资料来源：根据中华人民共和国统计局《一九五四年全国农家收支调查资料》（1956 年 5 月）（广东省档案馆 WA07—61・222）计算。

据 1954 年农家收支调查，黑龙江、吉林、辽宁 3 省农民年收入中，农业总产值（包括植物栽培、动物饲养、副业产品；其中副业产品中包括采集渔猎产品、农产品初步加工、自产自用手工业产品、为消费者加工价值）占 81.27%，其中新富农户农业总产值占总收入 84.36%（详见表 13）。说明 1954 年，东北 3 省新富农是以农业为主的，农业总产值占总收入比重还要高于平均水平。在其他收入中，我们选择了人们认为能反映新富农经营特点的一些项目，与平均水平进行比较。如新富农户均收入中，货运收入占 4.82%，高于平均水平的 1.59%；商业收入占 0.24%，高于平均水平的 0.12%；出租生产资料占 1.26%，高于平均水平的 0.36%。3 项合计为 6.32%，比平均水平的 2.07%高出 4.25 个百分点。说明新富农比其他农户更多地从事运输、商业等经营活动和出租生产资料，但差别有限，占新富农总收入的比重也很小。另外，资料显示新富农户收回贷款比重高于平均水平。但收回贷款的统计中既包括了收回的本金，也包括了得到的利息，因此，此项统计只能间接说明新富农较多地进行了放贷，而无法反映其利息收入的状况。

再看湖南省的情况。湖南省的资料来自于湖南省农村工作部的调查，与 1954 年农家收支调查统计口径不一致。据 1955 年对 9 乡 3 575 户 1954 年收支情况的调查（同时对 1952 年和 1953 年的收支情况进行了回顾性的调查），1952—1954 年，在农民家庭总收入中，农业（包括种植业、林业、土特产品、动物饲养）占了 85%～87%（详见表 14）。其中，在新富农家庭的总收入中，农业

1952年占72.4%，比平均水平低13.04个百分点；1953年占80.65%，低于平均水平约6个百分点；1954年占82.68%，低于平均水平不到4个百分点。湖南省新富农收入结构中农业产值比重3年都低于平均水平，这与东北3省的情况不同，但总体来看，其经营仍然是以农业为主。在新富农家庭非农业收入中，商业收入占了很重要的地位，1952年占了59%（指商业收入占非农业收入的比重），1953年达到84%，1954年下降到43%。但其他非农业收入的情况由于统计口径过于笼统没有得到详细反映。

表14 1952—1954年湖南省新富农总收入的结构及其与农村平均水平的比较

			总收入中各种收入所占的比重（%）							
			种植业、林业、土特产品、动物饲养合计	种植业	林业	动物饲养	土特产品	商业	副业	其他
1952年	总户数	1 051户	85.48	71.95	2.84	9.87	0.82	1.76	7.54	5.22
	新富农	6户	72.4	59.58	2.61	8.43	1.78	16.22	2.22	9.16
1953年	总户数	1 324户	86.63	74.36	1.9	9.38	0.99	1.06	4.85	7.46
	新富农	8户	80.65	71.12	3.43	5.26	0.84	16.34	0.87	1.6
1954年	总户数	1 086户	86.5	71.97	4.54	9.06	0.98	0.67	7.21	5.57
	新富农	4户	82.68	66.2	9.27	5.98	1.23	7.48	4.48	5.06

资料来源：同表5。在进行收入结构比较的时候，我们每年都只选取有新富农的乡进行比较，1952年包括沅陵县牧马溪、沅陵县肖家桥、湘潭县清溪3乡，1953年为湘潭县长乐、沅陵县肖家桥、湘潭县清溪3乡，1954年为沅陵县牧马溪、沅陵县肖家桥、湘潭县清溪3乡。

在笔者收集的资料中，其他有关新富农收入结构的资料就更为粗略了。如据陕西省1954年2乡828户调查，在农民家庭收入中，农业收入（包括种植业、林业和动物饲养业）比重占84.89%，副业占3.84%，其他占11.27%。其中新富农5户，农业收入占总收入75.03%，比平均水平低约10个百分点；副业收入占11.84%，比平均水平高出8个百分点，但内容不详；其他占13.13%，略高于平均水平①。又据湖北省1954年5乡1 734户调查，在农民收入中，农业收入占74.64%，副业收入和其他收入占25.36%。其中，新富农家庭收入中，农业占75.69%，略高于平均水平，副业收入和其他收入占24.31%②，略低于平均水平。这两个省的资料，大体反映出新富农的收入结构中，农业收入占主体，与平均水平无大差别。

在当时很多农村典型调查材料中，有大量新富农从事商业投机、长途贩运、农产品加工、出租土地和生产资料、放债收利活动的记载，但这些情况在上述对收入结构统计资料的研究中反映得并不充分。例如，只是在湖南省的资料中反映了新富农较多从事商业活动的情况；东北3省反映出新富农较多地从事商业、运输、出租生产资料、放债活动，但并不突出。湖北省“副业”和“其他”收入比重较高，其中的具体内容无法得知。而“副业”、“其他”收入对于新富农和其他阶层来说在内容上可能有较大区别：像出雇劳动力的工资收入和出租生产资料的收入、利息收入等，都可能进入以上两项统计，但其经济意义不同，反映的农户的经济状况也不相同。出现这种情况的原因可能

① 《陕西省长安县雷村乡全乡生产条件及收入情况统计表》，陕西省档案馆123—4—543；《陕西省延安县柳林乡全乡生产条件及收入情况统计表》，陕西省档案馆123—4—557。

② 湖北省委农村工作部：《湖北省12个典型乡调查统计表（1955年）》，湖北省档案馆SZ18—1—154。

有以下几个方面：其一，典型调查所举出的例证是特殊的案例，并不能反映新富农阶层的一般状况，在大量取样调查时，这些案例的特殊性在平均数中被淹没了；或者是说，新富农经济的个体差异性太大，统计中的平均数无法反映出各个新富农的具体情况。其二，对新富农的典型调查是在土地改革完成后的各个年份进行的，而关于新富农的经营结构的统计资料都是出自于1954年的调查材料。1953年提出过渡时期总路线和实施统购统销后，对新富农的经营生产了很大的影响。这从湖南省1953年后新富农商业收入迅速下降可以明显看出。因此，1954年调查统计的资料不能完全反映出在此之前新富农经营结构的情况。以下对新富农经营方式的研究，也存在同样的问题。

为此，我们在后文还要结合各地新富农的典型案例，对新富农的经营结构和经营方式进行更加深入的研究。

（二）新富农的经营方式

土地改革后，中国政府在农村进行经济调查时，划分新富农的依据是土地改革时划分阶级的标准。即新富农“是指土地改革后新产生的富农，新富农的划定是按照政务院所颁布关于农村阶级划分的规定，凡剥削分量（包括雇工、放债等）超过其总收入25%者一律作为富农”。“计算剥削分量公式列下：（1）农业收入÷（业主劳动日数＋雇工劳动日数）＝每工生产的农业收入。（2）每工生产的农业收入－雇工的工资工食＝雇工的每工的生产剩余。（3）雇工每日生产剩余×雇工总日数＝雇工总生产剩余。（4）（雇工的总生产剩余＋利息等其他剥削收入）÷业主全家总收入＝剥削分量。”[①] 即是说，新富农之所以成为新富农，是由于从事了在当时认为具有剥削性质的雇工、放债、出租生产资料和房屋等生活资料的经营活动，通过这些经营活动获得的收入在其家庭总收入的比重超过25%。但在上述收入结构的研究中，由于缺乏相应的统计口径，新富农的这些经营特点没有得到充分的反映。以下我们将从经营方式的角度，对新富农雇工、放债、土地租佃等经营活动进行专门的研究。

1. 新富农的雇工不发达，本人及家庭成员劳动仍占主要地位

土改完成后，我国农村普遍存在着雇工的现象。据国家统计局1954年农家收支调查提供的资料，全国调查户中，有59.7%的农户雇工，其中社员户雇工占本阶层农户的44.7%，贫雇农占48.7%，中农占65.3%，新老富农占77.3%，过去的地主占57.6%。同时，在调查户中，有53.7%的农户出雇。其中，社员户出雇占本阶层农户的34%，贫雇农占60.3%，中农占52.3%，新老富农占40.9%，过去地主占56%[②]。农村中雇佣关系如此普遍存在是因为：第一，由于农业生产的特点，在大忙季节，许多农户只使用本家庭劳动力很难做到不误农时，必须依靠雇请他人来“抢火”。这种雇工多是属于劳动力调整的性质。第二，在农村中，还有一些老弱孤寡缺乏劳动力的农户以及兼业者要经常使用雇工。第三，农民在日常生活中还需要各种劳务服务，如做衣服请裁缝，盖房请泥瓦匠、打家具请木匠等，也都要请人雇工。可见，农村中的雇工问题十分复杂，很难以剥削二字以概之。这是我们在研究新富农雇工时要注意的问题。

---

① 中央人民政府财政部农业税司编印：《农村经济与农民负担调查资料》第二集，第68页。陕西省档案馆D9—8—23。

② 国家统计局编：《1954年我国农家收支调查报告》，统计出版社1957年版，第44页。

由于在新区的土地改革中实行了保留富农经济的政策，其重点又是保留富农自己及雇工经营的土地，在土地改革后又容许富农雇工经营，因此，富农雇工户数的比重要大于农村其他各阶层。特别是新老富农户均年雇佣劳动力的日数达到 78.6 人日（长工折合成短工与短工合并计算），为农村各阶层农户平均水平 15.4 人日的 5.1 倍①，大大高于农村平均水平，又反映了富农经营十分重要的特点。但从富农平均每户的雇工数量看，其雇工劳动量又只占家庭劳动量不到 20%（计算方法参考下文），说明我国土地改革后富农经济雇工并不发达，主要是依靠本家庭劳动力进行经营。

在 1954 年农家收支调查中，“富农”是将新、老富农合并统计的，老富农占 73.4%，新富农占 26.6%。所以，其中关于“富农”阶层雇工情况的反映，不一定能说明新富农的情况（以下关于土地租佃关系的资料也有这个问题，不另说明）。因此，我们有必要对新富农雇工的问题进行专门的研究。

据调查，1954 年，东北黑、吉、辽 3 省的农户中雇工的农户占调查户的 43.1%。而新富农 25 户中就有 19 户雇工，占本阶层农户的比重为 76%，高于平均水平和农村其他各阶层；而且出雇户只有 4 户，占本阶层农户的比重为 22.2%，明显低于平均水平和农村其他各阶层（详见表 15）。

表 15　东北 3 省 1954 年各阶层农户劳动力雇佣情况

	调查总户数（户）	雇工户数（户）	雇工户占调查户比重（%）	雇工总数		调查户平均每户雇工数（人日）	出雇户数（户）	出雇户占调查户比重（%）	出雇总数		调查户平均每户出雇数（户）	户均净雇工人日（人日）
				合计（人日）	占雇工总数比重（%）				合计（人日）	占出雇总数比重（%）		
总计	1 735	749	43.1	19 033	100	11	778	59	30 230	100	17.4	−6.4
社员户	154	34	43.2	527	2.8	3.4	38	35.5	1 079.5	3.6	7	−3.6
贫农	572	204	35.7	3 491	18.4	6.1	308	69.6	11 407	37.7	19.9	−13.8
中农	947	475	50.2	12 258	64.4	12.9	414	59.2	16 989.5	56.2	17.9	−5
富农	25	19	76	2 425	12.7	97	4	22.2	266	0.9	10.6	86.4
过去地主	37	17	45.9	330	1.7	8.9	14	57.1	488	1.6	13.2	−4.3

资料来源：《1954 年黑龙江省农民经济状况》，黑龙江省档案馆 03—24—23；《1954 年吉林农民家计调查资料》，吉林省档案馆，政资—3—3—130；《1954 年辽宁省农民家计调查资料》，辽宁省档案馆馆藏。

注：(1) 出雇数大大高于雇工数是因为出雇中包括了国家动员农民修堤筑路的用工。(2) 雇工中除农副业生产雇工外，还包括了使用木匠、泥瓦匠、裁缝等提供的劳务性服务。(3) 雇工日数，是将长工折合成短工再与短工合并计算。

从户均雇工人数看，新富农户平均年雇工 97 人日，更是大大高于其他农户。如果扣除出雇数，新富农户平均每年净雇工为 86.4 人日。按有关规定的一个长工劳动 120 天计算，新富农户平均年雇佣 0.72 个长年工，即平均每 3 户折合雇佣 2 个左右长年工。根据表 7 的资料，东北 3 省调查新富农家庭平均拥有 3.6 个劳动力。再据 1955 年对全国 26 个省市 856 131 户农业生产合作社社员户调查，我国社员户男劳动力一年平均出工 134 天，女劳动力平均一年出工 50 天。考虑到社员户还要从事家庭副业经营，其实际劳动天数要高于在社内出工天数。如每个劳动力平均（男女混合计算）年劳动 100 天，那么，新富农雇工日数占家庭全部劳动量的比重为 19%，即新富农本人及家庭劳动力劳动占家庭总劳动量 80%以上。如果再扣除劳务性雇工，新富农家庭经营总劳动量中雇

① 国家统计局编：《1954 年我国农家收支调查报告》，统计出版社 1957 年版，第 44 页。

工所占比重则更小。

据陕西省2乡1954年828户调查，计有新富农5户，户均雇短工28.5人日，该5户新富农户均拥有劳动力2人，仍按上述东北3省方法计算（即家庭内劳动力男女混合计算每人每年劳动100天，长工按每年劳动120天计算，下同），雇工劳动占新富农家庭经营总劳动量比重为12.4%，新富农本人及本家庭劳动占87.6%①。

据山西省20个典型乡1952年6 023户调查，计有新富农4户，其中有1户雇佣长工1人，有2户雇短工470人日，折合共计雇工590人日，户均雇工147.5人日，折合长年工1.2个；该4户新富农户均拥有劳动力2.25个，年合计劳动225天，雇工劳动占新富农家庭经营总劳动量比重为39.6%②。

再据湖北省12个典型乡1954年3 754户调查，计有12户新富农，共计雇佣长工1个，雇佣短工816人日，折合合计雇工936人日，扣除出雇210人日，平均每户新富农净雇工60.5人日，折合长年工半个；该12户新富农户均拥有劳动力2.25个，年合计劳动225天，雇佣劳动占新富农户经营总劳动量的比重为21.2%。③

据安徽省10个乡1954年2 893户调查，计有新富农13户，共雇入长工3.5人，雇入短工790人日，折合合计雇工1 210人日，户均雇工93.1人日，该13户新富农户均有劳动力2人，年合计劳动200天，雇佣劳动占新富农户经营总劳动量的比重为31.8%④。

据江西省9个典型乡1954年3 651户调查，其中4户新富农共计雇佣长工1人，短工91人日，折合合计雇工211人日，平均每户雇工52.6人日，折合长年工0.44个；该4户新富农户均劳动力不少于2人，年劳动共不少于200天，雇佣劳动占新富农户经营总劳动量比重约为21%。⑤

据湖南9个典型乡1954年3 575户调查，有4户新富农，共计雇短工538人日，户均雇工134.5人日。该4户新富农户均有劳动力3人，年合计劳动300天，雇佣劳动占新富农户经营总劳动量的比重为31%。⑥

以上6省新富农雇工情况差别很大，最多的山西省平均每户折合雇1.2个长年工，雇工劳动占家庭劳动总量比重接近40%，而陕西省新富农平均每户雇0.2个长年工，雇工劳动占家庭劳动的总量只有12.4%。加权平均计算，6省新富农户均折合雇长年工0.7个，雇工劳动占家庭总劳动量比重为27.6%，本人及家庭劳动力占家庭总劳动量比重为72.4%。该6省新富农户均折合雇佣长年工要略少于东北3省，但家庭平均拥有劳动力少于东北3省，因此，雇工劳动占家庭经营总劳动量的比重要高于东北3省。

从笔者掌握的资料看，新富农雇工水平要略高于老富农。

---

① 根据《陕西省长安县雷村乡全乡生产条件及收入情况统计表》，陕西省档案馆123—4—543；《陕西省延安县柳林乡全乡生产条件及收入情况统计表》，陕西省档案馆123—4—557计算。

② 《山西省20个典型乡调查资料·土地改革结束时期—1952年—1954年》（1956年5月印），山西省档案馆，第6805号。

③ 根据湖北省委农村工作部：《湖北省12个典型乡调查统计表（1955年）》，湖北省档案馆SZ18—1—154计算。

④ 根据中共安徽省委农村工作部办公室：《安徽省农村典型调查（土改结束后至1954年）》计算。

⑤ 根据江西省委调查组：《关于全省（9个典型乡）经济调查综合表（1956年）》，江西省档案馆X006—2—13推算。

⑥ 根据湖南省委农村工作部《湘潭县清溪乡1952年至1954年经济情况调查分析表（1955年）》，《沅陵县肖家桥乡1952年至1954年经济情况调查分析表（1955年）》，《沅陵县牧马溪乡1952年至1954年经济情况调查分析表（1955年）》，湖南省档案馆146—1—176，146—1—246，146—1—260计算。

新富农雇佣劳动力，一是从事农业生产；二是从事工副业生产；或是二者结合，如当家的劳动力主要从事工副业经营，雇工主要用于农业生产；还有的新富农带着牲畜、农具和雇工去帮工，出租生产资料、雇工与自身出雇兼而有之。

新富农户雇工的一个重要特点是雇入长工少，雇入短工多。其中的原因，既有雇长工目标大、会因此受到种种压力而化长为短，也更因为受经营规模、经营项目的稳定性所限，不需要雇长工，雇短工多是在大忙季节或进行季节性、临时性经营。

从各方面的情况看，我国土地改革后产生的新富农，虽然是农村中雇工较多的农户，但他们的生产经营，最主要还是依靠本人和家庭成员的劳动，尚未完全突破主要依靠本家庭成员进行经营劳动的范围，离依靠雇工经营的资本主义农场相距甚远。

2. 新富农与土地租佃

在土地改革完成后，我国农村的土地占有平均化了，广大农民基本上耕种自己的土地，租出租入大大减少了，但仍然存在土地租佃关系。从各地的情况看，土地租佃关系特点是参与土地租佃的农户还有一定比例，但租出租入土地占农村土地总量的比重数很小。据 1954 年农家收支调查，农村租出的土地占调查农户占有土地的 2.3%，租入土地占 4.7%。租入大于租出，是由于在租入土地中包括了土地改革中保留的少量公地、非农业户和少数民族地区寺院出租的土地。

在出租土地者的农户中，多是老弱孤寡、军烈干属和兼业者，因无劳动力和经营能力或无暇顾及而出租土地；土地多而不愿耕种和认为税收与统购任务过重而出租土地摆脱负担（由租入户负担税负和统购任务，出租户只收少量地租甚至不收地租）的是少数。租入土地的多是人均占有土地低于平均水平的农户，还有劳力强、扩大积累、租入土地以扩大经营的农民。

分阶层来看，过去地主租入土地占家庭所有土地的比例最高，为 5.8%，其次为贫农，占 4.9%，中农占 4.5%，富农最少，占 2%。租出土地占本阶层所有土地比例最少的是中农，占 2.1%，其次是贫农，占 2.6%，过去地主为 4.5%，富农最多，占 6.4%。租出与租入相抵，只有富农是净租出户，净租出占自己所有土地的比重为 4.4%。其他各阶层都是净租入户。①

总的来看，20 世纪 50 年代初期我国农村土地租佃规模很小，只是农户土地经营的补充形式。土地租佃关系主要发生在农民群众之间。通过土地租佃，对土地改革中单纯按人口平均分配土地的某些消极影响进行了局部的调整，促进了生产要素的合理组合，优化了资源的配置，有利于促进农村经济的发展。同时，鳏、寡、孤、独、老、弱、病、残等土地出租者获得一定的收入，起到了保障作用，减轻了国家和社会的压力。

农村中富农阶层出租土地相对较多，这是新区土地改革实行保留富农经济政策的结果。但其出租的土地也只占自有土地的 6.4%，占全部农村耕地的 2.4‰，占农户全部出租土地的 11%，说明老富农在土地改革中受到严重削弱。他们在土地改革后又面临着巨大的政治压力，土地租佃规模日趋缩小。

以下再看新富农土地租佃的情况。

表 16 反映的 9 省新富农土地租佃的情况，黑、吉、辽 3 省是国家统计局 1954 年农家收支调查

① 根据国家统计局编《1954 年我国农家收支调查报告》，统计出版社 1957 年版，第 23 页。

统计的，其他6省是各省农村工作部或相关机构的调查结果。从表16汇总的结果看，9省农村土地租佃率与1954年国家统计局的调查结果大体相同，说明两者之间可以用来进行比较分析。

研究以上9省资料的结论是：第一，新富农出租土地数量很小，略高于9省农户的平均水平。与1954年农家收支调查的结果相比较，略高于中农和贫农水平，低于过去地主，明显低于老富农。说明土地改革后出现的新富农在家庭经济发展后，并没有走过去地主、富农大量出租土地的经营道路，或者不存在走这种道路的政治与社会经济条件。第二，新富农租入土地也很少，明显低于9省农户的平均水平。与1954年农家收支调查结果相比较，明显低于农村各阶层，与老富农相同。究其原因，其一是新富农人均占有土地高于平均水平，不会因缺乏土地而租入。其二也说明，新富农还没有租入较多土地扩大经营的经济实力；或者对进一步添置生产资料、雇工扩大经营心存顾虑。

表16　1954年9省新富农土地租佃状况

		调查户数及占有土地		租出		租入		净租出土地（亩）	租出为占有土地比重（%）	租入为占有土地比重（%）
		户数（户）	土地（亩）	户数（户）	土地（亩）	户数（户）	土地（亩）			
辽宁	总户数	500	15 205	—	739	—	1240	—	4.9	8.2
	新富农	9	789	2	32	0	0	32	4.1	0
吉林	总户数	537	23 542	—	525	—	1 632.5	—	2.2	6.9
	新富农	11	801	—	47.55	—	6.15	41.4	5.9	0.8
黑龙江	总户数	698	41 922	—	1 418	—	3 688	—	3.4	8.8
	新富农	5	640	—	16	—	19	−3	2.5	3
山西20乡	总户数	6 203	176 414	297	2 869	356	2 896	—	1.6	1.6
	新富农	3	229.7	0	0	0	0	0	0	0
陕西2乡	总户数	828	21 603	28	393.4	62	445.8	—	1.8	2.1
	新富农	5	390.8	0	0	0	0	0	0	0
湖北12乡	总户数	3 754	42 759	348	1 211.2	469	1 253.8	—	2.8	2.9
	新富农	12	149.6	3	7.7	1	12.4	−4.7	5.1	8.3
江西9乡	总户数	3 651	34 926	587	2 084.7	1 004	2 534.4	—	6	7.3
	新富农	4	94.2	2	13.5	0	0	13.46	14.3	0
湖南9乡	总户数	3 575	57 508	528	1 531	878	2 419	—	2.7	4.2
	新富农	4	199.4	1	1.8	0	0	1.8	0.9	0
安徽10乡	总户数	2 893	39 149	284	1 078.7	532	3 112.3	—	2.8	7.9
	新富农	13	180	2	10.5	5	26.2	−15.7	5.8	14.6
总计	总户数	22 439	453 028	—	10 337	—	16 821	—	2.6	4.2
	新富农	66	343.7	—	129.01	—	63.75	65.26	3.7	1.8

资料来源：东北3省同表3。湖南9乡同表5。安徽10乡、湖北12乡同表8。山西20乡同表11。江西9乡是根据江西省委调查组：《关于全省（9个典型乡）经济调查综合表（1956年）》，江西省档案馆X006—2—13计算。陕西2乡根据《陕西省长安县雷村乡全乡生产条件及收入情况统计表》，陕西省档案馆123—4—543，《陕西省延安县柳林乡全乡生产条件及收入情况统计表》，陕西省档案馆123—4—557计算。

总之，新富农既没有把土地大量出租收取地租，也没有租入更多的土地扩大经营，从土地租佃关系的角度看，新富农经济在农村中并没有得到发展，或者是没有把土地经营或租入土地扩大农业生产作为经营的发展方向。不加分析地把农村中租佃关系一定程度的存在作为土地改革后农村两极分化、新富农经济发展的依据是不能成立的。

3. 新富农的放债

新中国成立之初，由于土地改革对私有产权的巨大冲击以及废除旧债的直接影响，农村民间借贷关系处于停滞状态。许多农民面对生产、生活中的困难，或欲扩大生产经营，都需要借入资金进行周转。但一方面手中有闲置资金的农民心存顾虑，不敢放贷，另一方面国家的救济和农贷还不能也不可能完全满足农民的需要。为了活跃农村金融，恢复和发展农村经济，中国政府在土地改革完成后的初期，在积极组织农村信用合作社的同时，明令“鼓励私人借贷的恢复与发展。利息数不要限制，债权应予保障”①。此后一个时期，农村私人借贷关系有所恢复。随着农业互助合作运动的开展，特别是人们对农村问题关注的重点转向遏止小农经济的自发势力，强调资本主义和社会主义两条道路的斗争，中国政府对农村私人借贷的认识发生了变化，提出片面强调借贷自由，致使农村私人借贷自流发展，出现了大量高利贷，破坏了农村经济，促使农村经济分化，应予打击、取缔、消灭。在政策上也逐渐转向限制私人借贷。

实际上，土地改革后到农业集体化高潮前，农村私人借贷的发展规模是非常有限的。据中国人民银行总行1954年对全国7省16个县18个典型村（乡）3 435户调查的综合分析，借贷关系大量发生在普通劳动群众之间，借贷关系的性质已不是一个阶级剥削另一个阶级，而是贫农中农之间的借贷关系占主要的。借贷利息既有较高利息的，也有大量属于互助互济性质的低息和无息借贷。“借贷用途因地区不同而有所异。吉林省因经济情况较好，加之人少地多生产需要投资大，因此借债用在生产方面（买车、马为主）的占72.7%，生活急需占22.9%，修房、结婚、置衣服等占4.4%。而关内各省用到生活急需方面的较多。……生活急需占48.39%，生产占32.2%，修房、结婚、置衣服占13.87%，经商、买地占2.88%，其他（还债等）占4.66%。”② 农村私人借贷的发展，帮助了部分农民渡过困难，或获得发展生产的资金，有利于活跃农村经济，促进农业生产的恢复发展。国家农贷的发放和农村信用社的发展，在一定程度上取代了私人借贷关系，资金供给的增加也促进了利息水平的下降。但在农贷、信用社不能完全满足农村资金需要的情况下，禁止私人借贷或强力压低利息，不仅会给农民生产生活带来不便，而且也难以奏效，并使得私人借贷转入地下状态，利息不降反升。对农村私人借贷的性质、作用的全面、客观认识，是我们研究新富农借贷问题的重要前提。

前述中央人民政府财政部农业税司关于划分新富农的标准中，是把利息收入作为新富农剥削收入的重要来源的。在我们接触到的各地的农村调查中，也大都笼统提到新富农的放债剥削问题，但具体的例证不多，统计材料也很少，我们只能根据掌握的有限资料对这个问题进行初步的研究。

在农村私人借贷关系中，新富农是放贷率最高的阶层。据对陕、晋、鄂、湘、皖、赣6省61个典型乡20 474户调查，1952年，农村中放贷率（放贷户占总户数的比重）为5.32%，新富农户

① 《人民银行区行行长会议关于几个问题的决定（1950年8月）》，《1949—1952年中华人民共和国经济档案资料选编（金融卷）》，中国物资出版社1996年版，第528页。

② 中国人民银行总行：《反高利贷座谈会的报告（修正稿）（1954年12月31日）》[节录]，《1953—1957年中华人民共和国经济档案资料选编（金融卷）》，中国物价出版社2000年9月版，第441页。

放贷率为 39.39%。1954 年，农村中的放贷率为 5.67%，新富农户放贷率为 30%。新富农户放贷率不仅高于贫农、中农，而且高于老富农。在不同地区之间，新富农户的放贷率有很大差别。如湖北省 1954 年的 12 户新富农中只有 1 户新富农放债，放贷率只有 8.33%，与当地农户放贷率大体持平。而湖南省在 1952 年和 1954 年，新富农户的放贷率都是 100%（详见表 17）。新富农虽是农村中放贷率最高的阶层，但仍有 60%以上的新富农没有放债活动。并且由于新富农户数很少，因此新富农放债户占农村放债农户总数的比重只在 1%～3%，放债金额占农村私人借贷总金额的比重为 3%～5%。即是说，新富农放债在农村私人借贷体系中不占重要地位。

从借贷利息看，各地利息高低悬殊。据上述人民银行总行的调查结果，在借出的金额中，无息占 36.57%，3 分以下的占 13.17%，3～5 分的占 9.08%，5 分以上的占 41.18%。分阶层来看，据对湖北省 11 个乡 1953 年 7 月—1954 年 6 月私人借贷关系的调查，各阶层放债农户平均月利率的情况是，无息占放债金额的 70.53%，2%以下的占 6.57%，2%～5%的占 13.13%，5%～10%的占 23%，10%以上的占 9.11%。其中，贫农放债户无息、低息（本文称利息在 2%以下的借贷为低息借贷，3%～5%为合法借贷，5%以上为高息借贷）贷出款占借出总金额的 63.82%（无息 50.85%，低息 12.97%）；中农占 74.69%（无息 67.15%，低息 7.54%）；老富农占 90.11%（全部是无息）；有严重剥削富农分子（这些调查没有明确划分新富农，从调查分析的语气看，这 4 户大体上是指新富农）占 44.5%（无息 23.13%，低息 21.37%）；过去地主占 100%（全部是无息）①。即新富农是农村中放贷时高息比重最高的阶层。但在新富农的放债中，也还有相当比例的无息、低息贷款。

表 17　1952 年、1954 年陕、晋、鄂、湘、皖、赣 6 省新富农与农村私人借贷关系

省份	年份	调查总户数及新富农户	调查户（户）	借出				借入	
				户数		金额		户数	金额
				借出户（户）	借出户占本阶层比重（%）	总金额（元）	借出户平均每户（元）	借入户（户）	总金额（元）
安徽10 乡	1952 年	总户数	2 790	200	7.17	8 265.06	41.24	656	15 046.48
		新富农	20	6	30	617.20	102.87	1	15.80
	1954 年	总户数	2 893	228	7.88	7 271.13	31.89	745	15 852.51
		新富农	13	4	30.77	123.75	30.93	3	106.66
湖北12 乡	1952 年	总户数	3 754	235	6.26	4 430.87	18.85	737	10 436.73
		新富农	12	1	8.33	264.30	264.3	0	0
江西9 乡	1954 年	总户数	3 651	282	7.72	2 626.01	9.31	575	8 150.90
		新富农	4	1	25	13.30	13.3	0	0
湖南9 乡	1952 年	总户数	3 163	365	11.74	12 208.45	33.45	664	12 451.35
		新富农	5	5	100	180.60	36.12	1	2.00
	1954 年	总户数	3 326	360	10.82	10 728.40	29.80	641	12 302.28
		新富农	3	3	100	89.00	29.67	0	0

① 常明明：《20 世纪 50 年代初期中南农村私人借贷关系研究》，博士论文，第 96 页。

（续）

省份	年份	调查总户数及新富农户	调查户（户）	借出				借入	
				户数		金额		户数	金额
				借出户（户）	借出户占本阶层比重（%）	总金额（元）	借出户平均每户（元）	借入户（户）	总金额（元）
山西20乡	1952年	总户数	6 023	90	1.49	6 540.17	72.67	151	8 288.87
		新富农	4	1	25	29.54	29.54	0	0
	1954年	总户数	6 023	32	0.53	1 849.87	57.81	54	2 621.81
		新富农	3	1	33.33	28.69	28.96	0	0
陕西2乡	1952年	总户数	822	26	3.16	1 951.80	75.07	66	422.15
		新富农	4	1	25	565	565	1	300
	1954年	总户数	828	17	2.05	1 796.50	105.68	65	2 561.10
		新富农	5	2	40	475	237.5	0	0
合计	1952年	总户数	12 798	681	5.32	28 965.48	42.53	1537	36 209
		新富农	33	13	39.39	1 392.34	107.10	3	317.80
	1954年	总户数	20 475	1154	5.64	28 702.78	24.87	2 817	51 925
		新富农	40	12	30	994.04	82.84	3	106.66

资料来源：同表15。借出总额普遍小于借入总额，一是在借入款中包括了农民向非农户的借款；二是由于在调查中，借出户思想顾虑大，倾向于少报或瞒报，借入户则没有什么思想顾虑而一般不会瞒报。

另据吉林省统计局调查，1954年，全部私人借贷中，无利贷款占68.99%，而新富农放贷中无利贷款占34.55%。①

从湖北省的材料看，除了新富农户，似乎阶级成分越“低”，无息、低息放债比例越低，高息放贷比重越高。原因可能是无息、低息借贷主要是发生在亲戚邻里之间的友情借贷，经济地位越低，相关求助就越少，高息放贷的思想顾虑也较少。这也说明了农村私人借贷关系的复杂性，认为凡是高息借贷都是阶级剥削行为的简单逻辑是不符合农村私人借贷关系实际的。

再来考察新富农放债户每户的放债的规模。只有较大的放债规模加上较高的利息率，才能获得较多的利息。根据1954年农家收支调查，我国富农年户均总收入为1 297元②。我们假设新富农收入水平比总体的富农水平略高，那么新富农户放贷规模达到50元以上，年利率水平在50%以上，利息收入占家庭总收入的比重才能达到2%左右。在表17中，1952年新富农13户放债户中，只有安徽的6户、陕西的1户户均放债额达到100元以上，其中陕西1户放债额高达565元。但山西1户、湖南5户户均放债都在40元以下，对家庭收入结构没有大的影响。在1954年的12户新富农放债户中，只有湖北的1户和陕西的2户户均放债达到200元以上，其他9户户均放债都在31元以下。1952年，新富农放债户放债规模达到一定水平（指50元以上）的占新富农户的21.21%，1954年占7.5%。如果考虑到新富农放债中还有部分是无息或低息借贷，那么，获得较多利息收入的新富农户就更少。

① 《1954年吉林农民家计调查资料》，吉林省档案馆，政资—3—3—130。

② 国家统计局编：《1954年我国农家收支调查报告》，统计出版社1957年版，第49页。

以上分析说明，在土地改革后我国的农村中，确有少数新富农是通过放债获利上升的，或成为新富农后用较多的资金放债，但他们只是新富农中的小部分。除极少数案例外，放债利息收入在新富农家庭收入结构中占的比重都很小。

四、新富农的典型案例分析

以上我们对新富农研究的方法，主要是尽量选取调查中取样量最大的调查报告，并将调查资料整理成统计资料进行分析。因为要研究全国新富农的发展趋势，以及将新富农作为一个阶层来探究它的特点，仅靠举例法，依据几个例证进行逻辑推理，是无法得出科学结论的。当然，统计分析也有它的缺点，就是呈现在我们面前的都是“平均数”，而农村社会经济生活非常复杂，新富农的个体差异性很大，平均数往往掩盖了各个新富农的特殊性。为此，我们在得出新富农发展的总体趋势、分布、经济特征的整体印象后，将进一步进行具体案例的分析，来丰富和加深对新富农的研究。

关于新富农具体案例的材料，有必要做以下说明。第一，虽然笔者在材料上下了工夫，但收集到的新富农个案材料非常少，以致我们在列举案例时，几乎没有进一步选择的余地。第二，在当时历史条件下，调查材料中对新富农的描述的语气都是贬义的，甚至是抱有敌意的。我们在列举这些材料时，已经尽量使用中性化的语言，但无法完全改变当时的语境。第三，由于当时在农村中并没有公开重新划分阶级，有些当事者及他们的后人可能至今也不知道他们当年被划成了新富农。所以，应档案馆的要求，凡在文章中出现档案资料中的人名，都隐去了全名。第四，以下案例中的新富农，“帽子”是调查者戴的，不是笔者分析的结果。

土地改革后，我国农村的新富农，大都是“混合型”的。当时被认为是属于剥削的经营活动，如雇工、放债、进行商业活动等，他们往往是兼而有之。而各种剥削形式也有交错的，如以牛工换人工，当时认为是剥削行为，是将出租生产资料和雇工结合在一起。因此，在以下对新富农案例研究中，分类只是为了突出这些新富农主要特点，各种类别之间互有交错，分类并不是绝对精确的。

（一）以雇工经营为主要特点的新富农

实行雇工经营的新富农大体可以分成两大类，一类是为了进行农业生产，另一类是为了扩大工副业经营，两种类型并不是截然分开的。

1. 雇工经营农业

大体分为以下3种情况：

第一种，使用土地增加，雇工扩大农业生产。

热河翁牛特旗沙图庙行政村××××。该地区人少地多。过去土地为地主、王爷所有，寺庙周围的荒地也称之为“神地”，不许农民开垦种植。土地改革后，农民分得了较多的土地，还有荒地可以开垦，还有许多公地招垦。经过经济的恢复，不少翻身农民经济实力提高，通过“招青”来扩大农业种植面积。“招青”的形式主要是“伙种”。伙种即招青户提供生产资料，有的还提供或借给招青者生活资料，报酬形式或付工资，或收获分成。伙种虽然是传统形式，但新中国成立后剥削程度减轻了，主要是借口粮不再加利息，招青者不出“官工”（替雇主出义务工）。××××过去是雇农，家中8口人，1个劳动力。现有24头牛（乳牛11头），1匹马，2头驴，羊18只，漫撒子60亩，稻田15亩，大垄120亩（稻田大垄都是今年开的），劳动力少，经营土地多，故大田招青。①

第二种，生产资料齐全，家庭拥有劳动力超过当地平均水平，但因家庭土地较多，平均每个劳动力负担的耕地面积大，雇工进行农业经营。

湖北省孝感的太子乡肖家湾肖××。土地改革结束时成分为佃中农，家中7口人，3个劳动力，土地16.74亩，牛1头，犁、耙、耖、水车各1部，年雇短工70个。到1954年，家庭人口、生产资料变动的情况是：1952年减少了1个劳动力，1954年增加了1口人，计有7口人，2个劳动力；出卖了土地0.44亩，剩有土地16.3亩；牛减少到3/4头，其他农具没有变动。当年雇短工110个。1954年，该家庭占有土地为本乡农户平均水平的2倍，耕畜为平均水平的2.4倍，主要农具为平均水平的185%。但由于家庭人口多（全乡平均每个农户家庭人口为3.9人），人均占有土地只相当于平均水平的113%，人均占有耕畜为平均水平的135%，人均占有主要农具与平均水平大体相当。说明该家庭生产资料占有的优势主要是规模优势。该户虽有两个劳动力，超过当地平均水平（户均1.75个劳动力），但土地多，每个劳动力要负担8.5亩耕地（平均水平为4.8亩）。按劳畜力混合计算（1头牛相当于2个人力），本乡平均每个劳畜力承担3.52亩土地，该家庭承担4.85亩土地，劳畜力略显不足。加上雇工，为3.86亩土地，还略高于平均水平。1954年该家庭农副业总收入折谷9 920斤，比1952年增长18%。在收入结构中，大田植物产值占81%，比全乡水平低3个百分点；动物饲养占10%，比平均水平高3个百分点；副业收入占9%，比平均水平高4个百分点。该户年收入均相当于平均水平的2.16倍，但人均收入只相当于平均水平的119.5%。从劳动生产率看，该家庭包括雇工在内的每个劳动力年创造农副业总收入折谷3 421斤，相当于平均水平的131%。当年对这户的调查结论是：生产资料齐全，生活比一般富裕中农好，1954年请月活，剥削收入占总收入的19.98%，定为新富农。②

同湾李××。原成分中农，军属。土地改革结束时在乡家庭人口10人（不包括在外当解放军1人，下同），劳动力4.5个，土地22.22亩，牛3/5头，犁、耖、水车各1部，耙2/3部，家庭占有生产资料高出全乡水平很多，但由于人口多，人均占有生产资料大体相当于平均水平。年雇短工60个。到1954年，家庭人口减少到5人（调查资料未显示原因），劳动力减少到2.5人，生产资料未变。当年家庭占有土地为全乡户均占有土地的2.7倍，耕牛为平均水平的2倍，主要农具为平均水平的1.7倍。由于人口的减少，人均占有生产资料也有了一定优势，如人均占有土地相当于全乡水平的2.1倍，人均拥有耕牛为平均水平的1.5倍，人均拥有主要农具为平均水平的131%。该户劳动力数超过平均水平，但因土地多，平均每个劳动力负担8.9亩耕地。因此请了叔伯弟弟来帮忙，算做雇短工165个。当年家庭总收入折谷12 179斤，相当于当地户均收入水平的2.6倍，人均收入2 436斤，约相当于平均水平的2倍。当时调查的结论是：生产资料齐全，生活好，每年请

① 热河省农林厅：《热河省翁牛特旗几个典型村经济调查（1950年8月8日）》，《两年来中国农村经济调查汇编》（中央农业部计划司编），中华书局1952年3月版。

② 根据中共湖北省农村工作部：《湖北省孝感县太子乡逐户调查表（1955年）》，湖北省档案馆SZ18—1—175；中共湖北省农村工作部：《湖北省孝感县太子乡典型调查统计表（1955年）》，湖北省档案馆ZS18—1—156整理计算。

短工从事主要劳动，自己从事副业或轻微的农业劳动，1953年请月活，计雇短工160个，1954年把叔伯弟弟请到家劳动，只管吃饭不给工资，计雇短工165个，剥削超过20.43%，定为新富农。①

第三种，劳动力不足，或不好好劳动，使用雇佣劳动力。

山东省滨县二区郭××。军属，原中农，家中4口人，劳动力1人，牛1头，32亩地，村里代耕14亩，其他18亩80%靠雇短工耕作。②

同区张××。原中农，家中4口人，劳动力1个，土地20亩，驴1头，本人劳动不好，好吃好喝，每年雇短工占其所劳动的50%。

同区常××。原老中农，家中人口5人，地28.8亩，人均5.7亩，劳动力1个，牛1头，大车1辆，主要农具俱全，以农业为主，因地多每年雇外工占农业生产总工日的50%以上，1954年参加互助组剥削仍在40%以上。

通过分析这些典型案例并结合各地的调查报告和统计资料，我们研究的结论是：在雇工进行农业生产的新富农中，通过买进、租进、开荒增加了一定数量的土地而雇工扩大农业生产的情况并不多，主要集中于像热河、黑龙江、吉林等人少地多、有较多新移民的省份。而大量增加土地雇工经营的材料笔者还没有发现，在中国当时社会历史条件下，也不太可能出现这种情况。

那些生产资料比较齐全，家庭劳动力少，只有依靠雇工才能进行农业生产的农户也有部分被划成新富农。究其原因，使用雇工多是一个方面，更主要的是因为他们占有的生产资料多，生活又比较富裕（那些生产资料不足、缺乏劳动力而又生活困难的农户是不会由于雇工被划为新富农的）。这类新富农户在统计资料中往往被平均数所掩盖，只有更细致地调查才能发现。

实行雇工开展农业生产经营的新富农的主体，是生产资料齐备、家庭劳动力也超过平均水平，但因土地多造成每个劳动力负担的耕地面积较大的农户。他们的生产资料的优势，有的是在土地改革中保留下来的，有的是通过土地改革取得的，有的是在土地改革后努力生产、节衣缩食进行积累形成的。他们通过雇工，进行精耕细作，使生产资料得到充分、有效的利用，发展了生产，获得了较高的生产效率和收益。

2. 经营工副业

可分成两种类型。

第一种类型，雇工主要用于工副业经营。

安徽省无为县冯××。土改前13口人，整劳动力2个、半劳力2个，自耕田8亩9分，佃入田5亩5分，计种14亩4分田。农具有斟桶1个、大盆1个、水车1个、耕牛1/4头，每年农业收入在40石稻子，外加副业开2个棉花店，有4部机器（2部铁机、2部木机），每年收入在40～50石稻子，农副业收入足够维持生活。土改后14口人，整劳力2个、半劳力3个（整劳力在1952年参加工作1个），土改分得16亩5分田，农具添置了犁2个、耙1个、水车1个、耕牛原1/4（现在1/3）头。住的方面，翻了3间小屋改成大屋。生活方面，超过当地一般中农。自1952年1

① 根据中共湖北省农村工作部：《湖北省孝感县太子乡逐户调查表（1955年）》，湖北省档案馆SZ18—1—175；中共湖北省农村工作部：《湖北省孝感县太子乡典型调查统计表（1955年）》，湖北省档案馆ZS18－1－156整理计算。

② 惠民地区检查组：《滨县二区4个村阶级变动情况的调查（1954年7月）》，山东省档案馆A001—02—231。以下该区新富农典型资料来源与此相同，不另注。

个弟弟上中学读书，1 个成婚后的弟媳在高小读书，每月需 15 元，这是生活富裕的明显表现。

上升原因：（1）土地增加，农业收入增加，同时未遭天灾人祸对生产的影响。（2）由于劳动力强，生产情绪安定、生产的积极性高涨，生产上的加工和投资比土改前增加了，因此产量提高，1951 年收 65 石谷子，1952 年增至 75 石谷。

剥削情况：

（1）雇工：自 1953 年农业上开始有了雇工，捞塘泥、犁田等活雇短工 19 个，栽秧、锄草雇工 9 个。副业雇工，2 个棉花店土改前雇工 2～3 个，土改后因出去参加工作少 2 个劳力，现在每年要雇 4～5 个（大工 2 个、二工 2 个），工资每年在 20 石米左右。

（2）放债剥削，1954 年放 2 石米，据群众反映在江南还有放账。①

广东省新会县北洋乡容××。原为富裕中农，全家 8 口，有 7 个劳动力，耕牛 1 头，犁、耙及其他农具齐备。他于 1952 年向乡信用社贷款 160 元，与 1 人合伙买 400 只鸭来养，初期亏些本，将鸭卖掉，不久又买回 500 多只鸭，雇请两个（只给饭吃不给工资的）长工养鸭。1953 年外乡农会开投没收地主的 800 多只鸭，他以 1 800 元投得，合共 1 300 多只鸭。后来他顶给私人卖出 330 多只。现实养 970 多只，每天约可下蛋 600 个，每只鸭蛋 0.05 元，每天收入 30 元。1953 年又多雇一个看鸭师傅，每月工资 250 斤谷。②

这类经营工副业新富农户雇工往往达到 2～3 个甚至更多，工副业经营有一定规模，在一定条件下可能向专业户转化，从各方面的材料看，这类新富农户还为数不多。

第二种类型，本人或家庭劳动力主要从事商业、运输、工副业，雇工用于农业生产。

山西省徐××。土改后买地 6 亩，果园子 3 亩，全家 6 口人耕地 36 亩，另有果园子 5 亩，本人常年出外经商，土地全靠雇人耕种。③

山东省滨县二区张××。65 岁，曾在北洋军阀政府及青岛、南京德领事馆当过马夫，后回家务农，担任村务委员。土改时系中农成分，分得土地 2.7 亩，现在有土地 23.2 亩，驴 1 头，大车 1 辆。全家 11 人，大儿子为小商人，卖茶、文具，后又自行车带客。二儿子原在供销社工作，被开除回家后从事农业。大、三儿子常年拉运输（1950—1953 年），四儿子在成衣铺学徒。1953 年前全家只有他一人附带劳动，农业生产 80%靠雇短工，每年雇短工 160～180 个。全家 1953 年收入情况（可代表 1950 年、1951 年、1952 年）：农业方面种棉 20.5 亩，占耕地 84%，收籽棉 2 600 斤，折款 780 元，谷子 2.7 亩，收入 400 斤，折款 30 元，做买卖收入 350 元，运输收入 400 元，共计收入 1 560 元。新盖瓦房一栋约 1 000 元。

同区庞××。59 岁。自 16 岁即卖馍馍，一直到 1953 年实行粮食统购为止约 40 年。土改前是中农，自有土地 23.5 亩，驴 1 斗，1952 年冬又买入 5.7 亩（地价合大豆 4 500 斤），1951 年冬以大豆 240 斤典入土地 2 亩，种了 2 年每年收 400 斤粮食。现在有土地 29.3 亩，牛 1 头，家中 5 口人，其侄子 21 岁，上学，只有他一人参加附带劳动。统购以前大部分依靠雇短工耕种，年约150～

---

① 安徽省农工部：《冯××中农上升为新富农情况调查（1953 年）》，安徽省档案馆 J9—1—19。

② 中共中央华南分局农村工作部编：《广东省农村经济调查（1954 年 4 月）》，第三部分，《新会县北洋乡阶级变化情况》，Ⅲ25，广东省档案馆 66—2—204—5—68。

③ 山西省委社会农村社会经济调查组：《关于邢家堡、杨庄两村调查总结报告》，山西省档案馆 C29—1—45。

200个。每年收入：1953年秋为14石2斗（其中小麦3石9斗，玉米1石，高粱2石1斗，谷子4石，豆子3石3斗），合4 620斤，折款426元；棉花10亩，收籽棉1 200斤，折款360元；卖馍馍赚295元（每斗麦子赚0.9元），共计年收入1 045元。今年参加互助组，以牛工顶人工，只让组员给他干活，他不给别人干活。组员不给他干，他还是找短工干。

同区张××。现任村青年团书记，原贫农，家庭人口7人，劳动力1个，30亩地，本人做小买卖，有时也给人推车（小车），土地耕作60%靠雇短工。

同区郭××。原中农，家庭人口5人，劳动力2人，牛半头，24.13亩地，跑行商（卖茶叶与广货），土地耕作约50%靠雇工。

同区常××。土改前系中农，土地22.4亩，6口人，人均3亩7分5，劳动力2个。1954年前1人经营商业，卖烟，1人参加农业生产，但本人不能顶一个整劳动力。有大骡子1匹，大车1辆，主要农具齐全。1953年前剥削短工50%。1953年下半年商业垮台，劳动力全部投入农业，参加互助组后，用牲口顶工（1个整劳动力不参加组），现仍剥削外工15%。

同区常××。土改前中农，现在家中6口人，17.6亩地，人均2.9亩，牲口1头，农具俱全，劳动力1个，不参加农业劳动，土地全部靠雇短工耕种，本人经营商业兼营轧花，贩卖棉絮，统购统销后，参加农业生产合作社。

湖北省恩施县清水乡郭××。原中农，家庭人口4人，2个劳动力。从1952年到1954年生产资料占有情况无大变化，户均人均占有土地与当地平均水平大体相当。拥有牛1.88头，为当地户均水平的3倍多，农具也比较齐全。他的经营特点是在1954年将18.6亩土地的12.4亩出租，不收地租。雇了100个短工从事农业劳动，本人主要从事动物饲养、商业、副业等经营。当年家庭农副业总收入折谷5 171斤，相当于当地户均收入水平的1.6倍，人均收入折谷1 293斤，相当于当地平均水平的1.5倍。在他们的家庭收入结构中，种植业只占38.5%（当地平均水平为63.1%），动物饲养占了46.1%（当地平均水平为20%），商业收入占7.3%，其他副业占8.1%。因雇工多定为新富农。①

根据各地的调查材料，这种类型新富农比第一种类型多。他们工副业经营规模往往不如前者大，雇工也不多，但又与一般农民忙时搞农业、闲时搞副业、以副补农的情况有了显著区别。他们的工副业已经从发展家庭经济的辅助手段发展为与农业并重的形式，有可能进一步发展到第一种类型。

（二）以放债、出租生产资料、从事商业投机活动等为特点的新富农典型

1. 放债获利

山西省解虞县阎家村关××。每年放出的粮款约值50多石麦子，利率很高，每石月利就要5斗至7斗。自土改后到1955年，在连年放高利贷的基础上，上升成为新富农。②

山西解虞县阎家村张××。新中国成立前贩卖毒品，放赌。他曾把他的大女儿连续卖了3家，

① 根据中共湖北省农村工作部：《湖北省恩施县清水乡逐户调查表（1955年）》，湖北省档案馆SZ18—1—188；中共湖北省农村工作部：《湖北省恩施县清水乡典型调查统计表（1955年）》，湖北省档案馆ZS18—1—160整理计算。

② 《我国农业的社会主义改造》编写组：《我国农业的社会主义改造》，上海人民出版社1977年9月版，第5～6页。

骗取了700多元。1950年、1951年、1952年都放过债，最多时每年放债200多元，月利4分。他的土地完全让其女婿无代价耕种，从中剥削。①

湖南省衡山县衡岳乡2户新富农。谭××，原雇农。过去替地主做长工，余下工谷1 500斤，1949年新中国成立后囤积不卖，待第二年春荒时高息贷出，秋后收回，次年春天再以高息贷出。如此循环生息，到1952年已有5 000余斤谷子，在外放债，成为新富农。陈××，原中农。1952年大量饲养生猪，获利300元，1953年利用此款放折息大加五、六的利息，一年就获债利收入195元，成为新富农。②

从各方面的材料看，因利息收入多而被划为新富农的农户，往往也具有较多的生产资料，从事多方面的经营活动，把利息作为家庭基础性收入来源的很少。

2. 从事商业、贩运

云南省陆良县马军堡村张××。新中国成立前以经商为主，经营榨油生意，自己的资本，榨油时自己参加劳动或只负责管理责任。家中土地占有达中农水平或超过一般中农水平，主要雇人或请工耕种，土改时划为小土地经营者。土改后儿子虽转入农业劳动，每年仍雇短工80个，自己做榨油生意，年收入两三百元。1953年雇短工与商业（1953年只榨油半年）两项剥削收入超过其农副业收入的31%（1952年为69.37%），并以60元买水田3亩。③

山西忻县地区两户新富农。阳曲高村支部书记张××本来很富裕，又从银行贷款400元，赁了1辆胶皮车，雇工2个，买马2匹，从事商业投机活动，自己不劳动。静乐温家坪支部书记李××骗领国家羊毛自产自销证，大量贩卖羊毛，偷漏税收，发展成了新富农。④

这类材料往往不够翔实，他们被定为新富农，有的看来是因为雇工，有的看来是进行了商业“投机”。

3. 出租土地及生产资料

山西省王××。3个儿子有两个是反革命分子，被判长期徒刑，1个当国民党兵不知下落，家里只王××1人。有耕地37亩，果园子3亩，骡子两头，每年全部出租，共收租子16市石。⑤

该户被确定为新富农看来与其家庭政治背景有关，加上生产资料多，生活好。一般而言，鳏寡孤独而又生活贫困者，出租土地是不会被划为新富农的。

4. 兼有出租生产资料和雇工性质的混合型

主要是出租耕畜、大农具和人牛、人马换工等。

云南省陆良县马军堡村张××。全家8口人，占有田25工，地28工，1人参加农业劳动，有水牛1头，家中田地主要靠收牛租请工种，1架牛犁1工田换1个工，1天犁10工田可换得10个

① 中央宣传部地方工作室工作组：《山西解虞县阎家村调查报告（1955年9月21日）》，山西省档案馆C54—2007—49。

② 中共衡山县委办公室调研组：《衡山县横岳乡农村经济调查报告（1954年2月16日）》，湖南省档案馆146—1—44。

③ 陆良县委：《云南省陆良县马军堡村经济情况和阶级情况调查（1953年12月）》，载史敬棠等编：《中国农业合作化运动史料》（下册），三联书店（北京），1959年5月版。

④ 忻县地委：《山西忻县地委关于农村阶级分化情况的调查报告（摘要）（1952年7月16日）》，载史敬棠等编：《中国农业合作化运动史料》（下册），三联书店（北京），1959年5月版。

⑤ 山西省委农村社会经济调查组：《关于邢家堡、杨庄两村调查总结报告》，山西省档案局C29—1—45。市石：1市石=100升。

工，1天又1个早晨即可换得1个半月的活路。一年又以牛租方式请短工311个，仅此1项剥削收入即占其农副业总收入的58.8%。①

黑龙江克山县工农村李××。组织假互助组进行剥削。自家有两个劳动力，20垧地，9匹马，组织了1个12户参加的互助组，其中无马困难户8户，“说是‘人马换工互助组’，实质上是富农剥削”。②

四川简阳东河乡石谷村1户新富农。上升原因：土改中分得了充足的生产资料与生活资料，买了1头耕牛，1952年新置1架土犁，又得到政府肥料贷款20元，生活贷款16元，这样从1952年起开始雇老幺养牛。1953年新置1田犁，当年起家里的生产请零工或依靠互助组作，本人同老幺在生产季节中就在外替人犁田犁土。他参加了3个互助组，都因他不参加互助组内劳动而不要他，因而现在是一个单干户。互助组的工资一般是0.05元1分（伙食在内），1天最高得10分0.5元。而他在外犁土、犁田，伙食是吃别人，人工1天0.36元，牛工1天0.64元，1天收入1元。其剥削收入与劳动收入情况如下：（1）劳动收入：人工、牛工收入1 130斤谷子，加养猪收入515斤谷，加小菜收入500斤谷，加医牛收入200斤谷等于2 345斤谷。（2）剥削收入：农业收入3 908斤谷，减老幺工资伙食1 065斤谷，减公粮1 200斤等于1 643斤谷。（3）总收入，劳动收入2 345斤黄谷，加剥削收入1 643斤黄谷等于3 988斤黄谷，剥削收入已占总收入的41.3%。③

广东省新会县北洋乡廖××。原佃中农，全家7人，劳动力2个，自有大牛2头，小牛1头，另租入大牛1头。他与成旺萧裕及其弟3户换工（3户都无牛），每年在本乡犁田45亩（换工组的田和替人犁田），但他本人只犁20亩，其余25亩由其弟及成旺负责；每亩田收牛工谷70斤，自己全得。另外于1953年雇请3人（连成旺在内），连他自己共4人带牛和犁耙到外乡替人犁耙田，早造犁田40亩，晚造犁霜80亩，被雇请的3个人，每天除给吃饭外，每人每年只给工资150斤谷，他利用占有耕牛的优越性进行相当大量的变相剥削。他还与人合份开蔗寮，自己只出钱不出工，与他换工的成旺平日大小事情都帮他的忙。④

在当时历史条件下，关于收取牛租、牛人和马人换工是否就是剥削也是值得研究的。在南方一些地区，由于每户耕种的土地不多，每家都自己饲养耕畜在经济上是不合算的。伙养牲畜大多是土地改革的产物，其余有的是分家的结果，有的是在亲戚和关系非常好的邻里之间，否则很难进行操作。在耕种季节租用牲畜、大农具，在经济上是合理的。根据一般的经济原理，牛租高，养牛户就会增加，于是导致牛租下降。当然，在土地改革结束之初，农村经济尚在恢复，耕畜缺乏，一般是富裕农户才买得起，养得起，并在耕畜与劳动力换工中处于强势地位，这可能是人们把用牛工、马工换人工当做剥削的历史原因。

---

① 陆良县委：《云南省陆良县马军堡村经济情况和阶级情况调查（1953年12月）》，载史敬棠等编：《中国农业合作化运动史料》（下册），三联书店（北京），1959年5月版。

② 黑龙江省委调查组：《黑龙江省五个村经济情况的调查》，《人民日报》1953年6月8日；《领导农民走大家富裕的道路》，《人民日报》1953年11月16日社论。

③ 《简阳东河乡石谷村农村情况调查（1954年12月）》，四川省档案馆，建川009—28。

④ 中共中央华南分局农村工作部编：《广东省农村经济调查（1954年4月）》，第三部分，《新会县北洋乡阶级变化情况》，Ⅲ25，广东省档案馆66—2—204—5—68。

五、新富农的历史命运

（一）中国政府对新富农的政策的演变与新富农的消亡

1. 在新民主主义农村中允许新富农经济的产生和一定程度的发展

新中国对新富农的政策，是通过总结革命根据地经济政策的经验教训和制定新中国新民主主义经济体制与政策而确定下来的。

随着1947年人民解放战争转入战略大反攻，以及随后人民解放战争的不断胜利，全国革命胜利曙光已在前面。中国不久将从大规模的战争时期走向经济建设时期。中国共产党逐步开始为设计新中国体制蓝图做理论和政策准备。1947年12月会议上，毛泽东所作《目前形势和我们的任务》的报告，正是从新民主主义经济三大纲领及新民主主义经济构成的高度，强调新富农经济问题的。他指出："由于中国经济的落后性，广大的上层小资产阶级和中等资产阶级所代表的资本主义经济，即使革命在全国胜利以后，在一个很长时期内，还是必须允许它们存在；并且按照国民经济的分工，还需要它们中一切有益于国民经济的部分有一个发展；它们在整个国民经济中，还是不可缺少的一部分。""革命在全国胜利以后，由于新民主主义国家手里有着从官僚资产阶级接受过来的控制全国经济命脉的巨大的国家企业，又有从封建制度解放出来、虽则在一个颇长时间内基本上仍然是分散的农业经济，但是在将来可以逐步地引向合作社方向发展的农业经济，在这些条件下，这种小的和中等的资本主义成分，其存在和发展，并没有什么危险。土地改革后，在农村中必然发生的新的富农经济，也是如此。"①

关于新富农在新民主主义社会中的政治地位，1948年1月18日毛泽东在《关于目前党的政策中的几个重要问题》中强调，"'贫雇农打江山坐江山'的口号是错误的。在乡村，是雇农、贫农、中农和其他劳动人民一道，在共产党领导之下打江山坐江山，而不是单独贫雇农打江山坐江山。在全国，是工人，农民（包括新富农），独立工商业者，被反动势力所压迫和损害的中小资本家，学生、教员、教授、一般知识分子，自由职业者，开明绅士，一般公务人员，被压迫的少数民族和海外华侨，联合一道，在工人阶级（经过共产党）的领导下，打江山坐江山，而不是少数人打江山坐江山。"②

由于东北地区在全国最早获得全境解放，以具有社会主义性质的国营经济为主导的多种经济成分并存的格局业已形成。在该地区工作的张闻天初步总结了东北地区的领导经济工作实践，于1948年9月向党中央提交了《关于东北经济构成及经济建设基本方针的提纲》，初步分析了各种经济成分在新民主主义经济结构中的地位、作用和党的经济工作方针。这个提纲受到党中央的高度重视，是中共七届二中全会规划新中国经济蓝图和基本经济方针的重要参考。张闻天在提纲中，对土地改革后农村经济政策和对新富农政策进行了系统的论述。他的基本思想是：

① 《毛泽东选集》第4卷，人民出版社1991年6月版，第1254～1255页。

② 《毛泽东选集》第4卷，人民出版社1991年6月版，第1268～1269页。

第一，“我们对于小商品生产者（主要为农民），现在要用一切方法巩固他们的私有权，在他们个体的私有经济的基础上，鼓励他们的生产热情，使他们努力生产，发家致富”。

第二，“根据于小生产者自愿和两利的原则，把他们组织在各种合作社里，不但不应动摇他们的财产私有权，不但不违反他们发家致富的要求，而且正是为了使他们更能迅速地改善他们的生活，使他们发家致富”。

第三，“因为小生产者的这种合作，是根据于‘等价交换’、‘按劳得值’的两利原则，因而在合作的小生产者内部，是必然会由于勤劳程度的不同而存在着贫富不齐的现象”；因为这种合作社是根据于自愿原则，小生产者可以而且应该有完全的自由加入或退出合作社，因而除已经组织起来的小生产者外，独立的无组织的小生产者的存在，也是必然的，而且甚至会是很多的。“由于以上情况，因而在发展小商品经济的过程中，在农民小生产者内部的某种程度的分化，将是必然的与不可避免的。少数的农民小生产者，在今后将会上升而为富农或小资本家；另一部分农民小生产者，则会下降而为贫农雇农、为半雇佣或全雇佣的劳动者。这是社会生产力向上发展的必然结果，用不着害怕的。只要我们坚持新民主主义的经济政策，我们可以并且能够经过发展合作社的道路，使大多数农民小生产者都上升为富裕的农民。”

第四，“要使中国的农业走向社会主义，当然必须实行集体农场制度。但是，这在中国的条件下，在一个相当长的时期内还是做不到的。这必须经过许多准备步骤，主要地是由国家供给新式的农业机器，并为农民所乐于采用，方能做得到”。①

在新中国即将成立的前夕，中国共产党于1949年3月召开七届二中全会。毛泽东在会议上全面阐述了新民主主义经济形态5种经济成分及其相互关系，明确了对城乡私人资本（乡村的资本主义当然包括新富农经济）的政策，勾画了新中国经济体制的蓝图，也完成了对新富农政策的准备。

2. 政策转变的开始

新中国成立前，经过纠正土地改革中“左”的偏向和反对绝对平均主义思潮，中国共产党高级领导人对新富农的政策应该是有了比较统一的认识。但新中国成立后，随着新富农的重新出现，对农村经济形势和对新富农的政策很快出现了思想认识上的分歧。

针对东北土地改革后农村经济生活中出现的新问题，特别是有极少数党员由于带头生产发家，开始雇工经营，经济上升到新富农水平等敏感的问题，在1949年12月召开的东北农村工作问题座谈会上，高岗在总结中提出，“‘由个体逐步地向集体方面发展’，组织起来发展生产，乃是我们农村生产领导的基本方向”。批判了对单干、对旧式富农感兴趣的思想倾向，宣布了各项奖励互助合作、歧视单干、限制新富农的具体经济政策。他还特别批评了那些致富后成为新富农剥削他人的党员，要求他们放弃雇工，多买车马参加互助组②。薄一波在《若干重大决策与事件的回顾》一书中指出，高岗的总结实际上否定了现阶段农村基本政策，主张土地改革后无须有一个新民主主义阶段，立即向社会主义过渡。高岗的总结公开发表后，在东北农村引起了不小的震动。

刘少奇在得知东北座谈会精神后，在1950年1月22日晚的讲话中谈了他对老区农村经济形

① 张闻天：《关于东北经济构成及经济建设基本方针的提纲（1948年9月15日）》，《文献和研究（1983）》，人民出版社1984年9月版，第168～169页。

② 参见高岗：《东北农村工作问题座谈会总结发言（1949年12月10日）》，《东北日报》1950年1月4日。

势、经济政策和对新富农的看法。刘少奇认为，东北土改后农村经济开始向上发展了，有将近1/10的农户有了3匹马3副犁3挂大车而初步具备了生产条件，这是好事情。而真正的新富农很少。反对把刚刚富裕一些的农户都当做新富农，夸大农村的阶级分化。他认为，要实现集体化，需要国家工业化和农业机械化的条件。在今天这种条件不具备的情况下，一方面要组织互助组、供销合作社，另一方面，在农民小商品生产的竞争中，新富农的出现是不可避免的，也是不可怕的。"富农雇人多，买了马，不要限制他，现在要让他发展，没有坏处"。因为在农村中，虽然通过土地改革农民普遍获得了土地，但东北情况特殊，过去每年有100多万劳动力流入，今年也有大批难民到东北去，新富农多雇工，有利于解决他们的生计。关于新富农，"将来我们对富农有办法，让他们发展到一定的程度，将来再予以限制，三五年之后再予以限制，用国家颁布劳动法，把雇农组织起来，提高雇农的待遇，征土地税，多累进一些，多加公粮等办法，予以限制"。随着工业的发展，农村剩余劳动力还会到工厂去做工。关于党员发展为新富农怎么办，刘少奇认为"这个问题提得过早了"。主张在农业集体化时再酌情解决新富农党员问题①。高岗收到刘少奇谈话记录后，在北京面交毛泽东，毛泽东批给陈伯达，对刘少奇谈话的不满，形于颜色。②

但是，这次对农村形势问题的争论并没有进一步展开。原因可能在于当时中国政府农村工作的重心是新区的土地改革，政策思想讨论的热点是新区土地改革是否保留富农经济的问题。

在新区土地改革中保留富农经济政策，是共产党领导中国土地斗争20多年来经验教训总结的结晶。但是对于为什么要保留富农经济，中国领导人的着眼点并不相同。对于积极推动保留新富农政策的毛泽东来说，不动富农的主要目的似乎是策略性的，是为了中立富农，建立最广泛的反对封建主义的统一战线，最大限度地孤立地主阶级，保障土地改革顺利进行。而刘少奇在代表党中央在政协一届二次会议上所作《关于土地改革的报告》中，则不仅强调了保存富农经济对孤立地主阶级的作用，更强调："土地改革的这一个基本理由和基本目的，是着眼生产的。""正由于这个基本理由和基本目的，所以中共中央提议在今后的土地改革中保存富农经济不受破坏。因为富农经济的存在及其在某种程度内的发展，对于我们国家的人民经济的发展，是有利的，因而对于广大的农民也是有利的。""我们所采取的保存富农经济的政策，当然不是一种暂时的政策，而是一种长期的政策。这就是说，在整个新民主主义阶段中，都是要保留富农经济的。只有到了这样一种条件成熟，以至在农村中可以大量地采用机器耕种，组织集体农场，实行农村中的社会主义改造之时，农村经济的存在，才成了没有必要了，而这是要在相当长远的将来才能做到的。"③ 根据刘少奇的报告，保留富农经济就不仅仅是土地改革时期的斗争策略，而且是促进发展农村经济的一个长期政策。而这种长期政策，当然也包括允许新富农的生产和一定程度的发展。

为了鼓励广大农民在新区土地改革后积极生产，促进农村经济走向恢复发展，在新区土地改革开始后不久，中央人民政府政务院和新区各军政委员会，在1951年初发布了一系列公告，重申新民主主义农村经济政策，宣布在土地改革后坚决保护农民的土地财产和合法利益，鼓励农民投资扩大再生产，鼓励农民发家致富，允许富农经济发展，鼓励农民"敢于雇工经营，敢于贷出多余粮

① 参见《刘少奇论新中国经济建设》，中央文献出版社1993年10月版，第153～156页。

② 参见薄一波著：《若干重大决策与事件的回顾》上，中共中央党校出版社1991年5月版，第198页。

③ 《建国以来重要文献选编》第一册，中央文献出版社1992年5月版，第293、299～300页。

款，敢于出租耕牛，敢于收屯土产，经营工商业”。①

然而，正当新区土地改革中执行保留富农经济的政策并宣传土地改革后生产政策的时候，中共中央领导人围绕着山西省对农村形势的判断和如何在农业生产互助组基础上继续前进的问题出现了认识分歧。这是1949年底至1950年初东北农村土地改革后出现新富农问题发生争论的继续。此次争论的焦点，已不再单纯是如何看待新富农的出现以及相关政策，而是涉及更广泛的政策问题，即是否应当立即采取具体的步骤，逐步消灭新富农产生的基础——农民个体私有制，起步向社会主义过渡的问题了。1951年4月17日，山西省委向党中央、华北局写了题为《把老区互助组织提高一步》的报告。报告提出：“从实践证明，随着农村经济的恢复与发展，农民的自发力量是发展了的。”报告承认，目前新富农并不多见，但强调：“富农方向已经是农民自发的一个趋势。”报告认为，现有的建立在个体农民私有制基础上的互助组不能阻止这种趋势的发展。根本出路是“逐步地动摇它、削弱它，直至否定”个体农民私有制。具体措施包括增强互助组内增强公共积累，建立土地入股的农业生产合作社，逐步加大按劳分配的比重②。这份报告，虽然没有更多地谈到新富农问题，但遏止农民的自发势力的含义，就是抑制新富农的产生。而采取的措施，已不仅是如何具体地限制新富农，而是通过提高互助组和兴办农业生产合作社，着手消灭个体农民，以铲除农民在小商品生产竞争中生产贫富差别的土壤。

山西省委对农村经济形势的认识和政策思想引起了刘少奇的高度重视。刘少奇通过多次批示、讲话再次重申了他对农村经济形势和政策的看法，主要内容包括：

第一，土地改革后，农民小商品生产的竞争中，贫富差别的出现是不可避免的。新区老富农未动，还可能产生新富农；老区新富农也会产生。“这种自发力量有好处也有害处。一方面使农业生产提高，农村生产发展，另一方面使农村重新发生阶级分化，少数人变成富农，一部分农民重新破产变成贫雇农。”③ 这不是奇怪的事，不可避免的，我们应有精神准备。

第二，农民的小商品生产者的竞争并不可怕。因为中国政府在农村实行的是新民主主义经济政策，其中已包含了对农民小商品生产者的竞争的适当领导和控制。主要内容包括：一是用现有的互助组，帮助农民组织起来，使他们不破产，还能提高生产。二是“国家贸易与合作社从商业价格上领导农民，限制富农，控制小生产者，使农民的自发性有些限制”。三是“国家在税收政策上的限制。如让其发展的地区就少收税，对富农在贸易政策、税收政策上进行限制。老区没有什么富农，等发展了加点累进税，使他不能发展得那样快”。四是在农村组织工会，可以在工资劳动条件上限制富农。“这四条可以适当控制自发势力的发展。自发势力就是让它发展，也发展不到哪里，发展了也有好处。”④

第三，要消灭个体农民私有制，普遍建立苏联集体农庄式的农业生产合作社，必须要有国家工业化和农业机械化为经济基础。中国现在不具备这种条件。现在的互助组、供销社，是建立在农民

① 中南军政委员会、中共中央中南局：《关于春耕生产工作的指示（1951年4月）》，《中华人民共和国经济档案资料选编·农村经济体制卷（1949—1952）》，社会科学文献出版社1992年6月版，第457～458页。

② 《建国以来重要文献选编》第二册，中央文献出版社1992年6月版，第353～355页。

③ 《刘少奇论新中国经济建设》，中央文献出版社1993年10月版，第218页。

④ 《刘少奇论新中国经济建设》，中央文献出版社1993年10月版，第221～222页。

小私有制基础上的，它们并不破坏农民的小私有制，而是帮助农民克服生产经营中的困难，发展农村生产力，并对农民进行思想教育，以便利于将来组织集体农庄。可以搞少数集体农庄，这是试验性质的。但如果在当时整个国民经济和农村经济十分落后的条件下，在农村中现在就想动摇农民私有制，从实际上提出社会主义改造问题，通过把几家农民的土地、牲畜、耕具集中起来，普遍地建立农业生产合作社，就认为实现了社会主义，这是“空想的农业社会主义”思想。

毛泽东否定了刘少奇等人的意见。在他的倡导下，1951 年 9 月召开了全国第一次互助合作会议。会后，起草了《关于农业生产互助合作的决议（草案）》。决议草案虽然肯定了“农民在土地改革基础上发扬起来的生产积极性，表现在两个方面：一方面是个体经济的积极性，另一方面是劳动互助的积极性”，并重申现行对农村政策还要执行。但从决议草案产生的背景看，它的重点就是要立即着手削弱、动摇直至否定农民小个体私有制，避免由于农民小商品生产者竞争中出现贫富差别、产生新富农的现象。决议草案肯定了山西省委提出的消灭农民私有制的具体措施，并且进一步提出了实现中国农业集体化的道路，即在新区和互助运动薄弱的地区，要有领导地发展临时性即季节性的互助组；在有初步互助运动基础的地区，必须有领导地推广有一定计划、设置部分公有农具和牲畜等积累公有财产的常年互助组；在群众有比较丰富的互助经验，而又有比较坚强的领导骨干的地区，应当有领导地同时又是有重点地发展土地入股的农业生产合作社。土地入股的农业生产合作社，又是走向完全的社会主义集体农庄（即是更高级的农业生产合作社）的过渡形式①。这个决议下发后，促进了 1952 年农业互助合作运动的迅速发展。林蕴辉曾撰文指出，这个决议草案的制定实施，是中国开始向社会主义过渡的第一步。笔者同意他的观点，要补充的一点是，它也是在农村中实施限制新富农政策的开端。

当然，由于此时新区土地改革尚未完全结束，还有必要大力宣传打消农民发展生产顾虑的各项政策，因此，限制新富农还没有成为公开的、全局性的政策，而且还是一种内部掌握的政策。在老区，也只是通过开展农业合作化和政策的局部调整来逐步实施的。

如 1952 年 1 月，中共中央东北局发出加强与高利贷进行斗争的指示，要求用行政手段禁止高利贷的放债。同年 7 月，中共中央华北局也发出了类似的指示，但手段缓和些，采取内部指示、公开号召与群众自愿相结合的方针。

在农村整党的过程中，1952 年 6 月 9 日，中共中央发出了关于处理农村中富农成分党员党籍的新规定。由于当时党内富农成分的党员主要是新富农，所以，这次新规定应该看做是对新富农党员政策的改变。规定明确指出：关于处理农村中富农成分的党员的党籍问题，1949 年 7 月中央组织部复东北局组织部的电中“暂保留其党籍”的规定，今天已不适用，应即作废，特作新的规定如下：（1）目前消灭封建剥削制度的土地改革工作，在全国范围内即将全部完成。土地改革后，农民的生产积极性大大提高，党在农村的农业政策，基本上是“组织起来”实行农业生产互助合作运动。所以农村中党的组织和每一个共产党员，必须积极地宣传并以实际有效的行动，即以模范带头作用，来实现党的这种政策。因此对于已成为阻碍或破坏劳动互助生产合作的富农成分的党员，必

① 参见《中共中央关于农业生产互助合作的决议（草案）（1951 年 12 月 15 日）》，《建国以来重要文献选编》第二册，中央文献出版社 1992 年 6 月版，第 510～522 页。

须加以严肃的处理，以贯彻党的政策，保持党的纯洁。(2) 在处理农村中富农成分（不论是旧富农或新式富农）党员的党籍时，首先应说明：目前党和人民政府的政策，是允许社会上富农经济的存在和发展的，但共产党员则不准许剥削他人（不论是封建剥削或资本主义剥削），不准许党员去做富农，也不准许党员去做资本家、地主或高利贷者，今后农村发展生产的方向是逐渐走向农业集体化。所以要做一个共产党员就必须取消他的剥削他人的生产方式，如果他不愿意放弃他的剥削行为，继续进行富农的或其他方式的剥削，则应无条件地开除其党籍。①

虽然对新富农党员政策还只涉及党内问题，但在事实上也向社会上传递了一个重要信息：新富农经济合法不合理，政策难以持久。

而作为公开的、全局的政策，直到1953年3月在中共中央向各地发出的一个指示中还在强调："在农村中取消雇佣自由、借贷自由与贸易自由，企图完全排除富农经济发展的可能性，这在今天对发展生产也是不利的，而且是不可能的。"②

3. 从限制到消灭

事隔几个月后，在过渡时期总路线酝酿、进一步推动农业合作化的过程中，毛泽东对"四大自由"进行了严厉的批判，认为这些政策"有利于富农和富裕中农"，"结果就是发展少数富农，走资本主义道路"。③ 1953年12月，由中共中央宣传部制发的《关于党在过渡时期总路线学习和宣传提纲》（以下简称《宣传提纲》）更加明确了"逐步由限制富农剥削到最后消灭富农剥削"的政策。这里的限制和消灭富农，既包括土地改革保留下来的旧富农，更包括土地改革后新生的富农。

鉴于当时完成农业集体化的时间表是15年左右，《宣传提纲》还提出，"在目前时期，党在农村对富农的政策还是限制富农"④，因为只有完成了集体化才能彻底消灭富农经济。既然农民个体经济还要存在一个时期，也就不能在法律上禁止农村经济生活中的雇佣关系、租佃关系、借贷关系的发生，所以，限制富农主要不是依靠法律手段进行的。中国政府的措施是通过对主要农产品的统购统销来限制富农的经商活动，通过组织农贷和农村信用合作社来限制富农的放债活动，通过组织互助组来调剂劳动力和农具、畜力，兴办农业生产合作社统一使用生产资料，切断富农与其他农民的经济联系。特别是通过强大的政治宣传、禁止富农参加互助组及合作社来震慑和从政治上孤立富农。

在农业合作化的过程中，中国政府逐渐把富农与地主、反革命分子并列起来，作为敌对阶级。有的地方在贯彻农村阶级路线时，提出了依靠贫农，斗争富农，带动中农的口号，甚至用开富农的斗争大会的方式来推动合作化。在这样的政治高压下，富农无路可走，最终只有交出多余的生产资料，接受社会主义改造。

---

① 《中共中央关于处理农村中富农成分的党员的党籍问题的新规定（1952年6月9日）》，《建国以来重要文献选编》第三册，中央文献出版社1992年6月版，第203～204页。

② 《中国共产党中央委员会关于春耕生产给各级党委的指示（1953年3月16日）》，《建国以来重要文献选编》第四册，中央文献出版社1993年7月版，第92页。

③ 《毛泽东选集》第五卷，人民出版社1977年版，第123页。

④ 《为动员一切力量把我国建设成为一个伟大的社会主义国家而斗争——关于党关于党在过渡时期总路线学习和宣传提纲（中共中央宣传部1953年12月12日制发，经过中共中央批准）》，《建国以来重要文献选编》第四册，中央文献出版社1993年7月版，第715～716页。

特别要强调的是，土地改革后，全国农村并没有统一地重新划分阶级，农村中新的阶层的划分，是各地在经济调查和开展农业合作化运动时进行的。有的甚至没有公开与本人见面。今天看来，在土地改革完成不到几年的时间里，鼓励农民劳动致富的口号余音未了，就又在农民中根据他们的富裕程度划分出三六九等，特别是划分出新富农这个剥削阶级，再按照这样的阶级划分来确定他们在农业集体化过程中的政治、经济待遇，显然是不妥的。事实上，在农业合作化的过程中，中国政府就是大体上按照对待地主、旧富农的政策来处理新富农问题的。

例如，陕西省对办社前期新富农入社问题处理意见是："在进行合作化规划的时候，如有新富农即可在内部划出。在划出以后，也不向本人宣布其社会成分，只作内部掌握，使群众知道这样一种有较多剥削的人不宜吸收入社就可以了。新富农和旧富农一样，在没有完全合作化了的地方，最近几年一般不许参加农业生产合作社。"①

在农业集体化高潮后，地主、富农被容许参加合作社的劳动接受改造。中共中央 1956 年 3 月发布的关于在农业生产合作社扩大合并和升级中有关生产资料若干问题的处理办法中明确规定，在财产处理的问题上，新富农视同地主和老富农对待。在参加初级社时，一般农民的土地都要给土地报酬，而新富农则按照家庭人口的多少，在当地每人占有土地平均数以内的部分可以取得土地报酬，多余的土地不给土地报酬。在加入高级社时，新富农的土地如同其他农民一样变为公有财产。普通农民的其他生产资料入社时，相当于当地平均水平的部分作为入社的股份基金，多余部分分期折价还给农民。而新富农入社的全部生产资料的价款，在抵交应摊的一分股份基金以后，如果有多余，则补交一份公积金、公益金，如果仍有多余，作为多交的股份基金，不计利息，不能抽回。②这样，实际上是将新富农多于平均水平的那部分财产无偿剥夺了。

考虑到新富农是由土地改革前的中农和贫农上升起来的，其中甚至不乏农村干部和党员；又由于按照土地改革的标准来区分较富裕的中农和富农本来就是很困难的事情，而新富农更是不定型，与其他农户贫富差别不大。因此，中国政府在处理新富农问题上还是留了余地的。例如，在处理新富农党员时，如果被处理者自愿放弃剥削，积极地参加互助合作运动，在其他方面，亦未丧失党员条件，就可以保留其党籍，不再以富农来看待。在农业合作化过程中，"对土改后由中贫农或其他劳动人民上升的新富农，只要他们经教育之后，放弃剥削，努力从事劳动生产，仍以原有劳动成分待遇，不当富农看待，并允许其参加合作社或互助组，已参加合作社或互助组的，允许留在社内或组内"③。有关政策还规定，在处理入社农户财产时，"为了使打击面不致过宽，减少划分阶级的纠纷，对于那些剥削分量较小，界限不很明显的新富农可以按对于富裕中农的办法处理。"④ 这样，在农业社会主义改造中，部分新富农受到了比地主、其他富农略好的待遇。

---

① 《中共陕西省委农村工作部批转宝鸡地委关于新富农划分和土改后地主买卖典当土地等问题的意见》，陕西省档案馆，芬特号 123—4—121。

② 参见《中共中央关于在农业生产合作社扩大合并和升级中有关生产资料若干问题的处理办法的规定（1956 年 3 月 5 日）》，《高级农业生产合作社示范章程》，载《建国以来重要文献选编》第八册，中央文献出版社 1994 年 3 月版，第 168～169、411 页。

③ 《重庆市委批转市农委关于郊区富农情况与贯彻限制富农政策的具体意见（1954 年 9 月 23 日）》，四川省档案馆，建川 009—23。

④ 《中共中央关于在农业生产合作社扩大合并和升级中有关生产资料若干问题的处理办法的规定（1956 年 3 月 5 日）》，《建国以来重要文献选编》第八册，中央文献出版社 1994 年 3 月版，168～169 页。

（二）中国土地改革后新富农的历史地位

1. 新富农是中国土地改革后新民主主义农村中具有最高生产率和最具活力的新阶层

新富农阶层是在新中国新民主主义社会经环境中出现的一个新的阶层。他们是在土地改革后，最早响应中国政府的号召，辛勤劳动，努力经营，积极进行积累，在新的社会条件下最先富裕起来的农民。他们具有较大的生产规模和最高的生产率，积极从事饲养业、农产品加工业、运输业、商业，是农村中最具活力的阶层。他们的出现，是农村经济恢复和发展的表现，是新的历史条件下农村商品经济发展的重要起点。

如果说，在20世纪50年代前期新富农的发展历程还太短，数量少，对农村经济发展的直接贡献还十分有限，但他们的示范作用却是十分明显的。在刚刚进行了一场大的平分财产的社会变革之后，由于普通农民群众对“斗封建”和“斗富”不可能有什么明确的界限，因而对发展生产心存顾虑。部分中农怕经济发展了以后再遭斗争，遭清算，怕“割韭菜”，因而只生产不积蓄，不积累。东北地区经济发展了的农民，“少数人进城吃‘罐白肉’要‘再来一壶’，有的买了豪绒帽子，不将资金投入扩大再生产”。一些农民思想中存在着富裕可耻、贫穷光荣的思想，使得部分贫苦农民不积极生产，“经常幻想着再斗争再分配”①，寄希望于政府救济又救济，想早点进入他们理想中吃大锅饭的“社会主义”。如有的农民看到别人买马就说：“将来进入社会主义，你还不是一样没有马?”② 有的农民认为：“政府的政策不让饿死人，没啥吃政府总不能让饿死。”③ 不想通过努力生产来克服困难。不打消农民群众发展生产的顾虑，就无法恢复和发展农村经济，就无法达到土地改革“变农业国为工业国的任务奠定基础”的目的。而这些最早响应中国政府的号召，劳动发家的新富农，无疑为广大农民打消思想顾虑，积极发展经济树立了样板。这又是中国政府最初制定新富农政策的出发点。毛泽东在1948年的一个批语中就强调：“说今后不要提倡新式富农的意见是不对的。我们提倡新式富农的目的和俄国革命后保存富农的目的是不相同的。中国富农经济不占重要成分，粮食供给主要依靠中农、贫农，并不是依靠富农，我们鼓励吴满有一类人之目的，在于这样能够稳定新旧中农，刺激其生产。如果过去这是需要的，现在这种情形仍未改变，不能说这种需要已不存在。”④

2. 新富农还是一个不稳定、不成型的阶层

首先，新富农阶层还没有完全形成自己独特的财产结构和专门的经营方式。通过前文的分析可以看出，20世纪50年代初中国农村的新富农经济，其主要财产是农业生产资料，经营都是以农业为主，或以农业为基础的，雇佣劳动大部分只是家庭劳动的辅助部分。新富农中雇工经营农业类型的主体部分，是既有齐全的生产资料，也有较多的家庭劳动力的农户，并不依靠雇工劳动力来维持家庭的生计，雇工只是为了更加有效地利用生产资料，进一步精耕细作，增加收益。因为放债收息而被划为新富农的农户，也一般都有较多的农业生产资料和一定的劳动能力，他们大都是因努力生

---

① 史敬棠等编：《中国农业合作化运动史料》（下册），三联书店（北京），1959年5月版，第255页。

② 《农业集体化重要文件汇编》（上），中共中央党校出版社1981年10月版，第9页。

③ 《农村经济调查选集》，湖北人民出版社1956年1月版，第47页。

④ 《毛泽东文集》第5卷，人民出版社1996年8月版，第77页。

产经营而富裕，富裕后有余资而放债，而不是食利者阶层。而雇工进行工副业经营者，也大都有较充裕的农业生产资料，并没有放弃农业经营。总之，当时历史条件下的新富农，尽管他们“富”的途径不同，但他们都是“农”。他们还没有形成独立的生产方式和生活方式，还是形成新的阶层的过渡形式。

其次，正因为如上特点，新富农阶层的经营受政治环境影响很大，极不稳定。当他们的“剥削行为”受到谴责，感受到政治压力的时候，一般不会为维护自身的生产方式进行反抗。他们还没有形成本阶级的“阶级意识”，能很快顺从“政治意识”而转变经营内容与方式。转变后他们财产并没有多大损失，虽进一步致富受到限制，但不危及生存，甚至仍是农村中最富裕的阶层。上述典型案例中就有不少新富农在统购统销后放弃了与农副产品相关的工副业生产经营，转向农业生产。在进行过渡时期总路线宣传后，也有新富农在强大的政治压力下，不再雇工，变卖多余的牲畜，降低放债的利息或不再放债（且不论对农村经济的发展是否有利）。当他们“放弃剥削”后，就又“重新回到劳动人民的队伍”。

3. 新富农是当时历史条件下农民中比较富裕的阶层，而不是剥削阶级

20世纪50年代前期，我国土地改革后农村的新富农，总体来看，主要是依靠自己及家庭成员进行劳动，雇工占的比重非常有限，各种非劳动收入比重也不大，即使是按照马克思主义阶级划分的理论，他们也只是农民中比较富裕的阶层，尚未完全突破主要依靠本家庭成员经营的范围，与完全依靠雇工经营的资本主义农场相距甚远。

富农是一个世界性的概念。在土地改革中，我国划分富农的标准是：家庭成员参加主要劳动（不参加劳动或只参加附带性劳动者为地主），剥削收入超过家庭总收入的25%。由于我国富农大多带有浓厚的封建性，土地改革时用这个标准划定富农是否准确本文不作讨论。但土地改革后，消灭了封建关系，农村的中心工作也从变革生产关系转到发展生产力，仍用土地改革时的标准在农村重划阶级，特别是划出新富农，并把富农看做农村中的资产阶级，这就值得考虑了。尽管各国国情不同，但区分劳动阶级和剥削阶级应该有一个基本的原则。马克思在《资本论》中提出区分小业主与资本家的原则，我们不一定要拘泥于雇工8人的数量界限，但其中体现的基本原则却应坚持，即资本家本人脱离劳动，其剥削收入除能维持较高的生活水平外，还有相当的部分转化为资本。列宁在《土地问题提纲初稿》一文中对大农（即富农）做过如下规定：“大农是农业中的资本主义企业主，他们通常都是雇有几个雇佣工人来经营的，他们之所以同‘农民’有关，只是因为文化水平不高，生活习惯相同，亲自参加自己农场的体力劳动。”① 依据以上原则和规定，在土地改革结束到农业集体化高潮之前，我国在农村中按照土地改革时的标准重新划出的富农，就其绝大多数而言，只是刚刚突破完全依靠本家庭成员经营界限的比较富裕的个体农民。把他们看做农业资本家根本不合格，看做富农（即农村中的资本主义企业主）也相去甚远。农村中出现这类农户的现象，不能看做两极分化，而用农民在经济上、生活上的差别来概括更为准确。

解放初期，我国农村经济中自给自足的自然经济仍占统治地位，农产品商品率很低，农业尚处在从自然经济向商品经济过渡的起始阶段。要发展农业生产力，使农业走向现代化的道路，资本主

① 《列宁选集》第4卷，人民出版社1972年第2版，第282页。

义道路可以避免，发展商品生产的过程不可避免。在资本主义条件下，农业走向社会化、现代化的过程是广大农民经历了巨大痛苦的过程。在新民主主义下，这种痛苦可以大大减轻，但也不可能完全没有痛苦。既然要发展商品经济，既然存在着小生产者之间的竞争，就不可能是所有的农民在富裕的道路上齐步走，不可能是所有农民在经济上、生活上平等划一。

从土地改革到农业集体化高潮之前，中国农村各阶层的收入水平虽然出现了差距，但差距并不大。新富农是农村中最富裕的阶层，但其一他们在农村人口中的比例不到1%；其二他们的收入水平与农村平均水平相比，并无大的差距。表18对1954年辽、吉、黑、晋、鄂、湘、皖、粤（1953年）8省各阶层的人均收入状况进行了统计。统计结果表明，在农村中，新富农人均收入最高，贫农收入水平最低。过去的地主，收入大体相当于贫农水平，但他们是不被同情的阶层。过去的富农已被大大削弱，山西、广东2省富农人均收入低于平均水平，湖北低于中农水平，安徽、湖南还略高于中农水平。中农除东北3省外，略高于平均水平。中农占全部农村人口的60%以上，是农村中的大多数。与中农相比较，广东省2户新富农的人均收入为中农的不到1.9倍，其余各省在1.6倍到1.3倍之间，平均1.5倍左右。贫农与新富农收入差距较大，广东新富农人均收入为贫农的约2.7倍，其他各省在2.1倍到1.6倍之间，平均2倍左右。但贫农占农村人口已经不到30%了，而且他们还比较贫困的主要原因不是受了别人的剥削，是自身的生产条件不足和劳动与经营能力差。缩小贫富差距的正确途径只能是提高贫困群体的收入，这就要求政府加强对于这部分人的扶助力度，他们也必须更加努力地生产和经营。而用限制其他农民致富的办法来缩小贫富差距，后果必然是窒息农村经济的发展。

表18　农村各阶层人均收入为平均水平的比重　　单位：%

	1954年农家收支调查资料中东北3省	1954年山西省20个典型乡调查	1954年湖北省4个县5个乡调查	1954年湖南省3个县3个乡调查	1954年安徽省3个县3个乡调查	1953年广东省新会县北洋乡调查
平均	100	100	100	100	100	100
贫农	83.8	64.3	85.1	75.5	82.5	78.7
中农	99.4	102.8	105.6	107.6	104.7	113.4
其他劳动人民	—	40.9	143.1	152.1	100.6	77.6
新富农	155.7	137	135.1	156.1	142.8	211.8
过去富农	—	97.7	104.1	125.9	124.9	86.1
过去地主	99.4	91.9	71.5	78.1	64.8	77.4

资料来源：同表11。

对于如何看待土地改革后农村居民的分层、分化问题，中国共产党曾经有过明确、科学的认识，1948年7月27日新华社信箱《关于农业社会主义的问答》对此做过详尽的论述：在中国土地改革以后还要系统地实行新民主主义的经济政策，政府将鼓励、支持各种建立在农民个体所有制基础上的互助合作组织，对于广大农民生产进行经济和技术的援助。所以大多数农民在土地改革中所得的一切，只要自己努力生产与善于经营，就有可能发展起来，就有可能不至重新丧失自己的土地财产而穷困下来，可能保持中农的地位，并且会使他们的生活步步向上。今后，随着工业的发展，还将逐步吸收农村中的剩余劳动力，但这个过程与资本主义下广大农民破产而成为工业后备军的情况是决然不同的。同时，即使在新民主主义条件下，也会出现少数人经济上升很快，开始雇工，而部分人上升较慢甚至经济下降的情况。这种情况“是被允许的，不可怕的。因为在一定历史条件下，只有允许这种竞争，才能发动广大农民的生产积极性，把农业经济广大地发展起来，所以这种私有经济基础上的竞争有其一定进步性”。那种认为在土地改革后，就能造成全体农民在经济上与生活上的平等划一，否认或者反对这种竞争，“结果就是阻碍生产力的发展”。①

1954 年 9 月刘少奇在第一届全国人民代表大会第一次会议上的报告中曾指出：“在我国，富农经济原来就不发达。在土地改革中，富农出租的那一部分土地已被分配。在土地改革后，……富农经济已大大地受了限制。农村中虽然又产生了少数新富农，但是一般来说，富农经济不是上升，而是下降的。”② 刘少奇在 1950 年、1951 年对于农村形势的认识曾经与毛泽东有所不同，但都是在内部讲话以及内部文件的批示中表达的，此后，他接受了毛泽东的观点。刘少奇这次在人大一届一次会议上的报告，应该说是代表了当时高层领导的认识。毛泽东在 1955 年 7 月召开的省委、市委、自治区党委书记会议上的讲话中，为了论证迅速完成农业集体化的必要性，曾经对农村情况做过如下描述：“在最近几年中，农村中的资本主义自发势力一天一天地在发展，新富农已经到处出现，许多富裕中农力求把自己变为富农。许多贫农，则因为生产资料不足，仍然处于贫困地位，有些人欠了债，有些人出卖土地，或者出租土地，这种情况如果让它发展下去，农村中向两极分化的现象必然一天一天地严重起来。”③ 但 1953 年 11 月他在一次谈话中也讲过：“其实，农村并不是那样苦，也不过百分之十左右的缺粮户，其中有一半是很困难的，鳏寡孤独，没有劳动力。……他们的生活比起国民党时代总是好得多了，总是分了田。灾民是苦，但也发了救济粮。一般农民生活是好的，向上的。”④ 这里虽然没有直接涉及新富农问题，但从另一个侧面反映农村的分化并不严重。后来，毛泽东在读苏联《政治经济学（教科书）》的谈话中还讲到：“我们在土地改革中，就把富农实际上搞掉了。”⑤ 这里虽然没有直接涉及新富农发展的问题，但说明毛泽东对土地改革后富农经济的力量并没有放在心上。结合毛泽东在各个不同时期的讲话以及刘少奇的报告，说明在当时历史条件下，中国政府和高级领导人对农村阶级结构变化的总趋势是基本了解的。因此，中国领导人不断加快农业集体化的步伐，不一定是因为新富农的发展已经发展到了多么严重的程度，而是由于非常自信找到了一条既能更快发展农村经济，又能消除农民贫富差别的模式，决定不再容忍在新民主主义条件下农村中不可避免地存在的一定程度的贫富差别。完成农业集体化 20 多年的实践证明，传统农村集体经济模式虽然支撑了中国的经济赶超战略，在国家从农业提取大量积累的同时，保持了农村居民收入分配的大体均等，有利于社会的稳定，但却不利于调动广大农民的积极性和促进农村经济的发展。

中共十一届三中全会以来的农村改革中，农民家庭经营再次成为农村经济的基本经营形式。此

① 《农业集体化重要文件汇编》（上），中共中央党校出版社 1981 年 10 月版，第 25 页。

② 刘少奇：《关于中华人民共和国宪法草案的报告（1954 年 9 月 15 日）》，《建国以来重要文献选编》第五册，中央文献出版社 1993 年 11 月版，第 485 页。

③ 《毛泽东选集》第 5 卷，第 187 页。

④ 《毛泽东选集》第 5 卷，第 121～122 页。

⑤ 《毛泽东读苏联〈政治经济学（教科书）〉谈话记录选载（二）》（1959 年 12 月—1960 年 2 月），《党的文献》，1992 年第 4 期，第 6 页。

后 20 多年来，农村发展中的问题虽然不少，但总结新时期以及新中国半个世纪以来的历史经验，人们可以得出这样的基本结论，解决农民、农业、农村问题，关键并不在于农民各阶层之间的相互关系问题，而是如何正确处理国家与农民的关系问题，工业与农业的问题，城市与农村的问题。在今后农村经济发展的过程中，我们不仅要加快农村剩余劳动力的转移，为农村实现适度规模经营创造条件，要建立农业社会化服务体系，为农业适应社会化的生产和市场经济创造条件，而且还要大力发展类似于当年“新富农”的农户，鼓励、支持他们去扩大经营规模，使其成为我国农村最具生产率和最具活力的经济形式。他们对农村经济发展的作用，已经不再局限于当年的稳定农民的生产情绪，而是将直接成为农村经济发展的重要力量。对于农村中尚未富裕起来的农民，政府应对他们进行积极的扶植，鼓励他们通过积极生产经营来改变自己的经济地位，并逐步建立农村社会保障体系，维持农村弱势群体的基本生存。在今天，人们可能再不会用限制、打击农村中具有较高生产率和经济活力的农民的积极性来消除农村中的贫富差距，用“一拉平”的办法来均贫富。

（作者：中南财经政法大学经济学院教授）

新中国第一次农业展览会*

——华东地区农业展览会

肖克之　曹建强

新中国成立前，由于几十年的战争，农业生产遭到极大破坏，以富庶的华东地区为例：1936年粮食作物面积40 788万亩，产量890亿斤；1949年粮食作物面积33 300万亩，产量450亿斤。耕地面积减少了近2成，产量减少近5成。新中国成立后，为了巩固新生的人民政权，解决人民吃饭问题，支援尚未完成的解放战争，响应中央农业部提出的粮食产量争取在1950年恢复到战前水平的号召，把发展农业生产作为新中国初期的首要任务。

农业生产恢复发展，首先是恢复粮棉的播种面积，其次是恢复单位面积产量。为此必须大力组织开荒（主要是熟荒）和解决生产的困难。基本办法是动员组织人力，保护与繁殖耕畜，增添与改良农具，开展生产救灾，兴修水利，改良品种，防治虫害，增加施肥等。为了交流经验，中央农业部根据华东地区的要求组织了新中国第一次农业展览会——华东地区农业展览会。

华东地区农业展览会，由华东区财经委员会农林水利部、中国农业科学研究院和上海市近郊农民协会3个单位发起，后由3个单位和华东区财经委员会工业、纺织工业部、合作指导委员、上海市人民政府工务局和中苏友好协会上海分会共同主办。1949年11月初成立筹委会，设立一个计划布置委员会和秘书处，前者分10组和1个技术顾问团，后者分6股14组。筹委会决定各地区除选送物品参展外，还要选拔劳动模范前来出席，目的是理论与实践相结合，加强专家学者与劳动英雄间的团结。

华东地区农业展览会于1949年12月31日开幕。当时的上海市长陈毅和华东地区主席饶漱石出席了开幕式。1950年1月1日正式对外开展，至1月15日闭幕，历时15天（16日、17日工作人员互相参观），17日下午举行闭幕式。据不完全统计，个人购票参观者223 326人次，团体购票参观者61 133人次，免费参观的农民和赠券参观者无法计数。展出共分10部分，包括各式图表719种、照片1 078张、标本2 659种、实物1 172件、器械508套、模型216座、解释图62张、解释表51张。临时展棚约3华里①，展览场地190亩（占用原跑马场地）。

展出的第一部分为农业建设途径部。以图表和照片及文字说明为主，表明了旧中国衰落的农业，在人民政府领导下，通过减租减息、土地改革和组织起来发展农业生产，老解放区人民政府领导群众治水、救灾、抗旱、除虫，克服了困难，取得了胜利，并特别标明了1950年的生产任务。

---

* 本文收入内部刊物《当代农史研究》1995年第4期。

① 华里即市里，1市里等于0.5公里。

农艺部分的展出序列为水稻、小麦、杂粮、油料作物、茶和烟草，每项作物自栽培到加工的全过程。其中，品种改良是该部分的重点，展出良种新水稻94种、小麦61种、玉米21种、小米34种、高粱12种、大豆12种、大麦2种、甘薯25种，共计261种。这些优良品种的推广可增产20%～40%。

病虫药械部分内容为植物病虫害、仓储病害、药剂和药械。列举了麦病10种、棉病1种、果病数种，均提出了防治法。列举了粮食作物虫害9种、蔬菜虫害14种、果树虫害2种、棉花虫害10种，共35种，分别提出防治法。展出了仓储虫害的整套防治法和药剂16种、药械5种。这些为防治病虫害提供了有价值的材料。

园艺部分内容为园艺重要性，果园、蔬菜、观赏园艺和园艺加工。园艺作物是国家出口的重要商品，展出果品46种、蔬菜96种、花卉多种，其中金大新种大蒜、山胡桃、山东大白菜、大萝卜、大葱、大苹果最为观众称赞。太仓陆敬临培植的留兰香品种为国产香料的一大贡献。

土壤肥料部分内容为土壤生成发育及土粪介绍、土壤冲刷防治、精耕细作与排水、盐碱土和红壤的改良和利用，以及施肥和化学肥料。该部分以实物、模型、图表特别指明了碱土改良的重要性，指明了防止红壤冲刷的重要性，还说明了保存利用人粪尿氮素是当时施肥的重要问题，并提出改良堆储办法。

纺织纤维部分内容为棉与纺织、麻与纺织、毛与纺织，该部分由于中纺公司特别协助，展出内容颇为完满，其中陈列了适于全国的8大改良棉种，特别指明了德字棉和斯字棉是当时华东区最成功的棉种。

农业工程部分，从原始到近代各式农具，计钯10种、犁17种、耙14种、播种器8种、中耕器15种、灌溉工具16种、收获及脱粒工具15种、运输工具5种、动力机15种、小型切片及切丝机、打草绳机、草袋机、打油机、打谷机，玉米脱粒机各1种，共122种。

水产部分的内容为封建剥削下的渔民生活，改进中的水产事业，生产手段的改进，苏联水产的介绍，水产知识的介绍等。

林牧部分的内容为森林、木材、畜种、兽疫防治等项。其他展出畜种有乳牛4种，羊3种，猪5种，鸭2种。其中考立代绵羊、约克夏猪特别引起观众的称赞。兽疫防治一项，为当时严重的畜疫解答了问题。该部分还提出改良畜种、人工授精、人工孵卵和畜产加工利用换取外汇等问题。

最后是苏联农业介绍部分，展出了米邱林、李森科学说，还有苏联的防风林计划、集体农庄及图表、照片。

在展览会期间，每一部分设有专题讲座。刘瑞龙作《关于华东新解放区土地改革的讲话》，沈寿铨讲了《改良品种与粮食增产》，庄晚芳作了《华东地区茶业生产概况》报告，陶鼎来主讲《农业工程部展出的专题报告》。这些讲座受到与会者的热烈欢迎。此外还举办了座谈会、联欢会，放映了科学电影，19家新闻单位进行了采访，上海电台每天定时广播大会情况。并请各方面专家介绍情况。展览会从七千多件展品中评出优胜展览品并授奖，还对服务优质的单位授奖，给出席的劳动英雄赠送奖品。

这个新中国第一届农业展览会取得很大成功，为1950年农业生产及以后的农业发展起了思想动员和技术教育的作用，也为以后办好农业展览会提供了经验。

（作者单位：中国农业博物馆藏品资料处）

1950 年在中南海里举办农具展*

肖克之　张合旺

中华人民共和国成立伊始，在中南海里举办了一次农具展，对共和国农机化事业的发展产生了深远的影响。

1950 年初毛泽东主席在东北观看了当地新式农具展览后，命东北局送新式农具 20 套、苏联马拉农具 1 套进京，由政务院组织举办新式农具展。政务院决定展览在中南海游泳池院内举办，参观对象是中央人民政府所属各单位首长、政协全国会议委员以及在中南海范围内的机关干部。周恩来总理在全国政协会议闭幕大会上介绍了新式农具与军械展览（也在中南海内举办）的内容。毛泽东主席说，看看新式农具与军械展览，是对大家有好处的。这点充分说明了中央领导对新式农具之关切与重视。

参展农具于 5 月初从东北运抵北京。政务院农业部会同东北农林部筹划展览事宜（经商请政务院同意，农业部华北农业机械总厂新出品农具 21 件，参加此次展览）。经多次商谈与准备，于 5 月 13 日政务院召开了新式农具展览筹备会。会议作出以下决定：(1) 展览地点在中南海游泳池院内。(2) 展览日期为 1950 年 5 月 8 日至 6 月 26 日。(3) 政务院布置参观路线，招待及事务方面的工作；农业部与东北农林部负责农具陈列布置、农具的技术说明等项工作；农业部计划司印制东北改良农具及苏联马拉农具说明书。

展览设计很简单，游泳池院内陈列农具，休息室陈放各种农具的构造图以及新式农具的照片。展品大多为马拉农具，只有极少数的人力和电力工具，包括：东北改良农具 20 套，每套 14 件，苏联马拉农具 1 套 18 件，华北马拉农具 21 件。展览期间接待中央委员会办公厅、中央统战部、中央人民政府办公厅、政务院、重工业部、财委会、农业部、华北局及中南海警卫团千余人。中共中央、政务院、政协委员会参观的有：周恩来、朱德、彭德怀、董必武、林伯渠、马叙伦、司徒美堂、赛福鼎、鲍尔汉、刘文辉、邓锡侯、赵寿山、何基沣、张云逸、蔡廷锴、蒋光鼐、王首道、马鸿赛、包达三、陶渠珍、陶希圣、巴金、张奚若、陈书通、邵力子、徐特立、彭泽民、章乃器、柳亚子等。参观者提出了许多宝贵意见，归纳起来有以下几点：

(1) 新式农具推广要以各地区原有农具为主，加以改良研究，以期逐步提高。

(2) 改良农具要顾及各地区农村动力问题。

(3) 推广新式农具之前要了解各推广地区土质种类、农作情况、耕作方式等。

(4) 目前新式农具的提高与改良，要着重于小农制。

---

* 本文收入内部刊物《当代农史研究》1997 年第 1 期。

（5）新式农具推广要稳步前进，重点试用，一经适合农民之使用与需要，再行大量推广。

（6）新式农具推广，既要靠政府领导，又要利用劳动互助组、集体农庄的组织，还要靠农业工作者再进一步努力研究。

（7）新式农具宣传展览要深入乡村。

（8）推广新式农具之先，要结合新式农具创造有利条件，如价格要低，农具坏了能有办法修理，效能高并确实好用。

通过参观这次展览，领导们对新式农具的认识更具体，更深入了一步。有些领导积极倡导使用，依据不同情况对新式农具的需要提出不同意见，这些意见对于以后的农具推广与改良有很大的作用。

农业部根据这次展览提出了具体的建议：中南海农具展览是在政务院主持下进行的，并请各位首长前往参观，是有其重要意义的。由于这次展览首长及同志们对新式农具都有了新的估价。半年来的推广农具的经验告诉我们，哪个地方领导对新式农具提倡与重视，哪个地方的农具站的工作就有进展与基础。因之，我们请求政务院对新式农具参展之重要性，以及马拉农具发展之必然性，似应作具体之指示，使各级干部对这项新的工作提高到原则上来认识，这样，在今后新农具发展上树立了极有利的条件。

在中南海里举办农具展，从中我们可以感受到农机事业在当时那个年代被放到多么重要的位置，新中国的领导者迫切发展生产的心情自不待言。

（作者单位：中国农业博物馆藏品资料处）

爱国丰产运动*

吴天锡

爱国丰产运动，是把爱国主义和集体主义教育结合起来，动员群众，组织群众，以加快发展农村生产的群众运动。它也是中华人民共和国成立初期，依靠群众积极性恢复农村生产的一种领导方法。

一、爱国丰产运动的发起和开展情况

1950 年 9 月，政务院召开了全国工农兵劳动模范代表会议，表扬了中华人民共和国成立初期的英雄模范人物，为全国人民树立了学习榜样。参加会议的农业劳动模范有：李顺达（山西）、韩恩（吉林）、张富贵（山东）等，他们在会议期间酝酿以生产竞赛形式，来推动当时的生产运动。

1951 年初，抗美援朝运动正在全国蓬勃展开，土地改革运动也在新解放区内胜利进行，分得土地和获得减租减息利益的翻身农民，生产热情高涨。春耕时，陕西省农业劳模王德彪等，在当地提出“开展竞赛，增加生产”的号召；接着，山西省农业劳模李顺达提出“爱国丰产”的口号，订出丰产指标，以互助组名义向全国农民发起挑战竞赛。农业部积极支持了群众的这些创举，并加以组织和引导。各省（市、自治区）的农业劳模在运动中起了“带头、桥梁和骨干”作用，他们积极响应，并层层带动，掀起了群众性的“爱国丰产竞赛运动”。

1952 年春，农业部颁发了《爱国丰产奖励办法》，规定对全面增产显著或在单位面积上创新纪录的互助合作组织和个人，给予奖励。这一规定进一步推动了全国范围内的爱国丰产竞赛运动。据当时不完全的统计，全国参加爱国丰产竞赛的互助组（社）有 100 多万个，并带动了广大农民的生产竞赛热潮。在爱国丰产竞赛运动中，各地按照其生产季节的特点，订出计划，进行有针对性的中心活动，展开竞赛，推动运动持续发展。到这年秋季，各地按照奖励办法规定，报来请奖材料，经逐一查实，共奖励了 217 个单位和个人，其中包括：向全国农民提出挑战竞赛、并超额完成计划的李顺达互助组；全面增产显著、积极交售爱国粮棉的耿长锁合作社（河北）、郭玉恩互助组（山西）、吕鸿宾互助组（山东）等；在粮、棉生产方面创造单位面积丰产纪录的农民陈永康（江苏）、曲耀离（山西）等；领导全县获得大面积增产成就的中共黑龙江省肇源县县委书记任国栋。各省（市、自治区）政府通过劳模会或颁奖仪式等活动，继续开展了 1953 年的爱国丰产竞赛运动。

---

* 本文收入内部刊物《当代农史研究》1998 年第 3 期。

1953年的爱国丰产竞赛运动，集中在推广增产技术和推动互助合作运动方面，方式多种多样，不再讲究自上而下的挑战发动方式，其声势和规模都超过了过去的两年。但在运动中也逐渐发现一些形式主义和强迫命令的问题，而且由于原定产量奖励标准没有照顾到各地不同的生产条件，过于笼统，且偏重对小面积的丰产奖励，因而出现一些锦标主义，甚至是虚报浮夸的现象。1953年的丰产奖励因此未能兑现。

在总结3年运动成就和问题的基础上，农业部于1954年4月2日作出了《关于开展爱国增产竞赛和奖励增产模范的指示》，提出了“积极领导，稳步开展”的工作方针；把“丰产”的提法改为更切合实际的“增产”；要求“今后增产竞赛运动的重点，应该是国营农业企业的职工和组织起来的农民”，“在一个乡、一个区或一个县的范围内组织竞赛”；同时，坚持了奖励增产的方针，改进了奖励办法。

随着运动的深入发展，合作社、互助组已成为农村组织生产的强大基础；对农民教育的内容，逐渐转向更大规模的社会主义教育和总路线教育；同时，国家运用政策（如农业税政策、粮棉比价政策、粮棉统购统销政策等），并健全地方农业机构（如建立技术推广站、合作社经营管理站），也加强并充实了领导农业的力量。在这种形势下，生产竞赛逐渐发展为群众性的“比、学、赶、帮、超”活动，在县级以下的基层社区内持续进行；奖励模范的工作，也成为各地的经常活动，主要是在省、县级召开一年一度的劳模会。

二、爱国增产竞赛运动的内容

爱国增产运动的内容主要有以下4个方面：

1. 组织挑战竞赛

竞赛体现了新社会制度下，人和人之间的新关系，即在平等的竞争中，通过先进带动一般，共同前进，从而加快整个农村社会的进步。竞赛活动贯穿在整个生产活动中，挑战者在总结往年经验的基础上，提出全年或一个生产过程中的生产指标、完成指标所需采取的措施，以及向国家交售粮食和农产品的数量等。有的竞赛计划还提出帮户计划，促进了当地互助合作运动的发展。竞赛活动采取自上而下的挑战和自下而上的应战相结合的形式，在全国范围内展开。有的贯彻全年，分季评比；有的着重一定时期内关键工程（如小型水利工程、植树造林等）或农活（如抓紧中耕、防治病虫害等）的单项竞赛。生产竞赛，早期在全国范围内有组织、有领导地进行；1953—1954年以后，逐步深入到基层内，开展面对面的挑战竞赛活动。1953年，黑龙江省肇源县开展的爱国增产竞赛运动的经验说明，加强县级领导，依靠互助合作组织，抓住关键农事，组织基层竞赛活动，是开展运动的主要形式。

2. 坚持评比检查

评比制度是我国劳动人民在生产运动中的一项创造，它依靠参加增产竞赛运动的广大群众，按照竞赛计划，定期检查执行情况，总结经验，及时推广；发现问题，纠正缺点，不断前进。运动初期的评比检查工作，多由组织竞赛的中央、大区和省级部门进行。随着运动的深入和发展，县、区、乡等基层组织按照当地生产运动发展情况和需要，分季节进行检查评比工作，逐步成为领导生产运动的一种重要方法。例如在北方农区，春耕时着重检查及时播种、播种质量、出苗情况等；夏锄时着重检查田间管理、防治病虫害和抗灾保收等活动；秋收时着重检查增产和交售情况；冬闲时着重组织副业生产、总结经验，并掀起下年备耕高潮等。评比活动多结合田间检查、参观和学习技术经验进行，既实地勘察竞赛活动的成绩和不足之处，也通过典型，定时总结和交流经验，推动运动深入发展。在评比检查活动中，群众创造了多种多样的形式和方法，如：一些地方提出“比劳动、比互助、比贡献”的竞赛口号；许多地方组织农民田间参观、召开小座谈会等；一些地方还创造了按评比项目打分，然后加权综合评定竞赛成绩的评比方法；一些地方创造了“流动红旗”，给评比优胜单位挂旗，由其他参与竞赛单位夺旗等。

3. 实行丰产奖励

针对1952年部颁“爱国丰产奖励办法”的缺点，1954年4月作了原则修改，规定“实行中央、省、县三级奖励制”，对各省报中央奖励的名额，按各省（市、自治区）人口多少进行定额分配；奖励对象明确以国营农场、互助合作组织为主，对于确实增产、符合奖励标准的个体农民，有创造发明、指导农业生产各项工作中的模范，也应注意奖励；奖励着重粮、棉增产，以大面积增产为主；奖励条件除生产好以外，“还须具备政治好的条件，既能积极响应政府号召，又能密切联系群众者”；“奖励应着重荣誉奖，奖励不要过多”。指示还具体规定了各级政府申请奖励的程序和应注意的事项。改进后的奖励办法，一直延续实行到1966年。

4. 及时总结推广

组织爱国增产竞赛运动的目的，在于通过集体主义和爱国主义教育，激励农民生产积极性；推动互助合作；提倡科学技术，以发展农业生产。竞赛运动年年持续，每年都有新的奋斗目标、新的技术措施，才能不断前进。因此，每年竞赛运动告一段落，着重总结两方面的经验：一是合作互助方面的经验，二是提高科学技术的经验。这两方面的经验，通过运动中涌现的模范人物的实践，以典型示范方法，带动更多的农民参与。各地涌现的模范社、高产典型，都是农民群众在生产实践中创造出来的，经过科学系统总结，再加以提高，因而更具有普遍推广的价值。各地农业部门在总结经验的基础上，以组织参观学习和召开劳模会等方式，加以推广，并发动下一阶段的生产运动。这是领导生产运动不可缺少的一个重要环节。

三、爱国增产竞赛运动的历史作用

爱国增产竞赛运动，在激发农民的生产积极性，推动农村生产建设，发展互助合作运动，促进农民踊跃交售粮棉等方面，都起了很大的作用。

第一，通过群众性的爱国增产竞赛运动，把农民在抗美援朝和土地改革运动中，激发起来的爱国热情和翻身当家做主的劳动热情结合起来，产生了巨大的精神力量，去推动农村生产的恢复和发展。在全国从南而北的春耕生产浪潮中，在千里治淮的工地上，在群众性的抗灾、治虫活动里，在向国家踊跃交售粮棉的号召下，涌现了成千上万个模范单位和个人，带动了当地数以百万计的劳动大军，忘我无私地献身劳动，刻苦钻研生产技术。经过两年多的苦战，迅速恢复和发展了农业生产。到1952年，全国粮食总产1.625亿吨、棉花143万吨，均突破历史最高年产量水平。

第二，在挑战竞赛活动中，发挥了群众的主动创造精神，创造了稻、麦、棉等作物生产的高产纪录，有力地克服了当时农民普遍存在的“增产到顶”思想。江苏农民陈永康创造的“精选良种、适当密植、浅水勤浇、精耘细耥和分期合理施肥”的水稻栽培经验，北方稻区崔竹松（吉林）、杨振儒（河北）的丰产技术，都不仅迅速在当地推广开来，而且带动了广大稻区的爱国丰产运动。山西曲耀离、陕西柴明选的棉花丰产经验，陕西赵近礼的旱地小麦丰产经验，也都带动了棉区农民的群众性学习热潮，到丰产地去千里取经，观摩学习，一时络绎不绝。农民反映：“过去只有读书当状元的，现在种田汉里也出了状元，时代不同了。”劳动农民承继了祖辈精耕细作的优良传统，又在生产实践中摸索前进，创造了新的丰产技术，群众反映“看得见，学得起”，在科学总结予以提高以后，很快得到推广运用，带动了更多的农民去积极钻研技术。这也为其后的农业持续发展指明了方向。1952 年，黑龙江肇源县全县丰产的典型事例，又指出了“兴修农田基本建设、推行新的耕作方法、建立技术推广队伍”等大面积增产的途径。

第三，在竞赛活动中，许多农民亲身体会到“组织起来力量大”的好处，再加上国家扶持和奖励互助合作组织，走共同富裕的道路。在竞赛刚刚发起的 1952 年初，全国组织起来的农户才 3 500 多万户，占全国农户的 40%左右。而当竞赛发展到全国范围，并持续全年不断的 1954 年时，90%以上的农户组织起来了，并且开始出现农业合作化运动的高潮。

第四，开展爱国增产竞赛运动和奖励增产模范，不仅是一个发动群众、组织群众的过程，也是一个教育群众的过程。国家对丰产模范的奖励，牢牢地树立了“劳动光荣”的信念和风气，为农村群众指出了劳动发家致富的道路。在竞赛活动中，通过互相帮助、互相支持的活动，灌输了集体主义思想教育，建立了新社会制度下人和人之间的真诚关系。这种教育在“破除旧习、树立新风”的新中国成立初期，显得特别重要，它也是农村政权赖以巩固和发展的思想基础。

（作者：农业部国际合作司副局级研究员）

主要参考文献

中央人民政府农业部农政总局主编．1954. 农业生产领导参考资料（第一集）．财政经济出版社．

新中国成立初期的城乡商业中介组织与城乡交流*

徐建青

居间性的商业中介组织是商品经济的必然产物，有其存在的必要性。商业中介组织为交易各方提供信息、买卖、定价、仓储、食宿、信贷等各项服务，可以减少商品生产者和经营者的市场风险，降低交易费用，在扩大商品流通方面具有重要作用。新中国成立初期，这类商业中介组织，在农村主要有牙行（还有牙人）、货栈、过载行，在城市主要有委托商行、信托公司等。

新中国成立初期，党和政府以扩大市场流通为先导，以流通推动生产，采取各种政策措施，利用各种组织形式，发挥多种经济成分在扩大商品流通方面的作用，有效地推动了城乡物资交流，促进了工农业生产的迅速恢复和发展。其中恢复和建立多种居间性的商业组织，对媒介城乡间工农业产品的交流，沟通各地经济联系，扩大商品市场，保证物资供求，都发挥了积极作用。从20世纪50年代中期到20世纪60年代前期，随着经济体制的变革，以及农产品流通政策的变化，商业中介组织也经历了曲折变化的过程。

一、牙行业的短暂恢复及其衰落

牙行业是一种古老的居间性商业组织。牙行、牙人是旧时乡村集市、中小城镇中为买卖双方提供信息、场地、撮合成交并从中提取佣金的组织或个人。在村庄里也有着许多非正式经营性的个体牙纪，一般称之为“经纪”。这些人具有某些专业经验，专门撮合某类商品的成交，如“牛经纪”、“驴马经纪”等。牙行、牙人媒介的双方通常是农民、小生产者之间或他们同商人之间的买卖。对于小商品生产条件下的农民来说，在商业信息交流封闭和商品流通渠道不畅的情况下，为了实现交易，为了减低市场不确定性的负面影响，一般均通过牙行、牙纪来进行。牙行、牙纪在传统农村商品流通中具有不可替代的作用。

新中国成立初期，这类旧式的牙行、牙人在各地农村市场上仍广泛存在。但是，牙行在中介经营中不可避免地存在欺诈哄骗、钻营渔利、收取高额佣金、损害交易双方利益的行为，也就是通常所说的商业中间剥削，并因而使牙行业获得了毁誉。在新中国成立前后的市场波动中，牙行的投机

---

* 本文收入内部报告《共和国农业史料征集与研究报告》第3集，2000年。

行为也起到了推波助澜的作用，这更加重了人们对旧式经营作风以及商业中间剥削的痛恨。因此，在新中国成立后的商业行业改组与重组中，牙行（特别是城镇牙行）与奢侈性消费行业、私营大批发商一道，成为首当其冲的被取代对象。

新中国成立初期，私营商业经历了一个艰难的恢复时期。党和政府对不同的私商行业采取了区别对待的政策。对于那些从事城乡物资交流的行业、经营大众消费品的行业，如农副产品贩运业、日用品业、药材业、文化用品业、食品业、饮食服务业等，国家通过调整各种差价、税收、经营范围等政策，保证私商的合理利润，促使其经营好转，引导其向有利于恢复工农业生产的方向发展。在1950年初、1952年初两次商业萧条时期，这些行业在多数地区是开业多于歇业。相反，对于经营高档消费品的行业及迷信品贩卖业，由于这类行业超出当时的大众需求，经营日益惨淡，已经歇业和准备歇业者都多。对此，只要业主申请歇业，一般均准其停业，并引导这些资本转向工业、手工业生产，或是转向国家鼓励的从事物资交流的行商。

一些中间商如牙行等，凡要求歇业的一般也准许其停业。对于仍勉强维持的牙行，国家采取了排挤取代政策，通过建立公营或公私合营的交易所、农民服务所来逐步代替牙行、牙人，迫使其停业、转业。如据1950年5月武汉市的报告，自各公营交易所成立后，牙行中停业的很多。1951年4月，江西省新淦县在改造旧交易市场的过程中，取消了牙人及佣金，同时利用其积极的一面，选择旧牙人中作风正派者继续担任市场交易员。又据1952年11月浙江省的报告，经过整顿，棉布、百货等行业得到发展，封建牙行大都倒闭了。①

1952年4月5日，中央贸易部发出通知，严格取缔城市行商及个体牙纪。这样，在国民经济恢复时期，在商业行业结构性重组中，城镇牙行业即已基本被淘汰，衰落下去。

但在农村集镇上，牙行、牙纪仍继续存在了一个时期，在一些地区的集市贸易中还发挥着比较重要的作用。据1955年1月湖北孝感县白沙镇集市贸易的调查，除了已由国家控制了的粮食交易所外，旧式“行”（即牙行）是农民交易的主要形式之一。白沙镇从历史上形成了五种“行”：猪行、牛行、菜行、鱼行、柴行。其中猪行、牛行的交易额在农民贸易中占了大部分比重。据统计，1954年，全年该镇农民贸易交易总额为24.7万余元（新币，下同），约占整个市场社会零售总额的29.3%；其中猪行的成交额为7.51万元，占农民贸易交易总额的30.4%；牛行成交额为5.86万元，占农民贸易交易总额的23.7%；猪、牛两个行的成交额约占整个市场社会零售总额的15.9%。菜行、鱼行、柴行的总交易量也比较大。此外，该镇还有旧家具、旧服装2个委托代销店，办理农民的委托业务。1955年，该镇猪行已经进行了初步改造，成为合作社领导的生猪交易所。其他各行仍在继续经营。②

在1956年下半年恢复农产品自由市场的过程中，一些地区集镇的牙行、牙纪曾有恢复，但很快随着1957年自由市场的关闭，以及1958年人民公社化以后农民贸易的被取消，牙行业最终衰落下去。③

---

① 《1949—1951中华人民共和国经济档案资料选编 商业卷》（以下简称《商业卷》）第356、377、887页。

② 《中央合作通讯》1955年第6号。

③ 改革开放以后至今，农村非正式经营性的“经纪人”（即牙纪）仍有一定恢复，农民交易中有一些仍通过各类“经纪”来进行，证明了其存在的必然性。

二、私营行栈、交易所的恢复

各类私营委托商行、贸易货栈、过载行、商品交易所也是居间性的商业组织，旧时多设立于农村大中集镇及城市中。各类行栈、交易所不仅从事提供信息、代客买卖的中介业务，有的也从事自营购销业务。为了配合购销经营，也同时经营仓储、旅店、运输、信贷等业务。这类组织一般以进行大宗的批发交易为主，在媒介商品流通中，发挥着比较重要的作用。

新中国成立初期，特别是在农村市场上，国营及合作社商业还没有占据领导地位，从事物资交流的主要是各类私营行栈。但是，旧时的私营行栈、交易所在经营过程中也同样存在着哄骗委托人，或收取高额手续费，获取高额利益的行为，即人们所痛恨的高利中间剥削。正如 1951 年 3 月中共中央指示中所指出的："解放前，私人货栈和过载行对农民和商人的剥削都是很重的，但离开了它们就不能进行经常的和大宗的交易。"①特别在新中国成立初期，在新的公营商业网尚未占据主导地位的情况下，恢复和利用私营商业中介组织对于迅速打开滞销商品销路是一个积极措施。

因此，新中国成立以后，在积极建立公营或公私合营的交易所、货栈的同时，本着"公私兼顾"的原则，对于原有这类组织采取了利用、改造的政策。按照政策规定，对各类私营交易所、行栈，由各地根据具体情况酌情对待，对确实能够便利商品成交、调剂供求的，经批准可以恢复经营，但不得进行操纵、投机活动，并须接受有关部门的领导和政府委托的业务。为了加强市场管理，1950 年 10 月 20 日，中央财经委员会在"关于防止物价波动问题的指示"中要求，对于纱布、棉花、粮食等重要商品，在凡有交易所的地方，都必须集中成交，宣布场外成交为违法。1951 年 3 月 22 日，中共中央在《关于召开土产会议推销土产的指示》中进一步指出："货栈和过载行是远方商人的落脚点，是工农业产品的吞吐站和成交的媒介，对城乡物资交流作用甚大。因此，应推动国家贸易公司、合作社和私商选择经济要点，开办货栈和过载行。……在鼓励私商成立货栈和过载行时，其手续费不应限制过严，稍高些是允许的，应给私商经营的货栈、过载行以合理的利润。"同年 4 月 21 日，东北局在《关于加强土产产销工作的指示》中指出："土产公司、信托公司、合作社可根据需要在土产产销集散地设立真正企业化的土产货栈与合作货栈，同时鼓励私人设立山货庄。"②

在上述政策指导下，在新中国成立初期的一段时期中，私营的交易所、行栈在促进商品流通、扩大城乡交流中曾发挥了一定的积极作用。如，1950 年，天津市复兴贸易行等多家出口商和货栈到山西采购桃仁或下乡采购瓜子等土产。河北省在扩大远程采购工作中，石家庄市的宏兴茶庄、华中委托商行等商号远赴苏杭采购物资。1954 年春，广州市鼓励并按行业组织私营土产商下乡收购土产，其中鲜果业采购组在梧州、中山县等产地购进柚子、香蕉 3 万多斤，咸杂业组在东莞县购进冲菜、片菜等 2 万余斤，国药业组在阳山县采购药材，共成交现货 3 500 余元，期货 5 万余元。③但是，随着对私营商业改造的深化，城市私营居间组织日益难以维持经营，恢复时期以后不久即被

① 《中共中央关于召开土产推销会议推销土产的指示》，1951 年 3 月 22 日。

② 《商业卷》第 848、435、437 页。

③ 《商业卷》第 449 页；《中国贸易》第 1 卷第 12 期，1950 年 12 月 25 日；《工商界》1954 年第 6 号。

公营组织所取代了。

在乡村集镇，私营行栈仍在发挥作用，承担着联结城乡农产品流通的功能。阎顾行（时任供销合作总社副主任）在一篇文章中说："必须对私营行栈和牙纪根据党对农村社会主义改造的方针和具体办法加以改造，使之为农民贸易服务。有些人想硬性地取缔私营行栈和牙纪，这样做是不对的。"①但是，随着主要农产品计划购销管理的加强，农村私营行栈的业务也日益萎缩，一些行栈不得不关闭。还有的则被改造为公营或公私合营组织。

1956 年下半年，在开放农产品自由市场、活跃城乡市场的政策下，为了扩大农村小土产、农副产品的交流，再次提倡建立公营和民营的过载行、货栈。1956 年 11 月 11 日，陈云在一次讲话中提出，要改变过去利用、限制、改造资本主义工商业的那一套办法，要搞过载行、交易所，帮助农民和小商贩之间的交易和贩运。② 这一时期，一些地方恢复和建立起公私合营或民营的、私人的货栈或农民服务所，开展灵活多样的服务，有的经营还比较活跃。如江苏省江都县嘶马镇于 1956 年 11 月将原来经营行栈业务的 11 个商贩组织成为农民服务所，经营水产、编织、蛋品、柴草等土产品。服务所属于民办性质，收取适当手续费，自负盈亏。服务所成立后，几个月里与原被割断联系的 60 多个行商接上关系，与 20 多个新行商建立了联系，在地区上与周围初级市场和城市市场如上海、扬州、泰州、镇江等地恢复和建立了联系。服务所采取上门联系、信函托办、预付价款等方式，积极扩展购销业务，为农民服务，对活跃农村市场，促进农副业生产发展起到了积极作用。如与大桥镇行商联系，采购绿肥草子 8 000 多斤；在大桥镇物资交流会上，推销芋头 7 000 多斤；与其他镇农民服务所联系，一次就推销萝卜 8 万多斤。③

但民营行栈存在的时间并不长。1958 年人民公社化以后，农村各类私营、民营商业组织都被取消了。1961 年以后，直到 1978 年改革开放之前，尽管恢复了农村集市贸易，但民营商业中介组织却未得到恢复。

三、合作贸易货栈的建立及经营

供销合作社经营的合作贸易货栈是公营商业中介组织的一种主要形式，货栈业务是供销合作社工作的一个组成部分。合作货栈是要大力发展的公营服务性经济组织。但合作货栈的发展并不顺利，新中国成立初期几经起落，直到改革开放以后才走上持续发展的道路。

新中国成立初期，随着农业生产的恢复和发展，农副产品增多，供销合作社和农民都需要到城镇中出售产品。为了减少商人的中间剥削，帮助农民解决进城的商品购销和食宿问题，在解放较早的华北地区，供销合作社首先在城市中建立了贸易货栈。1949 年 3 月，石家庄市供销合作社最早建立了"农民服务所"，相当于后来的贸易货栈。同年 8 月，华北供销合作总社在天津建立了华北合作货栈，这是全国合作社系统建立的第一个贸易货栈。合作贸易货栈不是以营利为目的，而主要是为农村、为农民服务，经营业务有为农民、社员和供销合作社采购所需要的物品，大力推销农副

① 1955 年 6 月 3 日《大公报》。

② 《陈云文选（1949—1985）》，第 27 页，人民出版社 1986 年版。

③ 《中央合作通讯》1957 年 5 月号。

产品，沟通各地供销合作社之间的业务联系，与国营商业、私营商业、工厂建立购销关系，开展信托贸易，办理代购、代销、代存、代运、存贷款等业务，同时还设有食宿接待。供销合作社的农民服务所和贸易货栈在代理购销经营中价格公平，并积极为客户创造储运条件，为农民提供便宜的食宿，受到农民和基层供销社的欢迎，业务日渐扩大。在国民经济恢复时期，合作贸易货栈在疏通商品流通渠道，沟通城乡、地区间的物资交流，密切国合商业联系等方面发挥了重要作用。这一时期中，合作贸易货栈发展到约 800 个，都有规模较大的业务机构，同时还利用一部分私营货栈作代理机构。天津合作货栈从 1949 年 5 月开业到年底，7 个月经营总额 208.6 万元。华北合作货栈开业 4 个月间与 83 个供销合作社建立了信贷关系，共吸收存款 198 万元，放款 188 万元。①

1953 年以后，由于农产品购销政策的变化，粮、棉、油等主要农产品实行统购统销，合作货栈经营范围缩小，业务活动呈现萎缩局面，一些货栈逐渐停办。

1956 年下半年开放小土产自由市场以后，在国家政策鼓励下，各地又恢复建立了一批合作货栈。据 1957 年 2 月 8 日《人民日报》报道，湖北、河南、河北、山东等 10 多个省市普遍恢复和建立了贸易货栈，仅湖北、河南二省就有 1 200 多个；浙江余姚县阳明镇货栈，发动小商贩向外地推销西瓜 150 多万斤。又据调查，自 1956 年下半年开放自由市场以后，各地相继恢复与新建了一批行栈和交易所，到 1957 年上半年，据河南、湖北、湖南、江苏、河北等地 222 个县市的不完全统计，已有 3 539 个行栈、农民服务部和交易所。② 这一时期成立的行栈和交易所不完全是公营性质的，也有民营和公私合营的，但其中主要是供销合作社经营的合作货栈。由于粮食、棉花、油料等主要农产品已实行统购统销，这个时期贸易货栈的经营范围主要是国家实行开放的农村土副产品，农民完成国家统购任务后的剩余产品。贸易货栈在疏通农产品流通渠道，扩大土产购销，满足城乡需求等方面起了积极作用，使这个时期的城乡市场趋向活跃。但 1958 年人民公社化以后，城乡自由市场被关闭，农民家庭副业被取消，合作货栈和农民服务所无法继续经营而再次停办。

由于国民经济严重困难，从 1961 年起开始对国民经济进行调整。为尽快恢复国民经济，这一时期采取了一些有利于活跃城乡市场的政策。在商业组织方面，1961 年 8 月商业部召开的北方各省、市、自治区商业厅（局）长会议提出，要解决 3 类农产品进城和 3 类工业品下乡的问题，要恢复有历史传统的贸易货栈，作为城乡、地区之间 3 类商品的流通渠道，使城乡物资交流活跃起来。商业部制订的《关于改进商业工作的若干规定（试行草案）》提出："对于品种繁多，零星分散的农副产品和手工业产品，应当恢复过去有效的物资交流会、庙会、合作货栈、骡马大会等传统的商品流通形式。"③会后，各地陆续恢复和建立合作货栈，到 1962 年 8 月，县以上恢复建立的合作货栈有 627 个。1962 年 9 月，中共中央在《关于商业工作问题的决定》中提出："供销合作社应该在城市中建立货栈，组织农副产品进城，同时，收购一部分工业品下乡。"在此方针下，各地贸易货栈恢复和发展起来。这个时期恢复的贸易货栈基本是供销社系统的合作货栈。但是，自 1963 年起，由于城乡集市贸易中出现了一些混乱现象，国家采取的是缩小、取代政策。1964 年，商品计划管理进一步加强，议购议销范围缩小。这些都导致合作货栈业务范围减少收缩。因此，到 1965 年 3

① 《中国供销合作社大事记与发展概况（1949—1985）》，第 412、417、418 页，中国财经出版社 1998 年版。

② 《中央合作通讯》1957 年 5 月号。

③ 《中国供销合作社大事记与发展概况（1949—1985）》，第 413 页。

月，供销合作总社发出《关于供销社合作货栈业务机构的通知》，决定撤销各级供销合作社贸易货栈，停止业务活动。① 自此，合作货栈再次被取消，直到改革开放以后才得以恢复。

总之，各种商业中介组织是商品流通中不可缺少的组织形式。50 年来，我国商业中介组织经历了曲折发展的历程。20 世纪 50 年代，党和政府较为注意发挥各类商业中介组织在促进城乡物资交流、扩大商品流通、活跃市场方面的重要作用，推动了经济建设的恢复和发展。以后几经起落，直到改革开放以后，商业中介组织的地位才得以确立，并走上持续发展的道路。其组织形式也适应现代商品流通的需要而不断进步，如有的合作货栈进一步发展为贸易中心、批发交易市场等。

（作者：中国社会科学院经济研究所现代经济史研究室主任、研究员）

① 《中华人民共和国商业大事记（1958—1978）》第 246、538 页，中国商业出版社 1990 年版；《中国供销合作社大事记与发展概况（1949—1985）》，第 413 页。

国民经济恢复时期农业生产迅速恢复和发展及其原因的探析*

陈廷煊

1949—1952年，我国农业总产值以每年递增15.4%的速度恢复和发展，3年共增长53.4%，1952年主要农产品产量已恢复或超过了抗日战争前的最高生产水平。这样的速度是与国内战争尚未结束和抗美援朝战争同时取得的，举世瞩目，出人预料。农业生产迅速恢复和发展原因是多方面的，概括起来主要有以下几个方面：

一、党和政府实行了一系列促进农业生产恢复和发展的经济政策

1. 中央人民政府根据中国人民政治协商会议通过的《共同纲领》，制定了《中华人民共和国土地改革法》，在一切尚未进行土地改革的地区进行了土地改革，废除了封建的土地制度，解放了农村生产力。在新解放区的土地改革中，实行"不动富农的土地财产"，保存富农经济的政策。在土地改革的基础上，确定地权，颁发土地证，保护农民土地所有权，由农民自由经营，自由处理产品，鼓励农民发展个体经济的积极性。土地改革废除了封建的土地制度，消灭了地主经济，变地主土地所有制为农民土地所有制，促进了农业生产力的发展。

2. 适应农村商品经济发展的要求，发展城乡交流，活跃农村市场，促进农村生产发展

新中国成立初期，由于长期战争破坏，导致水陆交通阻塞，商品流通渠道不畅，农副土特产品购销脱节。在交通不便的广大农村，常常发生谷贱伤农情况。农民手里的农副产品卖不出去，就无法购买他们所需要的生产资料，从而无法增加对农业生产的投入。因此恢复和发展城乡商品流通渠道，发展城乡商品交流，扩大农副土特产品购销，就成为农村经济恢复和发展的决定环节之一。陈云在1950年11月说："扩大农副土特产品的购销，不仅是农村问题，而且也是目前活跃中国经济的关键。"并进一步指出："扩大农副土特产品购销，是中国目前经济中的头等大事。"① 中央财政经济委员会把发展城乡交流列为1951年财经工作第一项工作要点。为了疏通商品流通渠道，扩大农副土特产品购销业务，人民政府采取了以下几项重要措施：

（1）努力恢复和改善交通运输，疏通和开辟商品流通渠道。3年中，人民政府投资17.7亿元

---

* 本文收入内部刊物《当代农史研究》1996年第1期。

① 陈云：《抗美援朝开始后财经工作的方针》，《陈云文选》（1949—1956），人民出版社1984年7月版，第118页。

用于恢复和发展铁路、公路、航运等现代交通运输。新建铁路干线 1 263 余公里，建公路 3 846 公里。1952 年与 1949 年比较：铁路营业里程从 2.18 万公里增加到 12.67 万公里，公路里程从 8.07 万公里增加到 12.67 万公里，内河航运从 7.36 万公里增加到 9.5 万公里。货物周转量总计从 1949 年的 225 亿吨/公里，增加到 1952 年的 762 亿吨/公里，增长 2.39 倍。此外，还广泛发展木船、帆船、马车、板车、小推车以及马驮、肩挑等运输，广泛恢复和发展运输公司，使零担土产品集中装卸运输，促进农副产品购销业务的发展。

(2) 在普遍建立和发展国营商业的同时，在农村建立和发展供销合作社，开展农副土特产品购销业务。为了鼓励农村供销社的建立和发展，新建供销社 1 年内免交所得税，营业税减收 20%，人民银行向农村供销社的贷款利率低于向国营商业贷款利率 10%。3 年中，农村供销社从无到有，到 1952 年底全国农村供销社发展到 35 096 个，社员 14 796 万人，占农村人口的 29.4%。供销合作社有职工 100 万人，拥有股金 2.39 余亿万元，1952 年供销社收购农副产品金额达 37 亿元，约占当年全国收购农副产品总金额的 60%。

(3) 为了扩大对农副土特产品购销业务，国营商业普遍设立农副土产公司，供销合作社系统也普遍设立农副土特产品收购机构，研究和掌握大宗农副土特产品的流通规律，千方百计恢复旧的购销网络，开辟新的购销路线。国营商业和供销合作社与农民签订农副土特产品预购合同，并及时供应农民所需要的农业生产资料。同时，鼓励私人商业及小商小贩下乡采购和贩运农副土特产品，保障他们的合理利润。农村小商小贩走乡串户收购农副土特产品兼短途运输，在收购和推销农副土特产品中起了重要的作用。1951 年私商从农村收购的土特产品达 24.6 亿元，占全国农村土特产品收购总价值的 55.4%。

(4) 为了给滞销的农村土特产品打开销路，商业部门有准备有计划地召开县、省、大区级土特产品交流会议；举办以销售为主的土特产品展销会；恢复和发展农村集市、庙会和骡马大会，组织农民开展短距离的物资交流，建立贸易货栈和农民交易所、农民购销服务部，以方便农民出售土特产品。

(5) 人民银行增加贸易贷款，支持商业部门、供销合作社对农副土特产品的购销。3 年中，人民银行对贸易贷款占全部贷款的 80%以上。同时普遍建立农村信用社，吸收农民信用存款，利息略高于储蓄，利用农民的资金收购土特产品。此外还鼓励私营行庄贷款给私商下乡收购农副土特产品。

由于采取了上述措施，扩大了农副土特产品购销量。3 年中，农副土特产品采购额有了较大的增长，由 1950 年的 80 亿元，增加到 1952 年的 129.7 亿元，增长 62.1%。农民因出售农副土特产品数量增长，增加了货币收入，提高了农民对农业生产资料的购买力，从而促进了农业生产的发展。

3. 实行符合价值规律要求的价格政策

新中国成立前，国民党政府长期滥发纸币造成严重的通货膨胀，物价急剧上涨。如以战前七年为 100，1950 年农副产品收购价格指数为 201.8，农村工业品零售价格指数为 265.9。如以农产品价格指数为 100，工农业比价指数为 131.8，“剪刀差”明显扩大。新中国成立初期，人民政府实行统一财政经济政策，在采取紧缩编制、清理仓库、加强税收、发行公债、节约开支等措施的同时，打击投机资本，在一年半多的时间内就制止了长达 12 年之久的恶性通货膨胀，稳定了市场物价。在此基础上采取逐步较大幅度提高农副产品收购价格和适当提高工业品零售价格办法，缩小工农业产品价格“剪刀差”。1952 年同 1950 年相比，农副产品价格提高 21.6%，农村工业品零售价格提高9.7%，工农业产品交换差价缩小9.7%，每年平均缩小5%[①]。新中国成立初期，由于棉、麻、烟等工业原料缺乏，轻纺工业开工严重不足，为了引导农民发展棉、麻、烟等作物的生产，农业部和贸易部根据各地上述作物的生产成本，规定了最低收购价格和棉粮、麻粮、烟粮的合理比价，适当提高了棉、麻、烟等工业原料作物产品的价格。这对促进这些工业原料作物的迅速恢复和发展，起了决定性的作用。

4. 实行有利于农业生产发展的农业税政策

新中国成立初期，中国共产党七届三中全会上，就提出了调整税收、酌量减轻人民负担的政策，以后因抗美援朝战争的发生，未能实现。为了稳定和减轻农民负担，人民政府改变了过去的摊派办法，实行依率计征，依法减免的新办法。先是根据各地具体情况，不同地区实行不同的税制：新解放区实行全额累进税制，取消地方附加；老解放区实行比例税制。以后为了贯彻依率计征，做到合理负担，鼓励农民发展生产，实行查田定产，即清查土地亩数，划分土地类别，评定土地等级，确定土地常年应产量。对善于经营、勤劳耕作和改良技术而超过常年应产量者，其超过部分，不增加税收。因怠于耕作，其产量不及常年应产量者，其应交公粮不予减少。同时，根据受灾程度的不同，实行“轻灾少减，重灾多减，特轻不减，特重全免”的原则，制定了5种减免农业税的办法。3年中，农业税随农业生产的发展逐年有所增加，但农业税占国家财政收入的比重逐年下降：1950年为29.3%，1951年为16.3%，1952年为14.7%[②]。

5. 实行抗灾救灾政策

由于长期战争破坏，江河滨湖堤岸常年失修，农田水利灌溉网络和森林草原植被破坏，农田灌溉面积减少，抗御自然灾害的能力大大减弱。新中国成立初期，各地自然灾害严重。1949年全国受水灾耕地面积12 795万亩，受灾灾民4 549万余人。1950—1952年，3年成灾面积分别为7 680万亩、5 670万亩、6 645万亩。人民政府在灾区及时发放救济粮、救济贷款，解救灾民的燃眉之急，同时实行以工代赈，扶助受灾农民生产自救。1950年政府发出社会救济粮食11亿多斤[③]；1951年国家社会救济事业费支出6 432.4万元[④]；1952年国家用于自然灾害救济费1.06亿元[⑤]。

二、增加对农业生产的投入

恢复时期，由于抗美援朝战争的发生，必须以巨大的人力、物力、财力支持战争和国防建设。中共中央提出“边打、边稳、边建”的方针。经济建设投资性支出，只占国家财政支出的第三位。但是，3年中国家财政支出中用于农业生产的资金，随财政经济状况的好转，逐年有较大幅度地增长：1950年为2.74亿元，1951年上升为4.17亿元，1952年更上升为9.04亿元，1952年为1950年的329.9%。国家银行对农业生产贷款也逐年增加，1950年为21 241万元，1951年增加到

① 农业部政策研究室：《中国农业经济概要》，农业出版社1983年2月版，第184页。

② 国家统计局：《中国统计年鉴1983》，中国统计出版社1983年10月版，第447页。

③ 财政部编：《1950年国家岁出总决算表》，1952年5月。

④ 财政部编：《1951年国家总结算表》，1952年10月。

⑤ 财政部编：《1952年国家总结算表》，1953年8月。

40 147万元，1952 年进一步增加到 101 627 万元。1952 年为 1950 年的 478.4%。除了国家财政投入和银行贷款，广大翻身农民对农业生产的投入有了更明显的增加。由于土地改革的实现，使原来的佃农免去了沉重的地租负担，他们有可能将原来交纳给地主地租的一部分或全部投入农业生产。3 年中，农民对农业生产资料的购买力逐年提高。1950—1952 年，农民实现对农业生产资料的购买力分别为：1950 年 72 626.2 万元，1951 年 103 047.7 万元，1952 年 140 960.8 万元。1952 年为 1950 年的 194%①。另据黑龙江、青海、贵州、湖北、江苏 5 省调查统计，农民实现对农业生产资料的购买力如下表：

1949—1952 年 5 省农民实现对农业生产资料的购买力统计表②

单位：万元

年份	黑龙江	青海	贵州	湖北	江苏	合计
1949	1 750	84.1	679	5 223.6	8 727.8	16 464.5
1950	2 367.3	140.1	724.1	6 527.7	11 297.5	21 101.7
1951	2 965.6	205.5	1 106.4	9 310.7	16 762	30 250.2
1952	6 462	214.9	1 545.6	13 529.6	20 369.7	42 121.8

从上表可以看出，5 省农民实现的对农业生产资料的购买力，如以 1949 年为 100，则 1950 年为 131.9，1951 年为 188.9，1952 年为 262.2。分省计算，以 1949 年为 100，则 1952 年各省指数如下：黑龙江省 369.2，青海 255.5，贵州省 255.5，湖北省 259，江苏省 233.3。

对农业生产的投入具体表现在以下几个方面：

1. 进行了我国有史以来最大规模的农田水利建设

3 年中，国家财政支出中用于水利建设的经费约 7 亿元，占预算内基本建设投资的 10%以上。同国民党统治时期相比，1950 年人民政府用于水利建设上的经费，相当于国民党统治时期水利经费支出最多一年的 18 倍，1951 年增加到 48 倍，1952 年再上升为 52 倍③。3 年中，对全国 4.2 万多公里的江河堤防的绝大部分进行了整修和加固。对一些水灾比较严重的河流，如淮河、沂河、沭河、永定河、大清河、潮白河开始进行全流域的根本治理。对黄河、长江也进行了一些有效的防御性工程。如黄河下游 1 300 公里大堤为 1950 年冬第一个全流域多目标的治水工程；根治淮河工程正式开工，1951 年 9 月完成了第一期工程，紧接着开始第二期工程，为使淮河流域人民摆脱水灾的经常威胁和对水利资源的全面开发打下了基础。1949—1952 年在苏北和山东，修建了长达 180 多公里的沂河新道和长达 69 公里的沭河新道，使长期水患严重的沂河、沭河流域的农业连续两年丰收。对黄河、长江也进行了一些有效的防御性工程。如黄河下游 1 300 公里大堤的堤坷、北金堤滞洪工程和山东利津县溢水堰工程。又如长江荆江大堤加固工程和荆江分洪工程，保障了长江中下游水灾最严重地区人民的安全。水利工程所完成的土方达 17 亿立方以上，等于开凿 10 条巴拿马运河或 23 条苏伊士运河所完成的土方。3 年间农田水利灌溉事业发展迅速。全国重点兴修了大型农

① 国家统计局编：《中华人民共和国 1950—1957 年商业统计资料汇编》。

② 傅作义：《三年来我国水利建设的伟大成就》，1952 年 9 月 19 日。

③ 国家统计局编：《中华人民共和国 1950—1957 年商业统计资料汇编》。

田水利灌溉工程 358 处。其中较大的如黄河的引黄灌溉济卫工程；东北的东辽河、盘山、查哈阳、郭前旗四大灌溉工程；绥远的黄杨闸工程；察哈尔的桑干河、黄河、浑河、御河等淤灌工程；山西的滹沱河、潇河及泽垣渠等灌溉工程；陕西整修扩充泾、渭、洛、汉、褒、胥等灌渠；新疆军垦农场引水灌渠、苏北灌溉总渠等。各地还因地制宜地举办群众性的小型渠道和蓄水塘堰共 336 万余处；新凿和修复水井 66.8 万眼。全国共增加灌溉面积 4 950 余万亩。另有 1.84 亿万亩农田因增加和改善了水的供应而免于旱灾的威胁。据当时的粗略估计，由于兴修水利，防止水灾和增加灌溉面积而增产的粮食当以数百万吨计。

2. 开垦荒地，增施肥料

由于政府实行鼓励垦荒政策，农民开垦荒地的积极性很高，3 年中开垦了大量的荒地，使耕地面积从 1949 年的 14.68 亿亩，增长到 1952 年的 16.19 亿亩，增长 10.25%。在耕地面积增加的同时，农作物播种面积有了更快的增长，仅以粮食、棉花、油料 3 种作物的播种面积计算，共增加播种面积 2.7 亿多亩，增长 15.7%①。增施肥料方面，据农业部粗略统计，1952 年每亩耕地平均施农家肥 1 500 斤，绿肥种植面积从 1950 年的 2 600 多万亩，增加到 1952 年的 3 450 万亩，增长 32.7%。1952 年与 1949 年相比，全国施肥面积增加 15%，总施肥量约增加 30%。化肥施用量显著增加，新中国成立初期，化学肥料工业年生产能力仅 6 000 吨，而且品种单一，只有硫酸铵一种，使用范围仅在沿海少数地区。以后逐年增加，由 1951 年的 13 万吨，增加到 1952 年的 29.5 万吨。油饼肥也显著增加，1952 年达到 222.1 万吨，比 1951 年增长 188.5%。

3. 兴办国营农场

新中国成立前，全国只有国营农场 26 个，职工 4 000 人，耕地 45 万亩，年生产粮食 3 200 万斤，棉花 5 吨。新中国成立初期，中央军委决定组织军民在山东等地建立第一批农场。另有两个师和一个独立团开赴华南地区建设橡胶农场。与此同时，全国其他一些省区，在沿海、沿江、滨湖、滨河、荒山及荒漠地区，开荒建立农场。到 1952 年底，全国共建立农场 562 个，共有职工 35.9 万人，耕地 564 万亩，橡胶种植园 90 万亩。当年生产粮食 4.5 亿斤，棉花 45.9 万吨，干胶 35 吨，饲养大小牲畜 98 万头。国营农场拥有从国外引进的现代农业机械，有拖拉机 1 176 台，联合收割机 276 台，载重汽车 2 030 辆②。

4. 增殖耕畜，增加农业生产动力

新中国成立初期，农业生产中的主要动力——耕畜不足，据 1954 年 23 省、1 500 多户农家收支调查，土地改革结束时，每百户只有耕畜 64 头，其中耕牛只有 43 头，贫农每百户只有耕畜 46.7 头，其中耕牛只有 32 头。人民政府在保护耕畜、奖励繁殖的方针下，加强畜疫防治，改善饲养管理，选育并从国外引进优良种畜，改良耕畜品种。3 年中，大牲畜从 1949 年的 6 002 万头，增加到 1952 年的 7 646 万头，增长 27.4%，并超过了历史上最高年（1936 年）7 151 万头的 6.9%③。

5. 增补旧式农具，推广新式农具

据上述 1 500 多户农家调查，土地改革结束时，每百户农家只有旧式犁 53.9 部、新式犁 0.06

① 国家统计局：《新中国成立三十年全国农业统计资料》（1949—1979），1980 年 3 月。

② 《当代中国的农垦事业》，中国社科出版社 1986 年版。

③ 国家统计局：《新中国成立三十年全国农业统计资料》（1949—1979），1980 年 3 月。

部；每百户贫农只有旧式犁 41.3 部、新式犁 0.03 部。当时不仅新式农具极少，旧式农具也严重不足。人民政府大力扶助农民增补旧式农具，有重点地示范推广新式农具。国家有计划地在各地新建大型农具工厂 18 个、小型农具工厂 100 多个。3 年中共推广新式农具 43.9 万部、农用排灌机械 11.75 万匹马力、农用铁轮水车 29.3 万辆、农用拖拉机 2 006 台。新式农具耕地深、盖土严，有利于消灭杂草病虫，对保持和形成土壤团粒结构，增进土壤肥力也起到较好的作用。同时，由于新式农具工作效率高，节省劳动力，在农忙季节不误农时，及时播种，出苗整齐，及时收割，减少损失，可以提高单位面积产量。据东北区 6 个农业试验场和 60 多个互助组的材料，使用新式农具平均增产 25%左右。

三、农业生产技术的改良

人民政府十分重视农业科学技术工作，新中国成立初期在各大区成立了农业科学研究所，在一些省、区成立综合性的农业试验场。在高等院校的院系调整中，加强了农业院校比例，壮大了农业科研队伍。农业部为加强农业生产技术推广工作，相继建立从中央到地方的各级农业技术推广机构，以县为单位，兼顾经济区划，以平均每 15 万亩耕地设立一个农业综合技术指导站。广大农业科技工作者与农业生产实际相结合，总结各地农业劳动模范的丰产经验，指导农业生产技术改良。在农作物品种改良和良种推广、农作物病虫害的防治、土壤改良以及各种农作物的耕作技术和栽培技术的改良方面，都取得了一定的成效，促进了农业生产的发展。

1. 农作物品种改良和良种推广

在 1949 年 12 月农业部召开的农业工作会议上，确定了以推广良种作为增产粮食和棉花的重要措施。1950 年 2 月农业部召开的华北农业技术工作会议上制定了《五年良种普及计划（草案）》。8 月召开全国种子会议，决定广泛开展群众性的选种活动，发掘农家优良品种。由专区和县示范农场组织当地乡、村地方品种的评选，然后对初选品种进行示范和对比试验，选出适合当地生产的良种，就地繁殖，就地推广，并组织地区间的换种。同时各大区及省级农业试验研究单位开展水稻、小麦、玉米、棉花等主要农作物的品种区域试验，培育优良品种。这样就建立起了发动农民普遍选种、换种，与农业科技人员用先进的科学方法培育、繁殖优良品种相结合的一整套良种繁殖和推广制度，加速了良种的推广。到 1952 年，全国良种面积约达到 1.22 亿亩，比 1949 年扩大了 11 倍。几种主要农作物品种改良和良种推广情况如下：

（1）水稻。新中国成立前水稻品种严重混杂退化，如按常规育种，很难适应生产发展的需要。农业部门组织广大科技人员从 1950 年开始在全国范围内广泛开展了地方品种的评选、鉴定和推广。水稻科技人员深入稻产区与广大农民一起调查各种水稻品种的来历、名称、特征、适应地区和栽培要点，从多方面予以比较评选。在各产区都评选出一批优良品种：如广东的塘埔矮、石脚矮，福建的陆财号、三冬号、湖南的胜利籼、万利籼，江苏的老来青，浙江的浙场三号，江西的南特 16 号，安徽的五十子，四川的中农 4 号等。仅胜利籼品种就在长江中下游推广种植面积约 2 000 万亩。上述品种一般比原来的农家品种平均每亩增产稻谷 50 斤左右。

（2）小麦。针对小麦锈病危害严重，1950 年农业科技人员主要是评选各小麦区抗锈病良种，系统选育出一批抗病虫害良种，如北方冬麦区推广面积较大的蚰子麦和徐州 438、平原 50、蚂蚱麦等。在评选和推广地方良种的同时，还推广了早期杂交育成的品种和从国外引进的及其系统选育的品种，如碧玛一号，在区域试验和示范中表现优异：茎秆粗壮、穗大粒多、耐肥抗倒伏、抗条锈病强、早熟、品质好。1949 年种植面积不到 300 亩，1953 年迅速扩大到 700 多万亩。又如南大 2419，在长江流域进行区域试验，表现适应性广、较早熟，抗条锈病和吸浆虫强、穗大、粒多，也得到了迅速推广。

（3）玉米。1950 年，农业部召开全国玉米工作会议，制定了《全国玉米改良计划》，提出以选用优良农家品种为主，同时开展品种间杂交和双交种的选育和应用。而在近期内则推广简便易行的人工辅助授粉和去雄选种等措施，选育和推广品种间杂交种。各玉米产区推广了金皇后、金顶子、白马牙、英粒子等优良品种，仅在北方各省即推广种植 1 000 万亩以上。农业科技工作者在评选农家优良品种的基础上，开始选育和应用玉米品种间杂交种。1950 年陈启文教授在山东主持选育的品种间杂交种：坊杂 2 号、坊杂 4 号，最先在生产上应用，到 1953 年，山东推广面积达 200 多万亩。

（4）棉花。新中国成立前，棉花品种已严重混杂退化，产量低（亩产 21 斤皮棉），质量下降。为了迅速提高棉花产量和品质，1949 年春华北人民政府农业部就成立了棉产改进处，加强对斯字棉 2B 良种的繁殖保种工作。1950 年 2 月从美国引进优良棉种 2 000 吨，其中有著名农学家邹秉文教授从美国引进的 480 吨岱字棉 15 号良种，品质好、产量高、适应性广。农业部十分重视岱字棉 15 号良种的繁殖和推广，当年在江苏南通地区、松江地区和江西彭泽县建立良种管理区，集中繁殖，严格去杂去劣，良种籽棉由良种轧花厂轧花保种。1950 年 11 月，农业部发布了《建立棉种选育繁殖推广制度及五年普及良种计划（草案）》，要求科研单位繁育"原原良种"，良种繁殖农场生产"原良种"；在推广良种种植地区要集中建立良种繁殖区，配备良种轧花厂，对良种籽棉分收分轧。在全国各棉花良种繁殖区共配置了 58 个良种轧花厂。各大区农业科学研究所分别进行了棉花品种区域试验，以鉴定棉花良种推广价值及其适应范围，使适应各棉区的优良品种能得到及时推广。农业部和贸易部还联合决定，对良种繁殖区的良种籽棉，实行加价 4%的收购政策，以鼓励农民繁殖良种，保证良种籽棉集中收购，由良种轧花厂轧花保种，以防止棉种混杂和降低棉种质量。通过上述措施，使棉花良种得以迅速推广。到 1952 年，棉花优良品种面积已经占全部棉花种植面积的 50%以上。

2. 农作物病虫害的防治

新中国成立初期，农作物病虫害对农业生产危害十分严重。人民政府制定和执行了及早预防、防重于治的方针。1950 年农业部在全国各地建立了 28 个农作物病虫害防治站，到 1952 年增加到 120 个。各大区和省都建立了农作物病虫害防治机构。为了解决农业植保人员的不足，农业部还举办植保训练班，培训植保技术人员，成立拥有 80 多人的农作物病虫害防治队，在全国各地巡回检查督导农作物病虫害防治工作。3 年中，共动员了 1 200 万农民在 5 400 多万亩耕地上防治病虫害，取得了巨大的成效，大大减轻了病虫害对农业生产的危害。据农业部估计，3 年中，由于防治病虫害，约减少农作物产量损失折合粮食 300 亿斤。几种主要农作物病虫害的防治情形，分述如下：

（1）蝗虫的防治。蝗虫是中国历史上危害农作物最严重的害虫。据统计，从公元前 707 年至

1935年，曾发生过796次大的蝗灾。1949—1952年蝗灾连年发生，受害面积6 000多万亩，人民政府把消灭蝗害当做农业生产上一项重要任务，提出"治早、治小、治了"的方针，国家拨出专项经费用于治蝗。1951年蝗虫危害季节，人民空军出动5架飞机参加治蝗。当时药械缺乏，主要靠发动和组织群众人工灭蝗。1950年共出动1.9万个工日，治蝗面积1 300万亩。当年由于事先准备不足，防治不彻底，残留飞蝗、遗卵较多。1951年准备充分，及早防治，在蝗区建立23个治蝗站，培训了5万多名农民侦察员、药械手。当年夏蝗发生面较广，达1 400万亩，由于防治及时，采用人工防治和药械防治相结合的方法，把大部分夏蝻消灭在幼龄期，使秋蝗发生面积减少到390余万亩，减轻了秋季防治压力。当年共施用药粉600万斤、麦麸292万斤，用人工7 600万个。除广泛应用喷粉药杀、毒饵诱杀及人工除治外，有的地方还用鸭、鸡啄食蝗蝻。平原省梁山县利用养鸭户12 000只鸭子，在8天内消灭了8里长6里宽的湖面上的蝗蝻；苏北宿迁县亚腰湖农民用近30 000只鸡，在2 000亩耕地上啄食蝗蝻48 000斤。由于各地组织联防，层层包干，防治及时也较彻底，当年估计，约减少粮食损失174.96亿斤，并使以后蝗虫的发生和危害大为减轻。

（2）水稻螟虫的防治。螟虫严重危害水稻生产，1949年螟虫异常严重，苏南减产稻谷约10亿斤，浙江减产稻谷20亿斤。全国估计减产稻谷在100亿斤以上。1950年各地进行了积极防治并创造了许多防治办法。如江西南昌等19县，实行三耕（秋耕、普遍冬耕、提早春耕）结合三光，即将稻根拔光、捡光、烧光的办法，消灭在稻根中过冬的幼虫，使1951年螟虫发生减少，危害减轻。华东稻产区1950年春季发动农民在秧田期采卵捕蛾，夏秋季稻田点灯诱蛾，冬季普遍冬耕、掘稻根。农业科技人员总结了上述防治经验，对螟虫的种类、习性及其对水稻生产的危害进行了调查研究，发现三化螟对水稻生产的危害最严重，而三化螟幼虫主要在稻根中过冬。因此，农业部提出，以防治三化螟为主要对象和防治重点，防治方法以江西省的"三耕"结合"三光"，掘毁稻根为最基本的方法，同时辅之以采卵捕蛾、点灯诱蛾等方法。1951年南方稻区采取掘稻根等措施，消灭越冬三化螟。当年秋冬季耕稻田4 540.5万亩，掘毁稻根水田面积1 069.5亩，同时发动农民捕蛾采卵，共用人工2 893万个，使螟虫危害大为减轻。据9省区不完全统计，当年损失稻谷25亿斤。1952年6月，农业部召开全国治螟会议制定四季治螟的对策，在主要稻产区建立稻螟观察站和治螟示范区，提出5年消灭螟灾的计划。

（3）小麦锈病和小麦吸浆虫的防治。1950年小麦条锈病大流行，造成小麦严重减产，全国减产120亿斤。根据周恩来总理的指示，农业部于1950年8月召开全国防治小麦锈病座谈会，成立了全国小麦锈病防治研究委员会，组织育种栽培和植物病多学科的科技人员研究拟定防治措施。从此各地加强了对小麦锈病的防治，尤其重视抗锈病小麦品种的选育、繁殖和推广。碧玛一号和南大2419号抗锈病良种的迅速推广，使小麦锈病的发生和危害大为减轻。

小麦吸浆虫也是对小麦生产危害严重的虫害。1950年在产麦区7个省88个县发生小麦吸浆虫，据安徽阜阳、河南南阳两个专区20个县统计，有700余万亩麦田受害，减产小麦4亿余斤。陕西关中麦区一般减收三成，重灾区减产达8～9成。重灾区农民因减产不敢继续种麦或减少种麦，苏北太兴县当年减少冬小麦面积15%；陕西省武功县麦田从占耕地50%，减少到只占耕地8%。1951年4月，农业部召开小麦吸浆虫防治座谈会，总结了各地群众防治小麦吸浆虫的经验，如河南南阳地区实行拉网，网兜捕虫，药剂防治上用0.5%"666"粉剂喷撒，农业科技人员在陕西关中一带发现两种寄生蜂对小麦吸浆虫有抑制作用。1950年小麦吸浆虫发生面积较大，但由于防治及时，危害较轻。1952年4月全国小麦吸浆虫防治座谈会上，进一步总结了1951年的防治经验。农业科技人员根据小麦吸浆虫的生活习性，提出选育抗吸浆虫品种，如西北6028、华东南大2419、中农28等，在耕作制度上，实行麦收后及时浅耕曝晒以消灭幼虫等办法，大大减轻了小麦吸浆虫的危害。

（4）棉花病虫害的防治。新中国成立初期，棉花播种面积迅速扩大，许多新植棉区农民缺乏防治棉花病虫害经验，致使1951年棉蚜发生面积猛增，受害面积占种植面积的60%以上，其中有1/3的棉田棉叶卷缩。各棉区广泛发动农民群众开展对棉蚜虫的防治，在226万顷棉田上，挽回皮棉损失5万多吨。1952年政府及时发放防治棉花病虫害农药贷款5 000余万元。供销合作社经营贷放棉虫药剂5 900余万斤、喷雾器38万余具，分别比1951年增加7倍和2倍。农业部在北京和武汉分别召开北方和南方棉区专业干部训练班，总结各地防治棉花病虫害的经验。各省举办棉花病虫害防治技术传授站，广泛传授防治技术，仅河北、山西两省就有827.4万农民学习掌握了防治技术。各地广泛采用三开兑一凉温汤浸种，结合草木灰拌种，用棉油皂、烟叶和鱼藤等制的农药防治棉虫，收到明显的成效。当年全国防治棉虫的棉田面积达4 000.5万亩，防治棉病的棉田面积2 100万亩，估计挽回皮棉损失7.5万吨。

3. 土壤改良

新中国成立前，由于长期战争破坏不仅造成大量耕地荒芜，而且使许多耕地水土流失，甚至风沙化、盐渍化，土地生产力下降。1950年农业部召开第一次全国土壤肥料工作会议，有许多全国著名的土壤肥料专家出席，共商改良土壤大计。会议讨论并拟定了土壤调查研究、荒地合理利用、水土保持、土壤改良及增施肥料等各项实施计划（五年）。具体制定了黄泛区的土壤改良和利用；北方盐渍土改良的实验研究；南方红壤土改良实验研究；西北黄土区及沙漠风蚀区水土保持8个实验区的实验内容和近期（1950—1951年）要求。此后，农业科技人员在各实验区内的实验研究中，系统总结了农民在生产实践中改良土壤的成功经验，并以先进的科学技术为指导，在各实验区的土壤改良、水土保持中取得了一批开创性的成果，为以后各地的土壤改良打下了初步的基础。与此同时，在旱地改水田，也取得了明显的成效。3年中共增加水田面积4 533万亩，比1949年水田面积增长13.3%。

4. 农作物耕作技术和栽培技术的改良

我国具有精耕细作的优良传统，但是到了近代，由于帝国主义侵略和长期战争破坏，使耕畜、农具减少，农田水利失修，农业生态环境恶化，农业耕作粗放。新中国成立后，广大农业科技工作人员响应政府号召，深入农村，总结农民的丰产经验，对各地各作物的精耕细作的传统经验，进行系统的总结，因地制宜地加以推广。1952年农业部在总结1950—1951年间农业大面积增产经验的基础上，制定出各种农作物的《技术指导纲要》，该纲要对不同地区、不同土壤、气候等条件均有不同的规定和要求，具有因地因时制宜的特点。它既是对各种农作物的精耕细作传统经验的总结，又是传统经验与先进的农业技术的密切结合；同时也是各单项耕作技术与综合技术的有机结合，符合农业生态发展的要求，能够有效地增加农作物单位面积产量。现就几种主要农作物耕作技术和栽培技术的改良，对农业生产发展的促进作用，作一简略的介绍：

（1）水稻。新中国成立后，从中央到地方各级农业部门都十分重视水稻耕作技术和栽培技术的改良。1950年3月，农业部发出指示，提倡推广双季稻的栽培，以增加稻谷产量。1950—1952年，我国南方水稻区以改善水利条件为中心，改变生产条件，进行改单季稻为双季稻，即把单季稻改成油菜—水稻、小麦—水稻或双季稻，变一熟为两熟，取得了增产的良好效果。1950年涌现出江苏省陈永康的一季晚粳稻，吉林省崔竹松的北方一季稻，湖南省李呈桂的双季稻等一批丰产典型。农业科技人员对他们的经验进行了总结，并在各地推广。我国水稻生产过去以传统的水育秧苗法为主，春季寒潮入侵频繁、气温极不稳定，经常发生严重烂秧和死苗现象，是水稻生产上的一大障碍。由于总结和推广了陈永康创造的以落谷稀、播得匀、浅水勤灌为主要内容的培育壮秧经验，对提高成秧率、减少烂秧和死苗起了很好的作用。陈永康在1950年丰收的基础上，1951年又创造了亩产1 400多斤的新成绩。1952年江苏省金山县有24.7万亩稻田，采用了陈永康的丰产技术，获得了增产五成到1倍的大丰收。湖南醴陵县学习推广李呈桂双季稻的栽培技术，1951年全县水稻总产量增产3成以上。1952年农业部在总结上述丰产经验的基础上，制定了《水稻丰产指导纲要》，该纲要的贯彻实施，对全面系统地改进水稻耕作技术和栽培技术，提高单位面积产量起了促进作用。1949—1952年，全国水稻单位面积产量从1949年的252斤，提高到1952年的322斤，平均每亩增加70斤，即增长27.8%。

（2）小麦。1950年6月，农业部发出指示，要求春小麦区在可能引种冬小麦的地区，有组织有计划地扩展冬小麦的种植面积，把春小麦区改为冬小麦区。与此同时，北方冬小麦区在水肥条件具备的地区，扩大间、套、复种面积；在南方冬小麦区，发展稻麦两熟的耕作和栽培制度，大力提倡利用冬闲田扩大小麦种植面积。在这期间，从事小麦耕作技术和栽培技术研究的农业科技人员，重点研究小麦的播种期、播种量、播种方法、耕作保墒、越冬保苗、防止春霜冻害、防倒伏以及间、套、复种两季技术。在历史上，北方冬小麦区播种量偏少，缺苗断垄严重；南方小麦区习惯望天撒播，麦苗不匀不壮，产量很低。1951年农业部门总结了各地丰产典型经验，如陕西省韩城县农民史安福种植1.85亩水浇地小麦，平均亩产达到810斤，主要经验是下种量由10斤增加到17斤，缩小行距、加宽播幅，使麦苗分布均匀。同时在北京双桥农场，做大面积小麦稀植与密植比较试验，所得结果是：稀植地行距1.5尺①，每亩平均产量138.5斤，而密植地行距5寸②，每亩平均产量260.6斤，密植地产量为稀植地的2倍。此外还推广山东胶东地区农民创造的“窝麦”栽培法。在南方小麦产区广泛推广改撒播为条播，为间作套种创造条件。1952年农业部在总结上述经验的基础上，制定和公布了《冬小麦丰产技术试行纲要》，提出了以合理密植为中心的一整套小麦丰产栽培方案，促进了小麦生产的发展。

（3）玉米。新中国成立前，玉米耕作粗放，施肥少、密度稀。民间流行着“稠一千、稀八百”和“玉米地里卧牛，还嫌种得稠”的谚语。大部分地区玉米产量仅100斤左右。新中国成立初期，各地涌现出许多玉米丰产典型。如山西平顺县郭玉恩1951年创造了春玉米平均每亩产量达1 500斤的高产纪录。农业科技人员总结了玉米丰产经验，主要是：①深耕细耙；②合理施肥；③适当密

① 尺为非法定计量单位，1尺=0.333 3米。

② 寸为非法定计量单位，1寸=3.333 3厘米。

植；④加强田间管理。此外还有玉米与其他农作物间作套种经验，北方玉米蹲苗壮苗经验，南方秋玉米育苗移栽以及去雄选种、人工辅助授粉等经验。这些经验的推广对玉米增加单位面积产量起了重要作用。1952年玉米每亩平均产量由1949年的100斤左右，提高到179斤。

（4）棉花。新中国成立初期，棉花种植面积迅速扩大，许多新棉区的农民缺乏植棉经验。农业技术部门加强了对植棉技术的指导和推广。农业科技人员深入农村总结许多丰产劳动模范的植棉经验，如山西解县农民曲耀离1950年平均每亩产745斤籽棉，1951年又创造了亩产籽棉900斤的成绩。江西彭泽县农民吴宜文每亩产籽棉881斤。在广大棉区推广了他们的植棉技术，各地均有所侧重。在北方棉产区主要推广防旱保墒、适时播种、早间苗、密留苗、晚定苗和曲耀离创造的“看天、看地、看苗”合理掌握水肥、适当控制前期生育的蹲苗技术以及合理整枝技术。在长江流域棉区主要进行了棉花和冬作物一年两熟栽培制度的改革。为了适应这种改革的需要，广泛推行改撒播为条播，推广湖南植棉模范杨天才创造的条播器；许多地区推广了头年条播冬小麦，春季在麦行间条播棉花。此外，为了适应两熟制棉田的逐步推广，有的地区还成功地推行了棉花育苗移栽的革新。1951年总结了河北省肥乡县天台山等26个村62 150亩旱地棉田亩产籽棉180斤大面积丰产经验。1952年3月农业部制定和公布了《棉花丰产技术指导纲要》，提出了一整套植棉技术的改革：深耕多耙、选用良种、及时播种、适当密植、保证全苗、增施肥料、防旱防水、早锄多锄、防治病虫、合理整枝等10项技术。该纲要特别强调技术改革中的整体技术观点和灵活运用，反对机械刻板搬用。该纲要的实施促进了棉花单位面积产量的提高。如山西翼城县梁村吴春安农业社1952年80多亩水浇棉田亩产籽棉1 021.3斤。1949—1952年，全国棉花种植面积增加1倍，亩产皮棉由1949年的21.39斤增加到1952年的31.2斤，增长47.5%。1952年当年增长24.8%。这样的速度在我国植棉史上是空前的①。

随着农业生产的恢复和发展，农民收入也有了明显增加，农民生活得到了初步的改善。在旧中国，占农村人口绝大多数的贫农、雇农因受封建剥削，终年劳动不得温饱。实行土地制度改革以后无地少地农民分得了土地和其他生产资料，免除了每年向地主交纳的苛重地租，平均每人每年可增加收入约200～300斤粮食。据统计，1952年与1949年相比，各地农民收入增长30%，平均每人消费水平约增长20%。

由于收入增加，广大贫苦农民的经济状况得到了明显的改善，许多贫农上升为中农，据各地典型调查，一般农村，中农户约占总农户的60%，整个农村呈现出中农化的趋势。

（作者：中国社会科学院经济所研究员）

① 国家统计局：《中国统计年鉴1983》，中国统计出版社1983年10月版。

探索前进

(1953—1977)

农业合作化运动的历史背景*

燕　凌

我国农村经济体制改革的顺利发展和显著成果，实质上对过去的农业集体化运动作了否定的结论。

农业集体化运动为什么曾经开展得轰轰烈烈、超高速提前完成，而并没有达到预期的结果，反而使我国农村、农业和农民在相当长的时期委靡不振，以至于非大加改革不可？

这需要考察一下这场运动的历史背景。

一、中国农民的土地情结

在中国辽阔的土地上，在漫长的历史时期，都是小农经济占极大比重的农业社会。各地自然条件、开化程度有很大差异，土地占有情况也就各不相同。就大多数农业较发达的地区来说，中国共产党领导的解放区土地改革以前和中华人民共和国成立后的土地改革以前，几十年间，占农村人口总数大约90%的贫农、中农和占人口总数大约10%的地主、富农占有土地总数大约各半。就不同地区来说，大致在30%：70%～70%：30%。这几十年间，土地占有的基本趋势不是越来越集中，而是越来越分散。地主占有的土地大部分是出租给小佃农分散经营的。中国从来就很少有欧洲封建社会那样的大庄园，也不像俄国那样土地长期属于大地主支配下的村社公有。千百年来，大都是以一家一户的小农为生产单位。

虽然如此，农村劳动人民按户数或人口平均占有的土地，也只有地主富农按户数或人口平均占的土地的1/10左右。加以中国人均耕地面积很少，他们人均占有土地的绝对数就更微不足道。雇农佃农则大都没有自己的土地。没有土地和缺少土地的贫苦农民，生活极其艰难，历来有强烈的土地要求。由于非农产业极不发达，土地是当时绝大多数中国农民唯一的安身立命之所。孙中山“耕者有其田”的主张，代表了世世代代中国贫苦农民的理想。中国共产党引导和动员中国农民参加革命，也以满足他们的土地要求。1927—1936年中国的十年内战，在中国共产党方面就称为“土地革命”。抗日战争时期中国共产党在农村实行减租减息的政策。1946年，解放战争开始，就又在解放区着手进行土地改革。中华人民共和国成立以后，1950—1952年在全国范围内完成了土地改革。当时，中央和地方人民政府都宣布保护农民私有土地的所有权，农民经营个体经济的积极性普遍高涨，加以战争占用的人力畜力回归农村，战争割断的城乡交流开始复甦，农业生产迅速恢复战争以

* 本文收入内部报告《共和国农业史料征集与研究报告》第16集，2009年。

前的最高水平。

直到1953年上半年，中共中央一再宣布，农村里的一切工作都要从小农经济的现状出发，保护个体农民的生产积极性。在互助合作运动初期，也一再明确指出，互助合作组织是建立在个体经济的基础上的。1956年骤然实现高级合作化（即完成集体化），把土地和其他主要生产资料归于集体所有，绝大多数农民并非出于自觉自愿。在“不走社会主义道路就是走资本主义道路”的警告下，一方面有急风暴雨一般的运动浪潮形成的政治上、精神上的强大压力，另一方面有空中楼阁一般的建设规划许以经济上、文化上的美好远景。农民群众在缺乏起码的物质准备和思想准备的情况下，被迫地或盲目地接受了集体化的现实。实现集体化不久，1956年一些地方就出现了农民群众和农村干部自发实行包产到户。1957年上半年，不少地方更出现了闹退社的风潮。1957年下半年，在全国“反右派”的强大声势下，在农村发动“两条道路的大辩论”（实际上是批斗闹退社的或对办社不满的人），有些地方还动用了“专政手段”，才平息了风潮，把散了的社勉强恢复。1958年，又一哄而起，把农业合作社的小集体合并成为人民公社的大集体。

集体化以后，给农户保留了很小一点自留地（所有权归集体，使用权归农户）。多年间，自留地时而取消，时而恢复，反复多次，最后还是保留了下来。绝大部分自留地总是比集体地种得好，面积不大的自留地解决了农民生活中不小的问题。这使农民体会到，在公有制已经确立的情况下，土地的使用权实际上比所有权更重要。于是，尽管1956年一些地区实行的包产到户被摧毁了，公社化以后的1959年，以致“左”的错误造成的灾难到了“沟底”的1961—1962年，各地又几次出现“包产到户”之类的呼声和行动。这实际上是千百年来中国农民的土地情结的延续。“包产到户”每次出现不久都被认为是违背社会主义的集体化原则而压制下去了。但在有些地方，特别是一些偏僻的地方，有些农民还在悄悄地实行。到了1978年以后，越来越多的地方实行“包产到户”以至“包干到户”，由暗地到公开，终于被承认为是社会主义农业经济体制的基础，定名为“家庭联产承包责任制”。

二、中国农民在土地改革以后的迫切要求不是集体化

土地改革以后，农民迫切需要的是恢复和发展市场经济，使城乡之间、地区之间各种生产要素的交流活跃起来，以便恢复和发展生产，改善自己的生活。

由于在土地改革中土地基本上是按人口平均分配，许多农户土地和劳动力不相适应。劳动力多的要求出卖劳动力或租种别人的土地，劳动力缺乏或有能力开展多种经营的愿意出卖或出租一部分土地。原先的手工业者、小商贩和其他从事非农职业的农村人口在土地改革中大都分到了土地，改革后这些人大都仍要从事原来的职业，有些农民看到人多地少而想要转业的做工或经商，战时从城市迁移到农村、从外地迁移到本地的一些人也分了地，战后他们要回城市、回原籍，上述这些人都要处理他们分得的土地。因此，自然出现了买卖和租赁土地的现象。由于生产、生活的困难或扩大生产的需要，或从事非农经营的需要，人们多方筹集资金，农村中互相借贷的事情越来越多了。这些显然是有利于土地改革后过于分散的农村经济走向适当的规模经营、有利于资源的合理配置、有利于生产力的发展的。

1948年7月，中共中央以“新华社社论”名义发表的政策性文件《把解放区的农业生产提高一步》中，就宣布了土地改革以后允许土地买卖、雇佣劳动和一定条件下的租佃关系，保护私人自由借贷。1950—1952年新解放区土地改革前后，几个大行政区相继发布内容基本相同的“十大政策”，包括土地买卖自由、雇佣劳动自由、借贷自由、经商自由等。当时，中共中央领导人根据毛泽东的新民主主义理论，大都认为，土地改革只废除封建阶级的私有财产，并不废除资本主义的私有财产，并在客观上为资本主义的发展扫清道路；土地改革以后，农村会有新的经济竞争，不可避免地会有新的阶级分化，这并不可怕；私有经济基础上的竞争，有一定的进步性。同时，也都主张在农民自愿的条件下组织互助组、供销合作社和信用合作社。这些政策和主张受到广大农民群众的拥护。

1952年下半年到1953年上半年，出于对当时的国际形势和国家安全的考虑，中共中央决定争取苏联援助，并按照苏联模式，采取优先发展重工业的国家工业化战略；与此相适应，决定对农业、手工业和私营工商业实行社会主义改造，为此制定了向社会主义过渡的总路线。于是，根据当时对社会主义的理解，也为了集中控制工业大发展所必需的资源的实际需要，加快农业集体化的步伐，实行了粮食等主要农产品的统购统销，截断了发展市场经济的路。

三、农业集体化与政治和意识形态的关系

从土地改革到农业合作化集体化，中国共产党这些经济制度的变革，都不是作为单纯的经济工作来进行的。就其主要倾向来说，不是按照经济规律办事，而是服务并且服从于政治斗争的需要。在历次革命战争时期，着眼于动员和组织农民参加战争、支援战争，以农村包围城市，夺取全国政权。在建立中华人民共和国以后，着眼于发动和组织农民，建立基层政权，巩固全国政权，进而实行社会主义革命，实现社会主义理想。从理论上来讲，革命是为了解放生产力；“经济是基础，政治则是经济的集中表现”，“不是人们的意识决定人们的存在，而是人们的社会存在决定人们的意识”。但是实践中，却往往以政治为首要目的，而以经济为达到政治目的的手段；往往过分强调人的主观意识对于社会变革起决定作用。

1943年毛泽东倡导“组织起来”的时候说：“把一切男女老少的全劳动力半劳动力，只要是可能的，就要毫无例外地动员起来，组织起来，成为一支劳动大军。”其目的是：我们既有打仗的军队，又有劳动的军队，这样就可以克服困难，把敌人打垮。他说：“目前我们在经济上组织群众的最重要形式，就是合作社。”

中国没有合作社传统。毛泽东说的合作社，并不是西欧早就有的那种合作社。当时他把中国农民早就习惯实行的劳动互助也叫做“初级的合作社”、“集体互助的生产合作社”。后来他又把它看成是社会主义农业的起点。再后来才把互助组和合作社分开，把合作社作为半社会主义以至社会主义农业的组织形式。

中国共产党在1953年制定了过渡时期总路线以后，就把组织合作社完全纳入社会主义革命的轨道，而且把它作为社会主义革命的最重要的部分。正因为这样，所以在合作化、集体化运动中自始至终强调贯彻阶级路线，进行阶级斗争。甚至把发展合作社的速度和组织合作社的规模等方面的

不同意见的探讨，也作为严重的阶级斗争和路线斗争来对待。农业集体化就是在这样的激烈斗争中急促完成的。由于违背了经济规律和群众意愿，造成了许多不良后果。

高度集中统一的集体经济模式，在连绵不断的政治运动的压力下，在坎坷曲折的道路上，勉强维持了20多年。毛泽东逝世后，经过“两年徘徊”，到1978年12月中共十一届三中全会，才决定停止使用“以阶级斗争为纲”的口号，把工作重心转移到经济建设上来，开始全面地纠正20多年间的“左”倾错误。又经过一些大大小小的坑坑洼洼，终于否定了原先那种带有强制性的集体经济模式，在市场经济环境中，在真正资源互利的前提下，出现了农村经济组织形式百花齐放的局面。

（作者：原人民日报编委、农村部主任）

关于"自发社"*

燕　凌

1955 年春天，各地群众自发办社而领导机关没有批准的，据中共中央农村工作部当时估计，全国有 2 万多个。正因为是"自发社"，所以很难精确统计，实际上可能不止此数。仅安徽省，据省委当年 8 月报告，那年春天就有 11 800 个以上的"自发社"。在浙江，据当年 4 月省委农村工作部部长吴植椽在第三次全国农村工作会议上汇报，有"自发社" 4 800 多个；当年 4 月 12 日中央书记处第二办公室华东西南组组长袁成隆在给谭震林的报告说：浙江当时有"近万数的自发社"。无疑，1955 年上半年全国范围内的"自发社"的数目。比 1953 年春天的 4 000 多个和 1954 年春天的 7 000～8 000 个，大大增加了。由于 1954 年冬至 1995 年春农业合作社的迅速发展，1955 年上半年"自发社"在农业合作社总数中所占比重，则比前两年下降。

合作事业本来就是人民群众自己的事业，群众自愿就可以组织合作社，为什么还要区分"自发"与否呢？这是中国合作事业中特有的现象之一。这里需要追溯一下历史情况。

老解放区在革命战争时期就有一些生产合作性质的经济组织，一部分是在党组织和当地人民政府领导下成立起来的，但相当大部分是群众自发组织起来的。那时候并没有"自发社"的说法。新中国成立之初，1950 年有了散布在少数地区的十几个名称不同、形式各异的生产合作性质的农业经济组织，也大都是群众自己办起来的，并未经过什么批准手续，其机构、制度、具体办法，也大都是群众自己创造的。1951 年全国各地的农业生产合作组织有了几百个，其中有些是党组织领导群众办的，有些也还是农民群众自己办起来的。当时仍没有区分哪些是"自发"的，哪些不是。1951 年秋，农业生产合作社这一名称才在全国范围内正式确定。1952 年上半年老区有了 4 000 多个农业合作社，中共中央明确指出它是"农业生产互助运动在现在的高级形式"。为了防止一些农村工作人员不顾办社条件是否具备，好高骛远盲目追求"高级形式"，为了确保把初办的农业生产合作社办好以便发挥典型示范作用，以免办得不好反而在周围群众中起相反的作用，也为了避免一下子办社太多而在群众中引起某些疑虑和大的震动，中共中央强调指出农业生产合作社要有领导有重点地试办，新办社要由省委批准（以后扩大到县委批准）。1952 年 3 月，中共中央华北局在一个文件中明确提出：办农业生产合作社必须贯彻执行"只许办好，不许办坏"的方针，要求"慎重开始，稳步前进"。此后，中共中央和各地党组织都强调"只许办好，不许办坏"，"宁肯少些，但要好些"，要求按照既定计划和办社条件对兴办新社加以控制，规定了逐级审批的手续。但在执行中有控制过严的现象。

---

* 本文收入内部报告《共和国农业史料征集与研究报告》第 1 集，1999 年。

1952年9月举行第二次全国互助合作会议的时候，东北地区就有大约2 000多个“自发社”，比已经批准的社还多几百个；华北地区虽未仔细统计，但当时估计为数也不少。1953年上半年纠正局部地区的冒进倾向的时候，对1952年冬1953年春一些地方农村干部和群众自己办起来的许多农业生产合作社没有批准。其中有些是没有条件办好的，改为互助组或者解散了；有些是有条件办好的，也“转组”了，或都成为“明组暗社”。1953年秋，薄一波在第三次全国互助合作会议上讲话时就提到，华北当时在6 000多个农业合作社之外，另有700～800个“明组暗社”。据中共安徽省委1955年8月21日给中央的报告，安徽省1952年试办56个社，另有277个“自发社”；1953年增加试办361个社，另有465个“自发社”；1954年按规定手续批准办的新社是3 531个，另有“自发社”2 874个；1955年按规定手续批准办的新社是31 622个，另有“自发社”11 875个。这些“自发社”都未按规定经县委批准。每年的“自发社”经过整顿，由县委审查批准了一部分或大部分。

1953年11月间，在第三次全国互助合作会议结束前，毛泽东在一次谈话中提到当年上半年纠偏中的问题的时候说；“问题是有些阵地退多了一些，有一些不是退多了，而是本来可以发展的没有发展，不让发展，不批准，成了非法的。世界上有许多新生的正确的东西常常是非法的。我们过去就是‘非法’的呀，国民党是‘合法’的呀。可是这些非法的社，坚持下来了，办好了，你还能不承认吗？还得承认它是合法的，它还是胜利了。”①

1954年3月20日，中共中央农村工作部在《关于收缩农业生产合作社的发展转入生产的指示》（简称《指示》）中指出了对“自发社”具体分析、区别对待的办法。《指示》中说：“不能在转入生产的时候，对这些自发社放弃不管，也不能一律批准或者是一律解散。”

“自发社”的情况多种多样，各不相同：

有不少“自发社”是因为一些互助组和单干户看到附近的老社增产增收，发生了羡慕之情而照着老社的样子自己办起来的，大体上是具备办社条件的。但是，有些负责领导互助合作运动的干部对办社业务不熟悉，觉得办多了没把握办好，怕办不好会减产，怕办坏了挨批评以致受处分，于是把办社够条件的具体标准定得过高，掌握过严，对实际上已经够条件的也不批准。有的是由于社办得多了，领导上派不出专职干部去指导、帮助，就不予批准。有的由于人手不够，顾不过来一一去调查了解，就不论是不是够条件，对不了解情况的一律不予批准。这样，一些本来条件具备的社未被批准，就成了“自发社”。

农村干部、积极分子，有些人对于办社确有一定的盲目性，或者对“两条道路”有误解（由于上边下去的某些干部对“两条道路”的宣传解释不正确），认为只有办社入社才是“光荣”、“先进”、“进步”，不办社不入社就是“可耻”、“落后”、“反动”。有的觉得只要是共产党的号召，就都应该“争先恐后”地往前赶，办迟了就“不光彩”。还有一些乡村干部，觉得互助组中分散经营与集中劳动的矛盾太多，许多组“春插、夏散、秋垮台”的现象难以解决，认为办起合作社矛盾就少了，能把大家拢在一起就不容易散了。因为有了这些想法，就急于办社。办社之前，对于农业合作社应该怎么办，办社要解决一些什么具体问题，办起来以后可能会遇到一些什么困难，缺少必要的

① 《毛泽东选集》第五卷，第122页，人民出版社1977年4月第1版。

思想准备和能力准备。贸然把社办起来了，如何办下去却茫无头绪，而又不愿散伙，在成堆问题之中左拼右挡，勉强维持。

有些农民看到国家在发放贷款、供应生产资料上对农业合作社有这样那样的优惠（有些是适当的合理的优惠，有些是过多的给“偏饭”的优惠，撇开了互助组、单干户不闻不问），就邀约了一些亲朋好友办起社来。

有些农民觉得在粮食统购统销中单干户自报产量难以得到信任，被再三“动员”，没有个“底”。也确有一些地方干部，在统购粮食的时候采取种种手段要单干户多报再多报，甚至“翻箱倒柜”。有些地方在统购粮食的时候给农业合作社留粮（口粮、种粮、饲料、机动储备粮）比给单干户留粮多（按地亩、人口平均计算）。为此，一些农民就急于办社、入社。

有些骨干分子认为办了社可以掌握财权、粮权以及支配人之权，甚至可以享受某些特权，使自己和亲友得到某些“好处”，因此对办社特别“积极”。

在上述种种情况下，也就出现了一些“自发社”。

此外，有些富农、富裕中农觉得雇长工短工、出租农具牲口、放高利贷在新社会里显得“扎眼”，说不定什么时候还可能像土改时候的地主那样挨斗争、被平分，还不如主动办社，自己掌权，揽一些地少而且苦于缺少牲口、农具、资金的贫农入社，把土地、牲口、农具资金的分红比例定得高些，把劳动报酬的比例定得低些，使自己从中受益（变相剥削）。这也是一种“自发社”。

从“自发社”的种种不同情况来看，对“自发社”究竟是好还是不好应该进行具体分析。从某些方面看，“自发社”的大量出现固然说明农民群众中蕴藏着办社的积极性，而一些地方的领导人对这种积极性重视不够或者不敢积极领导；或者对发展农业合作社思想准备不足，组织准备不够，缺少办社的必要的知识和能力，缺少足够的指导办社的人员。同时也要看到，有些人的办社积极性未必就是真正的社会主义积极性，确有一些“自发社”是不具备条件、不可能办好的，个别的甚至具有破坏性。正因为如此，邓子恢1954年在《中国青年》杂志第七期上发表的一篇文章中提醒大家注意：有些地区的干部看到部分农民自发办社，便冲昏头脑，而缺乏仔细分析，没有看到这些自发社中存在着各种不同的情况。

对于各式各样的“自发社”，各级党委和中共中央农村工作部经过调查研究，并与农村干部和农民群众商量，采取了区别对待的办法：

（1）基本上具备办社条件，只因县、区领导机关顾不过来而没有批准的，在核实情况后予以批准。办得好的老社周围群众学着老社的样子自发办起来的社，条件基本具备而上级派不出专职干部指导的，由老社通过合作网等方式予以帮助。

（2）办社条件不完全具备，但大多数社员确实自愿，坚持办下去的，由领导机关先予批准，同时，给予具体帮助，限期补足条件；或者暂不批准，而实际上加以领导和帮助，到条件基本成熟的时候即予批准。

（3）对于少数或只是骨干分子坚持要办，多数人并不自愿而勉强办起来的，耐心说服这些少数人和骨干分子认真办好互助组，创造条件争取以后办社。

（4）一个村有几个“自发社”，每一个条件都不具备，但其中一部分人合起来办一个社则条件基本具备，就说服这些人合办一个社，说服其余的人办好互助组。

（5）对于并非自愿，而是对政策有误解或者在某些干部的压力下办的社，应对群众讲明自愿互利原则，并且全面地讲清党和政府对农业社、互助组、单干户的政策。群众对这些确实理解之后不愿意办社的，可以按照他们的意愿互助或单干。群众理解了这些以后仍然愿意办社而且具备一定条件的，就批准。

采取这些办法，在工作中都力求慎重细致，避免以轻率对轻率。无论结果如何，都力求不发生对立情绪，不发生新的纠纷，有利于团结，有利于发挥生产积极性。

对于由富农操纵，具有变相剥削性质的"黑社"，则应向群众说明利害得失，由群众另选领导人，加以改组；如不具备改组的条件，就解散它。

1955 年上半年各地对"自发社"采取这些办法进行了整顿，结果，其中相当大一部分被批准了；被批准的，当年大部分也增产了。也有一些并不具备条件而勉强维持下来的，在下半年全国农业合作社大发展的浪潮中仍然维持下去了，但遗留问题长期未能解决，内部时有纠纷，社员们的积极性受到挫伤。

（作者：原人民日报编委、农村部主任）

刘介梅今昔生活对比展览会的来龙去脉*

燕 凌

1957年夏季，当“反右派”斗争正在进行的时候，8月8日，中共中央发出《关于向全体农村人口进行一次大规模的社会主义教育的指示》，要求在农村中就农业生产合作社的优越性和粮食统购统销等问题进行社会主义和资本主义两条道路的“大辩论”，以便“有力地批判富裕中农的资本主义思想，反对一切不顾国家利益和集体利益的个人主义和本位主义”。

各地开展这样的“大辩论”的时候，先在各省、县召开三级干部会议，要各级干部先在会议上“鸣放”，然后对认为错误的言论进行批判。开了县里的三级干部（县、区、乡）会议以后，再到各个乡村召开村、社干部和村民、社员的辩论会。湖北省黄冈县当时有个名叫刘介梅的区干部，他在县里召开的三级干部会议上“鸣放”的时候说：“我的父亲六十四岁了，我这个儿子就不能行片孝心，让他晚年的日子好过些。要吃点儿，粮食只有那么多；要穿点儿，布票还要打折；买肉要肉票，买油要油票。要得农民拥护，最好取消统购统销。我们干部搞统购统销工作光挨骂。”“领导上一点不深入，不了解情况，光在上面喊合作化这优越那优越，我看一点也不优越，我家里入了社，父亲、老婆一年到头在社里劳动，还不如刚土改那两年生活好。”刘介梅家住黄冈县上巴河乡。新中国成立前，三代人当长工、讨饭。祖父母是在讨饭中饿死病死的。他自己讨饭12年，当长工十年半。新中国成立后，乡里反霸，几千人选举他当代表。他当上了乡农会主席，参加了共产党，土地改革时候，分到6亩3分上等田，全套农具、犍牛、家具，结了婚。土地改革以后，老想着过富裕中农的生活。中国共产党号召大力发展生产，他听着心里就高兴。他不想当乡干部，想回家种田，农闲和伯父合伙开榨坊，发家。可又不敢说出来，怕说是“退坡思想”。不久，他当上了区干部。1953年丰收了，他回家看见屋里一大囤子谷，就想用余粮放债，靠它发家。可是，统购统销来了。他的发财计划被打乱了，提起统购统销就头疼。1954年办了合作社，他家里没有强劳动力（只有老父和老婆在家），入了社减少了收入，他认为合作社没有优越性。1956年转了高级社，他发牢骚说：“算了，只当是没有土改，没有分田！”在做粮食统购工作的时候，他总是要给群众多留粮。

1957年夏天在县里三级干部会议上他说了些对统购统销和合作化不满的话，受到批评后，他仍然认为自己说的是实际情况，是真理。有人给他算生活改善的账，他说：不算账我也承认统购统销、合作化没有降低我的生活，我的生活是提高了；可是，如果没有统购统销和合作化，我的生活还会更好些。“大辩论”越来越激烈，他想了多天，吃不下饭，睡不着觉，人也瘦了。别人提醒他：

---

* 本文收入内部报告《共和国农业史料征集与研究报告》第2集，1999年。

在他们村里对统购统销和合作化表示不满的只有过去的一个伪保长、一个“二地主”（转租土地的）、两个富裕中农，再就是他。这样一说，他的思想才终于转过弯来，对比了新中国成立前后的生活，承认了错误。这时候，黄冈县委的同志提出，把刘介梅家里留下的新中国成立前的破破烂烂的东西和新中国成立后新添置的东西拿出来，在县里开个今昔对比展览会，借以教育大家，他同意了。在展览会上把这些东西摆在一处一比，特别显眼。他说：“真是忘了本!”大哭了一场。记者帮助整理出来了一篇口述的文章《我的思想上的革命》，1957 年 9 月 24 日在《湖北日报》上发表。文章最后说：“这一次党挽救了我，同志们都帮助了我，报纸上又把我的思想登出来，请大家讨论，我一定不会忘记党的大恩。我要好好地改造思想，不当社会主义的绊脚石。我还希望同志们继续帮助我，争取在社会主义革命中立功。”9 月 13 日，《人民日报》以一个整版的篇幅介绍了湖北黄冈的这个展览会，并且加以评论，说这是“一个进行社会主义教育的好方法”，是用实例进行“大辩论”。中共中央宣传部的同志知道了这件事情，也认为这是对群众进行“两条道路斗争”的教育的好材料，就提出把这个展览会搬到北京举办。于是，提高规格，增加内容，扩大规模，在北京故宫旁的北京劳动人民文化宫（清朝的“太庙”）开办“刘介梅今昔生活对比展览会”。10 月 13 日，毛泽东在最高国务会议上的讲话中说到：“现在是过社会主义的关，有些人就难过。比如，湖北省有那么一个雇农出身的党员，他家是三代要饭，解放后翻身了，发家了，当了区一级干部。这回他非常不满意社会主义，非常不赞成合作化，要搞‘自由’，反对统购统销。现在开了他的展览会，进行阶级教育，他痛哭流涕，表示愿意改正错误。为什么社会主义这个关难过呢？因为这一关是要破资本主义所有制，要破个体所有制，使它变为社会主义集体所有制。”① 12 月 7 日，《人民日报》又为在北京劳动人民文化宫举办的这个展览会发表了社论：《从一个展览会看农村两条道路的斗争》。

1958 年，电影制片厂用这个题材拍了电影《刘介梅》，直到“公社化”以后，以至“四清”运动中，这部影片年年在各地农村放映。在这期间，刘介梅多年在区里当兽医站站长，小心翼翼、勤勤恳恳地工作着。可是，他家里的日子，同广大公社社员一样，长期仍然未能摆脱贫穷状态，至少是未能富裕起来。

1982 年，刘介梅从兽医站站长职位上退休以后，相信中共十一届三中全会确定的富民政策不会再发生不利于农民的改变，就在家乡黄冈上巴河镇开了一个小商店，从事小本经营。不久，他家里就脱贫致富了，当地群众也从他的商店得到了便利。离上巴河镇不远有个大屋村，是个穷村。大屋村一位干部朱大南听说刘介梅致富有办法，就去向他求教。刘介梅答应当“顾问”，就到大屋村去，先帮助曹柏生（电影《刘介梅》里的人物曹圭七的儿子）。他借给曹柏生 200 元现金，帮他挑选买回 300 多只莱杭鸡。一年下来，仅养鸡一项曹柏生就得纯收入 1 000 多元。80 年代，在刘介梅指导下，大屋村 490 个农户都开始走上了靠勤恳劳动、精心经营致富的道路。

（作者：原人民日报编委、农村部主任）

① 《毛泽东选集》第五卷，人民出版社 1977 年 4 月第 1 版，第 481～482 页。

中共七届六中全会扩大会议作出《关于农业合作化问题的决议》*

石　英

一、全会的准备

1955年8月26日，毛泽东把修改补充的《关于农业合作化问题》的报告发给全党直至农村支部以后，于27日又为中共中央写了一个通知，提出国庆节前后，中央可能在北京召开各省、自治区、直辖市党委书记参加的中央会议，讨论农业合作化问题和其他问题，请各省、自治区、直辖市党委书记预做准备，并请通知各地委书记做准备。准备事项，主要是深入了解当地农业合作化运动的实际情况和制定一个切实可行的关于合作化的全面规划。要求此项准备于9月25日以前完成。

9月7日，毛泽东又为中央起草一个新的通知，决定把原定召开的中央会议改为召开七届六中全会的扩大会议，讨论和通过中共中央《关于农业合作化的决议》和《关于召开党的第八次全国代表大会和选举工作的决议》，交给中央政治局讨论后正式发出。规定参加会议的共300人，一切出席的中央委员、候补委员和列席的上海局、各省、自治区、直辖市党委和各区党委、各地委书记或副书记，各省、自治区党委的农村工作部部长均须9月27日到京，以便事先交换意见和阅读文件。上海局、各省委、自治区党委和各区委、地委书记的发言请立即开始准备，均须写成发言稿，并规定字数，合作化经验丰富的省份及大省可以有5 000字左右，小省3 000字左右，各大市委、区党委、地委书记的发言稿3 000字左右，经验丰富的4 000字左右，经验不足的1 000～2 000千字。发言内容主要为合作化。特别强调“发言内容尽可能有较深刻的思想性，而以具体经验和计划数字充实和证明之。”由于会期只有5天，不可能每人都宣读发言稿，但每人都必须写好发言稿，“看其内容如何，准备略加修改，成为文章形式，在报纸上发表，借以交流经验，推动合作化运动”。

八九月间，毛泽东亲自抓会议的准备工作。8月26日，毛泽东批示邓小平、杨尚昆：“请用电话通知中央农村工作部：在目前几个月内，各省、市、区党委关于农业合作化问题的电报，由中央直接拟电答复；并告批发此类来电的同志，不要批上‘请农村工作部办’字样。”从8月13日到开会前，毛泽东相继为中央转发湖北、辽宁、广东、热河、青海、安徽、江苏、福建、浙江、甘肃、河北等省委关于合作化问题的报告写了批语，还对中共中央农村工作部检讨报告以及其他有关文件写了批语。

---

* 本文收入内部报告《共和国农业史料征集与研究报告》第2集，1999年。

8 月 13 日，对湖北省委报告的批语中说："关于为什么'有些干部在社会主义改造的进程中，不是比土地改革时期的劲头更大，热情更高，而是滋长一种极其危险的消极和怕困难的情绪'的问题，应当加以分析，给予明确的回答。"

8 月 16 日，对辽宁省委报告的批语中指出："关于社会主义工业化和农业社会主义改造的相互关系问题，必须强调二者的紧密联系，而不可强调前者，减弱后者。因为如果不使农业社会主义改造的速度和社会主义工业化的速度相适应，则社会主义工业化不可能孤立地完成，势必遇到极大的困难。而目前党内正有许多人还不了解这一点。"

8 月 26 日，毛泽东对中央转发广东省委的报告批语是："中央认为这个报告所述的方针、政策和具体措施是正确的。"

8 月 27 日，毛泽东对中央转发热河、青海省委的报告批语是："中央认为这两个报告是正确的。两个报告都提出了各该省基本上完成合作化的全面规划，热河省委还对全部农村工作做了安排，这些都是好的。"

8 月 31 日，毛泽东对中央转发安徽省委报告的批语，第一次提出批判"右倾机会主义"，在此以前只提出批判"右倾思想"、"右倾错误"。他说："安徽省委尖锐地批判了在合作化问题上的右倾机会主义思想，这种批判是完全必要的。"安徽这个报告还对 10 个具体政策问题提出了意见。批语说："可以按照这些意见去做，在做的中间再考验这些意见的正确性，如有某些需要修改的地方，那时可以进行修改。中央认为这 10 条意见应当提到全国各省市各自治区，在适当的会议上，加以讨论，征求意见，并于今年国庆节以前报告中央。"并要杨尚昆用电报速发给周恩来、陈伯达阅后，即送刘少奇、朱德、陈云、彭真、邓小平、邓子恢阅，另抄送京各中委、各副秘书长、农村工作部、农业部党组。安徽省委报告中央提出的 10 个具体问题是：（1）耕畜和农具的处理问题，提出折价归社、私有租用、分批折价 3 种办法，供群众选择。（2）土地和劳动力的分配也提出定产以内按比例分配，超产归劳、定租制和按实产量比例分成 3 种办法供各社选择。（3）社员投资问题，采取第一年按土地股凑合，第二年由民主商定在总收入中扣留。（4）社员自留地只限于社员自己食用的菜园地，小果园和长成的树木等在办社初期不入社。（5）副业，有一定规模的完全由社内统一规划办理，业余性质的小型副业在不影响整体条件下允许社员自搞。（6）个体农民和互助组在自己土地上兴修小型水利和改变水利条件的，入社后提高其土地等级，增加其土地报酬。（7）肥料，根据社内全年的需要按亩所定产量分摊到户，并根据肥料多少、好坏给以工分。（8）对鳏寡孤独等缺乏劳动力的农民，在合作社力所能及的条件下吸收一定户数参加。（9）小手工业，属于专业性质的加入手工业社；兼业性质的入社后仍允许从事手工业工作，其收入全部交社者，按技术工计算劳动工分，工具由社内统一修理。其收入不愿交社者，则社内不给计工分，工具亦由其自备。（10）在群众觉悟高、合作社大发展的形势下，不必要强调办常年互助组。

9 月 1 日，毛泽东为同意拨付农业合作社干部训练费和农业贷款的电报写的批语，指出广东提出的要求是合理的。照此计算，全国每年须付干部训练费约 5 000 万元，在几年内每年须付贷款 5 亿元左右，是值得的。

同一天，毛泽东对通报江苏省粮食"三定"工作经验写的批语是："迅速交流经验，及时指导运动，随时发扬成绩，纠正错误，最为要紧。"

9月3日，毛泽东相继对黑龙江省委和山西省委的报告批语是："中央认为两个省委的方针是正确的"。

9月4日，毛泽东又对中央转发的河南省委和福建省委关于农业合作化的问题的报告写批语，认为两个省委的方针是正确的。9月7日，还就福建省委报告提出的关于农业社会主义高潮就要到来和关于阶级政策两个问题，给上海局、各省市委、自治区党委作了如下批示：关于"依靠贫农（包括全部原为贫农的新中农在内）巩固地团结中农"这个口号，在目前依然是正确的，但是因为（1）新中农中间出现了富裕中农（即上中农），这些人暂还不愿意加入合作社；（2）老中农中间的下中农，由于他们的经济地位原来就不富裕，有些则因为在土地改革的时候不正当地受了一些侵犯，这些人在经济地位上和新中农中间的下中农大体相似，他们对于加入合作社一般也感兴趣。因为以上两个原因，故在一切合作社还没有达到高潮，富裕中农还缺乏觉悟的地方，以首先吸收（1）贫农；（2）新中农中间的下中农；（3）老中农中间的下中农，这样三部分人加入合作社为适宜。对于凡在目前不愿入社的富裕中农，即新老中农中间的上中农，则不要勉强拉入。还指出，这不是放弃"依靠贫农巩固地联合中农"这个口号，而是使这个口号按照新的情况加以具体化。即是说，贫农和两部分下中农，相当于老贫农，作为依靠对象。而两部分上中农，则相当于老中农，作为巩固地团结的对象，而目前团结他们的办法之一，就是不要强迫他们入社，侵犯他们的利益。此外，"关于在农村依靠什么人的问题，还要明了几点。我们首先应当依靠党团员"；"第二应当依靠非党群众中比较更积极一些的分子"，"我们应当努力训练这样一批人，我们也不应当把他们混同于一般群众"；"第三才是依靠一般贫农和两部分下中农的广大群众"。"这个依靠什么人和如何依靠法的问题不弄清楚，合作化运动就会犯错误"。

9月8日，毛泽东对浙江省委报告的批语中说："中央认为浙江省委的方针是正确的。浙江省委对于今春'坚决收缩'的错误方针所做的批评也是正确的。因为这个错误方针是由中央农村工作部向浙江省委建议的，因此应由中央农村工作部负主要责任。中央农村工作部的同志现在也已经认识了自己的这个错误，并且已经做了自我批评。"同一天还电告浙江省委指出：报告中"'唯心主义'应改为'主观主义'"，"'深入地批判与克服代表富裕农民的思想'一句，应改为'深入地批判与克服代表资产阶级的思想以及代表富裕中农的资本主义自发倾向的思想'"。

9月9日，毛泽东批转云南省委的报告，认为报告中关于进行规划时采用自上而下分配指标与自下而上讨论相结合，执行社划给县委10%增减机动权以及实事求是地灵活实现党的政策，克服千篇一律强迫群众照办的不良作风等项规定，各地均可仿行。

9月10日，毛泽东批转河北省委的报告中说："这个报告特别值得注意的，是除合作化规划之外，作了全省的农业增产规划，请你们着重地加以研究。"还要求全国各省市自治区党委"一律仿照河北办法"对自己地区的农业增产问题做出全面规划，报告中央"是为至要"。

9月26日，对中共中央农村工作部检讨"对于广大农民的社会主义积极性估计不足"，"当时左右我们思想的正是占人口20%～30%的富裕中农的动摇和抵触情绪"。毛泽东加批，认为"这就说对了"。检讨中讲到不去爱护群众任何细小的革命积极性时，毛泽东加批："为什么老是喜欢去挫折社会主义因素，而老是不喜欢去挫折资本主义因素？你们没有回答这个问题。回答应是：你们脑子里藏着相当严重的资本主义思想，所以你们觉得社会主义因素没有什么可爱的，忍心地去挫折它”。在检讨中提到“对中央意见不够尊重”，“不善于抓住任何一种微小的分歧意见”“组织讨论”等问题时，毛泽东加批：“这样讲不真实。实际上你们有一条路线，有一个方针，而这是和中央的路线和方针相抵触的，所以在长时间内中央总是不能说服你们，即使经过严重的批评还是说不通，还是坚持你们自己的东西。直到 8 月 1 号的会议才开始认真地转变过来，是否彻底也还是问题，……中央同志对你们的严重的批评，书记处和政治局对你们的提议的否决，都不愿意接受，何况你们部内一些同志的意见，他们对你们有什么办法呢？你们会理睬这些小人物吗？这是全国农村中大量的普遍的积极因素不能影响你们，你们只愿意接受具有资本主义自发倾向的富裕中农的影响这一点直接地联系着的。”

二、会议的召开

10 月 4 日至 11 日，在北京正式召开了中共七届六中全会的扩大会议，出席会议的中央委员和候补中央委员 63 人，列席的上海局书记、各省、市、自治区党委书记和地委书记以及中共中央各部委和中央国家机关各部党组的负责人等 388 人。

在全体会议上，有 80 人发言，有 167 人交了书面发言，一致表示拥护毛泽东 7 月 31 日所作的《关于农业合作化问题》报告。会议公报说：“整个讨论充满了对于农业合作化事业的信心以及对工作中的缺点的批评和自我批评的精神。”“发言者还从工业、交通运输业、手工业、财政、金融、贸易、文化、教育、科学、卫生、军事、政治、法律等方面，从党组织的政治工作和组织工作等方面，以及从青年团、工会、妇女联合会等群众团体的工作方面，应该如何来迎接和配合农业合作化运动的新高潮，进行了具体的讨论。”

会议上的发言，反映了一些实际情况，发表了一些好的见解，提出了一些建设性的意见，但也普遍存在偏离实事求是的倾向，对所谓“右倾机会主义者”进行了不断升级的猛烈轰击，竞相提出高速发展农业合作社的新计划。这就一方面形成一种政治压力，使党内生活出现不正常的现象，有些同志不敢讲真话；另一方面毛泽东对农村形势的某些观点和农村阶级关系、力量对比的新的分析，以及对农村合作化的基本指导方针、农业机械化和农业合作化关系等的某些论断，确实征服和打动了每个同志。

邓子恢就是在这种矛盾的心情下作了自我批评，他着重对群众的积极性、思想方法和组织观念等方面作了诚恳的检查。他说：“五月初主席初步发现我的错误，即提出警告，要我不要重犯一九五三年的错误再来一次检讨，当时我对这个警告体会不深，致未引起警惕。这年六月间中央政治局否定了我们代中央起草的关于合作化运动的指示，我也未完全想通，我总以为我与中央意见只是发展速度的快慢不同而已，而未认识到这是方针路线的不同。直至 8 月 1 日看了主席《关于农业合作化问题》的指示，才开始转变过来……”

但是，会议的各小组会上有些人认为邓子恢的检讨“不彻底”。毛泽东代表中共中央政治局所作的总结中却说：“中央农村工作部，首先是邓子恢同志犯了错误。他这一次所犯的错误，性质属于右倾错误，属于经验主义性质的错误。邓子恢同志作了自我批评，虽然各小组会上有些同志觉得他讲得还不彻底，但是我们政治局的同志，还有一些同志谈了一下，觉得基本上是好的。在现在这个时候，他有了这样的认识，已经是好的了。邓子恢同志在过去长期革命斗争中做过许多工作，有成绩，应当承认。但不要以成绩当包袱。这一点他自己说了，说是有点摆老资格。人要虚心一点。只要虚心，愿意接受同志们的帮助，我们相信他的错误是能够改正的。”

对农村形势的认识，刘少奇的发言有代表性。他说：春夏之交，“当这些‘糟得很’的叫喊从全国各地来到我们耳朵里的时候，我首先判断关于粮食问题的叫喊是不真实的，或者绝大部分是不真实的。而关于合作社的叫喊，最初我也有些怀疑，但是，不久，毛主席发现这种叫喊也是不真实的，并且驳斥了这种叫喊，以至指责中央农村工作部‘发谣风’”。

邓小平的发言稿，毛泽东事先看了以后，作了一点修改，请他斟酌。在邓小平发言提到共产党员中确有一些同资产阶级共呼吸的人，毛泽东加批：“他们是对资产阶级思想的投降主义者”，还加写了一段：“一切在这个问题上犯右倾错误的同志，因为他们同党外的资产阶级思想有某些共同点，他们在资产阶级分子向党进攻的时候，就会丧失警觉，解除武装，不能理直气壮地驳斥资产阶级分子的谬论。例如在一九五三年，党内党外都有人叫喊所谓‘农民苦’，而在一九五五年，党内党外又都有人叫喊所谓‘农民生产情绪低落’，我们怎样能够希望这样的同志去理直气壮地驳斥党外的那些谬论呢?”

彭真的发言稿，毛泽东看了以后批示：“此件很好。作了一点修改，请酌定。”毛泽东修改中，补充了一段：“所谓‘四大自由’，即土地租种自由，雇工自由，贸易自由，借贷自由，这是一种明显的资产阶级的纲领，这是一条明显的富农路线，这是同我们党的限制资产阶级和限制富农的路线完全不相同的。它们不是限制资产阶级和富农剥削自由，而是用法令允许资产阶级和富农可以进行无限制的剥削，并加以提倡。”在提到“农业合作化运动，是一个最后彻底消灭农村中生产资料的私有制，消灭富农阶级的斗争，是五万万农民群众的一个翻天覆地的社会改革运动”之后，毛泽东加了“是使城市资产阶级彻底地孤立起来，造成一种使他们非接受社会主义改造不可的形势，因而可以彻底地消灭一切城市资本主义痕迹的社会主义革命的运动”。

促使毛泽东和中共中央作出错误的判断和决定的另一个原因是粮食的压力。5亿人民的吃饭问题一直是摆在共产党和人民政府面前的头等重要问题。当时一致认为苏联是通过集体化解决粮食问题的，也把解决中国的粮食问题寄托在合作化上。陈云发言谈到合作化同解决粮食问题的关系时说：“就目前的需要与可能来说，增加农业产量的主要办法，无疑是实现农业生产的合作化。只要把分散的小农经营组成几十户或者更多户的联合经营，就能使个体农民难于单独进行的多种增产措施得以实现。如果农业生产合作社在建设的头一两年内，没有拖拉机，仍旧使用畜力和现有的农具，一般可以增产百分之二十的话，那么单单这一项，在全国组成了农业生产合作社以后就可以增产粮六七百亿斤。在目前，这是一种投资最少、收效最大、收效最快的农业增产办法。也只有把小农的经营组成为农业生产合作社，才能有可能在具备条件以后，使我国农业由使用畜力农具的小规模的经营跃进到使用机器的大规模的经营。”实际的经济生活远不是这样简单，即便实现农业合作化和机械化，而没有正确的经济政策，没有社会主义市场经济的大环境，仍然不能解决粮食问题。后来的情况证明苏联的农业集体化、机械化以后，所谓粮食问题解决了是虚假的。

三、会议的总结

10月11日，毛泽东以《农业合作化的一场辩论和当前的阶级斗争》为题对中共七届六中全会

（扩大）作了总结。他分“农业合作化和资本主义工商业改造的关系”、“在合作化问题上争论的总结”、“关于全面规划、加强领导的问题”、“关于思想斗争”、“若干其他问题”等5个题目讲了一些意见。

第一个题目，毛泽东提出“对农业实行社会主义改造的目的，是要在农村这个最广阔的土地上根绝资本主义的来源。”接着，毛泽东提出“我们现在有两个联盟：一个是同农民的联盟，一个是同民族资产阶级的联盟。这两个联盟对我们都很必要”。“这两个联盟，同农民的联盟是主要的，基本的，第一位的；同资产阶级的联盟是暂时的，第二位的。”最后指出农业合作化是我们在社会主义基础上巩固工农联盟的一种方式。“这就会使资产阶级最后地孤立起来，便于最后地消灭资本主义。”马克思主义“就是要使帝国主义绝种，封建主义绝种，资本主义绝种，小生产也绝种。”“我们的目的就是要使资本主义绝种，要使它在地球上绝种，变成历史的东西。凡是历史上发生的东西，总是要消灭的。”

第二个题目，毛泽东对这次会议的讨论和收获一连讲了13个问题。他认为：是大发展好还是小发展好“争论很大，现在解决了”，“群众要求大发展”。晚解放区、山区、落后乡、灾区能不能发展问题，“现在解决了，都能发展”。少数民族地区能不能办社的问题，“现在证明，凡是条件成熟了的地方，都可以办合作社”。没有资金，没有大车，没有牛，没有富裕中农参加，能不能办合作社，“现在证明也是可以办的”。“‘办社容易巩固难’，这一条迷信也破除了”。“没有农业机器能不能办社问题”“这一条迷信也是能够完全破除的”。办得坏的社是不是都要解散的问题，“一般的所谓坏社，是不应当解散的，经过整顿是可以变好的”。“所谓‘如不赶快下马，就要破坏工农联盟’，这是中央农村工作部传下去的一个‘道理’”，“我们的争论就是一个字，你要下马，我要上马”。“所谓‘农村紧张根本由于合作社办得太多了’，这么讲是错误的。”“还有一种什么‘合作社只有三年优越性’的说法，这是悲观主义。”“应不应当在最近一个时期办一些高级社?”他认为“应当办一批高级社。至于办多少，你们去研究。”最后，他说：“所谓‘木帆船，兽力车不能办合作社’，这也是不对”，“也应当组织合作社”。

第三个题目，毛泽东提出全面规划包括合作社、农业生产、全部经济的规划，村、乡、县、省都要有规划。合作化规划要分别不同地区规定发展速度。多数地区要有3个浪潮，3个冬春。1958年基本上完成半社会主义合作化。所谓基本上完成，就是70%～80%的农村人口入半社会主义的合作社。并且提出，“太急太慢都是机会主义。机会主义有两种，一种是慢机会主义，一种是急机会主义。这样讲老百姓比较容易懂”。他还提出：“情况不对，立即煞车。”“必须注意防‘左’。防‘左’是马克思主义，不是机会主义。马克思主义并没有说要‘左’倾，‘左’倾机会主义不是马克思主义。”但是，实际上当时已经存在“左”，也没有人敢去反“左”。毛泽东还提出“要比质量，比规格”，“重点是比质量”，质量的标准“就是增加生产和不死牲口”。

第四个题目，毛泽东提出：“思想斗争要中肯”，“要思想交锋”，“关于犯错误的同志，我想只有两条：一条，他本人愿意继续革命；再一条，别人也要准许他继续革命”。但是，他的前提是肯定邓子恢犯了右倾错误，说：“过去邓子恢同志有过依靠商人（就是依靠资产阶级）和‘四大自由’这个纲领性的提法，那是错误的，确实是资产阶级性质的纲领，资本主义性质的纲领，不是无产阶级的纲领，是违背七届二中全会限制资产阶级的决定的。”并且还批评“有些同志对于党的决议或者长期提倡的一些政策，一些纲领，根本不理，自己另搞一套。”“还有些同志是很喜欢分散主义，闹独立性，甚至闹独立王国，觉得独裁很有味道。”“有许多同志老是钻到公事堆里头，不研究问题”。

第五个题目，一连讲了16个问题，有改换富裕中农在合作社中领导地位要讲究步骤和方法；下中农和上中农是两个不同的阶层，不是重划阶级；地主、富农入社问题；办高级社的条件和办多少，大家研究，按照实际去办；合作社发展一批之后必须要整顿，然后再发展；勤俭办社；这次没有人研究国营农场是个缺点；继续反对大汉族主义；合作化中间要把文盲扫掉；“事物在时间中运动，到那个时候该办了，就要办，你不准办，就叫右倾；还没有到时候，你要勉强办，就叫‘左’倾；专喜欢数量，不爱好质量，就一定会出现严重的‘左’倾错误，在适当的时机压缩一下人们的脑筋，使这个脑筋不过于膨胀，是必要的；允许县一级有10%的机动权；想翻案的人不少，但大势所趋，这个案是翻不了的；趋势是大约在3个五年计划时期内基本完成社会主义改造，10个到15个五年计划建成强大的社会主义国家；决议由政治局加以修改公布，章程还要慢一点，要跟民主人士商量，采取立法手续；最后讲写文章问题，提出写文章要讲逻辑、文法、修辞，这3点要求大家注意。

毛泽东讲了许多好的意见，但主题是反右倾，其余都是副题，因此大多不能或很难实现。

四、会议的决议

10月11日，会议原则上通过了根据毛泽东《关于农业合作化问题》报告作出的《关于农业合作化问题的决议》，会后中共中央政治局作了一些修改，于10月18日公开发表。这个决议同毛泽东《关于农业合作化问题》报告指导思想是一致的，决议肯定了中共中央政治局对于右倾机会主义所进行的批判是完全正确和必要的，因为只有彻底批判了这种右倾机会主义，才能促进党的农村工作的根本转变，改变领导落后于群众运动后头的局面。这个转变是保证农业合作化运动继续前进和取得完全胜利的最重要条件。

决议同毛泽东的报告在表述上有所不同。决议是以中央决议的形式表述的，不是以个人讲话、报告的口气写的。决议分12部分，大约9 000字，比报告增加了许多具体内容。除第一部分讲高潮即将到来的形势；第二部分讲大胆领导，批右倾机会主义以外，其他各部分的内容都归纳了若干条具体规定。如第三部分的合作化步骤分5条写的；第四部分发展和巩固分6条写的；第五部分具体政策分3条，每条又分若干项写的。第六部分讲股份基金和公积金，这次规定退社可带股份基金，但不能带走公积金和公益金。第七部分保证生产力增长措施讲了5大条16小条。第八部分国家财政、经济各部门援助农业合作化运动具体化为4条，有银行应逐步增加合作社的基建投资的贷款、降低利率、延长偿还期；有计划地建立农业技术推广站；合理降低农具价格、适当降低农药和农药器械价格，提高产品质量，尽快完成第一拖拉机厂的建设和第二、第三拖拉机厂的筹建，增产化肥和水利机械设备；大量训练会计人才、配备足够的会计辅导员，等等。第九、十、十一、十二部分，分别对地主、富农和反革命分子政策；各类不同地区、不同条件下合作化发展速度；乡村合作化规划；加强领导等问题作出若干条具体规定。

根据毛泽东的报告所作的中共中央七届六中全会扩大会议决议，仍然规定3个5年计划基本完成半社会主义合作化和一系列具体政策、方法步骤，但由于把邓子恢和中共中央农村工作部的“错误”性质定为“右倾机会主义”，猛烈批判“右倾机会主义”所形成的政治压力，使上述方针、计划都未能实现，对实际出现的盲目发展，领导不但没有加以纠正，反而兴高采烈地加以赞扬。这样，加速合作化的群众运动，像海啸一般席卷整个中国大地，几个月的功夫，合作化就骤然完成了，而且许多农民“一步登天”实行高级合作化，全国参加高级农业合作社的农户占全国农户总数的87.8%。原来预计18年完成的农业合作化，仅仅用了7年时间，提前11年就完成了。

（作者：农业部乡镇企业学院教授）

1956—1957 年合作化高潮后的农民退社风潮*

叶扬兵

1956 年 5 月中国农业合作化高潮之后，一些地方先后出现社员要求退社（当时称为“闹退社”）和退社的现象，并两度形成大规模的退社风潮。对此，一些论著已有所论述。① 但笔者认为，至少在 3 个方面还有待深入探讨：一是退社风潮的具体情况到底怎样，也就是说，究竟有多少社员要求退社和已经退社？现有研究成果只零星地披露广东省、河南临汝等地、浙江仙居、江苏泰县的一些情况，仅凭一鳞半爪很难反映出退社风潮的概貌。二是农民为什么要求退社？学者们虽有所论述，但仍不够全面。三是当时如何处理退社风潮的，特别是是否执行了允许退社政策？现有史学论著缺乏深入的探讨，倒是一些经济学者有所涉及并展开热烈讨论。林毅夫认为，农民的退社自由在 1956—1957 年仍然实际存在，到 1958 年秋天才被剥夺。邝启圣则认为，在 1956—1957 年农民退社自由的权利是表面的而不是真实的。② 本文拟利用 20 世纪 80 年代后期以来披露的档案资料以及笔者在江苏、广东、河北、浙江、山西、河南等省档案馆查阅的档案，对上述 3 个方面问题进行一些探讨。

一

早在 1956 年初，一些地方即有个别或少数社员零星地要求退社，如河北省易县小南头乡崔老俊、满城张口村 16 户中农因入社财产“处理不当”而要求退社。到夏收前后，江苏泰县、浙江仙居等不少地方出现部分社员要求退社的现象，广东省的一些地区出现规模较大的退社风潮。比如四五月份，湛江地区 7 个县中的 1 213 个社发生了闹退社和退社现象，有 3 257 户社员退出。五六月份，佛山地区的中山、南海、顺德三县部分社员不断到省城广州要求批准退社。到了秋收前后，全

---

* 本文收入内部报告《共和国农业史料征集与研究报告》第 13 集，2006 年。

① 叶习文：《在农业合作化高潮中的“拉牛退社”》，《农业经济丛刊》1987 年第 3 期；王春益等：《泰县农民闹社风潮考察》，《党史研究资料》1987 年第 11 期；刘贵福：《高级社化后的“退社风波”及农村政策调整》，《辽宁师范大学学报》2002 年第 1 期；陆文强等：《农村合作制的演变》，农村读物出版社 1988 年版；陈吉元主编《中国农村社会经济变迁（1949—1989）》，山西经济出版社 1993 年版；林蕴晖等：《人民公社狂想曲》，河南人民出版社 1995 年版；高化民：《农业合作化运动始末》，中国青年出版社 1999 年版；杜润生主编《当代中国的农业合作制》，当代中国出版社 2003 年版。

② 林毅夫提出了农民退社权被剥夺是引起 1959 年农业生产崩溃和 1959—1961 年 3 年农业大危机的主要原因的著名假说，产生很大影响，并引发激烈争论。相关内容参见林毅夫：《制度、技术与中国农业发展》，上海三联书店 1992 年版；《再论制度、技术与中国农业发展》，北京大学出版社 2000 年版。

国相当一部分地区中出现了大规模的退社风潮。经过整社工作后，当年底，退社风潮逐渐缓和下来。不少退社户重新回到合作社，如浙江有179万户回社。

据1956年12月6日中央农村工作部对辽宁、安徽、浙江、江西、四川、陕西、河南、河北8个省的统计，“退社户，一般占社员户数的百分之一，多的达百分之五；思想动荡想退社的户，所占比例更大一点”。至1956年底，浙江全省共退出23万户。[①] 其中以宁波地区最为突出，“已退社的约占社员户数的百分之五，想退社的占百分之二十左右”。到1956年秋冬，广东全省闹退社的为15.9万户，占入社农户的2.26%，其中，退社的8.1万户，约占入社农户的1.16%。

1957年春节后，一些地区闹退社和退社现象又逐步蔓延和发展起来。在2月底—3月初，河北霸县5区要求退社的社员由原来的331户增加到550户。江苏大丰县1956年秋天自种麦子的只有63户，到1957年春天自种棉花和玉米的达到723户。在3—5月份，由于农村处于青黄不接的季节，许多地方农民吃粮困难，加上当时开始强调正确处理人民内部矛盾，政治环境比较宽松，因此，又在全国大部分地区形成了一次更大规模的退社风潮。经过整社后，闹退社和退社现象渐渐降温，直到1957年秋冬开展社会主义教育运动后，退社风潮才逐渐平息下来。

仅1957年夏，湖南省望城、湘潭等11县就发生闹退社事件12 000起。据不完全统计，到1957年夏，浙江省共退出社员20万户，占入社农户的4.3%，有1 400个合作社垮台。宁波、温州、金华、舟山、嘉兴、建德、杭县、萧山等地区的退社户分别占该地区入社农户的11.81%、5.52%、1.85%、1.69%、0.25%、0.54%、2.27%、1.08%。宁波地区最为严重，有512个合作社垮台，其中以仙居、天台、三门、临海、宁海5个县垮社最多，共退出11万余户，占宁波全区退社户的87.5%。仙居入社农户由91%降到18.7%，130个社垮台。天台入社农户由90%降到48.5%。[②] 截止到1957年5月，广东省闹退社的仍为15.9万户，但退出户发展到13万多户，占入社户数的1.78%，垮掉了313个合作社，该省的退社风潮遍及各个地区，比较严重的是湛江地区、惠阳地区和佛山地区的中山、顺德、珠海等县，其中以惠阳地区最为严重，该地区闹退社的达10万户以上，占该地区入社总农户的7.7%。在1957年春夏之际，江苏省发生一乡、一社闹退社的较为普遍，比较突出的有江阴、江宁、崇明、东海等县，发生全区性闹退社的有吴江县的震泽区、南通县的兴仁区、睢宁县的王集区、沭阳县的庙头区，发生全县性闹退社的则有泰县和江都两县。其中，泰县的退社风潮规模最大，有近1万户自动退社。在1957年上半年中，福建省“垮掉了高级社五十四个，初级社三百一十八个，连同零星退社的五万七千多户，占入社总户数2.2%”。另外，吉林省有1.45万多户退社（占总农户数0.85%），河北省有4万户左右闹退社（约有2 000余户退社），甘肃省约有1万多户闹退社（有1 000多户退社），均大都发生在1957年春夏之际。

在退社风潮中，闹退社是最普遍的现象，一般有4种形式：一是向社队干部口头申请退社，向上级部门告状请愿，要求批准退社。由于有些社、乡干部怕“一枝动而百枝摇”，担心批准一人退社将带动一批人退社，因而往往不批准社员退社，于是社员就向乡、区、县、专署、省乃至中央告

① 笔者在浙江省档案馆看到浙江省农村政策研究室编写的有关浙江省农业合作化的资料。1956年，浙江全省有退社户23万，年底有17.9万户回社；1957年，浙江全省有26万户退社，年底回社户和新入社单干户共35万户。

② 浙江省委农村工作部向中央农村工作部的报告，原件残缺，无标题，未注明时间，从内容推断在七八月份，浙江省档案馆馆藏浙江省委农村工作部档案（J007-9-121）。

状请愿。二是消极抵抗，不参加集体劳动。江苏无锡县天一乡光明社的2户要求退社的社员，1957年春几个月没有干过集体农活。三是未获得批准而自行退社单干。有的从合作社拉回耕牛和搬回农具，有的自动在入社的土地上进行耕种，有的自行收割入社土地上的庄稼。四是形成大规模闹事。1956年10月，广东省中山县永宁区因退社问题发生了抬菩萨游行、殴打干部的“永宁、曹埗”事件。同年秋，在河南临汝县闹退社活动中，打了14名干部，抢分粮食2万多斤，抢分公粮6 191斤。1957年春，浙江仙居、江苏泰县均由退社风潮演变成大规模的闹事。仙居参加闹事的群众有2.18万人，持续2个月，干部被打107人，社干部被抄家430户。泰县参加闹事的群众有29 057户，约六七万人，绑打社、区、乡、县干部225人，抄了21户乡干部、279户社、队干部的家，共抄粮食25 317斤。

与闹退社不同，退社是社员实际上已退出合作社。比较正常的情况是社员申请，经过批准后退出。如1956年7月，广东湛江地区电白县郁头鹅乡有313户社员要求退社，经过工作后，149户不再要求退出，而164户则经过批准后退社了。另外，有的合作社在闹退社后垮台，社员就自然退出，这在浙江、广东、福建等地曾大量发生。

一般来说，各地闹退社和退社的主要有3种人：一是部分富裕中农，二是缺乏劳动力的困难户，三是入社前的非农户和兼业农户。此外，在生产搞不好的合作社中，不少贫农、下中农由于减产减收，也有要求退社的。在上述几种人中，富裕中农态度最为坚决，所占比例最大，他们“往往是闹退社的倡议者和带动者”。1956年冬，据浙江省宁波地区调查，在退社户中，富裕中农占50%。据安徽省的典型调查，在退社户中，富裕中农占74%。

二

为什么农业合作化高潮之后会发生退社风潮呢？主要有以下几方面的原因：

1. 部分社员收入减少

1956年，相当一部分合作社增产增收不多，或没有增产增收，甚至减产减收。造成这种情况的原因，除了不少地方发生严重自然灾害外，还有这样几个因素：一是没有及时建立生产责任制或者建立得很差。许多合作社生产秩序混乱，经常发生抢工和窝工现象，耕作质量很差，甚至有不少土地抛荒，耕畜喂养不好，农具损坏和丢失严重。这样，生产自然搞不好，必然要减产减收。二是生产经营方针出现单一化的偏差。在国家计划的直接控制下，许多合作社重视了粮食和棉花的生产，忽视了多种经营，导致合作社收入受到影响。如广东省永宁县九州基社1956年水稻虽然增产1倍多，但是经济作物大幅减产，使全社总收入由1955年的50万元下降到41万元，纯收入由30万元下降到23.8万元。三是盲目推行生产改制和技术改革。1956年浙江仙居县“盲目地在二十万亩水稻田中，将十五万亩从两熟改三熟”，结果改了7.5万亩，除1.5万亩增产外，其他全部减产，并荒地1.5万亩，致使全县全年减产22%。

在相当一部分合作社增产增收不多，或没有增产增收，甚至减产减收的情况下，1956年秋收分配时，许多社员收入减少，“各地一般都有百分之十到百分之二十的社员减少了收入”。一些地方社员收入下降幅度很大，收入极低。如江苏省泰县农民1956年人均收入只有36元，比1955年下降了 17%。浙江仙居县合作社的每个劳动日平均为 0.33 元，最高的只有 0.74 元，最低竟只有 0.09 元。

在收入减少的社员中，有两种人收入减少很多：一种是富裕中农，特别是劳动力少的富裕中农。他们入社前土地较多且好，耕牛、农具齐全，副业发达，收入较多，入社后由于社的生产水平还没有赶上他们过去的水平，加上劳力不多，因而收入减少很大。另一种是原先的非农户和兼业农户。入社前，他们从事或兼营商业、手工业，收入一般较多。入社后，他们的优势没有得到发挥，而他们的农业生产技术差，劳力又不强，收入就较过去为少，甚至出现严重的生活困难。此外，一些缺少劳动力的困难户，过去依靠利用辅助劳动力来帮助生产或依靠初级社的土地分红，日子勉强过得去，但在高级社中却主要只能依靠弱小的劳动力来挣取工分，因而收入有所减少，以致生活出现困难。由于收入减少和生活困难，上述 3 种人往往要求退社。其中，部分富裕中农因收入减少很多，又具备独立生产的能力，退社态度最为坚决。非农户和部分兼业农户因在自由市场开放后有了活动空间，也坚决要求退社。

2. 基层干部作风存在严重问题

引起一些社员要求退社的一个重要原因是，合作化高潮后，相当一部分社、乡干部作风存在许多严重问题，造成干群关系相当紧张。一是干部劳动少，工分补贴多。许多合作社脱产干部过多，有的平均 15 户 1 个脱产干部，造成干部工分补贴过多，有的社干部工分补贴竟高达“全社劳动日总数的 11%”，远远超过了高级社章程规定 2%的最高限度；二是干部作风不民主，独断专行，遇事不与群众商量。有的社干部不听群众意见，不顾客观实际，盲目改变耕作制度，造成严重减产。有的社干部非但不听取社员的合理化建议，反而予以“打击讽刺”。三是作风生硬粗暴，甚至吊打社员群众。有的干部对社员不是进行耐心说服，而是动辄以戴帽子、扣工分、开批斗会等进行处罚，甚至进行捆绑吊打。四是不关心群众疾苦，不帮助群众解决困难。江苏吴江县南联社社员朱阿虎家里死去 3 个人，向社里借钱，走了 4 趟，没有借到。五是挪用贪污公款。江苏省靖江县有 7%～10%的社干部借社营副业为名，进行个人商业活动。江苏泰县张甸区 4 个乡的 39 名乡干部中利用职权贪污挪用公款的有 16 人，占 41%，47 个社的 701 名社队干部中贪污挪用公款的有 176 人，占 25.1%。

3. 一些地方执行政策出现偏差

很多社在处理社员入社的耕畜、农具、树木以及经济作物等生产资料时，没有贯彻互利政策。一般作价偏低，有的没有具体规定还本付息的时间、数量，或虽规定了，但到期不执行，也不作交代。如前述河北易县小南头乡崔老俊，就是因为社里把他价值三四千元的 1 000 多棵树木只作价 700 元而要求退社的。江苏吴江县北库乡红星社原定折价入社农具价款归还 10%，但 1956 年秋后分配时，既没有付息，也未还本，致使 7 户农具较多的社员闹退社。此外，许多合作社“将社员的零星树木、果树、小块苇塘等也入了社”，引起了社员的强烈不满，导致一些人要求退社。

粮食政策的偏差是引发和加剧一些地区退社风潮的重要因素。1956 年秋冬，许多地方在粮食减产的情况下，为了完成上级规定的统购任务，采取了错误的计算方法，变相压低留粮标准，致使群众粮食普遍不够吃。如浙江仙居“不合理地压缩周转粮、动员 20%节约粮，甚至计产时对合作社还加上 25%的贪污、盗窃粮”。江苏泰县为了完成统购任务，采取提高产量和进行不合理的扣除等办法，使实际留粮标准大大地低于规定标准。其中，杂粮地区实际人均留粮只有300斤左右（留粮标准为人均370斤）。在1957年春夏之交，在泰县塘湾区，缺20天到一个月口粮的户占70%左右，许多群众整天吃菜度日。另据1957年5月江苏省沭阳县召开的闹退社代表会议反映，有的社在预分时毛潮也不折，有的社在计算三定口粮时，把小园收的粮食、小孩拾的粮食、干菜、胡萝卜均计算在内，结果造成群众粮食普遍不够吃，在3—5月份，一般每人每天只吃到半斤左右粮食。到会70%左右的代表，都是因为粮食不够吃而要求退社的。

4. 单干户具有某些比较优势

农业合作化高潮后，一方面，在不少地方确实存在不同程度的歧视和打击单干户的现象，但是，另一方面，由于未被纳入严密的计划经济体制之中，尚未受到严格的行政控制，单干户仍具有生存空间，甚至在某些方面还有比较优势。单干户的比较优势有以下几方面：一是单干户具有种植自由。合作社的种植受国家计划的直接控制，因而一般都增加了粮食和棉花的种植，取消或减少了其他经济作物的种植。而单干户则不受到国家计划的制约，可以种植收入较大的经济作物，从而获得较多的收入。二是单干户具有买卖自由。这在1956年自由市场开放后表现更为明显。单干户可以将自己收获物以较高的价格卖给私商，而合作社只能以低价卖给国家。单干户农户还可以自由支配时间，从事副业和商业活动，以获取较多的收入。三是单干户在交纳国家征购粮食和承担水利等社会负担上一般比社员要占些便宜。在粮食征购中，合作社一般均如数交粮，但是，有的单干户却不交公粮，不卖余粮。据辽宁省辽阳县烟台区的调查，在3个乡11个单干户中，有余粮的6户，但只有1户把余粮卖给了国家；有9户欠国家的公粮，其中3户有粮食不交，只交了一部分现金。为了按时完成粮食征购任务，有的地方政府往往动员合作社代单干户交粮。可是，有些单干户又不愿或不能及时偿还合作社代交的粮食或款项。在水利负担上，有些地方乡干部认为单干户只有几家，无济于事，有事不好找，因而把任务只布置给合作社，使单干户较合作社社员负担较少。有的地方鉴于绝大多数农民已加入高级社，就将过去所采用的“按亩负担”、“按劳出力”的水利负担办法改为“按劳负担”。一般来说，单干户土地较多而劳力较少。据江苏启东县江海区和平乡统计，单干户每人平均占有土地3.3亩，合作社每人平均1.96亩，而该乡海防社38户单干户中，相当于社内6个基本分以上劳力的只有11户，该乡新民社13个单干户中，有青、壮劳力的只有3户。这样，采取“按劳负担”的办法，单干户明显要占一些便宜。在军烈属代耕上，由于绝大多数军烈属已入社，其优待工分是在社内总工分中支出，实际上使单干户无形中逃避了这一负担。此外，单干农民还有开会少、劳动自由、有零花钱等好处。由于单干户具有上述比较优势，部分社员非常羡慕单干户，对合作社产生了强烈的不满，因而要求退社。

三

退社风潮发生后，中央和各省随即针对退社风潮中暴露出来的一些问题和矛盾，采取一些相应的措施，争取全部或大多数要求退社的社员不退社，以缓和与平息退社风波。这些措施主要有：

1. 努力搞好生产经营，争取使合作社和社员增产增收

首先，普遍推行和完善以“四固定”（生产队、耕作区、耕畜和农具四固定）和“三包一奖”

（包工、包本、包产，超产奖励）为内容的农业生产责任制。其具体做法是，先合理编好生产队，由社划给生产队固定的耕作区，并搭配相应的耕畜和农具，然后由生产队向社实行包工、包本、包产，并实行超产奖励、减产扣分。尽管不少社在推行农业生产责任制时流于形式，没有切实解决问题，但是，大多数社还是取得一定成效。其次，大力改善对合作社的领导，纠正合作社中的种种偏差。如改变国家计划对合作社控制过死的做法，“采取从上而下和从下而上相结合的方法”，力图做到“在国家计划指导下，保持合作社生产经营的独立性”；纠正合作社生产经营上的单一化倾向，强调在保证粮棉增产的同时，“还必须注意增产其他经济作物，发展畜牧业、林业、渔业和其他各种副业生产，开展多种经营，全面地发展农、副业生产”；纠正盲目和过快地推广农业改制和技术改革的偏差，主张要积极进行，“但做法必须是因地制宜的，步骤必须是稳妥慎重的，不能冒进”；纠正合作社在副业生产经营上的集中化倾向，明确指出：除了必须集体经营的，可以由社统一经营外，“一切利于分散经营的，应该尽可能鼓励和帮助社员家庭各自经营或提倡社有私营”。

2. 对减收户和困难户实行让步和照顾政策

鉴于要求退社和退社的大多数是减收户和困难户，1956 年 12 月 4 日广东省委在《关于退社问题的报告》中最先提出了对减收户和困难户实行让步和照顾政策。该报告主张：对占有较多较好的山林、果树、多年生经济作物、鱼塘以及有特殊收入的富裕中农，采取放宽比例分红，允许酌留一部分自留果树、自留林、小口自留塘，从技术上安排使多得技术工分，及按户包产（将特殊好的土地、鱼塘等包给原户经营，包产稍低一些，超产部分大部归该户，小部分归社）等措施加以照顾；对于缺乏劳动力的困难户，“主要采取帮助其发展力能胜任的家庭副业，或者给予一定的劳动补助以及保留部分土地分红等办法予以照顾。”这一主张得到中共中央的肯定，其他各省也纷纷实行类似措施。江苏省实行的让步和照顾政策包括：一是个别地采取适当降低包产指标、实行包产到户的办法；二是对无劳力户采取保留土地权、收取地租的办法；三是对困难程度较大而有一定劳力的户采取多留自留田、一半单干一半合作的办法。在一些实行了让步和照顾政策的地方，减收户和困难户看到“增收有了指望”，就不再要求退社了；一些即使在社内多方面照顾下“仍然不能增加收入”的富裕户，也感到“社内对他们是做到了仁至义尽”，因而大部分也安定下来。

3. 推行“民主办社”，改善干群关系

针对农村基层干部中存在严重强迫命令的现象，1956 年 11 月，中共中央指示各地“注意检查和耐心地帮助基层干部加以纠正”。1957 年 3 月，中共中央又发出《关于民主办社的几个事项的通知》，强调要坚持民主办社，并具体要求农业合作社要按时公布财政，社和队决定问题要同群众商量，干部要参加劳动。随着各地推行“民主办社”，干部普遍参加了生产劳动，多数合作社的账目能按月或按季公布，大多数社队干部遇事能同群众商量，能比较关心和照顾群众的困难。一些贪污挪用、违法乱纪的干部也受到处理。这就在一定程度上缓和了干群紧张关系，减轻了社员的不满情绪。当然，在这过程中，不少社仅仅是走了过场，致使干部作风依然存在着许多严重问题。

与此同时，中央和省还允许经过大量工作后仍坚持要求退社的少数或部分社员退社。早在 1956 年初，江苏省农村工作部就指示：“对个别社员经过了充分的教育，仍坚持退社的，应当允许其退社”。1956 年 12 月 24 日，中共中央明确指示，对于一些富裕中农和原来从事其他行业的人，经过工作后如果仍然坚持退社，“可以允许他们退出，而不必把他们勉强留在社内”。1957 年 3 月，湖南省委要求，“对于经过多次工作仍坚持要退社的个别社员，应当允许他们退社，不要勉强把他们留在社里”。1957 年 6 月，河南省委农村工作部规定：“如进行工作后仍坚持出社者，应根据社章规定允许其退社。”正是由于中央和省一度采取这种允许退社的政策，所以才出现了大量社员退社的现象。从这个意义上说，当时农民的退社自由是实际存在的，并不只是表面的。

但是，由于农民的退社自由没有得到充分和切实的保障，一些地方没有很好地贯彻和执行允许退社的政策，农民的退社自由实际上还受到不少限制。在允许社员退社问题上，中央、省（包括地区和县）与基层的态度和做法有所不同。有人指出：“中央这里讲道理多一点，口径宽一点”；基层“口径小一点，强迫命令多一点”；省与中央差不多，但有顾虑，“怕放多了会鼓励他们带出一批人”。一般来说，中央和省（包括地区和县）在接待请愿要求批准退社的群众时，通常是进行说服教育，并不直接处理退社事宜，因而退社问题最后还得在社和乡等基层来解决。而在实际工作中，不少社、乡基层干部往往采取了一些错误的做法来阻止和限制社员退社。具体做法有：一是硬性限制退社。有的组织贫农团，站在退社户门口，高喊打倒资产阶级进攻等口号。有的派人将退社户自行拉回的牲口大车又硬拉回社里来，组织社员到要求退社的农户土地上进行耕种；有的以不给土地、不给耕牛、不给农具、不给种子、不给其子女上学和不供应粮食等相威胁。二是抬高退社成本，吓阻其他社员退社。有的有意把退社户的土地调成远地和差地；有的在与退社户结账时故意让退社户吃亏，以致一些退社户把耕牛、农具搭上还得倒贴。三是歧视和打击单干户，强迫单干户入社。一些干部认为社员闹退社是因为合作社外还有单干户，所以就歧视和打击单干户，进而强迫单干户入社。有的召集单干户开会，给他们上“政治课”，并发动社员分头到单干户家动员，迫使大多数单干户不得不申请入社。江苏南通地区还开展了向单干户开展“算账”运动，强迫 2 万多个单干户缴纳公粮、贷款、河工、优待工等名目繁多的“欠账”（其中只有少数项目是合理的，但在数量上则放大很多），以强迫单干户入社。

1957 年夏反右运动后，情况发生了根本性的变化。毛泽东开始从阶级斗争的视角来重新审视农村的形势，武断地认为富裕中农“少数闹退社，想走资本主义道路”，断言“和城市一样，在农村中，仍然有或者是社会主义或者是资本主义，这样两条道路的斗争。”这就把农民退社的正当要求视为想“走资本主义道路”，看成是否定社会主义道路。如此一来，农民退社的合法性和正当性就从根本上动摇了，允许退社的政策必然随之发生变化。1957 年 9 月，中共中央在《关于整顿农业生产合作社的指示》中已对退社进行一定的限制，明确规定：对于“极少数”坚决要求退社的富裕中农，“可以在适当批评之后允许退社”。1957 年 10 月 15 日，广东省委则又作了进一步限制：“对坚决要求退社户，在适当批评其资本主义自发行为之后允许到生产结束时退社，但不得串联退社，欠社的款要如期还清。”而在广大基层则干脆取消了社员的退社自由。1957 年 7 月，江苏省泗阳县城厢乡乡总支书记在闹退社社员代表大会上作动员报告时，明确指出，有意见可以提，但“要求退社是不应该的”。可以断言，在 1957 年反右运动后，社员的退社自由基本上已名存实亡。这种错误做法彻底践踏和完全破坏了农业合作化的自愿原则。

在实际取消农民退社自由的同时，中央和各省转而侧重运用行政措施和政治思想斗争强行平息退社风潮。

反右运动后，广东省委明确提出“要制定必要的制度和政策”，加强对单干户的管理和控制，以“堵塞资本主义的道路”。为了加强对单干户的管理和控制，国务院于1957年12月21日发出《关于正确对待个体农户的指示》，正式通过乡、镇人民委员会委托的形式把对个体农户的行政管理权授予个体农户所在地或附近的农业合作社。根据该指示，农业合作社对单干户享有广泛的行政管理权：可以监督“个体农户的生产活动、播种计划、纳税和农产品交售”；督促漏交或未交足公粮，或者存在应售而未售的余粮及其他统购物资的个体农户“照数补交和出售”；制止个体农户“在自由市场上买卖国家统一收购和禁止自由买卖的农产品”；可以“向个体农户摊派义务工”，摊派兴修水利和其他公益事业“所需的人工和款项”。随着这些行政措施的实施，单干户的生存空间受到空前挤压，其原先所具有某些比较优势也不复存在，这就在实际上堵死了农民退社的后路。

从1957年8月开始，全国各地相继开展了一场声势浩大的社会主义教育运动，纷纷在政治思想上开展两条路线的斗争。这实质上是一场政治思想批判运动，对退社和要求退社的农民形成了强大的政治压力。在运动过程中，不少地方还发生了粗暴打击地主、富农，特别是富裕中农的现象。在强大的政治压力下和粗暴打击下，退社风波被强行压制下来，闹退社的不闹了，大部分退社户都回社了，单干户也纷纷入了社。

反右运动后，随着农民退社自由被剥夺，以及行政控制和政治思想斗争等强力手段的运用，中国农业合作化运动由基本自愿时期转入完全强制阶段，对中国的农业发展产生了极其长远而严重的消极影响。

（作者：江苏省社会科学院历史研究所副研究员）

主要参考文献

本书编写组．1994．广东省农业合作史．北京：中国农业出版社．

高化民．1999．农业合作化运动始末．中国青年出版社年版．

广东省委农村工作部等．1993．广东农业生产合作制文件资料汇编．广东人民出版社．

国家农业委员会办公厅．1981．农业集体化重要文件汇编（1949—1957）上．中共中央党校出版社．

甘肃省农业合作史编写办公室等．1988．甘肃农业合作制重要文献汇编（第一辑）．甘肃人民出版社．

山西史志研究院．2001．山西农业合作化．山西人民出版社．

山东省农业合作化史编辑委员会．1989．山东省农业合作化史料集（上）．山东人民出版社．

朱德靖．1957对单干户不能放任自流——辽阳县烟台区单干农民调查．农村工作通讯（8）．

中共湖南省委农村工作部．1993．湖南农业合作化纪实．湖南科学技术出版社．

中央文献研究室．1992．建国以来毛泽东文稿（第六册）．中央文献出版社．

合作化初期“包产到户”的一例*

吴天锡

1954年春季，我在农政总局合作处工作时，随赵纲处长和宋登慰（后调中国农业银行工作）同志一起，先后去江苏、山东、陕西、四川等省调研农业生产合作社的经营管理工作。5月22日，我和宋一同到四川省长寿县（现属重庆市）参加该县12个试点社（前进、东方红、金星、红十月、光明之途、红旗、幸福之路、和平、工农联盟、星光、黎明、前锋）的汇报会。会后，该县一位姓何的同志对我们说：“试点合作社经营管理的做法，多种多样，我知道有个自发社对个别社员实行‘分户按产量计酬分配’的办法。”

5月23日到27日，我下乡到前进、东方红、前锋、星光等社作实地调研，在途经那个自发社吃午饭时，顺便对那种“按产计酬”办法做了了解。那个自发社（社名未记在笔记本上，现在再也回忆不起了）28户，有3户贫、下中农住在边远的山上，编在哪个队也不合适，但他们却偏要入社，只得采取个通融的办法，即：他们的土地和其他生产资料名义上归社，但允许他们独自经营；除冬季农闲负担社里规定的义务工外，平时都不参加集体劳动；一年的收成，除按常年定产上交公粮、一定比例的公积金、公益金和管理费外，其余都归自己所有；社里以公积金帮他们修路，以平价供应盐巴、油料等；碰到不可抗御的自然灾害，因而绝收或严重减产时，社里给以必要的救济。他们享受社员待遇，但当地群众称他们是“挂社户”。

这种做法，始于1953年冬季，距我去长寿时已经有半年左右的时间了。当时，我认为这只是农业社的一种特殊的经营管理办法，是在社员居住分散情况下，采取的一种临时的措施。记得当地干部说：“挂社户平常一年的收入，比当地一般社员低30%～50%。这种分配方法，既有利于保持‘挂社户’的常年收入，也无损于在社大多数社员的利益。虽然这种做法只是一种过渡性的办法，但有了这种挂社的关系，通过集体互助的力量，创造统一经营的条件，是有利于将来逐步纳入合作社经营轨道上的，也有利于在这个基础上逐步过渡到‘按劳分配’”（大意）。

（作者：农业部国际合作司副局级研究员）

* 本文收入内部报告《共和国农业史料征集与研究报告》第6集，2001年。

美好的远景和过高的预期*

叶扬兵

在1955年底和1956年春，中国农业合作化运动掀起了全面高潮，许多农民纷纷加入高级社。农民加入高级社原因是非常复杂的，其中，一个重要原因是，在“四十条”所描绘的美好远景吸引下，许多农民抱着过高入社预期加入了合作社（高级社）。对此，以往研究均未提及，现根据有关档案和报刊资料加以论述。

一

1955年11月，毛泽东主持制定了农业十七条，提出一个农业发展的长期规划：在1956—1967年12年内，我国粮食每亩平均产量要达到的规划目标“四、五、八”，即在黄河、秦岭、白龙江等以北的地区，要求达到400斤，黄河以南、淮河以北达到500斤，淮河、秦岭、白龙江以南达到800斤。1956年初，在农业十七条的基础上发展成为四十条，并正式定名为《一九五六年到一九六七年农业发展纲要（草案）》。“四十条”公布后，在1955年冬和1956年春，全国农村随即掀起一股宣传“四十条”的热潮，向农民描绘出一幅美好的远景。

根据当时江苏省的宣传资料，“四十条”实现后，我国农村的面貌将要焕然一新。“这就是说，我国农村中的一切剥削制度将被彻底消灭，汪洋大海似的小农经济，将变为高级的大型的合作社经济，使穷根从此挖掉，富根开花结果，子孙万代幸福无穷；我国的农业将变成先进的农业，使荒地变成了良田，低产变为高产；我国农民都将成为富裕的农民，家家丰衣足食，社社五谷丰登；我国农村将成为文化发达、美丽幸福的农村，人人识字，个个读书，乡乡都有电话，社社都有收音机；到处是青山绿水，遍地是牛马骡驴猪羊，鸡鸭成群，路平桥好，四通八达，天灾能防御，四害被消灭，千年荒山开了花，百年大病断绝根，户户安康，人人欢乐……总之，全国农业发展纲要，就像一幅美好动人的图画，画出了我国农村繁荣、幸福的明天。”

山东省在《山东省实施〈一九五六年到一九六七年全国农业发展纲要〉的规划（草案初稿）》中更具体地规划出山东省实现“四十条”后的美景：粮食每亩平均年产量达到750斤，棉花每亩平均产皮棉150斤，花生每亩产皮果500斤，大豆每亩产270斤，烤烟每亩产450斤，麻类每亩产655斤，蚕丝达366.2万担，果品达61亿斤，水产达120万吨，骡马达100万头，生猪达6 000万头，水浇地扩大到80%～90%。农业生产可以基本实现机械化，水、旱、病、虫、鸟、兽等自然

---

* 本文收入内部报告《共和国农业史料征集与研究报告》第13集，2006年。

灾害可以基本消灭，农业生产可以得到稳定的丰收，人民生活水平将大大提高。每人每年平均粮食由现在的530斤增加到1 200斤，而且可以储备两年以上的余粮；每人每年平均吃80多斤猪肉，40多斤鱼，90多斤果品，三四百斤蔬菜。那时农村将是“五谷丰登，牛马成群，百花满山，果木成林，粮食满仓，鲜鱼满池，棉花成堆”，那时文教、卫生、交通事业也将大大发展，“小学、中学、医院、托儿所、电灯、电话、铁路、公路应有尽有，农村到处呈现一片幸福繁荣的景象”。

如果说，以前宣传苏联农民的美好生活，对于许多农民来说，多少还是一个可望而不可即的遥远梦想，那么，现在，“四十条”则具体而生动地把这种美好的远景摆到他们面前。许多农民兴奋地说：“这下子社会主义已经不是隔着千山万水，是近在眼前了。”“幸福生活已经看得见，摸得到了。”看到这个美好的远景，饱受贫困之苦而急切盼望富裕幸福的农民，无不欢欣鼓舞，喜形于色。许多农民说：“看看现在，想想将来，心里高兴，浑身是劲。”老人、妇女、青年更是特别高兴，普遍反映：“四十条成了老年人生养死葬的靠山，是青年人的远大前途，是妇女彻底解放的标志，是儿童更加幸福的未来。”

为什么农民相信关于“四十条”的宣传呢？一是由于几年来大多数合作社（基本上是初级社）都是增产增收，特别是1955年农业普遍获得大丰收，投资大的合作社增产增收就更多，因此不少农民就相信规模更大的高级社将会取得更多的增产。二是“四十条”不只描绘了美好远景，还详细地制定了实现这一宏伟目标的具体办法。譬如，在发展农业生产上，就提出了兴修水利、推广新式农具、增辟肥源、推广优良品种、改良土壤、扩大复种面积、多种高产作物、改进耕作方法、消灭虫害和病害、开垦荒地等一系列具体措施。应该说，这些措施都是从实践中总结出来的有效增产办法。其中，有一些对许多农民来说并不陌生，只是限于个人或初级社（小社）力量有限而不能实行罢了，还有一些则为本地或邻近地区先进经验所证实，不由人不信。因此，许多农民真诚地相信，加入高级社后，人多力量大，资金足，就可以大力实现这些个人或初级社还没有实行或无法实行的增产措施。用当时的流行话说：“过去做不到的事，合作化了就做得成。”1955年冬至1956年春大修水利、广积肥料的热潮似乎也印证了这一点。

既然高级社建立后会有如此美好的前途，似乎又有许多切实可行的办法，许多农民当然愿意加入高级社。用浙江省乐清县虹桥镇倪学宝的话说：“一个宣传，一个具体做法，使农民觉得入社是个好东西。”从另一个角度来看，因小社（初级社）还不能实现大量增产，农民也要求建立高级社。江苏省委第二书记刘顺元在分析高级社发展迅速的原因时指出：全国农业发展纲要中提出的增产指标，小社是不可能的，这就要求办高级社来解决。

在宣传“四十条”的同时，各省、专区、县以及大多数乡和社也纷纷制定自己的长期发展规划和1956年的发展规划。在反右倾保守思想的指导下，各级发展规划纷纷缩短实现“四十条”的规划时间。特别是在生产规划上，冒进更是一个普遍现象，甚至许多县、许多社自己规划1956年就是“千斤县”、“千斤乡”、“千斤社”（千斤是每亩土地的总产量，并非单季产量——作者注）。据此，许多地方在办高级社时就向农民许下诺言，预开支票，甚至不切合实际地宣传社员生活的改善。江苏省涟水县百禄区永流乡干部宣传说：“合作化后，即是楼上楼下，电灯电话，上灯不用油，耕地不用牛，说话不用嘴（电话），走路不用脚（汽车）。”在这种美好远景吸引下，许多农民自然踊跃地加入了高级社。

这里需要指出，当时少数地方制定了过高的生产计划，完全是胡思乱想的官样文章，不要说农民不相信，就连制定者本身也不准备做到。但是，多数地方在制定过高的生产计划时，态度是认真的，是经过计算后得出的，不仅制定者相信，连很多农民也是相信的。1956年9月《人民日报》上的一篇文章曾经对1956年初制定的冒进计划进行了较为中肯而深刻的反思："许多现在看来过高的生产计划，在当初制定的时候是经过反复计算，看起来'有根有据'的。问题在于，要确确实实地掌握'根据'，并不是十分简单容易的事。当时，在生产活动中以及别的许多方面，的确出现了空前未有的盛况和'奇迹'。常规已经被打破了，人们都感觉到新的局面出现了。由于缺乏新情况下的新经验，缺乏科学知识，有些地区找到的'根据'并不是完全真正可以作为根据的。"

费孝通曾经生动地描绘了江村成立高级社前后的情景："在合作化高潮卷到这个村子里的时候，热烈的场面真是动人。高级社成立前几天，号召大家积肥献礼，每只船都出动了，罱得满船的河泥，把几条河都挤住了。几村的人都穿上节日的衣服，一队队向会场里集中。一路上放爆竹，生产积极性的奔放，使得每个人都感受到气象更新。""肥料加到地里，青青的水稻那样得意地长起来，使农民心花怒放。""农民们从田里回家谁都怀着兴奋的心情，'700斤'没问题，接下去的口头禅是'一天三顿干饭，吃到社会主义'。"

许多高级社还根据冒进生产规划，计算出1956年每个劳动日工值都偏高。1956年春，山西省各地规划的劳动日价值一般是1.5元，最高的是4元。据福建省估计，农业合作化以后，农业劳动日的价值低的可达1.2元，高的可达1.8元。广东省规划，要使每个劳动日的报酬一般要达到1元，其中在广州、潮州、佛山地区和若干其他中等城市郊区的劳动日报酬要达到1.2元左右，湛江、高要、韶关、惠阳等专区要达到9角左右；合浦专区、海南行政区要达到8角左右。在浙江省，"山区农业社最低农业劳动报酬1.5元"，永嘉县潘桥乡集体农庄预计干一天能获得27斤谷子的劳动报酬（按每斤8分计算折合2.16元）。江苏省不少高级社规划的劳动日工值也偏高。如上海县陈行乡勤俭社，1956年春天规划的时候，每个劳动日预计为3.8元。仪征县大仪乡路壮社公布预算方案每个劳动日2.1元。为什么农民会相信这么高的劳动日价值呢？这主要是1955年许多老社和高级社每个劳动日分红已达到较高水平。据国家统计局对1955年26 935个合作社（其中高级社202个）的收益分配调查，平均每个劳动日价值0.92元，其中高级社平均1.58元，初级社平均0.90元。我们再从河北省河间县诗经乡红星农业合作社的个案中加以分析，该社从转高级社开始，社员都在盘算：1955年，一个劳动日就分了一元多；如果土地不分红，再加上增产，一个劳动日不就能分得更多吗？根据当时冒进的生产规划，规划的结果是，1956年每个劳动日能分到3.8元。

二

在美好远景的吸引下，许多农民抱着过高的预期纷纷加入高级社，以致他们不愿再从事许多原先对其具有吸引力的非农职业。这种情况在1956年3月17日中共河北省委农村工作部的《农业合作化后发生的几个问题》中反映最为典型和集中。[①] 该文件反映了农业合作化实现后发生的5个方

① 中共河北省委农村工作部：《农业合作化后发生的几个问题》，1956年3月17日，河北省档案馆馆藏档案879-1-70，引用部分均出自该件，不再一一注出。对于该文件反映的问题，3月28日，河北省委农村工作部向河北省委提出了《关于高级农业合作化以后发生的新问题和解决的意见》，河北省委于4月2日将河北省委农村工作部的文件转发各地、市、县委等研究执行，见河北省档案馆馆藏档案855-3-970。

面的问题，即教师和学生方面的问题、交通运输方面的问题、招收临时建筑工人问题、农业社与手工业社关系的问题、关于商业中的问题。由于该文件并非旨在说明农民的入社动机，所以其真实性和可信性都不容置疑，它从一个侧面真实地反映了农民当时的想法。这里，笔者不妨对相关内容作比较详细的摘引。

在教师和学生方面，首先是小学教师思想波动甚至要求辞职。在高级合作化以后，有一部分小学教师家里劳力不足，土地不分红了，工资待遇又低，引起家中生活困难，“特别是农民收入预计大大提高的情况下”，他们感到当教师不如当社员，因而思想很波动。据了解：在教师中已经提出辞职的约占 1.5%；思想波动严重的约占 5%；波动较小有观望等待态度的占 40%；其余 54%的教师思想比较稳定。思想波动比较厉害的教师主要是家中人口多，劳力少或无劳力，先前依靠土地分红补助生活的。加入高级社后，全家收入就要降低了，甚至要降低不少。在家庭关系、社会舆论等方面也更加使教员思想不安。藁城教师晋英水的父亲说：“咱家八口人靠我一个人吃饭，你再当教员，咱家的日子没法过啦!”有的农民向教员说：“你们从前不如工人，现在也不如农民了，识字还不如不识字的农民挣钱多。”这就使他们思想波动更加严重了。此外，行唐上碑区 6 名代课教师找了多次至今一个也没有找到。女教师雇佣的保姆感到看孩子不如回家参加农业生产，要求辞退。有的女教师根本找不到保姆。这些情况，除了反映小学教师待遇偏低，以及取消土地分红会导致部分缺少或无劳力的农户收入降低外，也说明在入社预期收入提高的情况下，小学教师、代课教师、保姆等非农职业已对农民失去吸引力。

与此同时，各地也发生不少学生退学和休学现象。据唐山、邯郸、通县、张家口 4 专区 61 个中学了解，退学休学的 904 人，宣化县中一个班就有 1/3 退学，古原县中开学时到学的不足 1/2。他们不上学的主要原因是补充家里的劳力不足，也有的为了多挣钱。据藁城对 43 名退学学生的调查，家里无劳力生活困难的占 30%多，生活不困难的占 50%，学生因病或参军的占百分之十几。小学这种情况也很严重，秦皇岛市郊区 4 508 个学生有 5.8%的学生直接退学，年龄大的直接生产，年龄小的抱孩子。需要指出的是，当时农家子弟读书的主要目的就是为了将来跳出农村，从事非农职业，男的大多想当工人、干部，女的多数希望嫁给工人和干部。这种大量退学和休学的反常现象，一方面说明，在高级社取消土地分红后，部分学生因为家中无劳力生活困难而退学和休学，另一方面也说明，在入高级社后收入增加的预期下，农民子弟通过读书途径以从事非农职业的愿望也降低了，部分学生因此退学和休学以多挣钱。

在交通运输方面，存在着积压物资的问题。全省积压物资达 6.4 万余吨无法运输，宝坻运往杨村的稻谷种子 1 300 吨，到月底只能完成 400 吨。航运方面缺船，39 765 吨没法完成任务。积压物资的原因是：(1) 到 3 月 7 日有 17 890 辆专业马车入了农业社。(2) 合作化后船工参加农业社的很多，目前尚缺船工 3 000 余人，他们嫌工资低（牵工每日 1.1 元）。(3) 路工要求辞退，唐山路工集体请假不干了。他们主要是嫌工资低，每个路工每月 21 元多。显而易见，由于以为加入高级社能获得更高收入，所以船工、路工嫌工资低，不愿干而要求加入合作社。

在招收临时建筑工人方面，出现招收困难和流失严重的问题，“严重地影响了基本建设任务的完成”。该省全年调配任务 32 万多人，其中农村需调配 20 万人，现在只完成 8 万多人，还差十几万人，而且现有的工人有的不干了。第四工程局六七千人跑了 15%，正定招收 499 人跑回去 137

人，新乐、高阳、定县回去200多人。秦皇岛有40～50名长期建筑工人要退职。出现这种情况的原因主要有：（1）农业合作化后壮工工资低，每个壮工1天工资1元左右，除了吃不过四五角钱。同时，我们对农民从人力上支持工业建设的教育不够。（2）劳力规划中没有把这部分劳力规划出来，有的社规划后劳力多，开办了副业生产。（3）社员出来当壮工，社里怎样记工没有解决。青苑有的社要壮工社员1天向社里交1元钱记1个劳动日，工人挣不了就回去了。徐水国营社出来7个人回去了6个人。此外，农业社甚至县、区干部怕劳力少了影响农业生产或对农业上需要劳力不摸底，不叫社员出来当工人。如南楼底乡干部说："我们劳力还不够呢！"安国县领导说："我们是千斤县不能出壮工。"不难看出，农民不愿当建筑工人原因固然很多，但嫌工资低无疑是一个最主要原因。

在农业社与手工业社关系方面，农业社与手工业社往往产生矛盾，既互争社员，又互争业务。手工业者的心态有两种：一种是愿意从事手工业，以为现在收入多，现得利，不愿做农业；另一种是看到老社收入多，规划增产收入更多，认为手工业收入小，愿做农业。也有愿两者兼顾的，把土地带入手工业社或把手工业带入农业社。看来，至少有一部分的手工业者是抱着收入能增多的预期而加入农业合作社的。

在商业方面，"也发生了新的问题"。国营商业和供销社的第四季度销售计划都未完成，这一方面影响商品流转的进一步扩大，另一方面也使国营企业利润和工商税收计划不能完成。产生这种情况的原因是：（1）对农业高级合作化后的新情况估计不足，未能按照这一新的特点安排工作。主要的生产资料、农业器械、大型农具脱销，生活资料有很多积压，但也有脱销的。农民积极参加生产无时间去买货物。商业上的经营方式不适应这种新的情况。（2）先前农村有29万多小商人。1955年普查时还有20.9万人，最近减少了3.1万多人。"农业社多说小商贩是剥削，使他们感到不如入社光荣且收入大，所以他们愿入社。"看来，部分小商人是抱着入社收入大的预期（当然也有怕被说剥削的政治压力）加入合作社的。

河北省出现的现象，在其他地方也有所发现。如1956年春，由于合作社生产计划偏高，山西省各地规定的劳动日价值一般是1.5元，最高的是4元。"结果不仅妨碍了副业生产的发展，而且造成农民不进城，城市劳动力的紧张。"1956年春，江苏的新海连（即今连云港市）、泰州、南京等市发现有些临时工人，要回乡参加农业生产，甚至有的供销合作社的营业员也要回家。他们说："在外面苦的钱不如高级社的劳动日分红多，回去核算！"江苏省也发现有些中小学生不上学，他们反映说："现在按劳取酬了，不识字不要紧，在家劳动可以多得工分。"据1956年2月《光明日报》报道，全国许多地区的中小学校发生了严重的学生休学和退学现象。据河南省18所中学统计，有400多名学生退学和休学；许多地区的中小学校学生退学人数平均占到全校学生的3%左右，江苏个别学校竟占到13%。其中，有些学生家庭并不十分缺乏劳动力，也不是由于合作社的需要，"只是希望入社以后能多赚工分，也到学校去动员学生退学"。江苏省有些地方，有的小手工业者、船户、小商贩，春天里听说合作社有3元钱1个劳动日，也都入了社。江苏省溧阳县南渡镇的联盟社中除了61%的纯农户外，其余为商贩、半农半商户、手工业者。在合作化高潮中，他们听到社内规划每个劳动日有4元多钱，当地政府又号召他们选择道路，归一头改造，农、商不能兼营。他们又看到商贩过剩，营业清淡，因而自愿弃商转农，但也有个别的是硬性动员下去的。

三

由于对入社的收入预期过高，特别是对劳动日价值估计过高，而相比之下，副业收入就显得偏低。因此，1956 年春一些农民一度不愿从事副业。

在浙江省一些地方，“造成农业争着干，副业无人干”。例如萧山三级京放纸，每件收购价是 18.8 元，减去原料费 6.76 元，什用费 1.29 元，工具折旧费 1.05 元，余 9.693 元，根据农业社按件计酬标准计算，每件京放纸需 82 分，平均每个劳动日 1.15 元，与山区农业社预期的最低农业劳动报酬 1.5 元比较，要低 0.35 元。土纸每件最高收购价 15.6 元，减去原料费 9.58 元，包装费 0.49 元，工具折旧费 0.77 元，尚余 4.76 元。每件土纸花工 60 分，平均每个劳动日报酬仅得 0.77 元，比农业报酬低 0.73 元。望谷县五丰农业社规划 1956 年每个劳动日报酬 2.15 元，社员孙玉连参加农业劳动可得 4 分 0.86 元，如果编草席仅得工资 0.38 元。因此，一些社员愿干农活，不愿从事副业。

山西省太谷胡村社规划每个劳动日工分值为 2.19 元（1955 年为 1.5 元），吸引力很大，社员认为搞副业不合算。

湖南省会同县麻塘农业社的社员“迷信预计的劳动日价值，普遍感到搞家庭副业划不来”。该社在 1956 年，按照不切实际的生产计划，每个劳动日价值是 2.5 元，7 月初经过初步修订生产计划后，改为 1.4 元。社员普遍感到：做一、两分工就可得四、五角钱，零星的家庭副业收入不大，就不愿意做了。

贵州省有些地方，1956 年春在计算劳动报酬的时候，把农业生产的报酬计算得太高，使社员产生了错觉，认为“经营副业划不来”。

江苏省南京郊区和江宁县等地，过去农闲时不少农民上山采药，每采一天可得 6～7 角。合作化后，由于预计农业劳动的收入增多了，可是药材的收购价格仍没有提高，这使社员争做农活而不愿采药。在江苏省吴县，农村刺绣多，特别是光福区有“户户刺绣，家家养蚕”之称，刺绣、养蚕占整个农村经济的 80%以上。刺绣产品深受国内外消费者的欢迎。1956 年春天，有的农业社干部在宣传农业劳动工分时又说过了头，于是便“发生了绣工普遍改行抢农业工分的现象”，导致刺绣任务只完成一半，满足不了出口的需要。1956 年春天有些农业社在规划农业劳动收入时，确定每个劳动日为 2 元多，而手工业者每天的收入只有 1.4 元。因此，很多专业手工业者就转到农业社里去搞农业生产。江苏省海门县有的农业社，由于劳动规划特别是小段劳动规划未搞好，处于临时待工状态，“有些搞小副业的如捉鱼、推芭等，怕外出后农业社里有活干自己干不到吃亏”。有的农业社预计一个劳动日二三元，而副业一天最高工资一二元，因而有些干手艺的不愿外去做工。江苏省金坛县有的社劳动规划结果，规定了一个整劳动力一年要在社里劳动 280～300 天，社员既没有一定时间从事家庭副业，“又怕耽误一个劳动日要少二元”。

综上所述，在美好远景的吸引下，许多农民抱着收入增加的预期加入了高级社。这一方面说明，不少（不是全部）农民加入高级社的确是自愿的，但是，另一方面也意味着，农民的自愿是建立在收入增加的这种不尽现实的预期之上的，带有很大的虚假性和盲目性，因而缺乏坚实的基础。

因此，一旦加入高级社后收入增加的预期不能实现，则农民的自愿也随之发生变化，这就是后来退社风潮的根本原因所在。

（作者：江苏省社会科学院历史研究所副研究员）

主要参考文献

戴洁天．2002．燎原火种——1956年永嘉包产到户始末．新华出版社．

防止中、小学生退学现象．1956-2-3．光明日报．

费孝通．1985．江村经济．南京：江苏人民出版社．

还要不要计划．1956-9-7．人民日报，社论．

建设社会主义新农村——关于1956年到1967年全国农业发展纲要（草案）的宣传提纲．1956．南京：江苏人民出版社1956年版．

国家农业委员会办公厅编．1981．农业集体化重要文件汇编（1949—1957）上．中共中央党校出版社．

国家统计局农业司编．1957．农业合作化和1955年农业生产合作社收益分配的统计资料．统计出版社．

刘希．1956-5-27．副业生产要赶上去．人民日报．

山东省农业合作化编辑委员会．1989．山东省农业合作化史料集（上）．山东人民出版社．

石鸣．1957-1-26．搞好手工业和农村副业的关系．大公报．

周晓虹．1998．传统与变迁——江浙农民的社会心理及其近代以来的嬗变．三联书店．

中共广东省委农村工作部等编．1993．广东农业生产合作制文件资料汇编．广东人民出版社．

张宗荫．1957-2-17．红星农业合作社1956年的劳动规划．人民日报．

中共（湖南省）黔阳地委农村工作部调查组．1956-8-3．经营副业不少，为什么实惠不多？——麻塘农业生产合作社开展多种经营中的几个问题．人民日报．

短暂的整顿和有限的控制*

叶扬兵

1955 年夏季以后，毛泽东严厉批评“小脚女人”思想，主张大力发展农业合作化运动，这极大地推动了中国农业合作化运动的发展。对此，学术界已经给予充分关注。但是，学术界却普遍忽视或未重视毛泽东多次提出注意质量和进行整顿的思想，把 1955 年夏季后中国农业合作化运动的发展描绘成一个不断高涨的直线发展过程，并未注意到在农业合作化高潮之前存在着一个短暂的整顿和有限的控制的插曲。① 有鉴于此，本文具体阐述毛泽东关于注意质量和进行整顿的思想，并运用大量翔实史料揭示出 1955 年七届六中全会后一些省份曾经进行过短暂的整顿和有限的控制这一插曲。

一、注意质量和进行整顿的思想

1955 年 5 月 17 日，毛泽东批评了在农业合作化问题上存在的“消极情绪”，7 月 31 日，又严厉指责邓子恢“像小脚女人，东摇西摆在那里走路”，在“惊慌失措的情绪支配下”作出“坚决收缩”的决定。毛泽东试图把人们从邓子恢的“右倾保守”思想所造成“束手束脚”状态中“解放”出来，以实现农业合作化的大发展。此时，毛泽东关注重心是合作社的数量，强调的是合作社的发展。

不过，毛泽东也提出要注意合作社的质量。他指出，要认真做好建社以前的准备工作，“必须一开始就注重合作社的质量，反对单纯地追求数量的偏向”，“不打无准备的仗，不打无把握的仗”。② 为此，他还提出 5 项具体措施：批评错误思想，总结工作经验；系统和反复地宣传农业合作化的方针、政策和办法；按照实际情况，进行全面规划；用短期训练班训练办社干部；普遍地大量地发展农业互助组。同时，为了确保合作社的质量，他还反复提出要整顿合作社。1955 年 7 月 29 日，他提出：“整社不是一年整一次，而是一年整几次。”③ 7 月 31 日，他再次指出，“整社不是

* 本文收入内部报告《共和国农业史料征集与研究报告》第 13 集，2006 年。

① 对于毛泽东提出注意质量和进行整顿的思想，陈吉元等主编《中国农村社会经济变迁（1949—1989）》（山西经济出版社 1993 年版）和林蕴晖、顾训中的《人民公社狂想曲》（河南人民出版社 1995 年版）等著作根本就不提，高化民的《农业合作化运动始末》（中国青年出版社 1999 年版）和杜润生主编《当代中国的农业合作制》上卷（当代中国出版社 2003 年版）注意到了，认为它在实际中并未得到贯彻和执行。

② 国家农业委员会办公厅编：《农业集体化重要文件汇编（1949—1957）》（上），中共中央党校出版社 1981 年版（以下简称《汇编》），第 365 页。

③ 毛泽东在《农业合作化运动最近简报》上写的一篇文章，《中国农业合作史资料》1990 年第 6 期。

一年整一次，而是一年整两次至三次”。针对有些地方上半年“似乎整得很粗糙，还没有下大力气去整”的情况，他建议“今年秋冬再整第二次，明年春夏再整第三次。”① 他还要求，在一批合作社建立以后，“跟着就去进行整顿工作”。②

毛泽东也不主张合作化可以毫无节制地一味发展下去。根据他的设想，每年按照实际情况规定一次发展农业合作化的控制数字，并且要对合作化的工作进行几次检查。然后，“根据情况的变化，成绩的好坏，决定各省各县各乡的每年具体发展的步骤。”有些地方是“可以暂时停一下，从事整顿的”；有些地方是“可以边发展，边整顿的”。有些合作社的部分社员“可以让他们退社”，个别的合作社也“可以让它们暂时解散”。有些地方应当大量地建立新社，有些地方可以只在老社中扩大农户的数目。他明确指出，在发展了一批合作社后，“必须有一个停止发展进行整顿的时间，然后再去发展一批合作社。那种不许有停顿、不许有间歇的思想是错误的。”必须抓紧对合作化运动的检查工作，“每年不是进行一次，而是应当进行几次。一有问题，就去解决，不要使问题成了堆才去作一次总解决。”③

除上述论述之外，毛泽东还在批转各地报告时作出许多具体指示。1955 年 8 月 13 日，毛泽东在批转湖北省委关于农业生产合作社部署问题的报告时，向各省、自治区、直辖市党委指出：“关于用大力、分几次、认真地而不是走马看花地整顿现有合作社的问题，是一个很重要的问题，湖北报告中没有提到，中央希望你们严重地加以注意，于九月二十日以前，务必作出切实的部署，连同全省发展规划，一起报来为盼。”④此后，一些省在向中央汇报合作化发展规划的同时，也涉及整社的具体部署。许多省纷纷作出进行整顿的具体部署。

在合作化大发展的形势下，一些地方把“积极领导，稳定发展”与“全面规划，加强领导”说成是合作社试办时期和合作化大发展时期两个不同的领导方针，并认为在新的形势下，“就可以不要掌握积极稳步的精神，而可以不问条件的‘大发展’了。”针对这种思想动态，温州地委指出：“全面规划，加强领导”，是为了在新的形势下，更具体地贯彻“积极领导，稳定发展”这个总的方针，其实质精神是“既积极而又稳步”。⑤ 这种解释的用意是，努力把合作化的大发展与“稳步发展”结合起来，消除那种不问条件的片面发展思想。接到浙江省委的汇报后，毛泽东向全国各地发出指示，同意温州地委的解释。

9 月 17 日，中共山东省委发出了《关于当前农业合作化运动中的几个问题的通报》，指出农业合作化中存在着一些问题：只着重讨论和解决干部的右倾思想，但对办社中的具体政策和作风却未能进行充分讨论和给予很好解决；少数干部片面地理解“全面规划，加强领导”的方针；“新社的建立讨论的多，老社的整顿巩固和提高讨论的少，干部思想只注意发展不注意巩固”。对此，通报要求各级领导，“必须保持清醒的头脑，实事求是地分析具体条件”，“有准备、有步骤的开展”农业合作化运动，“切不可简单草率赶时间”。该通报还具体规定：在制订规划时，“必须根据群众觉

① 《汇编》，第 364 页。
② 《汇编》，第 365 页。
③ 《汇编》，第 372 页。
④ 《汇编》，第 377 页。
⑤ 《汇编》，第 426～427 页。

悟和要求与领导条件”，“计划一定要强调符合实际情况，不能只凭主观愿望，单纯追求数字”。尤其是对互助合作基础薄弱或空白的乡村，“目前只可帮助其重点试办几个，不要盲目去赶先进乡村”；在贯彻规划时，必须遵循“分批发展”和“成熟一批，发展一批”的原则，要坚持“互助基础，领导骨干，群众自愿”的条件来尽力培养办社对象。要积极地做好工作，不要“抢先”。如果有的乡村，因为准备工作没有做好，来不及筹建起来，可以向后推迟一下，“不要勉强赶时间”。① 10月2日，中共中央转发了山东省委的通报，认为该通报“很好”，要求各省、自治区、直辖市参考。

应该承认，由于当时毛泽东重点是批判“小脚女人”思想，强调发展合作社，因此，在1955年10月以前，毛泽东的上述关于注意质量和进行整顿的思想还没有得到足够的重视和切实的执行。许多地方干部，特别是基层干部普遍存在一些盲目和片面发展的倾向，如上述温州地委报告和山东省委报告所反映出来的问题都是相当普遍存在的现象。但是，在1955年10月以前各地并非完全没有注意质量问题。当时各地发展合作社时往往是分批发展，最初的第一批和第二批发展的合作社往往基础较好，准备也相对充分，因而它们的质量还是可以的。针对基层干部中存在的片面盲目发展的偏向，一些省委、地委还努力加以制止和纠正，在一定程度上注意了合作社的质量。与此同时，各地对于毛泽东关于进行整顿的思想也有所执行。许多省在8月至10月间曾对合作社进行过整顿。据1955年9月18日《福建日报》报道，至8月底，福建全省1.9万个初级社已经整顿或正在整顿的占98%。② 9月22日，陕西省还在为合作化发展做准备，该省省委第一书记张德生就把“大力整顿现有社”作为一项重要内容，并要求在11月上半月以前，把1954年冬和1955年春建立的合作社进行第二次整顿。③

二、短暂的整顿和有限的控制

自8月开始，农业合作化运动的大发展在许多省、市、自治区、直辖市先后展开。到1955年10月，山东、江苏、山西、河北等省份已经完成1955年冬至1956年春的发展计划，一些省则发现各地计划指标在不断地攀升。④ 在这种情况下，注意质量与进行整顿和控制就显得非常必要了。10月初，山东省委就“告诉各地暂停发展”，以便集中力量进行秋耕秋种，结合从事初步整顿工作。各地“一般已停止下来”。⑤ 山东省委的这个决定，显然是根据毛泽东的前述有关指示，结合本省的实际情况而作出的，这显示了很大的政治勇气和较强的实事求是精神。

在1955年10月上旬召开的中共七届六中全会扩大会议上，众人一致表示拥护毛泽东关于积极发展农业合作化的主张，批判邓子恢的“右倾保守”思想。这一点，学术界已有大量论述，无须赘

① 《汇编》，第430～431页。

② 中共福建省委党史研究室：《福建农业合作化》，中共党史出版社1999版，第348页。

③ 陕西省农业合作化史编委会：《陕西省农业合作制重要文献选编》，陕西人民出版社1993年版，第428页。

④ 当时全国各省（直辖市、自治区）合作社发展情况大致可分为三种：一是甘肃、陕西等少数省尚在进行准备；二是山东、江苏、河北、山西、贵州、云南等一部分省份已经完成或超额完成了1956年春前的发展计划；三是大部分省（直辖市）已经有了很大发展，但尚未完成1956年春前的发展计划。

⑤ 《汇编》，第467页。

言。但是，另一方面，会议也根据农业合作化大发展的新形势，进一步强调要注意质量和进行不断整顿。“合作社的发展工作要同合作社的巩固工作互相结合”，“必须在建社以后进行一系列的整顿工作，不是一年整顿一次，而是一年整顿两次到三次，以便达到不断提高合作社质量的目的”。①

毛泽东在七届六中全会上作的总结发言中，一方面继续批判“右倾保守”思想，同时也反复强调进行整顿的必要性，明确要求各地更加重视质量。他重申，在两个浪潮之间，“必须要有一个休整的时间，发展一批之后必须要整顿，然后再发展，同打仗一样，两仗之间要有休整”，② 并严肃指出，“太慢了不好”，“太急了也不好”，“太慢太急都是机会主义”，③“不要休整，不要间歇，不要喘一口气，这是完全错误的”。④ 他还郑重地指出：只要某个地方领导，不去注意群众的觉悟程度，不去注意互助组的发展情况，又没有规划，又没有控制，不是分期分批，而是专门喜欢数量，不爱好质量，就一定会出现严重的“左”倾错误。⑤ 因此，他要求省（直辖市）、专区、县三级领导必须时刻掌握运动发展的情况，“一有问题就去解决”。如果遇到情况不对，“立即煞车，或者叫停车”。“省、地、县都有煞车的权力。必须注意防‘左’。防‘左’是马克思主义，不是机会主义。”⑥ 此时，他不再强调“反对无穷的忧虑，反对数不清的清规戒律”，而是声言“必要的忧虑，必要的清规戒律，必要的停顿、间歇、煞车、关闸，是完全应当有的”。⑦ 他还提出，今后在发展合作社的工作上，不是比速度或数量，“重点是比质量”。⑧ 从某种意义上说，在毛泽东认为农业合作化大发展的障碍已经消除后，他的关注重心已由合作社的数量转向合作社的质量，并根据形势的发展高度重视合作社的整顿。

毛泽东的上述精神随即就在《人民日报》的舆论导向上反映出来。七届六中全会后，毛泽东在审查《人民日报》的宣传计划时指出：“报纸的宣传要会看气候。目前直接影响合作化的指导思想的右倾问题，已经解决了。现在要注意质量。”根据这一指示，10 月 22 日，《人民日报》2 版头条报道了广西整顿农业社的报道。25 日，又发表了《发展农业生产合作社必须注意质量》的社论，并配发了几个省整顿和巩固农业社的消息，没有再强调“发展”。30 日，发表了《河北省十万个合作社是怎样巩固的》，也没有再提出“发展”。31 日，第一版发表的消息，还是只讲了“整顿”和“巩固”。到 11 月，虽有几处提到“发展”，但重点仍然是“整顿”和“巩固”。如 24 日，发表了《解决新问题，巩固合作社》的社论，提出“工作中心立即由发展转到巩固”。⑨

根据毛泽东讲话的精神，一些省、市迅速采取一些措施加以贯彻，或停止发展进行整顿，或加紧了对计划的控制。

---

① 《汇编》，第 453 页。

② 《汇编》，第 445 页。

③ 《汇编》，第 439 页。

④ 《汇编》，第 445 页。

⑤ 《汇编》，第 446 页。

⑥ 《汇编》，第 440 页。

⑦ 《汇编》，第 447 页。

⑧ 《汇编》，第 440 页。令人奇怪的是，现在所有论著众口一词否认毛泽东的讲话曾经起了作用。如有的论著认为，毛泽东的这些讲话，“当时都没有引起各地干部的注意”（《当代中国的农业合作制》上卷，第 375 页）。有的论著认为，由于七届六中全会集中火力猛烈批判所谓“右倾机会主义”，形成一股强大的政治压力，造成了七届六中全会后初级社“滚雪球一样无间歇地滚下去”（《农业合作化运动始末》，第 236 页）。

⑨ 何燕凌：《人民日报农业合作化宣传始末》（续完），参见《中国农业合作史资料》1992 年第 4 期。

10月17日至20日，山东省委召开了各地委、县委书记会议，传达七届六中全会决议与毛泽东指示的精神，并结合山东省的新情况，“着重研究和解决了从大发展转向整顿巩固所必须解决的若干主要问题。”① 会议认为，从山东省的农业合作化发展情况来看，“第一个高潮已经基本过去，及时地刹（煞）车，并转向整顿巩固，使十八万个新的农业生产合作社能够保证增产，乃是一个极为重要的关键问题”。② 会议着重从正面阐明中央和毛泽东关于整顿巩固现有农业生产合作社的指示精神，“强调目前农业生产合作社不是数量问题，而是质量问题，发展不能像滚雪球一样无间歇地一直滚下去，而必须是几个浪潮、几个秋冬，有起有伏，波浪式地前进。”会议还强调，占总农户的52%的18万个农业社应“立即转入整顿巩固工作”。会议还着重提出目前存在于新老农业社的各种问题，“说明整顿巩固工作的迫切性、艰巨性以及实现这个任务的最大可能性”。“至于发展较慢与落后地区则强调从实际出发，只要是按照当地条件来发展，积极做好各项准备工作，即便缓慢一点也不算右，而且客观上是允许的、必要的。”③

10月25日，《大众日报》发表了题为《贯彻执行党的七届六中全会决议，全力做好整顿巩固合作社的工作》的社论，着重阐述了停止发展转向整顿巩固的必要性：首先，山东省的农业合作化运动已经不是数量问题，而是质量的问题。“在这种情况下，如果不将发展工作停一停，而企图一往直前地像滚雪球那样发展下去，希望在一个高潮中实现半社会主义的合作化，就势必把目前还不愿入社的农民勉强拉进社来。这样就必然造成严重的混乱，而使工作陷于被动。”其次，在合作化大发展后，不可避免地存在着许多问题亟待解决。“在这种情况下，如不暂停发展转向整顿巩固工作，而一味强调发展，忽视整顿巩固，就会造成没有稳固阵地就冒险前进的危险。”社论还特别指出：事物是在空间时间中运动的，即所谓一切以时间、地点、条件为转移。“当合作化运动刚开始的时候，我们如果看不到这种形势，而去限制运动的发展，就是右倾，所以那时我们主要是反右；而当运动已经到了需要停止发展进行整顿巩固工作的时候，如果我们看不到这种形势，仍然迷恋于发展，那就是‘左’倾，所以我们现在就要及时防‘左’。”④ 由于进行了“煞车”，当时农业合作化发展水平一度位居全国前列的山东省，到1955年12月底，已经降到全国的中下游水平（入社农户比例占总农户60%～69%），这从一个侧面反映了其“煞车”的效果。

江苏省也采取了“煞车”政策。据江苏省委书记刘顺元介绍，一般是3次才“煞”下来。开始时，江渭清同志（江苏省委第一书记）和各地委在北京参加七届六中全会时，发现该省入社农户已经占总农户的40%。“主席指示要由发展转入巩固”。这里“主席指示”有两种可能：一是毛泽东在七届六中全会上的一般讲话，一是毛泽东对江苏省的个别指示。据笔者分析，前一种可能性大。于是，江渭清就打电话把这个指示精神告诉江苏省委，江苏省委又用电话转告各地委。但是，这些电话“只是在思想上动员了一下”，并没有采取切实行动。各地委书记从北京回来后，分别召开县委书记会议进行了贯彻。当时规定，“一般的停止发展，转入巩固，个别发展迟的地方，准备工作跟得上的还可以发展”。但是，到底哪里还有条件？准备工作是否跟得上去？各有各的解释，车还

① 《汇编》，第467页。
② 《汇编》，第467页。
③ 《汇编》，第468页。
④ 《山东省农业合作化》编辑委员会：《山东省农业合作化史料集》（上），山东人民出版社1989年版，第147～148页。

“煞”不下来。10月底，中共江苏省委召开第三次区委书记会议，江渭清直接到会向到会同志交代了“全面停止发展，全力转入巩固”，才算是基本“煞”下来了。①

其实，在10月底至11月上旬举行的江苏省第三次区委书记会议上，“煞车”也有一个逐步发展的过程。在10月26日上午召开了短暂的预备会议后，下午江苏省第三次区委书记会议正式开始。在10月26日下午2时到6时，27日上午8时到10时，江渭清花了6个小时，逐段讲解了毛泽东的《关于农业合作化问题》的报告，并把毛泽东在七届六中全会上的讲话和七届六中全会决议穿插其中，还联系江苏省的具体情况作了说明。②

在讲解关于注意质量时，江渭清说：“我省由3.5万个社发展到12万个社，现在就必须考虑社的巩固和提高问题。毛主席说，明年5月要召开会议比质量，所以合作社不仅要多而且要好。……大多数专区已完成计划或接近完成计划，有的已经超过了计划。要做巩固工作，要看这样两点：第一，要完成今年的秋收秋播计划，打下明年的增产基础；第二，要做到人不叫、牛不叫、猪不叫，更不能死人、死牛、死猪。毛主席在七届六中全会期间对牛的保养问题，讲了不下十遍。目前牛是我们的拖拉机，必须很好重视。……现在我们要生产比赛，要保养耕牛比赛。”③

当讲解到关于发展一批合作社之后，必须有一个停止发展进行整顿时，江渭清说：“我们江苏的合作化运动的第一个高潮已经过去了，现在要停顿一下进行整顿，不能采取狮子滚绣球的方法一直滚下去。”“必须指出，现在的停顿不是过去所谓的停顿，过去是不分条件不分时间空间一律采取停止发展，全力转向巩固的。现在全省入社农户已达总农户的百分之四十以上，首先把这些社巩固好，有条件的地区在做好准备工作以后，今冬明春再发展一批，到明年秋冬再形成一个高潮。目前有些干部不敢指导下面停止发展，这是不好的。应当指出，地委、县委都有刹（煞）车的权力。各地必须根据自己地区的情况特点很好地运用起来。”④ 看来，此时，江渭清已要求各地煞车，但是，他还想与过去全面停顿有所区别，因此留下一个尾巴，即有条件的地区还可以发展一点。

但是，合作社的发展仍在继续。据10月26日和27日的最新统计，江苏省合作社已发展到146 789个，入社农户占到49.31%，各专区已经超过原来的发展计划。而各地还计划发展20 502个社。在这种情况下，经过江苏省委研究后，10月28日下午，江渭清又召集各地、市、县委负责人开会，宣布省委的决定：“从现在起，在今后两三个月内要全面煞车，停止发展。如果不停止发展，就要犯错误。”⑤

为了论证全面煞车，停止发展的政策，江渭清首先搬出毛泽东的有关讲话，接着严肃指出：“现在的情况是我们不敢喊全面停止，全面巩固，怕犯右倾保守的错误。”为了解除干部的怕犯错误

① 《刘顺元同志在江苏省第3次区委书记会议上的总结》，1955年11月8日，江苏省档案馆馆藏江苏省委办公厅档案（3011-永久-65）。

② 《江渭清同志在中共江苏省第三次区委书记会议上的报告》，1955年10月26日至27日，江苏省档案馆馆藏江苏省委办公厅档案（3011-永久-65）。下面两段文字均引自该件。

③ 《江渭清同志在中共江苏省第三次区委书记会议上的报告》，1955年10月26日至27日，江苏省档案馆馆藏江苏省委办公厅档案（3011-永久-65）。

④ 《江渭清同志在中共江苏省第三次区委书记会议上的报告》，1955年10月26日至27日，江苏省档案馆馆藏江苏省委办公厅档案（3011-永久-65）。

⑤ 《江渭清同志在中共江苏省第三次区委书记会议的地、市、县委负责同志会议上讲话》，1955年10月28日，江苏省档案馆馆藏江苏省委办公厅档案（3011-永久-65）。

的顾虑，说明进行煞车的必要性。他指出："必须说明，现在情况与过去不同，过去是没有合作社的乡也喊冒进，有几个社的区喊冒进，参加社的农户占总农户的百分之几也喊冒进。现在全省已经乡乡有社，而且都有了不同程度的发展。有的乡已有几十个社，有的区已有几百个社，有的县已有几千个社……现在好多乡的合作化规划没有搞好，生产计划、劳动力组织都没有搞好；大部分常年互助组已经在第一个浪潮中发展完了，要继续发展和整理。有的地方已经发现三少：党员少、会计少、支部领导办法少，现在又添了互助组少。这些情况必须引起我们十分注意。"鉴于有些县"看到自己的地区的入社农户占总农户的百分之三四十，看到邻县已发展到占总农户的百分之六七十，感到自己不光荣"，江渭清特别地强调，"只要个个社的政策处理很好，都能增产，不死耕牛，即使是百分之三四十也是好的；如果发展到占总农户的百分之六七十后，牛也叫，人也叫，中农叫，贫农也叫，叫得满脑子发胀，这也是不好的。"他明确要求，"各县负责同志在今明两日打电话回去"，把这个精神说明一下。针对"有的县还打算继续发展"，他在肯定其动机的同时，提醒他们"要考虑效果如何"，并强调指出，"发展合作社不能比赛，保护耕牛、政策处理、经营管理等等都可以比赛，发展合作社必须是老老实实的，实事求是的。"他还要求各地根据毛泽东关于办社前准备工作的指示，"很好地进行检查"，并宣布到明年的三四月要"再来检查质量"。①

当时江苏省入社农户在30%以下的只有2个县和4个市；入社农户在30%～40%的有11个县和2个市，40%以上的有56个县和6个市。江渭清明确宣布，入社总农户在30%以下的县、市，应在做好巩固的前提下，做好继续发展的准备，到明年春天完成计划发展数字；入社农户在30%～40%之间的县、市，应全力巩固。如果确实（做好准备），可以发展几个。入社农户在40%以上的，今年年底前应停止发展。看来，江渭清在"煞车"上只留下一个很小的口子，允许2个县和4个市继续发展，其余的则差不多要求"一刀切"地"煞车"了。在结束讲话时，江渭清拍着胸脯说，"最后必须声明一下，现在宣布停下来，将来如要检查（讨）右倾保守思想，由我个人来检查（讨）"。②

根据江渭清在县委书记会议上的指示，各地委随即打电话回去，由在家的地委同志研究后立即通知各县。同时，各县县委书记则分头向区委书记进行了传达。由于江苏省采取了"一刀切"的办法，其"煞车"效果非常明显。截止到12月24日，江苏省入社农户才发展到52.7%。③ 也就是说，在10月底到12月下旬将近2个月时间中，江苏的入社农户增加不超过3%。

河北省虽未明确提出煞车，但提出要转入整顿巩固。10月20日，河北省委向中央汇报说：该省当年合作社发展的"数量问题已经解决"，质量问题是当前和今后一个时期内应该集中力量加以解决的问题；凡完成发展计划的地方，即"应转入进行整顿巩固工作"。④ 26日，河北省委又要求各地委、市委、县委依据《人民日报》10月25日社论《发展合作社必须注意质量》，"对本地区的

① 《江渭清同志在中共江苏省第三次区委书记会议的地、市、县委负责同志会议上讲话》，1955年10月28日，江苏省档案馆馆藏江苏省委办公厅档案（3011-永久-65）。

② 《江渭清同志在中共江苏省第三次区委书记会议的地、市、县委负责同志会议上的讲话》，1955年10月28日，江苏省档案馆馆藏江苏省委办公厅档案（3011-永久-65）。

③ 中共江苏省委农村工作部等：《中国农业合作化》（江苏卷），1999年内部发行，第233页。

④ 河北省委：《关于农业合作化运动第一次简报》，1955年10月20日，河北省档案馆馆藏河北省委办公厅档案（855-3-971）。

合作化运动加以检查”，并规定：在已完成并超过了发展计划的绝大多数地方，“应暂时停止发展，集中力量进行整顿和巩固工作”。11 月 5 日，河北省委向各地、市、县委指出，今后一个时期的任务，应当是“集中力量，全面地、深入地对新社和老社进行整顿巩固工作，提高新、老社的质量，保证实现增产。”“凡是已经完成或超过完成发展计划的地区，一般的应该停止发展，全力转入整顿巩固工作；还没有完成发展计划的少数县份，应当在发展中一面发展一面巩固，保证新社的质量和老社的进一步提高。”① 11 月 7 日，河北省委在给中央的《关于农业合作化运动第二次简报》中汇报了前述做法和部署，并说大部分地区正在全面地展开整社工作。有的地方对新建社提出了“五查”，即（1）检查规划是否切合实际；（2）审查社员自愿程度；（3）审查领导骨干；（4）审查社章、四评；（5）检查生产活动。通过“五查”发现问题，进行整顿。深泽县陈庄乡经过思想排队，发现有 7 户社员思想不稳定，就专门召开了新社员座谈会，经过讲明自愿互利政策，有 4 户提高了觉悟，自愿留社，有 3 户思想仍不通，允许退了社。有不少新社纷纷向老社请师傅、找帮手来订社章、搞四评。② 11 月 23 日，河北省委又一次向中央汇报了整顿合作社的情况。③ 由于没有采取“一刀切”的煞车办法，河北省的合作社仍有缓慢的发展。据 10 月底统计，入社农户为 60.8%，④ 到 11 月 10 日，入社农户达到 66.78%，⑤ 到 12 月初，入社农户为 71.43%。⑥ 但是，其发展速度是明显降下来了。

广东省当时合作社发展并不多，因而没有采取煞车政策，而是对发展计划实行一定控制。10 月 26 日中共广东省委发出的《关于目前合作社发展必须注重质量的指示》中指出，在大发展中必须注重合作社的质量，及时防止与克服单纯追求数量，忽视质量的倾向。“在目前发展数字不断突破的情况下”，为了保证搞好质量，“适当的控制发展的数量是完全必要的”。全省 1956 年春前发展社的数字，最后确定不超过 9 万个。“入社农户全省平均比例应占总户数的 35%，某些地区可以低一些，但最低不低于 30%，某些地区需要多发展一些，但最高不超过 37%（超过的均需报省委批准）。新建社秋前不超过 3.5 万个，搞不完拖到秋后。”⑦ 11 月 15 日，广东省委书记陶铸在该省第一次区委书记会议上作了《加强领导，保证质量，实现全省农业合作化任务》的报告。他批评某些同志存在着一些不够清醒的认识，“以为现在既然反对右倾，就不应该对合作社的发展有什么控制，

① 河北省委：《关于全面深入地整顿农业生产合作社的指示》，1955 年 11 月 5 日，河北省档案馆馆藏河北省委办公厅档案（855-3-971）。

② 河北省委：《关于农业合作化运动第二次简报》，1955 年 11 月 7 日，河北省档案馆馆藏河北省委办公厅档案（855-3-971）。

③ 河北省委：《关于当前农业合作化运动情况向中央的第三次简报》，1955 年 11 月 23 日，河北省档案馆馆藏河北省委办公厅档案（855-3-971）。

④ 河北省委：《关于农业合作化运动第二次简报》，1955 年 11 月 7 日，河北省档案馆馆藏河北省委办公厅档案（855-3-971）。

⑤ 河北省委：《关于当前农业合作化运动情况向中央的第三次简报》，1955 年 11 月 23 日，河北省档案馆馆藏河北省委办公厅档案（855-3-971）。

⑥ 河北省委：《关于农业合作化运动向中央的第四次简报》，1955 年 12 月 9 日，河北省档案馆馆藏河北省委办公厅档案（855-3-971）。

⑦ 中共广东省委农村工作部等编：《广东农业合作制文件资料汇编》，广东人民出版社 1993 年版，第 181 页。对此，有人断言，“看来，广东省委这时还是比较‘冷’的。”[《凯歌行进的时期》，第573 页；《中国农村社会经济变迁（1949—1989）》，第 211 页。] 言下之意，似乎只有广东省委比较特殊。其实，许多省何尝不是这样？这是因为他们没有看到七届六中全会后毛泽东一度强调注意质量和进行整顿的论述，因而把具有一定普遍性的现象看成是极为特殊现象。

以为只要坚决反对右倾，什么都不成问题，工作基础、主观力量、客观条件均不应再加考虑，要发展多少就有多少。”他还强调指出，广东省规划到1956年春前发展到9万可能到9.5万个合作社，入社农户达37%可能到40%的比例，“应该说到了限度了，在速度问题上不能再说右倾了，再多了就会超过限度成为‘左倾’了。”①

此外，还有一些合作社发展不多，甚至还没有发展的省委和地委，在准备大发展的同时，也对合作社的质量给予了一定的关注。如1955年11月2日，甘肃省天水地委扩大会议在传达和讨论党的七届六中全会扩大会议精神时，就明确提出“要保证合作社的质量，领导上还应抓紧必要的批准手续”，并规定“一个社的建成要有一定的建社工作步骤和50天左右的工作时间”。②

在一些省停止发展进行整顿或实行一定的计划控制的过程中，毛泽东于11月1日代表中共中央起草了《中央关于农村工作的季节安排问题的指示》。该指示转发了江苏、山东两省关于在发展了一大批合作社之后，如何完成整顿工作，使它们巩固起来的报告，并指出这两省在夏季完成建社准备工作，秋季完成建社工作，冬春两季完成整社工作的季节安排是有利的，全国各地“都可以这样做”。该指示指出，“按照计划发展一批合作社后，及时宣告停止发展，使运动进入整顿阶段，这是完全必要的。”该指示还强调，一些县、一些区和一些乡，由于种种原因，合作社发展少一些，也“不要紧”，在以后几年逐步跟上去就好了，“不要怕被批评为右倾机会主义”。“从现在起，全国各地的要求，主要是合作社的质量问题，而不是数量问题。”③ 随着这个指示的下发，各地又进一步推行整社工作，对农业合作化的发展进行某种控制。如11月20日，中共唐山地委就曾经专门向河北省委汇报了落实中央关于农村工作的季节安排的具体措施。④

综上所述，随着农业合作化的大发展，在七届六中全会扩大会议后，毛泽东开始更加关注合作社的质量，并把合作社的整顿提上议事日程。于是，一些省采取停止发展进行整顿，一些省则对合作社的发展计划实行一定的控制。毫无疑问，这对于中国农业合作化运动的发展具有一定的积极影响。当然，由于许多省并没有完成1956年春前的合作社发展计划指标，仍在大力发展合作社，自然就没有进行整顿。许多省虽然对于合作社的质量给予一定的关注，有些还实行了某种计划控制，但是，在它们仍然致力于大发展的前提下，其作用也是相当有限的。

更为遗憾的是，在11月中下旬后，毛泽东又再次反复强调反对右倾保守思想，还制定了农业发展纲要“四十条”，并编辑出版了《中国农村的社会主义高潮》，从而掀起了中国农业合作化运动的全面高潮。于是，在1955年10月后一度出现的短暂的整顿和有限的控制很快就烟消云散了，成为农业合作化高潮前的一个小小的插曲。

（作者：江苏省社会科学院历史研究所副研究员）

① 中共广东省委农村工作部等编：《广东农业合作制文件资料汇编》，第192页。

② 《甘肃省农业合作化史》编写办公室：《甘肃省农业合作制重要文献汇编》（第一辑），甘肃人民出版社1988年版，第229页。

③ 《汇编》，第465页。

④ 中共唐山地委：《关于执行中央“关于农村工作的季节安排问题”的指示向省委的报告》，1955年11月20日，河北省档案馆馆藏河北省委办公厅档案（855-3-971）。

毛泽东改正1954年购过头粮的错误*

张积毅

1956年4月25日，毛泽东在《论十大关系》中说："我们同农民的关系历来都是好的，但是在粮食问题上曾经犯过一个错误。一九五四年我国部分地区因水灾减产，我们却多购了70亿斤粮食。这样一减一多，闹得去年春季许多地方几乎人人谈粮食，户户谈统销。农民有意见，党内外也有许多意见……调查不够，摸不清底，多购了七十亿斤，这就是缺点。我们发现了缺点，一九五五年就少购了七十亿斤，又搞了一个'三定'，就是定产定购定销，加上丰收，一少一增，使农民手里多了二百多亿斤粮食。这样，过去有意见的农民也说'共产党真是好'了。这个教训，全党必须记住。"① 很显然，毛泽东是把向农民多购70亿斤粮食作为影响党和农民关系的错误来看待，作为一个深刻的教训来吸取。现根据我见到的材料，对这件事的有关情况，简述如下：

一、1953年底在全国实行粮食统购统销

对粮食实行统购统销，是由1953年粮食供销全面紧张引起的。实行这一政策前，粮食市场是自由市场。农民上缴农业税后，粮食可以自由上市。经营粮食除国营粮食公司和供销合作社外，还有私人粮商。粮价稳定是物价稳定的核心。遇到灾年和国家建设需要较多的粮食时，私人粮商就会同国家争夺粮食，哄抬粮价，带动整个物价上涨。大规模有计划搞经济建设开始的第一年，1953年粮食供销出现了紧张的局势，主要表现为收进的少，销售的多。七八九这3个月共收进98亿斤，销售了124亿斤，收销相抵，差额为26亿斤。各大城市粮食库存减少，北京、天津的面粉不够供应。这两个城市需要面粉16亿斤，当时实际掌握到的只有10亿斤。东北等粮食产地又受灾，预计减产70亿斤，这就加剧了粮食形势的紧张。因为这些，已引起不少地方粮食市场开始出现私人粮商囤积粮食等混乱现象，特别是受灾地区和粮食脱销地区较为明显。如不采取有效措施纠正，势必出现严重的粮食供销脱节局面，影响国家经济建设和人民生活。

面对严峻的粮食形势，毛泽东要中财委拿出解决办法。1953年国庆之夜，党中央最高领导层研究如何解决这一问题，当时中央主持财经工作的陈云，经过长时间的思考和分析研究后，建议在农村实行粮食征购，在城市实行粮食配售，就是对余粮农民实行计划收购，对缺粮人民实行计划供应，禁止私商自由购销粮食（简称粮食统购统销），毛泽东当即表示同意。第二天，毛泽东主持召

---

* 张积毅《毛泽东思想若干闪光点》，中央文献出版社，2010年1月。

① 《毛泽东文集》第7卷，人民出版社1999年6月版，第29页。

开中央政治局扩大会议，专门讨论粮食统购统销问题，会议通过了这一重大举措。10月16日，中共中央作出《关于实行粮食的计划收购与计划供应的决议》。粮食统购统销从当年12月初开始，在全国范围内（除个别地区）普遍实行。此举在当时是一个正确的不可避免的选择。

二、1955年春季许多地方“闹粮荒”

1954年粮食统购统销工作全面展开，由于长江、淮河地区和河北省遭受严重水灾，全国粮食生产计划没有完成，粮食收购却比原计划多购了不少，加上农业合作化发展过快，引起好多农民的不安，1955年春季许多地方“闹粮荒”。

1955年2月中央召开的全国财经会议，根据各地反映，认为当时农村的情况相当紧张，不少地方农民大量杀猪、宰牛，不热心积肥，不积极准备春耕，生产情绪不高。产生这种情况有多方面的原因，主要是因为农民感到对统购统销工作无底，增产对自己没有好处，收购的过多，给自己留用的太少，不能满足他们的实际需要。

1955年3月11日，时任民主建国会主任黄炎培在给毛泽东的信中说：最近有人从家乡江苏川沙县来，反映一般居民生活苦，尤其是农民特别苦。农民说，我们吃不饱，哪有力气去种田呢？而一些村干部总疑心农民家有藏粮，致使民间有怨声。同年4月26日，他再次给毛泽东写信，反映农村粮食问题，说：根据最近收到的各地人民来信，最严重的还是农村粮食问题，我曾选取可靠性较高的5封信送给陈云同志，并与其长谈达4小时。

1955年4月24日，时任民主建国会常委彭一湖给国务院写信，反映他家乡所在的湖南东部地区农村，由于1954年统购给农民留下的粮食过少，使农民吃不饱，体力不足，情绪低落，影响了生产，农民无力养猪，副业也受到打击。

1955年5月中旬，陈云收到家乡江苏青浦县两位农民的来信，反映农村粮食紧缺，生产受到严重影响等情况。

中央警卫团战士胡全德，在他1955年5月写的关于河南省兰考县小胡庄乡北孙庄村的调查报告中说，由于连年水灾，该村大多数群众，尤其是贫农没有余粮，缺粮户达50%。今春没有东西吃，只好吃树叶。造成这种情况的主要原因是发放的购粮证太少，困难户太多，定产过高，实际产量达不到。

中央警卫团战士李好学，在他1955年5月写的关于河南省新蔡县新化乡的调查报告中说，该乡连年受灾，缺粮户增多，私商从中牟利，粮价上涨，有些人为买粮食，把农具、日用品卖光了，农民的思想波动很大。在统购时，由于去年收成不好和部分干部工作中的偏差，使许多农户把口粮都卖了。

《人民日报》总编室根据1955年6月中旬读者来信反映整理的《山西和顺、昔阳两县农民缺粮情况严重》的材料中说，这两个县农民缺粮情况十分严重，不少农民放弃了生产，成群结队到外地投亲或行乞。由于粮食问题得不到解决，农民怨言很多。

这些情况，正如毛泽东所说，“许多地方几乎人人谈粮食，户户谈统销”。

三、采取多种措施安定农民生产情绪

农村的紧张情况，引起了党中央和毛泽东的重视，除了对反映农村粮食问题的来信和材料分别进行处理，或答复来信人中央已采取措施解决，或批给有关省的领导派人调查处理，或由中央领导人亲自前往了解情况，或批发中央召开的部分省市委书记会议参考外，更重要的是在全局上采取一系列解决措施，主要的有：

1. 切合实际地安排新一年度的粮食征购指标

1955 年 3 月 3 日，中共中央、国务院颁发了《关于迅速布置粮食购销工作，安定农民生产情绪的紧急指示》（以下简称《紧急指示》），确定本年度（1955 年 7 月至 1956 年 6 月）粮食征购指标为 900 亿斤，大体上维持上年度的征购水平。文件认为，这个指标是适当的，因为 1955 年粮食产量将比 1954 年超过 200 余亿斤；去年遭受重灾的省份，如果今年年景正常，估计可多征购 30 亿斤左右，所以实际上今年全国收购任务是减轻了。同年 5 月 9 日，毛泽东召集周恩来、李先念、邓子恢等开会，研究粮食问题和合作化问题。毛泽东说："粮食，原定征购九百亿斤，可考虑压到八百七十亿斤。……粮食征购数字减少一点，换来个社会主义，增加农业生产，为农业合作化打下基础。"① 5 月 17 日，他在华东、中南、华北 15 个省市委书记会议的讲话中强调："'过头粮'，在购粮的时候不要有了，要搞得适当。"② 6 月，他又提出，把征购任务减到 860 亿斤的水平。8 月初，中央关于建立制度、控制购销、改进粮食工作的指示中提到，本年度国家征购粮食的数量比上年度实收数减少 64 亿多斤。当时中央一再压低粮食征购指标，就是为了消除农民的不满，提高他们的生产积极性。

2. 对粮食统销工作进行补课

1955 年 2 月，陈云在全国财经会议上的发言中指出：各地应根据不同情况，对去年粮食统销工作做得不好的地区作程度不同的补课。卖粮过头的、销数定得少的农户，将来过不去，国家还须供应。此后，出现了粮食销量猛增的情况。同年 4 月 28 日，中共中央、国务院发出《关于加紧整顿粮食统销工作的指示》（以下简称《指示》）。《指示》指出：许多地区三四月份粮食销量大大超过国家规定的指标，而且这种趋势还在发展。粮食所以超销，主要是农民对粮食统购统销有疑虑，缺粮的农民在买粮，不缺粮的也在买粮，该少买的要多买，该迟买的要早买，已经买了的还要买，使一些真正缺粮的农民反而得不到切实的保证。为此，要求粮食超销省区，深入发动群众，进行充分的政治工作和群众工作，使群众明了国家的政策和解决粮食问题的真正出路。《指示》还规定了解决粮食供应问题的具体方法。5 月 26 日，毛泽东对整顿粮食统销工作提出："催督各地务必全党动员，在一切乡中普遍做好定销工作，压低总供应量，充分供应少数真缺粮户。"③ 6 月 16 日，召开全国粮食会议，中央提出"坚决压缩销量，适当减低购量"的方针。陈云在会上发言强调：粮食征购的任务不能再多，哪里多收一点，哪里就容易出乱子。今后应下决心在压缩销量方面做文章。城

① 《毛泽东传（1949—1976）》，中央文献出版社 2003 年 12 月版，第 357 页。
② 《毛泽东传（1949—1976）》，中央文献出版社 2003 年 12 月版，第 378 页。
③ 《建国以来毛泽东文稿》第 5 册，中央文献出版社 1991 年 2 月版，第 135 页。

乡都要节约粮食。

3. 对粮食实行“三定”

1955年1月底，陈云向中央领导人提出，对农村粮食的统购统销要“三定”，即定产、定购、定销。同年3月3日，《紧急指示》要求对粮食统购统销工作，必须进一步采取定产、定购、定销的措施，使农民知道自己生产多少，国家收购多少，留用多少，缺粮户供应多少，做到心中有数，情绪稳定，以利于缓和农村的紧张情况，促进农业生产的发展。5月17日，毛泽东在15个省市委书记会议上的讲话中谈到，粮食“征购减下来，三年不变。以后三年，要做到年年有余。”① 之后，他曾提出，秋收以前，是否能完成粮食“三定”？7月21日，陈云在全国人大一届二次会议上关于粮食统购统销问题的发言中指出：“政府必须坚持粮食统购统销政策，同时逐步地改进工作，采取一些必要的措施来和农民成立协定，以便进一步地巩固和加强工农联盟。”“关于定产、定购、定销的政策和办法，就是我们和农民成立协定的基础。”② 8月5日，国务院颁发了《农村粮食统购统销暂行办法》。这个文件规定：国家对余粮户分别核定粮食交售任务进行统购，对缺粮户分别核定粮食供应量进行统销，对不余不缺的自足户不进行统购统销。文件着重讲了三定：定产，即农户的粮食产量，按粮田的单位面积常年产量归户计算，自1955年起，3年不变。定购，即国家向余粮户统购粮食，一般应占其余粮数量的80%～90%；按单一比例规定购率，不累进。定销，即对缺粮户的粮食供应，根据何时缺粮何时供应的原则，分别评定各户开始供应时间和分月供应计划，缺粮户买粮和粮站供粮都必须遵守计划。余粮户完成交售任务后剩余的粮食，自足户因增产节约多余的粮食，都有权自由处理，可以在国家粮食市场进行交易。“三定”的办法，获得了广大农民群众的拥护。有的农民说，“三定”实际是“四定”，有了定产、定购、定销，心也就定下来了。

4. 重视对粮食统购统销有关情况的调查

1955年中央在解决粮食问题过程中始终贯穿着调查研究的精神。毛泽东让身边警卫战士利用回家探亲了解农村有关情况，对他们回来写的调查材料，不但阅看，还写了批语。前面提到的中央警卫团两位战士写的调查报告，都经过毛泽东阅批。毛泽东在5月17日召开的15个省市委书记会议上，征询了大家对粮食等问题的意见，取得了更多的材料，也发表了自己的看法。对此，他深有感触地说：“凡重要问题不厌其详地征求意见，总是有好处的。”③ 5月28日，他为中央起草了《关于调查粮食问题的各项情况的通知》（以下简称《通知》），列了6项调查内容：（1）去年定产偏高的、偏低的、恰当的各占百分之几；（2）缺粮户、自足户、余粮户各占百分之几；（3）对缺粮户供应，供应真缺粮户、假缺粮户各占百分之几，供应后者耗费粮食若干；（4）叫唤缺粮的，真缺的、假缺的各占百分之几；（5）销售补课工作，已做好的乡或户、未做好的乡或户各占百分之几；（6）各省市下一粮食年度可减销粮若干。《通知》提出，以上各项，如因时间来不及，可根据若干可靠的典型材料加以估算，于7月5日前先行报来，精确调查留待下半年做。这项工作，对中央掌握统购统销全面情况至关重要。上半年，陈云两次到江苏青浦县练塘区进行农村调查，访问家乡的老熟

① 《毛泽东传（1949—1976）》，中央文献出版社2003年12月版，第387页。

② 《陈云文选》第2卷，人民出版社1995年5月版，第277页。

③ 《建国以来毛泽东文稿》第5册，中央文献出版社1991年2月版，第136页。

人和普通农民，分别听取村、乡、县和地区各级领导的汇报，主要了解农民生活、生产和粮食统购统销等情况。这一年，他在几次会上关于粮食统购统销问题的发言，切实可行，与他进行深入的调查研究有密切关系。5月，在全国人大一届二次会议召开前，中央提出，人民代表到各地视察工作，粮食统购统销被列为在乡村视察的首项内容，这有益于中央更好地在7月召开的人代会上了解关于统购统销的情况。经过调查研究，当时中央认为，粮食统购统销工作问题不少，大体还好。1955年春农村出现紧张情况的主要原因，是1954年国家多购了粮食。叫喊缺粮人中，确有一部分人是真正缺粮的，也有不少人并不缺粮，而是对统购统销的办法不习惯，心存疑虑。统购统销工作有错误、缺点，须要改进和完善，但这一政策仍须坚持，不能改变。

5. 强调解决粮食问题的根本出路在于发展农业生产

1955年3月3日的《紧急指示》指出："粮食紧张的根本原因在于生产不足，而发展生产则是解决粮食问题的决定环节。""农村工作的一切措施，都必须围绕这一环节，都必须有利于生产，有利于发挥农民的生产积极性，都必须避免对这种积极性的任何损害。"① 同年5月，毛泽东在谈粮食统购统销问题时曾说："粮食问题根本上要从生产解决。"② 7月21日，陈云在全国人大一届二次会议上的发言中谈到："要根本改善我国的粮食状况，当然必须增加粮食的产量。"③ 强调粮食问题的根本解决依赖于农业生产的发展，有益于稳定农民生产情绪，发展农业生产。

6. 狠抓解决粮食问题的方针和措施的落实

1955年中央不仅确立了解决粮食问题的指导方针和一系列措施，还通过检查督促和交流经验等，促使其落到实处。5月26日，毛泽东见到安徽省潜山县模范乡整顿粮食统销经验的材料，其主要经验：一是依靠积极分子摸清情况，使干部心中有数；二是进行深入细致的教育，具体解决思想问题。结果农民自动卖出节余粮食，使群众安了心，生产有了劲。他在此件上批示："可用中央名义写一简短指示，转发安徽这个经验，叫各地普遍仿办"。④ 黑龙江省委、省人委于7月15日给中央、国务院报送了关于全省粮食会议情况的报告。报告说，会议传达了全国粮食会议精神，与会同志一致拥护中央提出的压缩销量，减低购量的方针，表示一定要从全局出发，坚决把粮食销量压缩下来。报告并讲了压缩粮食销量的若干具体办法。报告还谈到，会议强调了任务要服从政策的原则，加强宣传教育工作，防止急躁简单、强迫命令等偏向。7月28日，毛泽东为中央起草了转发这份报告的批语，指出："粮食问题极为重要，各地必须抓紧处理。现将黑龙江报告一件，发给你们参考。"⑤ 9月1日，毛泽东在一份登载江苏省"三定"工作经验的《粮食简报》上写了批语。简报说，江苏在粮食定产、定购、定销工作中各乡的共同特点是从生产入手，而后又归到生产上。具体的工作步骤：第一步是训练骨干，打通思想，掌握材料。第二步是开好乡人民代表大会和村民会，宣传政策，讲解做法和弄通计算的根据，公布留粮标准和征购方案。第三步是由村到户进行"三定"，这是整个工作的关键，而定产又是重要环节。简报还讲了江苏定产的4种办法。毛泽东在

① 《建国以来重要文献选编》第6册，中央文献出版社1993年12月版，第77页。
② 《毛泽东传（1949—1976）》，中央文献出版社2003年12月版，第377页。
③ 《陈云文选》第2卷，人民出版社1995年5月版，第276页。
④ 《建国以来毛泽东文稿》第5册，中央文献出版社1991年2月版，第135页。
⑤ 《建国以来毛泽东文稿》第5册，中央文献出版社1991年2月版第226页。

批语中指出："此类经验，宜用电话向各省市通知，此类简报也可以用最快办法送去各省市。总之，迅速交流经验，及时指导运动，随时发扬成绩，纠正错误，最为重要。"① 为了迅速交流当年粮食"三定"工作经验，国务院责成第五办公室于9月12日召开第一批粮食工作汇报会，由湖南等九省派人参加。9月10日，毛泽东在召开此会的通知上给陈云写了批示："这种分批短期检查工作的办法很好，请告一切财经部门仿行。"② 9月13日，他又同陈云、李富春听取了这个会议的情况汇报。鉴于某些干部对粮食"三定"工作有盲目乐观和简单急躁情绪，中央于9月10日发了防止简单粗糙，深入开展农村"三定"工作给各省、自治区、直辖市党委的电报。11月25日，中央还就粮食"三定"及统购工作后期应注意事项，给各省、自治区、直辖市党委发了电报。这些都显示了中央当时抓好农村粮食工作的决心和力度。

由于党中央和毛泽东重视从1954年购过头粮的问题中吸取教训，采取得力措施改进粮食统购统销工作，使1955—1957年农民生产情绪比较稳定，农业生产逐步发展，粮食产量年年增加，特别是1955年农业生产获得了丰收，农业总产值比1954年增长7.6%，粮食总产量达3 679亿斤，比上年增加289亿斤；1957年我国第一个五年计划超额完成。这些工作赢得不少群众的称颂。

从以毛泽东为核心的党中央处理1954年购过头粮的问题中，使我们受到一些启迪，主要是：(1) 工作中出问题是很难避免的，关键是正视问题和解决问题。要做到这样，必须具有对人民利益高度负责的精神。中央正视购过头粮的错误，并从中吸取教训，改进工作，就是这一精神的体现。(2) 情况明，方能方法对，要把调查研究放在解决问题的首位。1955年党和国家关于解决粮食问题的重要决策和颁发的文件，都是在调查研究的基础上形成的。(3) 正确处理同农民的关系，既要考虑到长远，即支援工业和其他事业的发展，又要照顾到当前，即保证农民的吃穿用。就是要做到统筹兼顾，只顾一头就要出问题。1955年中央提出坚持和改进粮食统购统销制度，在当时就体现了统筹兼顾的精神。(4) 农村一切工作都要有利于发展生产力。中央提出解决粮食问题根本出路在于增加粮食产量，就是要使统购统销工作对农业生产不能有任何消极影响。强调这个指导思想，对发展农业生产起到了积极作用。问题是怎样加速农村生产力的发展？当时毛泽东主张，减少粮食征购数量，以缓和同农民的关系，以便在农业合作化方面加快步伐，发展农业生产，从根本上解决粮食问题。实际上1955年春季农村出现紧张情况，合作化步子过快也是重要原因。长期的实践证明，只有真正按照农民的意愿和生产力发展的要求，改革农村生产关系或经济管理体制，才能充分调动农民生产积极性，更好地发展农村生产力。

（作者：中央文献研究室离休干部）

① 《建国以来毛泽东文稿》第5册，中央文献出版社1991年2月版第337页。

② 《建国以来毛泽东文稿》第5册，中央文献出版社1991年2月版第337页。

具有中国特色的农业合作社经营管理制度*

——包工包产

吴天锡

1952年春季，全国主要农区在土改胜利完成的基础上，开展起农业互助合作运动。华北、东北等土改完成较早的老区，试办了以土地入股为特点的农业生产合作社，约4 000个，入社农户5.9万户，个别地方还试办了高级社。

一、川底村的常年包工包产制度

1952年春夏之交，我随当时中宣部领导范长江同志去山西省平顺县川底村郭玉恩农业生产合作社，调研该社的经营管理问题。范曾于1951年冬季到郭社做过调研，总结了农业社在发展集体经济和改善农民生活等方面的优越性，研究了如何组织动员农民入社、土地分红、生产资料折价、自留地和公积金等政策问题。调查报告在《人民日报》上发表以后，引起广泛注意，但调查报告是在秋收分配时写的，没有来得及对该社经营管理问题进行调研。因此，再次来到川底进行补充。

川底村位于太行山区的抗日根据地，早在1943年即已建立互助组，进行集体劳动，从未间断。截止到1950年底，川底全村94户，366口人，拥有耕地724亩，组成了10个互助组。当年全村亩产粮食316斤，已超过战前水平50%。

1951年4月，郭玉恩互助组和郭小有互助组合并，试办以土地入股分红为特点的农业生产合作社，共18户，入社耕地107亩，自留地45.7亩（其中已种冬麦的地，系各户自种，仍留户收管）。入社耕地统一经营，分两个队组织生产。当时正值春耕忙季，社委会把种地一段时间的农活及其用工数量都估算出来，经社员大会评议，分别包给小组或个人。包工组内再按出勤劳力的底分记工。这种从互助组时就按活计算的“小包工”，在当时执行中发展而成“季节包工”，在夏季田间管理和秋收时间一直沿用下来。包工制调动了社员的劳动积极性，一时出现劳力剩余情况，于是决定8名有一定技术特长的劳力，组成副业队外出打工（如做木匠活、泥瓦匠活等），交钱记工，在社内按工分分口粮。这年全社粮食亩产423斤，比建社前增产8.5%，高出本村单产42%。但统一分配结果，原来生产基础较好，公共财产和公积金较多的一队（以郭玉恩互助组为基础组成），社员增收幅度普遍不如以郭小有互助组为基础组成的二队。一些社员对此有了意见。

* 本文收入内部报告《共和国农业史料征集与研究报告》第13集，2006年。

1952年春季，郭社扩大为46户，入社耕地面积达279.6亩，生产队也分为4个，新、老队社员间的财产、生产劳动收入差别更为显著。接受上年分配教训，再参照副业队收益分配办法，社委会议出个“包产”办法，即参照各队原有的生产条件（如土质、坡度、坡向、地块远近、保墒条件等）经营条件（投工和投本等）和常年产量等因素，提出各队预期达到的产量指标，经过社员反复讨论评定，确定各队承包产量总数。在讨论中社员进一步提出，在多年实行“季节包工”的基础上，估算出各队全年应投工数量，再经社员讨论，把包工、包产结合起来，包死不变。如果某队经营得力，超过包产数量，可从超产部分提取一半作为奖励，其余部分仍交社统一分配。调查中，郭玉恩等认为：“合作社是从祖祖辈辈的个体经营中脱胎而来的。在统一经营中，可不能骤然否定原来经营中所形成的收入差别，要明白地显示承认差别，然后通过自觉的集体劳动逐步消灭这种差别。这样对社员和附近未入社的农民也有教育作用。”川底村推行的常年包工包产制，不仅在计算劳动报酬上贯彻了“按劳分配”原则，明确了社员在集体劳动中的责任和义务；而且通过“承认差别”原则，正确处理了社员间、队和队间以及社队之间的新关系。推行常年包工包产制以后，川底村的劳动效率进一步提高，大量的剩余劳力投向副业和农田基本建设。①

二、结合当地实际情况，推广苏联经验

就在这个时期，中央组织各省、市、自治区、直辖市农业劳模、试点合作社主任等组成“农民代表团”，到苏联参观集体农庄，带回了集体农庄的经营管理经验，并结合各代表所在当地实际情况，在部分社里试行。重点是推行劳动定额制，以按件计酬方式，贯彻实行“按劳分配”的原则。1954年，苏联政府派来当时任苏农业部副部长的康敏斯基来我国担任农业部总顾问。康曾在苏集体化时搞过集体农庄的经营管理工作，后又参与《全苏集体农庄工作定额和报酬标准草案》的草拟和推行工作，是著名的农业经营管理专家。他来部后曾几次建议“中国政府尽早制定一个全国统一的合作社劳动定额和报酬标准”。

我在康来华前后也曾先后几次赴苏联参观学习过合作社，做过有关的调查。发现各地在引进苏联经验时，都十分注意结合当地的实际情况和需要，融入了不少具有本地特色的管理办法。

1954年冬季，在山西省平川县西沟村（访苏）劳模李顺达领导的金星合作社，李介绍说：“苏联搞的那套办法太复杂；人家是在机械化条件下实行的，全国就一套办法，苏维埃会议通过，统一实行。我们的情况不同，这里尽是大山，耕地分散零碎，干活全靠人力，没法学他们的九级定额经验。别说搞一个全国统一的，就是一个县也搞不成。但我们这里推行的‘小包工’，是按一道道工序估算出所用工数和工分报酬定下的，其做法和道理与苏联做法类似，但不如他们做得那样科学、细致。”参照苏联经验，金星社对“包工”办法作了改进：强调确定包工额度时，尽可能搞一下“试工”，以期包得准一些；强调“包工”额度要经由社员大会讨论确定，不再搞双方协议；强调干完活后，还要有专人按包工质量要求实地检查验收，合格后再记工分。金星社把这种改进后的“包工”叫“定额包工”，执行后社员反映很好。

① 在调查开始后不久，范长江同志被召回家。调查完成后由省、地同志整理，并在《山西日报》上发表。

1955年秋后，我又去黑龙江省克山县民立村曙光农业生产合作社经管调研。该社成立于1952年，社长杨显亭也是访苏团成员，他回国后，移植了苏联经验，按照当地已推广使用新式马拉农具的情况，推行了以7级工作定额为基础的常年包工制，经过将近3年的实践，逐年加以修正和补充，把全部农活从秋耕、送粪、选种算起直到收割、打场、脱粒入库，一共是169道工序，再按各道工序农活的轻重、技术高低及其重要性分为9级，评定工分，1级定为5分，2级6分，……9级13分。干每件农活时，都先找一个中等劳力试工，按规定质量一天所完成的数量作为工作定额；每完成一个工作定额，再看这件活属于几级，即记以工分报酬，如果超过定额数量，按超过比例加分。这套做法完全和苏联一样，只是由于当地、当时没有实行机械化，因此报酬标准不一样。苏劳动报酬级差0.25个劳动日，最高2.5个劳动日，最低0.5个劳动日，相差5倍；曙光社级差0.1个劳动日，最高为最低的2.6倍，充分反映了机械操作和人工操作的差别。这套办法在曙光社推行得并不顺利，主要是办法烦琐，群众掌握不好。执行一年以后，社委会把各道工序的工作定额和报酬标准，列表印出，人手一本，像字典一样，凭以记工。再一年以后，群众仍觉麻烦不便，于是把工作定额和报酬标准作为包工参考，分别包给小组（个别活落实到个人），组内仍按底分记工，称为以分级工作定额为基础的常年包工制。

据了解，苏联按件计酬的经验在各地试行时，曾风靡一时。广西、湖南、河北、北京、江苏等地都打算制定全省（直辖市）统一的工作定额和报酬标准，但在分级、级差等具体问题上，有不同的见解。河北方案主张分7级，级差0.1～0.2个劳动日；南方省份认为，农耕情况复杂，有水田、旱地之分，还有一年两季、三季和间作的，主张分级多一些，级差不宜过大。试行结果，有干部蹲点帮助和督促的，推行了曙光社初期的做法，多数社则类似金星社的做法。

1955年，河北晋县周家庄曹同义领导的合作社把这两种办法结合起来，创造了一种为广大社员乐于接受的办法，即按曙光社办法制定出全社统一的工作定额和报酬标准，把全部农活分为13级，级差1个工分（即0.1个劳动日），以此为准计算出各队常年包工数量；在分季节执行时，则推行“定额包工”做法，把每样农活应记工分插牌落实到每块地里，验收合格后按牌记以工分。该社以种植粮棉为主，规模较大，1955年即达120多户，队和队差别较大，因而又推行了郭玉恩式的常年包工包产制，效果很好，附近群众纷纷去他们那里取经。1956年，合作局派我和郭宗岳同志一起去该社做了调研，肯定了该社做法，并同中央新闻电影制片厂合作，把该社经验浓缩为40分钟的短片，1957年在全国农业展览大会上放映，效果尚好。

三、包工包产制越来越多地为农业合作社推行，并为全国人民代表大会通过的《农业生产合作社章程》中予以肯定

从1953年起，以推行各种包工制为主、逐步过渡到常年包工包产的经营管理制度，迅速在东北、华北老区农业合作社里推开。1954年初，我在山西参加该省劳模会时，该省宣称：“在试办的农业合作社中，80%以上推行了各种形式的包工制；一些规模较大的社还试行了包工包产的办法”。同年4—5月，我随赵纲处长在山东烟台等地区调查，该地区约60%～70%的社推行了季节包工和常年包工制，其中有许多社还推行包工包产制。1957年2月，河北省农业厅报告，“在全省十个专

区统计，有 12 417 社推选了包工包产，占统计社数的 52.82%”，“其余的社也都推行了不同形式的包工制。”东北 3 省在同期，也有类似的专门报告。

在南方，农业合作化运动开展较晚的地区，各种形式的包工制和包工包产制，也在广泛推行。据湖北省 1954 年 6 月统计，在黄冈、孝感、荆州、襄阳、恩施 5 个地区 689 个社中，有 78%的社推行了各种形式的包工制，推行包工包产的 6 个社，占 1%；又据该省浠水县老区统计，已有 65 个社推行了包工包产制（占全县社数 9%）；湖南、广西、江西、广东等省 1954—1955 年报告，“推行各种包工制的社已占其总社数的 60%～70%，1/3～1/2 的大社（100 户以上）推行了包工包产制。”四川、云南、贵州等省 1955 年底以前的报告，推行各种包工制的社已占其总社数的50%～60%，少数地区还推行了包工包产制（如：四川内江地区报告已有 500 多社推行了包工包产制，占 30%左右）。

总的形势看来，在 1956 年前，包工制已在各地全面推开，形式多样，初步排队就有 16 种之多。包工制正由小包工、季节包工向常年包工演进。部分办得较早较大的社还实行了包工包产制。

我们把这些情况介绍给总顾问康敏斯基同志时，他饶有兴趣，多次提问。当我们谈到包工包产时，翻译译不出“包”字。经详细叙述了包工包产做法后，康先理解“包”和“计划”意义相近；再听下去，又理解“包”是一种责任制；当听到“包工工分”时，又觉得应是一种报酬形式。交谈了几小时，他仍未确切地掌握“包”的含义。后来他到华北、西南等地实地考察，才大体明白过来。他说：“这（包工包产制）真是中国的一种独特的创造。”

1955 年 11 月 9 日全国人民代表大会第 24 次常务委员会通过的《农业生产合作社示范章程》第 55 条规定：“为了把劳动报酬上的按件制同劳动组织上的责任制结合起来，农业生产合作社应该推行包工制……”第 56 条又规定：“农业生产合作社应该尽可能从实行耕作段落的和季节的包工制（小包工），逐步过渡到实行常年的包工制（大包工）……”1956 年 6 月 30 日第一届全国人民代表大会第三次会议通过的《高级农业生产合作社示范章程》的第 33 条还规定：“农业生产合作社可以实行包产和超产奖励……”包工包产制已成为具有法制作用的一种合作社经营管理制度。

1956 年夏末，我在农业部干部学院举办的农业生产合作社经营管理干部培训班讲课时，在介绍了劳动组织、工作定额和报酬标准等情况后，专门讲了一节包工包产的课，认为：“包工包产办法出自我国劳动农民的生产实践，它虽根于解放前的习惯做法，但经过改造后的‘定额包工’，已经是‘按件计酬’的范围，是向完全按劳分配过渡的一种好办法，也体现了当时生产实践中的劳动差别，根据农民掌握的‘有差别，不悬殊’的原则，定额包工制中最强劳力和最弱劳力同样劳动一天，工分报酬差别 1.5～2.5 倍。包产制则更多地体现了‘承认差别’的原则，这也是‘级差地租’理论所指明的道理。‘包’是一种表述责任的方式，它体现了社员间、社队间的各种关系，对于不断加强社员的集体责任感也有好处。包工包产办法还处在一个试行阶段，需要一些时间，在生产实践中加以充实、提高，并包得更为合理、准确……”

四、农村体制变动频繁，经营管理工作沦于自流

1957 年，全国农业社经营管理会议召开前后，定额管理、包工包产等经营管理工作继续在各

地加强。经管形式多种多样，有包工、包产分别实行的“活包”，也有包工包产结合在一起“死包”到底的；一年两收地区有分季包工包产、年终决算的；还有的把用工以外的其他生产费用也包下去称为“包成本”的；水产、畜收和郊区的蔬菜社则采取“包产值”的做法；个别地方实行“按产计酬”。按照全国经管会议总结的精神，只要是有利于建立集体生产责任制的，有利于实行按劳分配的，有利于多数社员比上年增收的，都允许其试行下去，在实践中逐步加以改善。到1957年底，全国高级农业生产合作社已达78万个，平均每社170户，349个劳力，2 179亩耕地，一般分有六到十个生产队，大约一半的社、队推行了包工包产的办法。这一年，全国粮棉丰收，农业总收入达到367.5亿元的新高度，扣除26.5%的生产费和管理费后，纯收入的13.4%作为税收上交国家，8.3%作为公共积累（公积金和公益金），其余78.3%的纯收入分配给社员，近80%的参加分配的社员比上年增收。全国人均分配收入40.5元，加上自营收入共60元左右。但各地社员收入很不平衡，城市郊区、经济作物区普遍较高，沿海地区和内地的收入差别也已显露出来。

1958年夏季，农村人民公社化运动兴起，并社、升级后的公社规模庞大；“大兵团”协作劳动，把原来农业生产合作社已形成的一套经营管理制度完全冲垮；许多地方推行“工资制和供给制相结合”的分配制度，又办起“生活集体化”的公共食堂，使“按劳分配”制也显得“落后”了。农村集体经济的经营管理工作沦于自流。政策上的失误，再加上持续3年的灾荒，造成整个农村经济的大倒退。

1962年初春，我随赵纲局长到廖鲁言部长家汇报并请示公社局今后工作时，廖说：“从个体经济走向集体经济，是生产关系上的一大变革。以前一家一户操办的事，现在都交给社、队了。‘民主管理’至为重要。新的生产关系要有一套相应的经营管理制度。你们可不能听任自流。要从头干起……（大意）”。谈话后，公社局的大部分人员都随吴志超副局长到河北省涿县松林店公社松林店大队蹲点，从清理大队财务会计工作入手，帮助大队培训了各生产队的会计、记工员；建立了“三包（包工、包产、包成本）一奖”的管理制度；整顿了工副业；并针对多次并社、并队财产不清的情况，开展了清产核资工作，把入社社员投入的牲口、大车、水井等一一评级作价，正式入账，并在该大队的第三队作了生产费股份基金的清理退款工作。

同年9月27日，中共八届十中全会讨论决定，“农村人民公社实行三级所有、队为基础”，以生产队为基本核算单位来管理和组织生产。到1963年，全国农村人民公社调整为8万个，生产大队65万个，生产队564万个，其中以生产队为基本核算单位的556.8万个，以生产大队为基本核算单位的1.6万个（以后又有增加，到1978年达6.67万个）。当时平均每生产队24户、40个劳力，统一安排，分组干活，普遍恢复了定额包工，极少数以大队为基本核算单位的实行了包工包产制。八届十中全会通过的《农村人民公社工作条例》（通称60条）中的第31、第32条，也都就此作了具体规定。

集体经济组织的经营管理办法简化后，“按劳分配”原则逐渐深入人心。社员反映：“分！分！分！是命根。”生产队里夜夜开会评工记分，不少队为此争执不已。1964年，局领导传达毛主席的话说：“定额管理是繁琐哲学”。生产队按劳计酬的办法，一再简化为“底分制”、“死分活评”，广为推行，但仍不能解决问题。

1970年我下放到西华干校（河南）锻炼，到附近农村调查，看到农村找不到更多的发展门路，都在那几十亩地上做文章。不少生产队把牲口、手推车放在一边，而采用“人拉犁”、“人背粪”去“抢”工分。这才意识到问题的症结，在于“劳动力过剩”，如不解决劳力出路问题，再好的经营管理办法也不行。

（作者：农业部国际合作司副局级研究员）

中国农业合作化运动的历史回顾及其经验教训*

郭书田

中国农业合作化运动，经历了曲折的过程，认真地、实事求是地总结其经验与教训，在理论与实践上都是有益的。

一、农业合作化发展历程

新中国成立以后，在农村实行了土地改革，从1950年6月至1952年9月，只用了两年多时间，摧毁了长达2 000多年的封建土地所有制，实现了“耕者有其田”，免除了过去每年农民向地主交纳350亿千克的地租。这既是亿万农民梦寐以求的强烈愿望，也是新民主主义革命的主要目标。土地改革从根本上改变了土地占有极不合理的状况，为解放和发展生产力创造了条件。1952年农业产值达到484亿元，恢复到抗日战争前的水平。1952年与1949年相比。粮食总产量达到1 639亿千克，增长48.2%；棉花总产量130 370万千克，增长193.3%。

在完成土地改革以后，中国农村很快走上互助合作的道路，经过曲折的发展历程，大致分为5个阶段：

1. 互助合作阶段

在人口众多、耕地稀少的中国，在“均田制”的条件下，农户生产经营规模是十分狭小的，人均占有耕地只有2.7亩，抗御自然灾害和市场风险的能力是极其脆弱的。为了克服这种弱点，防止出现阶级的“两极分化”（土改前与土改后相比，贫雇农由占人口总数的70%下降为30%；中农由20%上升为60%；地主富农分别为6%和4%，没有变化），中共中央于1951年12月作出了《关于农业生产互助合作的决议（草案）》，即在土地改革以后“不失时机”地引导农民“组织起来”，走上互助合作的道路，使中国农村进入了合作化的初始阶段。

互助组有两种，即临时互助组和常年互助组。1953年参加互助组的农民达34.3%，其中参加临时互助组的占70.8%，参加常年互助组的占29.2%。这种互助组的特征是在个体经济的基础上的集体劳动。由于互助劳动，互相使用牲畜和农具，促进了农业劳动生产率的提高。参加临时互助组的贫农、中农和富裕中农每人平均生产粮食分别为563千克、685千克和827千克，比个体农民

---

* 本文收入内部刊物《当代农史研究》1996年第1期。

分别高 17.9%、12.9%和 1.3%；参加常年互助组的每人平均生产粮食分别为 647 千克、717 千克和 822 千克，比个体农民分别高 35.6%、18.1%和 0.6%。从这里可以看出，贫农、中农参加常年互助组的劳动生产率既高于临时互助组，更高于个体农民，显示了常年互助组的优越性。

2. 初级农业生产合作社阶段

为了加速互助合作运动的发展，实现对农业的社会主义改造，中共中央于 1953 年 2 月作出了《关于农业生产互助合作的决议》，不仅在全国农村扩大了互助组的覆盖面，而且直接推动了初级农业生产合作社的建立。1954 年参加互助组的农户已达 58.3%，建立了初级农业生产合作社 10 万个，大大超过了原定 3.5 万个的计划。1955 年春初级农业生产合作社已达 67 万个。初级农业生产合作社是以土地和其他生产资料入股集体劳动为特征的。这就使中国农村的合作化运动进入了第二阶段。在此过程中，中共中央出现了两种不同的主张，一种认为党内存在着“右倾思想”，像“小脚女人”走路一样，严重阻碍了农业合作化运动的发展，因此必须批判和克服这种思想；另一种认为合作社发展过快，超越了生产力水平、农民觉悟程度和管理人员的能力，同时还出现了强迫农民入社和平调农民财产的做法，引起农民的不满，因此应当停止和放慢发展，整顿巩固。争论的结果是前一种主张占了主导地位，后一种主张受到了批判。于是，“在全国农村中，新的社会主义群众运动的高潮就要到来”（毛泽东《关于农业合作化问题》），自上而下地掀起了农业合作化运动的高潮。1955 年 10 月末，初级社达 127.7 万个，入社农户占农户总数的 32%；11 月末上升为 158.3 万个，入社农户占 41.4%；12 月末上升到 190.5 万个，入社农户占 63.3%。从 1955 年夏季到 1956 年春季，全国农村入社农户占农户总数的 14%猛增到 90%以上，从组织上完成了初级农业生产合作社的建立。在建立初级社的同时，农村还建立了供销合作社和信用合作社，与农业生产合作社形成生产、供销、信用三位一体的合作经济体系。供销合作社主要从事生产资料的采购供应和农产品的销售业务，具有群众性、民主性和灵活性的特点。供销社的初始资金是农民以入股形式形成的。1950 年全国农村基层供销社 39 436 个，入社社员 2 569 万人，股金 2 736 万元；到 1954 年，基层供销社达 30 576 个，入社社员 16 110 万人，股金 31 723 万元。农村信用社最初包括在供销社系统内，1951 年 4 月，单独建立信用社系统，形成农业生产服务的金融组织。1950 年农村只有 103 个信用合作社、33 个信用小组和 439 个设在供销社内部的信用部。到 1956 年，信用社达 124 068个，信用小组 21 281 个，供销社的信用部 2 384 个，存款总额达 54 683 万元，贷款总额达 32 496 万元。

3. 高级农业生产合作社阶段

在农业合作化高潮中，1956 年 6 月，全国人民代表大会通过了《高级农业生产合作社示范章程》，推动了高级农业生产合作社的发展。这年 6 月，已建立高级社 31.2 万个，入社农户占农户总数的 63.2%；9 月末上升为 38 万个，入社农户占 72.7%；12 月末上升为 54 万个，入社农户占 87.8%；到 1957 年底，高级社已达 75.3 万个，入社农户占 96%，也就是在不到两年的时间，从组织上完成了高级农业生产合作社的建立，标志着中国农村的合作化运动进入了第三阶段。高级社与初级社有本质区别，初级社保留了土地等生产资料的私有，土地入股分红；高级社把土地转为合作社集体所有，耕畜、大型农具作价归社。在经营规模方面，高级社比初级社扩大 3 倍左右。高级社的建立标志着农业社会主义改造的完成。

表1　1956年入社农户的比重和规模的变化

年　份	1956年1月	1956年12月
入社农户占农户总数（%）	83.3	96.3
高级社	30.7	87.8
初级社	49.6	8.5
每社平均户数（个）	62	155
高级社	268	199
初级社	42	48

4. 人民公社阶段

即在“大跃进”中建立起来的人民公社。1958年5月，中共中央制定了“鼓足干劲、力争上游、多快好省地建设社会主义”的总路线，在“大跃进”的同时建立人民公社，标志着中国农业的合作化运动进入了第四个阶段。1958年8月，中共中央正式作出了《关于在农村建立人民公社的决议》，到11月初，在短短的两三个月时间，把75万个高级农业社合并改组为2.6万个人民公社。人民公社的特点是：一曰大、二曰公，政社合一，工农商学兵并举。人民公社一般为一乡一社，两千户左右，有的是数乡一社，六七千户甚至上万户。在人民公社化过程中，普遍发生了“一平二调”的“共产风”，给农业生产造成了极大的破坏，给国民经济带来严重的困难。在这时期，中共中央采取了一系列的措施予以纠正，并于1962年正式提出“调整、巩固、充实、提高”八字方针，在人民公社内部坚持“三级所有、队为基础”的方针，使农业生产得到了恢复。人民公社一直持续到1978年。在此过程中供销社和信用社先成为人民公社的供销部和信用部，以后独立出来成为国家商业部门和农业银行的附属物，失去了原来的群众性、民主性和灵活性的特性。

表2　1957—1965年主要农产品和牲畜头数

年　份	1957年	1962年	1965年
农业总产值指数（1949年为100）	197.5	158.3	216.9
粮食产量（万吨）	19 505	16 000	19 453
棉花产量（万吨）	164	75	209
油料产量（万吨）	419	200	362
糖料产量（万吨）	1 189	378	1 537
大牲畜存栏（万头）	8 382	7 020	8 421
猪存栏（万头）	14 590	9 997	16 693

5. 家庭承包责任制阶段

人民公社体制先后经历了20年。1978年底，中共十一届三中全会确定了改革开放的方针。农村率先改革，以安徽省滁县地区凤阳县的小岗村为先导，以极大的勇气，实行“交足国家的，留足集体的，其余都是自己的”“包干到户”制度，使农民获得了生产经营自主权，极大地调动了农民的积极性，成为中国农民的一项伟大创举。截至1982年6月，全国农村实行各种责任制的生产队占生产队总数的99.2%，其中实行“包干到户”的占生产队总数的67%；到1983年底，实行“包干到户”的生产队达57.6万个，占实行各种责任制生产队总数的98.3%。也就是说，全国绝大多数的生产队选择了“包干到户”的形式，标志着中国农村合作化运动进入了一个新的阶段，也就是第五阶段。由于人民公社的解体，建立了乡（镇）政府，成为农村政权的基层单位，同时在行政村建立了村民自治委员会，在自然村建立了村民自治小组，作为农民的自治组织，并代行一部分乡（镇）政府的职能。在经济组织方面，在原人民公社三级所有、队为基础时形成的集体所有的固定资产，除一部分分到农户外，仍保持集体所有。经济组织的名称各地不同，有的叫经济合作社（生产队）、经济联合社（生产大队）；有的叫农工商公司；也有的与村民自治组织一套人马挂两个牌子等。社区集体组织的职能主要是为农户提供产前、产中、产后的社会化服务。与此同时，各地出现了以下3种新的合作组织：一是以市场为导向、以产品为龙头的生产、加工、销售一体化、农工商综合经营的专业性经济组织，这种专业性的经济组织有的是乡村社区内的，有的是跨社区的；二是以在乡村社区范围内以融资、拆借为主要内容的合作基金会；三是不同所有制联合的各种形式的股份合作制等。原有的供销合作社和信用社在改革中也逐步向恢复群众性、民主性、灵活性的方向发展。中国农村的合作经济内容丰富，千姿百态。

农村改革开放的15年，是农村发生巨大变化的15年，也是农村合作经济最为活跃的15年。15年来，农村经济全面高速发展，农民生活显著改善，在基本解决温饱问题的基础上正向小康目标前进。15年来，农产品增长幅度均高于人口增长幅度，人均占有农产品数量逐年增加，出现了供给充足、市场繁荣的景象。这就为改革国家统购派购农产品制度和价格管制奠定了物质基础，同时也为农产品生产商品化、经营市场化创造了条件，为合作经济组织健康发展铺平了道路。

表3　1978—1993年农村经济的变化

年　份	1978年	1993年
农村社会总值（亿元）	2 037	25 386
农业总产值（亿元）	1 397	10 994
粮食（万吨）	30 477	45 644
棉花（万吨）	216	376
油料（万吨）	521	1 761
糖料（万吨）	2 381	7 623
水果（万吨）	657	2 988
大牲畜存栏（万头）	9 389	13 803
猪存栏（万头）	30 129	39 087
羊存栏（万只）	16 994	21 832
肉类产量（万吨）	856	3 780
水产品产量（万吨）	466	1 785
农民人均收入（元）	134	921

二、农业合作化运动的主要经验教训

中国农业合作化运动，已有40多年的历史，有着丰富的经验和沉痛的教训，正确地总结正反两方面的经验教训，对于全面地建立社会主义市场经济，实现农业的现代化，具有重要的理论意义和实践意义。

第一，正确认识中国农民。在漫长的封建社会里，最受剥削的是农民；在半封建、半殖民地的旧中国最受压迫的是农民；在革命战争年代出力最多的是农民；在新中国成立后实现工业化过程中贡献最大的是农民；在中国生活水平低下的是农民。直到今天中国农民仍承担支援国家社会主义建设的繁重任务，还有8 000万农民温饱问题尚未解决。中国农民占人口的80%，是世界上最大群体，有巨大的创造力和坚韧不拔的革命精神。中国农村、农业、农民的“三农”问题实质是农民问题。农民问题始终是中国革命和建设的根本问题。保护农民的合法权益是党和政府在农村一切工作的出发点和落脚点，也是合作经济组织的神圣天职。历史的经验充分证明，任何违反农民意愿，损害侵蚀农民利益的行为，都会遭到农民的反抗，引起对生产力的破坏。在合作化初期和人民公社初期一度发生的平调农民财产的行为而引起农民杀牛、砍树，就是对侵犯农民利益的暴力反抗。在人民公社期间出现的“瞒产”行为，正是对来自上面的官僚主义、瞎指挥、强迫命令的反抗。

第二，中国农民是分散的，属于小农经济，也可以说是小生产者，在漫长的自给、半自给的自然经济状态中，最缺少的是商品生产和商品交换。在农民获得生存与发展的最基本条件——土地以后，必然要求在满足自身需求后增加商品生产和货币收入。但是在相当长的一个时期，把列宁的关于小生产者每日每时每刻都在产生资本主义的论断，不加分析地套在中国农民头上，成为抑制农民发展商品生产和商品交换的精神枷锁。这种观点在“文革”期间达到无以复加的地步，什么“大批资本主义、大干社会主义”，割资本主义尾巴，批判资本主义自发势力，等等。这使合作经济组织走上农民的对立面，成为某种服从当时政治需要的工具。这个教训是最沉痛的。

第三，农民是劳动者，是中国工农联盟的基础，对劳动者的财产是不能剥夺的，农民更不是革命的对象。但是在一个时期内，为了提高公有化程度，不仅对农民的财产任意剥夺，而且在“以阶级斗争为纲”的思想指导下，农民的合法权益受到侵害。为了把核算单位由生产队向大队过渡，由大队向公社过渡，由集体所有制向全民所有制过渡，不顾农民的意愿，随意采取行政命令甚至定指标的办法，拔高所有制。所谓“穷过渡”，实际上是对农民集体所有的放大，是对农民利益侵犯的行为。这种情况虽在“三级所有、队为基础”30年不变的方针下有所改善，但并未完全解决。就在实行家庭联产承包责任制以后，还时有发生。

第四，引导农民走互助合作的道路，这是世界各国农业发展的共同特点，在社会主义国家更应如此。但是引导农民走合作化的道路必须坚持自愿互利原则，坚持入社自由、退社自由原则，不能强迫命令。在初级社时期，坚持自愿互利原则，并采取“典型示范，逐步推广”的方针，合作化运动得以健康发展，农民是积极拥护的。但在后期，把走不走合作的道路看做是坚持不坚持社会主义的方向，无形中造成一种“政治压力”，特别是采取下达指标的办法，以加快发展速度，必然要产生急躁冒进、简单粗暴的现象，引起农民的不满和反感。

第五，在合作化过程中，发展速度与规模，不能采取自上而下动员的办法，在全国一切地方实行一种模式。有的同志提出合作化的速度与规模应同当前生产力水平相适应，同农民觉悟水平相适应，同领导管理人员的水平相适应是正确的。否则适得其反，欲速不达，事倍功半。因此，合作化的速度、规模、形式应坚持因地制宜的原则，不应一刀切。

第六，在合作经济组织内部，不断提高管理人员的素质，改善经营管理，特别应健全理事会、监事会制度，实行民主管理，使社员通过社员大会或社员代表大会真正行使当家做主的权利，是合作社成败的关键。“把权力下放给农民是最大的民主”。在一定时期内用“整社”的办法解决管理人员的多吃多占、作风不民主、经营管理不善的问题是必要的，也能收到一定的效果，但不能解决根本问题，关键在于农民行使民主权利得不到组织和法律的保障。因此帮助农民学会如何运用国家颁布的法律保护自己的合法权益是一件十分重要的事。国家有关部门应为农村培养一批律师。

第七，在合作社内部，分配上坚持按劳分配，多劳多得，少劳少得，不劳不得的原则是对的。但把收入分配上的差距作为衡量“两极分化”的依据则是不妥当的。实行家庭联产承包责任制以后，收入分配的差距确有所拉大，但根据计算，农村的基尼系数 1993 年为 0.33，仍属于正常范围。当然应该看到，有少数农民从事非农产业，也产生了一批“暴发户”、“百万富翁”、“千万富翁”、“亿万富翁”等。只要是合法收入，就应通过法律手段，主要是税收手段（包括个人收入所得税和遗产税）加以调节。在实行股份合作制的过程中，社员是劳动者，又是出资者，具有“二重性”，既有劳动收入，又有非劳动（资本）收入，自然会形成收入的“不均等”现象。平均不是社会主义，对此要有一个正确的认识。

第八，合作社对社员以服务为根本宗旨，不以营利为目的，这是合作社的一项原则，应当坚定不移地贯彻执行。在服务过程中，收取一定费用也是必要的，但必须取之有度，不能超出社员的承受能力。合作社为了做好产前、产中、产后的服务（这是农民最需要的），兴办一些经营实体，也可获得一些利润，除了增加合作社的积累以外，还应将其一部分返还给农民，这是合作社增强社员凝聚力最有效的办法，是应当提倡的。目前，在各地出现的“公司＋农户”的形式，虽不属合作经济的范畴，但它们对农民提供优质服务和采取利润返还的做法，是值得借鉴的。

三、值得研究的几个新问题

第一，在近些年来，中国农村出现了多种经营形式，有国营、集体、个体、私营以及“三资”企业，在推行股份制过程中，又出现所有制交叉的混合所有制形式，同合作制特别是社区合作经济形成竞争对手。作为农民，既是社区合作经济组织的成员，又是非合作经济组织的成员，而且由于农户经营的多样化，一个农户同时参加几个专业合作经济组织，出现一身“几任”，造成了财产和收入关系的复杂性。在社区合作经济组织如何清晰农民所有的资财，是一件异常重要的工作。在这里既不能重犯平调农民资产的错误，又不能使合作社积累起来不可分割的集体财产流失。

第二，有的地方在土地上实行股份合作制，在土地集体所有制不变的前提下，实行“三权”分离（所有权、经营承包权、使用权），把经营承包权以股份形式落实到户，并与使用权分离，即实行“二次分离”（第一次分离是所有权与经营承包权分离），以促进土地使用权的流动，形成土地的适度规模经营，由大户二次承包或集体农场采取“倒租”的办法经营。原承包者仍保留承包权，按规定承担上交的承包费用。这可能是解决集体所有制土地产权问题的一个新的突破口，需要从理论上作一些新的探索。

第三，在实行股份合作制的地区，大体有两种类型：一种是乡村社区范围内的；一种是专业性的，可以是乡村社区内的，也可以是跨社区的。乡村社区性的合作经济组织一般是与土地联系在一起的，显然具有不可避免的封闭性。专业性合作经济组织则少封闭性。如何使社区的合作经济组织与专业性合作经济组织结合起来，更好地发挥当地的资源优势，形成独具特色和竞争能力的产业，需要研究和总结这方面的经验。

第四，农村供销合作社、信用合作社，应按照中央的既定方针，加快改革步伐，使供销社真正成为农民的合作供销组织，使信用社真正成为农民的合作金融组织，真正还权于农民，体现以服务为根本宗旨，为农民服务。目前在流通领域内还有基层的粮管所和食品站等，在实行“政企分开”之后，也应改造成为农民服务的合作经济组织。

第五，在目前各种形式的合作组织中，各项制度是很不规范的。其难点在于政府的职能尚未完全分离出来。为使合作经济真正按合作制的原则运作，就要在政治体制改革上下工夫，转变政府的职能，真正实行政企分开。为了使变了形的合作经济组织得到矫正，恢复合作经济的本来面貌，制定农村合作经济组织的法规则是十分必要的。

（作者：农业部政策法规司原司长、高级经济师）

注：本文所用统计数字，均摘自《中国统计年鉴》和《中国农村40年》以及《1993年国民经济和社会发展的统计公报》。

关于50年代农业集体化几个问题的反思*

苏少之　王　军

中国共产党十一届三中全会之后，以家庭承包为起点和重要内容的农业体制改革，给农村经济的发展注入了巨大的活力，其对促进中国农业生产发展的历史作用是举世公认的。但为了进一步推动农业产业化、市场化和农村现代化，也必须在新的基础上发展新型的农村合作社经济。回顾历史，我们曾在半个世纪以前就在全国范围内实现了农业集体化，进而完成了人民公社化。此后的20多年间，中国农业经济经历了长期的曲折、徘徊，直到改革开放前，全国人民还在为解决温饱问题而努力。因此，为了在新的历史条件下，更好地发展农村合作社经济，有必要认真地总结历史经验，为今天建设新型合作社提供有益的历史启示和借鉴。

一、合作社是生产社会化的形式还是单纯用来消灭个体农民私有制的手段

20世纪50年代初，中国政府实行农业集体化的依据是马克思、恩格斯关于合作社的理论和苏联农业集体化的实践。

回顾合作社产生、发展的历史，我们可以知道，合作社并不是马克思、恩格斯首创的，也不是在社会主义国家建立后才出现的，而是产生于资本主义社会。最初的合作社，是由小生产者为了与资本主义竞争抗衡或劳动群众为了避免商人、高利贷者的盘剥而组织的。后来，空想社会主义者和各种流派的社会主义团体积极加以提倡，试图通过合作社对资本主义社会加以改造。以后合作社发展的进程表明，它不能使小生产者按照他们的愿望，不受商品经济和资本主义的改造，原封不动地并存下来，更不能从根本上改造资本主义经济制度。资本主义国家的政府对合作社的态度也从反对转变为提倡和支持。

经过长期的发展，如今，在许多发达资本主义国家中，农村合作社十分发达，经济地位日益重要，在某些国家甚至被称为与国家经济、私营经济并列的第三种经济力量。由于各国社会经济状况和历史传统不同，合作社在各国的组织形式、类型、经营范围等不完全相同，特别是像社会主义国家土地联片、统一经营、集体劳动这样在农业生产全过程中实行联合的合作社在资本主义国家很少见。总的看来，合作社主要是提供产前、产中、产后服务，作为农业社会化服务体系的重要组成部分和组织形式发挥作用。例如，据美国农业部统计，1988年，美国有农业供销合作社和有关服务

---

* 本文收入内部报告《共和国农业史料征集与研究报告》第15集，2008年。

合作社 4 799 家，年营业额达 875 亿美元，占全国农用物质供应和农产品销售总额的 1/3 左右。[①]合作社的发展进程说明，作为一种经济组织，如单纯为实现某种社会目的，而不能适应社会经济发展的需要，是不能生存和发展的。

马克思、恩格斯对于在资本主义社会中产生的合作社给予高度的重视。他们关于合作社的思想可以概括为以下几点：(1) 在资本主义社会中产生的合作社，如同股份制，是随着生产社会化的发展而产生的资本社会化和生产社会化的一种形式。它们的产生表明，“在物质生产力和与之相适应的社会生产形式的一定发展阶段上，一种新的生产方式会怎样自然而然地从一种生产方式中发展并形成起来”。因而，“应当被看做是由资本主义生产方式转化为联合劳动的生产方式的过渡形式”。[②] (2) 他们一方面赞扬合作社是对资本与劳动对立的“积极扬弃”；另一方面又认为在资本主义条件下，合作社仍是“集体的资本主义组织”，单靠发展合作社，是不能从根本上改造资本主义社会制度的。只有无产阶级夺取政权后，合作社才能成为真正的劳动者联合劳动的组织。无产阶级在小农仍占相当比重的国家夺取政权后，要利用合作社这种组织形式改造小农。(3) 提出了进行合作化的原则。要遵循自愿原则，不能用暴力剥夺作为劳动者的小农，不论有无报偿都一样。要进行示范，国家帮助，使合作社迅速提高劳动生产率，充分体现优越性，让“农民看到这里是为了他们自己的利益”，从而自愿地加入合作社。他们还设想，在合作化初期，可以不急于立即实现生产资料的完全公有，用“按土地入股、预付资金和所出劳动力的比例分配收入”的办法作为过渡。这些思想对于我们今天发展农业合作经济仍具有指导意义。

我们要着重强调的是，马克思、恩格斯是在肯定合作社是生产社会化的一种形式，能够适应与促进生产力发展的前提下，把它作为实现一定社会目的途径的。如果忽略了这个特定的前提，只是单纯把合作社当作改造小农的手段，那就丢掉了他们合作社思想的精髓。

关于农业合作社的具体形式，马克思、恩格斯没有作过专门系统的论述。在涉及这个问题时，恩格斯在《法德农民问题》中曾顺便列举了当年丹麦社会党人提出的计划，即“把各小块土地结合起来并且在全部结合起来的土地上进行大规模经营”，“一个村庄或教区应当把自己的土地结合为一个大田庄，共同出力耕种”。[③] 这是一种在农业直接生产过程中的合作的模式，未涉及个体农民保持独立经营，在产前、产中、产后各环节合作的组织形式。因为马克思、恩格斯认为，“社会主义的任务，毋宁说仅仅在于把生产资料转交给生产者公共占有”。[④] 商品货币关系也将在未来社会中消亡。

俄国十月革命胜利后，实行了包括全部工业国有化、国内贸易国有化、产品配给制、劳动义务制等“直接过渡”的战时共产主义政策。在农村，不仅实行了余粮收集制，而且提出，苏维埃政权在完全废除土地私有制以后，要通过建立国营农场（即社会主义大农场）、农业公社（农民经营公共大经济的联合体）、共耕社等组织形式直接过渡到社会主义大农业。

① 王春法：《加强农业社会化服务体系建设》，载《改革与理论》1995 年第 10 期。
② 《资本论》第 3 卷（上），人民出版社 1975 年版，第 498 页。
③ 《马克思恩格斯选集》第 4 卷，人民出版社 1972 年版，第 310 页。
④ 《马克思恩格斯选集》第 4 卷，人民出版社 1972 年版，第 303 页。

在实行新经济政策后，列宁清醒地认识到，立即实行共耕制尤其是公社制根本是不现实的，“集体农庄的问题并非当务之急”，“现在还不能设想向社会主义和集体化过渡”。[①] 因此，从1921年起，列宁就不再主张建立农业公社和集体农庄，明确地选择了将合作制作为组织农民的主要形式（当时列宁主张的合作制主要是指流通领域里的供销合作社）。通过发展流通领域的合作制，一方面，可以保留农民对生产资料的私有权，可以保持合作社参加者经营活动的自主性；另一方面，它不仅便于国家的“计算、监督、监察”，而且“便于把千百万居民以至全体居民联合起来，组织起来”。在这里，列宁已不仅仅把合作制作为小生产和社会主义之间的中间环节，还把合作制作为提高生产力，发展商品经济的手段、途径和方法。在《论合作制》一文中，列宁进一步把合作社与社会主义完全统一起来，提出“在我国的条件下合作制往往是同社会主义完全一致的”。[②] 但列宁去世后不久，苏联就结束了新经济政策，开展了大规模的集体化，建立了以生产资料公有、统一经营、集体劳动、统一分配为基本模式的集体农庄。此后，这种模式就成为各国进行农业社会主义改造学习的榜样。

早在革命根据地、抗日根据地和解放区，民主政权在消灭或削弱封建土地所有制的基础上，已开始领导农民群众开展了互助合作运动。尽管当时我们是把苏联集体农庄作为长远方向的，但中国共产党领导下的农业互助合作在起始阶段还是有自己特点的。我们针对根据地农村经济的特点，兴办了包括工副业、供销、运输、信用等多种形式的合作社。其中，重点又是建立在农民私有制基础上的农业生产互助组（又称变工队、换工队、扎工队）。由于换工互助符合中国农民的传统习惯，便于组织，适合中国农村生产力落后的状况，有利于克服战时根据地农村严重缺乏劳力、畜力和工具的困难，因而得到迅速发展。

新中国成立后，在农业生产互助有较长历史的老区农村，由于农村经济较早得到恢复发展，劳力、畜力和工具不足的困难逐步得到克服，部分个体农民开始具备了更好的生产条件，这是农村经济进一步好转的良好基础。但也因此在一些地区出现原有的互助组不能满足生产进一步发展需要而涣散的情况。当然，这种情况的出现，并不意味着农业互助运动的终结。农村经济的发展，特别是商品经济的发展，既提出了许多新的问题，也为农村合作社的发展提供了更这广阔的天地。如何在原有基础上进一步发展合作经济，这在中国领导人中出现了不同认识。这些不同认识是围绕着华北地区特别是山西省农业互助合作运动中出现的问题展开的。1951年春，山西省委提出，老区互助组涣散的根本原因是小农自发资本主义势力的发展，对策是互助组内征集公积金增强公共积累，出组不带，增加公有因素，并进一步发展农业生产初级社，逐步增加按劳分配比重，来逐步动摇、削弱直至否定农民私有制经济。这实际上提出了农业社会主义改造的任务，目的是通过消灭个体农民以铲除产生两极分化的土壤。刘少奇和华北局等人则认为，在当时历史条件下，不应立即去动摇、消灭农民私有制经济。要以发展农村经济为目的，通过提供技术服务、发展流通领域合作和农副业结合来提高农业互助合作。农业生产合作社只能少数试办，不宜推广。以上两种意见，从对于合作社经济性质、作用的角度看，其根本区别在于，是把农业互助合作看作能够促

① 《列宁全集》第40卷，人民出版社1986年版，第177页。
② 《列宁选集》第4卷，人民出版社1960年版，第686页。

进农村经济的发展经济形式，抑或是单纯改造个体农民的手段。刘少奇、华北局倾向于前者，山西省委倾向于后者。

毛泽东同意山西省委的对策，提出了新的理论依据。他提出，既然西方资本主义在其发展过程中有一个工场手工业阶段，即尚未采用蒸汽机械动力而依靠工场分工形成新的生产力阶段，则中国合作社，依靠统一经营形成新的生产力，去动摇私有制基础，也是可行的。① 这样就把消灭农民私有制经济和促进农业生产力的发展统一起来，并以此为重要理论依据，指导了中国农业的社会主义改造。但从实践看，在实现农业集体化后，农业集体经济组织在劳动管理和分配方面，自始至终都存在着一个重要的矛盾，即个体农民在参加农业集体经济组织后，由于实行了集体劳动、统一经营、统一分配，个人付出的劳动数量和质量与最终收益的联系要经过诸多中间环节，并取决于各种自身不能决定的因素。实行一种什么样的劳动管理和分配办法，才能更好地贯彻按劳分配原则，把农民日常劳动与自身物质利益紧密结合起来，最大限度地调动农民的责任心和劳动积极性，始终是困扰着我们的难题。为了解决这个难题，我们进行了多年的探索。中国农业经济发展的历史说明，当初把马克思工场手工业理论运用于农业所确定的以苏联集体农庄为榜样的农业合作化的模式，不利于调动广大农民生产积极性，不利于农业生产力和农村商品经济的发展。寻其究竟，照搬马克思关于工场手工业的理论及苏联集体农庄模式，对资本主义国家农业现代化组织形式研究借鉴不够等，都还只是浅层次原因。而更深层的原因是把单一的公有制、消灭商品货币关系当作社会主义固定的模式。因而把合作社看作单纯的消灭个体农民的手段，不可能真正从国情出发和以发展农业生产为目的，依据农业生产发展和农业经济在商品化、专业化、现代化进程的客观要求，选择最能促进农业经济发展的合作社的具体形式。

20 世纪 70 年代末和 80 年代初中国农村的改革，是中国共产党人探索有中国特色的社会主义道路的一个重要的组成部分，因而我们能彻底摆脱传统农业集体经济组织形式的束缚，坚定地选择了最受农民欢迎、最能促进农业发展的包产到户这种农业经营的形式。总结理论和实践的正反两个方面的经验后，我们得出的结论是：我国在农村改革中形成的土地集体所有、以家庭为基本经营单位的格局，是符合农业生产特点的，必须长期坚持。在今后农业走向现代化的过程中，实现规模经营仍要以家庭经营为微观基础，发展合作经济要围绕建立产前、产中、产后的社会化服务体系来进行。

二、关于农业集体化的群众基础和阶级基础

根据马克思主义的原理，个体农民既是小私有者，又是劳动者，对他们的财产不能剥夺，不论是有偿的还是无偿的，故在合作化过程中要采取自愿原则。因此，正确估计广大农民群众对于合作化的基本态度，是确定农业社会主义改造方针和步骤的重要依据。

在新中国建立前夕和建立之初，人民政府对于改造个体农民持非常慎重的态度，提出改变农民的生产方式、生活方式必须经过艰苦细致的工作，长期的过程。由于涉及的人口众多，其难度甚至

① 薄一波：《若干重大决策与事件的回顾》上卷，中共中央党校出版社 1991 年版，第 191 页。

超过对于私人资本主义的改造。1949 年 3 月 5 日，毛泽东在中共七届二中全会的报告中认为："中国人民的文化落后和没有合作社传统，可能使我们遇到困难。"[①] 6 月 30 日，在《论人民民主专政》一文中又指出："严重的问题是教育农民。农民是分散的，根据苏联的经验，需要很长时间和细心的工作，才能做到农业社会化。"[②]

在 1951 年 9 月全国第一次农业互助合作会议之后，毛泽东提议向熟悉农民的作家征求对决议草案的意见。农民作家赵树理认为，现在的农民没有互助合作的积极性，只有个体生产的积极性。毛泽东听到汇报后，认为赵树理的意见有参考价值，草案不能只肯定农民互助合作的积极性，也要肯定农民个体经济的积极性。既要保护互助合作的积极性，又要保护个体农民单干的积极性。既要防右，也要防"左"。[③] 根据毛泽东的意见，经过修改的决议草案提出："农民在土地改革基础上所发扬起来的生产积极性，表现在两个方面：一方面是个体经济的积极性，另一方面是互助合作的积极性。""解放后农民对于个体经济的积极性是不可避免的。中国共产党充分地了解了农民这种小私有者的特点，并指出不能忽视和粗暴地挫折农民这种个体经济的积极性。""根据我们国家现在的经济条件，农民个体经济在一个相当长的时期内，还是大量存在的。"[④] 这个决议于 1951 年 12 月 15 日以草案形式发给各级党委试行，到 1953 年 2 月 25 日中共中央通过，成为正式决议公开发布。

中国领导人对问题的估计是正确的。农民是小私有者，为了克服团难，发展生产，改善生活，确有在产前、产中、产后等环节实行一定程度联合的需要和愿望。但要他们自愿地放弃私有的生产资料，只有极少数积极分子可以办到。大多数人需要经过长期的艰苦工作，特别是经过典型示范，使他们切实体会到，加入合作社可以大大提高生产，改善生活。这种科学的态度，冷静的估计，是坚持自愿互利、典型示范、逐步过渡等方针的认识基础。

在此后的几年中，中国领导人的认识发生了重大的变化。如毛泽东认为，在广大农民群众中"蕴藏了一种极大的社会主义积极性"。[⑤] 现在阻碍掀起农业社会主义改造高潮的已不是农民群众觉悟不高，而是中国共产党的一些领导干部"对于这种积极性一概看不见"，[⑥] 是"我们的某些同志却像一个小脚女人，东摇西摆地在那里走路，老是埋怨别人说：走快了，走快了。"[⑦] 在这种认识的推动下，1955 年下半年掀起了农业社会主义改造的高潮。

在完成合作化的 20 年之后，毛泽东又反复宣传列宁关于农民小生产是滋生资本主义温床的观点。从认为个体经济的农民群众中"蕴藏着一种极大的社会主义积极性"，到认为人民公社化以后的小生产者每日每时产生资本主义，反映了毛泽东认识的变化。

导致这种认识变化的原因是多方面的。需要特别强调的是，毛泽东 1955 年所说蕴藏着极大社会主义积极性的农民群众，已不是第一个互助合作决议中泛指的农民，而主要是指 1955 年他才提出的"贫下中农"。他通过以一种新阶级分析，为农业合作化找到了阶级基础。

---

① 《毛泽东选集》第 4 卷，人民出版社 1991 年版，第 1432 页。
② 《毛泽东选集》第 4 卷，人民出版社 1991 年版，第 1477 页。
③ 薄一波：《若干重大决策与事件的回顾》上卷，中共中央党校出版社 1991 年版，第 192 页。
④ 《建国以来重要文献选编》第 2 册，中共中央文献出版社 1992 年版，第 510 页。
⑤ 《毛泽东选集》第 5 卷，人民出版社 1977 年版，第 229 页。
⑥ 《毛泽东选集》第 5 卷，人民出版社 1977 年版，第 229 页。
⑦ 《毛泽东选集》第 5 卷，人民出版社 1977 年版，第 168 页。

农业社会主义改造是改变中国几亿农民生产方式和生活方式的社会经济变革。在指导农业合作化的过程中，毛泽东根据土地改革后农民各阶层经济地位变动的新情况，作出了新的阶级分析，据此调整了阶级政策，为完成合作化这项巨大的社会经济变革寻找依靠力量。

1953年12月，经毛泽东审阅修改的《为动员一切力量把我国建设成为一个伟大的社会主义国家而斗争——关于党在过渡时期总路线的学习和宣传提纲》指出，合作化“必须依靠贫农（包括土地改革后变为新中农的老贫农），巩固地与中农联合，逐步发展互助合作，逐步由限制富农剥削到最后消灭富农剥削”。1954年12月中共中央批发的第四次全国互助合作会议的报告中提出的农村阶级政策是：“依靠贫农（包括全部原来是贫农的新中农在内，这样的贫农占农村人口的50%～70%），巩固地团结中农，发展互助合作，由逐步限制到最后消灭富农剥削。”这是以土地改革前而不是土地改革后两三年内农民的经济状况为依据，确定依靠对象。

这条阶级路线在执行中遇到一些问题。在土地改革后，原来的老贫农已有50%上升为新中农。其中不少因劳力强壮且多，勤于耕作，有技术，善于经营，经济状况上升很快，成为较富裕的农民。他们是农村中的顶尖人物，其中有的是农村干部。他们担心合作化使自己吃亏，生活水平下降，对合作化态度不甚积极。如果视他们为依靠对象而迁就其态度，维护其利益，必然会对合作化政策方针的制定和贯彻产生影响。邓子恢在受到毛泽东的批评后自我剖析说，由于“缺乏正确的阶级分析，未把新中农的富裕阶层划出依靠对象，而笼统地把所有新中农都列为依靠对象”，把富裕中农的动摇性看成所有中农的动摇性，“从而产生了对新老下中农倾向社会主义的积极性估计不足”。①

为解决以上问题，毛泽东对合作化的阶级政策提出了新的观点。他在1955年7月31日关于农业合作化的报告中和9月7日对中共福建省委报告的批语中，把中农分成新中农和老中农，又按照富裕程度在新中农中分出新下中农和新上中农，在老中农中分出老下中农和老上中农等几个阶层。“农村中的半无产阶级，是比较不固执小农私有生产资料的制度，比较容易接受社会主义改造的人们。他们中间的大部分现在已经变成新中农，但他们同老中农比较起来除了一部分新富裕中农外，大多数在政治上有较高的觉悟。他们对过去的困苦生活还是容易回忆起来。还有，老中农中间的下中农，他们的经济地位和政治态度，和新中农中间的下中农比较接近。”② “他们的经济地位困难（贫农），或者他们的经济地位虽然比较解放以前有所改善，但是仍然不富裕（下中农），因此，他们是有一种走社会主义道路的积极性的，他们是积极地响应党的合作化的号召的，特别是他们中间的觉悟较高的分子，这种积极性更大。”③ 在合作化中，要把贫下中农作为依靠对象，首先吸收他们参加合作社。对于富裕中农，除其中有觉悟者外，暂不吸收入社，待贫下中农大部分入社后再加以吸收。最后吸收地主富农，让他们在劳动中得到改造。在合作社的社务委员会中，贫农和新下中农要占2/3左右，老下中农和觉悟较高、有代表性的新上中农代表可占1/3左右。“社的主要领导干部，除了老下中农和若干觉悟很高，确实公道能干的新老上中农仍然可充当外，一般应由贫农（包括现在的贫农和原来是贫农的全部下中农）来充当。”④

---

① 薄一波：《若干重大决策与事件的回顾》上卷，中共中央党校出版社1991年版，第355页。

② 《毛泽东选集》第5卷，人民出版社1977年版，第239页。

③ 《毛泽东选集》第5卷，人民出版社1977年版，第172页。

④ 《毛泽东选集》第5卷，人民出版社1977年版，第241页。

总结农业社会主义改造和多年来发展农村经济的经验，毛泽东提出的这种新的阶级政策中所包含的一些理论问题，也有值得深入探讨的地方。

首先，在土地改革之后，农村中消灭了地主阶级，富农也受到严重的打击。在占有大体相同生产资料的基础上，相当部分的老贫农通过勤奋劳动上升为中农以至富裕中农，这本是好事。离开剥削关系，仅以富裕程度为标准，在农村重划阶级或阶层，以贫穷者为依靠力量，把勤劳致富者作为自发资本主义势力的代表，甚至提出"在富裕中农的后面站着地主和富农"，① 造成贫穷光荣、富裕可耻的气氛，这在理论上不够科学，在实践中打击了农民的生产积极性。在完成合作化后的很长一个时期，继续坚持依靠贫下中农的路线，不断批判富裕中农的自发资本主义倾向，又成为以阶级斗争为纲理论的重要组成部分。

其次，农业合作化不是土地改革，不是动员被压迫被剥削的贫苦农民的剥夺者。它是个体小私有者的自愿联合，要着重处理好贫农与中农的矛盾，团结全体农民发展农业生产。此时，强调依靠经济上仍不富裕的贫下中农而不是全体农业劳动者，另眼看待富裕中农，也就无法认真贯彻贫农与中农互利的原则，挫伤富裕中农的生产积极性，并助长了平均主义思想的蔓延，对农村的发展产生了不利的影响。

在今天新的形势下兴办新型农村合作社经济，广大农民群众都应该是兴办合作社经济的主人翁，既不能嫌贫爱富，也不应排斥农村的富裕阶层，而且更应教育、鼓励那些先富起来的农民中的有觉悟者成为兴办合作社的积极分子，带领广大乡亲共同致富。

三、关于自愿互利原则

自愿原则是马克思主义合作理论中的重要内容，也是中国政府一贯所倡导的。在实际工作中，我们通过分批吸收各阶层农民入社，来保证自愿方针的贯彻实施。即首先吸收贫下中农入社，对于富裕中农入社问题持慎重态度，除真正有觉悟者，不要勉强拉入。对于贫下中农也不是一概而论，而是"依其觉悟程度，分作多批吸收进来，首先吸收觉悟较高的分子。"② 自愿原则很重要，但评判几亿农民是否都是自愿入社，又是个很抽象而难以把握的事情，通过分批吸收各阶层农民入社，把抽象的原则变成具体的可操作的工作方针和步骤，表现了中国政府的领导艺术。

在贯彻自愿原则的问题上，中国共产党强调坚持自愿原则不等于放任自流，要加强引导。加强引导，首先就是要对农民进行社会主义教育，"反复宣传我党关于农业合作化的方针、政策和办法"，提高社会主义觉悟。在进行教育与宣传的工作中，批判资本主义自发思想。另外，先组织贫下中农加入合作社，造成农业合作化的声势，这也是对富裕中农的一种引导方式。如毛泽东提出，在土地革命和社会主义革命"这两个革命时期，中农在开始阶段都是动摇的，等到看清了大势，革命将要胜利的时候，中农才会参加到革命方面来"。③ 先引导贫农和下中农入社。农村中有了40％的人入社，合作化就势不可挡了。任何运动中，总有一部分人是随大流的。造成了形势，他们就可

① 《毛泽东选集》第5卷，人民出版社1977年版，第231页。

② 《毛泽东选集》第5卷，人民出版社1977年版，第192～193页。

③ 《毛泽东选集》第5卷，人民出版社1977年版，第241页。

以跟上来。加强引导、进行社会主义教育这无疑是正确的。但以群众运动的方式“造成形势”，又在农民中批判资本主义自发倾向，这就会对部分农民形成压力，是不利于真正贯彻自愿原则的。

自愿的基础是互利，互利的重点是处理好贫农与中农的利益关系。中国政府曾提出，在办初级社时，“必须注意解决以下各项问题：（1）耕畜和大农具是否以迟一两年再入社为适宜，入社作价是否公道和还款时间是否过长；（2）土地报酬和劳动报酬的比例是否适当；（3）合作社所需要的资金如何筹集；（4）某些社员是否可以利用自己的一部分劳力去从事某些副业生产”。“上述四个问题必须注意解决得恰当，才不至于违反贫农和中农之间互利原则，只有在互利的基础上才能实现自愿”。① 中国政府还设想，待初级社经过一定时间的发展，生产力大大提高了，社员的生活得到很大改善，普遍超过富裕中农水平了，再来实现土地公有，取消土地报酬，富裕中农就不会感到吃亏了。

在合作化的前期，我们强调自愿互利原则，对于防止和纠正强迫命令及侵犯中农利益，起到了积极作用。到了1955年下半年，农业合作化的高潮在很短的时间内席卷全国。此时，既然认为农民群众中蕴藏了极大的社会主义积极性，认为通过群众运动大轰大上是必要的引导，自愿原则也就没有什么实际意义了。对于中农与贫农的互利，毛泽东也作了新的解释。他在对《农业合作化最近简情》的批语中说：“‘揩油’问题已经发生，应当教育农民不要‘揩油’，应当端正各项政策，并以发放贷款的办法去扶持贫农，这是一方面。但同时应当教育中农顾全大局，只要能增产，只要产量收入比过去多，小小的入社时的不公道，可以就算了。要教育两方面的人顾全大局，而不是所谓‘全妥协’，全妥协就没有社会主义了。又团结、又斗争是我们的方针。”② 把与中农的互利看作妥协，把认真贯彻互利原则的“全妥协”与社会主义对立起来，把不完全贯彻互利原则说成是必要的斗争手段，是社会主义的要求。如此，互利不再是坚定不移的原则，而是成了团结中农并随着形势的发展可以改变的斗争策略。在这种思想支配下，贯彻互利原则势必要大打折扣。何况随着形势的发展，贯彻互利原则的许多重要规定已经形同虚设了。例如在合社化的高潮中，将许多建立后尚未进行一次分配的初级社转为高级社；将一些农户从个体经济直接组建成高级社，大牲口、大农具的租金及延期入社问题、土地报酬比例问题等，都无从谈起了。

20世纪50年代的农业集体化运动，从对生产资料的实际支配权来看，是继土地改革之后的又一次均产，均产的对象是占农村总户数约1.5%的老富农，15%左右的富裕中农和不到1%的新富农。就后两者而言，他们是土地改革后农村中最有经济活力的力量。虽然土地改革完成时间不长，他们占有生产资料超过平均水平并不多，但这毕竟主要是他们在土地改革后努力生产经营，节衣缩食进行积累的结果。对他们财产的剥夺，不仅打击了他们致富的积极性，而且对广大农民心理的影响也是极其深远的。

在新的历史条件下，中国政府制定的《农民专业合作社法》对农户的私有产权给予了充分的保护。我们还要强调的是：在兴办新型合作社时，要把生产经营型合作社与提供公共产品的合作社的性质、作用加以严格区分；政府要负担起扶困济贫的职责，不要在近期把这些职责让合作社承担；

① 《毛泽东选集》第5卷，人民出版社1977年版，第177页。

② 薄一波：《若干重大决策与事件的回顾》上卷，中央党校出版社1991年5月版，第355页。

即使是在集体经济得到很大发展，集体经济给农户带来的收益、福利大大超过农民家庭经营的情况下，对待农民承包土地的处理和农户的生产资料也应采取非常慎重的态度，不宜轻易施行生产资料的公有，周庄、南街村、华西村模式在目前条件下甚至在将来能否成为中国农村的基本经营方式还有待研究。

四、关于农业集体化初期的增产问题

典型示范也是马克思主义合作化理论中的重要内容。它为中国政府在农村开展互助合作运动初期一贯遵循与倡导。我们在这方面的一个重要特点，是极为重视增产的示范作用。毛泽东就曾提出，互助组比单干户，初级社比互助组，高级社比初级社，有无优越性，集中表现在能否增产上。他强调："农业生产合作社，在生产上，必须比较单干户和互助组增加农作物的产量。决不能老是等于单干户或互助组的产量，如果这样就失败了，何必要合作社呢?"[①] 为此，发展合作社要做到"数多、质高、成本低。所谓成本低，就是不出废品；出了废品，浪费农民的精力。落个影响很坏，政治上蚀了本，少打了粮食。"[②] 他把这个问题提到"社会主义与资本主义两条道路的斗争"的高度认识。"在中国的农村中，两条道路的斗争的一个重要方面，是通过贫农和下中农同富裕中农实行和平竞赛表现出来的，在两三年内，看谁增产；是单干的富裕中农增产呢？还是贫农和下中农组成的合作社增产呢？在开头，只是一部分贫农和下中农组成的合作社，同单干的富裕中农在竞赛，大多数的贫农和下中农还在那里看，这就是双方在争夺群众。"[③] 中国共产党必须要领导、扶助贫下中农办好合作社，使合作社增产，才能体现出社会主义的优越性，吸引农民走社会主义道路，在这场斗争中取得胜利。

在合作化的前期，由于步子稳妥，政策坚决，许多合作社办得好，增产效果明显。毛泽东为此深受鼓舞。他在看到河北省遵化县合作社增产的材料后欣然提笔："我们现在有理由向人们提出这样的一个问题：为什么这个地方可以这样做，别的地方就不可以这样做呢?"[④] 这也是中国政府下定决心掀起合作社高潮的重要原因。然而在完成合作化后的许多年内，农村经济的发展并没有表现出人们期望的增产效应。出现这种情况的原因是多方面的，人们已经做了许多的分析（如后期过急，不久又搞了人民公社）。当然也有人认为，当年的试办的合作社增产有很大的虚假性，不足为信。笔者也认为，当时的历史条件下的合作社增产的报道，不可避免地带有一定的浮夸成分。但不进行大量系统的调查，武断地否定一切，也是不可取的。

我们要补充的是：早期试办那些合作社时所具备的优越条件，到合作化高潮后，对大多数合作社来说，便不存在了。例如：

1. 最初试办的合作社，成员往往是政治思想素质很高的农民。几个党员、骨干志同道合，凑在一起，响应党的号召办合作社，政治上很光荣。他们觉悟高，思想好，不那么斤斤计较。社内矛

① 《毛泽东选集》第5卷，人民出版社1977年版，第176页。
② 《毛泽东选集》第5卷，人民出版社1977年版，第118页。
③ 《毛泽东选集》第5卷，人民出版社1977年版，第231页。
④ 《毛泽东选集》第5卷，人民出版社1977年版，第231页。

盾少，热气高，干劲儿大，生产经营搞得好。普遍建立合作社后，不仅是先进分子，而且中间分子、落后分子都毫无例外地入了社。不仅要求认真地按劳分配，还有人要占集体的便宜。由于农业生产过程的特点，始终未能找到按劳分配的好形式，社内矛盾无法解决。

2. 为试办合作社，国家培训了干部、会计和技术骨干，在贷款、技术扶助、农业生产资料的供应等各方面给予优待。相对于广大的单干户来说，试办的互助组或合作社在人才、物资、资金诸方面具有优势，是单干户所没有的，显得突出。合作社普遍发展起来后，大多数合作社就不再具有这些条件或优势了。

3. 试办的合作社往往是由几家劳力强壮的农户组织在一起，完成合作化后，老弱病残，鳏寡孤独，军属烈属干属都入了社，劳动力强度的平均水平大大下降。

在试办期间，大多数农业生产合作社能增产。中国政府将增产的主要原因归功于社会主义的生产关系和大规模的集体劳动和经营。想通过普遍建立合作社，在农业中扩大增产效应。结果，集体所有制与集体劳动、统一经营成为中国农村的基本生产方式。此后，经过20余年的实践，却都没有收到预期的增产效果。这说明，中国领导人对试办期合作社增产原因的判断不够准确。当年倡导的典型示范，收到了加速实现农业合作化的效果，却未能起到促进农业生产大发展的作用。

今天我们试办新型合作社，国家不仅要积极提倡、指导，也需要给予各方面的支持。但在总结经验时要分清外部支持与内在制度的作用，不要使我们树立的典型看起来好，但广大农民学不起，学不像。这样的典型没有推广价值。

（作者：苏少之，中南财经政法大学教授；

王军，中南财经政法大学经济学院博士生）

中国农业科学院成立的前后*

黄佩民

中国农业科学院是我国最大的以农牧业为主的农业科研机构。它是从1954年开始筹建、1957年正式成立，迄今已有半个世纪。对于它成立的前因后果，以及期间的发展变化，是很值得总结的。现仅就手头掌握的一些历史资料和笔者经历的一些情况，加以简要回忆与剖析。

一、建立筹备组

新中国成立后，党和政府非常重视农业科研工作。20世纪40年代末和50年代初，在原有机构的基础上，相继改组成立了东北、华北、华东、华中、华南、西南、西北7个大区农业科学研究所，除华北农业科学研究所由农业部领导外，其他均由各大区农业部（局）领导，大区一级行政机构撤销后划归农业部领导。

1954年8月14日，中央农业部党组向中央农村工作部核转中央《关于筹建农业科学研究院向中央的报告》中提出："目前国家进入计划经济建设，农业增产任务很大，农业生产合作社迅速发展，对农业科学技术的要求日益增加，所以农业科学研究工作必须相应地加强，否则必然会给国家经济建设造成极大的困难。因此选拔一批全国著名的农业科学家组织中国农业科学研究院，以便统一与加强全国农业科学研究工作的领导，实感迫切需要。"并认为"正式成立中国农业科学研究院是一件重要而复杂的工作"，需要"先建立中国农业科学研究院筹备委员会，用一定的时间进行一些必要的准备工作，方能使农业科学研究院的产生少走弯路，求得较为圆满的结果"。① 同年9月16日，中央农村工作部《关于筹建农业科学研究院问题的批复》指出："为统一全国农业科学研究工作的领导，配合农业合作化运动，以促进农业生产的发展，建立这样一个农业科学研究机关确属需要"；"同意农业部党组先行成立筹备小组的意见"。但在配备小组的干部时，"不要过于削弱现有的各大区农业科学研究所的工作和领导"。并要"中央农业部与林业部、水利部商讨，在将来成立农业科学研究院时，最好能够把农业、林业（森林工业部分可除外）和农田水利结合在一起，成立一个综合的农业科学研究机构"。②

农业部农政总局于1954年10月18日《关于中国农业科学研究院筹备小组成立情况的报告》：根据中央农村工作部9月16日关于筹设中国农业科学研究院的批示，并经刘（瑞龙）副部长当面

---

* 本文收入内部报告《共和国农业史料征集与研究报告》第11集，2004年。

① 中国农业科学院《历史的回顾》（一）总的情况，中国农业科学院办公室调查研究处，1984年9月，第34～37页。

② 中国农业科学院《历史的回顾》（一）总的情况，中国农业科学院办公室调查研究处，1984年9月，第37～38页。

批示，中国农业科学研究院筹备小组已于10月14日正式成立。[①] 在杨（显东）副部长领导下召开了第一次筹备小组会议，小组由万众一任组长，刘定安、孙森甫任副组长，陈凤桐（华北）、刘春安（华东）、唐川（东北）、张子明（中南）为组员。

二、建立农业科学研究工作协调委员会

1955年2月，在全国科联召开农林学会各专门学会的学术讨论会上，中国科学院李四光副院长提议，并得到农业部和全国科联的积极赞助以及到会科学家们一致同意，商定仿照工业部门的先例，建立“农、林、水利科学工作协调委员会”，使有关农、林、水、气象等方面的科学研究力量和研究活动步调统一，密切配合，更好地为国家合作化和农业增产服务。同年7月24日，全国科联召集在京农林学科各专门学会常务理事联系会，专门讨论和修订了农业部与全国科联共同起草的《农、林、水利科学研究协调委员会简则（草案）》，并由各学会分别推选参加协调委员会的名单。同时还商请高教部、林业部、水利部和气象局分别指派参加协调委员会的人选。同年8月2日，农业部和全国科联又共同邀请来京出席第一届二次全国人民代表大会的农业科学家、各学会选出参加协调委员会的在京科学家，以及国务院七办、国家计委、农业部、高教部、水利部、林业部、气象局等行政单位的有关人员共30余人，举行了座谈会，就协调委员会的名称、任务、组织和领导关系，进行了详细讨论。到会人员一致同意农业部和全国科联所拟的简则（草案），并提出为了重点明确、主体突出、主张把“农、林、水利科学工作协调委员会”的名称改为“农业科学研究工作协调委员会”。会上还宣布通过了各有关部门、学会分别推选出席参加农业科学研究工作协调委员会的名单。农业部1955年9月9日给国务院七办并报总理《关于建立农业科学研究工作协调委员会的报告》。[②]

国务院于1955年10月31日批复了这个报告，[③] 同意建立农业科学研究工作协调委员会，并核定作为农业部的机构，由农业部领导；同意协调委员会简则及名单。在《农业科学研究工作协调委员会简则（草案）》中，将“协助国家主管业务部门筹建中国农业科学院”，作为农业科学研究工作协调委员会的任务之一；“中国农科院筹备小组为农业科学研究工作协调委员会的日常办事机构”。

农业部于1956年4月23日给国务院七办、总理并报中央《关于筹建中国农业科学院问题的报告》中提出：“多次与党内外科学家就筹建中国农科院问题恳切交换意见，一致认为正式成立中国农科院已刻不容缓。”“关于中国农科院的任务，我部建议暂定为：根据全国农业发展纲要和国家农业生产计划的要求，组织与进行重大农业科技问题的研究，以新的发现和发明来为农业增产服务，为巩固农业生产合作社服务，同时保证我国农业科学事业的高速发展和迅速赶上国际先进的农业科学技术水平”。“在组织形式上，拟设院长一人，副院长2～3人，另暂设30～50人的过渡性学术委员会，下分若干学组进行具体学术领导，在适当时机再正式建立有关的学部”。“为了适应当前农业

① 中国农业科学院《历史的回顾》（一）总的情况，中国农业科学院办公室调查研究处，1984年9月，第38～39页。
② 中国农业科学院《历史的回顾》（一）总的情况，中国农业科学院办公室调查研究处，1984年9月，第40～47页。
③ 中国农业科学院《档案》1955年5卷5号。

科研工作的急需和便于农业科学院实行学术上的具体领导，除加强现有各农业科学研究所外，拟积极筹建：植物栽培、土壤肥料、植物保护、农业机械化和电气化、畜牧、农业经济等专业所”。“拟以华北农科所作为中国农科院院址，充分利用原有部分人员和全部基建，将华北所现有人员的一部分和可移动的仪器设备移到河北省或河南省适当地点，建立新的华北农科所”。①

农业科学研究工作协调委员会于1956年7月2日召开常设工作委员会扩大会议决定，由丁颖、朱则民（召集人）、过兴先、沈其益（召集人）、沈隽、何家泌、吴福祯、陈凤桐、陈凌风、周拾禄、冯泽芳、冯兆林、唐川、蹇先达、戴松恩组成“中国农业科学院成立大会报告委员会”，并由中国农业科院筹备组于1956年7月25日函告各有关方面。②

三、成立中国农业科学院

国家科学规划委员会农业科学规划小组，于1957年1月13日至2月15日，多次讨论了农业科学组织机构的协调问题，并提出了一个协调方案，以国家科学技术委员会农字第19号文件发布。1957年3月1日，为贯彻实施国家科学规划委员会农业科学规划小组提出的“关于农业科学组织机构的协调方案”，中国农业科学院在北京正式成立。中国农业科学院的成立，使中国农业科研机构相对集中统一，标志着中国农业科学研究事业走上了统一部署和全面发展的新时期。

1957年2月5日—4月30日，全苏列宁农业科学院副院长、遗传育种专家米哈依·亚历山特罗维奇·亚历桑斯基受聘为筹建中国农业科学院顾问。

根据农业部于1957年3月25日向邓子恢副总理、聂荣臻副总理、总理并报中央《关于中国农业科学院成立经过的报告》，“中国农业科学院已于1957年3月1日起在北京正式成立（在北京饭店召开成立大会）。来自各地和在京各有关研究机构和各高等农业院校的农业科学家、各有关团体的来宾及代表苏农业部和全苏列宁农科院的亚历桑斯基院士等共400余人，参加了成立大会。廖鲁言（部长）致开幕词，并宣布了经国务院批准的该院正副院长和经国务院第七办公室批准的该院学术委员会委员等名单，由邓子恢副总理向大会作了指示”。③

成立大会前，开了4天的预备会，分组讨论和修订了《中国农业科学院试行组织简则》、丁颖院长关于《我国农业科研工作的状况和今后任务》的报告、《1957年农业科学重点研究项目》等文件。成立大会后，又开了4天的该院学术委员会扩大会议，宣读了13篇论文，着重讨论了《农科院1957年工作要点》。该要点将该院最近和今后的学术活动同农业部本年度和今后若干重要工作密切结合起来，为调动农业科学队伍的积极性，争取今后农业生产的更大丰收，规定了较实际的具体行动和努力方向。

丁颖院长在报告中指出：中国农业科学院的成立“是我国农业科学事业发展中的一件大事，标志着我国农业科学事业新的开始”。“中国农业科学院是我国农业科学技术的领导中心。其基本任务是，根据国家发展农业生产的计划、农业生产实践中的客观需要和世界农业科学的发展趋势，组织

① 中国农业科学院《档案》1956年1卷1号。
② 中国农业科学院《档案》1956年15卷1号。
③ 中国农业科学院《档案》1957年28卷1号。

领导全国农业科学家进行有关农业生产技术和农业科学理论的研究，以新的科学研究成果，保证我国社会主义农业生产和农业科学的不断提高和发展”。并提出：从提高农作物单位面积产量、发展畜牧业及养蚕业、开垦荒地扩大耕地面积、农业机械化、农业经济区划和农业企业经营管理几个主要方面，积极开展开创性的研究活动。①

1957 年 5 月 18 日，农业部党组颁布《关于农业科学院院长、副院长任命问题》，接中央农村工作部 4 月 30 日（57）中农干通字第 27 号通知：“4 月 24 日中央批准：

丁颖任农业部中国农业科学院院长兼华南农学院院长；

金善宝兼农业部中国农业科学院副院长；

陈凤桐任农业部中国农业科学院副院长；

程绍迥任农业部中国农业科学院副院长，免去畜牧兽医局副局长职务；

朱则民任农业部中国农业科学院副院长兼秘书长；

刘春安任农业部中国农业科学院副秘书长；

唐川任农业部中国农业科学院副秘书长兼东北农业科学研究所所长；

李伯林任农业部中国农业科学院副秘书长”。②

1957 年 4 月 15 日，农业部（57）农科瑞字第 3 号通知：“原由本部直接领导的华北农业科学研究所、东北农业科学研究所、西北农业科学研究所、华东农业科学研究所、华中农业科学研究所、华南农业科学研究所、西南农业科学研究所、哈尔滨兽医科学研究所、兰州畜牧兽医科学研究所筹备处、镇江蚕业研究所、农业机械化研究所筹备处，均交由中国农业科学院领导。”③

1957 年 8 月 27 日，国务院在中国农业科学院召开科学规划座谈会，同意中国农业科学院在原华北农业科学研究所有关系室的基础上成立作物育种栽培研究所、土壤肥料研究所、植物保护研究所、畜牧研究所、原子能利用研究室、农业气象研究室、棉花研究所。④

1957 年 10 月 15 日，中国农业科学院在华东农业科学研究所农具系的基础上成立南京农业机械化研究所。⑤

1957 年 11 月 28 日，聂荣臻副总理在中国农业科学院学术委员会常务委员会第二次扩大会议上的讲话中指出：“今年年初我们建立了中国农业科学院，应从各方面加强它、支持它，使它成为全国农业科学的领导中心和重点的研究中心，并围绕着这个中心把各农业科学研究机构和高等农业院校组成一个全国的农业科学工作网。农业科学院应根据全国农业发展纲要（修正草案）和全国科学技术发展远景规划，提出全国农业科学研究的方向和任务，制订重点研究工作计划，组织全国各有关方面的农业科学研究力量，进行协调和合作，并对我国农业科学的发展采取适当的措施或提出建议。目前农业科学院的力量虽然还不够大，但是它必须向这个方向努力。”⑥

回顾中国农业科学院从 1954 年开始筹建到 1957 年 3 月 1 日成立及其半年多的组建，可以形成

---

① 中国农业科学院《历史的回顾》（一）总的情况，中国农业科学院办公室调查研究处，1984 年 9 月，第 54～72 页。

② 中国农业科学院《干部处档案》1957 年 312 卷。

③ 中国农业科学院《档案》1957 年 35 卷 8 号。

④ 中国农业科学院《档案》1957 年 33 卷 6 号。

⑤ 中国农业科学院大事记。

⑥ 中国农业科学院《历史的回顾》（一）总的情况，中国农业科学院办公室调查研究处，1984 年 9 月，第 83～90 页。

以下几点基本认识：(1) 中央农业部原提出“选拔一批全国著名的农业科学家组织中国农业科学研究院，以便统一与加强全国农业科学研究工作的领导”，但中央农村工作部批复时明确指示：“不要过于削弱现有的各大区农业科学研究所的工作和领导，不要限于农业部范围，要与林业部、水利部商讨，在将来成立农业科学研究院时，最好能够把农业、林业和农田水利结合在一起，成立一个综合的农业科学研究机构”。(2) 筹备中国农科院的重大举措之一是：经国务院批准，由中国科学院、全国科联、全国科普、有关学会以及国务院七办、国家计委、水利部、高教部、林业部、中央气象局、粮食部等方面人员组成农业科学研究工作协助委员会，其任务之一是“协助国家主管业务部门筹建中国农业科学院”，中国农业科学院筹备小组是其日常办事机构，并由协调委员会抽人组成“中国农业科学院成立大会报告起草委员会”负责报告起草工作。(3) 农业部原提出：以华北所作为中国农科院院址，只留用部分人员，而将现有人员的一部分和可以移动的仪器设备移走另建新的华北农科所。当时笔者在华北所发育生物学系搞研究，据笔者所知，华北所已在河北省石家庄市郊区购买 1 000 多亩土地，建 3 000 多平方米实验楼，各单位去、留人员已有名单。但最后仍在华北所有关系、室基础上组成各专业研究所，华北所建制取消，在石家庄所购土地和所建房屋全部转交给河北省农业科学院。(4) 聂荣臻副总理（当时兼国家科学技术委员会主任）的讲话，是代表中央明确规定：中国农业科学院为“全国农业科学的领导中心和重点的研究中心，并围绕着这个中心把各农业科学研究机构和高等农业院校组成一个全国的农业科学工作网”。“提出全国农业科学研究的方向和任务，制订重点研究工作计划，组织全国各有关方面的农业科学研究力量，进行协调和合作”。这充分说明了中央领导对成立中国农业科学院的意图。(5) 丁颖院长在中国农业科学院成立大会的报告中指出，中国农业科学院的基本任务是：“根据国家发展农业生产的计划、农业生产实践中的客观需要和世界农业科学的发展趋势，组织领导全国农业科学家进行有关农业生产技术和农业科学理论的研究，以新的科学研究成果，保证我国社会主义农业生产和农业科学的不断提高和发展。”这个报告是由农业科学研究工作协调委员会起草，可以说反映了全国农业科学界的呼声。

四、中国农业科学院成立后的科研机构变动

中国农业科学院成立之后，于 1958 年 3 月 19—25 日在北京召开了全国第一次农业科学研究所、站长会议，出席单位除所属 6 个大区农业科学研究所和 16 个专业研究所（室）外，还有 16 个省、自治区、直辖市农业科学研究所（站）参加，中央农村工作部、国务院科学规划委员会、中央农业部、中国科学院生物学部领导机关也派员出席指导。原定会议的目的是要“解决当时农业科学研究的三个基本问题：第一是研究党如何把科学家队伍领导到大生产浪潮中去，第二是农业科学如何跃进，第三是拟定全国农业科学技术发展纲要（草案）”。[①] 因为正值全国范围开展“大跃进”运动，1958 年 2 月中共中央又发出了《在各地区普及推广种试验田的通知》与会代表情绪激动，纷纷写大字报，批评中国农业科学院“南不过黄河、北不出长城”，工作局限，跟不上形势。在这种情况下，中国农业科学院分党组作出一个“五谷丰登，六畜兴旺，支援大跃进”的方案，决定抽调

① 中国农业科学院《档案》1958 年 72 卷 12 号。

在京科学研究人员 2/3 的力量，组成 19 个农业科学工作队，派往各省支援农业生产大跃进。笔者在作物育种栽培研究所发育生物学系主持“小麦抗盐性定向培育”研究课题，也被抽出参加河南农业科学工作队水地小麦组，到河南省孟县梧桐村蹲点。各省、自治区、直辖市农业科研单位也相应抽调科技人员下乡上山搞“高产卫星”，致使刚刚开始执行的 12 年农业科研规划和项目计划部署受到干扰。

1958 年 7 月，中国农业科学院在北京召开了院属各大区所、专业所所长会议，作出了《我们面临的新形势与新任务》的决议。① 认为农业科学研究机关的思想落后于农民实践，主要原因是右倾保守、厚洋薄土、脱离生产、脱离实际、脱离群众；提出农业科学研究的目的是实现农业大面积高额丰产，两三年内达到更多更高的世界水平；要求各级农业科研单位破除迷信，插红旗，拔白旗，进行业务上和组织上的改革，在思想上和研究方法上来一个革命。农业部于 1958 年 8 月 20 日批准了这个《决议》，② 并决定将原属中国农业科学院的 6 个大区研究所下放到所在省领导，划归地方建制。这个《决议》严重地破坏了农业科学研究工作的正常秩序，挫伤了农业科技人员的积极性。

1958—1959 年，中国农业科学院的研究机构又有了很大发展。1958 年 4 月 11 日在兰州成立中兽医所，5 月 10 日在北京成立农业经济研究所，9 月 10 日在陕西省农业科学院基础上成立中国农业科学院陕西分院，9 月 22 日经国务院规划委员会批准新建大豆、花生、烟草、甜菜、麻类、柞蚕、薯类、养羊、养牛（黄牛）、水牛、家禽、毛皮兽、养蜂、农田灌溉等研究所和蔬菜研究室；1959 年 1 月 19 日，又在安徽阜阳成立沼气所，5 月 7 日在下放的华东农科所基础上成立中国农业科学院江苏分院，6 月 6 日在辽宁省农业科学院基础上成立中国农业科学院辽宁分院，11 月 11 日成立科技情报资料室等。在短短二年时间内，研究所的专业越分越细，研究所的数量骤然扩充膨胀，中国农业科学院的直属研究机构，由 1957 年的 11 个专业所的基础上，又新增 23 个专业所，1959 年合计达 34 个专业所。③ 进入 1960 年后，2 月 10 日又在河南郑州成立果树所分所，5 月 19 日在武昌成立油料研究所，7 月 21 日成立农业微生物、生物物理、农业化学、遗传育种、栽培生理研究所（撤销作物育种栽培所和原子能利用研究室）。但到 1960 年 9 月，为了执行国家科学技术委员会《关于科研机构精简、迁移、合并、下放和撤销的意见》，中国农业科学院经农业部批准，将大豆、花生、薯类、沼气、养猪、黄牛、水牛、家禽、柞蚕、养羊、西北畜牧兽医等 11 个专业所下放归所在省建制和直接领导。将作物遗传育种与作物栽培生理两所合并，恢复为作物育种栽培研究所；土壤微生物所合并到土壤肥料研究所；农业化学所合并到植物保护研究所。④

经过这次精简下放，中国农业科学院由原来的 36 个专业所（室）、职工 8 759 人，缩减为 22 个专业所（室）、职工 2 916 人。即机构下放了 1/3 多，职工精简 2/3 以上，使刚刚组建起来的这个全国性的农业科研机构大伤元气。

1961 年初，在“调整、巩固、充实、提高”方针的指引下，聂荣臻副总理主持制定了《关于

① 中国农业科学院《档案》1958 年 73 卷。
② 中国农业科学院《档案》1958 年 73 卷。
③ 中国农业科学院《大事记》。
④ 中国农业科学院《干部处档案》1960 年 413 卷；中国农业科学院《档案》1963 年 190 卷 1 号。

自然科学研究机构当前工作的意见》(简称《科研十四条》),对“大跃进”以后科技战线各种“左”的思想进行了初步清理,并对科技工作中的一些政策问题作了规定和澄清。1962 年 2 月,国务院在广州召开了全国科技工作会议。同年 8 月,国家科委和农业部在北京召开了国家科委农业组扩大会议,共同邀请 60 多位农业科学家座谈。周恩来总理于 9 月 29 日接见了参加这次会议的科学家,并指出,“农业科学研究机构精简过了头”,“这件事做错了”。他还说:“科学研究方面的设备、仪器、人才和场地都要解决,可作为紧急措施来处理。”并亲自批准中国农业科学院增加 400 名人员的编制。① 在此前后,中国农业科学院又先后建立了柑橘所、青海高原工作站、草原所、西南工作站、西北工作站、小麦品种研究室、水稻生态研究室、家畜血吸虫病研究室;农业气象室、科技情报室、图书馆独立建制;西北畜牧兽医、蔬菜、养蜂研究所收回;北京农业机械化所、南京农业机械化所划出。到 1965 年,中国农业科学院的科研机构由 1960 年的 24 个,增加到 33 个,职工人数增加了一倍多,达 6 364 人,科研人员增加了近一倍,达 3 284 人。②

从上述中国农业科学院成立后几年的科研机构变动来看,可以形成以下几点基本认识:(1) 对全国农业科研体制问题缺乏认真调查研究,不能从全国现状出发考虑科研机构布局,1958 年匆忙决定下放了 6 大区农科所,未能形成全国科学研究网。(2) 对全国农业科学事业发展缺乏高瞻远瞩的思考,建立科研机构缺乏远见和战略部署,只是局限于环绕“农业八字宪法”“六畜兴旺”和“农业十二个字”建所,研究机构过偏、过细,发展速度太快。总规模急剧膨胀,造成人、财、物的极大浪费,最后不得不对这些机构进行大幅度的调整、压缩和精简。(3) 建立机构缺乏计划和准备,草草了事。有的短时成立、立即撤销,如农业微生物、农业物理、农业化学、作物遗传育种、作物栽培生理等研究所,1959 年 7 月 1 日正式宣布成立,10 月 15 日宣布撤销,被称为“百日所”;有的一时下放,一时收回,如蔬菜、养蜂等研究所,一时下放给北京市、一时又收回,反复几次,造成家底空虚;有的专业要在产区设所,但考虑交通、水、电、物质供应条件不够,成立后难以开展工作而放弃,造成极大浪费。据不完全统计,中国农业科学院 1958—1962 年基建费合计为 1 815.72万元,其中下放单位 318.04 万元(占 17.5%),院直属单位 1 497.68 万元(占 82.5%)。③ (4) 科研机构、人员变动频繁,经过几次大幅度发展和精简,不仅打乱了当时农业部制定的《1956—1967 年全国农业科学研究方案和年度计划》的实施,也未能发挥“全国农业科学的领导中心和重点的研究中心”的作用。

五、中国农业科学院建制的撤销与恢复

从 1966 年开始长达 10 年之久的“文化大革命”,使科研单位陷于瘫痪,各项工作基本停顿。1969 年 10 月,林彪发出“第一号战令”,下令“搬神拆庙”,强行拆散专业科研机构,科技人员下放到“五七”干校接受再教育。1970 年 5 月 14 日,国务院副总理纪登奎和农林部革命委员会主任

① 中国农业科学院《大事记》。

② 中国农业科学院《历史的回顾》(一) 总的情况,(四十五) 中国农业科学院历年人员统计表。中国农业科学院办公室调查研究处,1984 年 9 月。

③ 中国农业科学院《档案》,1962 年 174 卷。

沙风到中国农业科学院具体布置体制下放。纪登奎在全院主要干部会上说："科研工作是靠农科院的七千五百人还是靠七亿五千万人口？是靠研究所还是依靠农民的创造？"他还说"农业研究要彻底走群众路线，不能靠四十八个研究所（注：包括农、林、水产），要靠广大群众搞"。[①] 在"依靠七亿五"（农民群众），不依靠"七千五"（农业科技人员）的极左思想指导下，将中国农业科学院建制撤销，中国农业科学院 33 个专业研究所（室），其中撤销了 1 个农业经济研究所，下放了 31 个专业研究所，只留下固定设备难以搬迁的原子能利用研究所。根据中国农业科学院革命委员会于 1971 年 1 月 7 日的《下放工作简报》："全院原有 35 个单位（包括研究所、研究室、工厂、农场、试验站），职工 7 345 个。其中在京单位 14 个，职工 2 291 个；京外单位 21 个，职工 5 054 人。根据体制改革方案，我院（与林科院合并组建中国农林科学院后）约需留下 4 34 个（整个农林科学院为 620 人），占全院职工的 5.9%，应下放约 94%即 6 911 人。截至 1970 年底的粗略统计，已经下放了京内外单位 28 个，职工 5 899 人，占应下放人数的 85.3%。其中在京外的 21 个单位已下放 20 个，下放职工 4 965 人，约占京外应下放人数的 98%，现除生物所（134 人）因体制未定，须等候上级批示外，其余均已下放完毕。京内单位已下放 7 个，下放了职工 934 人，目前京内尚有 5 个单位 964 人，待房子批下后即可移交北京市。"[②]

1976 年 10 月粉碎"四人帮"后，科学的春天来到。1978 年 2 月 6 日，农林部以（78）农林（科）字第 12 号文件关于恢复"中国农业科学院"和"中国林业科学研究院"建制给国务院的报告。[③] 后经国务院批准，恢复了中国农业科学院的建制。1978 年 7 月 17 日，国务院批复"同意金善宝任中国农业科学院院长，徐元泉、史向生、张维城、何光文、左叶、张云、陶鼎来、程绍迥、林山为副院长"。[④]

中国农业科学院恢复建制后，于 1978 年 11 月 27—12 月 20 日在京召开了工作会议。这次会议的中心任务是：揭批"四人帮"，分清路线是非，总结经验教训，拨乱反正，制定本院 1978 年至 1985 年科学技术发展规划，落实 1979 年科研任务。

1978 年 12 月 6 日，中国农业科学院工作会议《简报》第九期，以"一定要打破这个禁区"为题，指明这个"禁区"就是纪登奎副总理关于农科院体制下放的讲话。《简报》列举了 1970 年 5 月 14 日，纪登奎和沙风等同志到农科院布置体制下放的讲话内容及其对农科院工作造成的严重后果，不仅拆散了农科院而且波及全国。最后提出"错了就应当改正。代表们强烈要求纪副总理听取群众意见，采取果断措施，切实解决农科院问题"。[⑤] 随后，农林部部长杨立功在中国农业科学院工作会议上讲话中转告纪登奎说，"1970 年 5 月在农科院的讲话是错误的……搞错了就纠正"。经中共中央、国务院批准，中国农业科学院将下放迁到外地的研究所全部搬回北京原址，下放给地方管理的研究所也收回实行以部为主的领导体制，完全恢复了中国农业科学院的原有机构。

1979 年 1 月，中国农业科学院以农科院（办）字第 14 号给农林部并报国家科委、国家农委

① 中国农业科学院《历史的回顾》（一）总的情况，第 714 页，中国农业科学院办公室调查研究处，1984 年 9 月。

② 中国农业科学院《政工组档案》1970 年 7 号卷。

③ 中国农业科学院《办公室档案》1977—1978 年 5 卷。

④ 中国农业科学院《干部处档案》，1978 年 6 卷。

⑤ 中国农业科学院《档案》，1978 年末—1979 年初院工作会议文件 24 号卷。

《关于中国农业科学院工作会议的报告》中指出："会议对建院二十年来科研路线方面的许多重大问题，进行了认真总结，划清了是非界限。着重总结了两次机构体制大变动的经验教训。1960 年大精简，砍掉 14 个研究所，人员精简了 70%；1970 年，33 个研究所、室、站下放 31 个，取消一个，职工由 7 500 余人减至 512 人，造成机构拆散，人员散失，仪器损坏，科研工作大部分中断，成为内伤外伤都很严重的'重灾户'。实践证明，否定专业队伍的骨干作用，拆散下放科研机构是错误的。"①

1979 年中共十一届四中全会通过的《中共中央关于加快农业发展若干问题的决定》中，明确提出要组织技术研究力量研究解决农业现代化中的科学技术问题，中央要办好中国农业科学院等几个重点的高级农业科学研究院，各省、自治区、直辖市要根据农业区划办好一批农业科研机构，逐步形成门类齐全、布局合理的农业科学技术研究体系。从此，中国农业科学研究事业，进入了一个新的发展时期。

（作者：中国农业科学院农业经济所原副所长、研究员）

① 中国农业科学院《档案》，1978 年末—1979 年初院工作会议文件 24 号卷。

水稻“青森五号”事件*

李君凯

1956年，我国南方水稻产区所进行的单季稻改双季稻、间作稻改连作稻、籼稻改粳稻的“水稻三改”活动正进入高潮。当时，为了加速扩大粳稻的种植面积，并配合长江流域各省双季稻的发展，积极解决双季早稻急需的早熟、高产、耐寒品种，采取了一个前所未有的、规模较大的北粳南引举措，仅从河北省天津地区调往四川、湖北、湖南、安徽、江苏等省的“银坊”稻种就有5 000多万斤，从黑龙江、吉林调往湖北、湖南、安徽等省的青森五号、元子二号、北海一号、国光等粳稻种有1 000多万斤。种植的结果是，除少数地区、少数田块外，普遍减产，在群众中留下了极坏的印象。当时影响较大、损失较多、社会舆论反映强烈的是湖南和湖北两省推广的青森五号早粳稻。因为这是新中国成立后我国农业生产上发生的一件大事故，人们称之为“青森五号”事件。

一、“青森五号”事件发生概况

1956年湖北省调入各种粳稻种子就有5 500多万斤，播种了350万亩，其产量一般都比种植本地籼稻种低，共损失稻谷约2亿斤。其中，调入青森五号早粳种子846万斤，安排在水稻生产水平较高的溪水、孝感、黄陂、沔阳、鄂城等县，作为双季早稻种植，共53万亩，平均亩产314斤，比早籼稻减产28.6%；湖北省还有150万亩中粳银坊种的减产。他们原意是推广粳稻，首先照顾刚成立的高级农业社，其结果，却打击了先进。湖南省调青森五号早粳种子301.3万斤，大部分安排在常德、湘潭、衡阳3个地区，选生产条件较好的社队，作丰产田种植，寄予希望很大，干群的劲头十足。全省种21.59万亩，多是选择土层深厚、土质肥沃的肥田。但到后来，青森五号禾苗普遍生长不好，全省平均亩产仅213斤，不足当地早籼稻亩产449斤的一半，减产236斤，共减产稻谷4 500万～5 000万斤。常德地区种了14.3万亩，实收9.8万亩，平均亩产139斤，最低的亩产仅21斤。湘乡县栽培了4 040亩，有578.9亩，占总亩数的19.3%，因生长太差而全部犁掉改插了中稻；其余3 461亩平均亩产仅260斤，比当地早籼稻减产45%，共损失稻谷80多万斤。

这之前，我国南方只有太湖流域、云南高原区及台湾省有种植粳稻的习惯，其余地方的农民，过去不仅没有种过粳稻，连粳稻这个名词都没有听说过，更谈不上对粳稻习性的了解了。他们得到青森五号种子后，一般都是按原来种早籼稻的方法去种。3月底、4月初播种，1个月左右秧龄，到4月底、5月初插秧。稀植，株行距7寸×7寸、7寸×8寸，甚至9寸×9寸，每穴插秧10根

* 本文收入内部刊物《当代农史研究》1996年第3期。

左右。插秧后，由于气温高，仅20天左右就发现部分禾苗孕穗、抽穗。当时植株还不到1尺高，大部分没有分蘖。抽出的穗子很小，着粒很少（只有几粒或十几粒）。各地号召追肥补救。很多田追肥后，普遍出现全田生长不一致，不仅有的蔸在抽穗、有的在孕穗、有的在分蘖；甚至在一蔸禾苗中也有抽穗、孕穗和分蘖的。有不少农民看到这些禾苗的长相，垂头丧气，觉得无望，有肥也不愿再追了。更有些农民说：这是什么良种，好像插的一炉香，又矮又不发蔸，简直是癞子的头发，没有几根，怎么能增产呢？他们不追肥，反而把它犁掉，腾出田来改插中稻或晚稻。

青森五号在湖南、湖北种植，一般全生长期只有90天或90多天，到6月底7月初全部成熟收割。因为生长期太短，每穗只有20多粒到30粒，好的也只有50粒左右；加上空壳率特别高（多数在15%～40%之间），看起来还不如一般的再生稻。

在一片减产声中，从新闻媒介的报道上，也常看到一些栽培青森五号增产的消息。1956年11月《中国农报》第21期刊登了"湖北省新州县复兴、冯镇、汪集3个乡引种11 552亩青森五号，平均亩产460斤，比今年早籼稻增产3.3%"。同年12月第22期在一篇分析引种粳稻的文章中提到："湖南省桃江县农场2.8亩青森五号早粳，平均亩产725斤。湘阴县东湖社22亩，平均亩产709.3斤，湘南宁远县劳模柴彩林种植1.3亩，平均亩产528斤。南县岁丰社劳模田启发种植4.25亩，平均亩产700.4斤。"6月13日新湖南报报道："长沙石岭塘农业社164亩青森五号可望亩收500斤。"这些不胜枚举的小面积增产事例，虽然扭转不了全面减产的失败声誉，但对持北粳不能南引态度的人，提供了值得重新思考的依据。

总的来说，1956年以青森五号为代表的北粳南引事件，使很多农民遭受损失，影响很坏。当时党和人民政府在群众中的威望是至高无上的，为了取信于民，国家承担了造成这次损失的全部责任，在派监察部、农业部等单位组成的检查组深入调查之后，作出了赔偿农民损失的决定。后来，受损失的农民虽然没有吃太大的亏，但这次失败的教训，在广大群众思想中，刻下了难以磨灭的印象。从1957年起，南方稻区谈引粳而色变，从此一蹶不振，除农业科研单位在正常做些粳稻试验外，就是那些种粳稻增产的社队，也看不到粳稻的影子了。

二、青森五号减产的主要原因

青森五号为什么会普遍减产造成较大损失？当时发表的文章，提供的情况很多。《中国农报》1956年11月第22期有一段编者按语说："最近收到很多稿件，综合起来，大致可分为3类。第一类认为青森五号早粳稻在湘鄂两省减产的原因，主要是这一品种不适宜中南地区的自然环境，根本不应在中南推广；第二类认为减产原因，主要是栽培技术没有跟上，并提出今年两省某些增产事例为依据；第三类认为目前减产的原因尚未完全了解，不宜早作结论。今后仍可在中南地区试种。我们认为这个问题，还有深入讨论的必要……"事实上，青森五号减产事件的出现，不是单因子所为，确实既有气候因素的影响，又有种子混杂和栽培技术措施不当等人为因素，系多因子造成。

1. 自然因素影响

我国地域辽阔，地区间土壤、气温、光照、雨量等条件差异很大，耕作制度也不相同，不可能适合在甲地种植的某一稻种，完全能适合乙地栽培。何况把地处北纬44°～48°之间，生长在吉林、黑龙江的青森五号稻种，引入相隔几千里、北纬 27°～31°的湖南、湖北种植呢？吉林、黑龙江是光照长、积温少的地区，湖南、湖北则相反，是光照短、积温多的地区，引种不发生变异，是不可能的。事实上，水稻科技工作者早已通过科学试验，掌握住了水稻品种南北移动规律：只要把北方稻种移到南方种植，都会缩短生育期，原生育期短的稻种缩短天数少，原生育期长的稻种缩短天数多；相反，把南方稻种引入北方种植，生育期都延长。吉林省延边地区曾把南方早稻南特号引入试种，生长非常繁茂，却等不到抽穗，就已经来了早霜，完全不能成熟。这次大量远程调粳稻种子，根本没有考虑到这一不可违背的品种栽培变异规律，不懂得把在吉林、黑龙江能够生长 110～125 天的青森五号引去南方，会缩短到只生长 90 多天。而且调种者更没有考虑到生育期的缩短，主要是缩短了从种子发芽到拔节这段营养生长期，从拔节到成熟的生殖生长缩短是极为有限的。营养生长期短，而赖以制造、贮存和输送养料的茎、叶都没有长起来，怎么能孕育出穗大、粒多的丰产穗型来呢？应该懂得：由于气候影响，从北往南越是调早熟、生长期短的品种，减产的风险性越大；从南往北调种，越是生长期长的晚熟种，失败的概率也越多。这次青森五号南调，发育受的影响小，所以能正常孕穗、结实；生长所受的影响大，不仅难如人意获得丰收，而且造成减产，也应属意料中之事。

空壳率的高低与气温的关系非常密切。根据水稻生物学特性：孕穗期出现 15～17℃的低温，发育中的小穗就要受到损害；开花期间出现 20℃以下的低温，受精率就要降低，都容易出现空壳。极早熟的青森五号提早在 5 月中旬、下旬孕穗，5 月下旬到 6 月初抽穗、开花，遇到上述低温的概率是较多的，既不是安全孕穗期，也不是安全抽穗期，它的空壳率高，是必然的。

再从南方发展双季稻来看，人们都希望获得早、晚两季搭配得好的品种，使两季都能增产增收。但在实践中，由于晚稻受气候条件影响，经常碰到伏旱缺水和寒露风侵袭，病虫等灾害又多，产量极不稳定。早稻则很少遇到这么多麻烦，因此人们总是把重点放在早稻上，力争早稻丰收。多年丰产经验证明：生长期适中，能在 7 月 20 日前后成熟的早稻品种，是长江流域双季稻区首要的选择条件，在此之前成熟的，因生长期短，产量不高；在此以后成熟的，因晚收会导致晚稻迟插而减产，都不适宜。青森五号在湘鄂作为双季早稻，一般都在 6 月下旬或 7 月初成熟，是一个极早熟种，即约有 20 天左右可以由它充分利用的时间，却因为它本身生长期短的限制而不能利用，这就是它不适宜选做双季早稻的重要原因。

2. 种子混杂不纯影响

1955 年吉林、黑龙江收割水稻的时候，并不知道要调大量种子去南方，粮食部门收购稻谷，没有按品种分仓库保管。1956 年所调青森五号，是种植青森五号较集中地方的粮仓稻谷，不是单一纯种，只不过青森五号的比重大一些而已。把这些以青森五号为主、却搞不清有多少品种混杂在一起的粮食运到南方种植，加上青森五号本身因环境改变而产生的变异，在大田出现五花八门、参差不齐的现象，是能预料到的，也是不足为奇的。

另外，在东北收割水稻时，气温都很低，用作种子，必须多晾晒或经烘烤，使种子含水量降到 13%以下再保存。而作为粮食用的要求则并不严格。这次调去南方的青森五号种子，一般含水量都在 18%左右。由于含水量高，在东北经过一冬严寒，大大降低了发芽率和发芽势。湖北反映，发芽率只有 50%～60%，这就是造成很多粮食浪费（用种量大），并导致秧苗生长不良的主要原因。

3. 栽培技术不当

推广良种必须同时推广与之相配套的栽培技术，良种良法一起推，才能充分发挥良种的增产作用。这次青森五号减产，如果事先向群众传授一些关键栽培技术，改变群众后来沿袭种早籼稻的方法去种它，至少也可以少减产一些。

第一是秧龄。生长期短的早稻品种是无论如何不能采用长秧龄的。试想生长期只有90多天的青森五号在秧田里度过了30多天或更长一些时间，插到大田里只有50多天了，要经过几天返青、20多天孕穗、再加上抽穗到成熟的30多天左右，它还有什么时间生长和分蘖呢？有人反映：少数青森五号在秧田里就圆秆、拔节了。这在30多天到40天秧龄的秧田里，是不难发现的。如果是20天以内的秧龄，这种现象是怎么也不会见到的。种青森五号这类极早熟的早粳稻，必须适当早播，秧龄一定要短，越长越减产。

第二是密植。粳稻一般比籼稻分蘖少，早粳稻分蘖更少，也没有过多生长时间让它多分蘖，因此，要取得每亩较多的穗数，必须多插秧，依靠主穗。也就是平常所说的"靠插不靠发"（分蘖）。青森五号矮秆也适于密植。湖北省孝感县和平社两块田对比，一块田亩插2万穴，每穴插2～3根秧，平均亩收324斤。另一块田亩插2.5万穴，每穴插6～7根秧，平均亩收567斤，增产75%。湘、鄂农民沿用习惯插法，株行距7寸×7寸、7寸×8寸，甚至9寸×9寸，每亩只插0.8万～1.2万穴，8万～12万基本苗，每亩总穗数是不够的。如果改插4寸×6寸、5寸×6寸，每亩2万～2.4万穴，有20万以上基本苗，产量就会大不一样了。

第三是施肥。粳稻需肥量一般要比籼稻多，推广粳稻最好种在肥田里，并多施些肥。另外，早粳稻营养生长期短，必须早施肥，施速效肥。这是不同于栽培籼稻的。1956年南方凡种青森五号的地方，都是发展双季稻的重点地区，普遍缺肥，更不知道青森五号需肥特性，当然，很少按此处理。一些条件稍好的社队，把青森五号安排在绿肥田里，或施些凼肥、塘泥作基肥，因这些迟效性肥料的肥效释放过慢，禾苗从一开始就没有长起来，更谈不上繁茂和分蘖。及至发现早孕穗、早抽穗再号召追速效性氮肥，表面上看生长情况似乎好转了些，实际那些已经孕穗、抽穗的田块，每亩总穗数和每穗着粒数都已确定，既不能使穗子长大，也不能使每穗粒数增多，对增产收效并不大。相反，这时施速效肥多，却大大促进了禾苗基部潜伏的腋芽萌发，成为后期分蘖。这批分蘖发生晚，绝大部分是无效的。

第四是脱粒。粳稻难脱粒，用扮桶打稻子，很难打干净。特别是青森五号秆短，只有1尺来高，很不好打，平常扮打早籼稻五、六下就打净了，可青森五号扮打十几下，穗子上还有一些稻粒打不下来。当时脱粒机没配上，浪费不小。湖北省鄂城县光华一社复打1次，每亩多收42斤。专家们估计：1956年青森五号有10%～20%的稻谷没有打下来，实际生产量并不是每亩314斤。基于以上原因，南方稻区的群众大都认为种青森五号产量低、浪费多、事倍功半、得不偿失，采取了否定态度。

三、经验教训

青森五号事件发生后，南方各省籼稻地区，再也不推广粳稻了。多少年来，没有人认真从中总结出可以吸取的为以后发展我国南方水稻生产有利的经验教训。事过 40 多年，今天笔者来整理这段历史，从大量的材料中，分析研究出以下几点，或许对今后会有参考价值。

第一，青森五号引种的失败，专就这一品种而言，由于生长期太短，在南方早稻区不是丰产性高的品种，且要挽回在群众中的信誉，可能性不大，不宜继续推广。但绝不能因为青森五号的失败，而错误地得出南方稻区不能推广粳稻的结论。从 1957 年起，什么粳稻都不推广了，这种“一朝被蛇咬，十年怕井绳”的做法，非真实的经验，也不是科学的态度。粳稻的独特优点，例如耐寒、抗倒、优质、高产，都是人们公认的。不少农业科技工作者早就建议过：长江中上游以南籼稻区引进江、浙太湖流域的中、晚粳稻品种，从多品种评比中选其最优者推广，成功的可能性较大。此外，科研单位从北方引进生长期长的晚熟稻种，也可望筛选出一些好的可以利用的品种来。总之，南方因地制宜发展粳稻的工作，仍应积极而稳妥地通过试验研究继续进行，不要因噎废食，更不能贸然地全盘否定。

第二，通过青森五号事件，希望各级行政和业务部门的领导同志加强对农业科学的学习和深入总结群众的生产经验，提高对具体问题的分析判断能力，减少盲目性和盲从性。农业科学工作者更要加强自己的学习，刻苦钻研，提高理论水平，增加实践经验。尤应加强政治修养，使自己所提建议，既积极又稳妥。要有高度向党向人民负责的主人翁责任感，真正当好领导参谋，使一些大举措立于不败之地。

第三，从国内外引种是发展农业生产比较经济而又行之有效的先进经验之一，但必须经过区域试验、多点试种和示范，证明引入的品种适合当地种植、确实产量较高、品质较好，而且掌握了它的特性和栽培技术，并通过品种审定之后，才能推广。推广要强调因地制宜，不能一个品种走遍天下，防止单一化。所需种子，应以就地繁殖为主，各地要建立、健全种子繁殖基地，保证所需种子的数量和质量，确定合理的种子价格。此外，还要坚持群众自愿种植原则。切忌盲目引种；切忌大量远程调运种子；切忌硬性强迫种植。

第四，要注意技术指导工作。籼稻地区改粳稻，干部和群众都缺乏经验，必须加强技术传授和实地指导。今后推广其他新的项目，也会遇到同样的问题。为此，应在加强县以下农技服务体系的基础上，有计划地、连年不断地培训基层技术服务站的人员，向他们系统地进行继续教育。培训的内容应以当地当时推广的重点项目为主，不仅让他们学懂，而且还能应用。要根据他们所推广的项目的不同生长发育阶段，向农民传授这一阶段应采取的技术措施，并随时在田头指导和帮助。同时还要通过选择几户栽培技术较强、生产条件较好的农户，作重点培养，起带头示范作用。如果基层技术服务体系能发展成经济实体，不仅指导技术，而且提供良种、苗木、农药、化肥、农膜、农具等农用物资，甚至代耕、代播、代育秧、代治病虫、代收割脱粒，则更有利于农民，更能避免出现大的失误。

（作者：中国农学会原常务副秘书长、教授级高级农艺师）

锅驼机在新中国农业排灌上的推广应用*

郭 韧

在我国农业排灌历史上，20世纪50年代到60年代初推广锅驼机，将人、畜力排灌过渡到机电排灌发挥了很大作用，促进了农业生产的发展，这段历史应该被记载下来。

一、锅驼机在我国农业排灌上推广应用的历史背景

锅驼机是一种小型的外燃动力机，因在蒸汽锅炉上安装着蒸汽机，故名锅驼机。它用的燃料是煤炭或柴草。它比较笨重，从科学技术上讲，比内燃机落后。它可以装配上车轮移动使用。

1952年，我国开始实行第一个五年计划，在农业发展上，为防止旱涝灾害和提高耕地单位面积产量，急需解决排灌问题，过去采用的人、畜力作为动力的办法，已不能满足发展的需要，迫切需要机电动力。当时我国的发电能力根本不能供应到农村，石油供应基本上靠进口，城市交通尚不能满足，因此农业排灌的动力，既不能用电力，也不能用石油发动的内燃机。为解决这个问题，国家曾提倡并支持制造不用石油的煤气内燃机，但它的操作技术难度大，农民不易掌握，易出故障，耽误农时，影响生产，未受到农民的欢迎。而锅驼机的能源是煤炭，操作又较简易，因此出现了一个时期内推广锅驼机进行农业排灌的过程。

二、石家庄动力机械厂的创举

1952年秋，国家成立机械工业部，为部署全国机械工业落实五年计划，黄敬部长主持召开了全国第一次机械工厂厂长会议，会上讨论各厂方向分工时，决定由石家庄农业机械厂（1954年后改为动力机械厂）生产锅驼机，支援农业生产，产品图纸可以从苏联引进。之后，石家庄动力机械厂引进了苏联75马力①锅驼机图纸，进行生产准备，于1954年初试制出75马力和25马力锅驼机及其配套水泵样机，除到农村试用外，到河北省会保定市进行抽水表演，受到河北省委和省政府的赞扬和支持，即开始批量生产。但是75马力、25马力锅驼机只适用于河渠和江湖较大流量的提水灌溉和排涝，在华北地下水井灌地区，需要更小型的动力，因此石家庄动力机械厂又自行设计并成功试制了5马力和7马力锅驼机，用于井灌地区农业排灌，很快受到了农民的欢迎，还获得华北行

---

* 本文收入内部刊物《当代农史研究》1996年第3期。

① 马力为非法定计量单位，1马力=735.499W。

政委员会工业局的一等奖。从1954年起，该厂接受各地订货，供不应求。为适应推广工作的需要，该厂除随机带有说明书外，还制定了操作规程供用户使用；专门成立了技术服务队，逐步扩大到70多人，外出为用户服务；开办机手培训班，为用户培训机手；还出版不定期《锅驼机》刊物，发放到用户中交流使用经验。这些措施的实施，使锅驼机很快推广应用到全国多数省、市地区。

三、锅驼机进行排灌效益显著

根据《锅驼机》刊物记载的材料，锅驼机用于农业排灌，效益非常显著，现用几个典型实例来说明：

第一，1955年安徽省购买了75马力锅驼机54台，在下九连圩和普济圩农场建立3个扬水站，每台锅驼机带动24英寸①水泵，对50万亩农田进行排灌。这一年发生大涝，用扬水站排涝抗灾，使农业获得大丰收，当年的减灾效益大大超过了购机建站的投资和使用费用。

第二，1955年河北省行唐县友谊农业合作社与邻社集资购买了1台7马力锅驼机，在各社原有筒井上定期轮流浇地。当年当地天旱，大片农田减产，该社使用锅驼机浇了450亩小麦和棉花，不但未减产，反而比1954年增产了粮食15 180斤，棉花19 845斤。该社当时计算锅驼机与畜力每浇1亩地的成本（包括物资消耗和人工费）对比是：锅驼机的成本是0.614元，浇1次能抗旱8天；畜力的成本是1.365元，浇1次只能抗旱4天。

该社在非排灌季节，用锅驼机带动3部轧花机，每天加工20小时，55天共加工44万斤籽棉，除去成本费用开支，净收入3 659.38元。1956年又买了1台7马力锅驼机，8～12月加工面粉120万斤，加工费收入2 400元，而且节省出劳力进行农业生产。

当时行唐县民间流行一个歌颂锅驼机的歌谣，于1956年12月12日刊登在石家庄日报上：

“互助组的骡子，单干户的驴，入社使上了锅驼机。浇地快，水头大，天旱咱也不怕它。麦穗长的黄灿灿，棉朵结的白又大。

冬天到，拉回家，不浇地就轧花。

锅驼机，滴滴转，又碾米又磨面。日落推磨到鸡叫，畜力磨不到一斗半，锅驼机嘣嘣响，一天磨它几十担。

咱村有个锅驼机，社员看着笑嘻嘻。”

第三，石家庄市1956年12月召开机械排灌会议，市郊区统计，1955年只有锅驼机2台，计14马力；柴油机5台计32马力，共计46马力，机灌面积2 050亩；1956年锅驼机增加到53台计331马力，内燃机和电动机11台计130马力，共计461马力，机灌面积22 300亩。1年之中，机械动力和机灌面积增加了10倍。会议认为，机灌的增长，有巨大的社会效益和经济效益：一是扩大了灌溉面积，从根本上解决了旱灾威胁。二是节省出人力、畜力，进行农副业生产。三是相应培训出一批机械人才。四是非农季节，以机械搞副业加工，增加收入。五是浇地用机比用畜力省钱，浇地1次每亩成本，赵陵铺农业社计算，锅驼机是0.2元，畜力是0.38元；华丰农业社计算，锅

① 英寸为非法定计量单位，1英寸=2.54厘米。

驼机是 0.25 元，畜力是 0.44 元（都未计人工费用）。

四、国家支持和组织推广

1954 年末，国家机械工业部派工程师到石家庄动力机械厂和农村调查，证明锅驼机用于农业排灌效果很好，反映到国务院。1955 年华北行政委员会和第三机械工业部（主管地方工业）分别组织在北京颐和园和积水潭进行锅驼机抽水表演，组织各部门和各地参观。然后在北京展览馆进行展览。当时中共中央正在召开省市委书记会议，三机部部长张霖之通知到中南海去表演，毛泽东和其他国家领导人以及各省市负责人进行了参观，毛泽东看过后称赞说："锅驼忠厚老实，适合农村使用。"之后国家决定在全国推广，中央统一部署各省市进行锅驼机生产，铁道部的工厂局和交通部的船舶局都接受了生产任务。

1956 年 1 月，中共中央政治局提出《1956—1957 年全国农业发展纲要（草案）》，其中对机器制造部门提出供应农业抽水机、水车、锅驼机等制造任务。同时，第三机械工业部成立了以部长助理沈鸿为主任的锅驼机技术委员会，指导全国锅驼机生产，统一组织标定锅驼机产品图纸，形成了 5、7、10、25、38、75、100 马力系列产品。各有关部门负责供应原材料、收购、销售产品和服务工作。这一年全国生产锅驼机 8 万多马力，其中石家庄动力机械厂生产了 2.7 万马力，都供应到农村。新中国成立后排灌动力机械保有量如表 1 所示：

表 1　1949—1957 年全国排灌动力机械保有量

年　份	总保有量（万千瓦）	其　中（%）				
		电动机	柴油机	煤气机	锅驼机	其他
1949	7.2	17	80	27	0.3	0
1954	15.3	24	65	10	1	0
1957	41.48	17	42	28	9	4

注：①保有量为扣除报废后的实有数。
②1 千瓦=735 马力。

1957 年 12 月，国家经委、水利部、农业部、一机部和供销总社联合召开了全国农田排灌机械、农业机械化会议，研究了 1958 年有关排灌机械生产、供应、推广、使用、维修等工作，决定 1958 年供应 50 万马力的动力排灌机械。

1958 年锅驼机的生产和推广达到高潮。全国生产的锅驼机总功率为 25 万多马力，其中石家庄动力机械厂生产 10 万多马力。该年 9 月、10 月刘少奇、薄一波分别到石家庄动力机械厂视察锅驼机的研制、生产情况，并给予鼓励。

1960 年后，我国石油产量扩大，农村电力供应逐渐增长，在农业排灌上，比较笨重的锅驼机逐步被内燃机和电力代替，到 1962 年后，锅驼机在工业上停止了生产，但农业上仍在继续使用，在 1967 年以前工厂仍在生产锅驼机配件供应农业。

（作者：农业部农业机械化局原局长，20 世纪 50 年代任石家庄动力机械厂厂长）

制定和执行《1956—1967年全国农业发展纲要》若干情况的回忆*

吴天锡

一、由　来

在全国胜利完成土地改革和爱国增产运动的推动下，我国农业生产迅速从恢复走向发展。1954年，江淮流域虽遭遇严重水灾，但全国粮食总产量仍达1.69亿吨，比新中国成立前增产49.7%，棉、油丰收，同比分别增产140.9%和67.9%。农业连年增产，不仅粉碎了美帝国主义的经济封锁，而且也使城乡人民生活都有所改善。但久经战乱的农村人民仍然十分贫苦，大约近一半的农民还在过着“糠菜半年粮”的生活，相当多的农民仍居住在茅草棚里，有的几代人同居一室，甚至是人畜同居。农民迫切要求在发展生产的基础上，逐步改善生活。

当时，抗美援朝战争已经结束，国家开始了第一个五年计划的建设，农业合作化运动正在蓬勃兴起。党中央和毛泽东主席对全国农业生产的进一步发展非常重视。1955年，毛泽东亲自下乡调研，他先后同14个省（市、自治区）的省委书记座谈，共同商定了17条农业发展方面的意见。这一年夏季，邓子恢副总理在国务院召集农口和有关部门共同商拟全国农业发展纲要的大计，会议在17条意见的基础上加以补充和调整，拟出32条轮廓，分由有关单位去调研并提出具体意见。笔者当时随原农政总局李世后副局长参与了会商，并承担有关合作社经营管理条文的调研工作。记得这次会商提出划分农业区域，分别把单产提高到400、500和800斤的奋斗目标，根据各地农村工作部门的意见，提倡以“固定地租”方式，通过发展集体经济逐步偿还土地股金的办法，在12年内基本实现高级形式的农业合作化。

在此后不久，毛主席《关于农业合作化问题》一文发布，农村合作化形势骤变。到1955年底，全国已实现初级形式的农业合作化，其中相当一部分初级社升为高级社，《纲要》轮廓也随之作出相应的修改，要求各地在1956年内完成并巩固初级形式的农业合作化，并要求在合作基础较好，并已经办成了高级社的地区，在1957年完成高级形式的农业合作化，其余地区在1958年基本上完成高级形式的农业合作化。

随后，由中共中央邀请各民主党派、各人民团体负责人和在京有关农、工、商、文教、卫生等方面的专家共1 375人，共商《纲要》轮廓初稿，又作了一次重大补充和修改，形成40条的

* 本文收入内部报告《共和国农业史料征集与研究报告》第16集，2009年。

《1956—1967年全国农业发展纲要》的初稿，经1956年1月23日中共中央政治局审议，并于1月25日提请最高国务会议讨论通过，以《纲要》草案形式正式发布。

经过一年多的试行实践后，于1957年10月再作一次修正，经中共八届三中全会讨论通过，形成《纲要》(修正草案)，分发到各地进行讨论和提出修正意见，作了个别文字修改。1958年5月，再经由中共第八次全国代表大会第二次会议审议并原则通过。1960年4月10日，经全国第二届人民代表大会第二次会议正式通过，并颁发至全国各地施行。

二、内容和特点

《纲要》(修正草案) 的内容，包括序言和40条，大体上可以归纳为以下四个方面：

(1) 有关农业社会主义改造的4条（如：巩固农业合作化制度、勤俭办社、提高农业社的劳动利用率和劳动生产率，改造农村中的地、富、反、坏分子)。

(2) 有关农村经济建设的18条（如：大力提高粮食和其他农作物产量、发展畜牧业、推行增产措施和推广先进经验、兴修水利、增施肥料、改良农具、推广良种、扩大复种、多种高产作物、改进耕作方法、改良土壤、保持水土、保护和繁殖耕畜、防治病虫害、开垦荒地、发展山区经济、发展林业、发展渔业)。

(3) 有关农村社会建设的11条（如：改善居住条件、除四害、储备粮食、努力消灭危害人民最严重的疾病、实行五保、扫除文盲、发展广播网、发展邮电、发展交通、调整商业网、发展信贷)。

(4) 有关组织各方力量实现纲要（如：办好国营农场、改善农业科研、加强气象水文、保护妇女儿童、发挥复员军人积极性、工农联盟互相支援)。

1960年4月第二届全国人民代表大会第二次会议审议《纲要》(修正草案) 后，曾作出决议高度评价《纲要》，说它是“高速度发展我国社会主义农业和建设社会主义新农村的伟大纲领”。概括说明了《纲要》具有的历史意义和重要作用，也反映了广大人民对《纲要》的殷切期盼。经过多年的农业实践和正反两方面的体会，《纲要》显示了以下5个方面的特点：

(一) 指出了社会主义农业发展的方向

《纲要》序言提出其目标在于，“让农民在工人阶级领导下，掌握自己的命运，走社会主义道路，实现共同富裕和共同繁荣”。《纲要》诞生于农业合作化运动的高潮，在开始酝酿到1957年10月形成正式文件的3年多时间里，广大农民在带有社会主义萌芽性质的农业互助组织的基础上，经过半社会主义性质的初级农业合作化阶段，走向完全社会主义性质的高级农业合作化，是一步一步地走向社会主义的。《纲要》第一条要求农业生产合作社社员，坚持“民主办社、勤俭办社”方针，采取各种增产措施，逐步增加农业基本建设，不断地扩大再生产，使大多数合作社在第二个五年计划时期内，赶上或超过当地富裕中农的生产水平和收入水平。《纲要》坚持“各尽所能，按劳分配”的社会主义分配原则，要求从1956年开始的7年内，做到每个男全劳力每年至少做250个工作日，每个女全劳力每年参加农、副业生产的时间不少于80～180天，以努力提高合作社的劳动利用率，要求合作社积极改进生产技术，改善劳动组织和管理，不断提高劳动生产率，要求合作社合理处理分配问题，兼顾国家、合作社和社员三方面的利益。要求对全体农村人口进行社会主义教育，以巩固农业合作化制度。

（二）强调发展生产要贯彻“因地制宜”的原则

《纲要》序言着重指出：“各地方以至各合作社的情况存在许多的差别，因此全国各地、各社都应该根据本纲要，按照本地、本社的具体条件，实事求是，经过群众路线，分别拟定本地各项工作，分批分期发展的具体规划。”《纲要》有关农业生产和建设条文都十分强调“因地制宜”的原则。如把全国分为农区和牧区，分别提出不同的发展要求，《纲要》第二条对秦岭、黄河、白龙江以北地区提出的粮食单产指标于12年内增到400斤，黄河以南、淮河以北地区为500斤，秦岭、淮河、白龙江以南地区为800斤，并对农区中的沙漠地区、土壤瘠薄地区、长年旱涝地区、高寒山区、无霜期很短地区、地广人稀地区、大面积垦荒地区等，可以按照实际情况另外规定增产指标。对面积广袤的山区，《纲要》专门制定了一条要求“按照因地制宜，实行多种经营方针，发展山区经济”。《纲要》还在促进农业增产具体措施的多个条文中，强调贯彻因地制宜原则，如第11条“积极地因地制宜地改进耕作方法”，第9条“扩大复种面积”中提出，按照不同地区的不同条件，把复种指数扩大的指标分别订出不同的标准，在“兴修水利”条文中，对旱涝情况不同地区，分别提倡不同的治理方法（如：无地表水地区打井抗旱，积涝地区开沟排水），在“推广良种”条文中，强调“推广适合当地条件的农作物优良品种”，在“改良农具”条文中，提出要“经过地区适应性的试验，推广改良农具和新式农具”，并要求各地应经过广泛的试验研究工作，拟出一个适合我国条件的农业机械化方案等。

（三）树立了建设现代农业的指导思想

《纲要》第24条提出：“充分发挥农业和林、牧、渔等副业以及农村手工业，努力扩大生产门路，增加社会财富和农村人民的收入。”第23条在提倡“勤俭办社”的条文中，再次指出：“要发动社员勤劳生产，在可能和必要的条件下积极地扩大生产范围，发展多种经济。”《纲要》还着重提出发展农、林、牧、渔业的各种增产措施，在全文40条中占了16条之多。其中，在第3条“发展畜牧业”的条文中，强调“在牧区保护草原，改良和培植牧草，特别注意开辟水源”。指出我国农业今后进一步发展的出路。总的看来，《纲要》发展农业的范围，采取措施的力度都比历史上有关的政策措施要强大得多，树立了现代农业有中“大农业”（即农、林、牧、副、渔业结合发展），充分并合理利用资源，以满足人类日益增长的消费需求的指导思想，在实践时期中，又发展了社办工业，提倡农产品加工和供销、信用合作相结合，初步形成了“农、工、商”一体化发展的雏形。

（四）促进农村社会经济的协调发展

《纲要》（草案）曾指出：“全国农业合作化的高潮正在引起全国农业生产的高潮，并转而促进整个国民经济和科学、文化、教育、卫生事业的新高潮。”《纲要》（修正草案）的序言中又提出：

“有五亿以上人口的农村给我国工业提供了世界上最巨大的国内市场。”《纲要》前后归纳了11条有关农村科技、文化、卫生、交通、邮电和商业等方面的内容，并分别提出了相应的建设规划或目标。其中第35条调整农村商业网的条文中，又补充了“加强商品的流通，加强初级市场的管理”的内容。这些都说明农村经济的发展，同农村商业、文教、卫生、交通和邮电等社会建设是息息相关的，它们在农村发展的实践中，相互促进，又相互制约，在发展农村经济的初步基础上，相应的进行必要的社会建设，使农村的社会、经济得以协调的发展，必将促进社会主义新农村的健康发展。

（五）坚持群众路线，调动一切积极因素，努力实现《纲要》

《纲要》序言着重提出：“农业生产水平和农民生活水平提高，主要依靠农民自己的辛勤劳动。”《纲要》成文后，曾以“草案”、“修正草案”形式，多次下发到基层群众中讨论，并吸收他们的主流意见进行修改和补充，从提出设想到正式成文下发实施，前后经过了6年时间，多次上下反复，在实践中加以修正和改进，充分体现了“群众路线”的做法。在《纲要》试行和执行时期中，还多次强调“实事求是”走“群众路线”，根据本地、本社具体情况，制定相应的建设规划，切实按照群众的意愿加以执行，并鼓励各地采取“参观”、“评比”等走群众路线的方法，交流和推广先进经验。《纲要》以7条条文的内容强调群众路线的做法，鼓励农村复员军人和青年带头执行纲要，强调保护妇女，发挥她们“半边天”的积极作用，要求国营农场职工和农业科学家多加支持，并对农村中的地、富、反、坏分子提出改造要求，以便根据他们的实际表现，分别吸收为社员或候补社员。《纲要》反复强调，调动一切积极因素，依靠群众力量，办好自己的大事。

三、执行情况及其评价

在《纲要》正式颁发的前几年中，农村经济因为生产关系年年变化，未能正常进行发展，再加上“公社化”、“大跃进”等一系列政策上的失败，1959—1961年农业连续3年减退，一时农村饥荒流行，元气大伤，城乡人民生活都陷入十分困难的境地，直到1960年的调整后，才开始扭转，退回到1955—1956年合作化时期的体制。《纲要》（修正草案）正式颁发时，条文内并没有提到“人民公社”、“社办工业”等新生事物，而仍以“巩固农业合作化制度”为第一条内容，重新回到《纲要》的路线上来。

1960年11月3日，中共中央《关于农村人民公社当前政策问题的紧急指示信》中提出：农村人民公社的根本制度是“三级所有，队为基础”，以生产队为基本核算单位（当时生产队规模和1955年时的初级社相近），继续坚持“各尽所能，按劳分配”的原则，尽量做到使90%的社员增加收入，有领导、有计划地恢复农村集市，活跃农村经济，以粮为纲，争取经过1961—1967年的努力增产，使粮食问题基本过关，这一指示实际上起到重申和补充《纲要》内容并督促实行的作用。

但经过几次政策调整之后，农村经济仍陷凋敝的状况，从1963年起，又在全国农村分批分期进行“四清”运动（即农村社会主义教育运动），一大批农村干部受到审查。到1966年又开始了“文化大革命”。在这一段时期中，农村施行《纲要》已基本沦于自流。到1967年《纲要》执行期满时，全国粮食总产量达 2.178 亿吨，农业总产值为 651 亿元，分别比《纲要》施行前的 1955 年增加了 18.4%和 17.2%，但同期全国人口增加了 21.5%，按人口平均占有的粮食和农业总产值都低于 1955 年，《纲要》要求的主要指标都没有达到。

经过半个多世纪的历史检验，再回首对《纲要》加以回顾和评价，我认为《纲要》目标之所以未能实现，并不是因为《纲要》本身有什么缺陷，而是根本就没有按《纲要》的精神和要求去办事。但在基层干部和农民的努力下，还是在执行中留下了一些积极因素：

（1）通过合作社集体的辛勤劳动，每年以占总劳动用工量的 10%～15%的劳动日投入到农田的基本建设上，各地兴建了大量的梯田和农田水利工程，大量施用有机肥料，再加上深耕细作，改良了土质，为之后的农业增产创造了条件。尤其是在 20 世纪 60 年代创建和发展了社办工业，增加了农村就业机会，也有效地增加了农民收入。

（2）在执行《纲要》时期中，全国各地都涌现一些先进社队（如河北绥化建明公社、山西昔阳大寨大队、江苏江阴华西村等），大兴农田基本建设工程，大办农村工业，创造了超纲要的辉煌成就，说明只要认真，努力去干，《纲要》目标还是可以争取实现的。

（3）《纲要》中的一些措施，如“建设社会主义新农村”、“发展多种经济”、“储备粮食、以丰补歉”，在自愿互助、节约开支和节约用地的原则下，改善居住条件，“提倡有计划地生育子女”、“实行五保”（保吃、保穿、保烧、保教、保葬），优待军、烈家属，供养和孝敬父母等条款，至今还有一定的指导意义。

《纲要》在国际社会也有一定的影响，并赢得了应有的好评，1959 年国庆十周年时，我在农业展览馆“综合馆”接待来访的社会主义国家和亚、非国家外宾，他们都异口同声地赞誉《纲要》的内容和成就，说：“《纲要》体现了中国农业发展的近景”、“既继承和发扬了悠久的历史传统，又有许多社会主义性质的创新”、“中国农村的建设走在我们的前面了……”自此以后，在接待访华外宾和 1964 年召开的亚非国际科学会议上，一些亚非和日本友人，都曾问到有关《纲要》的问题，如：“农业的八字宪法”、“农村的五保制度”、“农田基本建设”等，表示“很有兴趣”、“值得学习”。1977—1979 年，我在联合国粮农组织供职时，在经社司的资料室里参观，几十万份世界各国的农业资料和图书，塞满了两大间房屋，但有关中国的只有薄薄的几份文献，其中一份竟是中国台湾人翻译的《纲要》英文本，译文虽有不少错处，但经社司领导和专家们却仍然视之为“必读书籍”。筹备 1979 年世界农村改革和发展大会、并负责起草文件的伊斯拉姆（当时粮农组织的助理总干事、经社司司长），曾对我表示《纲要》对他起草文件启发很大，文件核心内容有关“农村综合发展”的理念，主要源自《纲要》。伊斯拉姆博士后来访华时，也曾多次问到《纲要》执行问题，认为：“从那份文献里，看到了中国农业发展的轮廓和历程。”

（作者：农业部国际合作司副局级研究员）

浮夸风戒*

——对“天下第一田”的调查

李君凯

1958年春夏之交，我国农业生产形势非常好。以小麦为代表的主要夏收作物，丰收已成定局，捷报频传，普天同庆。最突出的是河南与湖北两省，你追我赶，一浪高过一浪。直到6月16日报纸报道湖北省谷城县星光社丰产田小麦亩产4 353斤、6月18日又报道河南省双楼社丰产田小麦亩产4 412斤之后，这场攀比才算告一段落。那时，确有“大跃进”的气氛，但不少人都能看出已孕育着浮夸不实之风的隐患。

7月上、中旬，我国南方早稻即将开镰收割前夕，农业部在四川省成都市召开了南方水稻增产促进会。其目的在于以夏促秋，争取全年农业大丰收。与会代表像往常参加现场会一样，参观了泸州、隆昌、富顺等市县的丰产田，交流了丰产经验。所不同的是代表们不断收到从本省发来的早稻丰产典型信息，向大会报喜。开始，多是大面积早稻亩产600斤、700斤，增产5成、7成的好消息，一般都接近实际，振奋人心。往后报道的，则偏重于小面积亩产3 000斤、4 000斤，也有9 000多斤的。会议结束的那天，江苏省代表提供的消息是，“震泽县已经消灭了亩产3 000斤以下的低产田”。不难看出在早稻收割前后，“大跃进”及其孪生兄弟“浮夸风”，正在同步进入高潮之中。会议领导应代表们建议，决定每省（市、区）选派两人，分两个小组，在散会后分赴湖北和安徽两省，继续参观学习，我参加了湖北组。7月底到湖北省，我们先后了解到亩产万斤以上的早稻田很多。例如孝感县就有118亩，其中3万斤以上的1.2亩；麻城县万斤以上田有20处，共26.3亩，其中3万斤以上的有1.016亩。其他如鄂城县、应城县都有报道。不过在社会上影响较大的是麻城县梁家畈乡燎原四社0.944亩，平均亩产10 237.6斤；孝感县长风社1.21亩，平均亩产15 336.1斤；麻城县麻溪河乡建国一社1.016亩，平均亩产36 988.55斤。当时燎原四社的已经收割，据说是麻城县委杨书记验收的。我们到孝感县，看到长风社的那块丰产田也已收割。据中国农科院当时在该队蹲点的同志告知：6月17日在禾苗快要抽穗的时候，社员曾把另外三块田，共2.54亩的禾苗拔起来，挤塞到了这1.21丰产田里，他们称之为掇秧。并说：在原定收割的前一天，社员就突击把这块田的稻子收掉了，就是他们在那里蹲点的同志也没参加收割。某些专家对其产量有些怀疑。当丰产田所在13队队长官春管向我们作了全面介绍后，问他：“是怎么样想起来搞掇秧的?”官答：“报纸上报道丰产田的麦子亩产过了4 000斤，我们一定要搞超万斤的丰产稻子。

* 本文收入内部刊物《当代农史研究》1996年第2期。

要高产就要使田里的穗子增多。怎样才能使田里的穗子增多呢？想来想去，想到了搬秧。我们这里过去种一季晚稻时，秧田里的秧苗长了30多天到40天，秧老了，大田又没腾出来，搞过搬秧。只是要把快抽穗的早稻拔起来，再插一次，不仅费工，还不知道能活不能活。后来社长和支书都同意大胆试一试，就这样搞了1.21亩丰产田。不过后来下部的叶子都发黄，提前枯死了。”从我们调查来看：最早运用搬秧搞丰产的是长风社的这块丰产田。他们的这一“经验”受到了很多浮夸者的赏识和借鉴，造成了难以估量的坏作用。至于谈到“这1.21亩丰产田共花了近500个工，其中单搬秧就用了110个工”，只能说明劳民伤财，得不偿失而已。

8月12日我们到了麻城县建国一社，看到那块亩产36 900多斤丰产田及留下供参观的一小片未收割地块和有两个小孩坐在丰产田稻穗上的照片，仔细听取了社主任王乾成的介绍，作了些访问，后来还看了很多有关资料。王乾成介绍的核心是：“我早有带头搞高产田的思想。这块丰产田是由我和另外3个党委负责搞起来的。原打算搞双万斤。”“和别的社队丰产田一样，采用了搬秧的办法，于6月1—2日用了两天两夜时间移栽完的”。“为了密植，争取多穗，插的挨挨寸，一蔸挨一蔸。”“丰产田深翻1.5尺，有一个农民一天挖断了19把锄头……”

假的，全是假的。

真实的情况是：8月3日王乾成在区里参加“早稻生产现场报喜表彰会”，县领导点名示意：希望他能创造出更好的成绩。当天下午王乾成立即召开了社委会，提出搬秧创造出一块更高产田的设想，统一大家思想。说明王乾成搞高产田的想法，不是在早稻插秧之前，而是在早稻已经成熟之后。什么深翻1.5尺，挖断19把锄头；什么施了多少肥料、治了几遍虫、如何防止倒伏等，全是编造的，根本没有这回事。8月3日，很多社队的早稻都收割接近尾声，建国一社虽然还有些田没有收割，但也不能再等了。当天晚上，他集中了全社大部分劳力，把另外七八亩田的稻子，连根拔起，密密麻麻地塞在这块“丰产田”里。当时稻叶枯黄、稻根没有活力，且都是摆在泥面上，用手一提，整把稻子就离开了地面，这哪里是丰产田生产出来的高产成绩，只能说是禾谷搬家，地地道道的弄虚作假。

通过一夜苦战，“丰产田”已告成形。8月4日，王乾成向县委汇报：放了一个预计亩产15 000斤的卫星。县委书记很快亲临现场参观、鼓励，并作了“迎接参观”、“讲好经验”的指示。从8月5日起，前来参观的人川流不息，锣鼓喧天，彩旗招展，轰动了全乡、全县。这块“丰产田”的面积只有1.016亩，禾苗塞得一点缝隙都没有，再也容纳不下更多田块的稻子了。问题在于，光凭这块田实打实收的产量，无论如何超不过燎原四社亩产10 237斤，更无法保证完成上报亩产15 000斤。8月8日在省、地、县三级同志组成的验收团参与下，收割了这块“丰产田”的稻谷。在运送和翻晒过程中，他们又把别的晒谷场上的稻谷偷偷地运了一大批进来。11日晚上过秤的时候，省、地、县验收团的同志都在场参加过秤。开始还很认真，没多久，突然不秤了，改为每箩筐谷按60斤计算。装半箩算一箩的，一箩谷子报几次数的，无奇不有，乱作一团。人们装聋作哑，心照不宣。就这样，最后的统计数字不是15 000斤，而是任何人都没有想到的36 988.55斤，创造了一个绝无仅有、登峰造极的假典型。

这个至少有几十人参加搞出来的弥天大谎，成了热心浮夸的人们的特大卫星。他们通过各种途径迅速向社会传播。8月12日起省内外来参观的人猛增。8月13日，《人民日报》在头版通栏报道了“麻城建国一社出现天下第一田，早稻亩产三万六千九百多斤”的消息。《湖北日报》等很多报纸也都在显著部位作了报道。一瞬间，麻城建国一社在这“天下第一田”的极其荣誉称号下，不仅显赫于国内，而且也扬名世界了。苏联、捷克斯洛伐克、波兰、民主德国、朝鲜、越南等国的大使馆官员、专家、学者、记者也都前往参观，并作了报道。弄假成真，问题越闹越大。在第一线承担风险的社主任王乾成既高兴，又担心。高兴的是做梦也没有想到会如此轻而易举地在仅仅10天之内，一举成名，扬名天下。担心的是这个大骗局，至少建国一社的干部和社员都知道，人数多，万一有人嘴不紧，有意或无意地把内情泄漏了出去，自己是什么下场？如何收拾？实在有些害怕。问题是事情已经闹到了这个地步，生米煮成了熟饭，没有退路了。于是他在8月11日前后（参观高潮开始时），多次召开社委会、全体社员大会，采用高压手段，警告大家：谁说出去，打谁的“右派”。光堵住自家人的嘴还不行，最怕外地来参观的人问长问短。因为这个极其粗糙的假典型，破绽百出，是经不住人们、特别是内行人三问四问的。于是他们成立了一个接待组，由接待组成员按统一编好的“经验”讲解。幸好，那个时候的政治空气很浓，绝大部分参观人员听了介绍后，是很少提出问题的，看一看心里明白也就算了，但确也有个别“不识时务”之士，或出于好奇，总想问个究竟，最后遭到批判，被斥为“右倾保守”；“怀疑我国农民的高产栽培技术”；“身在高产之中看不见高产，思想右倾，怀疑大跃进”；等等。这既批了这些提问的人，又起到杀鸡儆猴的效果。总的来说，尽管在那一段热闹参观活动中，曾出现过一些小小插曲，却无伤大雅，顺利地度过来了。当年，建国一社因为是“天下第一田”所在地，获得了特大丰收而卖了很多超产粮。邻近社队沾了“光”，也跟着卖了超产粮。王乾成则荣升为区委副书记、区长，并被评为全国先进工作者，出席了全国先进工作者代表大会。

1959年三年自然灾害开始，虽然这是全国性的，但最浮夸的地区，所受灾害最严重。建国一社的问题，终于先于其他社队从内部暴露了出来。该社是一个人多田少、历年粮食并不富裕，需要国家返销的地区。1958年卖超了粮食，1959年提前闹起了粮荒，社员纷纷向四方求助。可是邻近的社队因建国一社出风头、放卫星，使他们也受牵连，多卖了不少粮食，同样挨饿，早有埋怨情绪。因此，建国一社的人不仅借不到粮食，反而备受责怪，成为众矢之的。他们弄不到粮食，饥荒的时间持续又长，饿死人的现象常有发生，浮夸风带来了血的教训，首当其冲的受害者是善良、淳朴、无辜的广大农民群众。

王乾成带头放了大“卫星”之后，群众称他为“三万六”，这不知是褒还是贬。不过，当时以他为首的那帮“天下第一田”的炮制者们，是万万没有想到事隔1年多，竟会出现特大粮荒、饿死很多人的严重后果。在人民付出了特大代价的情况下，他们才意识到罪孽之深重。在反浮夸风中王乾成理所当然地受到批判。现在离1958年已经30多年了，当地很多老人已经去世，大量中年人对“王乾成”这个名字也已淡漠，可是提起“三万六”还是人人皆知，永世不忘的。它已和浮夸归成一类，遗臭万年了。

浮夸害党、害国、害人、害己，愿人们吸取1958年“浮夸风”的教训，并通过“天下第一田”这个典型事例，引以为戒，认真、踏实地为社会主义建设作点贡献。

（作者：中国农学会原常务副秘书长、教授级高级农艺师）

关于1958年全国农业经济学界“拔白旗”运动的历史回顾*

王立诚

1958年8月中旬，中国农业科学院在农业部的领导和支持下，在北京和平宾馆召开了全国农业经济科学讨论会（后来通称“拔白旗”大会）。这是一次规模很大的会议，邀请了全国一些农业院校、农业科研单位和农业行政部门的领导干部、农业经济专家、学者、青年教师以及北京农业大学农经系的一部分学生参加。这次会议名为“学术讨论会”，实际上是一次大规模的学术批判会。会议以在农业经济学界拔资产阶级白旗、插无产阶级红旗为名，展开了一场所谓对“资产阶级农业经济学”的“批判”，对于中国的农业经济学界无端上纲到“反革命”、“反党”的程度，并且对一些知名专家、学者，大会点名，当场起立，大扣政治帽子。还把点名批判的材料印发全国，① 公之于众，造成了难以挽回的不良影响。

会后，在国内一些高等院校的农经系和农经科研单位中进一步展开了“拔白旗”的斗争。例如北京农业大学党委就曾决议农经系存在一个“反党集团”，并且把系主任应廉耕和系主任助理张仲威撤职，开除党籍，在系内开展批判斗争，在更大范围内伤害了农业经济的教学、研究人员，造成了教师之间、师生之间的矛盾，严重地打乱了农业经济系的教学秩序。如北农大在一个时期之内，老教师不能上讲台了，青年教师还接不上班。农经系停止上课，师生下放农村劳动，一些学生纷纷要求转系、转学，在社会上造成了对农经科学和农经教育的极大误解，以至于有的农经系（如湖北财经学院农经系）被迫撤销，有的院校农经系暂停招生，师生下放农村，劳动改造。1958年以后，农经教育备历艰辛、道路坎坷，农经教师遭受各种不公正的待遇，有的教授被排斥到基层食堂当会计，卖餐券，不少教师改行转业，有的改教外语，有的改教生物统计，即使勉强留在本专业教学岗位上的也是小心翼翼，如履薄冰，在学术上不敢提出创见与争论，阻碍了本门科学的发展。这一影响一直延续到20世纪60年代前期，在各农业院校党委领导下，遵照党中央的部署，逐步弥补了一些不良影响，解决了一些遗留问题。如北京农大党委在北京市委领导下按照60年代党中央指示，对被批判教师进行了公开“甄别”，落实政策。但是，一直到“文化大革命”中这一场“拔白旗”斗争还是某些农业院校中红卫兵大搞“砸烂农经系”极“左”错误的思想认识根源。一直到中共十一届三中全会以后，拨乱反正，农经教育才得到较好的发展环境与条件。在这以后，农经教育界同

---

* 本文收入内部报告《共和国农业史料征集与研究报告》第4集，2000年。

① 中国农业科学院，《中国农业经济科学战线上两条道路的斗争》第5页，农业出版社，1959年。

志们多次反映，请求上级主管部门按照中共十一届三中全会的方针、政策，重新审查1958年的"全国农业经济科学讨论会"，做出结论，但是无人过问，拖延多年。

中共十一届三中全会《公报》指出："解决历史遗留问题必须遵循毛泽东同志一贯倡导的实事求是、有错必纠的原则，只有坚决地平反假案，纠正错案，昭雪冤案，才能巩固党和人民的团结，维护党和毛泽东同志的威信。"经过查阅1958年"农业经济科学讨论会"的有关材料，调查当时参与会议的一些人员，我们认为，1958年的"全国农业经济科学讨论会"是错误的，是当时"左"的错误思潮的产物，是违背毛泽东关于正确处理人民内部矛盾问题的指示精神和党的一贯的知识分子政策的，所造成的不良影响是十分严重的。当年，有的地方党委得知这次会议的情况也是有不同看法的。例如北京市委就曾坚持纠正这次会议在北京农业大学所造成的错误影响，拒不批准校党委关于开除农经系有关负责人党籍的决定。

我们了解，1958年"全国农业经济科学讨论会"并没有充分的资料和理论准备，批判范围很宽，说理很差，主要是在两个问题上开展了所谓的"批判"：

一是批判原金陵大学农学院美籍教授兼系主任卜凯（J. L. Buck）的农业经济学理论。株连所及，凡是曾读于金大农经系的教学、研究人员都被称为"资产阶级农业经济学者"。当时农业部负责同志在大会上的讲话就指出："在资产阶级农业经济学者中影响比较大的，要数帝国主义分子卜凯及其在中国的门徒晏阳初、费孝通、吴景超等。卜凯过去曾经在金陵大学当过二十多年教授，雇佣了一批仆从，在中国农村进行了一些虚假的调查，写了三本反动的著作《中国农家经济》、《中国土地利用》、《中国农场管理》，宣传资产阶级的马尔萨斯'人口论'、'土地报酬递减律'、'佃农优越论'、'公允地租论'等，为帝国主侵略中国服务，维护封建统治，反对中国人民的革命斗争。新中国成立后，卜凯的门徒和跟班们摇身一变，成了专家、学者。占领了许多学校的农业经济系，在那里兴妖作怪。"① 大会的批判，就是本着这样的一个主调，点名批判了一大批农业经济学者和农村社会学家。其中包括李景汉、费孝通、陈振汉、欧阳苹、杨家骀、应廉耕、韩德章、王毓瑚、孟庆彭、秦少伟、黄升泉、李赛民、沈达尊、吴华宝、王广森、刘庆云、崔毓俊、王一蛟、张仲威等。

二是强调农业经济学是"阶级性和党派性很强"的科学，是"研究生产关系的科学"。因此，以新中国成立前后的土地革命斗争、合作化和"大跃进"为依据，粗暴地批判农业经济教学、研究中所提倡的"科学的系统性"、"规律性"和"客观性"，反复强调要以党对农业的方针、政策代替农业经济理论教学。如上所引，农业部负责同志在大会讲话中就指出："资产阶级学者在课堂上讲了千言万语，就是不讲共产党的方针、政策。他们认为党的方针政策是不反映客观规律的，是没有科学价值的，""他们大讲方针政策，讲的是卜凯的那一套，资本主义的那一套，他们不讲方针政策，是不讲无产阶级的方针、政策，不讲共产党的方针政策，""不讲大跃进的情况，不介绍先进经验。""他们说：'一讲大跃进和先进经验，就破坏了科学的稳定性、系统性和完整性'"，"目的只有一个，就是要保持旧的一套，拒绝为社会主义总路线服务，拒绝为农业大跃进服务。"②

① 中国农业科学院，《中国农业经济科学战线上两条道路的斗争》，第5页，农业出版社，1959年。

② 中国农业科学院，《中国农业经济科学战线上两条道路的斗争》，第7～9页，农业出版社，1959年。

这样，在大会批判中就出现了把比较正确的理论观点当作反动观点加以批判的事例。例如，华中农学院农经系欧阳苹教授在讲课中坚持自己的理论见解，“农业生产应该是商品性生产”，这本来是正确的，即使在20世纪50年代也是可以讨论的。但是却因与1956年中共中央和国务院发出的一个文件《关于加强农业生产合作社的生产领导和组织建设的指示》中的一句话不一致。这句是“农业生产的很大一部分是自给性的生产”，因此在批判中被扣上“与党对抗”、“反对合作化”、“资产阶级的垂死挣扎”、“与无产阶级争夺阵地”、“泛滥资本主义”等政治帽子，被迫在大会上作公开检查。

在这次会议上，一些农业经济系教授还因为在教学中对农村工作中一些有争议的问题说了自己的意见而被点名批判。例如，有的教授谈到农业合作化搞得过快、农村粮食统购政策不符合经济规律等看法，也被扣上政治帽子。还有一些农业经济学教授在教学中介绍现代化的经营管理方法，例如在粮食生产之外发展多种经营，如发展畜牧业、养殖业、农产品加工业，也受到了严重的批判。北京农业大学农经系韩德章教授在企业管理中介绍养兔的经济效益，也被批为“资产阶级学术观点”。

“白旗”是一个政治上的概念，必须有政治上的反动言行作为事实根据。这次大会自称是“拔资产阶级的白旗”是不符合当时农经教育界的实际的，是歪曲了当时的历史事实的。根据1958年“全国农业经济科学讨论会”印发的正式资料，在大会上揭发和批判的一些所谓的“资产阶级农业经济学”或“反动的”农业经济理论观点，除了少数人如卜凯主要是批判他在旧中国主编的3本书和他领导的农村调查研究工作属于20世纪30年代的历史旧账以外，就是如上所列举的一些牵强附会的所谓“批判”，在这些揭发批判文章中并没有发现新中国建立以后在我国农学院农经教学中继续贩卖反动政治观点的任何事例。实际上是把学术上的不同意见与政治问题混淆起来，把新中国成立前的历史上的问题与现实农经教育与研究工作混淆起来。

与此同时，批判中简单地否定农业经济科学固有的规律性和科学性，片面强调以党的方针政策代替理论教育。这就禁锢了农经学术界的学术空气。以致在改革开放前的多年间农经教学以演讲和论证党的农业政策为主，有的照搬社会主义政治经济学，学术水平低下，缺少实际的研究与创见，造成了农经学术界多年的低潮，难以反映和解决实际的农业经济问题。

作为一门科学的农业经济学，是西方资本主义商品经济发展中的产物，100多年来，已逐渐形成了它自己的理论体系、学科分支和方法论。农业经济学的对象和任务，绝不只是像“全国农业经济科学讨论会”上某些权威人士所论述的，它是“社会科学的一个分支，研究的对象是农村的生产关系，农村的生产、交换和分配中的人和人的关系”。① 以上的提法含混不清，容易产生误解，也是不够确切的，当年发表后就有不同的看法，有的教师曾提问：如果农业经济学只是研究农村中的生产关系，那么马列主义政治经济学又该研究什么？这就无怪1958年以来的许多年间，农业经济学教材与政治经济学教材出现了较大的重复，其实从学科划分上看，这种重复本来是可以大大减少的。

众所周知，新中国成立以来，党对于农经系教师队伍的培养、教育是十分关怀的。1958年，教育部曾调集全国农经系师生集中于北京，学习马列主义毛泽东思想和党的方针政策，并组织他们参加土地改革和农业生产建设。在此以后，在农经教学中，号召他们向苏联专家学习，一度借用苏联教材，重新编写适合中国情况的农经教材，培训并调整、充实农经教师队伍，其中许多人参加了思

① 中国农业科学院，《中国农业经济科学战线上两条道路的斗争》，第5页，农业出版社，1959年。

想改造运动，提高了认识，大多数人决心拥护党的领导，拥护社会主义制度，检查了自己所受的资产阶级思想影响，进步较大。有的还参加了中国共产党和民主党派。至于1958年，农经教育界的调整、改造粗具基础，正处于一个新的发展阶段的开端，但是这次大会完全无视党对农经教育界所做的大量工作，否认广大教师的进步和要求进步的愿望，割断历史，片面地看待农经教育，是不对的。

较多的专家认为，农业经济学是一门应用经济学，是经济学与生产技术学科的交叉。它的研究对象是农业中的诸项经济问题，既包括农业中的生产关系，又包括农业中的生产力。把它当作主要研究农村中的生产关系的科学是一种片面的提法。大家认为，农业经济的存在与发展，必须以商品经济的存在与发展为前提条件，这就可以说明，为什么在20世纪50～60年代我国实行产品经济的期间，农业经济学衰落不振，一再受到批判和贬斥；而在改革开放以来，社会主义商品经济蓬勃发展，农业经济学又受到了社会的欢迎，有了用武之地。

正确理解了这个问题，就应该承认农业经济学家坚持自己的学科的科学性、系统性、规律性、客观性和方法论是有其科学根据的，绝不是为了“反党”、“反社会主义”，而更主要的是20世纪50年代中国的社会主义建设的指导方针是否认商品经济和价值规律的，是不尊重经济科学的，那是中国社会发展中的一个特殊的历史阶段。在那时，农业经济学受到无理的批判，是有其社会的和历史的特殊背景的。

在“全国农业经济科学讨论会”的批判中，还混淆了作为马克思主义世界观的辩证唯物主义和历史唯物主义与农业经济科学方法的科学界限。我们认为，农业经济学工作者应该认真学习和坚持辩证唯物主义与历史唯物主义，树立马克思主义的世界观。但也要看到，如同其他科学一样，农业经济学作为一门应用经济学，是有其应有的方法和特点的，它是离不开自身方法论的支持的。“全国农业经济科学讨论会”的报告中大力批判所谓的“资产阶级农业经济学”的“方法可取”的观点。武断地认为：“方法是主观唯心的”，“是掩盖阶级实质的形而上学方法”。还说：“我们用的方法是唯物辩证的方法，是阶级分析的方法，是群众路线的方法。”这样，就把一些不同的范畴混在一起，既没有说清楚事物的本质，反而使人们的思想认识更加混乱了。

应该看到，随着近代科学和生产力的发展，科学方法越来越成为一门重要的科学。为了有利于发展生产力，应该大胆地借鉴传统的农业经济学中通用的行之有效的科学方法，并且把科学方法的改革，提高到农经教育改革的重要地位。

“拔白旗”运动已经过去近40年了，时至今日，农业经济科学领域中关于对象与任务和科学方法等命题尚存在着一些不同的理解，也可能还存在着若干争议，这些问题应该作为学术问题对待，应该引导农业经济学家们就这些命题展开自由活泼的讨论；允许他们根据自身的理解，在坚持社会主义市场经济和四项基本原则的条件下，进行教学、研究工作，最重要的是鼓励他们在党的路线指引下，在有利于发展社会生产力的原则指导下，面向农村改革的实际，探讨新的理论问题，大胆提出自己的创见或假说，实事求是地开展科学的争论。要提倡向前看，提倡进取精神，提倡科学的求实精神和创造性，以适应我国日新月异的经济发展，这对于发展我国的农业，繁荣农经科学，提高农业经济科学水平是有益的。

（作者：中国农业大学教授）

徐水共产主义试点*

河北省农业厅政策法规处

徐水共产主义试点，1958年8月以徐水县的“大跃进”为基础展开。河北省委将徐水县“大跃进”的经验上报中央，得到中央主要领导同志的高度重视。毛泽东8月4日视察徐水县时，称赞徐水的组织军事化、行动战斗化、生活集体化等做法。刘少奇随即指示在徐水搞共产主义试点。中共中央农村工作部副部长陈正人到徐水具体部署试点工作。中央有关部委以及省、地、县委组成规划小组，制订规划。之后，试点正式开始。试点期间，刘少奇、周恩来、邓小平、李先念、彭真、薄一波等国家领导人到徐水视察。3～10月，国内参观者达32万多人，国外参观的有40多个国家930多人。徐水共产主义试点是20世纪50年代末风行于中国大地的跑步进入共产主义的突出典型。

一、徐水的“大跃进”和人民公社的建立

1957年冬和1958年春，在批判“右倾保守思想”的推动下，河北农村掀起以兴修水利、养猪积肥和改良土壤为中心的“大跃进”高潮。徐水县人民奋战一冬一春，在瀑、漕、萍3条河两岸建成51座“葡萄串”式蓄洪水库和157座“满天星”式平原水库，改造旧蓄水坑塘1 300多个，挖146条渠道（总长262公里)，沟通河道、水库、坑塘，还打机井265眼、砖石土井4 382眼，凿泉14处。在大搞水利过程中，县委打破乡社界限，统一规划和调配劳力，把全县10万劳力编为营、连、排、班，实行“组织军事化”和“行动战斗化”。各社都建立公共食堂、托儿所、缝纫厂，实行家务劳动集体化和社会化，解放妇女劳动力。开展社会主义教育运动，用“大鸣、大放、大字报、大辩论”开路，批判本位主义、分散主义和保守思想，推动水利建设。

1958年2月，中共中央政治局委员、中央书记处书记谭震林在保定视察，听取徐水县委第一书记张国忠的汇报，赞扬徐水的工作。同月，中共中央农村工作部副部长陈正人到徐水考察，并向毛泽东等中央领导写出报告，对徐水县委组织大搞水利建设的形式和成就给予高度评价。3月11日，《人民日报》发表张国忠《苦战三月改变全县自然面貌》的文章，并配发《徐水创造了好经验》社论。中共河北省委遵照刘少奇委员长（2月22日到保定机械厂视察并作指示）和谭震林的指示，派工作组对徐水县的工作进行总结，写出《徐水县委组织农业生产大跃进领导经验的总结》，呈送中央，并于4月19日向全省发出学习徐水县委领导经验的通知。

---

* 本文收入内部刊物《当代农史研究》1996年第4期。

1958年8月4日，毛泽东到徐水视察，听取张国忠的汇报。下午4时由省委书记处书记解学恭、副省长张明河、保定地委第一书记李悦农及徐水县委第一书记张国忠陪同，到达大寺各庄。在农业社办公室里毛泽东问社主任李江生："你们农业社叫什么名称?"李江生答："叫第八瀑河农庄。"毛泽东说："还是叫人民公社好。"毛泽东介绍了"巴黎公社"的情况，又问："今年的麦子收成好吗?"李江生答："很好，比哪一年都强。"毛泽东问："每亩平均多少斤?"李江生答："754斤。"毛泽东问张国忠徐水县秋季预产情况，张国忠回答："今年全县计划亩产2 000斤，计划总产12亿斤。"毛泽东惊讶地说："要收那么多粮食呀！你们全县31万人口，怎么能吃得完那么多粮食呢？粮食多了怎么办?"毛泽东接着说："粮食多了，社员们可以多吃。粮食多了，以后就少种地，一天干半天活，另半天搞文化，学科学，闹文化娱乐，办大学、中学。"离开农业社办公室，毛泽东观看了农业社的幼儿园、幸福院、公共食堂和山药山（把土堆成小山，在上面栽种）。

在通往县城的路上，毛泽东问张国忠："办食堂老年人同意不同意?"张国忠回答："刚开始有思想不通的，说吃了大锅饭，会吃'过头粮'。"

回到县里，毛泽东对李悦农说："这里的妇女劳动力解放得很彻底哩。"李悦农说："这里的妇女都脱离了四台（即锅台、灶台、磨台、碾台）。"毛泽东说："是呀，人人都吃食堂，社社都办幼儿园。"毛泽东问张国忠劳动组织军事化的情况，张国忠回答："全县11万劳力，4万人搞水利，还要办工业、支援外地、修路，逼出来了个军事化。全县成立了90多个团，200多个营。"毛泽东说："徐水这样干是逼出来的。像军队一样组织起来，会大大提高劳动效率。"毛泽东问李悦农："徐水县的军事化，你们推广了没有?"李悦农回答："已通知各县各搞一个试点乡。"毛泽东又问："你们能不能弄一批枪给徐水，把他们武装起来？徐水劳动力共11万人，其中青年男女可能有5万人，20%的发枪，共需1万支枪，5亿人1亿支，6亿人需1.2亿支。没有这么多枪怎么办？你们会造吗?"李悦农说："县里不会造。"毛泽东说："对，不要县里造，一个地委可办一个兵工厂。将来每人1支枪，30发子弹，平时学习打靶，这就是全民武装。全国这样组织起来，就把美帝国主义吓死了。工农商学兵，要有兵，要发枪。"8月5日，毛泽东视察安国，在听到介绍合乡并社情况时说："《三国演义》第一句话是'话说天下大势，分久必合，合久必分。'两三千户，四五千户，五六千户，一乡一社。"

毛泽东视察的徐水县大寺各庄，当天夜里就成立了人民公社，为纪念毛泽东8月4日视察，定名为"徐水县东方红八四人民公社"，宣布一切房子、树木、猪羊、大车、牲畜全部归集体，社员实行工资制。5日，徐水县召开全县共产主义思想文化跃进大会，张国忠发表向共产主义进军的讲话。随后，全县248个农业社宣布转为人民公社。为了扩大公社规模，8月15日又将全县20个乡镇合并为9个。

二、徐水共产主义试点

1958年8月6日，中共中央农村工作部副部长陈正人到徐水视察。8日召开座谈会，与会的有省委秘书长尹哲、副省长胡开明、地委书记李悦农、徐水县委领导、南梨园乡党委书记和大寺各庄、北邵庄、双营、六里铺四村的支书、社长。陈正人说：第二个五年计划，社会主义差不多了。

第三个五年计划，就要向共产主义过渡了。过去没有想到跃进这么快，今年粮食可达到 6 000 亿斤，钢产量可搞到 1 200 万吨，炼钢设备能力可搞到 2 000 万吨，明年钢产量可达 3 000 万吨，超过英国。这样就逼着我们想问题了，就要搞向共产主义过渡的试点。刘少奇同志指示在徐水县搞，因为这个县跃进很快，搞了军事化，大大解放了劳动力，水利建设有创造性，一年来群众在运动中有了很多锻炼，农业上有了很大基础，交通很方便。还讲了工业、农业、文教的大体规划和指标，提出全县可搞一个大联社。并号召大家看几本社会主义和共产主义的书，如《共产党宣言》和《哥达纲领批判》等。会后，还把康有为《大同书》送给一些人看。

河北省委对在徐水县搞共产主义试点十分重视，8 月 12 日召开书记处会议专题研究，成立规划小组进行规划。规划小组由陈正人牵头，中共中央农村工作部、国家计委、化工部、冶金部 70 多人和省、地、县共计 100 多人组成。

8 月 22 日拟出徐水县《关于加速社会主义建设向共产主义迈进的规划（草案）》。规划任务是：随着生产关系的伟大变革，继续组织工农业生产的全面大跃进，加速农业机械化和电气化，力争生产的高速度发展，为丰衣足食的生活水平创造充分的物质基础；积极发展文化教育事业，为群众的高度文化水平创造条件。规划目标是：1959 年基本完成社会主义建设，并开始向共产主义过渡，到 1963 年即进入伟大的共产主义社会。规划前景是：1958 年实现高度机械化和电气化，一切主要体力劳动都为机械所代替；1959 年每人平均分粮 1 000 千克、食油 10 千克、肉类 25 千克，1963 年每人平均分粮 1 000 千克、食油 25 千克、肉类 150 千克、棉布 100 尺、糖 120 千克、水果 73.5 千克，主要生活资料实现各取所需；1959 年，消灭 30 岁以下的文盲，1963 年达到高小以上文化程度，再过 5 年或更短一点的时间，30 岁以下的人都达到高等专科以上文化程度，成为专家，旧的劳动分工形式改变，体力劳动和脑力劳动的本质差别逐渐消失。1959—1963 年各项事业发展的具体规划指标：

工业。县建机械厂（300 台机床）、联合钢铁厂、化肥厂、联合纺织厂、水泥厂、酒精厂、淀粉厂、制糖厂、人造石油厂、综合化工厂、炼焦厂、热电厂；公社建机械修配厂、化肥厂（每社 2 座）、棉纺厂、酒精厂、水泥厂、综合食品厂、制鞋厂、砖瓦厂；每个居民村都建被服厂。

农业。耕地 79 万亩，播种面积扩大到 160 万亩。1959 年粮食播种 90 万亩，平均亩产 1 500 千克，每人平均 2 000 千克；棉花播种 43 万亩，亩产皮棉 350 千克。1962 年粮食播种面积缩小到 64 万亩，平均亩产 4 000 千克，每人平均 1 250 千克。

林牧业。1962 年，林木发展到 100 万亩，果树 2 000 万棵；大牲畜发展到 13 万头，羊 100 万只，猪 320 万头，鸡 800 万只。

交通。修建县办铁路 60 公里，还要修建公路，发展航空。

文化教育。县办综合大学 1 所，各社办综合大学 1 所，各村办业余红专大学。7～10 年内，把现在 30 岁以下的人的文化程度提高到大学或高等专科水平。各公社建图书馆、体育馆、剧团等。

9 月 15 日徐水县人民公社成立。实行政社合一，全县统一经济核算，劳力、资金、基建、生产、分配由县统一管理。设置 15 个主要部门，其中有办公室、计划委员会、监察委员会、政法公安部、军事部、文教卫生部、劳动工资福利部、妇女部、工业交通邮电部、农田水利林业部、畜牧家禽渔业部等，还成立了徐水人民出版社。

9月20日公布《中共徐水县委员会关于人民公社实行供给制的试行草案》。实行供给制的范围：农民、工人（包括县、社工厂工人和机关、企业、事业单位的工人）、职员（包括教员、商业人员）、一切在徐水工作的人员及大、中、小学学生。供给制等级的划分标准和具体方法：

伙食。农民、中学以上的学生每人每月5元，幸福院的老人、小学学生、幼儿园的幼儿每人每月4元，托儿所的幼儿每月2元，工人根据技术、劳动强度每人每月10～12元，县委级干部每月18元，一般干部12元。伙食费不发给本人，由伙食单位掌握。

服装和日用品。服装以国家棉布定量为标准，日用品根据需要适当发给。具体标准：农民每人每年单衣2身，棉衣两年1身，每年鞋子4双，帽子1顶。幸福院的老人和学生、幼儿园的幼儿比这个标准少一些。日用品一般都是每年袜子2双、肥皂2块、香皂1块、毛巾2条。工人除发给工作服外，每人每年单衣2身，棉衣两年1身，鞋4双，袜子3双，毛巾2条，肥皂2块，牙膏2支。干部比工人多1件衬衣，2块肥皂。

津贴费。农民每月1～3元，幸福院和中等以上的学校学生每人每月3角。工人分7等，每月1～16元。干部分4等，县委级每月16元，局级12元，一般干部、教员8元，勤杂人员6元。

卫生、医疗、文娱。实行供给制后，农民、工人、干部每10天发一张澡票，25天发1张理发票，每月1张电影票，看病全部免费。

干部、工人家属同社员一样待遇。退休干部享受幸福院老人们的同等待遇，因对革命有贡献，可以补助零用费每月1元。

为了庆贺全县实行供给制，举行了游行。游行队伍抬着“庆贺全民实行供给制”、“向共产主义过渡”的红匾，敲锣打鼓，高呼“拥护实行供给制”、“以实际行动加速向共产主义过渡”等口号。

为了扫清向共产主义过渡的思想障碍，县委成立了共产主义教育办公室，和县委宣传部一起，在全县开展共产主义教育运动。提出拔掉资本主义、个人主义、本位主义的白旗，插共产主义、集体主义、大公无私和“人人为我，我为人人”的红旗，开展大鸣、大放、大字报、大辩论。辩论的中心是公社好不好，公社远景规划，如何消灭城乡差别、工人和农民之间的差别、脑力劳动与体力劳动之间的差别。

徐水共产主义试点引起国内外各界人士的瞩目，他们以参观、学习访问的形式纷纷来到徐水。据当年徐水县接待参观访问的报告记载，从1958年3月到10月30日，来徐水参观的外宾就有40多个国家的930多人。国内各地来徐水参观、学习、考察、采访的人员更多，仅全国各省市以及中央各个团体就有3 000多个单位，全国的组织工作会议、兵役工作会议也到徐水召开。他们之中有党政领导干部、工人、农民、学生、士兵、教授、民主人士、工程师、科学工作者、记者、艺术家和归国华侨等。有的还撰写了赞扬文章。

三、试点失败

徐水共产主义试点强调改变所有制，把集体所有制和个体所有制的农业全部改成全民所有制，生产资料及大部分生活资料归全民所有。社员私人的房屋可以随时拆除，让社员去住居民点，想用这个办法达到乡村城市化，消灭城乡差别。县委在住宅规划中提出所有的土房和破旧砖房一律在

10月前拆完。据统计，在不长的时间里就拆除了32 000间房子。由清华大学建筑系派来的几十名师生帮助设计居民的房屋建筑。由于材料和资金不足，一时很难建起来，大寺各庄边拆边建居民楼，拆了300间平房，盖起了9栋300个居室的质量极差的楼房，楼内无厕所、烟筒，群众搬进后生活极不方便。大部分村没有建起新房，只是老人进了幸福院，幼儿进了幼儿园，群众住房十分紧张。为了扫除私有观念向共产主义过渡，鸡、鸭、猪和树木也归了公，砸了锅炼铁，户里不冒烟，全部去吃食堂。为了消灭私有制，甚至有些地方连箱箱柜柜都收归公有。因此群众说：除了一双筷子、一只碗是个人的，其他都归公了。集体所有制的商业、公私合营的商业也改为国营商业。组织工商业的私方开会讨论，使大家"自觉"取消定息，敲锣打鼓报喜庆贺 。并将659名商业人员下放参加集体劳动。同时，把手工业社、运输社和小贩全部转为国营。这种单一的所有制形式和经营方式，扼杀了企业的活力，也使国家背上了一个沉重的包袱。

根据供给制的试行草案，在全县实现了全民供给制。干部、工人、职工取消薪金，社员取消按劳取酬，搞起了"十五包"，即将吃饭、穿衣、住房、鞋、袜、毛巾、肥皂、灯油、火柴、烤火费、洗澡、理发、看电影、医疗、丧葬全部由县里统一包下来。从1958年9月开始，干部停发薪金，改发津贴费。但津贴费因经费不足降低了标准，县委级干部每月8元，科局级干部5元，一般干部3元，勤杂人员2元。开始机关食堂办得较好，每顿都是好几个菜，以显示供给制的优越性。干部家属也随同干部开始吃食堂。这种办法实行了3个多月，因负担过重，还有许多具体问题不能解决而停止。社员原来吃食堂定量，实行供给制以后，不仅吃饭不要钱，还可以敞开肚皮吃。当时县委农村工作部的领导常这样向群众宣传：今年粮食大丰收，从现在开始，吃饭不要钱，敞开肚皮吃饱。因为全县都实行了供给制，一些对外营业的饭馆也不收钱，很快就被吃垮。

徐水县人民公社实行全县一级核算，劳力、资金、基建、生产建设由县统一管理，给县财政增加了极大的负担。首先全县社员的工资统一由县人民公社发放。1958年11月，曾给社员发过一次工资及部分生活用品，贷款共达550万元，12月份仅筹集90万元的工资款。按供给制方案应统一发放的物品因物资不足和经济负担不起无法兑现。如每人应发2条毛巾，全县应发144万条，但只发了72万条。其他生活用品，只给部分幸福院的老人和幼儿园的小孩发了一些，至于看电影、洗澡等根本没条件达到。当时徐水县全年财政收入不足2 000万元，离计划需要量相差很多，只好挪用商业资金700万元，使商业资金不能周转。所以，不过三四个月全民供给制就夭折了。

由于全县实行一级核算，劳动力可以统一调配，军事化进一步加强。全县组织起7个跃进兵团，92个团，666个连，1 998个排。行动军事化，使劳动力可以随便调动，这就出现了劳力的大平调。同时，给民兵发了1万多支枪，实行劳武结合。

为了实现向共产主义迈进的工业化，不顾资金的紧张状况，县、社工业一起上，县里建39个工厂，公社建1 348个小工厂。

在消灭脑力劳动和体力劳动的差别，向共产主义过渡的思想指导下，不顾资金和师资的严重不足，盲目建了11所大学，84所红专学校，文工团、各种剧团、电影队、医院蜂拥而起，但不久大部分都垮掉了。

至此，县社合一的人民公社变成了一个空名义，基层办事机构还没来得及做实质性的变动就流产了。

对于徐水县全面向共产主义过渡的做法，党中央、省委、地委的领导十分关注，及时指出了存在的问题，给予了不同程度的纠正。毛泽东到徐水视察后，把身边的18名工作人员派往徐水进行实地调查。10月18日，调查人员向毛泽东报告了徐水县委存在的主观主义、强迫命令和弄虚作假等问题。1958年9月10日刘少奇到徐水视察，对徐水的一些问题给予明确指示。当他看了向共产主义迈进的规划草案后，就引用孟子"且一人之身，而百工之所为备"的话，说明生产规划安排的复杂性。又引用《礼记》中"生之者众，食之者寡，为之者疾，用之者舒，则财恒足矣"的话，让县委算细账，设法使非生产人员和非生产时间尽量减少。刘少奇又告诉大家，全民所有制并不就是共产主义性质的。要大家学习中央关于建立人民公社的决议，充分认识只有社会产品极大地丰富了，人们的共产主义觉悟极大地提高了，全民教育普及了，大家都半天劳动和半天学文化，工农、城乡以及脑力劳动同体力劳动的差别都逐步消失了，才得以进入共产主义时代。

河北省委根据毛泽东的指示，组织了一个工作组，由省委书记处书记、省长刘子厚率领，参加人员有张明河、赵一民、朱子强、王路明等共70人，于10月18日至20日，在徐水做了3天调查研究。10月21日下午，工作组向毛泽东做了汇报。毛泽东针对徐水县存在的一些问题明确指出，要发展商品生产，分配不要搞平均主义，私人之间的债务不能一风吹，这是劳动人民内部的劳动所得。不要讲假话，不要压服，要去掉封建残余。对家庭问题，提出阴阳五行还要讲（指家庭要大中小结合。幸福院老人们住在一起，见不到自己的儿女，没有中小，只有阴阳，没有五行）。

中共河北省委于10月29日专门召开省委书记处会议（保定行政公署专员杨培生列席），讨论徐水的工作和毛泽东的指示，指出徐水县委在执行政策和工作作风上存在的问题，并责成保定地委帮助县委解决。中共保定地委于11月3日在常委会上对徐水问题做了研究，责成杨培生将省委指示和地委的意见向徐水县委第一书记张国忠传达。后又派工作组进行帮助，使徐水县委在向共产主义过渡中的一些过急的做法和"左"的倾向，在一定程度上有所纠正。

1958年11月9日，在有部分中央和地方领导人参加的郑州会议即将结束时，毛泽东批评徐水县是"独立王国"，"急急忙忙往前闯"，指示以后不要再宣传徐水。

从11月份开始，根据省委、地委的意见和中共八届六中全会关于人民公社若干问题的决议精神，把全县一社的体制改为三级实权制，财贸管理实行两级三统一包。全民供给制改成工资制和供给制相结合的分配制度，恢复国家供给的干部薪金制，并宣布私人房屋仍为原主所有。从12月份开始，徐水停止了全民供给制的一些做法，干部、工人恢复并补发了工资。社员们虽然还是吃饭不要钱，但开始定量，停止发津贴，使一些不合乎实际的"大办"有所收敛。由于整个社会有急于向共产主义过渡的"左"的思潮，这里仍然遗留着不少以扩大共产主义因素为名的"左"的做法，但向共产主义过渡的试点已宣告失败。

农业“八字宪法”的由来*

黄佩民

中华人民共和国成立后，经过3年经济恢复时期，人民民主专政的政权得到巩固，国民经济状况基本好转，从1953年开始进入国民经济“一五”计划时期。在此期间，毛泽东在亲自领导从初级农业生产合作社到高级农业生产合作社的生产合作运动的同时，十分关注农业生产建设，并且把农业合作化与农业生产发展紧密相连，认为“农业生产合作社，在生产上，必须比较单干户和互助组增加农作物的产量”。① 在1955年7月31日作的《关于农业合作化问题》报告中，毛泽东还专门提出：“为了要增加农作物的产量，就必须：（1）坚持自愿、互利原则；（2）改善经营管理（生产计划、生产管理、劳动组织等）；（3）提高耕作技术（深耕细作、小株密植、增加复种面积、采用良种、推广新式农具、同病虫害作斗争等）；（4）增加生产资料（土地、肥料、水利、牲畜、农具等）。这是巩固合作社和保证增产的几个必不可少的条件。”② 在提高耕作技术和增加生产资料方面，已涉及土、肥、水、种、密、保、管、工等。

1955年下半年，全国大部分农村实现了初级形式的农业合作化，农业生产也获得了新中国成立以来少有的大丰收。但农业的发展速度还远远落后于工业。在这种形势下如何进一步加快农业的发展，使之与工业增长协调一致，是一个十分突出的重大问题。1955年11月，毛泽东在杭州和天津分别与15个省、自治区的党委书记交换看法，共同商定起草农业发展的17条意见。1955年12月21日，他为中共中央起草的给上海局、各省委、自治区党委的《征询对农业十七条的意见》中写入这样的内容，“（四）增产的条件：（甲）实行几项基本措施（内容待商，各地可以有些差别）；（乙）推广先进经验（每年收集典型例子，每省印成一本）”。③

1956年1月，毛泽东在同各省、自治区、直辖市党委负责人商量之后将17条扩充为40条，拟出了《全国农业发展纲要（草案）》的初稿。接着，中共中央邀请在北京的各界科学家、各民主党派、各人民团体的负责人以及文化界、教育界人士共计1 375人，对这个初稿分组进行了讨论，作了一些补充和修改，由中共中央政治局于1月23日讨论通过，形成了《1956—1967年全国农业发展纲要（草案）》。在这个《纲要（草案）》中指出：采取增产措施和推广先进经验，是增加农作物产量的两个基本条件。增产措施的项目主要是：（1）兴修水利，保持水土。（2）推广新式农具，逐步实行农业机械化。（3）积极利用一切可能的条件开辟肥料来源，改进使用肥料的方法。（4）推

---

* 本文收入内部刊物《当代农史研究》1997年第4期。

① 《毛泽东选集》第五卷，人民出版社出版，1977年4月第1版，第176页。

② 《毛泽东选集》第五卷，人民出版社出版，1977年4月第1版，第177页。

③ 《毛泽东选集》第五卷，人民出版社出版，1977年4月第1版，第261页。

广优良品种。(5) 改良土壤。(6) 扩大复种面积。(7) 多种高产作物。(8) 改进耕作方法。(9) 消灭虫害和病害。(10) 开垦荒地，扩大耕地面积。①

1957 年 9—10 月，中共中央召开了扩大的八届三中全会，基本通过了《全国农业发展纲要(修正草案)》，并决定发到全国农村进行广泛讨论。随后于 1957 年 10 月 26 日在《人民日报》正式公布了《1956—1967 年全国农业发展纲要（修正草案)》全文。其中：(四) 推行增产措施和推广先进经验，是增加农作物产量的两个基本条件。提出：增产措施的项目，主要是：(1) 兴修水利。(2) 增加肥料。(3) 改良旧式农具和推广新式农具。(4) 推广优良品种。(5) 扩大复种面积。(6) 多种高产作物。(7) 实行精耕细作，改进耕作方法。(8) 改良土壤。(9) 保持水土。(10) 保护和繁殖耕畜。(11) 消灭虫害和病害。(12) 开垦荒地，扩大耕地面积。

1958 年 1 月 4 日，毛泽东《在杭州会议上的讲话》中指出："水、肥、土等十二条，要抓住相互平衡。有水无肥，有肥无水都不行，是相互联系的。"② 随后在多次发言中，毛泽东都十分强调学习土壤学的问题。如：1958 年 3 月《在成都会议上的讲话》中提到，"各省的第一书记和参加会议的部长同志，大家要读一读威廉斯著的土壤学。从那里面可以弄清楚为什么会增产。土壤学是农业的基础科学，好像医学的解剖学"；《在成都会议上省委书记汇报中的讲话》中提到，"要学习土壤学，这是农业科学的基础，看了它才知道如何增产，土壤改良主要是深翻、调换"。③ 1959 年 1 月 23 日，毛泽东在《关于宣传工作问题的谈话》中提出："'八字宪法'中，首先应该是'土'，第二是'肥'，'水'要放在第三位，然后是种、密、保、工、管。"④ 1959 年 2 月 2 日毛泽东在省、市、自治区党委书记会议的讲话中，谈到"八字宪法"的排列顺序时，将"工"排在最后。

1959 年 10 月 19 日，《人民日报》发表社论：《坚持农业"八字宪法"》。《社论》指出：1958 年 5 月，在党的八届代表大会二次会议上，根据形势的发展和新的经验，对农业发展纲要又作了一次修订补充。以后，随着全国"大跃进"的形势和发展，"农业发展纲要四十条中的增产措施也由毛泽东同志根据群众实践的经验和科学研究的成果，经过进一步的提炼，发展成为农业'八字宪法'，这就是土（深耕、改良土壤、土壤普查和土地规划)、肥（合理施肥)、水（发展水利和合理用水)、种（推广良种)、密（合理密植)、保（植物保护，防治病虫害)、管（田间管理)、工（工具改革)"。《社论》认为："我国农民在长期的生产实践中，对以上各项措施的这一项或者那一项，都积累了不少经验；农业科学工作人员也曾经作过不少研究；但是，在几年以前，这些实践和研究大都是不成系统的。从农业发展纲要的十二项增产措施到进一步提炼为'八字宪法'，才使人们更清楚地认清了各项增产措施的相互关系和综合作用，为农业生产的高速度发展和农业科学的提高指出了方向。"

① 《当代中国的农业》，当代中国出版社出版，1992 年 7 月第 1 版，第 131 页。

② 《马克思、恩格斯、列宁、斯大林、毛泽东关于农业若干问题的部分论述》第 447 页，中国农村发展研究中心、中国农业科学院农业经济研究所选编组编印，1982 年。

③ 《马克思、恩格斯、列宁、斯大林、毛泽东关于农业若干问题的部分论述》第 447 页，中国农村发展研究中心、中国农业科学院农业经济研究所选编组编印，1982 年。

④ 《马克思、恩格斯、列宁、斯大林、毛泽东关于农业若干问题的部分论述》第 281 页。中国农村发展研究中心、中国农业科学院农业经济研究所选编组编印，1982 年。

应当指出：农业“八字宪法”，主要是针对农作物生产，反映了毛泽东主张“精耕细作”、“少种高产多收”的农业技术革命的目标模式。1957年毛泽东在中国共产党第八届中央委员会扩大的第三次全体会议上的讲话中指出：“我看中国就是靠精耕细作吃饭。将来，中国要变成世界上第一个高产的国家。有的县现在已经是亩产千斤了，半个世纪搞到亩产两千斤行不行呀？将来是不是黄河以北亩产八百斤，淮河以北亩产一千斤，淮河以南亩产两千斤？到二十一世纪初达到这指标，还有几十年，也许不要那么多时间。我们靠精耕细作吃饭，人多一点，还是有饭吃。我看一个人平均三亩地太多了，将来只要几分地就尽够吃。”① 当然，毛泽东不是简单地重复传统农业的精耕细作，而是把传统农业与现代农业科学相结合，提出了农业“八字宪法”，即农作物增产的根本大法。

另外，毛泽东1964年看到原中国科学院副院长竺可桢发表的《论我国气候的几个特点及其与粮食作物生产的关系》一文（刊登在1964年3月17日《人民日报》），表示十分赞同，并对竺可桢说：农业“八字宪法”应加上光、气二字。光合作用是一切绿色植物最基本的生命活动，由于农业是露天作业，它与天气和气候又紧密相关联。这样8个字又发展到了10个字。因此，1977年9月，中国农林科学院科技情报研究所按农业“八字宪法”研究提出农业现代化概念时，根据当时中国科学院负责同志的指示，除编写“土”、“肥”、“水”、“种”、“密”、“保”、“管”、“工”8个字的《农业现代化概念》（初稿）和《农业现代化概念参考资料》外，还补充编写了《光能与气候资源利用》部分。②

毛泽东一向重视农业增产问题。他在20世纪50年代反复强调的一个思想，概括起来就是中国农业要走少种高产多收的道路。1955年，他在审编《中国农村的社会主义高潮》一书时，为“发动妇女投入生产，解决劳动力不足的困难”一文写的按语中还提出“耕作精致化”的概念，即认为对传统的农业精耕细作要深化提高，要进一步标准化、规范化。由此出发逐步形成农业“八字宪法”。“土、肥、水、种、密、保、管、工”这8个字，也可以说是农作物生产的8个基本因素，既涉及土肥水等农作物生产的基本条件以及种子、工具等基本生产资料，还包括种植技术（密）、植物保护和田间管理，每个字都有丰富的内涵，字与字之间相互制约、相互促进。它揭示了农作物生长发育及其与外界条件关系的客观规律，体现了农业生产及其增产措施的综合性、整体性和系统性。这是毛泽东对中国农民传统宝贵的生产经验加以高度概括，指导生产简明易懂，受到群众欢迎；并且把农业增产的这8项重要措施叫做“八字宪法”，根据毛泽东的意见，中共中央还对土、肥、水、工（农业机械化）等方面，都发出过重要指示和决定，以落实农业“八字宪法”为中心，组织了农业技术革命的高潮，从而极大地促进了农业生产基本建设的发展和农作物产量的迅速提高。与此同时，由于农业“八字宪法”的提出，使农业科学工作者重视综合研究，把分散、割裂的单项增产措施组装配套，形成较完整的技术体系，从而有利于农业发展逐步进入科学化、标准化和规范化的轨道。但是当时在宣传上也存在片面性和“左”的影响。例如《人民日报》在《坚持农业“八字宪法”》的社论中提出，“如果取消‘八字宪法’，就等于取消农业生产的大跃进，等于取消社

① 《毛泽东选集》第五卷，人民出版社出版，1977年4月第1版，第469页。

② 中国农业科学院科技情报研究所，《农业现代化概念》（初稿），1977年9月；《农业现代化概念》（光能与气候资源利用）（初稿），1978年3月。

会主义建设的总路线”，还把对“八字宪法”有不同意见的人，扣上“右倾机会主义分子”或“右倾保守思想”的帽子。这种做法把农业技术措施政治化了，助长了当时在农业生产中的“瞎指挥”和“一刀切”的错误。这是应吸取的负面历史教训。

（作者：中国农业科学院农业经济所原副所长、研究员）

胡开明建议推行“三包”到组的生产责任制被否定*

河北省农业厅政策法规处

胡开明，1913 年生，浙江省乐清县人。曾就读于东北大学，获经济学学士学位。1936 年加入中国共产党。1936 年之前即投身于学生运动，后在晋东北特委、晋察冀四地委、晋察冀日报社、北岳区党委、察哈尔省委做宣传工作。1952 年察哈尔省撤销后历任河北省委常委、副省长、常务副省长等职。

1958 年 9 月，张家口地区在人民公社化运动中共建食堂 16 000 个，吃饭不要钱，粮食很快不足，日人均仅三四两，食堂难以为继。1959 年初，张家口（5 月专区和市合并为市）市委第一书记葛启提出“入堂自愿，出堂自由”的主张，大部分食堂解散。庐山会议大反“右倾”，把公共食堂视为“社会主义阵地”加以恢复和巩固。葛启受到批判，被定为“右倾机会主义分子”，撤销市委第一书记职务。时任河北省常务副省长的胡开明，因多年在张家口工作，主动请缨，于 12 月到张家口任市委第一书记（后地市分设，改任地委第一书记）。

1962 年春，张家口市郊东窑子公社孤石大队第一生产队社员自愿结组，将菜地、工分、产量三包到组，结果社员出工早，收工晚，干活细，上粪多，菜比邻队长得好，上市早。地委第一书记胡开明认为“三包”到组是一种生产责任制的好形式，并布点试验。在 1962 年 7 月 30 日华北局农业工作座谈会上，胡开明提出《关于推行“三包”到组的生产责任制的建议》，8 月 8 日胡开明又将此建议呈送毛泽东。“三包”到组的生产责任制的具体做法是：一、由社员自愿结合组成一个 6、7、8 户或 6、7、8 个劳动力的生产组，在一般情况下长期不变。二、生产队把全部土地都分到生产组，耕畜、农具也尽可能分到组去使用，在一般情况下也长期不变。三、根据土地好坏，首先进行土地分等，评出常年每亩产量数、用工数和投资数，然后计算出全组的土地总产量、总用工和总投资数，签订“三包”合同，认真执行。四、到了秋后，包产以内的全部产量，由生产组交生产队统一分配；包产以外的超产部分，完全归生产组按劳分配。

毛泽东在 8 月 9 日中央工作会议中心小组会上批评说：河北胡开明，是个副省长，“开明”，就是个“胡”开明。胡开明因此受到批判、处理。这个批示，在“文化大革命”中被传抄，胡开明也因此闻名全国。毛泽东 8 月 16 日批示将此建议印发正在举行的中共中央工作会议（北戴河会议）与会者讨论。胡开明的建议被否定，并由此受到错误批判。1964 年地委召开 2 000 人大会，把胡开

---

* 本文收入内部刊物《当代农史研究》1997 年第 1 期。

明以及有关的葛启、解峰等地市委领导同志批判为"右倾机会主义即修正主义集团"，在"四清"中，上升为"以胡开明、葛启为首的阴谋反党集团"，"文化大革命"中又升级为"胡葛解反革命修正主义集团"，并株连了一批干部。中共十一届三中全会后，胡开明的"问题"逐步得到平反。1980年7月中共河北省委作出为胡开明等张家口地市委领导同志的平反决定，1981年10月中共张家口地委作出为胡开明等同志的平反决定，至此，胡开明同志蒙受的一切不白之冤得以彻底平反。十一届三中全会后，胡开明同志调任中共安徽省委常委、省革命委员会副主任，后改任安徽省第五届人大常委会副主任、省顾问委员会副主任。1985年初调任河北省委顾问委员会副主任。胡开明同志曾任中共八大代表、第五届全国政协委员、第六届全国人大代表。

附：

关于推行"三包"到组的生产责任制的建议

农村人民公社，经过贯彻执行"十二条"、"六十条"，特别是实行以生产队为基本核算单位以后，纠正了"五风"错误，比较彻底地克服了队与队之间的平均主义，农民的生产积极性比以前高多了；但是还没有充分调动起来。主要表现是：(1) 社员出勤不主动，每天还得队长挨门上户去叫。(2) 社员集体劳动的时间短，出勤晚，收工早，一般每天不过六小时。(3) 耕作粗放，"耕地留茬子，种地不到头（边），锄地草搬家"的现象仍然存在。有一个生产队长告诉我说："现在社员有四怨情绪：一怨别组出勤晚，本组出勤早；二怨别组歇息大，本组歇息小；三怨别组收工早，本组收工迟；四怨别组工分高，本组工分低。"目前有不少群众要求"包产到户"或"包干到户"。这种对集体生产的消极态度和缺乏信心，是值得注意的。

为什么还存在上述现象呢？除了既定的政策还没有完全落实以外，主要问题有三：一是国家的粮食征购任务过重，而且太不稳定，群众说我们的粮食征购政策是"鞭打快牛"的政策。二是国家的价格政策不合理，粮食与工业品交换不等价，与其他农副产品的比价也很悬殊。所以群众说："以粮为纲不合算，干什么也比种粮食强。"三是生产队没有建立起生产责任制，计算劳动报酬的方法有问题，不能很好体现按劳分配。

以上三个问题都急需解决。但由于目前工农业生产水平低，物资少，解决前两个问题是有限度的，需要有一个过程。因此，当前主要是解决后一个问题，即解决生产队内部的关系问题，发挥本身的潜力。

我认为，中央在调查研究的一批问题中提出的"在集体经济中，要采取什么办法，加强责任制，把评工记分搞好，既照顾出工的数量，又照顾农活的质量，鼓励精耕细作，使工作质量好的得到较高的报酬，例如超产奖励，等等"，是十分重要的，我们需要很好地研究一下。

目前生产队为什么没有搞起责任制呢？主要是一般生产队都是组织临时性、季节性的作业组，或者是作业小组的成员常年固定，但没有固定的地段，更没一定的产品任务。经验证明，经营农业生产是不能依靠这种临时性和季节性的作业小组的。因为在这种作业组里，一切土地、生产资料乃至劳动产品，都是无人负责的；社员们对于作物的高额丰产，也不发生多大兴趣。至于农业生产的周期性较长，从耕种到收获，至少需要五六个月，必须连续经营得好才能增产。可是这种临时性的、没有固定地段和产品任务的作业组，只管完成某种作业，不负责全部田间管理和最后的生产成果，因而他们的责任心不强，干活不认真，“记时磨洋工，计件抢工分”。正常的经营方法是：在播种的时候，就要考虑怎样播好间苗留好苗；在锄头遍的时候就考虑怎样锄二、三遍；干着今年的活就考虑来年的活。可是这种临时性的没有固定地段和产品任务的作业组是不做这些打算的，因而就不能保证全部农活质量。再说，农活干得适时不适时，影响产量也很大，比如播种、间苗、锄地，同样都完成了任务，但是完成时间的早晚对产量也很有关系，早种三天和晚种三天就不一样。早锄三天和晚锄三天也不一样。到底什么时候耕作最合适，农民是有经验的；只要把全部生产任务交给他们，他们是能够根据作物生长情况和天时变化灵活掌握的。可是现在的这种作业组是不管这一套的。这怎么能实现最大限度的增产呢？看来这种劳动管理制度是非改不可的。

为什么没有搞好劳动计酬工作呢？主要是目前生产队计算劳动报酬的方法，说是定额管理，按件记工，评工记分，实际上多是死分死记，有记无评。为什么这样呢？第一是定额管理十分复杂。据说全部农活有两三百种定额还不够用，刚议定好了，天时一变还得修订，因此农民一提搞劳动定额就头痛。第二是社员怕评工记分伤感情。因为农活很复杂，同一农活也有好做和不好做的，同时农活质量也很难定个统一标准，所以一评就吵，吵得大家对评工都不感兴趣了。我召开过两次基层干部座谈会，问到评工记分的情况，他们都异口同声地说：“说实在的，评工记分从初级社到现在都没有搞好过。”我考虑，农业生产由于受着大自然的影响，情况十分复杂，在一个生产队的范围内，劳动定额很难搞得准确，加以在田间作业，也很不好检查验收和评工记分。就是搞好了，也只能体现某种农活的数量，不易体现农活的质量，更不能体现生产的最后成果，而且，这种仅按劳动日数而不计算收获量的计酬方法，常常会鼓励用工多、产量少的小组，打击用工少、产量高的小组。比如某生产队有一个组，由于劳动组织得好，每亩玉米只用了 15 个劳动日，产了 300 斤玉米；而另一个组经营同样的土地，由于劳动组织得不好，每亩玉米用了 20 个劳动日，只产了 250 斤玉米；如果单按劳动日进行分配，则第一组反比第二组分得少。这显然是很不合理的。因此，这种平均主义的计酬方法，必然障碍劳动生产率的提高，也是非改不可的了。

我认为，上述两个问题（实际上也是互相关联的一个问题），正是目前生产队工作中存在的关键问题，如果不设法加以解决，就会障碍集体经济的巩固发展。

怎样解决这两个问题呢？我和一些基层干部和社员商量的办法是，生产队组织长期的固定的生产组，实行“三包”生产责任制。具体做法是：

一、由社员自愿结合（必要时也可以个别搭配），组成一个 6、7、8 户或 6、7、8 个劳动力的生产组，在一般情况下长期不变。一个生产组 6、7、8 户或 6、7、8 个劳动力，生产单位是否小了？我认为不小。因为目前农业生产一般的还是手工操作，不需要很多人在一起作业。就拿用人最多的播种来说，一般的有一个握耧的、两个撒粪的、一个拉砘子的就成了。蔬菜组需要多一些，有十来个劳动力也能搭成班子。如果遇到特殊情况，需要劳动力多，生产队还可以组织组与组之间的协作。

二、生产队把全部土地都分到生产组，耕畜、农具也尽可能分到生产组去使用，在一般情况下也长期不变。因为固定起来，社员就会更加注意培养地力，注意爱护耕畜、农具了。在分配土地时，基本上按劳动力分配，因为必须有劳动力才能耕作得好。在生产队把耕畜、农具分配到生产组后，如果不够用，组与组可以搭犋配套，合伙使用，但是必须等价互利。如果生产队耕畜太少，分不过来，也可以仍然放在队里，责成专人喂养，轮流给生产组干活。大车、双铧犁等较大工具，如果不敷分配，也可以采取这个办法。

三、根据土地好坏，首先进行土地分等，评出常年每亩产量数、用工数和投资数，然后计算出全组的土地总产量、总用工和总投资数，签订“三包”合同，认真执行。“三包”期限，最好与国家粮食征购包干期限一致起来，不能年年给生产好的组增加包产数，以免打击社员加强经营管理的积极性。生产队为了保证完成国家粮食征购任务，包产指标可以比国家征购包干定产数稍高一些，但也必须留有余地，使生产组有产可超。

四、到了秋后，包产以内的全部产量，由生产组交生产队统一分配，也可采取包产以外的超产部分，完全归生产组按劳分配。如果因为经营管理不善少完成了包产，则按比例扣除包工数。如果因灾减产，民主议定适当减少包产数，不减包工数。如果抗灾有功，还可以适当增加工数。包产以外的超产部分，有的人主张生产队与生产组分成。我考虑，还是全归生产组好。因为这样，既有利于调动社员的增产积极性，又可以免去秋天核实产量的麻烦。问题的关键在于定产适当，不在于分成多少。张家口郊区东窑子公社，有几个生产队在今年春季，自发地建立了常年固定的生产组，实行“三包”生产责任制。我去看了一下，效果很好。孤石生产队实行“三包”到组后，队长既不用每天派活，也不挨门上户叫出勤了，连钟也不打了。每天天一亮社员就主动下地搞集体生产，中午休息时间很短，到了天黑还不肯回来。现在他们的集体生产搞得很好，开小片荒的很少。外东窑生产队“三包”到组的一、二、三队，种的 12 亩老根菠菜，平均亩产 6 939 斤，5 月 12 日就上市了，平均每亩收入 272.7 元，斤价 3 分 9 厘 3。未包产到组的第四生产队的 3 亩老根菠菜，平均亩产 5 757斤，低于前者 17%，晚上市两天，每亩收入 217 元多，每斤售价低于前者 4%。目前生产组与生产组之间的竞赛劲头很大。根据基层干部和社员的看法，“三包”到组有七大好处：

(1) 由于生产单位小了，生产组有了超产部分的分配权，集体的利益和社员的利益就更为直接了，所以社员都能“掏出真心干”，力争多超产。

(2) 由于解决了组与组之间评工记分标准不统一的矛盾，这就可以彻底消灭在劳动报酬上的不合理现象。

(3) 由于小组人数少，便于互相监督，能够保证农活质量。

(4) 由于小组是自愿结合的，心同意合，能够互相帮助，互相谅解。

(5) 由于小组户少地少，便于实现民主管理，灵活安排农活，能够做到因时因地制宜。

(6) 由于发挥了生产组的主动性，生产队干部就可以免去每天派工、记工等事务，更多参加集体生产（干部到了组里之后，也非参加劳动不可），减少了干部误工补贴。

(7) 由于小组的成员固定了，地段固定了，同时“三包”合同又是长期不变，社员就会多施肥，多加工，注意培养地力和合理安排作物茬口。“三包”是群众的创造，是个好办法。过去大队对生产队实行的“三包一奖”制，所以成了“繁琐哲学”，是我们的干部搞的，不是群众搞的。现在我们不搞了，群众又搞起来了，还是很简单。我到孤石生产队看了一下，群众说：“我们都是本乡本土的人，哪块地常年产量多少，用工多少，投资多少，我们都知道，一盘算就出来了，很省事，有两三晚上就搞成了。”过去以生产大队为基本核算单位，以生产队为承包单位，生产单位和分配单位不统一的矛盾比较大。现在以生产队为基本核算单位，统一分配的单位缩小了，这个矛盾也就不显著了。有些同志说采用这种方法，实质上是把基本核算单位又下放到生产组了，我不同意这种看法。如果说现在生产队对生产组实行“三包”是把基本核算单位下放到生产组了，那么，过去大队对生产队也实行“三包”，为什么还改变基本核算单位呢？显然，“三包”到组，基本核算单位还是生产队。可能还有人说，小组包工包产，虽然不是基本核算单位，但是也有部分核算了。我认为核算一下也好。我们的工厂是全民所有制的，还搞班、组核算，那么，生产队的生产小组搞核算，又有什么害处呢？搞生产就应该注意经济核算。我们现在领导农业生产不注意经济核算，也是一个大毛病。也有人说，小组包产以后，又有一部分分配权，不好。我认为好。因为小组有了超产部分的分配权，他们就力争超产了；他们越力争超产，完成包产和完成国家征购就越有保证。同时，小组分得这种超额报酬，也属于多劳多得部分，是完全合理的。这样做，一点也影响不了生产队的统一分配计划。许多人主张采取包工到组，甚至包工到户的办法建立生产责任制。这种办法有些地方早已用过了，并没有解决多大的问题。因为只包工不包产，这种责任制是架空的，其结果还是“包工不包产，荒了没人管”。有人说，如果包工包产，生产组还得搞劳动定额和评工记分。其实小组包工不包产，也得搞这一套，两者是一样的。我认为以生产队为单位搞劳动定额和评工记分是搞不好的；以小组为单位，由于范围小了，就容易搞好了。有的同志说，以生产组为包产单位，会妨碍机械化发展。我认为这种论断的根据也不足。苏联的农业机械化程度比我们高，他们集体农庄的“农耕队”，也是把土地交给生产小组（只由几个庄员组成，一般不超过10人）负责经营管理的（只有全部机械化耕作，概不需要手工劳动的作物例外），他们叫做“地段责任制”，也叫“地段计酬制”。每个地段都有定产，超产部分按一定比例分成，他们叫做“超额报酬”。这是苏联一些先进集体农庄创造的经验，后来苏联人民委员会和苏共（布）中央把它普遍推广了，直到现在还没有改变。我考虑，目前我国农业机械化程度还很低，农业生产基本上还是手工操作，更应该普遍推广这种方法。当然，有些生产队规模不大，领导骨干加强，各种制度健全，生产搞得很好，社员不要求改变现行方法，也应该允许，不要强求一律。不过按照我的设想，就是在先进生产队推行这种办法，也不会有什么害处。赤城县沙古墩大队，是一个先进队，他们在今年春天也自发地实行包产到组，现在经营管理得比以前更好了。还有些同志主张采取“包产到户”的办法，解决当前生产队的工作问题。我认为这种办法在包产以内的产品虽然仍由生产队统一分配，但是在经营方式上是单干的，这就否定了组织起来的优越性。毛主席在第二次国内革命战争时期，就根据当时根据地群众创造的劳动互助组织和耕田队的经验，指出了劳动互助的伟大作用（参看《长岗乡调查》）。党中央关于发展农业生产合作社的决议中说：“各地党委应该充分注意研究和利用农民固有的互助习惯和互相帮助形式，帮助农民群众能够逐步广泛地组织起来，以解决生产上的困难。”在个体经济的时候，党中央和毛主席都号召农民组织起来；现在已经公社化了，我们为什么还要领导群众去单干呢？在一些落后队里，实行“包产到户”，生产很可能比现在搞得好。在我们张家口地区也有这样的例子。但是这种增产是有限的，而且有许多问题不好解决。首先是现有的耕畜、农具少，搭配不开。如果由生产队统一管理，轮流给各户耕作，势必有先有后，影响产量，争吵不清。再说，一家一户的劳动力少，在生产上搭不起架子；就是劳动力多，技术也不可能齐全；如果遇到天灾、疾病，势必无力抗拒。这就不可能不产生两极分化，也不可能不产生资本主义。因此，我不赞成普遍推行这种办法。但是，如果把包工包产到户作为一种辅助的办法，例如在生产组中把某些少量的、技术性强的作物（如烟叶）和留种地，包给个别有经验的社员去负责经营管理，那是有好处的。苏联也有这种办法。我认为农民的要求有两种，一种是进步的，另一种是落后的。我们的任务就是把群众落后的要求引导到进步的方面来。万全县深井堡大队是个老落后队，今年春天群众曾经坚决要求包产到户。后来县里派工作组去帮助群众总结几年来的办社经验，分析了“包产到户”的利弊，并给他们介绍了“三包”到组的办法，经过反复讨论、比较，群众认为“三包”到组比“包产到户”好，结果实行了“三包”到组生产责任制。最近我去看了一下，他们的生产搞得不错。我认为这种工作方法是对的。当然，经过工作，如果社员还是非要包产到户不可，我们也不能硬顶或硬纠。因为那样办，他们就会躺倒不干了。在这种情况下，我们只好允许群众实行包产到户。但是，其中如果有人同意包产到组，就是二三户，我们也应该帮助他们搞起来。因为走合作化道路是“五亿农民的方向”。同时，对于那些包产到户，甚至分田到户的农民，也不能歧视。他们在生产上有困难，我们也应该满腔热情地去帮助。如果他们要搞拨工互助，我们就应很好地帮助他们组织起来，如果他们要转向包工包产到组，无论何时都应当表示欢迎。总之，我们要采取说服教育和典型示范的办法，逐步地把他们引导到集体方面来。

中共张家口地委第一书记　胡开明

一九六二年七月三十日

60年代初我国农村包产到户的历史回顾*

余 展

20世纪60年代初，当我国农村经济乃至整个国民经济面临前所未有的困难时，作为克服困难的措施，相当一部分地区农村实行了多种形式的包产到户生产责任制。这是继50年代农业合作化之后，农民群众对农村集体经济的经营管理体制所作改革尝试的继续，是在更大范围改革这一体制的成功探索。从某种意义上说，这也是80年代农村经济体制改革的预演。如果没有五六十年代的尝试与探索，80年代的农村改革就难以迅速选准切中旧体制要害的突破口，以不可阻挡之势变革“三级所有，队为基础”的模式，建立起统分结合的双层经营体制。

一

1958年轻率发动起来的人民公社化运动，使得以“共产风”为主要标志的“左”倾错误严重泛滥开来，加之自然灾害的影响，我国农业生产从1959年至1961年严重减产，整个国民经济遭受巨大损失。按1957年的不变价格计算，1961年的农业总产值比1958年减少26.4%；粮食产量减少25%，棉花产量下降近60%，油料产量下降62%，生猪下降62.5%。农民收入减少，生活水平下降。为了调动严重挫伤的农民生产积极性，渡过面临的困难，各省、自治区、直辖市几乎都有一些地方实行了包产到户的生产责任制或其他类似的做法，其范围大约涉及全国20%的生产队。具有较大影响的是，安徽省实行的责任田，湖南、河南和甘肃省的借地，浙江、江苏、陕西、甘肃、四川、贵州等省的包产到户和广西壮族自治区龙胜各族自治县大范围的包产到户。

（一）安徽省的责任田

安徽省实行的责任田办法，酝酿于1960年秋，试点于1960年底，形成于1961年春，经历了一个由包产到队—包产到组—包产到户的发展过程。当时，为扼制农业的滑坡，安徽省委提出按社会的劳动底分承包耕地，按实际产量记工分，产量越多，得分越多，收入越高。这可以说是责任田的雏形。宿县一位70多岁的老农，儿子因病不能参加劳动，老人又不肯吃五保，于是向公社党委书记要求带儿子上山开荒种地和休养。父子俩靠一把铁锹和一把四齿钩，开荒16亩，收粮3 300斤，扣除自用，上交粮1 800斤，现金60元。因此，他建议最好把田包给社员去种，生产就可以搞好。全椒县古河乡的几个农民，也向华东局负责人提出了“把田包给我们种”的要求，并问“为

* 本文收入内部刊物《当代农史研究》1995年第1期。

什么不相信我们?”于是，省委派了一个工作组到合肥市蜀山公社南新庄小队进行“按劳动底分包耕地，按实产记工分”联产到户的试点，结果得到群众的普遍拥护，这个队的粮食包产指标由原来的8.7万斤，增加到10.7万斤，增长了23%。这种责任田的做法有分也有统。统，即“五统一”：计划统一、分配统一、大农活和技术性农活统一、用水管水统一、抗灾统一。试点尚未结束，邻近的生产小队纷纷要求照办。

在1961年初召开的中央工作会议上，安徽省委书记曾希圣介绍了责任田的做法，并向毛泽东作了汇报，得到了可以试验的准允。在这种情况下，安徽省委决定全面试行责任田办法。到1961年3月，全省实行责任田的生产队占总数的39.2%；同年8月，增至总数的74.8%；两个月后，又增至84.4%。大量事实表明，实行责任田效果显著。据省有关部门1961年10月对36个县的典型调查，实行责任田的38个队，粮食平均亩产比1960年增长38.9%；另外36个条件大体相同但未实行责任田的队，平均亩产只比1960年增长12%。1961年底，鉴于当年的试验成果，以及当时毛泽东并未明确表示不同意，安徽省委决定继续实行责任田办法，并强调要抓好“五统一”。此时，安徽全省实行责任田的生产队已占生产队总数的90.1%。

（二）湖南、河南和甘肃省的借地

湖南等省的借地措施，是类似包产到户的做法。所不同的是产品不参加统一分配，所借土地不实行包工包产，借地的面积也比较小。

1961年8月，湖南省委发出的关于借冬闲田给社员生产的通知。通知指出，凡是集体单位不能充分利用的冬闲田土，允许借一部分给社员个人种植冬菜或冬种秋收作物，并允许社员在绿肥田中间种冬菜。其数量，一般地区大体每人可借1～3分地；在灾区大体每人可借3～5分地。借出冬闲田的收入，全部归社员所有，一般也不抵顶口粮。在随后的发展中，有的地方实行了分田到户，有的实行了“井田制”，有的实行了包产到户。基本做法都是，生产资料仍归集体所有，生产以户为单位进行，以户为单位摊派负担。生产队不实行统一的生产计划、统一的劳力调配。全省实行这类办法的生产队只占总数的5.5%。

河南省的借地，实行时间较晚，1962年春才开始在“土地碱化严重、耕牛死亡严重、人口外流严重”的“三严重地区”实行。做法是，由集体借给一部分土地（人均6～8分地，加上自留地约1亩左右），国家支援1把铁锹（共支援铁锹100万把），发给一点种子，在集体的领导下实行生产自救。这类地区，包括豫北、豫东的22个县，大约400多万人口。同年夏天，省里决定将少量旱秋地借给社员种甘薯，以3～5年为期，收获顶口粮，而不计征购。执行结果，“三严重地区”借地加自留地占总耕地面积的28.6%，一般地区占16.5%。全省39.8万个生产队除6 000个外基本上都实行了借地的办法，从而使生产秩序好转，群众情绪稳定，抛荒土地减少，生产得到发展，农民称这一措施为“救命政策”。

1962年5月，甘肃省委也作出借地的规定，提出“重灾区，完不成播种计划的少量耕地，可以暂借给社员耕种，一般地区，在保证完成生产队播种计划的前提下，如果还有多余的土地，可以暂借给社员耕种”。借种期限一般为一年，对于有些耕地需要经过较大的加工，也可以把借种时间放长到2年或3年。社员在借种期内所收获的产品，谁种全部归谁，也不负担征购任务。

（三）浙江、江苏、陕西、甘肃、四川、贵州等省的包产到户

在浙江省，当时的新昌和嵊县实行包产到户的面比较宽。1961 年，这两个县尚未分开，包产到户的生产队占总数的 15.5%。分县以后，新昌县实行包产到户的生产队占总数的 55%；嵊县则占总数的 31%，到 1963 年时，这个县还有 17%的生产队实行包产到户。庆元县有 70%的生产队，分户经营全年作物或春夏一季作物。缙云县部分或全部水田包产到户的生产队占总数的 20%。

江苏省部分地区自发采取的包产到户生产责任制深受农民的欢迎。据镇江地区句容、溧阳等县的统计，有 136 个生产队实行了包产到户或分田到户。到 1962 年夏，江苏全省已有 5 100 多个生产队（占生产队总数的 1.7%），或包产到户或分田到户。

陕西省清涧、绥德一带，从 1960 年冬季开始出现包产到户，其形式包括包产到户、分田到户以及给老人划自种自食田，其面积约占总耕地面积的百分之十几。

甘肃省的包产到户，主要是在临夏回族自治州。1962 年 6 月，这个州的党委先后发出两个《紧急指示》，在全州范围作了推行“包工包产”和“大包干到户”的部署，提出在生产、生活困难、群众思想不安定的地方，根据群众自愿原则，划分成三五户的小组，包工包产到组；凡群众要求实行包干的，实行大包干到组；在困难的地方，采取大包干到户的办法。全州实行包产到户或大包干到户的生产队占 72%，仍实行统一经营核算的生产队占 26%，还有 2%的生产队实行包产或包干到组。此外，在甘肃的康县、临洮县、通渭县的部分农村也实行了包产到户等形式的生产责任制。

四川省江北县的火炬大队，在 1981 年 5 月即将 57%的耕地包产到户。这是根据公社党委的部署进行的。几个月之后，即被省里所制止。

贵州省部分生产队实行包产到户，开始于 1961 年，虽然面并不广，但有的生产队以或明或暗的形式实行了十几年之久。镇宁县布依族聚居的油寨村，在全年人均只有口粮 83 千克的情况下，于 1960 年将全部旱地包给农户经营。1962 年又把全部水田包产到户。从那时起至十一届三中全会的十多年中，上级先后派出 7 批工作组进村纠正，但始终未能改变过来，一直坚持包产到户，生产有了很大发展。

（四）广西壮族自治区龙胜各族自治县的大范围包产到户

广西龙胜的包产到户，在中南地区各县中是实行范围最广的。龙胜是一个多民族聚居的自治县，人多地少，山高坡陡，居住分散，加之一平二调“共产风”的危害，74%的大队人均口粮在 300 斤以下。群众为解决温饱问题，自发搞起包产到户，将全部耕地按人头或劳力或人劳比例，包工包产到户。实行这种办法的生产队占总数的 43.4%。还有 11.4%的生产队按人口或按基本口粮将田地分到户，各交各的公购粮。上述两类生产队占总数的 54.8%，故有“半个县都包了”的说法。1962 年夏天，当时中南局第一书记陶铸、第二书记王任重前往考察，同区、地、县负责人进行了座谈。随后形成的《座谈纪要》，分析了包括包产到户在内的 5 种生产责任制形式，并就如何区分集体经济与单干提出 4 条最基本的界限：一是主要生产资料归集体所有；二是生产计划统一安排；三是集体劳动；四是收入统一分配。集体劳动的意思，主要是指劳动力由生产队统一调配，适合集体操作的农活集体操作，适合一个人操作的一个人操作。《座谈纪要》强调：第一，目前出现

的各种生产管理形式，要根据上述 4 条原则准确地判明它究竟属于什么性质。对确属单干的，如果他们一定要再试试，我们也只有等待，不能强迫。第二，从各方面巩固集体经济。集体和单干，正在进行竞赛，只有赛过单干户，集体经济才有可能巩固。这份《座谈纪要》受到了毛泽东的称赞，他指出："这个文件所作的分析是马克思主义的，分析之后所提出的意见也是马克思主义的。"

二

在观察 20 世纪 60 年代的包产到户时，对其在 50 年代合作化之后的农村首次出现作一简要回顾，将有助于对问题的研究。1957 年前后，当时刚刚建立起来的农村集体经济面临着如何管理问题，一些地方出现的"生产大呼隆，干活一窝蜂"的现象制约了集体经济优越性的发挥。因此，有些地方开始试行包工包产的办法，并发展成包产到户。1956 年 6 月，浙江省温州地区永嘉县委副书记李云河在燎原高级社蹲点，根据社员的要求，在个人专管地段劳动质量负责制的基础上，试行包产到户生产责任制，即"三包到队，责任到户，定额到丘，统一经营"，得到了群众的普遍欢迎，县委肯定了这个社的经验，提出要多点试验，不仅推行到全县 313 个农业社，而且波及周边的乐清、瑞安等县。当时，全温州地区约有 1 000 多个农业社在 7.8 万个农户（占总数的 15%）中，实行了包产到户。在此前后，四川江津地区、安徽芜湖地区和阜阳地区、山西榆次地区以及江苏盐城、广东中山，大都有实行包产到户的社队。实行这种责任制的社队，大都收到了调动农民生产积极性、促进农业生产发展的效果。但是，由于多种原因，农村干部、群众的这一创造性尝试很快停止了下来。

同 20 世纪 50 年代相比，包产到户在 60 年代的出现，尽管也存在着不同的看法，众说纷纭，褒贬不一，但都得到了一些领导同志的支持。在实际工作中，从地方到中央都有一些领导，本着实事求是的精神，注重调查研究，敢于独立思考，对探索我国农村的发展道路作出了可贵的贡献。1962 年夏，刘少奇在同中央机关派往主要粮食产区加强地县委领导工作的人员谈话中，就强调"必须实行责任制"。他说："我看实行责任制，一户包一块，或者一组包一片，那是完全可以的。问题是如何使责任制跟产量联系起来。"他在听取下乡调查人员的汇报时，表示赞同实行包产到户的主张。1962 年 6 月，中央书记处听取华东局农村办工作汇报，在讨论安徽的责任田问题时，邓小平认为责任田是新生事物，可以试试看。同年 7 月，他在接见出席共青团三届七中全会全体同志的讲话中，主张使包产到户合法化，他说："生产关系究竟以什么形式为最好，恐怕要采取这样一种态度，就是哪种形式在哪个地方能够比较容易、比较快地恢复和发展农业生产，就采取哪种形式；群众愿意采取哪种形式，就应该采取哪种形式，不合法的使它合法起来。"1962 年 7 月初，一向深思熟虑的陈云，先后向毛泽东和其他几位中央常委阐述了个体经营与合作经济在我国农村相当长的时期内还要并存的问题，认为当前要注意发挥个体生产积极性，以克服困难。1962 年 6 月李富春向中共书记处报告了他在安徽嘉山调查的情况，社会反映土地分到户，由户包产，责任到田，多种多收，多收多吃，都说包产到户好，积极性比过去高。

当时任中共中央农村工作部部长的邓子恢，更是一贯主张农村集体经济应实行责任制。1962 年 3 月，他在全国农垦工作会议的讲话中，曾对这一主张作如下概括："由于农业是野外操作、手工操作、周期性长，所以农业生产要‘包’，不‘包’责任制就建立不起来。”这段话，从农业生产的特点出发，概括了农业生产责任制的基本特征。在1962年上半年，他两次派人调查和考察了安徽推行责任田的情况，当听说不少地方实行责任田基本做到了“五统一”时，他表示支持“五统一”前提下的包产到户。在5月24日写给中央《关于当前农村人民公社若干政策问题的意见》中，他主张给农民多一点“小自由、小私有”。同年夏天，邓子恢在中央党校作报告，详细阐述了实行农业生产责任制的主张。首先，他强调的是包工，包的办法要按照作物特点来规定，适宜个人干的田间管理农活包产到户。其次，他强调的是包产，责任制要和产量相结合，即和最终劳动成果相结合。

然而，同20世纪50年代一样，20世纪60年代再次出现的包产到户，也未能取得合法的地位，并再次遭到了不公正的对待。

三

在1962年下半年召开的中共八届十中全会上，毛泽东提出了关于阶级、形势、矛盾问题，把一定范围内存在的阶级斗争扩大化、绝对化，把包产到户生产责任制斥之为“单干风”加以批判，当作小生产的自发资本主义倾向加以制止。

尚在全会之前，毛泽东针对各地出现包产到户的问题，提议以党中央的名义起草一个关于巩固集体经济，发展农业生产的决定。他认为，搞这个文件，讲巩固集体经济，是因为现在这股闹单干的风，越到上层风就越大。在为全会作准备的北戴河会议上，毛泽东对“单干风”进行了严厉的批判。他说，一搞包产到户，一搞单干，半年的时间就看出农村阶级分化很厉害。是到社会主义，还是到资本主义，农村合作化还要不要？是搞分田到户、包产到户，还是集体化？主要就是这样一个问题。从而把本来属于经营管理体制方面的问题提到了坚持什么方向、走什么道路的高度，并且混淆了包产到户和单干的界限，把对集体经济经营管理体制的改进视为对集体经济的否定。

对所谓“单干风”批判的锋芒，主要指向邓子恢。指责其在困难面前发生动摇，对形势的看法几乎是一片黑暗，对包产到户大力提倡，并且同他历史上所谓一贯不愿搞合作社，对搞起来的合作社毫无爱惜之心，以及在此之前提倡所谓四大自由相联系起来，断定他“还是站在一个资产阶级民主主义者的立场上”，“犯了反对建立社会主义集体农业经济的错误”。邓子恢并不是大力鼓吹单干，更不是反对建立集体经济，而是想找到一种将集体经济利益和个人经济利益联系起来的责任制形式。况且，在当时来说，在那些经济困难的地区，允许包产到户或包干到户也是必要的。难能可贵的是，尽管受到了错误的指责，邓子恢仍然坚持认为对安徽的责任田作具体分析，只要符合“四条界限”（即毛泽东批发的陶铸、王任重关于广西龙胜座谈会议纪要中提出的划分集体经济与单干的四条界限），搞好了“五统一”的，就不能说是单干，并且在中央工作会议上重申自己“现在对‘责任田’还是这种看法”。

在八届十中全会前后，许多省区市党委陆续作出决议，对包产到户加以制止。1962年3月20日，中共安徽省委发出贯彻执行《关于改正“责任田”办法的决议》的通知；1962年4月14日，中共贵州省委发出关于解决包产到户的意见；1962年4月27日，广西壮族自治区党委作出关于解决包产到户问题的情况的报告；1962年9月12日，西北局批转青海省委关于农村中“包产到户”、分田到户的情况和采取的措施的报告；1962 年 10 月 11 日，中共陕西省委发出关于纠正单干风、巩固人民公社集体经济情况的报告；1962 年 10 月 13 日，西北局批转甘肃省委关于临夏回族自治州推行“包工包产到户”和“大包干到户”情况的检查报告；1962 年 10 月 19 日，西北局批转陕西省委关于清涧县单干问题的报告；1962 年 10 月 23 日，中央批转湖南省委关于怎样纠正“单干风”的报告；1962 年 12 月 12 日，中央批转安徽改正“责任田”的情况报告；1963 年 1 月 31 日，中共安徽省委发出关于继续做好改正“责任田”工作的通知。

对包产到户的批判和纠正，是以“改正”安徽的责任田为重点的。1962 年 1 月扩大的中央工作会议（即七千人大会）之后，中央决定改变安徽实行的“责任田”的做法。新改组的安徽省委，经常委会讨论后，通过了关于改正责任田办法的决议，并报华东局同意于 3 月 20 日下达。决议要求，实行责任田的生产队在 1962 年内大部分改过来，其余部分在 1963 年内改过来。这个决议下达后，在干部群众中引起了激烈的争论。有的上书毛泽东，有的致信省委，反对改正责任田。太湖县委宣传部钱让能在写给毛泽东的《关于保荐责任田办法的报告》中，以太湖县 1 年多来实行责任田的结果，保荐责任田的办法，认为这是“农民的一个创造，是适应农村当前生产力发展的必然趋势”。他写道：推行这一办法的结果，现在可以肯定地说，1961 年是太湖人民在精神上、物质上的一个新的根本性转折。这样的迅速转变，究竟是什么力量呢？拿农民的话说“就是责任田好”。同年 7 月，宿县符离集区委全体同志也致信毛泽东，用该区的事实驳斥反对责任田的论调，认为责任田办法，在现阶段不仅不违背社会主义原则，而且简便易行，容易为广大农民群众所接受。它是与当前农业生产力水平、群众的觉悟水平和干部管理水平相适应的。实行以生产队为基本核算单位，克服了队与队之间的平均主义。而实行责任田办法，则比较彻底地克服了社员与社员之间的平均主义。安徽省委也收到不少群众来信，陈述对责任田的看法。有的认为，责任田是人民公社管理方法的经验结晶；有的建议，纠正责任田问题，暂缓 3～5 年。面对各方面的意见，安徽省委对改正责任田工作采取了谨慎态度，强调改正责任田要慎重，要尊重群众的意见。至 8 月中旬，全省改正责任田的生产队占实行责任田生产队总数的 12.2%。党的八届十中全会之后，在批“单干风”中加速了对责任田的改正。贯彻十中全会精神，安徽省委通过了《关于坚决贯彻执行中央〈关于进一步巩固人民公社集体经济、发展农业生产的决定〉的决议》，要求各地贯彻执行阶级路线，依靠老贫农和下中农，联合其他愿意改正责任田的农民，把责任田改正过来。随后，安徽全省分片举办了由区社干部 1 万多人参加的改正责任田训练班，以他们为骨干组成工作队下乡，帮助改正责任田。至 1963 年 1 月，全省改正责任田的生产队占实行责任田生产队总数 48.9%。全省要求当年春季改正 58.5%的生产队，其余秋后再改。在之后的农村社会主义教育运动和“文化大革命”运动中，对责任田的批判层层加码，责任田也随之被全面“改正”。

四

在合作化后的中国农村，包产到户几起几落的兴衰历程，值得深思。为什么它会一而再、再而三地出现，为什么它既会出现在相对贫困的地区又会出现在相对富裕的地区，为什么它会受到基层干部和农民群众的欢迎又为许多高层领导人所支持和赞同，这是有其客观必然性的。

包产到户之所以屡禁不止，重要的原因之一是由于家庭经营这种形式，比较适应农业生产的特点，有利于发挥生产者的主观能动性，有利于劳动者直接参加管理，农业生产受经济与自然双重规律的制约，加之生产时间和劳动时间的差异，而劳动的好坏又和最终产品密切相关。因此，农业的生产关系必须有利于发挥生产者的主观能动性和责任感，有利于劳动者直接参加管理，使他们能勇于承担风险，并且把每项劳动作为有效投入。农民的家庭经营，恰恰具有把经营者与劳动者统一于一身的特点，也就是通常所说的责权利统一的特点，适应农业生产的要求。农民家庭经营在我国有很长的历史，虽然长期处于落后的自然经济水平，但都具有很强的生命力。况且，家庭经营是一个相当广泛的范围，它可以适应不同的生产力发展水平和不同的社会经济形态，既可以同传统的、自给半自给的自然经营相联系，又可以同现代化、社会化、商品化的大生产相联系。在合作化的过程中，长期把农民家庭经营完全排斥在合作制之外，事实证明并不成功。

包产到户之所以屡禁不止，另一个原因是由于家庭经营这种形式，比较符合广大农民的愿望，有利于全面调动农民的积极性。早在1953年2月，中共中央在第一个互助合作的决议中就指出："农民在土地改革基础上所发扬起来的生产积极性，表现在两个方面：一方面是个体经济的积极性，另一方面是互助合作的积极性。"并且指出，党应该充分地了解农民的这种特点，不能忽视和粗暴地挫伤农民这种个体经济的积极性。当时，中央正是从这个科学论断出发，制定农业合作化的步骤和方针，并且取得成功的。但是，在之后的一个很长时期内，虽然也实行了某些照顾农民个体积极性的措施，但从总体上来说忽视了农民这一积极性，甚至采取了许多压抑的做法。没有看到在我国现有的经济条件下，农民个体生产的积极性，在相当长的时期内还是发展生产的一种动力。过去自留地普遍比大田种得好就是一个佐证。历史的经验告诉我们，在引导农民实行合作化的时候，必须重视选择发展集体经济的有效的经营形式，以利于同时发挥农民群众的两种积极性。农民个体积极性的载体是农户家庭经营。把家庭经营引入集体经济，作为集体经济内部的一种经营形式而存在，并与集体统一经营结合起来，这就使得集体的优越性与个体的积极性均得到发挥，相得益彰。

历史反复证明，一种旧的生产关系，在它所容纳的全部生产力尚未发挥出来之前，是不会自行消亡的；而一种新生产关系，在它赖以存在的物质条件尚未成熟之前，也是不会出现的，而包产到户之所以显示出旺盛的生命力，其原因就在于此。在我们这样一个大国，各地自然条件千差万别，经济发展水平参差不齐。不同的生产力水平，必然要求经营形式多样，这是不以人们的意志为转移的选择。

党的十一届三中全会，重新确立了实事求是的思想路线。我们党在致力于农村经济改革的时候，从农民多次提出包产到户的要求中，觉察到农民对家庭经营的留恋，看到现阶段的家庭经营仍有其巨大潜力，重新考虑了合作制条件下家庭经营的地位和作用，把它纳入集体经济的范围，用家庭承包制的方式把它同集体统一经营结合起来，形成了建立在集体经济基础上的以家庭经营为基础、统分结合为特征的双层经营体制。这种经营体制，是对20世纪50、60年代部分农村实行的包产到户等多种形式生产责任制的继承与发展，是当年农村改革尝试的提高与升华，是80年代农村改革的必由之路，对于建设中国特色的社会主义现代农业有着重要的意义。

（作者：农业部农村经济研究中心原副主任）

毛泽东与农村公共食堂*

张积毅

农村公共食堂是1958年"大跃进"和公社化运动的产物。由于"大跃进"和公社化运动违背客观规律，给农业生产和人民生活造成严重后果，特别是毛泽东在1959年错误发动的"反右倾"运动，加重了整个国民经济的困难局面。在1961年纠正农村工作"左"的错误中，党中央和毛泽东提出大兴调查研究之风。同年3月23日，中共中央发出《关于认真进行调查工作问题给各中央局，各省、市、区党委的一封信》指出："在调查的时候，不要怕听言之有物的不同意见，更不要怕实际检验推翻了已经作出的判断和决定。"毛泽东对农村公共食堂态度的变化，就是不怕实际检验推翻已经作出的判断和决定的一个例子。

在一个较长的时间内毛泽东是支持农村兴办公共食堂的。1958年8月上旬，他视察河北徐水等县，肯定了徐水的"组织军事化、行动战斗化、生活集体化"的做法，而兴办公共食堂是生活集体化的必然要求。同年8月17日，他在北戴河中央政治局扩大会议上的讲话中，明确地指出人民公社要搞公共食堂。9月份，全国农村出现了公社化运动的高潮，公共食堂在农村也一哄而起。10月25日，《人民日报》发表《办好公共食堂》的社论，指出：举办公共食堂是进一步解放劳动力的最有效措施，是实现生活集体化，培养社员集体主义、共产主义思想觉悟，巩固人民公社的基本关键。12月10日，党的八届六中全会通过的《关于人民公社若干问题的决议》，称赞公共食堂等"使得几千年来屈伏在锅灶旁边的妇女得到了彻底的解放而笑逐颜开"。1959年7月10日，毛泽东在庐山会议上批示印发了河南省委6月30日关于公共食堂问题的报告。报告说，他们省大办公共食堂已有一年多历史，其优越性：可以解放劳动力特别是妇女劳动力；适合公社化集体生产的组织形式；便于改善群众生活；办好了可以节约粮食、燃料和用具：便于进行炊具改革；便于搞小集体副业生产；便于搞好公共卫生；可以养成集体生活习惯，加强政治思想工作和文化学习。7月23日，毛泽东在庐山会议上的讲话中说：食堂是好事，未可厚非。我赞成积极办好。食堂并不是我们发明的，是群众创办的，河北1956年公社之前就有办的。1960年3月4日，他以中央名义批转了贵州省委关于目前农村公共食堂情况的报告。报告说，贵州现有食堂13万多个，固定的或基本固定的占80%左右，出现了一批办得很好的食堂。这些食堂已成为生产小队政治、经济、文化活动的中心，显示了食堂的优越性和重要性。并说，食堂也是我们必须巩固的社会主义阵地。其实，这个报告和上述河南的报告一样，并不真实，但毛泽东却信以为真，给予了很高的评价。他在转发贵州省报告的批语中说："这是一个科学总结，可以使我们在从社会主义向共产主义过渡的事业中，

* 张积毅《毛泽东思想若干闪光点》，中央文献出版社，2010年1月。

在五年至十年内，跃进一大步。因此应当在全国仿行，不要例外。”与此同时，中央办公厅根据河南等8个省的电话汇报，整理成《八个省农村公共食堂情况》的材料；3月5日，河南省委报来的一个材料说，河南全省有农村公共食堂近33.6万个，其中办得最好的一类食堂占66%，二类食堂占31.2%，三类食堂只占2.8%。毛泽东对这些材料也深信不疑，予以肯定。3月15日，他又以中央名义将其批转各地。他在批语中说：“这两份材料都好，使人看了高兴……请你们对这个极端重要的公共食堂问题，在今年一年内，认真大抓两次，上半年一次，下半年一次，学贵州、河南等省那样作出科学的总结，普遍推行。”1960年秋冬公社化运动造成的严重后果已明显暴露出来，中央为了解决这方面的问题，11月3日发出《关于农村人民公社当前政策问题的紧急指示信》和关于贯彻执行紧急指示信的指示，文件仍提出“坚决办好公共食堂”。

对如何办好农村公共食堂，毛泽东也提出过一些具体要求。1960年3月15日，他在《中央关于加强公共食堂领导的批语》中指出：“从省到社四级都应组织生活福利委员会，派一个懂得政治、热心肯干、善于分析问题、勤于到食堂考察研究而没有一点官僚主义作风的书记去充当领导。在每一个食堂内都组织一个食堂管理委员会。”同日，毛泽东在对河南和8个省公共食堂材料某些内容的批语中，肯定了一些抓食堂的具体做法。如对县、社、队三级书记进食堂，纯洁和调整食堂人员队伍，建立和健全民主管理食堂的制度，重视对炊管人员的培训，食堂的粮食实行专仓保管、专账记载、专粮专用、专人负责等，他批：“极好”，或“很好”。对有的做法，并批：“应当普遍推行”。同年3月，他还在黑龙江省关于农村公共食堂情况的电话汇报记录上写了下列的话：“加强领导，全民食堂，猪菜丰富，计划用粮，指标到户，粮食到堂，以人定量，凭票吃粮，节余归己，按月算账，明明白白，账单上墙，生产生活两样都强。”可见，毛泽东对农村公共食堂工作既抓得紧，又抓得具体。

毛泽东曾经错误地把反对农村办食堂看成是“右倾”表现，在“反右倾”运动中一些人因此而被整。1959年8月4日，安徽省委给中央报送了关于该省省委书记处书记张凯帆下令解散无为县食堂的报告。报告说，张凯帆在无为县宣布吃饭还原、住房还原、小块土地还原，全县有6 000多个食堂被一风吹散等。毛泽东在对这个报告的批语中说：“右倾机会主义分子，中央委员会里有……省级也有，例如安徽省委书记张凯帆。”在“反右倾”中张凯帆受到开除党籍、撤销副省长职务的错误处分。1959年中国科学院研究员董谦曾率调查组到河北昌黎调查人民公社问题。同年7月23日，毛泽东在庐山会议上的讲话中讲到，科学院昌黎调查组，说食堂没有一点好处，攻其一点，不及其余。在“反右倾”中董谦被错误地划为“右倾机会主义分子”。当时毛泽东是把公共食堂当成人民公社很重要的组成部分加以维护，不容否定。

农村的问题暴露后，毛泽东深感对基层情况不明付出的代价很大，下决心搞好调查研究，掌握基层的真实情况。1961年1月13日，他在中央工作会议上的讲话中，强调大兴调查研究之风，一切从实际出发。要求到会同志回去带几个助手去调查研究一两个生产队、一两个公社。会后，他决定组织3个调查组，由他的秘书陈伯达、胡乔木、田家英分别任组长，分赴广东、湖南、浙江下到公社生产队进行调查，归他直接领导。3个调查组向毛泽东提供了许多很有价值的第一手材料，成为他调整农村政策的一个重要依据。

农村公共食堂问题是调查的重要内容之一。1961年2月6日，田家英向毛泽东汇报在浙江的调查情况。他们根据调查的情况，对食堂基本上是否定的态度。他们说，食堂实际上是一个造饭工厂，它不做菜的，社员把饭打回去吃，回去凉了，又要热一顿，结果柴火两头分散，家庭和食堂都要烧柴火。毛泽东表示："食堂划小为好，几户人家办一个，大了可能对生产不利。要多样化，有长期食堂，有农忙食堂，也有自己烧饭。办食堂一定要适合群众的要求。"此时，他还没有放弃办食堂的主张，但松动了，并开了一个口子，就是有的可以不吃食堂。

同年 2 月 12 日，胡乔木和时任湖南省委第一书记张平化向毛泽东汇报在湖南的调查情况。当他们谈到食堂问题时，毛泽东提醒说，吃食堂不能勉强。胡乔木根据他们当时的调查，认为搞食堂还不算勉强。他说："我们问了一些贫农、下中农，他们对食堂都还是满意的。他们主要是觉得痛快、干脆，不管那么多的闲事了，这一点群众还是满意的。"他说，有一个大队食堂搞得好，"食堂都有桌子，一桌一桌地坐……粮食、菜、油、盐这些都有保证，所以社员对这一点还是满意的"。张平化接着说："食堂办得好，它是受社员欢迎的。"毛泽东在这里听到的是对食堂肯定的话，和浙江调查组说的情况相反。他问："既然社、队有一、二、三类，难道食堂就没有三类的?"张平化回答是有的。还说，总的讲，"垮食堂还没有成风"。两个调查组对食堂的调查之所以不同，一个重要原因，就是在浙江调查的是一个不好的生产队，在湖南调查的是一个好的生产队。

3 月 7 日，毛泽东和时任湖北省委第一书记王任重谈话，了解湖北的情况，也谈到食堂问题。毛泽东说：参加食堂也是要大家愿意。如果不愿意就搞农忙食堂，也可以在家里吃。但他又说："我们办食堂这个制度是肯定了的。"王任重说：食堂不办不行，因为妇女要参加劳动，还有一部分贫农确实要吃食堂。但有一部分中农确实也不愿意吃食堂。毛泽东说：农村有 20%的人吃食堂就行了。王任重说："河南他们还是肯定吃食堂，现在就是一个烧柴问题。好多人去拾柴供应食堂，结果没有多少劳动力去搞生产。有的拆房子烧，有的拆桥烧，有的甚至把修好了的水闸拆了当柴烧。"毛泽东说："那就非得改变不可!"这时彻底解决食堂问题的条件仍不具备，中央紧急指示信说要坚持食堂制度，有的人依然主张办食堂，有的人虽然不赞成食堂，但不敢发表真实意见。

3 月 13 日，毛泽东在广州"三南"会议上的讲话中，又讲到食堂问题。他说："广东有个大队支书记说，办食堂有四大坏处：一是破坏山林，二是浪费劳动力，三是没有肉吃（因为家庭不养猪），四是不利于生产……这个同志提出的问题值得注意。这些问题不解决，食堂非散伙不可。""没有柴烧把桥都拆了，还扒房子、砍树，这样的食堂是反社会主义的。"毛泽东对一些食堂这样尖锐的批评是空前的，但此时他仍然没有否定食堂制度。

1961 年 3 月 22 日，中央工作会议通过的《农村人民公社工作条例（草案）》（即农业"六十条"）关于食堂问题的规定，比较完整地反映了毛泽东这一时期关于食堂问题的基本思想。这个规定说："在一切有条件的地方，生产队应该积极办好公共食堂，真正做到便利群众，便利生产。""公共食堂必须真正实现自愿参加的原则。根据具体情况和社员要求，可以办全部人员参加的食堂，也可以办一部分人参加的食堂：可以办常年食堂，也可以办农忙食堂。在居住分散或者燃料困难的地方，也可以不办公共食堂。"

随着调查工作力度的不断加大，党中央和毛泽东对基层的真实情况了解得越来越多，对农村存在问题的认识日益加深，一些违背客观实际和群众意愿的政策与措施逐步被否定。

1961 年 3 月 22 日，中央决定将农业"六十条"草案下发给农村支部和公社全体社员进行讨论。党的各级领导干部，包括毛泽东领导的 3 个调查组，都深入基层听取群众意见。4 月 9 日，毛泽东先后和张平化、胡乔木谈话，了解他们进一步调查的情况。讲到食堂问题，张平化说：“讲食堂好的，讲得很多；讲食堂坏的，也讲得很多。我听了以后，觉得原来自己对食堂的看法有些片面，好像不喜欢食堂的就是那些富裕中农，现在看来不见得。”毛泽东肯定地说：“不是。愿意参加食堂的是少数人。”接着他讲了食堂的确存在浪费劳动力、浪费柴火、浪费粮食、破坏森林、社员不能养猪等问题。胡乔木在讲食堂问题时说：干部和群众对这个问题都很敏感，一谈就是食堂。原来我在长沙看到的情况，是食堂搞得好的。同时还因过去省委一贯强调这个东西，干部和群众不敢议论这个问题，所以没有发现怀疑的言论。这回“六十条”这么一说，群众最欣赏的是末了一句：“可以不办”。他并谈了自己参加的一个社员座谈会对食堂问题的争论情况，介绍了不同意办食堂人讲的种种理由，对其中浪费粮食问题还具体地说：“家里吃饭多一点少一点，他就是量体裁衣了；而吃食堂呢，有那么多定额，反正要吃掉，吃掉了还觉得不够，吃得不好。”毛泽东问：“现在马上散行不行呢?”胡乔木和毛泽东都谈了这方面需要解决的问题。最后胡乔木根据调查的实际情况说：“我们倾向于快一点解决为好。虽然有些困难，分过了之后，群众还是会陆陆续续自己去解决的。”湖南调查组在食堂问题态度的变化说明，要弄清食堂这样敏感的问题，必须经过深入地、反复地、多方面地调查才行。

4月14日，胡乔木给毛泽东写了一封信，并附有4份材料，首先是关于公共食堂的调查报告。报告说：“在韶山公社干部和社员讨论‘六十条’的时候，我们遇到最突出的问题，就是公共食堂问题。从群众反映看来，大多数食堂目前实际上已经成了发展生产的障碍，成了党群关系中的一个疙瘩。因此，我们认为，这个问题愈早解决愈好。”报告在列举食堂的问题之后说：“在这种情况下，大多数食堂势在必散，而且散了并没有损失，反而对整个工作有利。”15日，毛泽东把胡乔木的来信及其4个附件批给张平化，请他印发湖南三级干部会讨论。16日晚，毛泽东召集刘少奇等同志开会，会上“谈到食堂问题，大家都认为这是脱离群众、最不得人心的一件事”。26日，邓小平根据毛泽东的意见，以中央名义，将胡乔木的信及其附件转发各地，作为研究解决食堂等问题的参考。这是在食堂问题上的根本性转折，是对这一禁区的重大突破。

4月25日，毛泽东在关于起草召开中央工作会议的通知给邓小平的信中说：“到会同志，应利用目前这一段时间，对农村中的若干关键问题……进行重点调查，下十天至十五天苦功夫，向群众寻求真理，以便5月会议能比较彻底地完成上述任务。”毛泽东列举了11个关键问题，把食堂问题放在首位。此后，下去调查的领导同志纷纷向毛泽东报告调查情况。

1961年5月7日，周恩来给毛泽东电话汇报在河北的调查情况。关于食堂问题，他说：“绝大多数甚至于全体社员，包括妇女和单身汉在内，都愿意回家做饭。我正在一个食堂搞试点，解决如何把食堂散好和如何安排好社员回家吃饭的问题。”当天，毛泽东将周恩来的电话汇报记录批发给各中央局，各省、市、区党委。

5月8日，胡乔木写信给毛泽东，报告最近在湖南的调查情况。信中关于食堂问题说：韶山公社食堂已由原来的112个减为6个，其中5个不久将不办，另一个也难以持久。对于在短短的三天时间，就基本解决公社的公共食堂问题，群众反映热烈的程度难以想象，有的甚至说这是“第二次解放”。5月9日，毛泽东也将此信批发各地。

5月9日，朱德给毛泽东写报告，反映他视察四川等省的情况。报告中对于食堂，除讲到存在社员吃不够标准、浪费人力物力和时间、下雨天吃饭不方便、一年到头吃糊涂面等问题外，并说：

“据豫东调查，允许社员自己回家做饭吃，不到一个月，浮肿病即下降40%到50%。”

同一天，时任云南省委第一书记阎红彦也给毛泽东写信，反映他在云南的调查情况。他信中讲食堂存在的问题，除前面讲到的外，并提到有平均主义和与发展家庭副业有矛盾。他还提出，对食堂群众真正要办的就办，群众不愿办的就不办，即使散也要有准备地散，避免出现混乱。

这时彻底解决农村公共食堂问题的条件已经完全成熟。中央1961年5月21日至6月12日召开的工作会议，对《农村人民公社工作条例（草案）》作了修改，形成《农村人民公社工作条例（修正草案）》，其中最重要的修改之一，就是规定办不办食堂，“完全由社员讨论决定”，“实行自愿参加，自由结合，自己管理，自负开销和自由退出的原则”。实际上是取消了公共食堂制度。农村公共食堂曾被作为“社会主义阵地”来坚持，千方百计地“大抓”，一些同志还因为反对办食堂而被整为“右倾机会主义分子”，但实践是检验真理的唯一标准，由于当时的食堂不得人心，有害于生产，经不住实践的检验，终于被否定了。

6月12日，毛泽东在中央工作会议上的讲话中讲到，庐山会议后反右倾是“犯了错误”，“凡是冤枉的人都要平反”（但他仍认为庐山会议对彭德怀等同志的错误决议是正确的）。在“反右倾”中因反对办食堂被整的同志理所当然地得到了平反。前边提到的安徽张凯帆，安徽省委1962年6月20日决定，取消对他开除党籍和撤销一切工作的错误处分，恢复其党籍、名誉、原职务和原级别。科学院的董谦，1961年平反。毛泽东、刘少奇曾指示对他要平反。1964年4月2日，毛泽东曾说：“在1959年春，只有科学院的昌黎调查组是正确的。”

1962年12月20日，毛泽东在一次党的高层会议上的讲话中曾讲到，办食堂是属于“做了有损于人民利益的事，为人民服了不好的务”。他原来对公社食堂制度的支持、肯定和维护的态度，完全改变了。

对农村公共食堂从肯定到否定的过程，显示了我们党及其领袖毛泽东在调查研究中，尊重实践，尊重群众，坚持真理，修正错误的实事求是的精神，这是很值得我们学习的。

（作者：中央文献研究室离休干部）

毛泽东较早主张和支持生产队为公社基本核算单位*

张积毅

“大跃进”和人民公社化运动是毛泽东领导我们党在探索社会主义建设道路过程中的一次严重失误。1958年8月9日，毛泽东针对山东一个乡要办大农场，说：“还是办人民公社好。”① 同年8月29日，北戴河中央政治局扩大会议通过《中共中央关于在农村建立人民公社问题的决议》。随后，公社化运动骤然兴起，席卷全国。到10月底，全国共建立人民公社26 576个，参加的农户占农户总数的99.1%。公社成立后，有急于向全民所有制、向共产主义过渡的现象；在公社内部实行基本社有制，造成原来各农业合作社之间、社员与社员之间严重的平均主义；国家对公社、公社对所属组织和社员进行平调，刮起一股“共产风”，大大地伤害了农民生产积极性，对农业生产和农民生活造成严重危害。

毛泽东是公社化运动的倡导者，也是党中央集体中纠正觉察到的这一运动中“左”倾错误的领导人。1958年11月上旬至12月上旬，毛泽东先后在郑州主持召开中央工作会议，在武昌主持召开政治局扩大会议、中共八届六中全会，主要是明确社会主义和共产主义的区别，确认我们当前是搞社会主义，实行社会主义的政策和原则；明确集体所有制和全民所有制的区别，确认人民公社是集体所有制。六中全会通过的《关于人民公社若干问题的决议》就体现了这些精神。1959年2月27日至3月5日，毛泽东在郑州主持召开中央政治局扩大会议，他在会上指出，“共产风”是在某种范围内无偿占有别人劳动成果，是不许可的。他提出“队为基础”，“等价交换”，“按劳分配”等十四句话，作为整顿和建设人民公社的方针。② 会议制定了《关于人民公社管理体制的若干规定（草案）》，规定相当于原来高级社的管理区（生产大队）或生产队是人民公社的基本核算单位。同年3月25日至4月1日，中央在上海召开政治局扩大会议，根据毛泽东讲话和会议讨论，形成《关于人民公社的十八个问题》，文件首先指出，“基本队有制、部分社有制的情况不能很快改变”；③ 还规定了大体上相当于原来初级社规模的生产小队的部分所有制。同年7月，毛泽东在庐山主持召开的中央政治局扩大会议，中间转向“反右倾”，打断了纠“左”的过程。随后，“共产风”、浮夸风、命令风、瞎指挥风和干部特殊风重新泛滥，持续时间和危害程度超过1958年，对农

* 张积毅《毛泽东思想若干闪光点》，中央文献出版社，2010年1月。

① 薄一波：《若干重大决策与事件的回顾》下卷，中央党校出版社1993年6月版，第740页。

② 《建国以来重要文献选编》第12册，中央文献出版社1996年5月版，第123页。

③ 《建国以来重要文献选编》第12册，中央文献出版社1996年5月版，第162页。

村生产力和国民经济与人民生活的破坏更加严重。1960年，重刮“共产风”等歪风，陆续进入以毛泽东为核心的党中央的视野，他们又逐步接续了纠“左”的努力。特别是同年10月以后，他们对一些农村饿死人和某些干部严重违法乱纪等情况有了进一步的了解，下决心调整农村生产关系，彻底纠正危害极大的“五风”。10月，中央发出《关于湖北省委和福建省委两个文件的重要指示》，指出：“纠正一平二调的‘共产风’，纠正强迫命令、浮夸和某些干部特殊化的作风，坚持以生产队为基础的公社三级所有制，是彻底调整当前农村中社会主义生产关系的关键问题，是在公社中贯彻实现社会主义按劳分配原则的关键问题。”① 11月3日，中央发出《关于农村人民公社当前政策问题的紧急指示信》（即“十二条”），规定以生产队为基础的公社三级所有制，至少7年不变。强调“所有制是生产关系的决定环节，以生产队为基础的公社三级所有制，在当前是有利于发展生产力的，必须在一个长时期内稳定下来”。② 并对生产小队的小部分所有制也作了具体规定。1961年1月，毛泽东在北京中央工作会议上，提出全党大兴调查研究之风。会后，他直接领导由陈伯达、胡乔木、田家英③任组长的三个调查组，分赴广东、湖南、浙江进行调查。同年3月，在广州召开的中央工作会议上通过了《农村人民公社工作条例（草案）》（即“六十条”），文件对于解决社队规模偏大，队与队之间、社员与社员之间的平均主义，公社对生产大队、生产大队对生产队管得太多太死等问题有所体现。“六十条”把作为基本核算单位的管理区或生产队一律改名为“生产大队”，过去的生产小队一律改名为“生产队”。5月21日至6月12日，在北京召开的中央工作会议上，对《农村人民公社工作条例（草案）》进行了修改，形成《农村人民公社工作条例（修正草案）》，其中最重要的修改是取消供给制和食堂制度。把基本核算单位下放到生产队（原生产小队），是以毛泽东为核心的党中央调整农村生产关系的最后一项重大决策，毛泽东比较早就主张和支持这一做法，大体的过程是：

一、提出公社基本核算单位放在生产小队（后称生产队）好，还是放在生产队（后称生产大队）好

1961年2月6日，毛泽东在同浙江省委领导人谈了社、队规模太大的问题后提出，要浙江省委研究一下，把核算单位（这里是指基本核算单位）放在过去的初级社好，还是放在过去的高级社好？就是说，放在生产小队好，还是放在生产队好？这是毛泽东第一次提出基本核算单位可否放在小队。

同年2月11日，毛泽东在同湖南省委负责人和胡乔木谈社、队规模太大的问题时，又谈到基本核算单位放在哪一级的问题，他说：“究竟是队为基础好，还是下放到小队为基础好，有人提出这样的疑问。”④ 当时在场的同志没有发表意见。

① 《建国以来重要文献选编》第13册，中央文献出版社1996年5月版，第640页。

② 《建国以来重要文献选编》第13册，中央文献出版社1996年5月版，第663页。

③ 陈伯达，当时任中共中央政治局候补委员、中央政治研究室主任、毛泽东的秘书；胡乔木，当时任中共中央书记处候补书记、毛泽东的秘书；田家英，当时任中央政治研究室副主任、毛泽东的秘书。

④ 《毛泽东传（1949—1976）》，中央文献出版社2003年12月版，第1127页。

3月间，在广州中央工作会议上，毛泽东批发了几份有关主张下放公社基本核算单位的材料。一是河北省委《关于调整社、队规模和分配体制的意见》，他们主张生产队改为大队，生产小队改为生产队，作为基本核算单位。毛泽东加了醒目的副标题："主张以生产小队为基本核算单位"。① 他这样做，想引起与会同志的注意。二是山东省委农工部《关于农村人民公社体制大小队矛盾问题的座谈意见》。这个材料说，会议反映，所以产生瞒产私分等问题，最根本的原因，就是因为在一个核算单位内部，小队与小队之间的经济水平不平衡，生产好坏和收入多少差别较大，但收益却由生产队统一分配，从而产生了平均主义。生产队从形式上看权力很大，有生产资料所有权以及计划、包产、分配等权力，但实际上劳力、耕畜、农具等生产资料是由小队管理使用，生产好坏和收入多少也取决于小队。而小队没有生产队那么多的权力，特别是没有分配权。这是生产队内部存在的一个普遍的突出的矛盾。大家认为必须实行生产资料所有权和使用权的统一，核算单位应当就是直接的生产单位。三是时任中南局第一书记陶铸报送的关于广东南海县大沥公社沥西大队试行生产队（小队）包干上调任务的情况调查。调查材料说，沥西大队试行了在"三包"、"四固定"的基础上，在全大队进行统一分配的原则下，定死各生产队对大队的包干上调任务，超产部分全部为生产队自行处理的办法。这个办法实行后，各生产队干部和社员生产积极性被进一步调动起来。对此文件毛泽东批："请各组讨论，这个办法是否可以在各地推广。"② 经会议讨论，对生产小队为基本核算单位和类似办法，没有获得同意。

4月9日，毛泽东和胡乔木谈话时，再次谈到以生产小队为基本核算单位的问题。胡乔木认为：现在由小队分配，还有点困难。因为大队可以超越小队组织一些生产和收入，这一部分收入是为小队服务的。搞得好的，都是靠大队这方面的收入来补充小队。毛泽东问："比如讲，韶山大队十一个生产小队，水平也不一致，分配的时候拉平这个问题怎么办呢？"胡乔木说：这个问题不突出，干群反映不多，实际上各小队之间生活水平相差很多。③ 毛泽东对基本核算单位的问题，还是念念不忘。

二、认为以生产队（原称生产小队）为基本核算单位，非走此路不可

毛泽东主张以生产队为基本核算单位的态度越来越明朗。1961年8月23日—9月16日，中央在庐山召开了工作会议。8月23日，在中央常委和各中央局负责人会议上，毛泽东曾问各地贯彻"六十条"的情况，中南局的同志谈到"六十条"解决了生产队的问题，但土地、耕畜、劳力等归生产队所有，而分配则是以生产大队为单位，这样所有制与分配有矛盾。毛泽东说，这个问题应当加以研究。其实，5个月前他对这一矛盾就有所了解，并一直考虑如何解决。他在这次会议上同各中央局负责人谈话中讲到，"刚搞了一个'六十条'，不要认为一切问题都解决了"。④ 实际上他把下放基本核算单位的问题，作为未解决的一个大问题。9月21日，毛泽东到武昌，同时任湖北省

① 《毛泽东传（1949—1976）》，中央文献出版社2003年12月版，第1143页。

② 《建国以来毛泽东文稿》第9册，中央文献出版社1996年1月版，第445页。

③ 《毛泽东传（1949—1976）》，中央文献出版社2003年12月版，第1155～1156页。

④ 《毛泽东传（1949—1976）》，中央文献出版社2003年12月版，第1175页。

委第一书记的王任重就谈到这个问题。23日晚，王任重给毛泽东送了关于生产队改为基本核算单位的两份材料。次日午后，毛泽东对王任重说："按照这两份材料办就很好，没有话说。"[①] 之后，他又见到湖北省委9月25日关于试行以生产队为基本核算单位的报告。报告中说，试点的经验证明，实行以生产队为基本核算单位，解决了以队为单位进行生产，以大队为单位进行分配的矛盾，能够从根本上克服各生产队之间的平均主义，更好地贯彻多劳多得的原则，提高生产队和社员的积极性。这更加使毛泽东感到下放基本核算单位的必要性。9月27日，毛泽东在河北邯郸邀集河北和山东两个省委负责人及邯郸地委等五个地委书记谈话，时任河北省委代理第一书记的刘子厚讲到大包干（这是河北处理生产大队和生产队关系的办法，即按"六十条"规定的比例，大队从各生产队的总收入中提取农业税、公积金、公益金、生产费、管理费之后，剩下的都归生产队；生产队除依照有关规定提取自己的生产和管理费用之外，都按工分分给社员，生产队实际上就变成基本核算单位）问题，毛泽东对此是赞成的，立即说："这是一个大问题。不以脚为基础，以腰为基础，脚去生产，腰在分配，闹平均主义。"这里说的腰是指生产大队，脚是指生产队。刘子厚反映："三包一奖（即生产大队对生产队实行包产、包工、包成本和超产奖励）太麻烦，保定有个调查，三十七道工序，四十九个百分比，一千一百二十八笔账。"毛泽东指出："这是烦琐哲学。"刘子厚又说："三包一奖年年吵个一塌糊涂，一年至少吵四次，一次吵多少天。"毛泽东说："广州会议时，河北要在全省实行小队核算。山东开了个座谈会，提出了这个问题：生产在小队，分配在大队，这不是矛盾吗？在广州开会时，我批了一个文件，让大家议一议，大家议的结果都不赞成。农村现在二十户左右的生产队，有人说规模太小。二十户不小了，山里头更小一些也可以，十来户，七八户搞一个核算单位。"[②]

关于以生产队为基本核算单位问题，毛泽东经过认真调查，反复思考，认为非走此路不可。1961年9月29日，毛泽东就此事给中央常委和有关同志写了一封信，并附了有关材料，阐明自己的意见。信中写道："我们对农业方面的严重平均主义的问题，至今还没有完全解决，还留下一个问题。农民说，"六十条"就是缺了这一条。这一条是什么呢？就是生产权在小队、分配权却在大队，即所谓'三包一奖'的问题。这个问题不解决，农、林、牧、副、渔的大发展即仍然受束缚，群众的生产积极性仍然要受影响。""我的意见是：'三级所有、队为基础。'即基本核算单位是队而不是大队。""要调动群众对集体生产的积极性……我以为非走此路不可。在这个问题上，我们过去过了六年之久的糊涂日子（一九五六年，高级社成立时起），第七年应该清醒过来了吧。也不知是谁地谁人发明了这个'三包一奖'的糊涂办法，弄得大小队之间，干群之间，一年大吵几次，结果瞒产私分，并且永远闹不清……实在是一个严重的教训。"他在信中并建议中央发一信，请各中央局，省、市、区党委，地委及县委亲自下去调查，看究竟由大队实行"三包一奖"好，还是队为基础好？[③] 此信进一步表明了毛泽东关于实行队为基础的态度。10月4日，毛泽东致信邓小平、彭真，[④] 要他们通知各中央局第一书记来北京谈一谈，"使这个'队为基础'的大问题，弄个明白。如大家同意进行调查，使省、地、

① 《毛泽东传（1949—1976）》，中央文献出版社2003年12月版，第1175页。

② 《毛泽东传（1949—1976）》，中央文献出版社2003年12月版，第1176页。

③ 《建国以来重要文献选编》第14册，中央文献出版社1997年1月版，第704～705页。

④ 彭真，当时任中共中央政治局委员、中央书记处书记。

县三级在两个月内都有所酝酿，十二月就可作出决定。”① 10月6日，毛泽东批发了时任团中央第一书记胡耀邦的农村考察报告。报告中说，大队统一分配，在当前是保护队与队之间的平均主义的一个堡垒。经过邯郸时，听说主席早就说过这个问题，并且说用分配大包干代替“三包一奖”，是解决生产在小队而分配在大队这个矛盾现象、真正调动小队积极性的一个大问题。我认为这是十分正确的。毛泽东批：“此件写得很好，印发各同志，值得一看。”② 这也是他主张和支持以生产队为基本核算单位的一种表示。

1961年10月6日晚，毛泽东主持召开中央局第一书记会议，专门讨论以生产队为基本核算单位问题。10月7日，下发了经毛泽东审阅修改的中共中央关于农村基本核算单位问题的指示，并附了《邯郸谈话会记录》等有关材料12件。指示说：“为了进一步调动农民群众对集体生产的积极性，究竟以生产大队为基本核算单位好，还是以生产队（即原来的生产小队）为基本核算单位好的问题，很需要研究……从这些材料看来，就大多数的情况来说，以生产队为基本核算单位，是比较好的。它最大的好处，是可以改变生产的基本单位是生产队、而统一分配单位却是生产大队的不合理状态，解决集体经济中长期以来存在的这种生产和分配不相适应的矛盾。”指示要求各中央局，省、市、区党委，地委，县委，仔细研究一下这个问题。各级党委有关负责同志亲自下乡，并派得力工作组下去，广泛征求群众意见，深入进行调查研究。各县可选择一两个生产大队进行试点。各中央局，省、市、区党委在11月底前把调研结果和意见报告中央，中央准备12月开会作出决定。③

为解决农村基本核算单位问题，各级领导又进行了新一轮的调查研究。毛泽东再次派田家英率调查组赴农村调查。经调查，证明毛泽东提出的以队为基础的意见是正确的。10月23日，根据毛泽东的意见，中央批转河北省委报送的邢台地委关于南宫县贯彻大包干政策的通报。批语指出“南宫县只用了两天时间，经过小队以上四级干部会议讨论，在群众中贯彻了大包干政策之后，就出现了促进粮食征购和多种小麦的新气象。这个经验很好，各地都应当认真研究，参照办理。”④ 时任中央农村工作部部长的邓子恢于10月到河南、江西、福建龙岩调查公社基本核算单位试点情况。11月9日，他给党中央、毛泽东等写了一个报告。报告中说：“对基本核算单位下放，各级干部和群众一致拥护，认为这对克服平均主义、官僚主义、贯彻民主办社、勤俭办社、调动社员积极性、发展农副业生产都有极大好处。”报告对体制下放后出现的问题，提出了具体的解决办法。11月23日，毛泽东为中央转发这份报告写了批语，指出：“邓子恢同志这个报告很好，发给你们参考。因为目前各地正在普遍试点，此件可发至地、县、社三级党委参考……建议在十二月二十日以前，各省委第一书记带若干工作组，采取邓子恢同志的方法，下乡去，做十天左右的调查研究工作。”⑤ 12月13日至16日，毛泽东在无锡曾听取江苏省委和安徽省委负责人汇报工作，当讲到以生产队为基本算核单位时，毛泽东说：贯彻要快一点，一传下去可以调动积极性。当有人说到有一种意见

① 《建国以来毛泽东文稿》第9册，中央文献出版社1996年1月版，第572页。
② 《建国以来毛泽东文稿》第9册，中央文献出版社1996年1月版，第574页。
③ 《建国以来重要文献选编》第14册，中央文献出版社1997年1月版，第738～739页。
④ 薄一波《若干重大决策与事件的回顾》下卷，中央党校出版社1993年6月版，第740页。
⑤ 《建国以来毛泽东文稿》第9册，中央文献出版社1996年1月版，第605页。

认为这是倒退时，毛泽东说：这不是倒退，是前进……要发展生产力，就要以生产队为核算单位。①

三、党中央决定以生产队为基本核算单位

在调查研究和试点的基础上，1961年12月中央委托田家英起草《关于改变农村人民公社基本核算单位问题的指示》，毛泽东对初稿进行了审改，并决定提交即将召开的中央工作会议讨论决定。1962年2月8日，田家英向毛泽东再次报送的指示稿中，关于基本核算单位下放后不变的时间写为"例如四十年内"。田家英在报送此稿时写给毛泽东的信中说，邓小平"主张把下放后不变的时间写成二十年。究竟写'四十年'，还是写'至少二十年'，请主席决定"。毛泽东将指示稿中的"四十年内"改为"至少三十年内"。并在批语中写道："以改为'至少三十年'为宜。苏联现在四十三年了，农业还未过关，我国也可能需要几十年，才能过关。"② 由此看出，这时毛泽东对农业问题的看法是比较符合实际的。

《中共中央关于改变农村人民公社基本核算单位问题的指示》经扩大的中央工作会议讨论通过，于1962年2月13日下发。指示说："调查和试点的结果表明，中央和毛泽东同志所提出的以生产队为基本核算单位的意见，完全符合广大农民和基层干部的要求，得到他们的拥护和欢迎。"并阐述以生产队为基本核算单位的好处。还指出："在我国绝大多数地区的农村人民公社，以生产队为基本核算单位，实行以生产队为基础的三级集体所有制，将不是短期内的事情，而是在一个长时期内，例如至少三十年，实行的根本制度。"③ 以生产队为公社基本核算单位的规定，并被写进同年9月中共八届十中全会通过的《农村人民公社工作条例修正草案》。

把基本核算单位下放到二三十户左右的生产队，虽然还保留人民公社的体制，实际上已使农业生产在经营规模上回到初级社时期。这是以毛泽东为核心的党中央继"十二条"、"六十条"之后，调整农村生产关系的重大突破，是在实际上否定公社一大二公特点的新进展，是在公社所有制问题上纠"左"努力的最重要成果。

从以毛泽东为核心的党中央调整农村生产关系，下放基本核算单位的成果和问题说明：(1) 生产关系必须和生产力相协调，才能促进生产力的发展。公社初期搞一大二公、一平二调，完全违反生产关系必须适合生产力发展的原则，特别是"反右倾"，使"五风"刮得更大，极为严重地破坏了生产力。第二次郑州会议后对调整农村生产关系作过一些努力，但因"反右倾"而有重大反复。"十二条"下发后，大力纠正"五风"，缩小社、队规模，取消食堂、供给制，实行基本队有制，这是使生产关系朝着适应生产力发展的方向前进，虽然它对解放生产力的作用还是有限度的，但在一定的历史时期内对调动农民的积极性，恢复和发展农业生产，改善人民生活发挥了重要作用。(2) 正确的决策来源于调查研究、向群众寻求真理。1961年在全党大兴调查研究之风。毛泽东强调一定要搞好调查研究，一定要贯彻群众路线。在这个时期，关于农业方面重要文件的形成，调整农村

① 《党的文献》1992年第3期，第32页。

② 《建国以来毛泽东文稿》第10册，中央文献出版社1996年8月版，第48页。

③ 《建国以来重要文献选编》第15册，中央文献出版社1997年1月版，第176～180页。

生产关系的重要举措，取消不利于群众生产和生活的一些政策和措施，下放基本核算单位，都是在调查研究，倾听群众意见的基础上实现的。（3）在实践中检验主观认识，转变违背客观实际和群众意愿的观念。毛泽东在农村集体经济规模问题上就是如此。1955年他就说过，小社“不能进行大规模的经营”，“束缚生产力的发展”，“应当逐步合并”。① 1958年他曾讲，“人民公社，一曰大，二曰公”。“生产规模大，各种事业大”。② 随着调查工作的开展，面对大量的调查材料，暴露出公社一大二公的许多问题，他的观念有明显转变，意识到集体经济规模并非越大越有利于解放生产力，太大必然产生平均主义，只能严重破坏生产力，有害于各种事业。所以，他又力主缩小社、队规模，实行基本队有制，认为这样才能适合农村生产力水平，调动农民积极性，发展生产力。（4）应当从根本上解决人民公社的弊病，进一步解放和发展生产力。毛泽东领导我们党调整农村生产关系，下放基本核算单位，对发展农业生产发挥了重要的历史作用，但是由于历史条件的限制，“左”的指导思想没有从根本上纠正，公社的弊病不能从根本上得到解决。例如，包产到户是许多农民在实行基本队有制后的进一步要求，也是不少领导和基层干部的主张。毛泽东却把它作为走资本主义道路加以批判和禁止，使农村经营体制缺乏多样性和灵活性；而且大多采用集体劳动的形式，评工记分的手续也还烦琐，使农民感到不便。又如，实行政社合一，易于采用行政办法、排斥用经济办法管理经济，不讲经济效益，缺乏经济活力等。所有这些，使农业生产发展缓慢，农民生活没有大的提高。党的十一届三中全会后，党中央继承和发展毛泽东实事求是、一切从实际出发等科学思想，率先在农村发起改革，废除人民公社，确立以家庭承包经营为基础、统分结合的双层经营体制，使粮食生产不断跃上新台阶，农产品供应日益丰富，农民收入大幅增加。

（作者：中央文献研究室离休干部）

① 《建国以来毛泽东文稿》第5册，中央文献出版社1991年2月版，第515页。
② 《毛泽东传（1949—1976）》，中央文献出版社2003年12月版，第831页。

三次同田家英到农村调查*

裴　润

20世纪60年代，我曾三次跟随家英同志到农村调查了解人民公社问题。这三次调查，都是在毛主席亲自安排和指导下进行的。一次是1961年1月下旬至5月上旬的浙江调查，一次是1961年10月下旬至12月底的山西调查，一次是1962年3月至6月的湖南调查。

一、浙江调查和“六十条”试点工作

这次调查，是在极“左”思潮泛滥、大刮“五风”的恶果已经暴露，国民经济不断恶化，甚至濒临崩溃的边缘，人民生活极度困难，人民公社“一大二公”的弊端也逐渐为人们所认识的背景下进行的。此前，中央于1960年11月3日虽发出了《关于人民公社当前政策问题的紧急指示》（即“十二条”），但不少地方，“五风”（共产风、命令风、浮夸风、瞎指挥风、干部特殊化风）仍未停止，特别是浮夸风造成的高指标、高征购，给群众生活造成极大的灾难。

面临以上严重困难，毛主席提出大兴调查研究之风。1961年1月20日，毛主席写信给田家英，要陈伯达、胡乔木、田家英各带一个工作组去浙江、湖南、广东作调查。田去浙江，胡去湖南，陈去广东。并指示每组调查一个最坏的生产队，一个最好的生产队。时间10～15天，然后三个组同去广东会合，向他报告。当时，我和王录同志在中央农村工作部二处（主管人民公社政策研究）工作，被指定参加这次调查工作，我去浙江，王去广东。田家英同志领导的浙江调查组于1月22日到达杭州。经与省商量，决定分两个小组，一个去嘉善县选一个最差的生产队，一个去富阳县选一个最好的生产队。田家英同志重点抓嘉善县那个最差的生产队——和合生产队，我被分配到这个生产队。

毛主席写给田的信中附了《调查工作》（即《反对本本主义》）一文。我们在赴浙江途中即学了这篇文章。按照毛主席的批示田家英同志对工作组提出：“打开脑筋，敢于发现问题。”他拟了一副对联，作为调查组的守则。上联是“同吃同住不同劳”。下联是“敢想敢说不敢做”。在工作组内部反复动员大家要打破思想框框，不设禁区，什么话都可以说，什么意见都可以提。只是不准对县、社领导指手画脚，随意指挥。

当时，农民的住房很紧张，有些户的多余房子，也被所谓“六集中”（猪羊、耕牛、家具、人口、公共食堂和自留地）的时候，无偿调用和拆迁了，所以和社员同住做不到。田家英同志和大家

* 本文收入内部报告《共和国农业史料征集与研究报告》第16集，2009年。

一起住在一个四面透风的草棚里，用稻草打地铺。白天分头出动调查访问，晚上回来报告、议论。没有灯，一团漆黑，几乎谁也看不见谁，但大家真正敞开思想，有啥说啥，议论很热烈，田家英同志把这叫做“瞎吹”。我多年来没有感到心情这样舒畅。

这个生产队原来是一个高级社，共有327户，1 326人，3 753亩耕地，人均3亩，位于杭嘉湖平原的水网地区，素称“鱼米之乡”。但是，在大刮“五风”中，生产力遭到严重破坏，粮食亩产量1960年急剧下降到291斤，还不及新中国成立前的常年水平（350～380斤）。群众生活十分困难。尤其是上面虚报浮夸粮食高产量，带来高征购，挖了群众的口粮，“上面吹牛皮，群众饿肚皮”。1959年以来，连年闹春荒。1960年完成征购任务以后，每人每天只有半斤米，每天三餐稀粥，蔬菜很少。由于营养不良，1959年开始出现浮肿病和非正常死亡。据调查，1961年春，共有170个病人，占全队人数的13%，占劳动力总数的19%。

我分工查1960年的收益分配账，同时由省委一位同志陪同调查了6个典型户。查了1960年的分配账以后，我概括了四句话：生产下降，收入减少，集体负债，社员倒挂（即超支）。田家英同志对这四句话很欣赏。这个队1960年总收入比1959年减少39.65%，共欠国家贷款4 800元，人均31元多。社员苦干一年，每个劳动日只有0.163元。人均收入只有21.27元。因而多数户应分的现金不够口粮钱，只得倒挂，倒挂户占总户数的58.8%。

经过几天的调查，把这个队的现状基本摸清了。田家英同志说：这种情况说明，出现了农业危机，其原因既不是天灾，也不是什么民主革命不彻底，而是“人祸”即“五风”造成的。

田家英同志很重视历史的调查，通过座谈和典型户调查，对这个队从新中国成立前、土改后到互助组、初级社、高级社、公社化的历史得到系统的了解。回顾过去，社员普遍怀念初级社。从高级社以来，产量基本上是逐年下降，生活一年不如一年，“工分一年比一年挣得多，钞票和口粮一年比一年少”。贫农社员王老五说：“小社（初级社）那年（1956年），生产生活最好，粮食亩产400斤，口粮足，钞票多，吃得饱，力气足，心里高兴。”当时他曾想，小社分这么多钱，大社（高级社）更有得分了。哪知道从此以后，年年没钱分，年年倒欠。一部分上中农对于高级化时，耕牛、家具入社折价款（扣除股份基金以外的部分）未退赔，意见很大。

在汇报和“瞎吹”中，有的同志主张办好公共食堂。对于食堂问题，我曾作过调查，因此主张办农忙食堂。但是在1959年庐山会议以后的反右倾运动中，受到批评，仍然心有余悸，故虽有不同看法，但未表态。其他同志也未提出异议，这个调查组也未就食堂问题开展调查和讨论。而富阳调查组调查了公共食堂问题，得到田家英同志的支持，并向毛主席作了汇报。这说明我的思想还未解放。记得家英同志在一次同我谈话中，曾批评我思想不解放。我第一次听到对自己这样的批评，而在此以前对我的批评都是右倾。我虽心服，但仍存芥蒂。1957年以来，每次反右运动，我都是批判的对象。自此以后，我只是警惕着，说话也很谨慎。

田家英同志把这个生产队的历史和现状，向毛主席作了汇报（当时毛主席住在杭州），同时也汇报了富阳调查的情况，并提出了中央搞一个人民公社工作条例的建议。毛主席听了汇报以后，做了重要指示。田向我们作了传达。我记得比较清楚的是：规模问题，和合生产队太大了，是否分成三个队；起草一个公社工作条例，规定公社三级怎样工作；食堂问题，可以多种多样；退赔问题；自留地问题；干部手脚不干净问题，等等。

1961年2月21日，田家英离开杭州去广州，3个调查组在广州会合。在毛主席的亲自指导下，起草人民公社工作条例。3月26日田家英同志回到杭州，带回《关于农村人民公社工作条例（草案）》，并且传达了毛主席在广州会议上的重要讲话。我记得最深刻的是第一次明确提出了两个平均主义的问题。田布置调查组继续在浙江搞“六十条”的试点工作，强调继续打开脑筋，敢于发现问题，提出问题。

我记得田家英同志由省委林乎加同志陪同，带领我们到了越剧的故乡嵊县。我们到了一个生产大队，向干部群众逐条宣读“六十条”，引导群众讨论。“六十条”草案还未明确解决食堂问题。群众提得最强烈的是食堂，这个队群众生活也很困难，公共食堂仍是每日三餐粥，没有什么菜，靠挖竹笋做菜。一天早晨起来，我们发现个个嘴唇都是黑的，互相对着发笑，不知何故。当地同志告诉我们，是吃竹笋的缘故。

浙江调查和试点工作，直至4月底结束。我们于5月上旬回到北京。

“六十条”（草案）是在毛主席直接指导下制定的，但是首先建议起草一个人民公社工作条例的，是田家英同志。在整个调查和试点工作中，表现了田家英同志热爱人民，关心群众疾苦的感情；实事求是，深入下层的作风；坚持真理，敢于直言的勇气。

二、山西调查和起草《中共中央关于改变农村人民公社基本核算单位问题的指示（草案）》

1961年5月21日至6月12日，中央在北京召开了工作会议。根据中央各部和各省、市调查，对《农村人民公社工作条例（草案）》作了修改，制定了《农村人民公社工作条例（修正草案）》。修改部分主要是取消了原草案中关于食堂和供给制的规定。同时，中央发出了《关于讨论和试行农村人民公社工作条例修正草案的指示》。在各地继续讨论和试点中，进一步揭开了所有权和分配权的矛盾。即“六十条”解决了生产资料生产队所有问题，但仍实行以大队为统一核算单位，仍未解决生产队和生产队之间的平均主义问题。同年9月27日，毛主席召开了邯郸谈话会，就基本核算单位问题亲自作了调查。1961年9月29日，他写信给中央政治局，明确表明自己的意见，人民公社的基本核算单位应是生产队而不是大队。他说：“我们对农业方面的严重平均主义的问题，至今还没有完全解决，还留下一个问题。农民说，六十条就是缺了这一条。这一条是什么呢？就是生产权在小队（即生产队），分配权却在大队。”之后，他又批示田家英就这个问题进行调查，并为中央起草了一个指示。

根据毛主席的批示田家英同志第二次组织调查组，于1961年10月下旬去山西调查，我和王录又参加了这次调查工作。经过同山西省委和长治地委商量，决定去潞城县魏家庄大队作调查。这个2 000多户的大队属于老解放区，互助合作起步较早，基础较好。但是，实行大队核算而由大队统一分配，队与队之间在分配上的平均主义依然存在。生产队没有自主权，影响生产队的积极性。后来，又选择了晋城县一个独立核算的生产队进行调查。这是一个小山村，20多户，原是一个初级社。高级社、公社化以来，一直实行独立核算，自负盈亏，由于生产和分配统一起来，社员直接看到集体生产的好坏同自己的利益息息相关，因而能够自觉地关心集体，参加管理，监督干部，干部的手脚比较干净，社员之间也便于互相监督，因而这个队生产比较稳定，社员生活也比较好。总之，以生产队为基本核算单位有什么好处，在这里得到了答案。

大约在 11 月底，调查组回到太原。首先向省委作了汇报，记得有的领导同志仍然强调大队核算的好处，想多保留大队核算。田家英同志根据我们的调查，讲了自己的看法，说明毛主席的批示是完全正确的，有的主张独村（一个自然村）大队、办得比较好的，仍可维持大队核算。田认为这只能是少数。

接着，调查组在太原晋祠招待所起草《中共中央关于改变农村人民公社基本核算单位的指示（草案）》。经过讨论，定下了文件的结构后，由几个人分工去写草稿，每个人一部分，然后由田家英同志统一综合。实际上，文件草案都是由田家英同志亲自动手写成的。为了进一步印证文件的内容，最后，我们顺便到雁北地区，考察了大同县的一些社队，于 12 月底回到北京。

文件草案先经毛主席审阅后，提交 1962 年 1 月至 2 月召开的七千人大会讨论。我参加了这个文件的讨论和修改工作。大家一致称赞这是一个好文件。重要的修改就是按照毛主席的批示增加了“至少三十年不变”的内容，这对于稳定人心，调动农民积极性，起了关键性的作用，解决了农民“怕变”的思想。1962 年 2 月 13 日，正式发出了《中共中央关于改变农村人民公社基本核算单位问题的指示》。

基本核算单位下放生产队后，人民公社所谓“政社合一”，从“社”（经济）的方面看，绝大多数已名存实亡，有的叫“清水衙门”，大队一级实际上也变成虚的了。

三、从湖南调查到安徽调查

七千人大会后，1962 年 2 月 25 日，毛主席指示田家英再组织一个调查组，到湖南作调查，主要了解贯彻执行“六十条”的情况和问题。并指定到湖南湘潭县的韶山、湘乡县的塘家和宁乡县的炭子冲，接着田家英同志又组织了一个调查组，我和王录同志又被指定参加这个调查组，同时又增加了农村工作部的两个同志。3 月上旬，田家英带领工作组先去湖北武昌东湖（毛主席当时在武昌）。3 月 22 日，毛主席在武昌东湖招待所接见了调查组全体成员。记得主席挨个地问了每个人的名字，并且问当过县委书记没有？当过地委书记没有？他谈笑风生，讲了一些当时流行的政治笑话，使大家感到轻松而又亲切，接着做了几点指示：要同当地干部，省、地、县、社各级干部相结合，不要乱指挥；头脑里不要带东西（即思想框框）下去，只带一件东西，就是马克思主义；要作历史的调查，这是马克思主义的历史主义观点；看到坏人坏事不要乱说，好的可以说；参加点轻微的劳动。最后，全体调查组成员合影留念。

3 月底，调查组全部到达湖南，分三路到达韶山大队、大平大队（即塘家）。田家英同志住在韶山，我被分配到韶山大队，住在关公桥生产队。

韶山大队虽然是毛主席的故乡，省地县领导这里的工作比较谨慎，但大刮“五风”时期，这里也未能幸免，只是比湘潭县或韶山公社的其他大队轻一些罢了。“五风”来得快，去得也比较快，危害时间不长。

在刮“五风”时，实行所谓“组织军事化、行动战斗化、生活集体化”、办公共食堂“六大集中”。全大队25个屋场的居民都集中到六七个屋场。社员迁徙时，有的搬家十次以上，耕畜、农具、家禽、损失也很严重。瞎指挥，盲目扩大双季稻面积，过分密植，造成人为减产。但是，这里贯彻“六十条”和基本核算单位下放的指示比较认真。尤其是解散食堂、划分自留地、打破“居住集中”的限制以后，从1961年起，生产开始恢复，社员生活也得到改善。

根据历史调查，这个大队从高级社以来就开始减产，农民生活也开始下降，高级社后，从1955年水稻亩产比1955年下降14%，1960年粮食亩产只有471斤，比1955年下降17%，总产下降27%，农民平均口粮只有354斤（稻谷），比1955年减少45%。据关公桥生产队调查，这个大队的范围（22户），从初级社就开始减产。

为什么初级社时还减产，甚至不如新中国成立前、土改后呢？农民的答复是：第一，许多人加入初级社是“口愿心不愿”，犹豫不定。当时，上级一面宣传“入社坚持自愿”，一面说“入社光荣，单干可耻。”并且在国家贷款、供应农具和商品肥等方面，对单干户排挤，所以不少人是“赤脚板打泥浆”，随大流进来的。第二，集体生产单位规模过大。1954年冬，韶山初级社由18户一下扩大到75户，建设工作准备很差，所以从那时起，大家就有了“坐大船”的思想，平均主义已经产生，初级社下面的作业组之间，互相怀疑。不少人干活都不如单干的时候精心了。单干的时候，一天要到田头打几个转转，集体经营后，有的人看到田里漏水也不管，因为集体没有安排，得不到工分。第三，是耕牛、猪减少，农家肥减少。这个队的范围，1952年有耕牛14头，1955年入社时只剩3头。猪的数量，从1953年以后就逐年减少，1948年有猪31头，1955年减少到25头，1960年只剩4头，都归食堂喂养。

新中国成立以来，农民生活有升有降，穿的用的改善，文化翻身，“吃的一年不如一年”。高级社以来，口粮水平逐年下降，平均每人每年只有400斤，1960年最低降到340斤。田家英同志在武昌出发前就对全体调查组成员讲，这次调查一定比前两次有新的进展，按正常年景，需要三四年。关公桥生产队座谈中，群众不谈合作化的优越性，至于公社化，一谈起来，就像诉苦一样。提到怎样才能巩固集体经济和恢复生产问题时，有人提出包产到户。那时，包产到户是一个“禁区”，所以，我们只是向群众进行说服和解释。但是这是一个绕不过的问题，其他生产队也提出包产到户问题，有的呼声很高。

在调查工作的前期，田家英同志对于包产到户问题，闭口不谈，而且在一次包括大平大队和炭子冲大队的全调查组汇报会上，有一个同志大谈包产到户的好处，少数同志也或明或暗地附和，田还严肃地批评了这位同志。但是，据我观察，他在认真思考这个问题。有一次，他问我：怎样才能更好更快地恢复生产呢？我说，关键是要有一个好的领导班子，搞好生产队的经营管理。他未说话，但从表情上可以看出，他对我的答案是不满意的。坦率地说，我当时不同意包产到户，也不敢想。我认为在集体经济不巩固的情况下，包产到户很可能滑下去，走向单干。这件事又一次表明，田家英同志既守纪律，又面对现实，敢于实事求是冲破“禁区”，深入思考问题，而我的思想还没有解放。

又过了一段时间，记得是田家英从上海向毛泽东汇报回来以后，态度开始明朗起来。他说：少奇同志提出“要向农民让步”，包产到户，对于尽快恢复生产，克服困难，可能是一种有效的办法。于是他提出到安徽实行责任田较早的无为县进行调查，很快就做出决定，派我和大平大队调查的两位同志同去。

我们一行3人，于6月中旬，从韶山出发，途经芜湖，到达无为县。在县委派人陪同下，考察了三个公社的几个队。这里看到的情况十分惊人！大刮“五风”时，危害最大的是“浮夸风”，由于虚报高产量，带来高征购，有的社队打下的稻谷全部交了征购粮，秋后即靠敲稻秆的秕谷充口粮。所以，由于饥饿引起的浮肿病、非正常死亡的严重性，在其他地方未见过。耳闻目睹那种惨状，令人很痛心！所谓“责任田”，实际上是在集体经济陷于瘫痪、集体生产无人负责的情况下，让群众自谋生路的一种办法。所谓“五统一”［生产计划（即生产指标和主要作物安排）统一，包产部分统一分配，大农活和技术性农活统一，用水和管水统一，抗灾统一］根本没有统起来。找不到会计和计分员，也看不到计分册，群众说是“分啦”（分田到户）！我们认为，实际上是单干了。但是，在那种困难情况下，群众还是在积极苦干。即使是孤儿寡母，也请亲戚邻居帮忙，把田种下去了。基本上没看到撂荒田。因此，我们的意见，作为一种权宜之计，对于过渡困难，恢复生产是有利的，所以不宜急于纠正。

大约在6月底或7月初，我们回到北京。我回到家后，即给田家英同志打电话（他们先我们回京），他让我立刻就去汇报。我如实地说了以上所见所闻和我们的看法。田家英同志听到有的生产队非正常死亡的严重情况后，很动情地说：人都死了，还谈什么集体生产！

四、参与起草《恢复农村经济的十大政策》

我汇报完以后，过了几天（大约是7月上旬），田家英同志在中南海居仁堂楼上一个会议室召开了一个小型的会议，酝酿向中央汇报并准备起草《恢复农村经济的十大政策》的文件。参加的人除部分调查组成员外，还有一些经济学家和秀才（我记得有马洪、梅行、许立群等）。我同王录也参加了。田家英同志首先根据调查情况，讲了一些意见，大意是，在那些破坏严重、生活困难的地区，应当允许包产到户或分田到户，与其让群众自发地搞，不如我们有领导地搞。他估计，全国已实行包产到户和分田到户的社队约占30%。有领导实行的结果，可能达到40%，另外60%是集体的或半集体的。现在搞包产到户和分田到户是一种权宜之计，等到生产恢复了，再在新的基础上，重新引导到集体经济。

他还说，合作化、公社化的经验教训应当总结，走过了头就应当退回来，今天的退正是为了明天的进。这件事，不仅关系我们的革命和建设事业，而且对国际共产主义运动也有一定影响。会上除个别同志对分田到户的提法提出异议外，没有异议。

这次酝酿会后，听说他向毛主席作了汇报，受到了毛主席的批评。又一次表现了他不顾个人得失，为党为人民，敢于直谏的勇气。

我非常同意他讲的“走过了头就应当退回来”的话，这完全是调查中的深刻体会。调查中反映，农民普遍怀念初级社，对公社化、“大跃进”普遍不满。时隔20年，中共十一届六中全会通过的《中国共产党中央委员会关于建国以来党的若干历史问题的决议》指出：农业合作化以来对于手工业和个体工商业的要求过急，工作过粗，改变过快，形式也过于简单划一，以致在长时间内遗留了一些问题。接着，取消公社，实行以家庭联产承包为主的责任制，从而使农业生产快速恢复和发展。历史是最公正的，20多年后，田家英同志以上的话竟兑了现，证明了他的远见卓识。如果田家英同志在世的话，他该多高兴啊！

8月上旬，中央在北戴河召开了中央工作会议，我和王录同志作为王观澜同志（中央农村工作部副部长）的助手也到了北戴河。在会议前期，会内会外，包产到户成为热门话题。后来传达了毛主席关于阶级、形势和矛盾问题的讲话。会议批评了邓子恢和田家英同志。一天晚上，田家英同志到我和王录的住处，向我们谈了批判包产到户的情况。他很担心这次会议后，又要掀起一次反右运动，特地向我们打招呼，并且让我们转告其他同志，让他们思想上有所准备。这种关心人、爱护同志的感情，使我们很受感动。

五、深切的怀念

我认识家英同志是在1955年。那时，中央政治局研究室就在万寿路（现为中组部招待所），在中央农村工作部对面。那年上半年，田家英同志主持起草《农业生产合作社章程》，我参加了一部分工作。自那以后，因为住地极近，经常见面，但不很熟悉。真正熟悉到相知，就是参加调查和几次参加修改文件的工作以后。家英同志平易近人，善言谈，也很风趣，在调查和起草文件过程中，工作之余，他爱和我们聊聊，从中国历史到古典文学，诗词歌赋，以及当前问题，无所不谈。特别谈到他1959年四川调查和庐山会议上，因讲了真话而受到不公正的批判甚至恶毒攻击，我则和他产生共鸣。对于他那种坚持真理、不畏权势的骨气，我很佩服。

在北京工作期间，我们也不断地有所交往。他很关心农村工作（我以为是毛主席让他分抓农村工作）、农村形势，特别对劳动农民有一种特殊的感情。他曾多次向我了解农村情况，问我对农村形势的看法，我对他是无话不谈，他很认真地听我的意见，并谈自己的看法。每次交谈，我都感到有所受益。因此，我视他为良师益友。1965年冬，谭震林同志派我带一个调查组到长江三角洲调查那里的农业生产。我先到上海，在华东局农办同志的陪同下，先后考察了上海郊区和市属的几个县，江苏省的苏州和无锡地区，浙江省的嘉兴地区。在嘉善特地看了1961年调查的和合生产队，看到那里的面貌已大大改观，非常高兴，最后，于12月中旬到达杭州，得知田家英同志正在西冷饭店，研究为几部马克思主义著作写序的问题。我专去看了他，谈了和合生产队的变化，他很高兴。中午，同他们共进午餐。饭后我即告辞，他把我送到门外，握手告别。万万没有想到，这次竟成了永诀！

（作者：曾任国家农委政策研究室主任）

农村人民公社建设规划专题研究情况*

吴天锡

一、成立经过

在接连实现农业合作化和人民公社化的热潮后，人们开始冷静下来，去探讨建设社会主义新农村的问题。当时的情况是，联合起来的劳动农民，凭借着双手，着手农田基本建设，提出了向“大自然”开战，“建设现代化农业”的雄迈口号；蓬勃发展起来的社办工业和多种经营，要求农村商业、交通、电信、教育事业，都要有一个相应的发展；一些经济发展起来了的地区群众还要求，改善居住条件，建立卫生医疗体系，兴办教育，发展文化和社会福利事业。这一切归纳起来，就是要充分利用生产关系变革所带来的积极因素，加快农村生产力的发展，以期用较短的时间，根除农村的贫困和落后。

1960 年初，国家科委把《农村人民公社建设规划》列为国家科研的一个重点专题，要求农业部、建工部牵头组织有关的行政、科研、教育和专业机构的专家、干部，在开展农村调研工作的基础上，进行这项规划的研究工作。部党组指定顾大川副部长负责，并由原公社局董家邦局长和建工部李局长为专题组副组长。在农业部成立了专题组办公室，由我和建工部一位姓杨的同志担任专题组秘书，具体组织和筹划这一工作。经过同有关部门的协商，由国家科委、农业、水利、水产、林业、建工、化工、轻工、交通、邮电、文化、教育、商业和科学院等部门的干部和专家共 141 人组成“农村人民公社建设规划专题组”。

1960 年 3 月中旬，农业部常务副部长刘瑞龙在专题组全体成员会议上做了动员报告，指出这次规划的目的是，“充分发挥人民公社的优越作用，促进农业的现代化，改变农村一穷二白的面貌”。他特别强调在规划工作中，“要掌握‘八字宪法’中的辩证关系，应用现代科学技术，实事求是地进行全面规划”。

专题组在汇总各业务部门现有情况、问题、设想的基础上，草拟了研究提纲，确定了规划的基本内容、工作方法和进度计划。决定采取典型规划和跑面考察相结合的方法。根据各地农村社会经济发展状况，选定江苏无锡红旗公社（代表南方平原区）、湖北红安八里公社（南方丘陵山区）、河北遵化建明公社（北方丘陵山区）、黑龙江拜泉兴农公社（北方平原区）、北京昌平沙河公社（城市郊区）等 5 个有代表性的公社进行规划试点。同时，派出 2 个综合性的考察组，分赴四川、甘肃对武胜复兴、乐至红旗、内江顺江、新繁新民、南充火花、临夏北塬和敦煌（一县一社）等地进行有

* 本文收入内部报告《共和国农业史料征集与研究报告》第 6 集，2001 年。

关的专业考察。自3月20日到7月3日，进行了规划试点和专业考察工作。所去各省、市、地、县配合进行工作的人员还有300多人。

二、基本内容

在专题组讨论的初期，大家认为《农业发展纲要（40条）》（以下简称《纲要》）中有关合作化和生产指标，大都已经超过或接近达到，应该更多地关注一下《纲要》第25～35条的有关内容。同时，各地农村又出现了社办工业、公共食堂、大型养畜场等许多新生事物。为了探讨其中关系，以全面进行规划，专题组进一步归纳成5个基本内容，据此进行规划试点和专业考察工作。

这5个基本内容，概括如下：

1. 以机械化和园田化为中心内容的现代化农业建设规划

这是把国内外先进的农业经营和中国精耕细作的传统经营相结合的一种设想。基础是采用各种有效措施来营造促使农业高产、稳产的土壤、水利和其他物质条件。而机械化的内容，也不仅偏重于耕作和收获，而是贯穿于整个农业生产经营过程中，最费体力的一系列活动（如灌溉、治虫、加工、田间运输、农田基本建设等）的全过程的机械化，提倡因地制宜地从解决当地最关键的方面入手。这些指导思想，当时较易为农民接受。现代化农业建设规划还十分强调因地制宜地发展多种经营。在规划过程中，肯定了林业的统一规划和统一经营的认识；但在畜牧、水产、副业等方面，对于是以集体经营为主，还是集体与个人经营并重的争论十分激烈。

2. 具有很大发展潜力的社办工业建设规划

社办工业在当时完全是一个新生事物，主要是通过典型剖析和专业调查的方法，了解其贯彻“三为、三就”（为农业服务、为工业服务、为人民生活服务；就地取料、就地加工、就地销售）方针的情况；研究公社、大队、生产队如何分工合作办企业？重点对农副产品加工、农业机电、农村纺织、建筑、采矿、运输和服务行业等所需劳力、技术、资金和能源等情况进行调查和分析，并对其今后发展趋势和规模作出预测。社办工业的兴起，要求各试点组对此进行深入了解，发现问题，并提出对策意见，对当时农村社会经济的发展产生了一些新的变化。

3. 农村基础设施建设规划

农村基础设施包括：商业网点、交通设施、电力供应、仓库货栈、邮电广播、生活服务和饮水设施等方面。农村交通、电力设施一般都很落后，大多数地方不通电；农村集市贸易在社会主义改造中受到冷落或摧残。这些都是造成农村贫困和落后的因素。规划要求从现状出发，全面规划，合理布局，特别是要研究建设或修复所需资金、技术、设备、器材等问题，实事求是地加以逐步解决。

4. 农村居民点建设规划

“改善社员的居住条件”已在《纲要》第26条中提出。在这之后，农村又出现了大面积的丰产田、防护林带、水利渠道网络、社办工业的厂房、仓库、农村产品交易场所、公共食堂和各种社会福利设施，这些都要占据不少田地，需要统筹，严格执行“节约用地”原则；农村居民点集中或适当分散问题，也在各试点工作组中展开争论。各试点均按照“有利生产，方便生活”的原则，设计了不同标准的房屋模型，供居民选择。

5. 农村文化、教育和医疗卫生方面的建设规划

发展农村文化、教育事业，保障人民健康，是促进农村繁荣不可缺少的环节。专题组为此集中了十几位著名专家和行政工作人员，就农村合作医疗制度、培养和提高“赤脚医生”水平，逐步消除地方流行疾病，普及小学义务教育，扫除农村文盲，发扬传统文化娱乐，丰富农村人民精神生活等专题进行了研究和规划。

三、研究成果

5个试点组和2个考察组于3月中旬分赴各地以后，普遍反映当时的统计数字不实，浮夸作风严重。专题组立即通知各组，尤其是试点组在核实数字的基础上，进行切合实际的规划。随着工作的逐步深入，发现公社体制不明确、生产建设不配套（如：修了水库而无配套的田间渠道）也不讲究效益、因缺粮和劳动过度而引起的浮肿、子宫脱垂等疾病流行、人民生活下降以及某些基层干部强迫命令等问题先后浮现出来。各工作组仍然坚持实事求是精神，克服困难，完成了公社建设规划的试点和考察工作，3个半月后带回了不少经验和教训，也摸到了不少情况和问题，经过汇报、梳理问题、分组讨论，归纳了以下7个待进一步探讨的问题。

1. 公社体制问题

建设规划，从布局到实施都要适应公社体制的现状，并且还要有利于将来的发展。而当时公社体制尚未定型，试点或考察所到的12个公社，体制很不一致，有全民所有的（北京沙河），也有基本社有的（黑龙江兴农、四川顺江），还有一县一社的（甘肃敦煌），但多数还是“分级所有，分级管理”的，以“三包一奖”形式进行。5个试点都是从公社实际情况出发来进行土地和居民点规划的；所考察的7个公社，群众有规划要求，但大多只有专业规划（如园田化规划、社办工业规划、畜牧规划等），都没有从全局出发，在一个全面规划指导下进行建设的考虑；而且规划粗放，一般没有具体执行的步骤和方法，只能说是一个设想。经过专题组反复讨论，比较一致地认为：“体制不明确，就无法进行切实可行的建设规划”；“从实际情况出发，不涉外的生产设施，以相当于高级社规模的大队为基础来进行规划；涉外的（如商业、交通等）和生活设施（居民点、学校、卫生院等）方面的建设规划，应在地方规划的指导下，以社为基础进行”。

2. 优先发展生产问题

根据实地调查，所去12个公社的收入水平都很低。较高的红旗（无锡）、建明等4个公社，年均每人收入100元以上；兴农、八里等7个公社，人年均只有50～100元；北塬则在50元以下（注：当时实行所谓供给制和工资制相结合的办法，供给部分不计在收入部分）。在这种低收入水平下，既要扩大生产，又要搞基础设施建设，还要同时发展文教卫生事业和兴建居民点，矛盾极大。经过争论，大家认为：必须实行“先生产、后生活，在发展生产、增加收入的基础上，进行有关基础设施和改善人民生活的建设”的原则。具体到各单项的建设，也因为受资金、劳力和技术、设备等条件的限制，一般都是先进行全面规划，然后从小到大、从土到洋、从低到高、从易到难地分散分批加以实现。

3. 建设布局问题

讨论时，围绕“分散和集中”、“以什么为中心进行规划”等问题，展开了激烈的争论。许多搞农业的同志认为：“整体布局应从实际情况出发，在便于生产、节约土地和资金的前提下，适当分散为宜”；许多搞工、交的同志则认为：“从长远利益出发，应兼顾生产、生活发展需要，一次建成，不搞重复建设，应适当集中一些；”许多搞文教、卫生和居民点建设的同志认为：“公共食堂已成为农村集体生活的中心，在食堂周围已营建了一些妇幼、保健和其他商业点，综合这些方面的需要，确定适当规模，还是以集中为宜。”总结时，概括了各方意见，认为：“各项建设应服从整体建设需要来进行合理布局，尤其是同外部联系较多的卫、商、交、邮等部门的布局，必须根据国家和地方的整体规划，从具体条件出发，因地、因时制宜地进行布局。”湖北红安八里公社的道路规划，采取“一次定线，分散兴建，逐步加宽”的办法；四川武胜复兴、内江顺江公社，针对当时农村用电具有分散性、季节性和间断性的特点，以及电器材十分短缺的情况，确定“多布点，少拉线，分点自给”的适当分散的布局。

4. 妥善安排，具体落实问题

根据各项建设相互促进，又相互制约的复杂关系，专题组强调：“充分利用公社范围内的土地、劳力和资金等方面的资源，妥善安排，抓住重点，分散分批地实施规划。”

根据试点组报告，全面的建设规划开始以后，各项基本建设占用土地和农业用地的矛盾开始出现了。5个试点社规划发展林、牧业，需要在现有面积上，分别扩大36.7%和38%；居民点、水利和道路等基本建设用地，也要分别扩大16%～86%。而在今后相当一段长的时间内，农业生产的发展，必须保证有足够的用地。因此，专题组强调：“要有一个土地利用的规划，合理安排农、林、牧业的用地，提倡农、林、牧综合发展，力争节约用地；必须占用土地的基础设施建设，在选线、定点时，都要严格执行不占或少占好地的原则。可以提出几个比较方案，择优实施。”

资金和劳力是实施规划的关键所在。江苏无锡红旗公社是12个社中条件最好的一个，但根据各项建设需要，按规划分散动工，一开始就缺少50%的劳力和80%的资金。其他公社也有类似情况。因此，各试点组都有“优先发展关键性的机械化（如抽水、粮食加工），节省出劳力，办工业，搞丰产田，尽快地积累资金，争取3～5年后，再着手考虑居民点和文教、卫生等方面建设”的想法。

5. 市场建设问题

专题考察和试点组下乡前，刘部长一再指出：“规划要贯彻中央提出的‘自给性生产和商品性生产并举方针；’”又说“要认真考虑实现规划后农村出现的大市场问题”。在下乡接触到农民以后，发现各地农民要求恢复集市贸易，交换必需的生产、生活用品，十分迫切。商业部同志在调查后提出：“建设农村商业网，要多渠道进行，加速进行。在改进国营商业、供销社流通工作的同时，应恢复原有的农村集市贸易活动，加强管理，活跃交换。”

6. 教育建设问题

参加规划的同志都深深体会到，“制定规划的过程，实际上是一个推广科技、普及教育的过程。”各试点上的农民对此也有迫切的要求。在规划轮廓已大体划出，需要进一步从资金、劳力、技术、设备等方面去落实时，发现“城乡最大的差距，是科学教育上的差距”。黑龙江兴农公社为推动机械化建设，全社需要有 1 800 名熟练的驾驶员和修理技工，而当时在岗的或有这方面知识可供培训的仅 630 人；建明公社规划到 1964 年需要各种技术人员 7 342 人，相当于当时该社全部劳力的 50%。因此，发展有关建设需要的技术教育，改进农业中学，成为各试点的共同呼声。另据卫生部同志建议“推动农村合作医疗事业，加强赤脚医生的建设，都需要进行大量的专业培训工作”。而所有这些培训又需要以普及农村小学教育和扫除文盲为基础来进行，发展教育成为实现规划，推动农村社会经济繁荣的一项基础工作。

7. 完成期限问题

一些同志提出：“规划应有个期限要求，以鼓励地方政府和人民采取措施，促其早日实现。”也有的同志认为：“40 条已就规划内容作出了时限要求，应该统一起来，均以 1967 年为限。”还有不少同志认为：“受农村资金、人力、技术、器材等种种限制，现在连吃饭问题都还未解决，看来实现规划是一个长期的任务。”总结稿采纳大家的意见，认为建设规划中有关生产建设的任务，应按《纲要》（40 条）提出的期限，在第三个五年计划结束时努力完成；其他一些建设规划，应根据第三个五年计划完成的情况和当时新的需要，再作修订和补充，再经过几个五年计划的建设，逐步加以实现。

专题总结报告在 1960 年秋季完成初稿，但其时中央正在研究人民公社体制问题，专题组领导商各部门有关领导后，决定暂缓上报。

中央举行七千人大会，和随后对公社体制、公共食堂等政策的调研也都有了结论。1961 年春季，我趁调查“公共食堂”问题的机会，去黑龙江省拜泉县兴农公社蹲点，重新评估该社的建设规划，群众认为：“规划设想是好的，但现在一无资金、二无技术，难以实现。”

根据这些新情况，专题组邀集了少数参与规划的同志，对初稿作了较大的修改。1962 年春夏之交，又作了精简和文字修改，送专题组领导审核后，报送国家科委，并建议转发有关部门供工作参考。

四、影响深远

《农村人民公社建设规划》是有关农村事务各部门通力协作的一次尝试。参与者体会到：“农业工作绝不仅只是催收督种那样的工作；要搞好农业工作必须有各有关部门的配合、协调，从农村各方面去加以辅成。”“通过这项工作，开拓了农村工作者的视野，也学习到不少专业知识。”

1973—1975 年，我曾多次陪外宾去人民公社参观，所去地方也包括规划试点或考察过的公社，当地干部还谈起那时规划的情景，说：“要不是文化大革命给耽误了，现在早已建设完成了”。1975 年夏秋之际，我陪粮农组织官员阿济滋（巴基斯坦人，后任国际农发基金会副总裁、巴基斯坦农业部长、外交部长等职）到公社考察公社建设情况，他在华考察了几个月后回去写了一本《中国农村人民公社好》的书，书上说：“农村人民公社是一个社会，不但要发展经济，也要发展社会。采取农村各部门协作，制订一个建设的大纲，很有必要，是值得发展中国家学习的。”他的这本书在国外发行了几版，是有一定影响的。

1976—1977 年，我应聘在联合国粮农组织经社司工作，当时该司司长伊斯兰姆（孟加拉人、美国哈佛大学和英国剑桥大学的双重博士，曾任孟加拉国副总理兼计委主任，粮农组织任满后到国际粮食政策研究所做研究工作），曾和我谈起农村社会和经济协调发展的理论，我向他简介了公社建设规划中的一些观点，他很感兴趣，1978 年，他专门组织了十几名专家来华实地考察了近两个月。考察报告第一次把中国的农村人民公社建设称为“农村综合发展（Integrated Rural Development，IRD）。

1979 年，联合国召开《农村改革和发展大会》，伊斯兰姆和阿济滋都是当时文件的起草人，在会议的“宣言”和“行动纲领”（后称“农民宪章”）中，都高度评价“农村综合发展”的理论和实践，受到发展中国家的一致拥戴。

1988 年，我退休后曾有机会再去一些试点公社览旧，在建明公社、顺江公社和红旗公社的原址，同一些老农交谈叙旧，他们还记得当时规划的一些内容，并说：“那时想到的，现在都办到了。”原无锡红旗公社至今仍是国家科委《小城镇建设》的一个试点。

（作者：农业部国际合作司副局级研究员）

廖鲁言蹲点总结大寨经验*

施　智

中共中央、国务院一向重视劳动模范的示范带头作用，先后表彰推广了许多劳动模范的先进生产技术和先进生产经验。20世纪60年代初，山西省昔阳县大寨大队在生产条件十分艰苦的太行山区，经过长年艰苦奋斗，改变穷困面貌的事迹，引起了各级党组织和政府的重视。1963年3月，山西省委召开全省农业先进集体表彰大会，大寨大队被视为全省农业战线的一面红旗，会上提出了“学大寨，一带二”的口号。8月3日，《人民日报》发表了《在农村阵地上——记昔阳大寨公社大寨大队党支部书记陈永贵》一文，正式把大寨推到全国人民的面前，引起了国内外的瞩目。正是当年，大寨受到特大洪水的袭击，全队干部和群众提出的“三不要”（不要国家的救济粮、救济款和救济物资）和“三不少”（向国家交售的定购粮、留下的社员口粮和饲料均不少于去年）的响亮口号，得到中共中央、国务院的重视。1964年2月初召开的全国农业工作会议，介绍了大寨的先进经验。2月10日《人民日报》发表了《大寨之路》的通讯和《用革命精神建设山区的好榜样》的社论，第一次向全国全面地介绍了大寨的先进事迹。

周恩来总理十分重视这些关于大寨经验的宣传教育，认为如果能把这些好经验切实推广，必将对全国的农业生产建设是一个极大的推动。为了正确地实事求是地宣传推广大寨经验，周恩来决定派农业部部长廖鲁言进行调查研究，明确要求实事求是总结大寨经验，分析大寨在生产上取得成绩的主客观原因。廖鲁言遵照周恩来的指示，于4月21日至5月12日赴大寨蹲点调查，前后达20多天。作为农业部长的廖鲁言，花这么长的时间在大寨大队蹲点调查，这是少有的。蹲点期间，他吃住都在大队，深入群众，走村串户，认真了解情况，搜集第一手资料。然后亲自动手，起草了大寨经验总结，于5月25日向中央报送了《大寨大队调查报告》，指出“大寨是全国农业战线的一面红旗”。并概括了大寨精神，其中着重讲了3条经验：一是有一个好的领导班子，大公无私，以身作则，他们一直坚持参加集体生产劳动，每人每年出工都在300天以上。二是革命干劲和科学态度相结合，进行技术革新。以加工改造耕地为中心，综合运用农业生产“八字宪法”，如实行玉米“三深法”（深耕、深种、深刨）等多种新技术新方法。三是从实际出发建立了小段农活包工到作业组的生产责任制，实行了符合当时当地情况的分配制度。廖鲁言还指出：学赶大寨，必须是思想领先，政治挂帅，使干部和群众革命化。有了大寨式的干部、大寨式的人，才能够自力更生建设起大寨式的稳产高产农田。廖鲁言还就怎样保证大寨这面红旗越举越高，提出了建议。廖鲁言认为，现在到大寨参观的人太多，必须加以控制，而且要求一个先进单位什么都第一，这是不可能的。这充

* 本文收入内部报告《共和国农业史料征集与研究报告》第1集，1999年。

分表明廖鲁言有实事求是的精神。他反对搞形式主义，更反对把大寨大队人为地拔高。

廖鲁言的调查报告得到了中共中央、国务院的肯定，为“农业学大寨”提供了可靠的依据。1964年8月，毛泽东发出“农业学大寨”的号召。12月21日和22日周恩来在全国第三届人大会上作的政府工作报告中指出，大寨大队“是一个依靠人民公社集体力量，自力更生地进行农业建设，发展农业生产的先进典型”。他们坚持的“政治挂帅、思想领先的原则；自力更生、艰苦奋斗的精神；爱国家、爱集体的共产主义风格”，都是值得大大提倡的。1965年1月，毛泽东主持制定的“二十三条”指出：“全国所有社队的生产建设，都要像大寨那样，坚持自力更生的方针。”

从此，全国农业学大寨运动得到了广泛深入的发展，取得了很大的成绩。至于后来把大寨作为政治典型，把农业学大寨运动引向无所不包的斜路，那是极“左”干扰的结果。历史证明，周恩来的指示是正确的，廖鲁言的调查研究也是认真负责的。

（作者：当时任廖鲁言的秘书）

十万官兵转业开发北大荒*

张聚先

中国农垦战线开发建设的几个大垦区都是由中国人民解放军为骨干组成的开垦大军进行的。在这些垦区的开发建设过程中，1958 年十万官兵转业开发北大荒，是中国农垦开发史上转业人数最多、规模最大的一次。经过几十年的开发建设，现在的北大荒，已经建成了国家重要的商品粮基地，为中国社会主义现代化建设作出了巨大贡献。

一、十万官兵转业开发北大荒决策的形成

黑龙江是中国人口稀少、荒地资源较多的边远省份之一，在松花江、黑龙江和乌苏里江汇流区域的三江平原和大小兴安岭以南的松嫩平原，以及从完达山到兴凯湖的牡丹江平原，有纵横千里的大片荒原。人们过去把这片气候寒冷、人烟稀少、交通不便的大荒原，统称为“北大荒”。历来关内农民在生活穷困破产时就有“闯关东”的习惯，因为这里人口稀少，土地肥沃，自然资源丰富，生活易于谋求。为了开发这片神奇的土地，早在东北解放战争时期，当时的松江省、黑龙江省就建立了通北、赵光、查哈阳、宁安等农场。1948 年为了安置革命残废军人，东北人民政府建立了九三、伏尔基河等一批荣军农场。1954 年由苏联援助在黑龙江东部建立了国营友谊农场。1955 年、1956 年在当时任铁道兵司令员王震的倡导下，在黑龙江的密山、虎林、宝清、饶河地区建立了八五〇等一批八字头的铁道兵农场。这些农场的建立，都为 1958 年十万官兵转业开发北大荒创造了条件。中国是个人口众多、耕地较少、农业生产力落后的大国，几亿农民和城市人口的吃饭问题，始终是中国共产党和国家必须首先考虑的问题。20 世纪 50 年代国家开始大规模经济建设后，为了解决全国人民的吃饭问题，中国共产党和国家采取了提高现有耕地单位面积产量和积极开垦荒地扩大耕地面积同时并举的方针。为了具体贯彻执行这一方针，统一对全国开垦荒地建设国营农场的领导，中共中央、国务院于 1956 年 5 月决定成立中华人民共和国农垦部，任命铁道兵司令员王震和其他几位将军及原农业部一位副部长为正副部长。农垦部的建立，不仅加强了对开垦荒地建立国营农场工作的领导，也为大批安置转业复员军人、城市下放人员和知识青年开创了一条可靠的途径。毛泽东主席早在 1955 年《关于农业合作化问题》中就提出：“国营农业在第二、第三两个五年计划时期内将有大规模的发展。”并在他亲自领导制定的《农业发展纲要四十条》中进一步指出：“国家应当有计划地开垦荒地，要求国营农场的耕地

* 本文收入内部报告《共和国农业史料征集与研究报告》第 2 集，1999 年。

面积到1964年达到一亿亩。”为了完成开垦荒地任务，同时安排军队转业复员官兵就业，农垦部在1957年下半年，经与中央军委协商并报国务院批准，决定将1958年转业复员官兵中的6万名军官、2万名班以下工农骨干及青年知识分子学员，集中到黑龙江几个垦区参加开垦荒地建设国营农场工作。

二、组织动员和遣送安置工作

1958年1月中央军委发出了《关于动员十万干部转业复员参加生产建设的指示》，在全军上下广泛地进行了动员。同时农垦部与军委总干部部发出了《关于动员军队退出现役干部到国营农场参加生产建设的联合通知》。为了做好组织动员和遣送安置工作，农垦部成立了由姜齐贤副部长任组长的接收小组，并由农垦部、军委总干部部及各军兵种组成联合办公室，及时掌握和处理各地动员遣送过程中的具体问题。当时组织动员的转业复员官兵主要分为两部分，一是裁减军队、建制撤销集体转业的单位；一是军队精简机构自愿报名参加边疆建设的志愿人员。在组织动员中农垦部与军委商定，成建制集体转业的预备1师、7师，到佳木斯合江农垦局；预备3师、4师、5师、6师，到黑龙江密山农垦局；预备8师，到辽宁盘锦农垦局。其他集体转业单位和各军兵种及各大军区志愿报名参加国营农场建设的人员，多数到黑龙江几个垦区，也有去云南、广东、广西、江西等省区国营农场参加生产建设的（约2万多人）。据遣送交接安置工作完成后统计，到黑龙江东部农垦部直属的密山、合江农垦局的转业军官6万多名，到黑龙江西部省属农场的1.2万人，共计7万多人。号称十万转业官兵开垦北大荒，实际不到此数。这些转业人员除几百名师团级校官外，绝大部分是年轻尉官。他们中有参加过第二次国内革命战争的老红军，有参加过抗日战争、解放战争和抗美援朝战争的干部战士，还有战斗英雄和特等功臣。这些转业官兵的素质都是比较高的，他们的到来加强了几个垦区和各农场的领导，充实了生产第一线和各个新建点的骨干力量。从1958年3月份开始，运送解放军转业官兵的一列列军车，从祖国各地、从各军种、兵种和各部队、院校，向北大荒汇集。他们豪情满怀地唱着“一颗红心交给党，英雄解甲重上战场”的战歌，分批进入三江平原。当时的铁路只通到密山县，下火车后由于到农场的运力不足，不少人是在冰天雪地的泥泞中徒步跋涉上百里、带着行李走到农场的。在整个4、5月份，从密山、佳木斯到东部各农场的路上到处都是转业官兵。在转业官兵奔赴北大荒各农场的过程中，各有关部门积极支援了这一工作，军事交通部门负责安排各线路车辆运转工作，商业粮食部门及时供应粮食和各种生活用品。黑龙江省委、省军区在哈尔滨成立了接待站，协助解决大批官兵的转运接收工作。广大转业官兵到达三江平原后，根据农垦部的安排，预备1师、7师到了黑龙江边的萝北县开发建立农场；预备4师到达宝清县大孤山地区创建了五九七农场；预备3师、5师部分转业官兵，在乌苏里江的虎头镇创建了八五一农场；预6师和预5师部分转业官兵扩建了原铁道兵创建的八五八农场。三江平原的其他各农场，也都分别安置了转业官兵，安置最多的是八五〇农场，达1万多人。其他农场有的三四千，有的一二千，最少的也有几百人。他们中除少数人安排充实到农垦局机关和各农场科室外，绝大部分都到新建开荒点和生产第一线直接参加劳动生产，多数人一直劳动到1962年、1963年。当时垦区农场住房很少，分配到新建点就更无房子了，转业官兵到达后，多数是自己动手搭建马架子，几十人住着对面的大通铺。

三、大规模开荒建设的开展

为了给转业官兵参加开荒建场作准备，农垦部于1958年4月决定，将铁道兵农垦局改名为密山农垦局（后改为牡丹江农垦局），为农垦部直属垦区，统一领导牡丹江地区的开垦工作。为统一三江平原完达山以北地区的开垦工作，经农垦部与黑龙江省协商，将在这个地区的省属宝泉岭、绥滨、曙光、七星等8个农场，划归农垦部直接领导，加上由苏联援建的友谊农场，成立了合江农垦局，为农垦部直属垦区。这样就基本上形成了农垦部在黑龙江东部三江平原地区，黑龙江省在省西北部地区，分别发展国营农场的格局。转业官兵一到北大荒，就投入了大规模的垦荒战斗，他们披荆斩棘，踏泥涉水，克服了生产和生活上的种种困难，为发展社会主义的国营农场英勇搏斗，谱写下无数艰苦创业的壮丽新篇。开发雁窝岛就是这些诗篇中动人的一页。雁窝岛位于黑龙江省宝清县八五三农场的东北部，面积200平方公里，它的东、西、北3面都被无固定河床的宝清河、挠力河包围，南面被称为“大酱缸”的数十里飘垡甸子所阻挡。以前只有冬季封冻才能进岛，化冻后人们很难进去，成为孤岛。因为岛上草甸子里大雁成群，柳丛草塘中有俯拾皆是的大雁蛋，所以人们称它为“雁窝岛”。1957年八五三农场派70多人开着拖拉机进去，建了简易住房，开出2万多亩荒地，当年播种420亩，生产粮食2.6万斤。1958年春大批转业复员军人来到北大荒后，又有300多人参加开发雁窝岛，在这里成立了八五三农场第四分场。垦荒建设规模扩大了，需要的生产物资和生活资料大大增加，在夏季开荒的黄金季节，油料供应不上，垦荒队员组织人力把油桶放进宝清河顺水推运进岛。从哈尔滨军事工程学院转业来的共产党员罗海荣，主动参加运油队并担任班长，在运油中罗海荣为了别人的安全自己断后，不幸被油桶压了下去，献出了年轻的宝贵生命。1959年雁窝岛向国家交售了粮食350多万斤。1961年修通了通往雁窝岛的公路，昔日荒凉的孤岛，变成了富饶的粮仓。当时开发建立起来的一批农场，多数都经历了类似雁窝岛那样艰难开发的过程。经过1958年至1962年的大发展，黑龙江农垦的耕地已由1956年的457万亩，增加到1962年的1 244万亩，占全国农垦耕地4 372万亩的28.4%，粮豆总产12.16亿斤，占全国农垦粮豆总产38亿斤的32%，上交国家商品粮4.45亿斤，占全国农垦上交商品粮9.17亿斤的48.5%。

四、工作遭受严重的挫折

从1958年到1962年，黑龙江农垦发展的速度和规模是空前的。但是，由于在“大跃进”、“人民公社化”运动中，高指标、瞎指挥、浮夸风、共产风的严重泛滥和遭受自然灾害，使十万官兵转业开发北大荒的工作遭受了严重的挫折。

1. 在高指标、瞎指挥的影响下，在开荒建点上有很大的盲目性

把没有开荒建场经验的转业官兵，过分集中地安排在渺无人烟的荒区，未经勘察设计，盲目设点就进行开垦，出现了不少选点不当，强行开垦沼泽地，以至后来不得不撂荒的情况。牡丹江农垦局党委在“关于垦区六年工作的检查总结报告”中曾写道，6年中因选点不适宜，而调整和撤销的生产队38个，废弃耕地260万亩，占开荒面积的41%；合江农垦局4年撂荒80多万亩。1959年不切合实际地提出把垦区所有农场建成出口商品基地；提出发展畜牧业的高指标；在饲料来源没有保证、畜禽舍和种畜禽严重不足，技术力量不适应的情况下，盲目建立大型孵化站，繁殖饲养畜禽，造成大量损失。

2. 农田基本生产条件差，粮食产量低

1959年是几年中粮豆产量最高的一年，平均亩产才186斤，1960年、1961年在自然灾害和草荒的影响下，整个北大荒垦区粮食严重减产。当时受灾最严重的牡丹江垦区受涝面积268万亩，占播种面积的95%，粮食总产仅8 600万斤，平均亩产20多斤。多数农场不仅不能为国家上交商品粮，还要吃国家返销粮。1960年牡丹江农垦局吃国家供应粮3 558万斤，粮食减产给广大职工生活造成严重困难，最困难的农场职工每月粮食定量不足20斤，家属不足15斤。

3. 不切合实际的乱上项目，造成大量人力、物力、财力浪费

在水利建设上，不顾当地低洼易涝、河流纵横应搞农田排水工程的实际情况，大搞“以蓄为主”的兴建水库工程，几个垦区先后建水库几十个，后来多数不得不报废，损失近千万元。在农业赔钱，应多上工业和多种经营项目的思想指导下，不顾主客观条件乱上项目，如石油厂、发电厂、肉联厂、孵化楼等，由于原料、资金、设备、技术力量不足等原因，被迫下马，造成大量损失浪费。

4. 混淆两种所有制

在人民公社化运动中，农垦部提出，将密山、合江农垦局所属农场与周围农业生产合作社合并，成立人民公社。据1961年统计，连同黑龙江省属农场在内，共并进农业社土地268万亩，劳动力7.9万个，人口28.7万人。由于合并后农场平调人畜力和其他财产，引起多数社队不满，以致后来不得不让多数社队退出，农场为此支付了大量的经济退赔，还引起了场社之间的许多纠纷。

5. 在管理体制上，部队转业后虽然名义上都改称为农场，但实际上还沿用许多部队供给制的管理方法，管理层次多，没有经济责任制，缺乏经济效益和成本核算思想，加上3年自然灾害，以致使农场经营从1960年开始连续几年亏损，1961年亏损额高达9 500多万元。由于连续亏损，再加上基本建设乱上项目，大量占用流动资金，使很多农场发不出工资，一般拖欠两三个月，个别甚至拖欠1年以上，使正常生产难以维持。

五、调整、整顿、巩固、发展

1961年8月，国务院副总理邓子恢视察了牡丹江垦区和宁安农场，在肯定成绩的基础上指出：“农场各方面的问题确实不少，首先是产量低”，“垦荒上有些盲目性”，“用大量的劳动力从事非农业生产”是“主次颠倒，不务正业”。提出国营农场要减少管理层次，把生产队作为搞好农业生产的基础，加强管理和制度建设，实行“包、定、奖”责任制。

1962年5月，国务院批转了国务院农林办公室、农垦部、财政部、中国人民银行《关于解决农垦系统所属企业资金问题的报告》。国务院同意“农垦系统所属企业一九六一年底以前所欠的银行贷款，一律转作国家财政对企业的拨款，由财政部门用上年财政结余归还银行。”并指出：“这只是一种非常的措施，只此一次，下不为例。”[①] 这一措施大大缓解了垦区连年亏损造成的困境。

1962 年 11 月，中共中央、国务院作出了《成立东北农垦总局的决定》，任命农垦部副部长张林池兼任东北农垦总局局长，黄家景、王景坤、王正林、刘伯增为副局长，直接领导和管理农垦部直属的牡丹江、合江农垦局所属企业。决定指出：“为了加强黑龙江东部地区现有国营农场的领导，提高劳动生产率和粮食商品率，开发三江平原，建立商品粮基地，更有利于农林牧副渔的综合经营，特决定成立东北农垦总局。”

1963 年 2 月，国务院副总理谭震林提出了整顿北大荒国营农场、装备机械化生产队，提高劳动生产率和商品率的建议。根据中共中央和国务院的指示，东北农垦总局和黑龙江省，都先后采取了一系列调整整顿措施。

1. 根据中央对国民经济实行“调整、巩固、充实、提高”的方针，压缩了开荒指标，实事求是地调整了各项生产指标。有计划、有重点地开展了排涝工程、交通道路和粮食晒场等建设，不断改变农业生产力低下的状况。

2. 调整各级领导班子，把一批懂生产技术、有管理经验的干部，充实到各级领导岗位上来。在各级领导带领下，加强了对干部工人的技术培训，逐步建立健全了各项规章制度。

3. 调整了场、队规模和管理体制。多数农场由三级管理改为两级管理，取消了分场，精简了非生产人员，扩大了生产队管理的权限，广泛实行了“包、定、奖”责任制。同时着手进行了“两结合”工资试点，开始改革平均主义的工资形式，把经济责任和经济效益结合起来。

4.1963 年 2 月，根据谭震林副总理的指示召开了重点机械化生产队会议，确定 1963 年重点武装 100 个生产队（东北农垦总局 70 个，省农垦厅 30 个），以后分期分批进行，争取到 1967 年把全垦区 2 000 多个生产队基本武装起来。为了提高机械化作业水平，总结了九三、友谊、赵光等农场机械化除草、化学灭草、耙茬、小麦分段收割和标准化作业的经验，广泛地进行了推广，使农业机械化水平得到了较大的提高。在垦区经济发生严重困难的情况下，广大转业官兵顾大局、识大体，发扬了人民解放军艰苦奋斗的光荣传统，与广大职工一起，同困难进行了顽强的斗争。在斗争中他们不断地在实践中学习，努力掌握农业生产和机械化作业技术，钻研农场管理经验，逐步成为支撑垦区建设的中坚和骨干，很多人后来还成了农业、机务和经营管理等方面的专家。经过几年的调整整顿，使北大荒垦区国营农场的生产建设，逐步走上了轨道。耕地面积从 1962 年的 1 244 万亩，增加到 1967 年的 1 800 万亩。这一时期开荒速度虽然没有 20 世纪 50 年代末期快，但开荒质量好。粮豆总产已从 1962 年的 12 亿斤，增加到 1967 年的 36 亿斤，上交国家商品粮 21.9 亿斤，比 1962 年增长 4 倍多。农场从 1966 年开始盈利，到 1967 年盈利额达到 5 750 万元。

北大荒垦区的农垦发展，虽然在“文化大革命”中受到了严重破坏，但由于以十万转业官兵为主体的农垦大军的艰苦努力和对林彪、“四人帮”倒行逆施的抵制，使垦区的生产建设仍然取得了

① 《农垦工作文件资料选编》，农业出版社出版，第 532 页。

发展。1978 年中共十一届三中全会后，在改革开放路线的指引下，实行了农工商综合经营，广泛地推行了一系列重大改革，使垦区进入了一个新的发展时期。昔日的北大荒已经变成了星罗棋布的国有农场群，已成为中国重要的商品粮基地，共拥有耕地 3 000 多万亩，1996 年粮豆产量达 140 亿斤，上交商品粮 100 亿斤，相当于中国一个中等农业省上交的商品粮，为解决中国人民在现代化建设中的吃饭问题作出了重要贡献。

（作者：农业部监察局副局级监察员、高级农艺师）

全国第一次土壤普查*

陶岳嵩

全国第一次土壤普查是1958年春季开始试点工作的，至1959年秋季全国绝大多数县完成了土壤普查和资料汇总工作；至1960年5月，全国大陆除青藏高原（含青海和西藏自治区）外，各省、自治区、直辖市先后完成了普查和补充调查以及省级资料汇总工作；全国土壤普查资料汇总工作始于1960年4月，至1964年底完成了各项编稿。这次前后历时7年的土壤普查工作，原来称为“全国群众性土壤普查鉴定工作”，本文简称为“全国第一次土壤普查工作”。

中国在国民经济发展第一个五年计划（1953—1957年）胜利完成后，广大农村已实现了农业合作化，农业生产连年获得很大增长，但农业发展速度仍远远落后于工业增长趋势。在此形势下，如何进一步加快农业发展，使之与工业发展相协调，是一个日益突出的问题。早在1956年1月，毛泽东在同各省、自治区、直辖市党委负责人商量后，将原起草的“农业发展十七条意见”扩充为40条，拟出了《1956—1967年全国农业发展纲要（草案）》，经中共中央扩大的八届三中全会原则通过，随后于1957年10月26日在《人民日报》正式公布了40条纲要的“修正草案”全文。在这个纲要中，强调了推行增产措施和推广先进经验是增加农作物产量的两个基本条件，列出了兴修水利、增施肥料、改良土壤、保持水土、开垦荒地等12项增产措施，这些措施的推行均需要全面摸清土壤底细。加上1958年进入人民公社化高潮，随着农业基层生产单位的扩大，必须统筹兼顾，合理规划、利用土地资源，也急需全面普查土壤。特别是在1958年，毛泽东总结中国农民群众在生产实践中积累起来的经验，概括为农作物增产的8项措施，即土（土壤）、肥（肥料）、水（水利）、种（种子）、密（密植）、保（植物保护）、管（田间管理）、工（工具改革），称为“农业八字宪法”。同时，他指出这些措施是相互联系的，并且一再强调要学习土壤学。1958年3月，毛泽东在成都会议上的讲话中提到：“各省的第一书记和参加会议的部长同志，大家要读一读威廉斯著的土壤学，从那里面可以弄清楚为什么会增产。土壤学是农业的基础科学，好像医生的解剖学。”他还在省委书记汇报时插话说：“要学习土壤学，这是农业科学的基础，看了它才知道如何增产。”① 同年5月，在党的八大二次会议上，毛泽东看了河南省长葛县通过深翻改土增产粮食的材料，说到“深翻一遍，增产一倍，至少增产百分之几十，增产的措施土壤应放在前边。”② 同年8月中共中央在北戴河召开的会议上讨论了农业问题，于1958年8月29日发布了《关于深耕和改良土壤的指

* 本文收入内部报告《共和国农业史料征集与研究报告》第1集，1999年。

① 《马克思、恩格斯、列宁、斯大林、毛泽东关于农业若干问题的部分论述》，中国农村发展研究中心、中国农业科学院农业经济研究所选编组选编，第447页。

② 郭玉福：《毛泽东与中国农业发展》，中国农业出版社1993年3月版，第102页。

示》及《关于肥料问题的指示》。各地为开展深耕和改良土壤，为开辟肥料资源，以适应农业生产“大跃进”的要求，进行群众性土壤普查、摸清土壤底细，乃是重要的基础工作，势在必行。

1958年春，南方一些省、地、县结合低产田改造已开展了土壤普查试点工作。其中如广东省新兴县、四川省南部县、贵州省黔东南自治州、浙江省衢县和绍兴县、江西省宜春县以及云南省德宏傣族景颇族自治州均是率先开展土壤普查工作，成为全省开展试点、取得经验、全面铺开的先行步骤。广东省于1958年3月中旬开始在8个专区选择9个县、市进行两批试点，于8月中旬全省120县、市开展土壤普查工作，到11月基本完成。新兴县是广东省最先的试点县，在生产、普查两不误的要求下，用了39天的时间完成了全县土壤普查，促进了农业增产措施的落实。

1958年11月上旬，农业部责成中国农业科学院会同土地利用局在广东省新兴县召开了“全国土壤普查鉴定工作现场会议”。11月5日，农业部常务副部长刘瑞龙在会上作了《摸清土壤底细，充分发挥土壤的增产潜力》的主题发言（后发表在《红旗》杂志1959年第3期，题为《让农民群众来揭开土壤秘密》）。现场会通过参观和交流各地试点工作的经验，集思广益，制订出《关于开展全国群众性土壤普查鉴定工作的意见》和《群众性土壤普查鉴定技术要点》两个草案，建议各省、自治区、直辖市在1958年冬至1959年春全面开展土壤普查鉴定工作。会后，中共农业部党组向中央写了报告，经毛泽东主席批阅同意转发。毛泽东批示：“此件印发没有？如未，请发，让同志们带回去看。因为此件很有用。”自1958年12月开始，一个以县为单位、以人民公社为基础、以耕地为主要对象，结合深耕改土和制订土地利用规划的群众性土壤普查鉴定运动在全国各地蓬勃开展。

1959年4月5日，农业部土地利用局会同中国农业科学院土壤肥料研究所在北京召开了15省、市土壤普查工作汇报会。这次会议各地汇报了开展土壤普查工作的情况和问题，着重交流了密切结合生产来进行土壤普查的经验，各地还介绍了农业土壤分类的方法和系统、土壤普查资料汇总整理的方法以及成果运用。会后，《人民日报》以《揭开土壤秘密》为题发表了评论员文章，强调“这项工作的主要任务是摸清土壤底细，进一步合理安排生产，制定各项农业增产措施，促进农业生产”。要求“从生产入手，又落脚于生产，围绕当前生产中心任务进行”。这次会议进一步推动了各地土壤普查工作的顺利开展。

在北京召开的15省、市土壤普查工作汇报会之后，为了加强对各地业务工作的协调、指导和组织进行全国土壤普查资料汇总工作，农业部成立了全国土壤普查办公室。以中国农业科学院副院长朱则民、土地利用局局长王凤斋为办公室正副主任，并先后调配专业技术干部9名（其中土地利用局6名、农科院土肥所3名），专责开展业务工作。

在全国群众性土壤普查取得了巨大成绩的基础上，农业部责成中国农业科学院和全国土壤普查办公室会同中国科学院生物部于1959年8月8日至20日在哈尔滨联合召开了“全国土壤普查鉴定深耕改良土壤学术会议”。会议的原则和宗旨是：“将工作安排与学术讨论相结合，在工作上互相促进，安排落实；在学术上各抒己见，百花齐放；党政干部和科技人员互相学习，团结各学派，调动一切积极因素，共同为农业生产服务，共同发展土壤科学。”会议期间各地代表提交的工作报告和论文共250余篇，全面反映了群众性土壤普查和深耕改良土壤所取得的收获。会后，中共农业部党组于11月5日向中央写了《关于全国群众性土壤普查鉴定工作科学讨论会的报告》，中央于11月

30 日批转了这个报告，批示中指出："各地土壤普查鉴定工作必须善始善终，贯彻到底，并在这个基础上编好土壤志和土壤图，作出土壤改良和土地利用规划。"按中央指示精神，各省、自治区、直辖市都抓紧工作，在已设立土壤普查办公室的基础上，充实专业人员，全面完成土壤普查工作；并于 1960 年 5 月前先后完成了省级资料汇总工作，编制出了省级土壤志和土壤图等基本资料。

在省级完成土壤普查资料汇总工作的基础上，农业部全国土壤普查办公室在 1960 年 4 月至 1961 年 7 月这一年多的时间里，组织各省、自治区、直辖市及有关科学研究单位的土壤专业人员 40 余名，聚集在北京进行全国土壤普查资料汇总工作。1960 年 6 月在全体工作人员研讨资料汇总工作的程序和方法时，农业部常务副部长刘瑞龙作了题为"让土壤科学成为农业持续跃进的战斗武器"的讲话（后发表在《红旗》杂志 1960 年第 17 期），工作人员通过学习和讨论，提高了认识，统一了思想。全国土壤普查资料汇总的具体任务是编制"四图一志"，即：1∶250 万的《中华人民共和国农业土壤分布图》，1∶400 万的《中国农业土壤肥力概图》、《中国农业土壤改良概图》、《中国土地利用现状概图》以及《中国农业土壤志》。"四图一志"草稿编出后，于 1961 年 8 月在北京召开了由土壤学家、制图学家和各大区资料汇总工作组组长参加的编审座谈会。根据这次会上提出的审查修改意见，从同年 9 月开始，农业部全国土壤普查办公室的专业人员对 4 种图稿分别进行修订补充、综合平衡和校核工作，同时还邀请有关专家对土壤志草稿进行了审阅和修改，至 1964 年底完成了"四图一志"的编稿，交付印制出版。

这次全国规模的群众性土壤普查工作是在中央和各级党政的领导下进行的，认真贯彻执行了领导干部、科技人员和农民群众三结合的群众路线的工作方法，广泛地总结了农民群众在生产实践中所积累的利用和改良土壤的经验，第一次初步摸清了 16 亿亩耕作土壤的底细，为进一步发展农业生产作了一项基础的工作。同时，各地通过土壤普查鉴定工作，培养了大批农民技术员，提高了土壤科技人员的思想水平和业务水平，在广大基层干部和农民群众中普及了土壤科学知识，从而有力地促进了中国农业生产和土壤科学的发展。然而在当时"大跃进"的形势下，土壤普查工作的时间紧、任务重，事前准备工作不充分，不同地区之间工作条件和力度不平衡，普查和汇总资料的口径不够统一，在一定程度上制约了成果质量的全面提高。

（作者：中国农业出版社中国农业百科全书编辑部副主编
农业部原全国土壤普查办公室工作人员）

“文化大革命”期间社队企业自发得到恢复发展*

张　毅

自从1962年党中央、国务院决定公社、大队一般不办企业以后，原来已办的社队企业已相继下马，农民离开工厂回队务农，加上三年自然灾害和工作上的失误，使农村经济萎缩，农民和集体经济收入没有了来源，加上1961年1月到1963年6月全国共精简职工1 887万人，城镇减少，2 600万人也回到农村，农村本来就不够吃，因而更困难了，出现上千万人的不正常死亡。在此情况下，生产队生产和农民经济生活十分困难，当时适逢“四清”，晚上开个会，生产队没钱买油；算账，没钱买纸；恢复生产，没钱买生产资料。“四清”队的同志看到这种情况，帮生产队搞一些副业，增加一些经济收入；一些经济发达地区的生产大队和生产队，为了解决城市下放职工和城市下放居民的收入和生活，利用他们的一技之长，在原有已下马的社队企业基础上，在农村基层干部和“四清”队的默许下，又办起了劳动密集型的工厂，据估计1966年全国社队工业产值约为41亿元。

对此种情况，毛泽东主席是知道的，但他仍把希望寄托于社队企业。1964年4月28日浙江省委林乎加、霍士廉、江华等同志汇报工作，当谈到人民公社《六十条》对社办企业和劳力投资规定不超过2%时，毛泽东说：“是否《六十条》暂时不改，到大多数公社、大队都有了社办或大队企业、公共积累，《六十条》再承认既成事实。法律就是承认既成事实！如果生产关系束缚了生产力，生产力终究会突破的。”① 1965年1月13日毛泽东在和陶铸、王任重谈话时还提出要“藏粮于民、藏富于民”观点。② 但正式作为文件下发允许农民再办工业是在1966年5月7日，毛泽东在一封信中说的：“农民以农为主（包括林、牧、副、渔），也要兼学军事、政治、文化，在有条件的时候也要有集体办的小工厂。”毛泽东的这封信，就是有名的“五七指示”。

不久震撼世界的“文化大革命”开始了，各级党政领导靠边站或被批斗，各级党政机关处于瘫痪状态，工人停产闹革命使本来就短缺的商品更加短缺。在此情况下，由于全国处于无政府状态，无人管理、无单位干涉，农民看到市场需求，抓住这个机遇，将工农业生产一肩挑，既是生产人们需要的农产品，又是生产急需的工业品，于是利用原有厂房、设备、技术人员和技术工人，办起了队办工业。由于没有精确统计，据有关资料估计，1967年社队工业产值44亿元，1968年50亿元，

---

* 本文收入内部报告《共和国农业史料征集与研究报告》第4集，2000年。

① 《毛泽东经济年谱》，第594页。

② 《毛泽东经济年谱》，第620页。

1969年56亿元，1970年68亿元。粉碎“四人帮”后，有人说：“社队企业是乘乱发展起来的，是左的产物”，在一次中央书记处会上杜润生将此情况作了说明后，中央一些领导同志说：这不是社队企业的过，是立了功。以后又遇到几次机遇，农民抓住这些难逢的机遇，使社队企业逐渐发展了起来。

第一个机遇，是知识青年上山下乡。1968年12月22日《人民日报》在发表甘肃省会宁县部分城镇居民到农村安家落户的报道中，传达了毛泽东的指示：“知识青年到农村去，接受贫下中农的再教育，很有必要。要说服城里干部和其他人，把自己初中、高中、大学毕业的子女，送到乡下去，来一个动员。各地农村的同志应当欢迎他们去。”于是在全国掀起了一个知识青年上山下乡的热潮。据有关材料，全国“文化大革命”期间上山下乡知识青年共1 600万人，国家和企事业单位为安置知识青年上山下乡所支出的经费超过100亿元，其中相当一部分用于办知青工厂。一些社队还利用知青和城市的紧密关系，由他们牵线搭桥，由城市工厂帮助农村建了许多工厂。

第二次机遇，是加快农业机械化步伐。1970年8月周恩来总理在极其困难的处境下，为了使中国农业少受“文化大革命”的影响，用国务院名义召开了“北方地区农业会议”。会议指出：“农业的根本出路在于机械化。不搞农业机械化，光靠手工劳动，就不可能更快地提高农业劳动生产率，不可能改变六亿农民搞饭吃的局面，也就不可能腾出劳动力加快工业建设。毛主席提出‘用二十五年时间，基本上实现农业机械化’，已经过去了十五年了。我们要切实抓紧今后十年的工作。”为了落实北方地区农业会议精神，1971年9月国务院召开“全国农业机械化会议”，会议提出到1980年10年奋斗目标：使全国农、林、牧、渔的主要作业机械化水平达到70%以上。为了实现这一目标，会议要求：（1）要建立县、社、队三级修造网；（2）发展“五小”工业（指小钢铁、小煤矿、小机械、小水泥、小化肥），为农业机械化创造物质基础；（3）进行农副产品加工、冷藏、运输；（4）要重视小农具和改良农具的生产供应。会议还介绍了山西省昔阳县大寨大队、湖北省新洲县刘集公社、河北省遵化县发展社队企业，促进了农业机械化的经验。这次会议后，使社队企业每年以24%的速度向前发展。

第三个机遇，是农业学大寨运动。1975年国务院准备召开全国农业学大寨会议，浙江省部分财政银行干部于1975年9月5日给毛主席、党中央写信，由周长庚执笔，信中说：“最近我们读到《华国锋同志给湖南省委的一封信》，受到很大的启发教育和鼓舞。”“这封信，说出当前广大农村干部和贫下中农的心里话。信中指出的问题，不仅在湖南省有，在全国各地有，特别是在我们浙江更是普遍存在。”现在社队企业“如烂漫的山花，冲破种种阻力，到处开放。”“但是，目前我省一些党政领导同志，对社队办企业这一社会主义新生事物，表现很不热情，至今态度暧昧，不敢大胆支持和领导，省里几个有关部门，至今还在‘踢皮球’。”原因有二：一是农村人民公社工作条例修正草案《六十条》有关章节，在中央没有明文修改前，对社队企业问题，不能轻易表态支持，更不能全面规划发展；二是中央没有明确指定哪个部门主管社队办企业……省、地有关部门也不好决定由谁来主管负责。同时还存在一些部门强行把一些办得好的社队企业，收归他们所管辖的企业范围。并说“社办企业转大集体专业社、厂，大集体专业社、厂转全民所有制的国营工厂，是社会主义大方向。”“听说，最近中央即将召开全国农业学大寨的大会……恳请党中央对这方面作些新的指示。”随信附华国锋1974年12月28日给湖南省委的一封信和1974年12月15日《河南日报》关于巩县回郭镇公社围绕农业办工业、办好工业促农业的调查:《光明灿烂的希望》的报道。毛泽东接到信后，于1975年9月27日批示:“小平同志请考虑，此三件（两封信及一篇报道）可否印发在京各中央同志。”邓小平接到批件后，立即照办，并写道:“遵示，已发各中央同志。”同时还将批件印发参加全国农业学大寨会议的各省负责同志。在给会议准备的报告中，也增加了发展社队企业的内容，此报告于1975年10月15日经毛泽东圈阅。这个报告就是由华国锋在全国农业学大寨会议上所作的总结报告:《全党动员，苦战五年，为普及大寨县而奋斗》。在报告中他代表中央、国务院正式提出:“社队企业的发展，使公社、大队两级经济强大起来，有效地帮助了穷队，促进了农业生产，支援了国家建设，加速了农业机械化的步伐。发展社队企业，必须坚持社会主义方向，主要为农业生产服务，为人民生活服务，也要为大工业、为出口服务。要充分利用本地资源，发展种植、养殖、加工和采矿业等，但是必须注意不要和大工业争原料，不要破坏国家资源。”“各地党委应当采取积极态度和有力措施，推动社队企业更快更好地发展。”“对现有社队企业要加强领导，发现了问题，要积极整顿。”这个报告后又以中共中央文件下发各级党委。在毛泽东、邓小平亲自关怀和这次会议的明确支持下，农民和基层干部办社队企业的积极性大增，使社队企业有了一个较快的发展，每年平均递增25%。

在“文化大革命”中，虽然社队企业遇到了发展机会，但在那被林彪、“四人帮”阴谋篡党夺权、混淆是非，视社会主义为资本主义的年代里，他们利用一切机会，把矛头指向农村基层干部和社队企业的带头人，把社队企业的带头人当作“资本主义的带头人”来斗，把支持社队企业的农村干部当作“资本主义的黑后台”来批，把社队企业当作“资本主义土围子”来打，令其关闭，资产没收。那时还不许农民从事商业、贩卖、运输等商品流通业务，不许农民开饭店、旅店等服务业。就是搞工业，设备全是计划分配物资，社队企业在计划经济以外，设备也不卖给，办企业缺资金，银行也不给贷款。这些都使社队企业处在非常艰难的境况中。用农民的话说，“社队企业是没娘的孩子”，“是后娘养的孩子”，是在担惊受怕中，依靠自我精神，克服各种困难，争生存、求发展的。

（作者：农业部原乡镇企业局副局长）

改革开放

（1978—2010）

中国农民的伟大创造

——大包干的由来和发展的回顾*

王郁昭

中国农村改革的内容是多方面的，但最重要、最基本的是普遍实行了以家庭联产承包为主的责任制。家庭联产承包制是广大农民在党的十一届三中全会精神指导下逐步探索创造出来的。它开辟了农村改革的道路，奠定了农村改革成功的基础。

一、家庭联产承包制产生的背景

包干到户（又称大包干）是家庭联产承包制的主要形式。这一责任制形式由凤阳县农民首创，率先兴起于安徽东部的滁县地区，并在三四年之内席卷全国。

20世纪70年代末期，位于江淮之间的皖东农村经济已濒临破产。长期以来，全区农村人均口粮只有500斤左右，社员集体分配人均只有70元左右。在定远、凤阳、嘉山等贫困县，不少社员人均口粮只有300斤左右，人均收入只有50元左右。一些地方合作化以后20多年的集体积累，折价不够抵偿国家银行贷款。从60年代初开始，每到冬春，全地区总有大批农民扶老携幼逃荒要饭。1978年，滁县地区遭受了百年未遇的特大旱灾，粮食大减产，皖东农村经济岌岌可危，农民愁思百结，干部焦虑万分。正是在这种情况下，皖东发起了对旧的农村经济体制的冲击。

二、从“一组四定”到“包产到组”

1978年9月，滁县地委召开全区四级干部会议。此时党的十一届三中全会还没有召开，极“左”路线和理论还没有得到清算。但是，“实践是检验真理的唯一标准”的大讨论已经进行了几个月，两个“凡是”的观点正在受到质疑，各级干部群众的思想正在活跃起来。会上，许多公社书记提出一个尖锐的问题：农业长期上不去，原因究竟在哪里？一个公社上不去，两个公社上不去，为什么全区240多个公社都上不去？难道我们这些公社书记都是笨蛋吗？他们强烈要求地委解放思想，放手让下面干，干上去了不求表扬，干不上去自动下台。分组讨论中，来安县和天长县一些公社介绍了包产到组、以产计工、小宗作物田间管理责任到人、超产奖励的责任制以及对基层干部按

* 本文收入内部刊物《当代农史研究》1995年第2期。

工作实绩进行奖励等行之有效的办法，引起了与会干部的极大兴趣。但这些办法在当时还属“禁区”，被称为“秘密武器”，只能暗中实行。会后，地委一方面把情况向省委第一书记万里同志作了汇报，一方面组织人员到这些社队进行调查。

早在1977年春，地委曾从抓年终分配入手，在全区推行“一组四定”责任制，即“划分作业组，实行定任务、定时间、定质量、定工分”。这种责任制在当时有一定的积极作用。但由于小联产，不能克服分配上的平均主义，农民并不满意。不久，来安县烟陈公社魏郢生产队探索出包产到组、以产计工、超产奖励、减产赔偿的办法，增产效果十分显著。1978年烟陈公社许多生产队因大旱粮食减产，这个生产队却增产30%。天长县新街公社在抗旱中实行棉花管理责任制到人、超产奖励的责任制，单产提高89.6%。联产计酬责任制的出现和成功使地委的思想大大解放了一步，在万里的支持下，地委以文件的形式将几个典型的调查报告印发全区，要求各县先在1个大队或1个公社试点，取得经验后再逐步推广。但是，文件下达后，各县纷纷要求扩大试点范围，许多社队干部群众上门争当试点。随后，一些不是试点的生产队也自发地干起来了。到3月底，全地区实行包产到组、包干到组联产计酬的生产队约占生产队总数的68.3%。

“双包到组”责任制的推行伴随着激烈的争论。反对者认为这种责任制不符合“三级所有、队为基础”的原则，是“三级半”所有，影响了农业集体化的性质，要纠偏。1979年3月15日，人民日报发表了甘肃省一位读者的来信，标题是‘三级所有、队为基础应当稳定’。来信认为：“现在实行‘三级所有、队为基础’的体制，符合当前农村的实际情况，应当稳定，不能随便变更。轻易地从队为基础退回去，搞分田到组、包产到组，也是脱离群众、不得人心的，同样会搞乱‘三级所有、队为基础’的体制，搞乱干部、群众的思想，挫伤群众积极性，给生产造成危害……”。报纸还加上了编者按，指出要“坚决纠正”。发表在党报上的来信强烈地震动了滁县地区的干部群众。有一些对“阶级斗争”、“路线斗争”心有余悸的同志，认为读者来信有“来头”，惶恐不安。针对农村干部群众思想上出现的波动，地委及时向各县发出电话通知，明确指出：“当前正是春耕大忙的季节，各种形式的联产责任制都应当稳定下来，不要变来变去。”各县县委态度坚决，有的表示“春耕已经开始，就是刀架在脖子上也不能功摇”。这时省委第一书记万里来到滁县，他明确指出：“三级半有什么不好？这是经济核算嘛，四级核算也可以，家庭也要搞核算，那不是五级吗？”并指出：报纸是不管饭的，秋天如果群众有讨饭的，我要找你们县委书记和县长。作为报纸发表各种不同意见都是可以的，别人可以写读者来信，你们也可以写读者来信。这好比公共汽车一样，别人可以打票乘车，你也可以打票乘车。究竟什么意见符合人民的根本利益和长远利益，要靠实践来检验，决不能读了人家一封信就打退堂鼓。

1979年秋收以后，地委主要负责人亲自带领全区公社书记到最早实行大包干到组的凤阳县岳林大队开现场会。会上没做任何报告，也没有表扬谁批评谁，只是简单地介绍了几句就宣布解散，要求与会人员愿意到哪家看就到哪家看，愿意找什么人谈就找什么人谈。农民的呼声和丰收的事实打动了大家，特别是说服了那些对双包到组有种种疑虑甚至非议的人。干部认识的统一，推动了双包到组在全区更大范围地展开。

“双包到组”的推行，其意义不仅在于责任制形式实现了从不联产向联产的转变，更重要的是它为大包干在滁县地区的兴起从思想上和实践上开辟了道路。

三、从“双包到组”演变为“双包到户”

联产计酬的“双包到组”比不联产计酬的“一组四定”虽然大大进了一步，但农民并不满足。承包到组虽然克服了生产队集中劳动的“大呼隆”，打破了生产队的“大锅饭”，但又出现了作业组的“二锅饭”。个人责任不明确，劳动者的利益不能直接体现出来，劳动者的积极性得不到充分的发挥。农民向往的是联产承包到户。1978年底和1979年初，全区已有部分生产队暗中搞了联产承包到户，主要是包产到户，增产效果显著。来安县1979年粮食增产4.4%，其中包产到户的队增产37%，包干到组的队增产12.5%，包产到组的队增产3.4%，仍然以队为基础，搞“大呼隆”的队则减产6.7%。嘉山、凤阳、定远等县也出现了队不如组、组不如户的普遍情况。实践是检验真理的唯一标准，生产的发展给了干部、农民大胆实践的勇气。尽管当时中央有关文件仍然明确规定除边远山区和交通不便的单家独户外，不准搞包产到户，但“双包到户”在皖东已经呈现出一种“满园春色关不住”之势，成为农民的自发选择。在省委的支持下，滁县地委顺应民心，积极引导，推动包产到户责任制迅速发展。据不完全统计，1979年8月底，全区只有67个生产队搞了包产到户，同年年底发展到2 197个，1980年4月发展到11 549个，占全区生产队总数的48.4%。

凤阳县小岗生产队首创了包干到户的责任制形式。1979年初春，小岗生产队的18户农民秘密开会，决定土地按人平分到户，耕牛和大农具作价到户，农产品交售任务、还贷任务、公共积累和各类人员补助款分摊到户。如果生产队长因此而坐牢，其余17户共同养活其家属。小岗农民首创的这种大包干责任制形式，比包产到户更向前迈进了一步。当年春天，小岗的做法并没有引起人们的特别关注。但不久，这种做法的巨大优越性就显示出来了，吸引了其他地方的农民，也引发了激烈的争论。

“包产到户”长期以来被当作在农村复辟资本主义的具体表现而受到批判，它在皖东的大规模出现招致了比承包到组更强烈的非议和责难。滁县地区的左邻右舍在交界地带刷出“反对复辟倒退”、“抵制安徽的单干风”等大字标语。个别省的报纸甚至准备了十几个版面，声称要对安徽的包产到户“打排炮”。反对者凭借十几年大批判形成的“理论优势”咄咄逼人，许多干部、农民心里不踏实。面对挑战，没有现成的“本本”可查，只有到农民的实践中去寻找答案和支持。1979年10月下旬，地委领导们来到凤阳县小岗生产队。这是小岗生产队大包干后的第一个秋天。丰收说明了一切：全队粮食总产13.2万多斤，比1978年增产6倍多，18户农民中有12户收了万斤粮；油料总产7.5万斤，超过了合作化以来20多年油料产量的总和；社员人均收入311元，比1978年增长6倍多。自1957年起的23年来，这是第一次向国家交售粮食和油料，分别超额完成任务7倍和80多倍。地委常委通过对小岗生产队的解剖分析，在双包到户的性质和作用等几个重大问题上形成了统一的认识：(1) 土地等主要生产资料所有权仍归集体，只是分户经营，不是分田到户；(2) 生产计划由生产队统一下达，抗旱、防汛以及各种公差勤务由生产队统一安排，不是变相单干；(3) 国家、集体、个人三者关系以及各种公益事业，年初通过合同的形式定下来，年终落实兑现，不是“富了个人、空了集体、穷了国家”。因而不论是包产到户还是包干到户，都是坚持社会主义方向。明确了这一点，对于坚定信心，统一认识，实事求是地解决问题，具有重要意义。当时，地委没有对承包到户下禁令，而是同意继续承包，准许小岗生产队再干3年。

1980年春节前夕，万里又来到滁县地区，在小岗生产队挨家看了一遍，只见各家各户凡是能装粮食的东西都装得满满的。他说："这样干，形势自然就会大好，我早就想这样干了，就怕没人敢干。"当生产队长反映有人指责小岗是"开倒车"时，万里当即表示："地委能批准你们干三年，我批准你们干五年。只要能对国家多作贡献，对集体能够多提留，社员生活能够大改善，干一辈子也不能算开倒车。"他的话，使多年来尝够"左"的苦难的农民，心里一块石头落了地。有的社员顾不上与省委第一书记说话，急忙回家炒花生。这是大包干的丰收果。他们把炒熟的花生一把把地往万里及其随行人员大衣兜里装。万里落了泪，他语重心长地对随行的地、县负责人说："咱们不能再念紧箍咒了，你们说是不是？"回到合肥后，他在省委常委会上捧出小岗生产队社员送的花生，给到会的人员吃，说这是包产到户种的花生，再一次强调说，不管什么办法，只要能增产增收，对国家能多贡献，集体能多提留，群众生活能够大改善，就是好办法。

1980年初，万里调离安徽省。围绕双包到户的争论在安徽省乃至全国上下激烈地进行。有些人提出种种非议和指责，有的领导甚至想方设法加以阻挠，滁县地区的双包到户责任制承受着巨大压力。就在这时，地委主要负责同志在一次座谈会上看到邓小平同志《关于农村政策问题》的内部谈话。谈话旗帜鲜明地支持肥西县的包产到户和凤阳县的大包干到户责任制。他指出："安徽肥西县绝大多数生产队搞了包产到户，增产幅度很大。'凤阳花鼓'中唱的那个凤阳县，绝大多数生产队搞了大包干，也是一年翻身，改变了面貌。有的同志担心，这样下去会影响集体经济。我看这种担心是不必要的。实行包产到户的地方，经济的主体现在也还是生产队。这些地方将来会怎样呢？可以肯定，只要生产发展了，农村的社会分工和商品经济发展了，低水平的集体化就会发展到高水平的集体化，集体经济不巩固的也会巩固起来。关键是发展生产力，要在这方面为集体化的进一步发展创造条件。"① 这个谈话在我国农业面临向何处去的关键时刻，拨开迷雾，指明了前进的方向。地委负责同志回到滁县后立即向各县委书记作了传达。在邓小平同志谈话精神的鼓舞和指导下，更加坚定了推行大包干责任制的信心和勇气。

大包干到户一出现，就以其独特的优越性，受到农民和农村干部的格外欢迎。这种责任制形式"责任最明确、利益最直接、方法最简便"，同绝大多数农村的生产力水平、农民的经营水平、干部的管理水平相适应。用农民自己的话说：国家的征购任务我们交，集体的提留我们给，剩下的随便怎么算都在俺们的口袋里。后来概括为"大包干、大包干，直来直去不拐弯，保证国家的，交足集体的，剩下都是自己的"。大包干成为广大农民的自觉选择，扩展非常迅速。家庭联产承包初期搞的包产到户，基本上都迅速发展成为包干到户。到1981年底，全地区实行大包干责任制的生产队占99.5％。

四、以大包干为主要形式的家庭联产承包制迅速在全国推开

皖东大地满园春色，引起了全国及全世界的瞩目。中央1980年发了75号文件，即《关于进一

① 《邓小平文选》（1975—1992），第275～276页。

步加强和完善农业生产责任制的几个问题的通知》后，接着连续几年发了几个中央一号文件，明确了双包到户的社会主义性质，指出双包到户“是建立在土地公有制基础上的……它不同于合作化以前的小私有的个体经济，而是社会主义农业经济的组成部分”。并指出“凡是群众要求实行这种办法的地方，都应积极支持”。这样大包干责任制迅速在全国普及开来，并不断完善提高，成为我国农村联产承包制的主要形式。党的十三届八中全会通过了《中共中央关于进一步加强农业和农村工作的决定》，全面总结了十多年来农村发展的成功经验，再一次高度评价了家庭联产承包制，强调要长期坚持，不断完善，家庭联产承包制作为我国农村集体经济组织的一项基本制度长期稳定下来，载入宪法。大包干是我国农民在党的领导下的伟大创造。可以断言，以家庭联产承包为主要内容的农村改革，必将为建设中国特色的社会主义现代化农业和新农村，使广大农民从温饱达到小康水平，为国家繁荣昌盛作出更大的贡献。

（作者：国务院发展研究中心原副主任）

霍士廉、杜润生、赵修三人联合写给中央关于“包产到户”问题报告的形成过程*

余国耀

1980年5—6月，我作为农业部的一名工作人员，随农业部部长霍士廉、国家农委副主任杜润生、农业部副部长赵修到湖南、贵州农村调查。这时，中共十一届三中全会已开过，三中全会通过的《中共中央关于加快农业发展若干问题的决定（草案）》虽明确规定农村“不许包产到户”，但三中全会坚持的实事求是思想路线和提倡一切从实际出发的原则，以及“放松”农村经济政策的精神，已在农村中产生了变革现实的巨大影响和推动力，农村情况发展很快。有关包产到户问题在有的地区出现了重大的突破。根据在调查中了解到的情况变化，霍、杜、赵三位领导同志决定联名向中央如实反映。返京后由我执笔起草、他们修改定稿，写成了《关于湖南、贵州农业生产和包产到户情况的报告》上报中央。“报告”以农业部文件（80农业办字第85号）于1980年6月30日发出。

据查，这是中央农业部门领导干部以正式文件写给中央关于“包产到户”问题最早的一个报告。现在看来，报告中反映的关于包产到户问题的情况和看法，以及向中央提出的有关政策的建议，都明显地带有从传统思想观念的框框中出来的痕迹，但同时又表明了霍、杜、赵三位领导干部坚持实事求是突破“禁区”的勇气和精神。就整个报告的内容看，它将作为一份珍贵的历史资料，向人们证明这样一个论断：包产到户是来自中国农民的伟大创造。

万里同志、农委并转

中央、国务院：

五月二十七日到六月十四日，我们几个人到湖南、贵州两省跑了一趟，现把情况简报如下：

（一）

湖南近两年来粮食增长快，成绩大。一九七九年增产二十多亿斤，总产达到四百四十三亿斤。同一九四九年总产一百二十八亿斤比较，增长二点五倍。按全省人口平均，去年提高到八百四十八斤，在全国说是较高的水平。但按货币收入讲，同年农业人口人均分配九十二元三角，相对地说是低的。今年省委提出了建设人均分配二百元的富裕队要求，争取每年有二三万个队能达到这个目标，初步设想，到一九九〇年农村人均达到二百元。

---

* 本文收入内部报告《共和国农业史料征集与研究报告》第3集，2000年。

为了实现上述指标，省委计划加快林、牧业和经济作物如苎麻、柑橘、茶叶等的发展，经济作物面积由目前的一千万亩发展到一千五百万亩。

湖南省委对中央提出了如下的要求：

（一）实行“一定五年”的粮食征购政策，改“三超”粮一年变动一次的做法。今后希望中央固定该省的购粮任务。在丰收年新超购部分一律照议价收购。

（二）要求在完成粮食征购任务后，允许省使用部分余粮。比如，湖南每年用于喂猪、鸭的饲料粮约八亿斤大米，省委要求出口或与北方兄弟省交换杂粮，用交换的高粱酿酒，用酒糟喂猪，就可以增加收入。类似的问题说明，允许省里使用饲料粮和部分代集体储备的粮食，对国家集体和社员都是有益的。

湖南对国家贡献大，去年全省上调大米约十亿斤，是全国上调粮食最多的一个省。今后上调十亿斤大米的数额是必须保证的。但是过去对粮食及其他农副产品，国家收购过多，统得太死，不允许地方有所机动的做法，是不利于更好地调动像湖南这类地区的积极性的。建议中央对各省类似的要求予以重视和考虑。

（二）

在贵州，我们走了毕节地区和遵义地区，确实很穷。全省去年社员人均分配四十六元八角，口粮三百六十九斤，在全国是最低的。不少地方仍有购过头粮的情况。中央拟定从今年起，每年调给贵州十亿斤粮食，五年不动，财政补贴五亿三千万元，这对扶持贵州人民休养生息，发展生产是很有必要的，正确的，否则，群众喘不过气来。

贵州省现有人口二千七百三十万，耕地二千八百万亩，其中水田才一千二百万亩，有灌溉设备的八百万亩；一千六百万亩旱地中，绝大多数是山坡开垦出来的。五六十度的陡坡也开荒种粮，亩产不到百斤，缺粮压力太大，农民的生活十分困难。

但贵州多山，气候良好。冬无严寒，夏无酷暑，雨量充沛。有一亿亩宜林的山地资源得不到合理利用，林业只占农业总收入的百分之三点九；可以利用草山草坡大量发展牛羊草食牲畜，也得不到应有的发展。全省养猪八百四十七万头，而牛只有三百六十六万头，羊只有二百零七万只。更严重的是，多年来，抓粮挤林、挤牧的结果，使生态平衡遭到破坏，森林覆盖率日益缩小。毕节地区不完全统计，连年来毁林开荒一百多万亩，牧地下降了六十多万亩。这个地区五十年代有木材调出，六十年代自给，七十年代反而要求调进。贵州出产著名的烤烟、生漆、桐油、松香等，过去很长时期都没有得到应有的发展，自然优势和经济优势没有发挥出来。

最近，省委按照航测四千五百万亩耕地进行规划，准备退耕还林、还牧一千万亩，把粮食种植面积保留在三千万亩的水平上。牧业这里确是大有可为的。希望中央每年给贵州调进十亿斤粮食能多稳几年。目前虽然面临种种困难，但干部和群众看到生产路子对了头，人心安定，生产情绪高涨。如烤烟、油菜、桐油、生漆等都能上去，按农村人口平均计算，每人每年增加收入十元是可能的。全省计划，造林一亿亩，其中经济林一千万亩，二十年后每年就可提供木材三四百万立方，不但可以显著地增加社员收入，而且将对国家作出大的贡献。

目前烤烟、桐油、生漆等都由国家统购，去年种烤烟九十万亩，产烟叶一百九十万担，全部统调往上海，因为这里烟叶质量好，是名牌香烟不可缺少的原料。当地收购价格每斤只有五角，农民一年所得约一亿元，商业部门利润一亿六千多万元，到上海后烟厂得利三四亿元。相比之下，农民获利太少。今年全省计划种八十万亩，没有完成。又如桐油，贵州年产量三千万斤，都上调出口。但由于收购价格偏低，每斤才一元，也不利于发展。今年湖南为了奖励发展桐油，加价百分之三十，每斤桐油还奖售大米一斤，贵州邻近湖南的几个县，纷纷把桐油运到湖南出售。所到之处干部都要求：（一）稳定收购数字，超购部分，归地方自己处理；（二）社队可经营农产品加工，或交由国家加工实行利润分成；（三）价格偏低，要求适当提高收购价格。

根据贵州贫困落后、少数民族多的现实状况，关于农村的经济政策，应该允许省委采取适合广大群众的要求，对国家、地方、集体和社员有利的灵活政策，以利于发挥优势，加快农业生产的发展。国家收购农副产品，采取国家有关部门和省建立合同制，在合同外的农副产品，可以留给地方发展工副业生产，也可以按议价卖给国家。地方土特产品的收购销售价格，只要有利于发展生产，有利于改善人民生活，允许省委在不影响全局的前提下，适当调节，不要过分限制。总之，在经济计划、物资调拨方面，要让省委有较大的机动。这样，生产的发展才能大大加快。

（三）

我们这次到湖南、贵州，碰到的一个突出问题是，围绕着农村生产队包产到户的问题议论纷纷，认识很不一致。这已成为当前农村工作中亟需统一认识的一个政策问题。

湖南省委不赞同包产到户。从省到地、县各级党委基本持相同态度。全省四万多个生产队，大田包产到户的八百五十一个队，只占百分之零点二。新田县石溪公社党委书记，前些日子曾公开提出“要想吃饱饭，就要分田单干（实际指包产到户）”已经受到批评纠正。湘潭地区攸县江南大队赵家铺生产队，搞专业包产，超产奖励制，收效甚好，值得大大提倡。

贵州包产到户和单干是大发展趋势。目前全省已有三分之一的生产队包产到户。县区同志说：“只要上级宣布一声合法，哗啦一声就包完了，至少百分之八十以上。”预计贵州全省将不低于百分之六七十。根据中央关于对贫困地区政策要“松动”的精神。贵州省委已经从去年坚决“纠正”改变为“不纠”、“允许”。该省历史经验证明，包产到户和单干，光靠“堵”与“纠”是不解决问题的，还是“疏”与“导”为上策。但是，各级干部对这个问题仍有思想顾虑。怕将来反复，负责任。开阳县委不传达省委两次电话会议关于“不纠”的指示，县委自己主张要“纠”，怕担“搞倒退”的责任。遵义县虾子公社党委，为了怕将来反复，还作出了“关于纠正单干的八条决定”，只作上报备案文件，实际上并未上阵去纠正单干。更多的干部是绕开走，“睁一眼，闭一眼”，任其自流；另有一部分搞包产到户的同志则说，“包产到户是社会主义”，可以不纠；而单干是非法的，既违背宪法，也不符合“六十条”，必须纠。黔西县委书记杨锦伦说：我县已有五百多个队分田单干了，我现在最怕的是“传染”，单干风如果来到了县委门口（指县委附近生产队也单干），我怎么办？

贵州省自从合作化以来，先后出现过两次单干和包产到户的高潮，这回是第三次了。前两次都是被扣上“全省资本主义复辟”的帽子，用抓“阶级斗争”和“两条道路斗争”给以击退！在斗争中，支持包产到户的基层干部被列为“地、富、反、坏、干一条黑线”，进行过“一批二斗三罚款”，至今心有余悸。因此，面临当前即将出现的第三次高潮，出现上述的思想顾虑是很自然的，没有理由去责怪他们。他们不仅对省委“不纠”有怀疑，对中央“松动”也有怀疑，说上边是孙猴子政策，七十二变！

我们曾就这个问题和省委商量，一致认为：

（一）应该组织干部进行调查研究并总结集体化以来的经验教训，坚决贯彻执行党的三中全会关于实事求是的思想路线，统一认识，主动地加强领导，避免放任自流，搞好当前工作，这是目前处理包产到户问题的首要关键。

（二）提倡一切都从实际出发。生产发展正常、集体经济办得好，应该坚持搞好社队集体经济的，不搞包产到户，这是从实际出发；从经济情况和群众情况看需要包产到户，包了确有好处，应该允许包，这也是从实际出发。总之。就是要看哪种办法符合生产力发展水平，有利于发展生产。教育干部替人民利益着想，不要只顾个人得失，畏首畏尾，举棋不定，或者放弃领导，搞得灰溜溜，让群众各奔前程。要把集体的、个体的积极性都发挥起来，振奋精神，渡过困难，改变面貌。我们在大方县双山公社同基层干部座谈，会上介绍了周家寨、胡家寨、金家坝三个生产队，他们有小段包工、定额计酬的，有包产到组的，有包产到户的，三个队三种不同形式，都获得了不同程度的增产，各自从实际出发进行选择，各自受到本队社员的拥护。其根本的一点，就是纠正吃大锅饭，克服集体生产分配的平均主义，实行按劳分配，或体现了自食其力，劳动果实不被人侵占。这个问题，确是农村长期以来社队一切弊病的根源。

（三）要对三十多年来集体化的实际情况有一个正确的分析估计。即使像贵州这样贫困、落后的地区，也有不少集体经济办得很好，社员生活得到较大改善的生产队。我们去毕节县访问田坝桥公社弯腰树生产队，在遵义县访问龙坑公社马家弯生产队，都是这方面的先进典型。弯腰树生产队八十八户、四百零七人，位于高寒深山里，全队耕地分布在一百二十八个山头，连年来口粮都在四百五十斤到五百五十斤以上，人均分配一百一十元到一百二十五元；马家弯生产大队原是遵义县郊区的一个普通生产队，八十户，三百六十八人，原来办的并不出色，一九七八年起克服了平均主义偏向，建立各种定额，按专业包到组或人，去年人均分配二百零四元，口粮八百零七斤。去年以来，这两个队虽有个别人想闹分队，但是绝大多数社员没有同意，目前干部和社员对集体生产很有信心。弯腰树生产队长陈克俊谈了对包产到户的看法说：“包产到户可以解决吃饭问题，渡过目前困难，但是，多种经营不行，农田基本建设搞不上，我们生产队大家不想拆开。”对于这些生产发展、集体经济得到巩固的社队，是应该坚持搞好队集体经济，树立前进方向。

（四）当前对包产到户，既要防止过去那种硬“纠”，也要注意防止过分美化包产到户。包产到户和单干，是在那些集体经济长期搞不好，群众生产生活困难的情况下，作为调动个体积极性，解决群众目前温饱的一种措施。很多事例证明，确能联系群众，确有增产效果。但包产到户毕竟变成分散经营，对集体经济产生了某种矛盾，它搞不好，就发生破坏公共财产损害多种经营的情况，也是有得有失的。在干部舆论中不主张包的，说包如何如何不好，是大倒退；主张包的又夸大了包的优越性，隐讳了“包”带来的一系列问题。这都是不实事求是的。

目前争议较大的是，包产到户究竟是不是社会主义集体经济的一种生产责任形式。我们听到看到一些包产到户的队，确有坚持统一经营的，这当然可以算是集体经济的一种生产责任制。但是，由于历史和现实的种种因素，大多数生产队包产到户后很难坚持做到统一经营，实际上成了变相单干。这一类近似单干的包产到户，如果成为某些地方不可避免的措施，即使不给它生产责任制的称呼，同样应主动领导群众按照群众要求去办事，该包就包，努力办好，切实增产减少破坏，但要保持清醒头脑，也要扬长避短。

（五）从我们在贵州接触到的情况看，包产到户涉及生产关系的改变，也会引起动荡与破坏，必须十分注意。遵义县虾子公社有的队的拖拉机被社员“肢解”了——有的拿走了轮子，有的拿走了犁头，有的拿走了管子，弄得谁也不能使用；有一头耕牛，两天中就被“你争我抢”无休无止地劳役，活活累死了。我们访问的大方县双山公社金家坝生产队，他们在今年二月前后“包产到户”时，社员把集体的十亩树林砍光了。还有的把马车卖掉瓜分了，经济作物不种了，烤烟房闲置不用了，等等。这种由于生产关系的变化引起生产的破坏，并不是不可避免的。我们和当地干部座谈，总结地方经验，认为以下几条可以试行：

第一，生产队领导机构和原共同经营事业（如烤烟房、农副产品加工厂、队办林场等），应坚决保留。

第二，提倡搞专业责任制，林木、经济作物、其他牧渔副业，包产到组、到户。先安排好这些，再包大田生产。包田土，最好按劳力包。对困难户另外照顾。如一般地“小而全”包产到户，目前似乎人劳结合为好，以后逐步地朝上述方向引导。

第三，水利、科学种田等如何协作分工，享受权益，分担义务，应有章程；与此同时，要保留发展一些集体经营项目。

第四，为稳定人心，应宣布包产到户可以稳定三五年不变。将来如何过渡到集体经营，还要尊重群众意见。可能通过多种灵活的形式，而不是一个模式。在三五年内，包产到户的队群众自愿要求变的，由群众自己讨论决定。要教育干部和社员，从实际出发，既要面对今天的现实，又要看清明天的未来。走集体共同富裕的道路是我们的方向。

以上报告，如有不当，请批示。

霍士廉　杜润生　赵修

一九八〇年六月三十日

职工家庭农场出现的由来*

许人俊

1983年，中共中央、国务院对农垦企业的改革和发展极为关心。1月，中共中央一号文件指示："国营农、林、牧、渔场，是国家重要的商品生产基地，应实行经济责任制，农工商联合经营，努力增加商品产量，提高商品质量，作出更大贡献。"2月，胡耀邦总书记到海南垦区考察。4月，胡耀邦出访回国途经新疆，又到生产建设兵团五家渠垦区考察。5月，叶剑英、王震等在广东会见省农垦总局领导人王昌虎、陈文高等。8月，邓小平专程赴黑龙江垦区视察友谊农场的农业机械化生产。也就在这个月的一天，国务院办公厅通知农牧渔业部：赵紫阳总理要到新疆考察，让农垦、水利、石油各派一名干部同行。到新疆考察什么，未作任何透露。部领导经研究派农垦局副局长王光希执行任务。

那次同行人数不多，有中共中央书记处胡启立、郝建秀，国务院研究室袁木，外加秘书、警卫和农垦、水利、石油各一人，总共只有10人左右。飞机从首都西郊机场起飞后，赵紫阳在机舱内召集开会，宣布北行主要是察看新疆农垦企业，附带察看水利设施（农垦）和石油企业。

飞机朝西北方向飞去，直抵新疆南部喀什机场。下飞机后，第一站考察新疆生产建设兵团的农场，兵团司令员陈实等一直陪同。赵紫阳边看边问边讲，然后又飞往库尔勒、阿克苏、塔城、石河子、奎屯等垦区，兵团10个农业师他们都一一察看过。赵紫阳过去在广东、内蒙古、四川管过农业，了解农垦企业的情况。这次，在军垦农场看了10多天，发表了许多有针对性的意见。他指出："农垦企业'一死二穷'，必须改变过去那种官办形式，彻底摆脱苏联国营农场的模式。进一步解放思想，努力探索，找出适合我国国情的形式。要学习借鉴农村家庭承包的成功经验。兵团作为一个大公司、大企业，在内部要采取多种形式的经济责任制，特别是在农场内，要试行联产承包责任制，就是说要大农场套小农场。这种小农场是家庭农场的形式，而又不是'小而全'，而是专业化的。各团场主要不是靠行政手段，而是通过生产前后的植保、加工、运输、储存、技术推广、物资供应等方面的合作，把家庭式的小农场同团场联系起来，组成兵团大农场的整个体系。""它把大农场统一经营和小农场分散经营结合起来，既发挥大农场的机械化生产的优越性，又发挥小农场自主经营的积极性，实行有统有分、统分结合的双层经营。"兵团的同志听后深受启发，逐一作了记录。有一天晚上，在克拉玛依石油管理局招待所，赵紫阳特地把王光希找到房间里谈话，询问王对农垦企业改革的看法，并指示其将自己在沿途农场说的意见，向部领导汇报。

这是国务院领导首次用10多天专题考察农场，首次严厉批评国营农场"一死二穷"，首次指示

---

* 本文收入内部报告《共和国农业史料征集与研究报告》第7集，2002年。

办职工家庭农场，而且使用了“大农场套小农场”这个新概念。因事关重大，王光希随即通过长途电话向北京部领导作了汇报。

部领导感到赵紫阳总理考察时间那么久，指示那么多，那么重要，于是让王光希留在新疆，并向赵紫阳总理报告：林乎加、赵凡等部领导将立即飞新疆听取指示。

在部领导飞新疆的同时，部办公厅迅速通知各省、市、自治区农垦厅局长赶赴新疆出席全国农垦工作会议。

林乎加部长、赵凡副部长等，在乌鲁木齐向赵紫阳总理作简要汇报，听取他的指示。由于赵紫阳在考察途中就农垦企业的改革不断发表意见，后来在自治区和兵团领导人会议上又作过长篇讲话，所以在听取部领导汇报后作指示时，思路更清晰，观点更明确、更系统；既有他个人的见解，也有集体研究的意见；既有经验总结，也有理论概括，相当全面、深刻。不久，新华社和《人民日报》以重大篇幅发表了他视察新疆垦区的重要讲话。

赵凡在石河子全国农垦工作会议上传达了赵紫阳的指示，大家讨论热烈，反映强烈，震动很大，一致认为指示抓住了农垦企业改革的核心，切中要害，指明了方向，提出了任务，决心迅速传达、贯彻、落实，将兴办职工家庭农场作为突破口，推动改革深入发展。

会后，各省、市、自治区都兴起了办职工家庭农场的热潮，研究推行“大农场套小农场”的实际措施，态度积极，行动求稳。一般都经历过试办、全面兴办和完善提高 3 个阶段。

一年后，即 1984 年 8 月，全国农垦工作会议在黑龙江红兴隆垦区召开，据 17 个省、市、自治区的统计，共兴办家庭农场 8.3 万个。各地普遍反映：兴办职工家庭农场，实行家庭承包、独立经营、自负盈亏后，较充分地调动了职工和家庭成员的积极性。过去是农场职工国家养。社会积累多少不管，干好干坏一个样，工资收入月月不变。如今，家庭农场解决了职工长期端国家的“铁饭碗”，吃农场“大锅饭”，出工不出力的老大难问题。劳动生产率和土地利用率平均分别比往年提高 20%和 30%。尤其遇到自然灾害，家庭农场在抗灾、保收、增产方面发挥的作用更大。这是国营农场管理体制上的重大突破。它从根本上改变了“一死二穷”的格局，说明兴办家庭农场适应农场生产发展的需要，也符合职工的心愿。

原先有人以为国营农场是大农业生产，担心实行“大农场套小农场”后，全民所有制经济会变成个体经济，国营农场性质会变、会解体，生产会乱套。实践表明，各地在改革中都严格按“全民所有，家庭承包，独立核算，自负盈亏”的原则办事。家庭农场仍然是国有大农场统一领导下专业承包、分散经营的一个层次，性质没有变，生产没有乱，效益没有降。所变的是“铁饭碗”、“大锅饭”打破了，固定等级工资制冲破了，奖金封顶限额突破了，职工与家属的界限冲破了，职工家庭由生活消费单位变成了生产经营单位，既有压力也有动力和活力，有利于激发职工和家庭成员多劳多得，勤劳致富，于国、于场、于民都有利。这一年，全国农垦工作会议（红兴隆）通过了《职工家庭农场章程（试行草案）》，根据胡耀邦总书记关于“不能慢吞吞”的指示，解放思想，全面铺开，加快发展。

1988 年 8 月，全国总工会农林工会 100 多名代表，从各省、市、区来到黑龙江宝泉岭农垦局，通过边看边问，就“大农场套小农场”的问题进行探讨。大家认为：中央提出兴办职工家庭农场，建立“大农场套小农场”的双层经营体制，是一个战略方针，完全正确，意义深远。5 年实践证明它的优越性体现在：(1) 彻底打破了分配上长期束缚生产力发展的平均主义“大锅饭”，空前调动了职工和家属的积极性，农垦经济的细胞有了生机和活力。(2) 进一步解放了生产力，使大批剩余劳动力从种植业分离出来，推动了农业多种经营的发展和农垦产业结构的调整。(3) 强化了商品竞争机制，有利于推动先进技术，挖掘自然资源和增加农业投入，有利于提高职工素质和增强农业后劲。(4) 有利于土地向种田能手集中，发展适度规模经营，创造高效益的农业生产力，从根本上改变农业落后的状况。

（作者：中国农垦经济研究与技术开发中心原主任）

在国营农场兴办家庭农场的经过*

刘良玉

一、家庭农场的提出和全面部署兴办

自1983年下半年起，在国营农场开始试办职工家庭农场。它是由中央提出、由农垦部门自上而下逐级部署实施的一项重大改革，也是国营农场在已开始推行“大包干”责任制基础上进一步深化而发展起来的。

中共十一届三中全会以后，广大农村逐渐突破了以往对包产到户的限制，并发展成为农民喜欢的大包干。这种以家庭为主承包耕地并独立自主、自负盈亏的经营机制，也逐步影响到国营农场。开始是在农场的饲养业中出现了“一家班”的责任制形式，当时的农垦部曾给以支持和鼓励。以后，在边远垦区一些长期亏损的规模较小的农场，出现了由职工家庭承包耕地的“大包干”形式。对此，引发了不同的认识和争论，直到1982年的2月，农垦部制定的《关于国营农场生产责任制若干问题的原则规定》中，仍规定“国营农场不推行包产到户和包干到户的责任制”。

例如，在内蒙古的巴盟垦区有一个叫“份子地”的小农场，位于河套流域的最下游，盐碱重、产量低，年年亏损，1980年经过全场大讨论，决定包产到户。实行了一年，由上年亏损26万元变为盈利1.4万元。但是1981年被批评为“倒退”，上级下令“要纠正过来”。而改革的现实成果，又迫使附近的农场突破禁令向“份子地”农场学习。到1982年，巴盟垦区17个农牧场都选择了这条路。又如，黑龙江垦区的依安农场，从1956年建场到1981年，累计亏损2 530万元，是黑龙江垦区的“老大难”单位。1982年他们提出取消固定工资，实行盈亏大包干的办法，决心背水一战，改变面貌。方案一提出，有的职工不理解，认为是“农场转嫁危机”，有的干部认为是“倒退”，是搞“两极分化”，个别人甚至上访告状。但农场领导带领群众硬着头皮闯了1年，一举扭转了20多年的亏损，盈利140万元。又如湖北省长港农场，1982年为实行家庭大包干担着风险闯了1年。开始他们思想上有“四怕”：一怕缩小生产规模否定了社会主义制度；二怕影响收入、影响全民所有制性质；三怕乱了套，无法收拾；四怕偏离方向挨批。但实行1年增产增收，超额完成了农产品交售任务，全场获利润20.72万元，比1981年增加15倍。尽管如此，他们还是怕偏离方向，1982年12月他们寄信给上级，信中说，“国营农场也能实行大包干责任制”，希望得到上级的承认。

类似上述几个农场的情况，在其他垦区也不少。1982年12月19日万里在一份《江西鄱阳县等五个国营垦殖场实行包干到户一年生产面貌大变》的材料上批示：“此件可在农民报上报导一下，

---

* 本文收入内部报告《共和国农业史料征集与研究报告》第2集，1999年。

以引起农场的同志们想想问题。”1983 年 3 月，全国农垦工作会议在广东的湛江召开，重点是贯彻万里副总理的批示，研究国营农场联产承包生产责任制问题。会议讨论通过了《关于完善农垦企业联产承包经济责任制的意见》，明确规定：“对国营农场和广大职工要求实行大包干的，都应当积极支持。”从而统一了农垦系统对大包干到户责任制问题上的思想分歧。会后，大包干到户的责任制迅速在国营农场发展起来。据统计，到 1983 年的上半年，采用这种形式的已占职工总数的 25.7%，有的省（区）达到 50%以上。

1983 年上半年在国营农场推行家庭“大包干”责任制的结果，使人们思索、探讨国营农场管理体制的更深层次改革问题。1983 年的 7 月份，广东省湛江垦区出版的《湛江农垦经济》第 7 期上刊登了署名“村人”的文章。文章的题目鲜明地提出“国营农场管理体制非改不可”，副标题是“探讨建立家庭小农场问题”。这是农垦系统来自基层的提出建立“家庭小农场”这一新概念的第一份报告材料。当时我们把这份材料转登在《国营农场经济研究资料》第 18 期上，它是一份发人深省的调查研究报告。

笔者所在的农场叫织篢农场，属广东省湛江农垦局，是一个经营橡胶、剑麻、茶叶等经济作物的小农场。调查报告指出，该场有职工 1 922 人，按人数平均计算，每人只占有橡胶 6.84 亩，剑麻 0.86 亩，茶 0.24 亩。该场从 1960 年建场到 1982 年，经营亏损总额 268.9 万元，年度平均 14.2 万元，国家总投资 1 465 万元，只回收税金 99 万元，回收率 6.7%。根据场内土地分散，人多产品收入少，生产经营连年亏损，但又不适宜关、停、并、转这一现状出发，该场于 1982 年对农业生产试行“三定”到户，联产计酬责任制。当年实现盈利 11.3 万元，利润率 3.8%。1983 年在全场范围内又全面推行经济大包干，计划盈利 20 万元，利润率 5.7%。笔者认为：农场全面推行经济大包干的路子是可行的，预测有较好的经济效益，但由于客观上受某些农场现行经济管理体制方面的束缚，经济大包干的做法在很大程度上还只是局限于在具体的经济管理方法上作了某些方面的改革，经济效益的潜力还没有被充分显示出来，主要是包干不彻底、间接费用高、机构庞大、管理人员多。因此，笔者建议，“建立以户为单位的承包生产主体——家庭小农场”。他在文章中说，这是根据该场的实际提出来的，这个实际是：现阶段生产力水平低，农场内部的生产经营落后，农场的经济发展速度在今后若干年内仍有很大的局限，但场内人口逐年递增，需要就业的职工子女、家属和退休人员逐年增加，而农场的土地却无法再增加。根据测算，今后每年有近百名职工子女需要就业，15 年后，该场每一个职工要负担一名退休人员，现在设想以家庭小农场经济作为家庭经济支柱，就是为了及早谋求对这一实际的解决办法，可以设想这样一个公式，即：承包土地＋全家人口＋生产经营项目＋先进生产技术＝家庭小农场经济实力。笔者还提到，全场职工只有 1 922 人，而场、队干部达 179 人，占职工总数的 9.3%。现在有的生产队只配备 1 名干部，场机关 11 个科室，条条线都连着他，上级机关开个会，各个科室都可以根据自己的需要单独向他布置工作，或者是今天我这个科室开会，明天你那个科室检查工作，但不论场机关用的是什么方式，这个队干部就是 1 个人在那里应付。事实上一些科室的职能部门对这个队干部已经是不起作用了。职能部门设置多了，并没有为经济效益的提高服务。

这份报告材料虽然只讲了 1 个小农场的问题，但是反映出当时农垦系统广大干部、职工正在普遍思考的问题。同时，国营农场是由国家每年给以拨款投资的，它经营的好坏，也是中共中央、国务院领导人不断思考的问题。到1983年8月，当时的国务院总理赵紫阳视察新疆生产建设兵团时提出了“国营农场内部实行职工家庭承包，办家庭农场”的问题。当时全国农垦工作汇报会议正在新疆石河子垦区召开，会上立即部署了各垦区试办家庭农场的工作。因为已有推行大包干的基础，到1983年底，国营农场很快就办起了一批家庭农场，以前的承包大户很自然地转变成了家庭农场。随后，农垦系统各级管理机构都制定了一些相应的规章制度。

1983年11月，在北京召开的农垦系统直属、直供4垦区会议上，提出了《关于在国营农场兴办职工家庭农场的意见》，规定了10条政策，并把这个文件提交给了中共中央在12月要召开的全国农村工作会议，征求意见。于是在1984年1月中央下发的一号文件即《中共中央关于一九八四年农村工作的通知》中，对此作了明确规定，即：“国营农场应继续进行改革，实行联产承包责任制，办好家庭农场。机械化水平较高，不便家庭承包的，也可实行机组承包。”中共中央文件下达后，农垦系统积极兴办家庭农场，有的垦区还给职工发了《职工家庭农场证书》。为适应新的情况，1983年12月在全国农垦财务、计划会议上，还制定了《国营农场实行“大包干”、办家庭农场有关财务管理和会计核算问题的意见》，印发了家庭农场收支登记簿、生产收支和收益分配表、成本表等会计报表。

1984年8月，胡耀邦总书记视察黑龙江垦区，他也很关心办家庭农场的问题，他听说有人顾虑怕出现两极分化时说：“什么怕两极分化，党的富国富民政策，就是要我们领导群众勤劳致富，不引导群众勤劳致富还叫什么社会主义？”又说：“今年中央1号文件已经写明白了，要办好家庭农场，你们就抓紧办吧！”

1984年9月22日，全国农垦工作会议在黑龙江垦区召开，会议传达了胡耀邦总书记的讲话，讨论和通过了《大力发展和办好职工家庭农场》和《国营农场职工家庭农场章程（试行草案）》等文件。

一场前所未有的、具有重大历史意义的改革热潮在国营农场展开了。在全国2 000多个国营农场中，孕育出几十万个家庭小农场来，形成“大农场套小农场”的新体制，形成农垦经济新的生长点。

二、机械化大农场的试办家庭农场工作受到更多的关注

全面兴办家庭农场以后，在一般的农场比较容易推行，但是在机械化程度高的农场，尤其是新疆、黑龙江两大垦区能不能推行呢？认识是不一致的，人们的担心是比较多的，各级领导也给予了更多的关注。

从1983年初开始，新疆垦区的领导机关——新疆生产建设兵团司令部就已大力动员各团场进行家庭联产承包的实践。兵团司令员陈实于1983年初在动员全兵团进行改革时就十分强调家庭经营的重要性，他说：“有的农场很多职工挑水种几平方米小菜，我问那里的干部为什么不可以动员职工集资打井再分给半亩到一亩地发展家庭种植业？他们听了，谈虎色变，还以为是怪事。”“石河子总场职工在银行有一千万元的私人存款，农场有成千上万的闲散劳动力和二十万亩未开垦的土地，难道他们不愿拿出来投入再生产和进行劳务投资？他们是怕政策不兑现。只要农场认真执行政

策，走群众路线，发动职工投资，几十万亩地就能开出来，就用不着靠国家了。”全兵团经过大力的宣传动员和组织工作，到1983年底，70%以上的职工家庭承包了农场的耕地和畜群。到1984年底又有5万户职工发展为家庭农场。当时，新疆兵团的做法是大力发展开发性家庭农场，即由家庭承包弃耕地和零星荒地的开发建设以及发展职工庭院经济。到1984年10月，据统计，职工家庭就集资购买了大中型拖拉机1 576台，汽车244辆，小四轮及各种人畜力车2万多辆；职工自费开荒20余万亩，收复弃耕地47万亩，为发展职工的庭院经济，农场给职工分得宅基地、自用地32万亩，户均一亩半，有8 623户建了新房60.2万平方米，户均69平方米；据15.7万户的统计，职工庭院经济收入1984年达3 720万元，户均236元，有4 000多户收入达千元以上。全垦区1984年出现了430个万元户。这一变化使兵团农牧团场的经济活跃起来。

能不能把大农场已有的农业机械的所有权转让给职工家庭农场所有？也就是能不能建立自己拥有机械的家庭农场？这是全国性的问题，但在黑龙江垦区则尤为突出。有的人担心这样做会导致“机械化被毁于一旦”。为了采取慎重的步骤，《中共中央关于一九八四年农村工作的通知》中规定：“机械化水平较高、不便家庭承包的，也可以实行机组承包。”1983年11月农牧渔业部批发的《关于在国营农场兴办职工家庭农场的意见》中也规定：“国营农场的一些小型农机具、车辆和牲畜可以作价卖给职工使用，产权归职工，大型农业机械仍由农场机务组承包经营。”但是实践大大突破了原来的考虑和设想，掌握了土地经营权的职工，立即从农场以外购进了自己需要的农机具，而且经济效益好。1984年9月全国农垦工作会议决定进一步放宽政策，允许把农场的大型农机具作价归户。1984年冬，黑龙江垦区开始将大型农机具折价转让给家庭农场。黑龙江垦区宝泉岭农场六队转让机械以后，有17个家庭农场拥有机械，占家庭农场的16%，每户占地300亩以上，所占耕地占全队耕地的51.6%，土地相对集中于拥有机械的家庭农场。没有机械的家庭农场94个，占84%，平均每户占地80亩左右，最少的30亩，共占地7 632亩，占总耕地的41.6%。这个队对由谁来接管农场机械办机械化家庭农场的问题是经过民主讨论的，决定由群众投票进行民主选举。条件是技术高，懂生产，会经营，有全局思想，能为其他家庭农场很好服务，受到大家拥护。这个队还把17个拥有机械的家庭农场组成4个协作区，并以他们为中心联合非机械家庭农场组成更大的协作区，由生产队帮助做协调工作，从而解决了机械转让给家庭以后所产生的各种后顾之忧。

到1985年2月底，整个黑龙江垦区共办起各类家庭农场137 452个，承包耕地2 161万亩，占应承包耕地的84.7%，除大型进口机具和灌溉、水利工程机械采取了承包和租赁形式外，其余机具的90%左右，都有价转让给职工家庭农场所有。同时，职工还集资2 660万元，从场外购进各种机械、车辆2 061台。转让给职工的机械相对集中在技术优秀的农机手中，大约占家庭农场总数的20%～30%的家庭农场（包括联户家庭农场）拥有比较齐全的机具，由他们承包了全垦区60%的耕地面积，使土地和机具都做到了相对集中。

黑龙江垦区和新疆垦区耕地面积占整个农垦系统的2/3，他们在推行家庭经营的实践中所获得的初步成果，反映了整个农垦系统在大范围内推行这场改革的情况。

到1986年，在全国农垦系统的2 000多个国营大农场中，已孕育出了93万个家庭小农场。

三、兴办家庭农场遇到的问题和探索解决的途径

在大力兴办职工家庭农场的过程中，国营农场遇到了3个比较突出的问题。

一是对退休老职工的福利待遇问题以及老弱病残职工难以独立承包的问题。有的穷困农场也给退休职工分了地，退休工资不能照发；一些老弱病残职工自己既难以独立承包耕地，而在合作的联户农场中，大都不愿吸收他们。因此，一部分职工不满意，有的上访告状。

二是在机械化程度高的农场，土地承包到户以后，地块变小，种植作物不统一，出现“花花田”，影响机械设备发挥作用。尤其是在黑龙江垦区，影响较大。

三是兴办家庭农场之初，家庭农场没有经济实力，大都由大农场垫支生活费和生产费，如发生亏损，就在大农场“挂账”，出现“只能负盈不能负亏”的现象，有的农场“挂账”现象严重，黑龙江垦区1992年时挂账达15.61亿元，银行拒绝贷款，影响了农场的正常运转。

由于存在以上一些难题，加上一些旧思想和习惯势力，影响到一些人对兴办家庭农场的信心，有的垦区出现了反复，在黑龙江垦区出现了两次较大的反复，叫做“翻烧饼”。例如在黑龙江垦区的红兴隆管理局，兴办家庭农场不久，即几经反复，转让的机械又收回，办起的家庭农场又重归“大帮”，全管理局的12个农场中，除2个小农场没有反复外，其余10个农场全部吃起了“大锅饭”。在新疆垦区也出现了两次反复。开发性家庭农场由1987年的828个，减少到1989年的614个，庭院经济也受到影响，有些农场职工又从家庭经营承包转为单纯的生产承包。

虽然如此，仍有不少农场坚持下来，而且探索出了解决问题的一些好经验。

一是大力解决机械不能很好发挥作用的问题。一些农场创造了“一队两制”的经验。即将连片的大量的适宜机耕作业的土地，逐步向掌握机械的种田能手集中，也就是让少数种田能手承包大片土地，而将多余的职工从机械化作业上分离出来，只承包少量的零星的土地，发展劳动密集型的农副业生产，发展庭院经济，向非农业领域转移。在大农场的协调安排下，“一队两制”逐步发展成熟，效益极为明显。例如在黑龙江垦区的九三管理局所属的尖山农场，经过“一队两制”模式的调整，全场4 200名农业工人中，16％的种田能手承包了全场76％的耕地，其余84％的人只种了24％的耕地。九三管理局在改革初期，有3.3万人种284万亩耕地，人均种地86亩，到1986年，种地人减少为7 000人，人均种地430亩，1997年人均种地达到500亩，1998年再增到600亩。这样的规模经营达到了国外发达农业的水平。十几年间，全管理局共分离出2万多人，他们种植经济作物、饲养奶牛和肉牛，发展加工业和服务业，形成了一个规模不小的有利于职工富裕起来的自营经济。

二是探索解决家庭农场的“挂账”问题。为使家庭农场能够依靠自己的积累进行生产和经营，不再由大农场垫支和“挂账”，成为名副其实的家庭农场，各地都认真探索解决家庭农场实现“两费自理”（生活费和生产费）的途径。

在解决“两费自理”的探索中，全国农村经济改革的试验基地——绥滨农场，发挥了示范带头的作用。绥滨农场所在的宝泉岭管理局的领导认为，实行“两费自理”是一项有历史意义的重大转折。职工工资入档，家庭农场交够了大农场的利费税后，剩下的全是自己的，使家庭农场真正成为

农业经济中的经营主体、投入主体、利益主体和风险主体。绥滨农场作为全国改革试验区，成为这项改革的试点，并获得成功。绥滨农场在改革前8年，累计亏损1 200万元，改革后8年，年年盈利，累计盈利1 300万元。它的改革成果得到广泛的承认和赞扬。

家庭农场实现“两费自理”经历了一段阵痛。在这期间，1992年邓小平的南方谈话，中共十四大确立的社会主义市场经济新体制，使家庭农场逐步走出阵痛的境遇，走上了稳步、健康的发展进程。到1997年，全国农垦系统农业职工自理的生产、生活费金额达270亿元。① 这一数字，是1997年全国农垦固定资产投资额131亿元的2倍多，是全国农垦用于农林牧渔固定资产投资额43.5亿元的6倍多。“国家出钱，职工种地”的国营农场的旧模式，将成为历史。

在国营农场中兴办家庭农场这一历史性的重大改革，经过18年的风风雨雨，经过曲折和反复，终于走上稳定、健康发展的道路，使国营农场建立起了“大农场套小农场”的具有中国特色的新体制，摆脱了“一死二穷”的旧模式，赶上了全国建立社会主义市场经济体制的时代步伐。

（作者：原农业部农垦经济研究所高级农经师）

① 《中国农垦》1998年第2期，第5页。

关于“1980 年全国基本实现农业机械化”目标的提出、实施及宣布放弃的过程*

姬业成

“1980 年全国基本实现农业机械化”，曾经是全国人民、特别是农业战线为之奋斗的一个重要目标，在中国大地上宣传了 25 年，实施了 25 年。围绕这个目标，全国人民付出了巨大代价，取得了一定成绩，也带来了许多问题。最后，终因其距实际太远，而不得不在 1980 年宣布放弃。

对于历史，离得越远，可能看得越清。现在来看那段历史，应该力求客观、公正、真实。

一、“1980 年全国基本实现农业机械化”的提法是哪里来的，怎样成了全国人民奋斗的目标

解放初期，中国共产党和政府在变革农村生产关系的同时，非常重视推广新式农具，也试建了一些拖拉机站。

1955 年 7 月 31 日，毛泽东发表了《关于农业合作化问题》的讲话。这篇讲话的主题是批判在合作化问题上的“小脚女人”，认为合作化的高潮已经到来。就在这篇讲话中，毛泽东指出：“我国的商品粮食和工业原料的生产水平，现在是很低的，而国家对于这些物资的需要都是一年一年的增大，这是一个尖锐的矛盾。如果我们不能在大约三个五年计划的时期内基本上解决农业合作化的问题，即农业由使用畜力农具的小规模经营跃进到使用机器的大规模的经营……我们的社会主义工业化事业就会遇到绝大的困难，我们就不可能完成社会主义工业化。”因此，毛泽东提出：“在第一第二两个五年计划时期内，农村中的改革将还是以社会改革为主，技术改革为辅；大型的农业机器必定有所增加，但还是不很多。在第三个五年计划内，农村的改革将是社会改革和技术改革同时并进，大型农业机器的使用将逐年增多，而社会改革则将在 1960 年以后，逐步地分批分期地由半社会主义发展到全社会主义。中国只有在社会经济制度方面彻底的完成社会主义改造，又在技术方面，在一切能够使用机器操作的部门和地方，统统使用机器操作，才能使社会经济面貌全部改观。由于我国的经济条件，技术改革的时间，比较社会改革的时间，会晚一些。估计在全国范围的基本上完成农业方面的技术改造，大概需要四五个五年计划，即二十年至二十五年时间，全党必须为实现这个伟大任务而奋斗。”

---

* 本文收入内部报告《共和国农业史料征集与研究报告》第 1 集，1999 年。

毛泽东这里说的20～25年时间，是从他讲话的1955年算起，按25年计，就是到1980年。

这就是“1980年全国基本实现农业机械化”口号，或者说目标的由来。

需要说明的是，当时对毛泽东的讲话，还没有像后来那样当作“最高指示”、“一句顶一万句”。因此，毛泽东讲过这个话以后的两三年里，几乎没有人再提起，包括1955年10月11日通过的中共七届六中全会决议、中共八大会议以及这一期间机械工业部部长黄敬的几次讲话，1956年1月23日中共中央政治局提出的《1956年到1967年全国农业发展纲要》中都没有引述毛泽东前边讲过的话，农业部、《人民日报》仍在一直推广新式农具、双轮双铧犁，都没有提实现农业机械化问题，更没有提什么时限。1958年3月中央成都会议通过的《中共中央关于农业机械化问题的意见》中，也没有提“1980年全国基本实现农业机械化”的目标。

到了1959年4月29日，毛泽东发出《党内通讯》讲的6个问题中，第五个问题是这样讲的：“机械化问题。农业的根本出路在于机械化，要有十年时间。四年以内小解决，七年以内中解决，十年以内大解决。”不过，毛泽东讲的重点是指改良农具。他说：“今年、明年、后年、大后年这四年内，主要依靠改良农具、半机械化农具。每省每地每县都要设一个农具研究所。集中一批科学技术人员和农村有经验的铁匠木匠，搜集全省、全地、全县各种比较进步的农具，加以比较，加以试验，加以改进，试制新式农具。试制成功，在田里实验，确实有效，然后才能成批制造，加以推广。”

毛泽东将农业机械化提到“农业的根本出路”的高度，这一说法成了对农业机械化的最经典的论述，一直指导着中国的农业机械化工作。

但从毛泽东所讲的具体作法看，似乎又把农业机械化看得过于简单，好像依靠农村的铁木匠、改良农具，就可以解决很大问题。

此后，实现中国农业机械化的时间就变成了10年左右，而且分解为4年小解决，7年中解决，10年大解决。

1959年9月20日农业机械部向中央主席第一次写报告，基调是10年实现农业机械化。10月18日中央批转了农业机械部的报告，批示中说：“应该根据从1958年起以十年至十五年的时间实现农业现代化，即实现农业机械化、水利化、化学化、电气化。”

这就又出现了一个“从1958年算起，十年至十五年实现农业机械化”的问题。

从以上材料可以看出，当时对实现农业机械化的时间要求是变来变去的，并无定论。忽而说25年，忽而又说10年，后来又说15年。忽而说是从1955年算起，忽而又说从1958年算起。

1962年9月27日中共八届十中全会通过的《关于进一步巩固人民公社集体经济、发展农业生产的决定》中，再次提出用20～25年时间实现农业机械化的问题，并且告诫全党“虽然，我们对于这个任务抓得稍微迟了一些，但是，从现在起，实事求是地（而不是主观主义）、因地制宜地（而不是千篇一律）、及时地（而不是拖拖踏踏）、有重点地（而不是分散力量）、慎重地（而不是轻率地）来正确处理这个任务，再经过20～25年的努力，就一定能够在基本上实现党中央所预见的、农民和全国人民盼望很久的农业现代化的目标”。

多方面上理解，这里所说的“从现在起”，应该是指1962年，“再经过20～25年的努力”，应该是到1982年或1987年。不过，后来一直没有进行这方面的解释。

从1962年到1966年初，农业机械化方面的工作抓得是比较实在的，从农具改良到拖拉机定型、排灌机械选型、农机管理等都有新的实现，而且始终没有放弃半机械化农具的推广工作。

农业机械化作为一个重要问题，重新提到中央议程是由1966年初湖北省委写给中央的一份报告引起的。

1966年2月5日中共湖北省委提出了该省逐步实现农业机械化的设想。毛泽东看后于2月19日写信给湖北省委书记王任重，重新提出25年基本实现农业机械化的问题。并且说“目前是抓紧从今年起的十五年。已经过去十年了，这十年我们抓得不大好”。4月10日，又以中央名义，向全党批转了湖北省的设想。

湖北省委向中央写出本省可以在1975年基本实现农业机械化的依据是该省孝感县金星大队低标准机械化的经验（该大队1 900亩地，买了两台Ⅰ农七型手扶拖拉机，两台3马力柴油机，两台三六型脱粒机，加上一些粮棉油加工机械、运输工具，机器作业量相当于全大队劳动力两个月劳动量，这就算实现了革命化加机械化）。省委并以该大队为依据，计算出一个大队实现农业机械化总投资只需要2万元左右。大队可以买得起。因此，提出了全省走金星大队道路的口号。

现在看来，这个标准也太低了，把机械化说得太容易了。

在毛泽东的提议下，1966年7月下旬至8月上旬，在湖北省召开了全国农业机械化会议。这次会议本来是要在全国推广湖北经验，加快农业机械化步伐的。但由于“文化大革命”很快在全国开展，一切都被冲击了。

1971年8月16日至9月15日，在北京召开了第二次全国农业机械化会议，会议制定了到1980年基本实现农业机械化的规划：全国农用拖拉机拥有量达到80万台、手扶拖拉机达到150万台左右，排灌机械总动力达到6 000万马力左右，主要作物机械化水平达到70%以上，每亩施化肥80市斤左右。

确定80万台拖拉机（标准台）的目标是依据全国耕地（除一部分不宜机耕的土地外）包括复种，一共需耕20亿亩次，每台拖拉机年耕2 500亩地算出来的。

这次会议的目的是要在全国掀起农业机械化的高潮。但由于林彪在会议期间（9·13）叛逃，全国上下很快转入另一个运动，许多地方连会议精神都没有来得及贯彻。

华国锋是非常重视农业机械化的。粉碎“四人帮”后，他立即以国务院名义在1976年12月提出了关于1980年基本实现农业机械化的报告，并于1977年1月19日以中共中央名义批转全国。中共中央的批语中说：“1980年基本上实现农业机械化，是伟大领袖和导师毛主席的遗志”。“要认真贯彻执行华主席的指示：‘必须用极大的力量，来加快这一工作的速度。’‘保证在1980年基本上实现农业机械化。’”

1978年1月4日又召开了全国第三次农业机械化会议，尽管距1980年底只剩下3年时间了，仍然提出了“全党动员，决战三年，为基本实现农业机械化而奋斗”的号召。

1978年12月22日中共十一届三中全会通过的《关于加快农业发展若干问题的决定》中，又提出了一个“到1985年使农业主要作业的机械化程度达到80%左右”的要求，还决定恢复农业机械部，来加强这一工作。

但由于“实践是检验真理的唯一标准”的讨论很快在全国开展起来，“两个凡是”受到抵制和批判。1980年能否实现农业机械化的问题，自然也成为需要接受实践检验的重要内容之一，并成为农业、农机战线的一个热门话题。

二、“1980年基本实现农业机械化”的决策在实际工作中起到的作用和带来的问题

起到的作用是：

第一，极大地提高了全党和全国人民对农业机械化的认识。毛泽东曾经把农业机械化提高到“农业的根本出路”的高度，全国从上到下都建立了抓农业机械化的工作机构，从1955年到1964年的10年间，中共中央机关报《人民日报》发表了关于农业机械化问题的社论多达36篇，平均每年3.6篇，这是其他任何一项经济、技术工作所没有的，其中1958年1年就有8篇，1963年1年有13篇。

第二，直接促进了农机工业建设。中国的农机工业基础是非常薄弱的。为了适应农业机械化的需要，中央又提出“农机制造以地方为主的方针”，各地大搞农机工业，到1979年，全国已建立县和县以上农机制造厂2 327个，农机修造厂2 386个，还有一批相当数量的半拉工程，在农机制造和修造厂工作的职工达到117万人。

第三，农村农业机械大量增加。到1980年底，全国农村已有大中型拖拉机743 560台（比原定1980年要达到的80万台的目标只差56 440台），小型拖拉机1 875 247台（比原定目标150万台还多375 247台），排灌机械7 661万马力（比原定目标6 000万马力多1 661万马力）。

带来的问题是：

第一，用搞阶级斗争、搞政治运动的办法搞农业机械化，动辄给人戴上“右倾”、“保守”、“后退派”的政治帽子，用“对毛主席的态度问题”、“阶级立场问题”来对待有不同意见的人，严重窒息了党内和人民群众中对农业机械化问题的不同意见，弄得人人自危，不愿畅所欲言。

第二，强调农机制造以地方为主，边设计边制造，边建设边生产，造成了农机工业遍地开花，低水平的重复建设、粗制滥造。有些农机一出厂就成了废铁一堆。许多厂几上几下，搞搞停停，浪费了大量人力、财力、物力。

第三，赶时间，催进度，助长了形式主义、强迫命令和浮夸风，许多地方报的数字不实，劳民伤财，伤害了农民搞农业机械化的热情，把好事办成了坏事。

国家和农民在农业机械化上所付出的代价同农业机械带来的效益不对称。

到1980年为止，国家对农机工业基本建设投资总额达到81.67亿元；1959—1979年的20年间国家为支持社队买农机，共拨出无偿投资和各种贷款129亿元，社队收入的1/3用于购买和维护农机。但农机增产效果并不明显，反而影响了社员的分配收入。国家用于农机的贷款也大部收不回来，成了呆账。

造成上述问题的根本原因是“左”的路线主导了农机工作。在1980年以前30年里，“左”的错误对农机工作的影响虽然时轻时重，但始终没有间断，表现形式和危害程度时有变化。

1957年以前，农机事业还处于萌芽状态，但不切实际的东西就已经开始发生。如曾经盲目在

全国推广双轮双铧犁。1955 年冬决定生产 40 万部，后又追加为 60 万部、80 万部，最后增加到 180 万部，结果是畜力拉不动，都成了废铁。

1958 年到 1965 年来了个大折腾，开始是大搞群众运动，搞“车子化”、“轴承化”、“绳索牵引化”。许多农业机械都是轰起来的。农民批评这是“现场会上一号召，一哄而起大家造，质量不过关，性能不可靠，会战几万部，农民都不要”，劳民伤财，浪费很大。1960 年国民经济已十分困难，可国家硬要拿出 72 300 万元资金发展农机工业，第二年拿不出钱了，减为 12 800 万元，第三年再减为 5 600 万元，使许多在建工厂半道下马，留下了许多半拉子工程。

1965—1978 年全国农机投资 37 亿元，农机工业和农村农机化规划都脱离了国民经济可能提供的支持。如第三次全国农业机械化会议确定国家每年向农机供应柴油 1 600 万吨，实际上当时全国柴油产量总共才 1 800 万吨；要求国家 3 年拿出 300 亿元支持农村购置农机，也是根本办不到的。

后来，农机部门曾对这一时期的指导思想和工作方法概括了 3 句话 12 个字，即脱离实际、孤军深入、急于求成。

原定 1980 年要达到的机械拥有量中的不少指标到 1980 年时已经达到或基本达到，但机械化水平都远没达到。全国机耕水平只有 42.4%，机播只有 10.9%，机器插秧只有 0.58%，机械收获只有 2.7%，机电灌溉面积只占可灌溉面积的 56.6%，每亩施用化肥只有 17.1 斤，都与原来的要求相差很远。

这说明“化”是很难的，基本上“化”（70%）也是不容易的，“化”是不能随便说的。

如果没有这些“左”的危害，从 1955 年起，扎扎实实地搞生产建设，搞农业技术改造，情况肯定会比现在好得多。

三、放弃“1980 年基本实现农业机械化”的话是怎么说出来的

中共十一届三中全会后，全党思想逐渐解放，“两个凡是”逐渐被打破，人们重新审视过去做过的一切，用实践去进行检验。“1980 年还能不能实现农业机械化”的问题，提到了各级领导，特别是农机、农业部门领导面前。

1979 年 3 月中央决定恢复农业机械部，目的还是要加快农业机械化步伐。但农机部一成立就遇到了一个必须回答的问题——要不要坚持 1980 年基本实现农业机械化?

农机部迅速在全国进行调查，征求各方面意见。多数人认为不要再坚持原定目标。

1979 年 9 月 4 日，农业机械部向中共中央、国务院写出报告，报告中说“原定 1980 年基本实现农业机械化，已不可能，同时笼统地再提 1985 年全国农业机械化水平达到 85%，既不好办，也不确切，这类口号是不宜再说了”。

后来，中央原则上同意这个报告。

1980 年 4 月，当时的农业机械部部长杨立功在接受《农业机械》杂志记者采访时，宣布不再提“1980 年基本实现农业机械化”的口号了。

为什么不再提了，杨立功是这样说的：“1980 年基本上实现农业机械化”，是 20 世纪 50 年代后期提出来的，开始只是根据世界上某几个国家实现农业机械化的时间，作为一种设想提出来的。

对于中国的经济条件、农业特点和中国搞农业机械化的艰巨性、复杂性都没有进行系统的调查研究和具体分析……我国由于工业基础非常薄弱，地少人多，农艺复杂，经济、文化落后，农业机械化的难度比起其他许多国家来说要难得多。用25年实现农业机械化，本来就不大可能，加之中国50年代末和60年代初遇上3年困难；“文化大革命”中又遭到十年浩劫，整个国民经济受到了严重破坏，这就使1980年基本上实现农业机械化的要求更不可能达到了……十一届三中全会后，按照“凡是经过实践检验是不正确的就改正”的共识，中央领导同志、农机战线的同志都认为不应该再坚持“1980年基本实现农业机械化”的口号了，这是恢复我们党的优良传统，坚持实事求是原则的表现。

新华社向全国、全世界报道了杨立功的这个谈话，算是作了一个历史交代。

从此，这个口号就没人再喊了。

（作者：农村读物出版社总编辑　原国务院调研室副主任）

1983年全国农机化管理工作会议提出农民自主办机械化的方针*

郭　韧

一、历史背景

中国农村，从1952年建立第一个拖拉机站，基本上采用苏联模式，国家投资30亿元，国家建站，国家经营；1956年后，实行合作社人民公社制度，开始了社、队集体办农机站、队，到1978年，社、队经营的农机具总值达263.8亿元。这两个阶段，都是自上而下地由国家计划安排，用行政办法办农机化，购机资金主要由国家投资和银行贷款，农机经营基本上是"官办"方式。

经过30年的发展，到1982年底农机总动力达2亿多马力，农机总值达400亿元。已发展成为农业生产力的重要组成部分，对农业生产上抢农时，争积温，抗灾害，促进增产增收，起着重要作用，而且对农村改变劳力结构，发展多种经营，促进农民劳动致富，活跃农村经济，推动农村科技进步，建设两个文明，发挥着显著作用。

1979年，在改革开放的大潮中，农村实行了家庭承包责任制，到1982年全国绝大多数农田"包干到户"，由集体经营变为主要由农户经营，农业经营体制的变革，冲击了农机经营形式，农机销售量大幅度下降，农村中曾出现过"包产到户，农机无路"，"老黄牛重返战场，小毛驴青云直上，大牲畜带职下放，拖拉机离职休养"等顺口溜。

在农业体制大变革的形势下，有人认为"农机化不是当务之急"（赵紫阳在四川省讲话）。国家对农机化的政策也发生了重大变化，过去国家支持农机化资金的主要项目"支援人民公社投资"；①从1979年改为主要支持乡镇企业发展，国家支持农机化的投资从此就寥寥无几了。而且从1980年开始，经国务院批准的建设东北商品粮基地，用于农业机械化的15亿元低息贷款，到1981年也停止了。还有农行的农业设备贷款从此也大大压缩了。

当时，农机经营如何适应农业经营体制的变革，以及中国农机化的前途，困扰着人们的头脑，激发着人们去思考，促使着人们去变革，全国农机化系统都进行着摸索探讨。事物有自己发展的规律，在农业发展中有生命力的农机化事业，在"解放思想，实事求是"的思想指导下，农民群众在

---

* 本文收入内部刊物《当代农史研究》1998年第2期。

① 1973年4月18日农业部、财政部印发的《关于支援人民公社投资使用管理试行规定》明确规定，"支援人民公社投资是国家用于帮助资金困难较大的农村社队实现农机化，发展农业生产建设的一项无偿投资"。1978年国家投资10.5亿元，用于农机发展的为5.87亿元。

当时的困境中闯出了新路，在国家政策上不允许个体经营的条件下，从 1979 年，随着农业“包干到户”，出现了农户自购自营的户营农机新的经营形式，而且发展迅猛，全国户营拖拉机 1980 年底 3.8 万台，1981 年底 38 万台，1982 年底达 100 万台，约占农村拖拉机拥有量的 1/3，另外集体所有的拖拉机“包机到人”的有 2/3，实际上也是户营。1980 年夏安徽省霍邱县陈咀公社汪集大队出现了 1 个民办拖拉机站，当时的中共中央总书记胡耀邦批示赞扬。户营农机和民办农机化，适应农业经营体制的变革，而且经济效益显著。

1983 年中共中央发一号文件《当前农村经济政策的若干问题》，其中提出“农民个人或联户购置农副产品加工机具，小型拖拉机和小型机动船，从事生产和运输，对发展农村商品生产，活跃农村经济是有利的，应当允许，大中型拖拉机和汽车，在现阶段原则上也不必禁止私人购置”。从此农户购置经营农业机械，得到了国家政策的允许。

二、为提出新的农机化方针进行准备

1982 年春，国家机关改革，撤销了农机部，农机化管理工作划归农牧渔业部，当时的农机化管理局局长郭韧在第一次向部党组汇报时，提出要召开全国农机化管理工作会议，经过调查研究和讨论，来确定改革开放新时期的中国实行农机化的新方针，得到部党组批准。之后即通知多省市农机化管理系统，为此进行深入调研，从实践发展中总结经验，提出今后的发展方针和新路子，全国多级农机化管理和研究部门都作了大量的调研工作。部农机化局由局长牵头组成一个调研组，到不同地区有代表性的基层进行调研总结。在各地调研取得一定成果的基础上，于 1982 年 12 月到 1983 年 1 月，先后在南昌、昆明、西安和天津，分别召开东南、西南、西北和东北由多省市农机局局长和调研人员参加的农机化问题座谈会。听取各地调研的农机化发展的问题和经验，分析研究出现的新事物的利弊得失和发展趋势。会上议论纷纷，主要争论问题是：(1) 农机化的官办和民办问题；(2) 坚持农机集体经营还是放开由农户联户经营；(3) 坚持农机以大中型为主还是放手发展小型问题；(4) 现有集体经济的农机站队如何生存发展，“包机到人”和变卖农机归个人问题；(5) 农机管理和事业单位如何转变职能问题。各地意见不一，争论很大。四片座谈会议后，又继续进行深入调研，调查和验证各种意见的利弊得失。1983 年 3 月，部农机化局调研组在山西省左云县，集中精力综合分析研究，起草了全国农机化管理工作会议文件（讨论稿）。

三、会议上的争论和共识

1983 年 8 月，农牧渔业部在河北省涿县召开了全国农机化管理工作会议，朱荣常务副部长和肖鹏副部长主持，各省、市、区的农机局局长和调研人员参加。印发了为会议准备的“纪要”（讨论稿）和几个文件，供与会者讨论修改。会上由肖鹏副部长作主体报告，对农机化发展方针提出，我国农村已经开始进入了一个社会主义民办机械化的新时期，其特征主要有两条：农民掌握了办机械化的自主权，农业机械化主要靠农民自己。对农机经营形式的方针提出：“多种形式并存，互为补充，并且在竞争中发展。”会上在讨论中，对多种经营形式并存方针有少数地区代表因为多种形式不分主次表示不赞成，经过讨论，基于实践上的发展趋势，基本上取得了共识。对“民办”问题争论很大，东北地区和集体经济较发达地区的代表坚持以集体为主，坚持国家投资支持，反对“民办”方针，“包干到户”后农业发展势头强劲的地区代表赞成“民办”方针。会上对过去“民办”农机化的批判也有不同意见，经过争论、辩论，很难取得共识。会议请了原农机部部长杨立功、原农机部副部长时任国务院农村发展研究中心副主任武少文、国家经委副主任李瑞山参加。在大会发言中，杨立功支持“民办”概念。在很难作结论的情况下，负责会议总结报告的朱荣副部长专门找到国务院农村发展研究中心主任杜润生进行讨论，认为用“多种经营形式办机械化的新时期，突出特征是农民自主办机械化”的提法较妥当。在讨论会议纪要时，与会者对这个提法基本上取得了共识。

在会议总结时，朱荣副部长关于农机化的发展方针讲的一段话是：“党的十一届三中全会以后，农村实行多种形式的联产承包责任制，冲破了我们思想上的框框，冲破了单一的经营形式，冲破了‘大锅饭’，冲破了‘官办’的作法，从而我国进入了一个多种经营形式办机械化的新时期，它的突出特征是农民自主办机械化。”“农民自主办机械化这个概念的内容包括：(1) 农民掌握了办机械化的自主权；(2) 主要靠农民自主办机械化，农民自己能够办的事，尽量让农民自己去办；(3) 国家和集体办的农机事业应当为农民的需要服务，而且要改变‘官办’和‘半官办’的经营方式，克服吃‘大锅饭’平均主义的弊病。”“我们所说的农民自主办，并不是不要国家支持和管理，也不是不再发展集体经济，农民自主办也包含了新的合作经济，要充分调动集体和农民个人办机械化的两个积极性，至于各地采取哪种形式，要因地制宜，不搞‘一刀切’，这也是出现多种经营形式的一个原因。各地要根据需要，办国营的，集体经营的，农户或联户经营的等多种经营形式，都要充分发挥它们的各自优势，扬长避短，在竞争中发展或消长。我国农民自主办机械化是在国家计划指导下，因地制宜，自主经营，讲究效益，由农民群众自主办机械化。”

会后，农牧渔业部于 1983 年 10 月 10 日印发了“会议纪要”，通知各地根据实际情况，认真贯彻执行。

这次会议提出的“多种经营形式并存农民自主办机械化”的发展方针，在此后的 10 多年中验证了它是正确的，对我国农业机械化的发展起了“拨乱反正”的作用，它促进和引导了我国农机化的健康发展。

（作者：农业部农业机械化局原局长）

中国农业机械化改革的背景分析与理论反思*

郑有贵

1980年4月，农业机械部部长杨立功向新闻界宣布不再提“1980年基本实现农业机械化”的口号，这是中国政府启动农业机械化改革的标志，比农村改革以1978年为起点有两年的滞后期。之所以以此事件为农业机械化改革的起点，因为这不是单纯的提还是不提什么样的口号问题，它不仅是对20多年中国农业机械化发展历程进行深刻反思的结果，更是启动新的农业机械化运作机制的重大信号，寓意深刻。中国政府启动农业机械化改革这一重大历史事件，有着深刻的社会经济技术背景，本文试图对此进行全面系统的分析。为此，本文从逻辑相通的4个方面进行阐述和分析：第一部分，对农业机械化改革前的政策要点进行归纳。第二部分，对农业机械化发展水平作出判断，这两部分，为分析农业机械化改革的动因作一铺垫。第三部分，从经济技术发展规律、农业机械化行业发展失调与困境、农村改革初期经济制度环境变化的要求这3个层面，就1980年开始对农业机械化实行改革政策的历史必然进行深入系统的分析。第四部分，从理论与实践结合的角度，对新中国半个世纪农业机械化发展的实践与理论进行反思，从中总结历史经验教训和农业机械化发展的规律。

一、1980年前中国农业机械化的政策要点

中国共产党和政府对农业机械化事业高度重视。早在1937年，毛泽东在《矛盾论》中就指出：“不同质的矛盾，只有用不同质的方法才能解决。……在社会主义社会中工人阶级和农民阶级的矛盾，用农业集体化和农业机械化的方法去解决。”① 在农垦事业创建初期，毛泽东指出：共产党宣言的十大纲领中，有一条就是建立农业产业军，所以要开垦荒地，建设一支采用现代化机械和科学技术的农业大军。为了促进农业机械化的发展，1950年在中共中央所在地中南海举办了新式农具展览会。1958年，毛泽东在提出以土肥水种密保管工为内容的“农业八字宪法”，把农业机械化列为发展农业的重点内容之一。1958年11月10日，毛泽东在对《郑州会议关于人民公社若干问题的决议》的修改和信件提出了农业工厂化的设想，指出：“要使人民公社具有雄厚的生产资料，就

* 本文收入内部报告《共和国农业史料征集与研究报告》第3集，2000年。

① 毛泽东：《矛盾论》，《毛泽东选集》（第一卷），人民出版社1991年6月第2版，第311页。

必须实现公社工业化，农业工厂化（即机械化和电气化）。”这里，毛泽东把农业工厂化阐释为机械化和电气化。在中国农业和农业机械化工作中起着重大指导作用、最经典的思想，就是1959年4月29日毛泽东在《党内通讯》中提出的“农业的根本出路在于机械化”的论断。在1962年毛泽东亲自主持的中共八届十中全会上，确定：“我们党在农业问题的根本路线是，第一步实现农业集体化，第二步是在农业集体化基础上实现农业机械化和电气化。”

正因为中国共产党和政府，不仅在经济上，而且在政治上对农业机械化有着高度的认识，因而在实践中采取强有力的措施，特别是运用计划经济集中配置资源的手段，大力推进农业机械化事业的发展。1948年创办了机械化国营农场。1953年创办国营拖拉机站。“一五”计划时期即开始投资建设大中型拖拉机厂。1959年9月，成立了中华人民共和国农业机械部。全国上下都建立了抓农业机械化的工作机构。1955年到1964年的10年间，中共中央机关报《人民日报》发表关于农业机械化问题的社论多达36篇，平均每年3.6篇，其中1958年就有8篇，1963年更是多达13篇，这是其他任何一项经济、技术工作所没有的。1966年7月，根据毛泽东的指示，国务院在武汉召开农业机械化湖北现场会议（即第一次全国农业机械化会议），布置到1980年基本实现机械化的任务。此后国务院于1971年8月和1978年1月，先后召开了第二次和第三次全国农业机械化会议，以加快实现农业机械化的进程。

1980年前，为推进中国农业机械化发展，党和政府采取了一系列重大政策举措。概括而言，主要有以下几个方面的政策：

（一）政策目标

1980年前，中国农业机械化的政策目标，举国上下都很清楚，即是“1980年基本实现农业机械化”。这一政策目标的确立，是与党和政府在农业机械化与农业现代化的关系方面的认识相关联的。中国共产党把农业机械化作为中国农业现代化建设的主要内容之一，20世纪50年代初即确立了以农业机械化、电气化、水利化和化学化为内涵的农业现代化的技术路线，而这一技术路线在60～70年代的实施过程中则偏重抓农业机械化。1955年7月毛泽东在《关于农业合作化问题》的报告中，最早提出实现农业机械化的时限。他指出：“估计在全国范围内基本上完成农业方面的技术改革，大概需要四五个五年计划，即二十年至二十五年时间，全党必须为实现这个伟大任务而奋斗。”从毛泽东讲话的1955年算起，按25年计，即为1980年。但是，这一时间仅是一般意义上的号召，而未作为具体计划指标或行动纲领来指导或规范农业机械化的实践。其后，关于实现农业机械化时限也有不同的提法。例如，1959年4月29日毛泽东在《党内通讯》中谈到“机械化问题”时限时指出：“要有十年时间。四年以内小解决，七年以内中解决，十年以内大解决。”这里把实现中国农业机械化的时间变成了10年左右。1959年10月18日中央批转农业机械部的报告，批示中说：“应该根据从1958年起以十年至十五年的时间实现农业现代化，即实现农业机械化、水利化、化学化、电气化。”1962年9月27日中共八届十中全会通过的《关于进一步巩固人民公社集体经济、发展农业生产的决定》中提出：“再经过20～25年的努力，就一定能够在基本上实现党中央所预见的、农民和全国人民盼望很久的农业现代化的目标。”尽管如此，农业机械化问题只是作为一项技术工作正常推进。农业机械化作为一个重要问题，重新提到中央议程是由1966年初湖北省委写信给中央的一份报告引起的。1966 年 2 月 19 日毛泽东写信给湖北省委书记王任重，重新提出 25 年基本实现农业机械化的问题。他在信中说："目前是抓紧从今年起的十五年。已经过去十年了，这十年我们抓得不大好。"这就是 1966 年全国第一次农业机械化会议把 1980 年确定为基本实现农业机械化时限的缘由。在 1971 年的全国第二次农业机械化会议上，确定到 1980 年农、林、牧、副、渔主要作业机械化水平达到 70%以上，全国农用拖拉机达到 80 万台左右，手扶拖拉机达到 150 万台左右，排灌机械总动力达到 6 000 万马力左右，平均每公顷耕地化肥施用量达到 80 市斤左右。在 1978 年 1 月全国第三次农业机械化会议上，提出了"全党动员，决战三年，为基本实现农业机械化而奋斗"的号召。为了 1980 年基本实现农业机械化，国家在投入、价格、经营体制及推行农业机械化的方式上，采取了一系列的政策和措施。

（二）投入政策

1980 年前，在计划经济体制下，中国运用行政手段，在投入上实行向农业机械化倾斜的政策，有以下几个特点：

一是投资主体单一，农业机械化建设资金全部来源于国家财政拨款、信贷和集体经济组织自身的积累。在农业机械工业方面，到 1980 年，国家对农业机械工业建设投资总额达到 81.67 亿元。在国家支持社队购置农业机具方面，到 1980 年拨出无偿投资和各种贷款 129 亿元。具体情况是：从 1953 年建立第一个国营拖拉机站起，直到 1958 年下放至社，国家在农业机械化投资上采取了大包大揽的政策，即基建由国家管，生产费用按任务拨给，教育、培训按年度预算拨款。随着农业机械化的发展，拖拉机及拖拉机站数量大量增加，国家独资办不起，20 世纪 60 年代开始改为国家与集体两方面都投资。据统计：1953—1965 年，国家用于农业机械化的财政拨款达 24.4 亿元。1966 年后，国家对全民所有制农业机械化事业单位仍实行拨款。1966—1980 年，国家用于这些单位的资金达 41.52 亿元。另外，国家为鼓励农村集体购置农业机械，自 1966 年开始，从"支援农村人民公社投资"渠道，投资 53 亿元；农业贷款中的生产设备贷款，每年约 9 亿元；发放农业机械专项长期无息贷款，计划 1978—1980 年发放 20 亿元，实际发放 8 亿元。到 1977 年，在《1980 年基本实现农业机械化规划》中关于投入政策，提出："今后三年，全国购买农业机械资金约需 300 亿元，其中国营农林牧渔场企事业单位购买的约 15 亿元，由国营农林牧渔场的投资中解决。属于社队购买农业机械的资金，约 285 亿元。各地要发扬自力更生精神，发展农业生产，开展多种经营，因地制宜地发展社队企业，为农业机械化积累资金，就全国来说，今后农村人民公社基本核算单位的公积金平均以 30%～40%用于购买农业机械，加上社办企业利润的一部分，约可解决购买资金的 65%。其余资金，将通过降低产品成本、降低出厂价格、银行贷款、国家财政和地方机动财力的支持来解决。"

二是国家和集体在投资上对农业机械化实行倾斜政策，农业机械化投入所占比例较高。在国家投资方面，1966 年开始将"支援农村人民公社投资"主要用于农业机械；农业贷款中的生产设备贷款，主要用于社队购置农业机械和小水电设备，1975 年的比例高达 60%左右。在集体投资方面，社队将收入的 1/3 用于购买和维护农业机械；1977 年规定农村人民公社基本核算单位的公积金平均以 30%～40%用于购买农业机械。

三是农业机械化事业费上升较多。农业机械化改革前，中央对农业机械基本建设投资变化不大。与此同时，农业机械化事业费不断增加，“四五”计划时期比“三五”计划时期翻番，“五五”计划时期比“四五”计划时期翻番（见表1）。

表1 农业机械化投入情况

时 期	农机事业费（亿元）	农机基本建设投资（亿元）
1952年		0.13
1953—1957年		2.93
1958—1962年		16.88
1963—1965年	2.17	5.89
“三五”计划时期	3.08	2.64
“四五”计划时期	6.54	2.33
“五五”计划时期	14.19	6.50
“六五”计划时期	17.08	1.51
“七五”计划时期	26.35	1.73
“八五”计划时期	50.64	1.86

（三）价格政策

国家为了推进农业机械化的发展，对农业机械产品销售价格、修理价格及农用油料价格实行低价政策，对农业机械生产企业、维修企业实行价格补贴。据统计：自1952年第一次降低农具价格起，曾经多次降低农业机械产品价格。1966—1973年，农业机械产品降价5次，农用柴油降价3次。其中东方一75降价28%，工农一7降价20%，195柴油机降价33%，农用柴油降价14%。

（四）农业机械化的经营体制

中国农业机械化自起步之日起，经营主体即是国家和集体。20世纪50年代学习苏联，建立国营拖拉机站，后来大部分下放人民公社经营，国家给予一定的财政扶持，属半官办。70年代，许多生产大队和生产队也建立了农机站。1980年4月农机部制定的《农村人民公社农业机械管理条例》规定：“大、中型农业机械一般由人民公社或生产大队经营；在少数地区，有的生产大队规模较大，也可以经营大、中型农业机械，要根据有利于发展生产、集体富裕的原则决定。小型农业机械一般由生产队经营；有些地方生产大队规模小，又能由小型农业机械承担农业生产主要作业的，可由大队统一经营。”这一政策一直持续至1982年底。

（五）用行政手段强行推进农业机械化

1949—1978年间，中国农业经济组织除少量的国营农场外，50年代中期是清一色的农业生产合作社，50年代末开始至1978年是清一色的政社合一的人民公社，农业机械化是在传统计划经济体制下进行的。

为了“1980年基本实现农业机械化”这一目标，国家将技术经济问题政治化，把农业机械化当成政治任务，采取行政手段，自上而下地推进农业机械化。国家确定到1980年基本实现农业机械化的目标和任务，并通过行政命令层层分解和下达的方式发动农业生产基层单位去完成。由于为化而化，不求效益，而不是把农业机械化作为发展农业的手段，目标与手段错位。在这种自上而下、强制性的技术变迁中，政府成为农业机械化技术选择的主体，农民对农业机械化技术的选择和采用完全是被动的，加上当时物化劳动成本高于活劳动成本，1980年基本实现农业机械化超出实际可能，违背了经济规律，这使农民在农业机械化的推进上缺乏内在动力，反而由于经济效益下降，挫伤了农民应用机械技术的积极性。

二、1980年前中国农业机械化发展水平的基本判断

新中国成立至1980年，中国农业机械化事业获得很大的发展，建立了农业机械工业体系，农业机械装备水平有了较大提高，农业机械化作业有了较大进展，但1980年基本实现农业机械化的目标未能实现。

（一）农业机械工业获得较大发展

新中国建立之际，中国农业机械工业基础是非常薄弱的，只能生产锄头、镰刀、铁锨、木犁等传统农具。为了适应农业机械化发展的需要，中央提出“农机制造以地方为主的方针”，各地大搞农业机械工业。到1979年，全国已建立县和县以上农业机械制造厂2 327个，农业机械修造厂2 386个（另外还有一批相当数量的半拉子工程），从而基本上建成了农业机械制造、维修、配件生产大致适应，门类比较齐全的农业机械工业体系，在农业机械制造和修造厂工作的职工达到117万人。

与此同时，建立了包括农业科研、鉴定、推广、培训、供应、维修等比较齐全的农业机械化支持保障体系。到1980年底，全国各省、市（地）、县均设有农业机械管理机构，建成县以上农业机械（化）研究机构2 113个，农机具试验鉴定站46个，农业机械化中等专业学校134所，省、地农机校140所，1 800多个县建立了农机常设培训班，农机公司2 812个，每个县都有了农机修造厂，50%的公社和20%的生产大队建立了农机维修点，公社农机管理站4.31万个（占全国公社数的80%），形成了覆盖全国、遍布城乡、比较健全的农业机械化支持保障网络，为农业机械使用提供及时、方便、可靠的服务。在农业机械维修上做到大修不出县，中修不出社，小修不出村。但是，这种条块分割、简单重复建设的“小而全”的农业机械工业及机械化支持保障体系的效率是极为低下的。

（二）农业机械装备水平提高

新中国成立之初，中国农业机械动力很少，仅18万千瓦（见表2）。到1980年，全国农业机械总动力达到14 746万千瓦。每万公顷耕地拥有大、中型拖拉机75台，小型拖拉机189台，农用载重汽车13.5辆，灌溉动力机械570千瓦。

表 2　中国农业机械动力增长情况

年份	农机总动力（万千瓦）	大中型拖拉机（万台）	小型拖拉机（万辆）	大中型机引农具（万辆）	农用汽车（万部）	渔业机动船（万艘）
1952	18	-*	-*	-*	-*	-*
1957	121	1.5	-**	-**	0.40	-**
1962	-**	5.5	0.1	19.2	0.82	0.15
1965	1 099	7.3	0.4	25.8	1.11	0.57
1970	2 165	12.5	7.8	34.6	1.56	0.78
1975	7 479	34.5	59.0	90.8	3.96	1.42
1978	11 750	55.7	137.3	119.2	7.38	4.72
1980	14 746	74.5	187.4	136.9	13.47	6.10
1984	19 496	85.4	329.8	112.8	34.92	14.30
1988	26 575	87.0	595.8	97.1	59.14	26.50
1990	28 708	81.4	698.1	97.4	62.44	32.10
1995	36 060	67.0	863.3	99.1	79.40	37.68
1997	42 016	68.7	1 048.5	115.7	87.60	39.88
1998	44 900	72.1	1 122.1	120.4	90.11	41.13
1999	48 996.1	78.4	1 200.3	132.0	93.38	41.74
2000	52 573.6	82.7	1 264.4	139.9	92.71	45.55

注：* 表示忽略不计，** 表示没有找到相应的统计数据。

（三）农业机械化作业水平提高

1949—1980 年，中国农业机械化作业水平有了很大的提高。从种植业机耕、机播、机收水平分析，机耕面积占耕地面积达到 63%，机播面积占播种面积达到 24.7%，机收面积占收获面积达到 15%（见表 3）。1980 年农用动力中，人∶畜（头）∶机（千瓦）的比例，从 1965 年的 100∶18∶4.6 变为 100∶16∶47，畜力相对减少了 11%，机力增加了 10 倍以上。

表 3　种植业机耕、机播、机收水平变化情况

项目	机耕		机播		机收	
年份	面积（万公顷）	机耕面积占耕地面积（%）	面积（万公顷）	机播面积占播种面积（%）	面积（万公顷）	机收面积占收获面积（%）
1952	13.6					
1957	263.6					
1965	1 557.9					
1970	1 822.2	18				
1975	3 320	33.3	793	5.20	233	1.5

（续）

项目	机耕		机播		机收	
年份	面积（万公顷）	机耕面积占耕地面积（%）	面积（万公顷）	机播面积占播种面积（%）	面积（万公顷）	机收面积占收获面积（%）
1980	4 213	42.4	1 560	10.90	433	3.1
1985	3 733	38.5	1 360	9.40	507	3.5
1988	4 500	46.7	1 693	11.70	780	5.4
1995	3 567	56.3	2 000	20.04	1 113	11.2
1997	5 791	60.7	3 565	23.4	2 135	14.0
1998	6 005	63.0	3 836	24.7	2 343	15.0

（四）1980 年基本实现农业机械化的目标落空

应该说，当时规定的1980年基本实现农业机械化的指标体系，既不完善（偏重种植业，忽视养殖业和农产品贮、运、加等），指标也较低。尽管如此，1980年基本实现农业机械化的目标仍落空了。1980年底，农业机械化实际水平与原定1980年基本实现农业机械化规划的目标相比：在动力装备方面，大中型拖拉机比预定目标80万台差56 440台，差7.1%，小型拖拉机比原定目标150万台多375 247台，多25%，排灌机械比原定目标6 000万马力多1 661万马力，多27.7%。在农业机械化作业水平上，全国机耕面积占耕地面积为42.4%，机播面积占播种面积只有10.9%，机器插秧面积占插秧面积仅0.58%，机收面积占收获面积只有2.7%，机电灌溉面积只占可灌溉面积的56.6%，每亩施用化肥只有17.1市斤。总体而言，到1980年，机械拥有量中的不少指标已经达到或基本达到，但农业机械化作业水平等指标都比原定目标相差甚远，1980年基本实现农业机械化的目标落空。

三、农业机械化改革是历史的必然

（一）农业机械化孤军深入违背了经济技术协调发展的规律

1980年前农业机械化获得一定的发展，是因为在传统计划经济体制下，利用行政干预和强有力的国家财政支持，加上要求农村社区集体经济组织实行高积累政策，才获得农业机械化的推进。1980年基本实现机械化的目标未能实现的原因，农业机械部门曾对1980年以前的农业机械化的指导思想和工作方法概括为3句话12个字，即脱离实际、孤军深入、急于求成。农业机械化的发展应与整个经济发展相适应，这是经济技术发展规律，不可违背。1980年前推行农业机械化，急于求成，脱离了经济发展水平的要求，不符合技术经济演进规律，不经济，也养不起。

从国家投入分析，农业机械工业和农业机械化规划都脱离了国民经济可能提供的支持。如第三次全国农业机械化会议确定国家每年向农机供应柴油1 600万吨，实际上当时全国柴油产量总共才1 800万吨；要求拿出300亿元支持农村购置农机，也根本办不到。

从国家对农业投入结构分析，把大量的财力用于农业机械化，则相应的要压缩对农业的其他投入。这也影响了对生物技术的投入。

从微观经济主体分析，国家规定给社队的贷款，60%以上用于购买农机具，社队收入的 1/3 用于购买和维护农业机械。这样就造成两个后果：一是农民把钱投于此，积累与消费结构不合理，影响了社员的分配收入。二是农产品成本随着农业机器用量的增加而提高。据商业部门对 2 162 个生产队的调查，1976 年与 1965 年相比，6 种粮食作物亩产由 232 斤增加到 316 斤，增长 36%；同时亩成本由 26.2 元增加到 40.5 元，增加了 54%，平均劳动日值降低 20%，[①] 也影响了农民的收入。造成这种结局的根本原因是，经济发展水平低，当时劳动成本比机械成本低，尚没有达到劳力替代的条件。因为，中国在工业化过程中，城市在集聚和生长现代生产力的同时，抑制了农村剩余劳动力的转移。农村劳动力从 50 年代的约 1.8 亿人增加到 1978 年的 3 亿，耕地面积由 10 666.7 万公顷减少到 9 933.3 万公顷，使劳均耕地从 0.593 公顷降为 0.331 公顷，在南方 13 个省、自治区、直辖市内，一般劳均耕地仅 0.2 公顷左右，浙江、上海还不足 0.133 公顷。这致使劳动生产率无法提高，1952—1978 年农业劳动生产率几乎处于停滞状态。因此，劳动力有多余，生产中劳力成本与机械成本两套成本同时支付，使生产成本大为增加。这抑制了农民发展农业机械化的积极性。总之，因为改革开放前社会、经济、技术发展水平低，农业人口比重大，农村产业结构单一，农民收入水平低，在这种特定历史发展阶段，物化劳动价格比活劳动价格高，还没有达到用机械技术替代劳动力的经济条件。这就是通常讲的用得起和用不起的问题，机械技术必然是不经济的选择，因而农业机械化进程没有预期得快。这是最根本的教训，必须记取。

更为严重的是，在传统计划经济体制下进行的农业机械产品生产，实质上是有计划的无计划，处于混乱状态：一方面，农业机具不配套，很多作业没有适合的机具，所配备的农机具利用率不高，且不能解决农忙时作业的需要。另一方面，不少农业机械因质量差，故障多，零配件通用性差而紧缺，购买困难，维修费用很高。这些都加大了农业生产费用。据 1971 年统计，东北一些地方，每台拖拉机油料和维修费一般在 1 万元以上，有的高达 1.5 万元，分别相当于 400 亩和 600 亩粮豆产品的收购价格总额。[②] 如此昂贵的油耗和维修费，即便是行政手段推行，农业机械化也是难以推进的。

综上所述，在传统计划经济体制下，加上把农业机械化政治化，强行推行农业机械化，尽可能动员和集中资源向农业机械化倾斜配置，既不经济，也养不起，而且由于强行推行而导致不符合国情的技术路线选择，造成了失误。由此可见，经济规律不可违：农业机械化其实质是劳力替代技术，必须与经济发展相适应，即达到劳力替代的经济条件（机械作业费用低于劳力费用），否则，孤军深入，违背经济规律，必然失败。换言之，对于中国这样一个大国，不可能进口一个现代化，也不可能发给农村一个现代化，必须依靠广大农民，以市场为导向，才能引导农业机械化的健康发展。

（二）农业机械化行业发展失调的困境

在传统计划经济体制中，农业机械产品的生产，实际上是无计划的混乱状态，农业机械化行业

① 牛若峰：《农业经济和宏观问题研究——我的学术实践、观点和方法》，中国科学技术出版社 1993 年 8 月第 1 版，第 11 页。

② 牛若峰：《农业经济和宏观问题研究——我的学术实践、观点和方法》，中国科学技术出版社 1993 年 8 月第 1 版，第 10 页。

发展失调，处于极端困境之中。

1. 农业机械工业重复建设，造成极大浪费，农机具产品生产成本偏高。国家长期执行“农业机械制造以地方为主”的政策，造成全国各地强调地方自给，什么都自己上，重复建设现象严重，农业机械工业比例失调。1978年底，全国拥有大中型拖拉机厂65个，手扶拖拉机厂140多个，其中年产量上万台的只有几家，其余年产量大都在2 000～3 000台，甚至有年产几百台、几十台的。260个内燃机厂，多数年产量只有几万马力。由于这些因素，导致农业机械产品生产成本高，进而导致农业机器价格偏高。据1971年统计，从农业机器和粮食比价来看，中国手扶拖拉机价格比日本高4倍，35马力轮式拖拉机价格比日本高2倍。日本20马力乘坐拖拉机每马力价格折合稻谷550斤，中国28马力东方红拖拉机每马力价格折合稻谷3 250斤，比日本高5倍。中国柴油与稻谷比价也比日本高5倍。①

2. 内部结构失调。片面强调种植业的机械化，不重视养殖、贮藏、加工、运输等作业的机械化，不重视商品经济的发展，从而窒息了农业机械化发展的活力。一些生产中急需的如收获机械、林业机械、牧业机械、渔业机械甚至还是缺乏。农业机械产品型号多，仅柴油机型号就有250个之多，“三化”水平很低。生产批量很大的490型柴油机，有4个型号，功率、缸径一样，但420多种基本件不能互换。

3. 农业机械的生产、分配是按政府计划进行的，不管农业生产是否有实际需求，结果造成很多积压浪费。

4. 农机经营企业亏损。由于农村社队经济力量薄弱，不少社队付不起机器作业费用，长期拖欠，这是导致大量拖拉机站连年亏损的重要原因之一。

（三）农村改革的制度环境要求农业机械化作适应性改革

1978年安徽凤阳县小岗村实行大包干，中共十一届三中全会作出《关于加快农业发展若干问题的决定（草案）》，启动了农村改革。这之后，1980年9月中共中央转发了《关于进一步加强和完善农业生产责任制的几个问题的纪要》，1982年1月1日中共中央批转了《全国农村工作会议纪要》，从而确立了家庭承包经营制度。与此同时，农村市场化改革也开始启动。十一届三中全会要求恢复农村集贸市场，1979年7月国务院转发了《关于尽快把国营农场办成农工商联合企业的座谈纪要》。概括而言，20世纪70年代末至80年代初，农村改革实际上在两个方面取得了重大进展：一是实行家庭承包经营后，重新确立了农户经济，农民有了经营权、财产权和收益权，农户成为农业生产、经营、投资的主体；与此同时，国家农业投资体制发生变化，逐步形成了以农民投入为主体，国家、集体、农户等多元化投入的格局。二是启动了市场化改革，农村经济运行机制发生了相应的变化，市场在农村经济中的作用愈来愈明显，利益原则逐步得到体现。这两方面的改革，导致对农业机械化的需求发生变化：（1）农户在农业经营中需要机械等生产资料，应该成为农业机械化投资的主体和经营的主体。（2）农民通过核算能否获取经济效益来确定是否使用机械作业和使

① 牛若峰：《农业经济和宏观问题研究——我的学术实践、观点和方法》，中国科学技术出版社1993年8月第1版，第10页。

用何种机型。

正是因为有上述制度环境的变化，中国农业机械化于1980年启动了改革。根据农村制度环境变化的要求，对农业机械化进行了一系列的改革，其政策要点主要有以下两个：

第一，允许农民个人或联户购买、经营农业机械，农民取代了国家和集体成为农业机械化投资的主体，进入到“官”、“民”同办的阶段。

第二，突破了产品经济的陈旧观念，允许农业机械作为商品进入市场，使农民和农业机械企业生产者共同面对市场，实行产销双向选择，改变了农业机械工业几十年一贯制的“生产什么就供应什么”的“官商”意识，进而树立了“为用户服务”的企业经营思想。在1980—1994年间形成了农业机械化“计划＋市场”的运作机制。“计划”，即：继续对农业机械产品实行价格管制，保证农业机械产品以较低的价格供应农村；对农业机械生产企业采取价外补贴、产销倒挂补贴、减免税收、调拨平价物质等手段，弥补农业机械企业的政策性亏损；国家继续对农业机械的使用实行优惠政策，每年安排数百万吨平价柴油供应农村，以降低农民使用农业机械的成本。例如，平价柴油较长时间保持330元/吨。“市场”，即从农业机械产品出厂，进入千家万户，到使用，基本上没有国家干预，市场机制发挥作用。农业机械产品作为商品进入市场，销售商根据市场需求采购农业机械产品，农民根据生产需要和收益预期自主选择、自主投资、自主经营。随着经济体制改革的深化，优惠政策逐步取消，“计划”的主导作用逐渐让位于“市场”。到1994年7月1日，取消农用平价柴油。至此，国家在以前实行的农业机械化优惠政策已取消完毕。20世纪90年代中期起，中国农业机械化发展进入了以市场为导向的发展阶段。

四、理论反思和启示

1980年以前之所以大力推进农业机械化，并将这一问题上升到政治高度，其背景是因为20世纪50年代初期刘少奇关于先机械化后合作化的主张被毛泽东否定了。半个世纪中，有两个理论对中国的农业和农业机械化的发展产生了重大的影响：一是认为以家庭为经营单位，规模小，不适应使用机械技术的现代化农业发展的要求；二是由于中国资源禀赋的特点是人多地少，根据这一国情，认为不应采取节约劳力的机械技术，应该采取劳动密集型的集约化经营。对半个世纪历史的反思，从中总结经验教训，并上升到理论和规律性认识的高度是很有必要的。半个世纪中，特别是农村改革20多年来农业机械化发展的历程，为农业机械化理论的探讨提供了丰富的实证。

（一）家庭承包经营与农业机械化

20世纪50年代初，由于认为既然西方资本主义在其发展过程中有一个工场手工业的阶段，即尚未采用蒸汽机动力机械而依靠工场分工形成新生产力的阶段，则中国的合作化，依靠统一经营形成新生产力，进而推进以农业生产合作化为模式的规模化改造。这一理论引发了两个结果：一是给先机械化还是先合作化的讨论画了个句号；二是认为小农经济不适应工业化、城市化所需的农产品供应和使用现代化农业机械技术的要求，进而要大力推进以建立高级农业生产合作社为模式的规模化改造。家庭承包经营是否适应现代化农业发展的要求，取决于这样几方面的因素：一是小生产与大市场能否接轨。20世纪90年代，各地农村在农业产业化经营的实践中，通过“利益共享、风险共担”的利益机制，企业和农民都减少了寻找市场的交易费用，企业获得稳定的原料和产品，并获得规模效益，从而增强了在市场竞争中的能力，农民也从中获利，农业则随着企业的发展而稳步发展。实践中，广大农民探讨出多样化的小生产与大市场的有效对接形式。二是能否适应科学种田和农业机械化发展的要求。从理论上分析，规模经济的一个重要起因，就是要素的不可分性。但是，历史上由于理论的不足，忽视了农业的特点，认为土地家庭经营规模小，会限制现代化农业机械技术的应用。实际上，一方面，农业生产要素的不可分性，并不像工业生产要素那样显著，如工业需要协调配合的流水线作业，而农机具则不然，可单机作业；另一方面，由于农业生产是自然再生产，适合家庭分散经营。20世纪90年代中国农业机械化获得快速的发展，充分证明，土地家庭承包经营适应农业机械化发展的要求。

改革开放以来中国农业机械化能够获得快速发展的一个重要因素，就是在市场取向的改革中，农业机械经营主体的多样化。这里，实践解决了另一个理论问题，就是农业机械化的组织形式问题。谁是农机经营的主体，有一个认识发展过程。苏联只准许国营拖拉机站购买经营农机具。20世纪50年代，中国发展了一步，在政策上允许农村集体经济组织购买经营拖拉机等大中型农机具。到1983年，中国放活了政策，允许农户购买拖拉机等大中型农机具。农机服务组织在十几年的实践中，形成了包括社区集体经济组织、个体农户、各种农机专业合作组织等农机服务组织，并形成了农机以家庭经营为主的格局。农机家庭经营主体地位的形成，因为机制灵活，除耕作服务外，还搞加工、贮运等综合经营，有的农机户还搞跨区作业，进而提高农机具的使用效率，具有较强的生命力。实践还证明，随着农业劳动力机会成本的提高，农民对农机服务的需求在逐步增加，农业机械化的发展，促进了以机械服务为纽带的合作，这种合作不是走向原来的人民公社型的合作，而是以农机专业化服务为内容或纽带的合作，其中股份合作制也逐步发育起来，在农业机械化和农业现代化中发挥了越来越重要的作用。

（二）机械技术是土地集约经营的重要组成部分

中国人多地少，必然选择以土地替代型的技术路线，以提高单位面积产量，走集约化经营的道路，这也是唯一的现实选择。理论和实践表明，作为节约劳动力的农业机械化技术，不仅与土地节约经营不矛盾，机械工程技术是提高单位面积产量的重要因素，与土地集约经营是一致的，是土地集约经营的重要组成部分，因而不能以此来否定节约劳力的机械技术在农业上的广泛应用。

（三）农业要素相对价格的变化提高了对农业机械技术的需求

在人多地少的条件下，土地资源稀缺，相对价格高，劳力资源丰富，相对价格低。劳动力机会成本，随着社会经济的发展，特别是就业结构的变化而变化，逐步升高。选择劳动集约型技术，还是选择节约劳动力的机械技术，取决于技术要素的相对价格。对农户而言，购买农机具或要求机械服务，是一个经济过程，决策权在农民，有一个需要、买得起和用得起的问题。实际上，农民在任何时候都是根据这一原则，在节约劳力技术上进行选择的。忽视这一问题，往往会发生失误。在农业机械化改革之前，就是因为忽视了农业要素相对价格问题，虽然强行推进农业机械化，但事倍功半，1980 年基本实现农业机械化的目标仍然落空。

20 世纪 80 年代中后期，一些地区农村的农民放弃使用机械技术而重返手工劳作，不是农民不需要机械作业，而是无论农民买得起还是买不起，一般都用不起，因为物化劳动成本高于活劳动成本。90 年代以来，随着农村非农产业的发展和进城务工经商，农业劳动力机会成本增大，使用机械技术转变为经济的选择，农业机械化发展很快，特别是沿海发达地区农村，无论是买得起还是买不起，一般都用得起，这里不仅因为物化劳动低于活劳动成本，更重要的是农业劳动力机会成本高。这里得出几点结论：一是问题的实质不是先机械化还是先合作化，而是物化劳动成本与活劳动成本比较，不同的生产力水平和收入水平，决定了物化劳动成本与活劳动成本水平；二是家庭承包经营适应农业机械化发展的需要。可以预见，随着农村非农产业的发展和进城务工经商，农业劳动力机会成本将继续增大，使用机械技术将逐渐转变为经济的选择，农业机械化将获得更大的发展。

（四）农业机械化事业的发展仍需要国家和集体的扶持

农业机械化是经济过程，由农民选择，但这并不是说农业机械化不需要国家和集体的扶持。实际上，由于农业的比较效益低，农民积累少。要让农民买得起、用得起，需要对农业机械化事业进行大力的扶持。特别是西部经济技术落后，国家应把农业机械化纳入西部大开发基础设施建设总体规划的重要内容予以扶持。对农业机械化事业发展的扶持，其方式多种多样：一是对农机具生产和经营企业给予优惠政策，降低生产和经营成本；采取国家、集体、个人投资的办法，如现在一些地方通过以工建农的办法，国家和社区集体经济组织补助一些，最终让农民买得起。特别是发达地区农村，不能因为农业比较效益低而使农业现代化倒退，而是要通过社区平衡机制实行以工建农，增加农业机械化的投入，促进农业现代化、农村工业化、农村城镇化协调发展。二是要对农民购买和经营农机具实行优惠政策，提供法律保障体系和服务，坚决杜绝各种乱收费项目，降低农民使用农机具所承担的费用，让农民能用得起。三是对农业机械服务组织，对其为增强服务实力而兴办的多种经营，在政策上予以优惠。总之，国家和集体对农业机械化事业，要采取多种形式给予扶持。

参 考 文 献

郑有贵，李成贵等著．中国传统农业向现代农业转变的研究．经济科学出版社，1997－6（第 1 版）．

景晓春主编．当代中国的农业机械工业．中国社会科学出版社．1988－2（第 1 版）．

杜鹰主编．中国农村 50 年．中原农民出版社，1999－9.

姬业成．关于“1980 年全国基本实现农业机械化”目标的提出、实施及宣布放弃的过程．农业部农村经济研究中心编印的．共和国农业史料征集与研究报告．（第 2 集）．

杨力明主持．中国农业机械化发展的扶持政策研究．1996－11 月打印稿．

姚监复主编．农业机械化的发展与对策．1992－7.

农业部农业政策研究会．毛泽东与中国农业．新华出版社，1995－1（第1版）．

王磊．毛泽东农业机械化思想论．当代中国史研究．1995（第4期）．

牛若峰编著．农业经济和宏观问题研究——我的学术实践、观点和方法．中国科学技术出版社，1993－8（第1版）．

（作者：农业部农村经济研究中心当代农业史研究室主任）

1982年中央44号文件的诞生*

黄祥祺

中共十一届三中全会以来，中国的水产业以前所未有的发展速度展现在世人面前。1999年全国水产品总产量由1978年的536.61万吨增加到4 122.43万吨，21年间，每年平均以10.2%的增长速度向前发展，总产量连续10年遥居世界首位。特别是淡水渔业的发展更是举世瞩目，淡水水产品产量由1978年的108.83万吨上升到1 650.51万吨，每年平均增长13.8%，占全国水产品总产量的比例，由1978年的20.28%上升到40.03%，占21年间水产品总增产量的43%。水产品产量增加，缓解了城市吃鱼难，农民发展养鱼致了富。①

致富思源，十一届三中全会是源头，改革开放为发展经济创造了宽松的环境，中央领导同志的指示为发展淡水渔业指明了方向。

邓小平同志早在1980年的编制长远规划会议上就指出，要发展多种副业，发展渔业、养殖业。渔业有个方针问题，究竟应以发展捕捞为主？还是以发展养殖为主？看起来，应该以养殖为主。把各种水面包括水塘都利用起来，这也涉及责任制问题，有的就是要实行包工、包产。过去搞农业的同志，只看到几亩地，没有看到江河、湖泊、水塘很多，可以充分利用。也没有看到副业，没有看到各地都有发展的特殊产品和资源，这一定要改变。政策要放宽，使每家每户都自己想办法，多找门路，增加生产，增加收入，有的包到组，有的可包到人。这个不用怕，这不会影响我们制度的社会主义性质。同年5月29日，《人民日报》发表社论《重视和发展淡水渔业》。②

1980年6月2日，中央书记处听取国家水产总局削鹏关于水产工作的汇报。在汇报过程中，中央书记处书记、国务院副总理赵紫阳作了指示，要点是：（1）水产体制同其他事业的体制一样，也存在着一个统得过死的问题，对改革过程中出现的新问题，缺乏立法，缺乏协调，缺乏仲裁。要认真学习国外先进的管理经验，在着眼于搞活的基础上，提高管理水平。不能像过去那样，一统就死，一放就乱，一乱就收。（2）发展淡水养殖事业，主要靠政策、靠科学。淡水养殖除少数集中产区，基本上不搞统购、派购，除北京市等少数大城市需要的淡水鱼可以向产区调一部分以外，其他一律通过市场，采取议购的方式。其他大中城市要鱼，可以直接同产地签订合同。水塘养鱼，要解决责任制的问题，要实行科学养鱼。（3）大水库养鱼，可以考虑采取两种办法：一种是统一经营，由水库管理部门统一放鱼苗、放饲料，把水面分给水库周围的公社和有关单位，双方签订合同，实行收入分成或税收的办法。另一种是同水库有关的各个方面组成合股公司，各单位都是股东，联合

---

* 本文收入内部报告《共和国农业史料征集与研究报告》第3集，2000年。

① 农业部渔业局：《中国渔业五十年大事记》，中国农业出版社1999年12月。

② 农业部渔业局：《中国渔业五十年大事记》，中国农业出版社1999年12月。

经营。(4) 要集中力量搞好淡水和近海的养殖和捕捞。远洋渔业，由于还没有力量，以后再说。(5) 现在有些地区渔民生活很苦，要采取措施，如发展养殖业等，改善渔民生活。①

1981年3月2日，胡耀邦在中共中央书记处88次例会讨论发展农村多种经营时，列举了发展淡水养鱼一事，他说：我国淡水面积总共大约3亿亩，可以利用的有7 500万亩，水库有4 000万亩。要重视可用的淡水水面，把水塘包给生产队或个人养鱼、种菱角、种莲藕。三五年内，应该争取淡水鱼产量达到四五百万吨。②

为贯彻落实胡耀邦同志的指示，国家水产总局立即组织几批同志分赴各地进行调查，总局党组又专门进行研究，先后两次邀集各重点省和重点地、县的同志进行座谈，并报请国务院同意由国家农委召开全国淡水渔业工作会议，研究落实发展淡水渔业的措施。

经国务院批准，1982年3月10—22日，全国淡水渔业工作会议在北京召开，会议由国家农委主持，国家水产总局、水利电力部具体筹备。参加会议的有各省、自治区、直辖市人民政府、农委主管水产工作的负责同志；水产、水利厅、局的负责同志；部分省、自治区、直辖市农垦厅局的负责同志以及重点地、县和有关科研教育单位的负责同志；国务院有关部、委、局和新闻宣传部门也派代表出席会议。这么多的地方负责同志，这么多的部门代表，大家聚集一堂，共商淡水渔业的发展大计，是新中国成立以来第一次的盛会。会后，农牧渔业部向中央、国务院提出了关于加速发展淡水渔业的报告。

国家水产总局局长肖鹏在会议开幕时首先讲了话。他在讲话中传达了中央领导同志对发展淡水渔业的重要指示；详细地分析了十一届三中全会以来淡水渔业生产的大好形势和经验；阐述了加速发展淡水渔业的重要意义和实现中央提出的淡水鱼产量达到四五百万吨的可能性；并提出了发展淡水渔业的方针、政策和措施的讨论意见。③

国家农委主任张平化在3月20日的大会上讲了话。他详细阐述了发展淡水渔业的重要意义，指出：充分利用水域，发展淡水渔业不仅是弄几条鱼吃吃，而且是整个农业发展的一个战略问题。第一，中央提出发展多种经营的重点应该放在山区、水域、滩涂和草原上，而开发水域，特别是搞淡水养殖潜力很大，来得最快，群众的积极性最大。对于在农业上打开新局面是很重要的。第二，农村实行生产责任制以后，群众积极性调动起来，劳动力有剩余了，而利用水域发展淡水渔业，则是安排农村劳动力的一个出路。第三，利用水域发展淡水渔业，也是发展农村经济，增加农民收入的需要。第四，有利于生态平衡，发展综合效益。总之，我们搞农业必须树立大农业观点，把视野从十几亿亩农田扩大到几亿亩水面、22亿亩海域和滩涂，像重视耕地一样重视水面的利用，在规划土地利用的同时规划水面的利用。像三江平原的开发、黄淮海的治理都应该把渔业考虑进去，既发展水产，又发挥综合效益。在讲话中，对发展淡水渔业的方针、政策和发展的重点也都作了详细的阐述。④

水利电力部副部长李伯宁在3月22日会议结束时提出了近期的奋斗目标，要求在20世纪80

① 农业部渔业局：《中国渔业五十年大事记》，中国农业出版社1999年12月。

② 农业部渔业局：《中国渔业五十年大事记》，中国农业出版社1999年12月。

③ 农牧渔业部水产局调查研究室：《水产工作文件选编》(1982年度)，1984年9月。

④ 农牧渔业部水产局调查研究室：《水产工作文件选编》(1982年度)，1984年9月。

年代把全国 1 500 万亩左右的大型水库全面利用起来，平均亩产由七八斤提高到 15～20 斤；把 1 500万亩左右的中小型水库可利用的水面都养上鱼，平均亩产由 25 斤提高到 40～50 斤。水库渔业总产量由 12 万吨增加到 40 万～50 万吨。对如何加速发展水库渔业，他讲了 5 点意见：一是要进一步提高对水库渔业重要性的认识，水库工程要在提高经济效益上开创新的局面，发展水库渔业应是一条重要途径。二是积极开展综合经营，加强经济核算，不断提高经费自给水平。三是抓好科学养鱼。四是增进库群关系，加强渔政管理。五是水利水电部门要当发展淡水渔业的促进派。①

国家水产总局副局长张昭在会议结束时就水产部门如何贯彻这次会议精神，做好工作讲了话。要求水产战线的全体同志做到：第一，树立坚定的信心，振奋革命精神，在各级党政的领导下，为实现在 20 世纪 80 年代内淡水鱼产量达到四五百万吨的目标不懈地努力。第二，要因地制宜，讲究实效。要结合当地的实际情况，因地制宜，全面规划，作出切合实际的工作部署。第三，要贯彻政策，落实措施。在措施方面，一是落实生产责任制；二是搞好苗种生产的规划布局；三是抓紧商品鱼基地建设；四是办好国营渔场，起到骨干示范作用；五是做好水产供销工作，促进生产发展；六是加强渔政管理。第四，要普及知识，推广技术。第五，要依靠领导，依靠群众。

3 月 22 日，会议结束。国家农委副主任李瑞山作总结讲话。他讲了 3 个问题：

第一，加速发展淡水渔业是繁荣农村经济的一项战略任务。尽快实现中央提出的奋斗目标，是充分、合理地开发利用自然资源的需要；是繁荣农村经济、向农业生产的广度和深度进军的需要；是活跃市场、改善人民生活的需要。这是一项重要而艰巨的战略任务，必须统一认识，鼓足干劲，扎扎实实工作，为完成这一战略任务而奋斗。

第二，用正确的方针政策调动各方面的积极性。根据我国淡水渔业的特点，发展淡水渔业的方针是：动员各方面力量，充分利用各种水面，实行以养为主，养殖、增殖、种植、捕捞相结合。当前在政策上要重点解决 3 个问题：一是落实水面的使用权，发放使用证。二是建立健全生产责任制。三是购销政策要做到既有利于促进生产的发展，又能保证城市人民吃到一定数量的平价鱼。

第三，狠抓关键措施，扎扎实实地做好工作。一是抓好养鱼技术的普及；二是组织好苗种生产供应；三是广辟饲料来源；四是抓好各类水面的基本建设；五是要大力整顿渔业生产秩序；六是注意保护水域。

会议结束后，农牧渔业部②遵照中央书记处关于加速发展淡水渔业的指示精神和这次大会讨论的意见提出《关于加速发展淡水渔业的报告》（以下简称《报告》），于 1982 年 9 月 18 日报请中央、国务院批转。

《报告》首先肯定了 30 多年来，特别是十一届三中全会以来，在贯彻执行党的调整国民经济方针和各项农村经济政策的推动下，生产是有成绩的，发展的速度是多年所未有的。但是，由于长期受“左”的思想影响和我们工作指导上的失误，以致渔业至今仍然是整个农业中的一个薄弱环节，而淡水渔业又是整个渔业的一条“短腿”。城乡到处吃鱼难，这种状况必须尽快改变。《报告》认为：根据我国的自然资源条件和已达到的技术水平，只要领导重视，认真调动和协调各方面的力

① 农牧渔业部水产局调查研究室：《水产工作文件选编》（1982 年度），1984 年 9 月。

② 1982 年 5 月 4 日，第五届全国人民代表大会常务委员会第二十三次会议通过《关于国务院部委机构改革实施方案的决议》，决定撤销国家农业委员会，将农业部、农垦部、国家水产总局合并，设立农牧渔业部。

量，充分利用各种水面，实行以养为主，养殖、增殖、种植、捕捞相结合的方针，采取正确的政策、措施，到 20 世纪 80 年代末或稍长一点时间，完全有可能实现全国年产淡水鱼四五百万吨的奋斗目标。

为实现这个奋斗目标，《报告》提出了实行的政策措施，主要是：

第一，加速发展淡水渔业，开创水产工作的新局面，首先要明确农业经济必须全面发展，提高对发展渔业重要意义的认识和正确解决发展渔业的指导方针。

第二，加速发展淡水渔业，必须因水制宜，把各种水面都利用起来。塘堰和小型湖库，管理方便，技术成熟，投资小，见效快，是目前养殖产量的主要来源，应该作为重点，实现精养高产。要进一步明确、落实水面使用权，使用权确定后，由当地政府发给使用证，长期不变。

第三，加速发展淡水渔业，必须建立和完善生产责任制，实行多种经营形式，调动各方面的力量，做到国营、集体、个体一起上。各种承包，都要签订合同，严格执行。合同期限应尽量长一些。要大力提倡中央和地方、国家和集体、产区和销区，以及部门、行业、社队、社员之间，按照自愿互利的原则，实行各种形式的联合经营。要积极鼓励社员发展家庭副业养鱼。

第四，加速发展淡水渔业，必须实行正确的购销政策，以促进生产，提高商品率，活跃水产品市场。国家只对国营渔业生产单位、商品鱼基地和专业社队的产品实行派购，其他社队养鱼和社员家庭养鱼，一般不派购。淡水鱼的购销政策，要适应水产品鲜活易腐的特点。应规定合理的差价，要努力减少经营环节，积极组织产销直接见面。鼓励产区到销区设点经商和生产者进城卖鱼，并为他们提供方便。各级水产商业部门在经营上要确立支持生产、服务消费的观点。

第五，加速发展淡水渔业，既要有正确的政策，还要有切实可行的科学技术措施。要抓好淡水渔业技术的普及工作。要组织科研、教学、生产单位协同攻关，运用现代科学进一步完善具有中国特色的养鱼技术。要切实解决苗种问题。要像养畜、养禽一样统筹安排养鱼饲料。

第六，加速发展淡水渔业，必须重视水域的基本建设，实行综合开发，发挥综合效益。各类水面的建设和改造，都要纳入农业基本建设规划，农渔牧结合，统筹安排。

第七，加速发展淡水渔业，要全面规划，加强领导。各地都要在摸清自然资源和搞好区划的基础上，制订发展规划和实施方案，检查督促，逐步落实。各地还要特别注意结合整顿社会秩序，加强法制教育，建立健全渔政管理机构和群众性管理组织，维护渔业生产秩序，保障生产者的利益。

1982 年 10 月 17 日，中共中央、国务院发出关于批转农牧渔业部《关于加速发展淡水渔业的报告》的通知［即中发（1982）44 号］。《通知》指出：中央和国务院同意农牧渔业部《关于加速发展淡水渔业的报告》，望认真研究执行。希望各级党委和政府要像重视耕地一样重视水面的利用，把淡水渔业摆在应有的位置，列入自己的议事日程，一年认真抓几次，并根据当地实际情况，采取有力措施，切实解决一些实际问题。经过十年八年扎扎实实地工作，力争实现全国年产淡水鱼四五百万吨的目标，缓解吃鱼难的矛盾，并配合农、林、牧、副、工等其他各业的发展，使农民尽快地富裕起来。①

在中央领导同志对发展淡水渔业的重要指示下，和全国淡水渔业工作会议精神的传达贯彻，特

① 农牧渔业部水产局调查研究室：《水产工作文件选编》(1982 年度)，1984 年 9 月。

别是中央（1982）44号文件的下达，极大地引起了各级党政领导对加强淡水渔业工作的重视，也调动了广大农民和各行各业对发展淡水渔业的积极性。不少省、自治区、直辖市还以党委、政府的名义召开会议，颁发决定、文件。其中不仅有淡水渔业发达的南方重点省、区、直辖市，也有水面较少，起步较晚的北方地区。

在各级党政的正确领导下，采取了切实有效的措施，水产战线上全体同志共同努力，使1982年中发44号文件得到了很好的贯彻执行。中央要求实现全国年产淡水鱼四五百万吨的奋斗目标，只用了5年时间就实现了。1982年全国淡水鱼产量为159.75万吨，1987年增加到413.02万吨，1990年达到531.55万吨，吃鱼难得到了缓解，农民养鱼致了富。①

（作者：农业部原水产司养殖增殖处处长、高级工程师）

① 农业部渔业局：《中国渔业五十年大事记》，中国农业出版社1999年12月。

新中国水产业发展史上的重大转折*

——1985 年 3 月中共中央、国务院发布《关于放宽政策、加速发展水产业的指示》的前前后后

涂逢俊

渔业，这个人类最古老的生产行业，在我国源远流长。它有着优越的自然条件，悠久的历史传统，丰富的经验技术，对于中华民族的生存和发展起过无可替代的作用。但新中国成立前，由于长期受帝国主义、封建势力和官僚资本的重重压迫，水产事业被扼杀得奄奄一息，连年战乱，工具破旧，技术落后，广大贫苦渔民挣扎在生死线上，到 1949 年全国水产总产量只有 45 万吨。新中国成立初期，在党和政府的重视和正确领导下，迅速医治好战争的创伤，得到了恢复和发展，很快就超过了战前最高年（1936 年）产量 150 万吨，1957 年更达到了 346 万吨。然而，随着时光的流逝，经过 20 多年政治上、经济上的风风雨雨，到了“文化大革命”末期，积累了许多问题，产量增长近乎停滞，“吃鱼难”的呼声迭起。如何进一步发展渔业生产，走什么道路前进，摆在了人们面前。

一、背　　景

1985 年中共中央、国务院发布《关于放宽政策、加速发展水产业的指示》（即 1985 年 5 号文件）的背景大体有五个：

第一，十一届三中全会以来，经过真理标准的大辩论，批判两个“凡是”，总结历史的经验教训，拨乱反正，决定把全党的工作重点和全国人民的注意力转移到社会主义现代化建设上来。这是个历史性的伟大转折。全党、全国、各行各业都在邓小平同志“解放思想，实事求是，团结一致向前看”的号召下，积极探索今后工作的指导方针和发展道路。水产业当然也不例外。

第二，广大城乡人民、特别是大中城市居民，在长期短缺经济的生活环境中，随着思想束缚的逐步放开，物质上的需求也日渐提高，“吃鱼难”的呼声全国各地、上下左右，一浪高过一浪。甚至有人讥讽地说：“江苏本是著名的鱼米乡，现在‘有米无鱼’，‘苏’字也要改写了。”在这种情况下，各级党政领导、特别是水产主管部门压力极大，千方百计寻找解决的途径。

---

* 本文收入内部报告《共和国农业史料征集与研究报告》第 12 集，2004 年。

第三，改革开放，缺乏经验，要“摸着石头过河”，特别是对放开产品购销政策、实行市场调节等涉及全局性敏感问题，更需要找一个风险较小、牵涉面有限、一旦出现问题影响也较小的行业试点，取得实践经验，作为突破口。而水产行业虽小，但产供销、科技教育、造船造机、绳网织造，样样俱有；同时由于它的行业特性，生产活动水上水下、国内国外、流动分散，产品鲜活易腐等；因而新中国成立以来就是实行产、供、销等的“一条鞭”管理，相对独立、牵扯行业较少。而水产品固然人人喜爱、“吃鱼难”的呼声尽管出奇的高，但它终究不像粮食那样关系到国计民生，改革万一出点问题，也不致影响大局。因此，它倒是“摸着石头过河”的一块理想的石头，全行业改革试点首选的理想行业。

第四，农业的家庭联产承包责任制——“包产到户”已经大胆推行。农业实现合作化后，20世纪50年代末、60年代初，“包产到户”的生产责任制曾出现过几次，但每次都被“一大二公”“左”的路线扼杀在摇篮里，农民毫无自主权和积极性，生产陷于停滞状态。改革开放后，安徽凤阳首先秘密搞起“包干到户”，并且得到万里同志和安徽省委的支持。以后又得到中央的肯定，于是“包干到户”就堂堂正正地在中华大地铺开了。渔业是大农业的一部分，渔业怎么发展？这个问题摆在了中央领导的面前。

第五，中央领导高度重视，体察社情、倾听民意，多次批示，最后中央书记处正式决定，由农牧渔业部党组代拟文件。自1979年年底，报纸上公开提出“吃鱼难”问题起和胡耀邦同志第一次就此批示并建议搞一个文件后，3年多的时间里，中央领导同志在各种公开和内部报刊上专门对水产问题做了20多次批示（不包括对水产行政部门正常的文电请示和报告的批示）。批示的中央领导同志有邓小平、胡耀邦、赵紫阳、胡启立、万里、姚依林等。其中仅总书记胡耀邦一人的批示就达一半以上。批示的内容从一般号召，到指导思想、方针政策、领导体制、科学技术等方方面面。胡耀邦同志除要求各级水产部门搞调查研究外，甚至还准备亲自去，曾批示：“马洪、少平同志：希望你们同我再合作一次，先搞一篇淡水养殖文章，再搞一篇沿海捕捞和养殖文章。明年2月到3月我们再外出考察一次。请先准备点材料。”1982年9月胡耀邦同志批示：广播电台、电视台要多报道水产。指出：“这方面声音太弱。”而后仅1983年一年，《人民日报》就以“本报评论员”的名义发表了4篇有关水产的文章。1984年9月中央书记处在听取农牧渔业部党组关于农业的汇报时，在肯定农业成就的同时指出：“我国农业发展还不平衡，粮棉等种植业发展较快，畜牧业、水产业还是薄弱环节，加工业还没有破题，种植、养殖、加工比例失调。”1984年6月更具体批示：“润生、何康同志，请你们抓这件事，渔业这条战线如何？变成跛脚就不好。”

1984年2月中央书记处会议决定：为端正和完善水产工作的指导思想，责成农牧渔业部代中央起草一个关于放宽政策、加速发展水产业的文件，提交中央书记处讨论。

二、文件的起草和发布执行

中央书记处一声令下，农牧渔业部党组立即行动起来，责成水产分党组成立文件起草小组，通过深入调查，反复研究，易稿17次，经部党组讨论修改，于1984年10月定稿上报中央书记处。

1984年11月5日，中央书记处开会，听取农牧渔业部党组关于水产工作的汇报，讨论部党组起草的文件代拟稿。会议在中南海勤政殿举行，中共中央政治局常委、国务院总理赵紫阳主持，出席会议的除书记处成员外，国家计委、商业部、外经贸部等有关部门的负责同志也列席了会议。农牧渔业部党组林乎加、朱荣同志参加，部党组成员、水产分党组书记涂逢俊同志作了汇报和说明。会议讨论，基本同意代拟稿提出的十条内容和各项方针、政策、措施，议论比较多的是以下两个问题。一是水产品全部划为三类，一律不派购，价格放开，实行市场调节。有的部门同志认为，既然水产品价格全部放开，那么平价供应渔民的柴油、钢材、木材等生产物资和粮食等生活资料，也应相应改为按议价供应。经过说明，现在水产品已经大部分放开，只有一些主要品种还实行派购政策，如果这样就不是放宽政策，而是收紧政策了。最后赵紫阳同志做结论说：国家对渔用生产物资，包括换购水产品的物资，仍按 1984 年的基数继续供应。渔民的生活资料一律不变。二是关于发展远洋渔业。有同志说：发展远洋渔业，是否有掠夺别国资源之嫌；另外远洋渔业成本高，经营上是否可行？经我们说明后，会议同意了。最后，赵紫阳同志做出结论：原则通过代拟稿，按会议意见修改后颁发。同年 12 月 26 日中共中央总书记胡耀邦等领导同志再次听取汇报，再次讨论了代拟稿。1985 年 3 月 11 日，中共中央、国务院正式发出《关于放宽政策、加速发展水产业的指示》。

这是新中国成立以来中共中央、国务院联合发出的第一个关于水产工作全面性指示的文件，也是迄今为止唯一的一个文件。它给予广大水产工作者以指示和支持，极大地鼓舞了他们，极大地调动了全国广大渔、农民的生产、经营积极性。在贯彻执行中，我们突出强调在政策上要放开，经营上要搞活，工作上要求实、创新，要认真分析新情况，研究新问题，提出新举措。

这一文件提高了水产业的位置。新中国成立之初，中共中央《关于渔民工作的指示》指出："渔业生产为我国国民经济的一项重大收入，渔业是农村副业的一个重要部分。"而后在农业发展纲要四十条中，把它列为广义的大农业中，农、林、牧、副、渔五业之一。1985 年的中央文件指出"在发展农业过程中视野不开阔，对全面开发利用国土资源、充分利用水域、加速发展水产业认识不够"的同时，特别强调"要像重视耕地一样重视水域的开发利用，把加速发展水产业作为调整农村产业结构、促进粮食转化的一个战略措施来部署"。当时引起各级党政的高度重视，迅速召开会议、发出指示，贯彻执行。

中共辽宁省委、省政府就贯彻中央（1985）5 号文件发出通知，要求各地把海、淡水养殖作为主攻方向，到 20 世纪末养殖产量由占总产量的 1/3 提高到 2/3。要求各行各业大力支持水产业的发展，并提出了一系列具体的政策措施。

湖北省委提出：要发动千家万户，放开水面经营权和水产品经销权，特别强调要坚决突破大水面养鱼问题，彻底改变"千湖之省"吃鱼难的局面。

浙江省提出要"压缩中间"，即减少目前在近海生产的渔船，淘汰一部分，更新一部分；"发展两头"，即发展外海、远洋渔业和海、淡水养殖业。

四川省要求各级党政要把加速发展水产业作为调整农村产业结构的重点来抓，作为促进粮食转化、搞活农村经济、改变食物结构、实现"富民升位"的一项战略措施部署。并要求计划、财政等各部门都要加强对水产业的扶持，使这个薄弱环节得以加强。

福建省提出要大抓"两个基地、两个开拓"。"两个基地"，一是商品鱼基地，解决城市吃鱼问题；二是养殖产品出口基地，扩大出口创汇。“两个开拓”，一是开拓保鲜加工业；二是开拓外海渔业。

黑龙江省提出五个一起上，即以群众养鱼为主，国营、集体、个体一起上；以小水面为主，大、中、小水面一起上；以精养为主，精养、半精养、粗养一起上；经营项目上，以渔为主，渔、工、商一起上；资金上以自筹为主，国家扶持和“外引内联”一起上。

北京市要求1990年基本解决城市吃鱼问题，除了搞好商品鱼基地建设和充分利用现有水面发展养殖外，要多渠道进货、多渠道销售，产销挂钩，均衡上市，努力使生产、消费双满意。

天津市提出要采取捕养并举、海淡并举的方针，苦战三年基本解决全市人民的吃鱼问题，并且规定了一些优惠奖励政策和对荒废水面的罚则。

其他各省市区也都从本地的实际情况出发，有针对性地做了积极、有力的部署。

三、五大突破

中央（1985）5号文件，规定了10项政策措施。经过各级党政认真贯彻执行，都对加速水产业的健康发展，起到了良好的作用。其中有些可以说是突破性成果，将对长远发展发挥永久的作用。

1. 端正了水产工作的指导思想，明确了水产生产方针，“以养为主”方针真正得到了贯彻执行，取得了显著成效

1980年4月邓小平同志《关于编制长期规划的意见》中谈到：“渔业，有个方针问题。究竟是以发展捕捞为主呢？还是以发展养殖为主呢？”确实，这是水产部门长期争论的问题。新中国成立之初，世界主要水产发达国家，都以海洋捕捞为主，捕捞和养殖产量的比例大体为9∶1。我国当时的海洋捕捞也占90%。当时百废待兴，首要任务是进行渔业民主改革，解放广大劳动渔民的生产力，恢复和发展生产，没有人认真研究这个问题。但是以捕为主，还是以养为主？两种不同认识一直在人们意识中存在着。

1956年水产部成立、特别是1957年整风期间，争论激烈起来了。一种意见主张，应当主要依靠国家经营，向深海远洋发展，并且以捕捞为主；另一种意见主张，从现实出发，应当主要依靠集体经营，向内陆和近海的一切水面发展，并且以养殖为主。这两种思想、两种方法的争论，实质上也就是发展水产事业的两种方针之争。最后全国统一的方针，表述为“调动一切积极因素，进一步依靠合作社，放手发动广大渔、农民群众，普遍地开展淡水和海水养殖；充分利用并恢复旧有渔场，积极开辟新的渔场，合理地利用资源，提高国营企业和合作社的捕获量，力争水产生产的大跃进”。简单地说就是：“以养为主，积极发展捕捞。”应该说这种争论是积极的、正常的、有益的，但当时在“左”的思想指导下，把业务上的争论，提升到路线高度，也严重伤害了一些同志，并造成了负面影响。

“以养为主”的方针定下来了，但始终未能真正贯彻执行。1958年“大跃进”，各地为了追求高指标，依然是急功近利增加捕捞强度，甚至提出破坏资源的“打伏打秋”。接着就是三年困难时期，更是酷渔滥捕，大搞投机生产，连不靠海的北京也在烟台搞了捕捞船队，这个时候谁要是强调保护资源，马上就会遭到“救人要紧还是救鱼要紧”的质问。1962年中央提出“调整、巩固、充实、提高”八字方针，“以养为主”方针改为“养捕并举”，工作刚刚走上正轨，又来了十年“文化大革命”，发展养殖更谈不上了。

改革开放以来，认识到过去在“左”的思想影响下，走的是一条“急功近利”、“欲速不达”的路子。结果是近海资源遭到严重破坏，养殖优势没得到发挥，造成今天这样被动的局面。总结历史的经验教训，20世纪80年代初提出了“合理利用资源、大力发展养殖、着重提高质量”三个调整重点，大力建设商品鱼基地、发展城郊养鱼、稻田养鱼，人工养殖对虾、河蟹、扇贝、贻贝、鳗鱼等一个个突破推广，养殖已经有所加强，这几年水产养殖产量平均每年增长达15%。中央（1985）5号文件又明确提出“以养殖为主，养殖、捕捞、加工并举”的方针，更是极大地促进养殖业的发展。前后用了5年的时间，水产总产量翻了一番，人工养殖产量超过了捕捞，基本缓解了大中城市吃鱼难的问题。自此，我国不但成为世界水产总产量第一的国家，而且成为世界上唯一养殖产量超过捕捞的水产大国。到2002年养殖产量翻了3番，在总产量中的比重超过了60%。就在这一年的4月，在北京召开了有来自世界82个国家近2 000位代表参加的世界水产养殖大会。

2. 走出去，从无到有，发展了我国自己的远洋渔业

旧中国的海洋渔业，主要是设备简陋、技术原始的沿岸风帆渔业。为数有限的几十条现代机轮渔船，也把持在官僚资本手中。特别是抗日战争以来，日本帝国主义常年有一二千艘现代机动渔船，在我国沿岸、近海作业，掠夺我国的渔业资源。新中国成立之初，我们抓了几百艘日、韩渔轮，宣布渤海为我国内海，划定了黄海、东海机轮底拖网禁渔区，禁止日、韩渔轮入海。同时，为了保护和发展我国的机轮渔业，经过双方谈判，在东经124度（大体上是中日海域的中间线）以西到我国禁渔区线以东的海域，划分了若干个小区，规定了双方可以在小区内生产的船数。而在中间线以东到日本近海，却无须规定我国可以去生产的船数，缘由是我国没有力量和船只到那里生产。因而多年来我们思想上一直有着这样的矛盾：一方面，我们热切希望走出去，发展我国自己的远洋渔业；另一方面，又觉得我们是社会主义国家，到外国去捕鱼，似有掠夺别国渔业资源之嫌。

改革开放，我们解放了思想，明确了经济侵略、强权掠夺和通过自愿两利的谈判、友好合作捕鱼的本质区别，中央也明确同意发展远洋渔业，并在政策上给予多项优惠扶持。经过船只、人员的充分准备和与友好国家的谈判、签约，几乎就在中央5号文件正式发布的同一天，由中水集团所属的烟台、舟山、湛江公司和福建省公司联合组成的第一支远洋船队，就自当年三宝太监郑和下西洋的福建马尾港出发了。船队出马六甲海峡，横渡印度洋，通过苏伊士运河，经地中海，穿直布罗陀海峡，进大西洋，历时50天，于4月29日凌晨到达西班牙属西非加那利群岛拉斯帕尔玛斯港。并立即分赴塞内加尔、几内亚比绍、塞拉利昂等国家，实施已经签订的6个渔业合作项目。这次13艘船、200多人的队伍，历经三大洋，艰苦奋战，克服气候剧变、航路不熟、语言不通、路程遥远、时间较长等重重困难，胜利完成了任务，是我国渔业史上没有过的创举。它充分说明我们有决心、也有能力发展我国自己的远洋渔业。

从第一支远洋船队出发，到现在已经18个年头了。现在我们的远洋渔业已在世界三大洋与

38个国家和地区有渔业协议、合作捕鱼。有1 700多艘具有拖、围、流、钓不同作业方式的现代化渔轮，分布在西非、东南亚和南、北太平洋渔场上从事捕捞生产，并且有一定的加工、冷藏、物资、储运等后勤设施，以及进出口贸易、营销手段。2003年，海外员工约3万，年产水产品近百万吨。

3. 调整购销政策，在农副产品中率先放开价格，一律不派购，实行市场调节

从1956年起，在计划经济体制下，水产品实行了近30年的统一收购和派购政策。统一收购，就是由国营水产供销公司统一收购渔民除自食以外的全部产品，完全剥夺了渔民处理自己产品的权利，极大地伤害了渔民的生产积极性。而由于价格是国家物价管理部门统一规定，好鱼次鱼、淡季旺季不分，全国一个价，全年一个价，甚至多年一个价（例如，带鱼收购价就曾多年0.25元一斤）。由于价格既不反映价值，又不反映供求关系，更不反映产品质量，渔民不但生产不积极，也毫不关心产品质量，“原船原码”交给水产公司。在几十年短缺经济的情况下，反正“皇帝女儿不愁嫁”，水产公司也就“按堆估价”，连腐烂变质的鱼一起进冻，消费者辛辛苦苦凭证买回去的鱼“看上去硬邦邦，吃起来臭烘烘”。这也是“吃鱼难”呼声高的一大原因。改革开放之初，就改为派购议购相结合的政策（就是国家按规定价格收购一部分，其余的由双方议价收购或由渔民自行出售）。这个办法，开始还在一定程度上调动了渔民、农民的积极性。但由于存在着两种价格、两个市场，渔民不愿将好鱼卖给国家，致使大量产品流向自由市场，结果是“船上挑、岸上拣，破破烂烂交水产（公司）”。以致供求关系日益紧张，又出现了“派不下、收不上、调不动”的局面。

这次中央（1985）5号文件规定：“水产品全部划为三类产品，一律不派购，价格放开，实行市场调节。”“城市的水产品供应，主要靠开放市场，议购议销。”“水产品放开之后，要改革流通体制，打开流通渠道，减少流通环节，鼓励产销直接见面。”还规定：“渔民可以就地生产、就地销售，也可以长途运销，不受行政区划限制。”这是国家在农副产品中水产品率先实行的一项根本性改革，它为水产业的加速发展带来了生机和活力。第一，它恢复了渔民作为独立的商品生产者的权利，极大地调动了他们的生产、经营积极性。第二，由于多种经济成分参与竞争，逐步形成多渠道、少环节、开放型的新流通体制，不但可以活价促产，而且有利于吸引鱼货进城，解决吃鱼难问题。第三，把国营水产供销企业推向了市场，促进它们进行改革。

市场放开之后，鱼多了，花色品种多了，质量也好了，但同时多数地方价格也上去了，消费者有反映。但这不要紧，也不必急于去“打补丁”，生产上去了，进城的鱼多了，价格就自然下来了。改革带来冲击最大的是国营水产供销企业。各级国营水产供销企业，在30年的计划经济时期，支持生产，保障供给，作出了巨大成绩。特别是有些供销企业，在向市场经济转型时期、在自身受到冲击时期，仍自强不息、锐意改革，有的甚至冒着第二次被打成“走资派”的风险，仍坚持不懈地搞试验，例如广东的一些企业。但是，也毋庸讳言，多数企业由于长期靠统、派购垄断货源，层层计划分配调拨，独家经营，吃“太平饭”，也养成了“官商”、“坐商”习气。现在垄断的货源没有了，竞争激烈了，取消了层层调拨，切断了纵向联系，大家都成了兄弟单位。不少企业开始确实有些不适应。经过几年的磨炼，逐步认识到只有解放思想、转变观念，在竞争中求生存、谋发展，才是出路。他们以市场为导向，发挥自己有场地、设备、人才、信息等的优势，积极参与竞争，认真转变作风，在竞争中赢得主导地位。有的举办鲜活市场、贸易货栈、交易中心，以稳定市场、平抑物价，为生产者和消费者服务。

水产品的率先放开，实行市场调节，为以后更多的农副产品及其他产品购销体制的改革，实行市场调节，提供了具体而有益的经验。

4. 肯定养殖大户承包和允许雇工，捕捞走向“分散经营、集中服务”，是水产承包责任制的新突破

改革开放以来，水产的经营形式已经发生了很大变化。养殖比较简单，大多已经包产到户、到人。只是一些大水面的承包还有一些争议。1981 年，广东的养鱼承包大户陈志雄承包了上百亩水面，在《人民日报》上展开了热烈讨论。当时的结论是都可以试，注意总结经验。经过几年实践，证明这对大水面的开发、特别是发挥技术和经营能手的专长是很有利的。因而这次文件明确规定：“面积较大的，可以联户承包，也可以一户牵头承包、邀伙经营或按国家规定请帮工、带学徒经营。”（这实际是将当时城市允许私营业主可以雇工的规定延伸到了农村。现在看这当然是无所谓的了，但在当时确是个突破）文件还规定：“水面、滩涂、低洼地多的，只要承包者有力经营，承包面积可以不限，有的还可向外县、外省开放。”“要鼓励地区间、不同行业间、不同所有制间的联合开发。”

捕捞生产，特别是海洋捕捞生产则比较复杂，它的生产责任制既要防止“大锅饭”，又要照顾到海洋捕捞投资大、成本高、技术性强、灾害多、生产不稳定等特点。几年来，它的责任制从“几定奖赔”、“比例分成”到“包干到船”。文件所以规定“可以大包干到船，也可以把船网工具折价归船上渔民所有”，目的是调动渔民搞好生产、维护好船网工具和扩大再投资的积极性。当时全国实行这种形式责任制的已超过一半，核算和分配单位是已经小到不能再小了，问题是如何克服它抗灾能力和扩大再生产能力弱的弊病，以及如何更有效地组织它的后勤工作等。为适应多数实行以船经营的新情况，文件提出：“可以港口为依托，以经济联合为纽带，由生产、流通、金融等单位互相配合，办好后勤服务和社会保险事业，切实为各独立核算的作业单位提供产前、产后服务，通过‘分散经营、集中服务’的办法，完善合作经济。”这个苗头的出现和肯定，预示着一种新的经营形式的变革，将推动渔区经济的发展。

5. 响起了以法治渔、依法兴渔的号角

中央（1985）5 号文件最后一条“各级党委和政府要加强对水产工作的领导”中，突出强调“在放开、搞活的同时，要建立健全渔业法规”。

改革开放以来，党和政府一系列方针、政策发挥了巨大的作用，水产业方方面面发生了很大变化。但是大家也认识到：仅有政策是不够的，中共中央《关于经济体制改革的决定》指出：“经济体制的改革和国民经济的发展，使越来越多的经济关系和经济活动准则，需要用法律的形式固定下来。”因而早在 20 世纪 80 年代初，国家水产总局就着手草拟《渔业法》了。1983 年万里副总理在听取海洋渔业工作会议汇报时，又着重强调了这项工作。几经调查研究，反复征求各方意见，国务院又专门召开会议讨论修改，最后，就在中央（1985）5 号文件发布后 3 个月，《渔业法》（草案）获得国务院讨论通过，提请全国人大常委会审议。1986 年 1 月 20 日，六届全国人大常委会第 14 次会议审议通过了《渔业法》，李先念主席颁布 34 号主席令，自 1986 年 7 月 1 日起施行。由于 5

号文件和《渔业法》的起草工作，几乎是同步进行的，所以就没有纳入有关《渔业法》的更多的内容。例如，稳定水面经管制度，保护渔民利益；规范养殖、捕捞行为，维护生产秩序；养护合理利用资源，促进渔业健康发展，等等。可以说区区几个字，预示着我国水产业另一件影响深远的大事就要发生了，“以法治渔、依法兴渔”的号角已经吹响。

1985 年是水产业重要的一年，可以说在中央总的路线、方针、政策指引下，水产业贯彻执行中央 5 号文件，经历了一个转折，迎来了第一个高潮，开始了一个新的发展时期。

（作者：原农牧渔业部党组成员、水产分党组书记

1988 年调任国家农业投资公司总经理（副部级））

农村改革初期的调查与论证*

卢 文

中国农村改革已走过了30年的历程。这是农村在僵化体制下解放出来大转变、大发展的30年，也是中国大变化、大发展的30年。

中国的经济体制改革是从农村开始的。因为中国是一个农业大国，农村人口众多，农业是国民经济的基础，农民在僵化体制下受害最深，改革的要求最强烈、最迫切，而农村又是旧体制较薄弱的环节，易于突破，因而成为改革的先导。

党的十一届三中全会，提出了解放思想、实事求是的号召，纠正了“左”的思想路线，确立起新的思想路线，党的工作从“以阶级斗争为纲”转到以经济建设为中心上来，各方都开始松动。而我国农村幅员广大，情况复杂，旧的体制又已普遍实行多年，在领导上和干部中有牢固的理论思想根基。应该从何处着手改革，如何改革，朝什么方向改革，才有利广大农民，有利于生产的发展，是一个难度很大的问题。改革的总设计师邓小平同志提出：“摸着石头过河。”这是谨慎稳当的。这个“石头”，就是农村的实际情况，农民的切身利益和要求，让农业生产有更好的发展。要摸清这些，就要深入群众，深入实际，作全面细致的调查。中国农村发展很不平衡，情况十分复杂，人们的认识和信念也有所不同，因而调查所得到的结论和观点，也就有很大的出入，不免发生分歧和争论，需要反复讨论、论证，最后还要由实践作出检验。这就使调查和论证成为改革过程中的十分重要的事情。农村改革初期的调查与论证，真可谓波澜壮阔，激荡人心，民主活跃，效果显著。下面只是我所知的一小部分。

一、改革初期的农村领导机构和几个文件

党的十一届三中全会确定加强农业。为此，在1979年3月，成立国家农委，统一领导协调农口各部门和有关单位。农委主任初是王任重，1981年后为万里；常务副主任张平化、李瑞山、张秀山、杜润生、何康。内设办公厅、政策研究室、计划局、科教局、宣传局、区划办等。起初多数人集中在和平里林业部内办公，1980年迁到西黄城根南街九号院。

1981年6月召开党的十一届六中全会，中央领导人事变动，华国锋辞去党中央主席职务（改任副主席），胡耀邦任党中央主席，赵紫阳任党中央副主席，后任国务院总理。翌年初决定精简机构，撤销农委。杜润生同志感到，当时农村正在发生大变动，问题很多，需要研究和解决；而农村

---

* 本文收入内部报告《共和国农业史料征集与研究报告》第15集，2008年。

工作干部多不愿意搞这一行，散去容易，再集中就很难。于是，去找中央领导，请示成立一个精简的农村政策研究室，得到批准。他从党中央系统和国务院系统分别争取到总共120多人的编制和经费，在1982年4月28日成立中共中央书记处农村政策研究室（1988年改称中共中央农村政策研究室）；5月7日成立中国农村发展研究中心（以后改称国务院农村发展研究中心），两个牌子一套人马，在原地办公（后来分一部分到西四砖塔胡同56号）。农研室主任是杜润生，副主任谢华、刘堪、翁永曦（不久调走）。农研中心主任也是杜润生，副主任郑重、武少文、杨钰、吴象，后加朱厚泽、张根生、王郁昭。内设办公室，主任王胜；一组（综合、生产力），负责人祖国补；二组（体制、生产关系），负责人张云千；三组（山区、贫困地区），负责人李占奎；四组（宣传、上层建筑），负责人黄道霞。后来，增设五组（流通、金融、投资），负责人段应碧；联络室，主任卢文（其后王岐山任副主任）；人事组，负责人施铸英。由联络室编辑出版内部不定期刊物《农村问题论坛》。

农村改革初期，中央发了几个重要的文件：

1.《中共中央关于加快农业发展若干问题的决定》（三中全会提出草案，四中全会通过），强调要集中精力使农业得到迅速发展；要在经济上充分关心农民的物质利益，在政治上切实保障农民的民主权利。但还坚持人民公社的体制，只准包工到作业组，不许分田单干。除某些副业生产的特殊需要和边远山区、交通不便的单家独户外，也不要包产到户。

2.1979年4月发的7省（广东、湖南、江苏、安徽、四川、河北、吉林）农口干部座谈会《纪要》（中央1979年31号文件），是集中讨论和说明生产责任制的，会上争论激烈，文件按华国锋和王任重的意见写，只能“包工到组，联产计酬”，不许包产到户；但开了一个小口子：边远山区特殊例外。

3.1980年9月，中共中央关于印发《关于进一步加强和完善农业生产责任制的几个问题》的通知，强调集体经济是我国农业向现代化前进不可动摇的基础。允许有多种经营形式，多种劳动组织，多种计酬办法同时存在。肯定小段包工，定额计酬；包工包产，联产计酬；提倡专业承包，联产计酬。在边远山区和贫困落后地区，可以包产到户，也可以包干到户。在一般地区就不要搞包产到户。而已经实行群众又不要求改的，允许继续实行。

4.1981年3月，中共中央、国务院转发国家农委《关于积极发展农村多种经营的报告》的通知。强调发展商品经济，建立良好的大农业生态体系。提出“决不放松粮食生产，积极开展多种经营”的方针。多种经营中，凡是适用个人经营的项目，尽量由农户自己去搞。

5.中共中央批转《全国农村工作会议纪要》（1982年1号文件），重点是肯定农业生产责任制的各种形式。指出，我国农业必须坚持集体化道路，土地等基本生产资料公有制长期不变，集体经济要建立生产责任制也长期不变。目前实行的各种责任制，包括小段包工定额计酬，专业承包联产计酬，联产到劳，包产到户、到组，包干到户、到组，等等，都是社会主义集体经济的生产责任制，不论采取什么形式，只要群众不要求改变，就不要变动。农户承包的土地，必须依照合同规定从事生产，严禁在承包地上盖房、葬坟、起土。不准买卖、出租、转让、丢荒，无力经营或转营他业时应退还集体。文件还写了关于改善农村商品流通，农业科学技术，提高经济效益、改善生产条件，加强思想政治工作和基层组织建设等问题。

6.《当前农村经济政策若干问题》(1983年1号文件)，突出点是，阐明农村中实行的以家庭承包经营为基础，统分结合的双层经营，“是在党的领导下我国农民的伟大创造，是马克思主义农业合作化理论在我国实践中的新发展”。指出我国“农业从自给半自给经济向着较大规模的商品生产转化，从传统农业向着现代农业转化”。文件共写了14个问题：(1) 拟定农业发展规划及保证措施；(2) 走农林牧副渔全面发展、农工商综合经营的道路；(3) 稳定和完善农业生产责任制；(4) 发展多样的合作经济；(5) 改革人民公社体制；(6) 雇工问题看看再说，允许农民购买农机和汽车；(7) 改革商业体制和供销社，发展个体商业；(8) 推进农业技术改造；(9) 广辟农业资金来源；(10) 建立一批农业生产基地；(11) 更加放宽山区政策；(12) 注意改变森林过伐、耕地减少、人口膨胀的局面；(13) 坚持物质文明和精神文明建设两手抓；(14) 培养提高干部，改善和加强党的领导。

7.《中共中央关于一九八四年农村工作的通知》(1984年1号文件)，提出：“今年农村工作的重点是：在稳定和完善生产责任制的基础上，提高生产力水平，疏理流通渠道，发展商品生产。”延长土地承包期到15年以上；分析了雇工情况，允许继续经营；发展多种合作；实行政社分开；加强社会服务；商业实行国家、集体、个人一齐上的方针；改革农产品购销制度；制止不合理摊派，减轻农民负担；发展乡村工业及林牧渔业；培养农村干部及建设人才；加强思想政治和文化教育工作。

8.《关于进一步活跃农村经济的十项政策》(1985年1号文件)。该文件第一项也是主要的一项是，“从今年起除个别品种外，国家不再向农民下达农产品统购派购任务”。第二，调整农村产业结构。第三，进一步放宽山区、林区政策。第四，积极兴办交通事业。第五，对乡镇企业实行信贷、税收优惠。第六，鼓励技术转移和人才流动。第七，放活农村金融。第八，积极发展和完善农村合作。第九，进一步扩大城乡经济交往，加强对小城镇建设的指导。第十，发展对外经济技术交流。文件最后指出，“扩大市场调节，进一步放活经济之后，农民将从过去主要按国家计划生产转到面向市场需求生产，国家对农业的计划管理，将从过去主要依靠行政领导转变到主要依靠经济手段”。

9.《关于一九八六年农村工作部署》(1986年1号文件)。1985年，农业出现了一个重要问题，由于粮食种植面积减少，粮价作了不合理的调整，粮食总产减少，供应紧张。因而这个文件的重点是，强调增加农业投入，改善农业生产条件（过去说农业靠政策、靠科学，现在增加一靠，靠投入，变成三靠）；把上年一号文件提出的取消粮食统购改为计划定购。还提出：要稳定粮食种植面积，提高单产；完善流通体制和合作体制；允许一部分人和一部分地区先富起来，搞好扶贫工作。随后，由农村政策研究室和农研中心牵头，联合农牧渔业部、水利电力部，写了一个《关于保障农业持续稳步增长的建议》，报党中央和国务院。

10.《把农村改革引向深入》(1987年5号文件)。发了上述5个1号文件以后，杜润生同志认为，不必年年发1号文件，可发一个关于农村改革和发展的多年性的指导文件，得到中央同意，便有这个5号文件。其主要内容是：(1) 农村经济体制改革的进程；(2) 继续改革统购派购制度，扩大农产品市场；(3) 搞活农村金融，开拓生产要素市场；(4) 完善双层经营，稳定家庭承包制；(5) 发展多种形式的经济联合；(6) 对个体经济和私人企业的方针；(7) 调整产业结构，促进农业劳动力转移；（8）加强基层组织建设和思想建设；（9）有计划建立改革试验区。文件指出，农村经济体制改革的根本出发点，是发展社会主义商品经济，促进农业现代化，使农村繁荣富裕起来。

上述文件反映了农村初期改革的过程，对改革起了重要的指导作用。它是在中央领导的关照下，经过广泛深入的调查研究和反复论证而产生出来的，是中央领导和群众互动的结果。

二、“上到天，下到地”

农村改革初期，特别是农研室成立后，中央领导很关心农村情况和农村改革，经常认真听取下边的汇报和各种不同的意见；他们的意见很快往下传达贯彻，下边的真实情况和意见能很快“上达天听”。每年召开全国农村工作会议、写农村工作文件，中央负责同志都事前或到会作指示。会议将结束，写出文件草稿后，向中央汇报，中央领导同志都接见到会主要代表，作出具体的指示，然后修改定稿。那时，各省、地、县都有农村工作部门（名称不一）；农研室下面还有改革试验区和深入到村、户的固定观察点，可以直插到底。我们把这种情况称为“上到天，下到地”。

1980年5月31日，邓小平同志和中央负责人谈到农村政策问题，肯定了包产到户和包干到户；指出农村工作的主要问题还是思想不够解放，要求解放思想，放宽政策。这对农村改革起了巨大的指导作用。

党的十一届六中全会后，胡耀邦同志即指示，根据邓小平同志讲话精神草拟新的农村工作文件。他在8月4日亲自找杜润生同志布置草拟工作，强调要继续放宽政策。农委即召集安徽、浙江、黑龙江、贵州等省农口负责人和滁县、嘉兴地区负责人开会讨论草拟文件。10月召开中央农村工作会议，胡耀邦到会，听取讨论意见，有针对性地作出具体的指示，使许多同志达成共识。文稿写出后，分送各省讨论，再汇总各省意见修改定稿，才报送中央。

1982年1月11日和8月4日中央书记处书记胡乔木和胡耀邦主席分别指示，农研室要研究马克思主义的农业合作化理论，从理论上阐明农村体制改革。9月、10月，胡耀邦同志和国务院领导指示农研室，准备召开各省分管农业的书记会议，并准备草拟农村工作文件，研究农村发展的总趋势和改革的方向。11月召开农村工作会议，中央负责同志听取了讨论汇报并作了指示。

1983年1月12日，邓小平同志找中央负责人和计委、经委、农研室、农业部领导人谈农业问题，赞扬了当年的1号文件，指出不要怕雇工和包产大户，说“现在是放得不够；农业文章很多，我们还没有破题”。随后国务院领导告诉农研室及早准备第三个1号文件。农研室即布置大多数同志下乡调查，召开数省农口干部会议，研究新情况和新问题。胡耀邦很关心会议讨论情况，杜润生几次向中央领导作了汇报。他们亲自参与拟定全国农村工作会议讨论的内容和会议通知。会议期间和会后，中央负责同志都听取了讨论汇报和参与研究文件的修改。

农研室以后写出的几个文件，都是这样在中央领导人的直接关照下出台的。

那时中央的领导人不仅听取各单位和各省领导人的汇报，而且还经常到各地农村深入农民群众作具体的调查。胡耀邦同志几乎跑遍了全国各个地区。他们到各地调查，常常突然临时在半途停车，到附近农村找农民了解真实情况。

中央领导对下面反映的意见很重视。笔者直接接触到的有两件事：

1982年3月初，浙江温州有个名叫朱成虎的农民写信给邓小平同志，说现在改革了还不如人民公社时好。邓小平同志批示，要派人去调查是怎么回事。杜润生主任即派笔者和农业部的刘绪茂处长去。我们到温州桥头镇附近农村找到了朱成虎。他是一个40来岁的人，当时以拉板车为生。我们跟他说明了缘由。他很感激邓小平同志那么重视他一个普通农民的意见，还派专人来了解情况。经过交谈，他所说的“今不如昔”，大体上是：在人民公社时期，按上级计划生产，全由生产队长安排工作，无须自己找工作，个人不用费心，现在则要自己费苦心去找工作；过去没有工作，集体照样有分配，生活有保障，现在找不到工作就没有收入，就挨饿；过去大家的收入都一样，现在贫富差距越来越大。我们问他现在工作怎么样？他说，拉板车活时多时少，大体上每天都有活干。问他现在收入多还是过去收入多？他说，总的比过去多，但比以前辛苦。我们向他做了思想工作，最后他也认为改革好。我们在温州作了一段调查，发现温州出现大变化。回京后向邓小平同志写了调查报告。杜主任和农业部林乎加部长还召集会议要我们介绍温州的变化。

1987年3月，福建漳浦县有人写信给国务院，说该县书记动用大量人力、物力去开山、围垦，不集中种田，造成巨大的浪费损失。国务院领导批转农研室调查。杜润生主任即打长途电话给到福建的卢文、魏唯，要求查清此事。我们到了漳浦，跑了很多山地和沿海地区，访问了很多群众，看到那里围垦养虾，在山上造林、种果，发展畜牧业，开展多种经营，方向对头、效果亦好，应予肯定，回京作了汇报。

为了及时向中央领导反映农村情况，除了领导人汇报外，农委时常由办公室综合处出一份《农村工作》（内部材料），送领导及有关单位。农研室也编一份《送阅件》，送领导参考。

在农村改革中，中央领导很重视对马克思列宁主义关于农村改革理论的研究。1982年，胡耀邦、胡乔木同志指示要注意研究马克思主义关于合作经济的理论后，杜润生同志即找卢文查找马克思、恩格斯、列宁有关这方面的论述，集中摘录送去。1986年5月，赵紫阳命杜润生同志，找列宁有关“新经济政策”及商品生产、商品流通的论述。杜主任即回来布置进行。为了适应这方面研究的需要，联络室便找农科院农经所等单位合作，编辑《马克思、恩格斯、列宁、斯大林、毛泽东关于农业若干问题的部分论述》一书，由农业出版社出版。

三、农村工作干部齐动员

当时，做农村工作的党政干部，主要有几个系统：农委、农研室、农研中心，农业部、林业部、水电部，中央政策研究室、国务院研究室农村部门的干部，各省、地、县农村和农口的干部等。这些干部特别是研究人员很多时间都深入到各地农村作调查研究，分别或集中讨论农村改革和发展的问题。

国家农委期间，政策研究室和其他单位做研究工作的同志，大多数时间都到各地作调查研究。其中，笔者直接参加的较大规模的一次调查是：1980年春，中央财经小组根据《中共中央关于加快农业发展若干问题的决定》，打算在三至五年内，拿出15亿元投入农业，增强农业基础设施，开辟农业发展新区，建设粮食基地，增加粮食生产，减少和改善贫困地区。从农委、农业部、水利部、林业部、畜牧局、水产局、农垦局、农科院抽调15人，由卢文、周平、翁永曦领队，先后到江西的鄱阳湖地区、吉安地区，江苏的苏北地区，黄淮海地区，黑龙江的北大荒地区（绥化、北安及三江平原），内蒙古的河套、鄂尔多斯高原、东四盟，宁夏的西海固地区，甘肃的定西地区、河西走廊，四川的成都盆地，云南的西双版纳，海南岛等作了一年多的调查研究，收集了大量的资料。后因农委撤销而改变了计划，但这次调查对于了解全国农村不同的情况、寻找农业新的开发点和培训调查人员起了重大的作用。

1982年4—5月，中央书记处研究室的吴象、林子力等同志，选择了发达、中等、落后的农村，作了一个半月的深入调查，由林子力同志执笔，写出了《一份关于农业生产责任制发展情况的调查报告》刊于该室的《情况通报》，分送各省政策研究室，成为当年草拟1983年1号文件的重要参考资料。该室在此前后都作了大量的调查研究。

农村政策研究室成立后，每年为草拟好当年的农村文件，都分组到各地农村调查，回来集中汇报，充分讨论；有不同看法，畅所欲言，展开争论；领导虚心听取意见，认真考虑，一下定不下来的，保留再议。形成一种深入实际、深入群众、实事求是、虚心探讨、民主活跃、心情愉快的学习研究风气。

1982年4月，农研室接到准备起草下年1号文件的指示后，即抽调干部组成7个调查组，由杜润生等农口主要负责人率领，分赴山东烟台、德州，安徽嘉山，江苏无锡，四川广汉，广东佛山、惠阳、汕头，广西梧州，河北无极以及山西、辽宁、吉林的一些地方，作了两个多月的调查。回京后，在7月7—14日集中汇报，其后开了5次讨论会，着重研讨了承包大户、雇工经营、长途贩运、外出打工、购买农机、个人办工商业等问题，展开激烈的争论。会后，杜润生向胡耀邦等同志汇报了调查和讨论情况。他们都很支持放宽政策。此后，农研室每年都组织在京的农口单位到各地进行全面或专题调查，调查组回来后，都会集中汇报讨论，并成了常规。

为了研讨农村改革，制定农村政策，国家农委和农村政策研究室，经常提出问题，让各省（自治区）、地、县农口单位作调查研究。除了每年召开全国农村工作会议要求各省（区）农口负责人到会讨论外，还经常集中一部分省（区）、地、县有关负责人，到京或分别在各地开会讨论问题。如1979年3月要求7省农口干部作好调查，到京讨论农业生产责任制问题。1981年9月，国家农委召集安徽、浙江、黑龙江、贵州等省农口负责人和滁县、嘉兴等地区主要负责人参与1982年农村工作文件的草拟工作。1982年10月10日，农研室根据国务院领导的意见，邀请农牧渔业部、林业部、水电部、商业部、科学院、农科院、气象局等单位负责人，研究起草下一年农村工作文件。1983年从2月到8月，农研室先后6次召开了由4～7个省的地、县干部和有关研究人员参加的专题座谈会，研究农村的新问题及相应的政策。1984年5月，在万里同志的参加下，农研室邀请山东、江苏、浙江、河南4省省委书记或省长、烟台市委书记、金县县委书记座谈农村改革和农业生产问题。在这期间，还分别在苏州、杭州、广州、烟台、郑州、昆明、成都、西安等地，召集附近省、地、县农口负责人讨论地区性的改革、发展问题。在各省的农村工作负责人中，每年的农村工作会议和重要讨论会，都特别邀请江苏的吴镕、四川的赵文欣、广东的杜瑞芝、山西的霍泛到会。因为他们处于四方，代表不同地区，又对农村问题很有研究，在会上都能提出宝贵意见。农研室的同志对他们很熟，称为“东吴、西赵、南杜、北霍”。经常参加讨论的还有河北的杨泽江。

1983年10月杜润生主任提出，要在全国找不同类型的十多个地区、数十个县、数百个村，作一次系统的典型调查，以便全面了解农村情况。随即拟好调查纲目，做好准备。中央批准后，1984年3月集中各省（区）的有关人员到京布置，开始试点。在经过多次讨论后，9月在京正式开会议定，选了71个县、93个乡、272个村作为典型调查点（缺西藏），调查人员1 880多人，会后铺开调查。期间，又在铜陵、嘉定、福州、北京、太原、郑州、贵阳等地开会检查调查进展情况。1985年7月，开了两次会议研究汇总材料和写总结等问题。共收到调查材料2 300多份，各省的综合报告28份。从广东、山西、四川借调5个研究人员，加上农研室的人共11人，集中按专题分工整理。8月底写出专题材料，再写出《全国农村经济典型调查情况综合报告》，10月讨论修改，再经杜主任指示修改才上报。1986年春，这些材料被集中整理付印，共印成8大本（16开本），分送各省及大图书资料室。

在布置开展农村典型调查时，杜主任提出要把调查点作为以后的长期固定观察点，跟踪看它的变化发展，以了解农村的发展趋势，经常获取最可靠的材料。随即向党中央和国务院报告，得到批准，拨下100万元作经费。农研室设立固定观察点办公室，定出长期调查纲目和指标体系，找各省（区）农口人员开会，部署在各地建立固定观察点，落实到村、户，长期坚持，每年上报一次。1986年下半年，农研室布置固定观察点调查农村合作经济、固定资产、雇工经营等问题，取得可靠的材料。以后这些点每年都提供第一手的宝贵材料，由固定观察点办公室整理印发。

农研室还成立了农村改革试验区办公室，在广西玉林、广东汕尾等十多个点建立了农村改革试验区，做改革的实践试验，为改革工作开路。

农研室在1985年成立了外事组。在此前后，组织了好几批人到日本、美国、欧洲、巴基斯坦等国家和地区作农村考察；也接待过不少外国来访的人，交流国际经验。

农牧渔业部、林业部、水电部、粮食部、商业部、国务院研究室等单位，都在其工作范围内对有关的农村情况和问题，作了大量的调查研究。全国农村工作会议和许多专题讨论会都会邀请这些单位的负责人或有关人员参加。他们对农村改革和发展的许多问题都作出了很大贡献。

四、充分组织社会研究力量

除了党政系统的研究力量外，国家农委和农村政策研究室很重视动员组织研究农村问题的社会力量，参与农村改革的调查研究和重要问题的论证工作。所谓社会研究力量，包括中国科学院、社会科学院、农业科学院、农业大专院校、各大学的农经系、涉农的各种团体、学会、民主党派的研究人员等等。这些力量都投入农村改革的浪潮中。

1979年间，全国开展农业资源调查和农业区划工作，区划办后来在此基础上却出了《我国农业发展的几个战略性问题》。1980年初，国家农委组织了农业部门、科研单位和大专院校等500多人，对通县、吴县、无锡、嘉定、博罗、滦县、广汉、桃源、海伦、吉县、盐池11个县，作了7个月的全面调查，印出一本12万字的小册子。1981年8月，委托中国农业经济学会在山东烟台开会讨论，研究农村和农业存在的问题、发展方向和相应政策。后来综合整理出一份材料，作为全国农村工作会议的参考文件。

农村政策研究室成立后，设立了一个联络室，负责联系组织全国从事农村问题研究的专家、学者和一部分实际工作人员，按农研室的要求，设立课题，开展调查研究，提供研究成果，对有争论的问题组织论证，供农研室作为决策的参考；同时，在农研中心下设评议委员会（主任谢华，副主任郑重、卢良恕、卢文，后加黄青禾），对研究成果给予评奖。在全国聘请了120多个农村发展研究中心研究员和30多个评议委员。给联络室100万元（后减至70多万元）作为委托研究经费。

联络室根据领导意见，确立了如下重要课题：农村发展战略、粮食和经济作物的比例关系、农业内部各业的合理结构、农业和国民经济其他部门的关系、草原牧业、农业基础设施建设（包括水利等）、农业技术改造、农业生态环境、农村多种经济成分和多种经营方式的发展（包括雇工问题）、农村合作经济、农产品流通体制改革（包括粮食统购统销）、农产品价格剪刀差、农村非农产业（包括乡镇企业）的发展、农村金融和农业投资、农村劳动力转移、城乡关系（包括小城镇建设）、农村教育和精神文明建设、农村基层组织建设等。地区发展课题有：东北商品粮基地建设、环渤海区的发展、长江中下游地区的发展、长江三角洲的发展、华南沿海地区的发展、西南山区的开发、西北干旱地区的治理与发展等。此外还有一批各自报来经研究同意设立的课题：城郊经济研究、土地规模经营、外向型经济研究、农业投入产出模型、广州市农产品市场开放研究等。上述课题在委托研究时，有的接收单位感到范围太广，无力全担，便划小分为几个问题。如农产品流通体制改革，分为粮食、畜牧、水产、蔬菜、水果等；农业基础设施建设，分为水利、低产田改造、盐碱地改造等。课题研究要求：综合以前的研究成果，从实际出发，有创见，全面和典型相结合，定性、定量、定位、定时，不要作泛泛的空论和老生常谈。课题委托后，农研室、农研中心领导和研究人员常去检查和参与研究。委托经费的支付，视课题大小、难易和接收单位的财力而定，较大的课题一般是3万元，最少的2 000元；自有研究经费的单位（如中央研究室、国务院研究室、中国科学院等）不拨委托研究经费。这些课题都先后交了研究成果，只有农业生态环境课题没有交。

1985年10月下旬，农研中心评议会召开第一次会议，评定《粮食和经济作物的关系》为一等奖；1个二等奖；3个三等奖。1987年6月初，召开第二次评议会，没有评上一等奖；评出《农村产业结构调整》、《农业合作理论》、《国民经济成长新阶段和农村发展》（自报的）3个课题报告为二等奖；3个三等奖。1988年12月中旬，召开第三次评议会，评出《农业和国民经济其他产业的关系》为一等奖；2个二等奖；4个三等奖。1990年5月下旬，召开第四次评议会，评出《农业劳动力转移和现代化进程》为一等奖；4个二等奖；11个三等奖。委托研究课题成果，集中编《中国农村发展战略问题》、《农村发展研究丛书》和《生存·改革·发展》三本综合书籍出版。

那几年的委托研究和评奖工作，对推动农村问题研究，改进研究作风，活跃学术气氛，提高研究质量，促进改革，起了重要的作用。不少课题在完成委托研究任务后，感到还有长期研究的需要，便在这个基础上，建立研究会，如城郊经济研究会、农村劳动力资源开发研究会、农村外向型经济研究会、乡镇企业研究会等。其中有些研究会，后来成为一级学会，作了许多调查研究和帮助农村发展的工作。

1982年、1983年、1984年、1987年，联络室还在寒暑假期间，找了一些北京大学和人民大学的学生，回乡调查。返校后，听取他们的汇报，集中他们写的材料。前两年调查，由翁永曦同志写成《百村调查》，作为农村工作会议的参考资料，并在《人民日报》上发表。以后的资料也经整理并送领导及各组作参考。

为了经常获取农村情况，1984年联络室找农科院农经所资料室，给他们提供一定的经费，让他们经常收集全国农村新动态、新问题、新争论、新观点、重大会议和活动等，编辑印发一份《农村动态》，分送农研室领导与各组室、农研中心研究员和评议委员。

当时农研室和农研中心联系最多的是中国农业经济学会、社会科学院农村所和农业科学院农经所。他们每次开会，都邀请农研室和农研中心的人去参加，农研室和农研中心有什么问题要发动专家学者讨论，也交由他们去进行。此外，经济学团体联合会、社会科学院社会所、世经所、苏东所、中国民主同盟等单位，都有许多研究农村、农业问题的人员，他们经常深入农村作调查研究，经常开讨论会。中国民主同盟北京分会每月都在羊肉胡同63号盟址开一次农村问题讨论会，会议有中心发言，印发资料，很多人去参加，农研室和农研中心的人也经常去。1983年，他们反映开会经费有困难，要求联络室每年支援2 000元，联络室满足他们的要求，使讨论会持续正常进行。联络室还联合民盟农经组、农业科学院农经所、农业经济学会，每月在政协礼堂开一次农经问题讨论会，研讨农村改革和发展中的重大问题。"经团联"也经常召开农村问题讨论会，邀请农研室、农研中心及各方面的有关人员参加。社会科学院经济所、农村所、农经学会和农业科学院农经所、"经团联"等都办有刊物，发表许多有关农村改革和发展的文章，农研室和农研中心研究人员的文章也经常在这些刊物上发表。

各个学会、研究会，还在北京和外地办了许多培训班，计有：农村经济培训班、农村改革培训班、乡镇企业培训班、经营管理培训班、农村外向经济培训班、城郊经济培训班、农村干部培训班等。时间一般是十多天，长的一个月。培训人数最多的是农村经济培训班，培训了4 000多人；其他研究会培训班各自培训了数百至1 000多人，对推动农村改革和发展起了重大的作用。

五、争论与论证

农村改革初期，出现许多问题，人们对这些问题的看法分歧很大。第一，是因为许多人受过去"左"的思想和旧框框的束缚，和解放了的思想发生碰撞；第二，是我国农村发展很不平衡、情况复杂，反映到人的认识上，自然有所不同；第三，是农村改革史无前例，要实行各种探索。有分歧就有争论，就要论证，真理越辩越明，通过交锋和实践，明确了各自的根据和利弊，便于领导决策。那一段时期是争论最多的时期，也是学术理论界异常活跃的时期。

开始争论最多的是包产到户和包干到户的问题。改革前曾多次出现过包产到户，都被当作"实行单干"、"搞资本主义复辟"而镇压下去了。现在再出现，很多人自然是旧调重弹，坚决反对。但是，广大农民不管怎么限制反对，都一股劲地往这方面推进，而且效益很好，得到越来越多人的支持。因而很多调查和会议都热烈争论，各摆道理论证其是非。争论时间持续约两年多。在这场争论中，农民的行动和实践的效益起了决定性的作用，使许多反对者在事实面前败下阵来。中央领导尊重农民的创造，给它定性为社会主义集体经济责任制的一种形式，"是马克思主义农业合作化理论在我国实践中的新发展。"

关于粮食和经济作物关系的争论。过去一直提"农业以粮为纲"，集中土地和力量搞粮食。开始改革时，就有人反对这种做法，说"以粮为纲，全面砍光"，主张多发展经济作物和其他生产；

有的主张搞大农业、大粮食（发展多种食物）；有的主张农业以牧为主；有的主张农田多用于高效生产，缺粮可以进口。争论也很剧烈。1980年开过几次论证会，1981年3月，农委召开全国多种经营会议，经过争论，确定放弃“以粮为纲”的提法，实行“决不放松粮食生产，积极开展多种经营”的方针。此后一段时间内仍有争论。

是否允许农民购买拖拉机的争论。土地实行家庭承包经营后，农民有了生产自主权，有的农民有了钱，开始购买拖拉机和运输汽车。这件事引起一些人的疑惧，认为拖拉机和汽车是大型生产资料，可以成为资本，发展资本主义；另一些人则认为，农民购买拖拉机和汽车，可以进一步调动生产经营的主动性和积极性，发挥他们的作用，发展生产，搞活农村经济，这是好事，应该允许。有些地方下令禁止，但禁不住。1982年10月，农研室根据中央领导意见，召开了有10省、市和中直13个部门负责人参加的座谈会，把这个问题作为主要问题之一，加以讨论，也发生尖锐的争论。1983年1号文件根据农民要求和实际情况，作出允许购买的决定。这就是允许农民有独立的生产资料，从事必要的经营，对壮大农民家庭经营，发展非农产业，发展商品经济，发展多种经济形式，起了很大的作用。

关于雇工问题的争论。这个问题差不多和包产到户的问题一样，争论得也很激烈、范围很广，时间也很长。在家庭经营发展的情况下，1981年前后出现雇工经营，到1985年迅速发展。此事一出现，便引起人们的注目，纷纷进行调查，引起热烈的争论。各种涉农会议都讨论这个问题；《人民日报》辟专栏讨论，历时3个月；《光明日报》和各种有关的刊物，都发表许多文章展开争论。对雇工经营的性质有种种不同的看法：第一种认为，它是资本主义的雇佣劳动，是剥削被雇者的，应予取缔；第二种认为，这是商品经济的一种形式，属于社会主义经济体系，应允许发展；第三种认为，在中国社会主义经济占统治地位，它成为普照的光，在它的照耀下，各种附属性的经济都要改变颜色，目前的雇工经营，具有不确定性、过渡性、可塑性，不要急于确定其性质，应允许和鼓励其发展；第四种认为，它是国家资本主义经济，是社会主义经济体系的一个构成部分，应允许；第五种认为，在我国社会主义经济占统治地位的情况下，雇工经营有种种形态，既有雇佣劳动性的，也具有其他成分或因素，甚至是合作性的，不能一概而论，要作具体分析，总的允许其发展，分别情况加以引导。对于雇主的大量收入，也有种种说法：有的认为来自剥削雇佣工人；有的认为来自复杂劳动，投资利息，经营有方；有的认为是社会上转移来的；有的认为要根据不同情况作具体分析。1982年7月，中央领导人在一次谈话中指出，对雇工经营，不表扬、不批评、不戴帽子、不割尾巴，而要趋利避害。后来又说，不宜提倡，不公开宣传，也不要急于取缔，看一两年再说。1983年1号文件对雇工情况作了分析，写了这些意见。其后雇工继续发展，争论仍然不休。1983年4月，农研室和农研中心委托中国农经学会就此问题开会论证。农经学会召集了上海、江苏、浙江、广东、福建、山西、陕西、四川等省市代表，北京大专院校、中直有关部门研究人员共40余人，开了5天会。到会人员畅所欲言，作了深入详细的讨论。关于雇工经营的性质，各持己见，没有求得共识。但大家都承认，在目前条件下，雇工经营有利于生产力的发展，有利于劳动就业，有利于发展商品经济，有利于培养经营人才，有利于增加产品供给和国家税收。不少人指出，其弊端在于有盲目性，存在剥削，可能破坏资源，滋长不正之风，扩大贫富差距。讨论后，写出一份《关于农村雇工问题讨论纪要》报农研室和农研中心，写明了争论情况，总的意见是利大于弊，提出

“允许、限制、引导”的方针（这份纪要后来被作为当年全国农村工作会议的参考材料）。10 月和 11 月，农研室内部又召开了两次雇工问题讨论会。1984 年 1 号文件提出继续执行 1983 年 1 号文件的有关政策，指出一些雇工经营中的合作因素，作为发展导向。1986 年春，农研室又在西安开了一次较大型的雇工问题讨论会，在内部开了两次会。此后，雇工经营继续发展，虽仍有争论，但逐渐减少。

关于乡镇企业的争论。随着农村多种经营的发展，以小工业为主的乡镇企业迅速发展起来，改变了农村产业结构，吸收了众多剩余劳动力，为社会提供大量产品，增加了农民收入，促进了小城镇的发展。农村工作人员和研究农村问题的专家学者，对此大加赞扬；而城市和工业部门的人，则加以挞伐。说乡镇企业“过于分散、落后”，“浪费资源”，“和大工业争原料”，“以小挤大”，“以落后挤先进”等，要加以限制取缔。从而引出一场城乡之间的争论。在很多会议上和报刊上，都出现不同的看法和交锋，并持续了两三年。1988 年“治理经济环境，整顿经济秩序”期间，乡镇企业为此受到压制。后来，由于乡镇企业冲破种种阻力迅猛发展，技术水平不断提高，吸收劳动力日益增加，其税收成了国家收入的重要来源，实践给这场争论作了结论，乡镇企业得到肯定，争论才自然消散。

关于农村劳动力进城的争论。农村实行家庭承包经营、搞活经济后，剩余劳动力日益突出，进城务工的人不断增加，这是必然的趋势。而城市一些人则认为，城市也有大量剩余劳动力，农民进城将抢他们的饭碗，增加城市负担，引起秩序混乱，成为安定的隐患。把他们说成是“盲流”，作出诸多歧视性的规定，提出“紧闭城门”，“用铁扫帚把他们赶出去”……这就在研究人员和理论界引起异议。大多数人认为，中国农村劳动力过多，城市化水平太低，城乡二元经济结构是不合理的，现代化和城市化应同步进行，必须打破城乡隔离制度，实行城乡一体化，让农民进城务工落户，给予市民同等待遇。这种呼吁很久没有得到实际解决；农民则不断往城市涌进。直到党的十六大以后才得以解决。

关于北方水利问题。这涉及几个问题：黄河的治理，南水北调，西北干旱地区是否要修水利，抽取深层地下水问题等。为此，在 1982—1983 年曾开过几次重要的论证会。关于黄河的治理问题，基本意见是把改良土壤和保护土壤、治水要和治山相结合，造林和水利建设相结合，要加强西北的生态建设，治理水土流失，合理分配黄河用水，同意修建大柳树和小浪底水库。由于华北缺水，南水北调势在必行。由此引出的生态问题，需要进一步研究论证，找出解决办法。关于西北地区水利建设问题，是由于 1980 年财政部一位副部长到宁夏西海固地区考察同心水利工程后，认为那里的黄河水高程太高，渠道过长，成本太高，反对修这种水利工程。经过深入考查和讨论后，认为若不修水利，或是用汽车运水供应当地人畜；或是把当地居民迁出来，这样花的钱更多，修水利还是必要的。北方深层地下水抽取过多，已引起地下水位大幅度下降，很多地方出现漏斗，应该停止。

此外，关于土地所有制、商品经济、统购派购、开放城市农副产品市场、农工商综合经营、农业现代化等问题，也发生过不少争论，开过多次研讨会。多数问题解决了，前后两个问题仍有争论。

农研室和农研中心出版了一份内部刊物《农村问题论坛》（印 2000 份），免费赠送，刊登了有关农村改革和发展的文章，特别刊出有创见、有新观点的文章，常把有不同观点和争论双方的文章集中在一起发表，提供讨论平台，给人以全面了解各方面意见的机会，很受欢迎。到 1989 年春共出了 162 期。

1987 年 10 月，农研室和农研中心支持中国农经学会和国际农经学会联合在北京怀柔开“国际农村发展战略讨论会”，国际农经学会主席和各国代表共 32 人到会，中方代表 34 人，收到论文 56 篇，会期 7 天。国务院副总理田纪云到会讲话，杜润生主任（兼中国农经学会理事长）作了主题发言。

1989 年农研室和农研中心被解散，以后的情况就发生了变化。现在很多研究农村问题的人，回忆起那一段情况，都感到十分可贵。

（作者：原中共中央农村政策研究室联络室主任）

以农技推广部门为主的农业技术承包活动*

陈宗源

全国农业技术承包，大体是在1979年前后开展起来的。随着农业生产责任制的发展和完善，家庭承包制成为主要形式。面对千家万户农民迫切要求技术的新形势，必须改变过去单纯依靠行政手段和一般号召推广技术的方法，各地试行了农业技术承包责任制，采用经济的手段、合同的形式来推广技术，适应家庭承包制的要求，有利于加速新技术的推广普及，提高经济效益；有利于克服生产指导中的瞎指挥和群众使用技术上的盲目性；有利于充分发挥技术干部的积极性和作用，是农业技术推广工作的一项重大改革。

农业技术承包责任制，开始主要由国家农业技术推广机构承包，以后发展到集体所有制兴办的农业技术服务公司和农民技术员承包，进而发展到集团、多部门联合承包，承包的项目和范围不断扩大。据1982年统计，全国有18个省、自治区开展了这项工作，承包农作物面积为5 299万亩。1983年各级领导加强了对技术承包工作的领导，农牧渔业部全国农业技术推广总站在5月和12月分别在成都、郑州两次召开了农业技术承包座谈会，交流经验，并着重对承包内容、形式、方法等问题进行了研究，会后经部领导批准转发了会议报告，进一步推动技术承包的开展。这一年据18个省、自治区统计，全国农业技术承包面积达1.6亿多亩，比1982年增长20倍，占这些省、自治区总耕地面积的10.5%，参加承包的人员达24万多人，其中，四川、山东等省承包面积达2 000万亩以上，河南、河北、山西等省达1 000多万亩。技术承包在这些省、自治区70%～80%的县、30%～40%的乡村全面铺开。

1984年在总结经验的基础上，农牧渔业部全国农业技术推广总站起草制定了《农业技术承包责任制试行条例》（以下简称《试行条例》），经在全国农业技术推广经验交流会和全国农业工作会议上征求意见，作了修改，由农牧渔业部正式颁发试行。这个《试行条例》对开展农业技术承包的原则、指导思想、形式、承包人员报酬分配等问题作了具体规定，使技术承包走上了健康发展的道路。

《试行条例》首先肯定技术承包责任制是运用经济手段、合同形式，把农技人员同生产单位和农民群众的责、权、利紧密联系起来，推广农业技术的一种经济责任制度。技术承包责任制的目的，是把农业科技成果直接送到千家万户，尽快在生产中应用，转化为现实生产力，为农业生产和广大农民服务，特别要为发展商品生产和两户（专业户、重点户）服务。技术承包责任制的核心是个"包"字，基本原则是"双方自愿，有偿服务，合理奖赔"。技术承包责任制，可根据生产需要、技术力量等条件，采取多种形式，并通过技术承包，促进各行各业之间，生产前、生产后和技术

* 本文收入内部报告《共和国农业史料征集与研究报告》第2集，1999年。

上、经济上各种形式的联合，使农业技术推广服务工作，特别是基层推广服务工作逐步向专业化、社会化的方向发展。

对技术承包责任制的形式和内容，《试行条例》指出，当时主要有3种形式：一是联产提成技术承包责任制，即承包者对其承包的作物负责全过程综合性技术指导，并规定产量指标，超产部分按规定比例提成，减产应分清原因，如因技术失误减产，则按规定赔偿。二是定产定酬技术承包责任制，即承包者对其承包的项目负责技术指导，达到规定的产量指标，按规定收取报酬，达不到定产指标，除因技术失误严重减产者外，不取报酬，也不赔偿。三是联效联质技术承包责任制，即承包者对其承包的项目负责技术指导，达到和超过规定的效果和质量指标，给予合理报酬，如因技术失误达不到规定的效果和质量而造成严重损失的，应适当赔偿。采取什么形式承包，必须从实际出发，因地制宜。技术承包的内容，首先应是农民迫切需要的和列入国家或地方重点推广的技术。一般应以技术性强、难度大、一家一户办不了或办不好，增产潜力大而尚未推广开的技术为承包的重点，如杂交制种、病虫防治、育秧供秧、中低产田改造、微肥应用、地膜覆盖技术等，各项承包的经济指标，要本着实事求是的原则合理商定，使承包双方经过努力都能得到经济实惠。

对承包人员和报酬，《试行条例》规定，凡是从事农业技术推广工作的单位和个人都可以搞技术承包。可以以国家干部为骨干，同农民技术员（经过考试考核的）联合搞承包，也可以农民技术员或国家技术干部单独搞承包。不管哪种承包方法，国家技术干部除了抓好自己的承包点和搞好承包示范样板外，还要总结提供制定承包方案，搞好技术培训，推广普及技术等指导面上技术承包工作的经验。农民技术员主要负责技术方案或技术措施的具体实施。有关行政部门也可以参加联合承包，主要是负责组织，协调各方面的关系。农技干部搞承包，要根据工作要求和技术力量等实际情况而定，不宜硬性规定任务，防止单纯追求面积，不顾服务质量，或者只顾承包点上的技术指导，不顾面上技术推广工作的偏向。技术承包负有直接经济责任，应当是有偿服务。技术承包收费的原则是，承包者得小头，受承包者得大头，要使增产增收的绝大部分归农民所得。联产提成责任制的收费比例，一般控制在增产部分的5%～15%，最多不超过20%；定产定酬和联效联质承包责任制收取的技术指导费，不应高于联产提成承包责任制的收入。承包收入的分配要合理兼顾各方人员，贯彻多劳多得的原则，单位得大头，个人得小头。个人所得部分，一般不超过本项目承包收入的1/3，绝对金额相当于承包人员3～6个月的平均工资，贡献特别大的可以超过半年工资。农民技术员为主承包的收入应提留10%左右，作为技术承包底垫和管理费，其余按劳分配到人。技术承包减产要分清原因，如因技术失误造成损失，要按规定赔偿。赔偿费一般应从承包底垫费中支付，严重技术失误，应酌情扣发承包人员的工资，但最多不得超过承包期内工资总额的5%。

《试行条例》强调，技术承包是一项新的工作，涉及面广，政策性强，各级党委政府必须加强领导。加强调查研究，不断总结经验，研究解决技术承包中出现的新情况、新问题，坚持“积极引导，稳步发展”的方针，使技术承包工作健康地向前发展。

1985年以后，由于思想认识的影响和一些政策界限不清等原因，有的地方把农技人员获得承包费当成不正之风，甚至加以批判，严重挫伤了他们的积极性。全国农业技术承包人数和承包面积不断减少，处于徘徊下降局面。如山西省1986年农业技术承包人数只3 772人，比1983年减少了8 228人，承包农作物面积1983年为1 200多万亩，到1986年则减为201万亩。

20 世纪 80 年代后期，各地总结了经验教训，特别是认真贯彻中共中央《关于科技体制改革的决定》、《国务院关于深化科技体制改革若干问题的决定》，有的省通过人大或政府制定了农业技术推广条例或技术承包有关规定，进一步明确了技术承包的重要性和合法性，激发了各地科技人员的积极性，促进了技术承包的迅速恢复和新的发展。1988 年，据 25 个省、自治区和计划单列市的统计，全国农作物技术承包面积达 12 559 万亩，其中粮食作物承包面积 7 782 万亩，经济作物 1 202 万亩，分别比 1987 年增加 3 957 万亩和 1 548 万亩；参加承包人员达 13.08 万人，比 1987 年增加 3.09 万人，其中国家干部 38 181 人，农民技术员 92 600 多人。与农民共签订合同达 451 万多份，全年共增产粮食 37.56 亿公斤，棉花 146 万多担，油料 168 万担，共增加产值达 23.88 亿元。

由于技术承包涉及面广，政策性强，由农技推广部门为主承包的形式逐步有所变化，跨部门、跨行业联合，政、技、物结合的农业技术集团承包成为 20 世纪 80 年代末期的重要技术承包形式。针对以往农业技术承包存在物资不配套、技术措施难落实、技术作用难发挥、承包费难兑现等问题，实行横向（行政、农资、财政、农业等）多部门联合，农业内部（植保、土肥、农技等）多专业结合，纵向（县、乡、村）多层次结合的办法，组成农业技术承包集团，共同向农民开展大规模、综合性的服务。集团承包除了具有一般技术承包所具有的作用和优点外，还有利于：(1) 使领导精力向农业倾斜。集团承包中，一般都有行政领导参加，使行政领导从以前对农业技术推广的支持者变为共同完成承包任务的承包人员，使领导能用更多的精力来抓农业，真正达到向农业倾斜，帮助解决农业生产和农技推广中存在的问题。(2) 促进部门协作，改进农村社会化服务。把涉农部门和农技部门捆在一起共同为农业服务，使产前、产中、产后的服务更有效地结合起来，提高服务质量。(3) 开展大规模的农技推广活动。集团承包，参加人员多，技术力量雄厚，同时融行政、技术、生资“三位一体”，便于开展大面积的技术推广和技术承包活动，易于形成规模效益，尤其是可以解决以前大田粮食作物承包难的问题。(4) 承包费的兑现。农业技术集团承包，可以充分发挥行政领导的作用，减轻技术干部逐户收取承包费的负担。1989 年《国务院关于依靠科技进步振兴农业，加强农业科技成果推广工作的决定》对农业技术集团承包作了肯定和倡导，指出：“农业技术集团承包是这两年推广农业技术的一种新形式，主要是在大田作物上大面积推广农业适用技术，面向产前、产中、产后全过程，提供以物资供销为依托，综合配套的社会化服务。在集团承包中，领导是保证，技术是核心，物资是基础。各级政府领导要亲自负责，把财政、金融、物资、商业（包括供销社）、科研、教育与推广部门融为一体，形成一个大规模推广农业科学技术的整体力量。要严格执行《中华人民共和国技术合同法》，把承包方和发包方的利益、风险与承包效益紧密挂钩。”集团承包出现后，发展相当迅速，1989 年，据 10 个省、自治区统计，共建立承包集团 1 500 多个，承包农作物面积 1.1 亿多亩，参加集团承包人员达 8.5 万多人。

进入 20 世纪 90 年代，随着国家经济体制的转变，农业产业化经营的发展，农业技术承包责任制的形式和内涵也在不断地发生变化，有的地方农业技术承包的功能和作用已逐渐融合到技、农、贸一体化，产、加、销一条龙中去了。

（作者：原农业部全国农业技术推广总站站长现任中国农业技术推广协会
常务副会长兼秘书长、教授级高级农艺师）

全国县农业技术推广中心的建设*

陈宗源

全国范围内建立县农业技术推广中心，由试点到全面铺开，成为近20年来农技推广体系建设的重点，在农技推广事业中发挥了积极的作用。

一、试点阶段

中共十一届三中全会以后，农村普遍实行各种形式的生产责任制，农民对科学技术的要求非常迫切。为了适应形势发展和农业现代化的需要，探索在新形势下加强技术推广工作的途径，农业部于1979年1月11日到15日在北京召开了关于建立农业科学实验、推广、培训中心（简称农业技术推广中心）试点座谈会，参加会议的有全国29个省、自治区、直辖市农业（农林、农牧）局、农科院主管科教工作的同志和试点县的代表共35人。会议开始和结束时，农业部副部长郝中士和何康到会讲了话。大家一致认为，党的工作着重点已经转移到社会主义现代化建设上来，农业科学技术推广工作在利用现代科学技术，实现农业现代化中起着重要作用，而目前我国农业科学技术推广工作在整个科技工作中，确实是一个薄弱环节，加强农业技术推广工作刻不容缓。试验示范、技术推广和培训技术骨干这几方面的工作联系密切，缺一不可。为了使这几方面的工作有机结合起来，加强领导，集中合理使用技术力量、仪器设备、实验基地等，把现有分散独立的县农科所、县农业技术推广站和县农业技术培训机构结合起来，建立农业科学实验、推广、培训中心非常必要。会议决定在全国29个省、自治区、直辖市各搞1个县作为试点，并对有关试点县的建设问题进行了研究。对于农技推广中心的性质、任务，大家一致同意，农业科学实验、推广、培训中心属国家农业事业单位，是县、社、大队、生产队四级农业科学实验网的骨干，是我国农业技术推广系统的主要部分。关于三结合中心的组成问题，大家一致同意三结合中心主要是搞农业技术推广工作，根据推广的需要，进行必要的试验示范和技术培训。目前已有县农科所、县技术推广站和农业技术培训机构的，则由这些机构共同组成；如只有一个或两个机构的，则应按照承担3项任务的要求，调整充实人员、经费和必要的条件。对植保站、土肥站等技术推广机构是否也结合进来的问题，由各县根据实际情况自定。关于三结合中心的机构设置和内部分工问题，意见不一，可由各地自定。但是不论采取何种办法，结合进来的机构原来的牌子都应暂时保留。关于“中心”的规模和建设标准问题，大家认为，农业技术推广中心是农业技术推广的事业单位，不同于农业现代化示范样板，规

* 本文收入内部刊物《当代农史研究》1998年第2期。

模不能太大，建设标准要适应加速农业现代化的要求，从实际出发，既考虑需要，也考虑可能。关于领导问题，大家认为，农业技术推广中心应归县农业局领导。关于名称问题，大家意见不要急于统一定名，可暂称“农业科学实验、推广、培训中心（简称农业技术推广中心）”。农业技术推广中心的事业费，由农牧主管部门统筹安排。关于基建问题，建立农业科学实验、推广、培训中心是地方事业，这次1个省搞1个县是试点性质，作为部分地方项目，农业部从农业基建投资中补助每个试点县19万～20万元（北京、上海、天津3个市暂不补助），不足部分由地方予以解决。

中心试点工作进行了近3年，为了总结试点工作情况，农牧渔业部于1982年7月23日至29日在北京召开全国农业科学实验、推广、培训中心试点县经验交流会议，着重总结交流试点经验，讨论今后发展方向和扩大试验等问题。1979年开始试办的29个县农业技术推广中心，在原来推广站和农科所的基础上，经过3年来的建设，已粗具规模。3年共投资998万元，其中原农业部投资560万元，省、地、县投资438万元，完成基建面积76 718.5平方米，购置了一部分设备、仪器、图书、资料，并陆续投入使用。1982年又在14个商品粮、棉、油、糖基地试办了农技推广中心。此外，河南、辽宁、云南、江苏、天津、山西、内蒙古等省、自治区、直辖市还自筹资金建立了107个。当时全国共有县农业技术推广中心150个。

会议认为，多年来的试点实践证明，建立县农业技术推广中心，路子是对头的，方向是正确的，效果是显著的。主要表现在：（1）建立农业技术推广中心后，把全县的技术力量统一组织起来，可以更好地发挥各专业技术人员的作用，综合解决农业生产中的问题；有利于统一安排办公、住宿、培训、化验、展览所需的建筑，改善工作条件和生活条件；提高试验场地、仪器设备、图书资料和资金的使用效果；还可以大大减少行政后勤人员，合乎精简机构和提高工作效率的原则。（2）把试验示范、培训、推广结合起来，使试验示范为推广提供科学依据，培训农业技术骨干，加快科技成果在生产上的推广应用。（3）建立农业技术推广中心后，县里有了比较健全的农业技术中心，能够通盘研究制定全县农业增产的技术措施，为县领导当好技术参谋，并以“中心”为基础，搞好全县技术推广工作。各地的农业技术推广中心，都是边建设边开展工作的，随着农业生产责任制的实行，积极试行各种形式的农业技术责任制，因地制宜推广各种生产技术，大力推广繁育优良品种；参加土壤普查；加强病虫害防治；开展技术培训、宣传、普及科学技术。3年共培养技术骨干14万名，并建设了县以下的技术推广体系。大部分“中心”已在当地农业生产中发挥了积极作用，受到了群众的欢迎。

试点工作也存在一些问题，主要是有些党委、政府和农业部门的领导对农业技术推广工作的重要性和建立农业技术推广中心的必要性认识不足，加上体制上的矛盾，有些“中心”的机构、人员编制、设备、经费等问题不能及时解决，给试点工作带来一些困难，影响这些“中心”很好发挥作用。

对如何进一步办好“中心”和扩大试点，大家认为：

1. 要进一步办好已建的150个农业技术推广中心，加强同有关部门的协作，充分发挥现有人员和设备的作用。

2. 有计划地扩大试点，各地应根据实际情况，制定好来年和1985年的试点计划。试点县必须具备下述条件：（1）县委和县政府重视，愿意在本县试点，并能为技术推广中心配备较强的领导干部和技术力量；（2）原有的农科所和推广站基础比较好，并有距县城较近的一定面积的试验基地；（3）县财政能给农技推广中心安排开展工作所需的经费。

3. 建立、健全农业技术推广体系。根据中共中央1982年1号文件关于“重点办好县一级推广机构，逐步把技术推广、植保、土肥等农业技术机构结合起来，实行统一领导，分工协作，使各项技术能够综合应用于生产”的精神，要把试验示范、培训、推广工作结合起来，以县农科所、推广站为基础，和植保站、土肥站等事业单位联合组成农业技术推广中心。区（片）或社要有技术推广站、组，把农民技术员、能工巧匠、科技户、示范户组织起来，形成全县的推广体系。

4. 明确农业技术推广中心的任务。应把试验示范、培训、推广工作密切结合起来，真正形成全县的农业技术中心。首先搞好粮、棉、油、糖的技术推广工作，逐步把多种经营和群众迫切需要解决的技术服务工作承担起来。要有一定面积的试验示范基地，一般以50亩左右为宜；要配备化验室、陈列室、图书资料室、放映机、幻灯机、录音机、宣传车及进行技术推广用的交通车等；加强培训农民技术员和社队基层干部为主的培训工作。

5. 要积极推行农业技术责任制，采用科学的办法，经济的手段，合同的形式推广技术，逐步改变完全依靠国家投资和行政办法推广技术的状况。

6. 办好农业技术推广中心，关键在领导，特别是县一级领导，应把建立农业技术推广中心，作为农业“靠科学”的关键措施来抓。

会议认为，农业技术推广中心的试点工作已经迈出了很好的一步，应该采取更积极的步骤，加快步伐，要求国家增拨固定专项经费，采取中央和地方合办的办法，1983年再建100个县，争取在10年或稍多一些时间内，把全国2 300多个县的农业技术推广中心都建立起来，为我国农业现代化发挥更大的作用。

二、全面建设时期

1983年以后，全国的县农业技术推广中心建设工作由试点进入全面有计划、有步骤的建设时期。建立县农业技术推广中心是个新事物，既是建设又是改革，农牧渔业部全国农业技术推广总站在1982年7月成立以后，即把县农业技术推广中心建设作为重点工作来抓，作为建立、健全农技推广体系的关键环节来抓。每年进行具体安排部署，并根据形势发展需要，及时召开会议总结交流经验，解决建设中出现的问题，推进“中心”建设工作不断提高、巩固，健康发展。同时，该项工作也得到中共中央、国务院和各级政府以及有关部门的关怀和大力支持，使“中心”建设在不太长的时间里能在全国范围内全面开展起来。

1983年“中心”建设工作有了新的发展，在原建“中心”150个的基础上，又安排新建140个，其中部与19个省、自治区、直辖市联合建26个，中央与苏、皖、湘、鄂、赣、豫、吉、黑8省50个商品粮基地县联合建44个，辽宁、黑龙江、云南、青海、安徽、浙江、江苏、山东、宁夏、北京等省、自治区、直辖市计划自建70个。面对这种发展势头，1983年5月6—12日全国农业技术推广总站在陕西省渭南召开了全国县农业技术推广中心工作座谈会。会议除介绍渭南县农业技术推广中心3年多来的工作经验以外，主要讨论了如何适应农村实行家庭联产承包责任制后的新形势，建设好农业技术推广中心，充分发挥“中心”的作用，建立健全县、社、队推广服务体系，开展农技服务工作等问题。会议认为，在全国农村普遍实行家庭联产承包责任制，农业正处在传统农业向现代化农业转化，自给半自给性生产向商品生产转化的时期，农民迫切需要科学技术的新形势下，建设好农业技术推广中心特别是把“中心”办成有威信的业务工作实体是农业“靠科学”的关键措施，是尽快把先进科学技术推广到群众中去的一条新路子。所谓“威信”是指在技术推广工作中能够充分发挥作用，给县领导当好参谋，诚心诚意地为农民服务，把行之有效的增产技术及时送到千家万户，并获得显著的经济效益，取得群众和领导信任。所谓“实体”，是指组织上不是单纯协调各专业站的机构，更不是徒有虚名的“联合”，而是确实能够统一组织全县农业技术力量，担当试验示范、培训、推广任务，搞好农技推广工作。“中心”内部，既要统一领导，发挥各专业的综合作用，又要注意加强专业工作，不断提高专业水平。各专业人员要一专多能，密切配合，分工协作，进行综合技术指导，才能适应农民的需要，提高技术工作的质量。要改革推广方法，开展技术承包，适应家庭联产承包责任制的要求，有利于加速新技术的推广普及，提高经济效益，促进生产责任制的稳定和完善；有利于克服生产指导中的瞎指挥和群众使用技术上的盲目性；有利于充分发挥技术干部的积极性和作用，是农业技术推广工作的一项重大改革。

会上还针对多数“中心”工作开展不快的状况，介绍有的“中心”广开思路，改进管理，把工作搞活的经验和做法。如安徽宿县农业技术推广中心结合推广业务，发展养蚕，培育良种树苗，办磷肥厂，繁育优良品种，每年的收入，除较好地解决职工工资和劳保福利外，还增添了一些设备；福建顺昌县农技推广中心利用山地发展柑橘、水蜜桃，培育柑橘苗，搞杂交水稻制种，发展养禽等，年增收数万元，还利用“中心”的 180 多亩山丘，承担水保部门的“人工生态平衡”试验课题，争取部分补贴，做到经费自给有余。

会后农牧渔业部以（83）农（农）字第 111 号文件转发了《全国县农业技术推广中心工作座谈会纪要》。

自 1984 年起，各省建设“中心”的步伐进一步加快，除农牧渔业部与地方联合投资建立 51 个“中心”外，国家投资建设的 60 个商品粮基地县和“三西”建设的部分县也都把建立县“中心”列入了建设项目，同时各地也积极自筹资金建立“中心”。据统计，中央与地方联合投资建立 161 个，地方自筹建立 231 个，总计 392 个，约占全国县数的 17%。建设速度最快的黑龙江省，已建“中心”55 个，占全省县、市数的 70.5%；辽宁省已建“中心”36 个，占全省县数的 65%。县“中心”蓬勃发展的本身，很好地说明建“中心”这件事已得到各地领导的重视和群众的拥护。另外，我国农技推广体系的发展，也获得了国际上有关机构的赞赏和资助。1984 年已经确定的有联合国粮农组织资助吴县、双流两个“中心”的建设项目，世界银行农业教育科研项目第二期贷款中，充实 10 个县农技推广中心的设备等项目。

根据县农技推广中心建设工作发展的需要，1984 年 8 月 23 日至 30 日，农牧渔业部在辽宁省铁岭市又召开了全国县农业技术推广中心工作会议。参加会议的有 29 个省、自治区、直辖市农业技术推广部门的负责同志，有 135 个县农技推广中心的代表，有中央有关部委和新闻单位的代表，辽宁省各市县农技推广中心（站）的代表也列席了会议。会议根据改革的精神，重点交流和讨论开展农业技术承包和经营业务以及实行有偿服务等方面的经验和问题。

会议针对半年多来各地开展技术承包的经验和问题，认为技术承包是农技服务工作向专业化、社会化发展的必然趋势。随着商品生产的发展和农业的“两个转化”，农业技术必须从产中技术向产前产后延伸，特别是向产后农产品加工转化技术发展。因而，技术承包也必须向为生产者提供信息、农用物资和农产品加工、贮藏、保鲜以及销售等方向发展，使技术推广与产、供、销结合，实行一条龙承包。同时，农技推广部门的同志开始深刻地体会到，农技推广部门不改变单纯搞推广，只搞无偿服务不增加经济收入的状况，单靠国家的事业费，不仅推广事业发展不起来，将来连技术干部也养不住，改革势在必行。辽宁省农技推广部门开展推广与经营相结合比较早，他们结合推广农业技术，经营种子、农药、农药械、化肥、菌肥、地膜、苗木等，“既开方，又卖药”，深受群众欢迎。全省 30 多个县“中心”，有一半多开展经营服务，全省 876 个乡推广站，有 92.3%的站搞经营，半年经营额 1 亿元左右，获利近 500 万元。河北省有一半地市县建立农技服务公司，有 2 669个乡站（占总乡数的 57%）办起农技综合服务公司，半年盈利 340 多万元。江苏省有 1 900 多个乡站开展经营服务，不少突破了农业的范围，农、林、牧、副、渔、工、农、运、建、服“十个轮子”都可转，其他如山西、四川等地农技部门也陆续开展这项工作。凡是搞了经营的都收到了较好的效果，壮大了经济实力，稳定了农技队伍，改善了农技推广工作条件，加快了新成果新技术的推广，方便了农民，促进了生产。大家也认为，农技推广部门搞经营的目的是为农技推广服务，发展农业生产，指导思想必须是“立足推广搞经营，搞好经营促推广”。“把推广机构办成经济实体”的提法含义不清，会误解以经营代替推广，削弱或取消推广机构，应明确是推广机构搞经营，推广与经营相结合，为技术推广服务。

在这次会议上进一步讨论了县“中心”与农业局和“中心”内部各专业之间的任务和关系。认为作为行政部门的农业局主要任务是搞好全县的区划、规划、计划；认真贯彻中央有关农业的路线、方针、政策，研究农业经济政策以及领导好下属企事业单位。农业技术推广中心的任务是，根据农牧渔业部颁布的《农业技术推广工作条例〈试行〉》第九条规定，主要负责农业技术推广，给县领导当好技术参谋。但农业局与“中心”不能截然分家，强调“中心”是农业局领导下的局级事业单位。农业局对“中心”的领导，主要是帮助“中心”端正业务指导思想，创造工作条件，打开工作局面，更好地发挥“中心”的作用。“中心”年度工作计划，重要的试验示范课题，技术培训计划，农技推广项目，主要干部的人事安排及全年经费预算等重大问题，都应在局领导会议上讨论确定，具体组织实施要放手让“中心”自己去搞。兼“中心”主任的副局长一定要负责和主持“中心”的工作，不搞形式主义和“遥控指挥”。

会议进一步讨论了 1983 年渭南会议提出如何把县“中心”办成真正的业务工作实体问题。湖北浠水、陕西渭南等县“中心”的经验，在内部坚持四个统一（即统一领导、统一计划、统一财务、统一调配人员），成为组织统一，财务独立，工作协调的业务工作实体。凡是思想一致，安排得当的，各专业工作不仅没有削弱，而且大大加强了。辽宁省原来只有 13 个县有土肥站，每县 5 人，现在 36 个县“中心”都设有土肥机构，人员也增加了，并得到其他专业的配合，工作更活跃。会上也有同志提出要求上级一些专业部门按中央和部颁文件办事，减少干扰，共同把县“中心”办好。

农牧渔业部以（84）农（技站）字第 11 号文转发了全国农技推广总站《关于召开全国县农业

技术推广中心工作会议情况的报告》。

1986年10月18日至24日农牧渔业部在连云港市召开全国农业技术推广工作会议，农技推广体系建设特别是县“中心”建设是会议重点议题之一。相重扬副部长在会议总结中强调指出：建立以县农业技术推广中心为中枢的推广体系是新形势下搞好农业技术推广服务工作的基础。要把农业技术推广到广大农民中去，没有完整的推广体系是很难办到的，在农业技术推广体系中，县一级既要对区、乡、村的推广服务机构进行管理和指导，又要组织并直接参与推广服务的实践活动，是一个承上启下的环节。建立健全农业技术推广体系，县级是关键。建立县农业技术推广中心既是改革，又是建设，建立“中心”不是增加机构，而是简化机构，增强机构的职能作用。号召各地加快建设步伐，推进县“中心”建设工作。

为进一步加强对县“中心”建设的具体指导和管理，1985年全国农技推广总站起草了《关于建设县农业技术推广中心的若干规定》(以下简称《规定》)，先印发各地农业技术推广部门征求意见，并经同年全国农业工作会议和1986年全国农业技术推广工作会议讨论修改，1987年4月19日农牧渔业部以（1987）农（农）字第8号文件印发各地遵照执行。《规定》作了10项规定。对县农业技术推广中心的主要任务，建设县“中心”的基本要求，县“中心”的基本建设和建成验收都有明确具体的要求；对县“中心”和农业局的关系，县“中心”要确定编制，实行岗位责任制，加强对干部的考核管理以及实行事业费包干财务独立等也有明确的规定；还规定县“中心”要本着“立足推广搞经营，搞好经营促推广”的原则，开展经营服务，兴办经济实体，县“中心”的财产，如房屋、仪器设备、试验基地、培训场所、生产设施、机械、车辆、经营设施和资金等要登记造册管好用好，其他任何单位不得以任何理由平调或占用。《规定》是总结了9年来“中心”建设经验形成的法规性文件，这个文件成为当时和以后相当一段时期“中心”建设工作的准则。

为了指导县农业技术推广中心进行规范化建设，充实强化技术推广手段，1987年全国农业技术推广总站组织有关力量，通过调查研究，广泛征求意见，根据县“中心”在试验示范、培训、推广、经营服务等方面所承担的测试、化验、监测、宣传推广任务制订了《县农业技术推广中心仪器设备装备标准》，经部领导审阅后印发各地，要求各地按照这个标准指导帮助“中心”有计划、有步骤地做好仪器设备的配备工作。并从1990年后规定国家资助县“中心”建设资金主要用于仪器设备和宣传推广工具方面，基建投资由地方配套资金解决。

为进一步贯彻落实中共中央、国务院关于“发展县的试验示范、推广、培训结合的农业技术推广中心，加强农业第一线的技术推广工作”① 的指示，更好地保证县“中心”建设的质量，农牧渔业部在1987年4月颁发《关于建设县农业技术推广中心的若干规定》后，随即以《规定》的4条基本要求为标准，部署了对全国县农业技术推广中心的检查验收工作，并于同年11月在广东深圳召开汇报会，汇报了检查验收情况，总结了“中心”建设的经验，研究了存在的问题，提出了今后工作的意见。根据汇报统计，全国已建和在建的县农技推广中心有906个，其中基本建成的559个，这次共验收540个，合格和基本合格的392个，占检查验收总数的72.6%。各地反映，通过检查验收，统一了思想，提高了认识，参加检查验收的各级领导和有关部门的同志，通过听汇报，

① 引自中共中央、国务院［1986］1号文件《关于1986年农村工作的部署》。

看现场，进行建“中心”前后全县农技推广工作的对比，认真评议，提高了对建立县“中心”的意义、目的和作用的认识。通过检查验收，各地对照《规定》要求，对一些“中心”存在的问题进行认真分析，能解决的及时得到了解决，对一时不能解决的也提出了解决的办法，促进了“中心”的完善和提高。通过检查验收，评出了一批办得好的“中心”，树立了样板。同时通过检查验收，多数地方采取互查的方法，起到了互相学习，互相促进的作用，使一些“中心”看到了差距，明确了努力方向，坚定了办好“中心”的信心。根据汇报会上的情况，形成了《关于县农业技术推广中心检查验收情况和今后完善、提高、发展的意见》，由农牧渔业部 1988 年 1 月 12 日以（1988）农（农）字第 2 号文件印发各地农业部门参照执行。1989 年 6 月农牧渔业部召开会议表彰了 39 个办得好的先进县农技推广中心。这次检查验收活动，将在全国范围内开展的县“中心”建设推向新的阶段。

在此后的一段时间里，总的说县农技推广中心建设基本上是健康发展的，发挥了应有的作用。截至 1997 年底，全国已建县农技推广中心 1 876 个，占全国农业县的 82%。总投资近 14 亿元（其中国家专项投资约占 13%，商品基地县建设投资约占 12%，地方投资约占 75%）。从数量上说，全国县农业技术推广中心的建设已基本完成。虽然一度因认识不一致而在“中心”建设经费安排上出现过一些障碍；有的地方强调为经营服务方便，把“中心”建在市区，没有试验示范基地；也有的地方“中心”和农业局的职责分工长期没有很好解决，加上上下机构不对口，事业经费不足等原因，使“中心”的建设和业务开展，更好发挥“中心”的整体功能和综合作用等方面受到一定的影响。随着农技推广体制的深化改革，推广机构的合理调整，运行机制的完善改进，县农业技术推广中心在科教兴农和推进市场经济的发展中，有可能发挥更为明显的作用。

（作者：原全国农业技术推广总站站长现任中国农业技术推广协会
常务副会长兼秘书长、教授级高级农艺师）

全国第二次土壤普查*

唐近春

全国第二次土壤普查从1979年开始，历时16年，于1994年完成。

一

中国从1958年至1960年开展了全国第一次土壤普查工作，从1960年4月至1964年底完成这次普查资料汇总。初步弄清了耕地土壤情况，为合理利用土地提供了大量土壤资料。对农田基本建设起了推动作用，促进了农业生产，发展了中国农业土壤科学。随着农业生产条件的改变，耕作制度的变化，化肥用量的增加，科学种田水平的提高，农业生产有了发展，土壤情况也不断变化。中共十一届三中全会以后，全党工作重心转移到现代化社会主义建设上来，为了迅速把农业搞上去，要求在全国范围内开展第二次土壤普查。

1. 实现农业现代化的要求

农业现代化要求进一步查清土壤类型、数量、性能和肥力状况。当时有的地区已开展不同内容的土壤调查，据统计遍及18个专区、200多个县，还有400多个县进行了土壤诊断，面积共计1.8亿多亩。例如：通过普查找到潜育化稻田水稻生长发育不好的“病根”，因地制宜确定改变土壤的主攻方向，为制订农田基本建设规划提出了依据。又如以往由于土壤情况不明确，“土酸偏施酸性肥，土碱反把石灰施，盲目改制不改土，不该种的偏叫种，早衰只怪种子差，死秆只当虫来治”等盲目种田、盲目施肥情况是不少见的。通过普查，弄清了土壤养分情况，为指导科学种田、种地养地提供了依据。再如，通过土壤普查，为合理开发利用土壤，因地制宜调整农业结构布局，科学管理土地资源和改进栽培管理措施提供了依据。他们落实应用普查成果，促进了农业生产。所以实现农业现代化，搞好科学种田，必须搞好土壤普查这项基础工作。正如李先念副总理当时所指出的：“全国要进行土壤普查，按照不同的土壤情况和其他自然条件，确定发展农业还是林业牧业，或者三项兼顾，确定农业种什么作物，施什么肥，需要什么灌溉方法、耕作方法和什么农业机械。”

2. 建立良好生态系统和保护耕地资源的要求

中国的土地资源平原可耕地面积少，而丘陵、山地、草原、水面相对比较多。从这个特点出发，应该面向960万平方公里国土。除了必须抓紧粮食生产，还必须抓紧多种经营。而限于当时历史条件，第一次土壤普查对耕地以外的林地、牧地和荒地土壤资源调查甚少，调查成果

---

* 本文收入内部报告《共和国农业史料征集与研究报告》第1集，1999年。

没能更好利用；同时“文化大革命”期间土地资源遭到很大破坏，滥伐林地，破坏草原，盲目围湖造田，造成大面积水土流失，土壤砂化、次生潜育化与盐碱化，破坏了农林牧渔的合理结构和布局，导致生态失调，耕地面积不实。以洞庭湖为例，由于围湖和流沙淤积，其容积由1949年的293亿立方米，减少到1978年200亿立方米，加大了洪水成灾的可能性。而建立良好的生态系统、保护耕地资源，也需要在全国开展土壤普查。正如万里指出的：“在自然面前，采取老老实实的态度，严格按照两个规律办事，搞好农业的布局，使农、林、牧、副、渔各得其所。搞好这一条，是当前农业增产上的最大潜力，也是最大的科学。”也正如杜润生讲的：“土地的数量、质量搞不清，就影响一切方面的决策。首先影响农业的战略部署、区域配置，影响耕作质量的提高。我们要改广种薄收为集约经营，就需要把每块土地的数量、质量弄清楚。”

3. 借鉴国外的经验也要求再次开展土壤普查

世界一些国家，都把进行土壤普查和诊断，作为发展农业的一项措施和基本功。美国、法国、日本等科学技术先进国家如此，墨西哥、朝鲜、罗马尼亚等国也如此。美国由全国土壤调查合作局（委员会）负责，土壤调查和土壤分类结合进行，全国约有1/4的县4次完成土壤调查，部分县完成1～2次。日本于1951年建立《日本国土调查法》，土壤调查包括基本调查和对策调查，1954年至1978年日本农林水产省曾先后下达两次调查任务，各地根据生产需要进行对策调查。墨西哥从1968年起，在总统府下成立土地研究委员会（后称土地研究总局）开展全国土壤调查制图。朝鲜根据金日成“要进行土壤分析，建立土地台账”的指示，全国土壤调查第一次于1972年开始，第二次于1975年至1978年开展，编制全国农场1∶2 000～1∶5 000土地图件，每2～3年由农场或郡取土化验（侧重在耕地），以此作为制订生产计划和指导施肥的依据。先进发达国家自20世纪70年代以来，土壤调查应用遥感技术、电子技术和分析化验手段革新方面有了很大进展，而中国当时存在不少差距。土壤普查要以现代先进水平作“起点”，应用现代化手段，采用先进技术，迎头赶上去。

对此农业部十分重视。1978年8月召开土壤普查工作座谈会，邀请部分开展普查的地县和农业科研院校专家座谈，部领导朱荣听取了汇报，到会作了讲话，部领导还去河北等地就土壤普查工作调查，听取意见。随后杨立功部长要求在全国开展土壤普查，先草拟工作方案，准备召开全国性会议研究部署。土壤普查工作方案对于普查任务和要求、方法和步骤、科学研究、经费和设备以及组织领导等，都提出了意见和建议。1978年10月29日至11月2日，农业部在北京市昌平召开了全国土壤普查工作会议，分析对比了国内外情况，进一步提高了对土壤普查的认识，制订了全国第二次土壤普查方案，提出迫切需要解决的几个问题：(1) 要尽快把专业队伍建立起来。(2) 要适当增加土壤普查经费。(3) 积极引进新技术，尽量采用现代化测试手段。(4) 对边疆少数民族地区，开设专修班，加强少数民族土壤普查科技队伍的培养。农业部于1978年12月13日将会议报告和土壤普查工作方案，一并报请国务院批转各省和有关部委研究执行。国务院于1979年4月23日国发［1979］111号文，批转农业部关于全国土壤普查工作会议报告和关于开展全国第二次土壤普查工作方案。遵照国务院文件精神，在各级政府的领导和各有关部门的支持下，开展了全国第二次土壤普查工作。

二

全国土壤普查工作会议后，农业部组织制订《全国第二次土壤普查暂行技术规程》和《土壤工作分类》，财政部下达了土壤普查培训费和试点县经费，农业部会同国家测绘总局联合发出“关于为土壤普查提供测绘资料的通知”，各省着手组织试点。

1979年6月4日，国家农委国农（79）办字40号文通知，决定在全国农业自然资源调查和农业区划委员会下，设立土壤普查办公室（设在农业部）。办公室的主要任务是，了解全国土壤普查情况，总结交流经验；安排全国土壤普查工作计划，协助各省、市、自治区组织技术培训和技术指导；会同有关单位进行土壤普查的质量检查、成果验收和资料的汇总整理等工作。办公室设主任、副主任若干人，由农业部、农垦部、林业部、水利部、农业部畜牧总局、农科院土肥所各派1名司局级干部兼任。日常工作主要由农业部原土地利用局土壤资源处（中后段为农业部全国土壤肥料总站土壤处）专业技术干部负责。

普查采用层层培训试点、分批铺开做法。1979年2月至4月，先后在浙江富阳县和北京市通县举办土壤普查航片培训试点，南方13省、市、自治区参加富阳试点，北方15省、市、自治区参加通县试点，为逐步应用航片进行土壤普查创造条件。以后全国又在内蒙巴林右旗进行牧区土壤普查试点。各省和专区一般都要先搞好一个试点县，总计试点县达361个。通过试点培训了技术骨干，统一了技术标准和做法。1979年5月9日，农业部成立全国和6个大区全国第二次土壤普查科技顾问组，聘请了100多名专家学者组成。主要任务是：负责土壤普查的技术指导与专业队伍培训；质量检查与成果验收；资料整理与编制成图等工作。同年7月农业部召开土壤普查科技顾问组长会议，修改了《全国第二次土壤普查暂行技术规程》和《土壤工作分类》，制订了《关于对县级土壤普查准备工作的要求和成果验收的暂行办法》。会议指出，要统一规程，坚持高标准、严要求、质量第一；普查成果要落实应用到生产上取得显著效果。会议由刘锡庚副部长主持，朱荣、刘瑞龙讲话，农委李瑞山副主任在闭幕式上讲话。经过试点培训，在科技顾问组指导下，1980年冬开始，各省、市、自治区分期分批铺开，到1984年大体基本完成县级普查。共完成2 444个县、312个国营农（牧、林）场、44个林业区土壤普查。面积总计131.61亿亩，占全国土地总面积的91.37%。科技顾问组作技术指导和检查验收，保证了普查质量。根据对1 780个县（市）验收，质量好的和比较好的约占85%。部分地区采用大、中比例尺航片、彩红外片和卫片调查制图。西藏自治区应用卫片结合常规调查，进行了有史以来分县“两土一草一评”（即土壤、土地利用现状、草资源调查和土地评价），丰富了以往科学考察成果，填补了这方面的空白。

为做好土壤普查成果资料归档，根据国务院批准的《科学技术工作条例》中有关规定，1984年5月16日农业部会同国家档案局下达了“关于加强全国土地资源调查科技档案管理工作的通知”[农业部（84）农（土）字第16号文]，要求对第二次土壤普查形成的科技档案归档保存，管好用好，使之更好地发挥作用。

1985年至1986年为地（市）级资料汇总，按照全国制订的《土壤普查地区（市、州）资料汇总参考提纲》和关于基层分类和制图的技术要求，累计有295个地（市、州）完成资料汇总。各省、市、自治区土壤普查办公室根据全国制订的土壤普查验收标准分别组织验收。

1985年11月，农业部向国务院书面报告全国第二次土壤普查工作［农业部（85）农（土）字第38号文］，对善始善终搞好土壤普查，加强成果资料汇总，把普查后续工作和成果应用更好地开展提出安排意见。1986年3月，农业部召开了第二次土壤普查汇总工作会议，研究了汇总中存在的主要问题和解决办法，修订了《关于省级土壤普查成果的验收规定》，成立了全国第二次土壤普查汇总编辑委员会，讨论修订了全国第二次土壤普查汇总工作方案。编委会主任由当时农业部陈耀邦副部长兼任。编委会由农业部、中国科学院南京土壤所、中国农科院土肥所、各省、市、自治区土壤普查科技骨干以及科研单位、院校的土壤科技人员组成。编委会设副主任5～7人。会议推动了土壤普查省级和全国成果资料汇总工作。

1987年至1990年为省级资料汇总，30个省、市、自治区汇总了成果。台湾省和港澳地区，也应用有关资料完成了部分汇总。省、地、县总计编写出土壤志、土种志、土地利用现状调查等资料5 500多份，专题调查报告6 800多份，编绘不同比例尺土壤图、土壤养分图、土壤改良利用分区图、土地利用现状图及其他图件44 000多幅，编印了省、地、县级土壤普查数据册。对各省的汇总成果，全国土壤普查办公室组织顾问组和有关专家，按照省级成果验收规定，分别进行了检查验收。

1991年至1994年为全国资料汇总。全国汇总主要成果：《中国土壤》、《中国土种志》(1～6卷，编写入卷的土种共2 473个)，都列为当代科技重要著作、农业领域内容。还有《中国土壤分类系统》、《中国土壤普查技术》、《中国土壤普查数据》。土壤系列图件有：中国土壤图集（1∶100万）、中国土壤图（1∶100万，64个分幅、1∶250万、1∶400万、1∶1 000万4种）、中国土壤养分图（1∶400万，共10种）、中国土壤改良分区图（1∶400万）、中国土壤酸碱度图（1∶400万）、中国土壤碳酸钙含量图（1∶400万）。

农业部对土壤普查优秀成果和先进个人先进单位给予表彰奖励。1987年2月，全国地县级土壤普查完成后，经评审表彰奖励地县级优秀成果113个，其中一等奖10个，二等奖28个，三等奖75个。按地县级分，地区级41个，县级72个。1994年11月，全面完成全国第二次土壤普查后，对在这次土壤普查工作中作出重大贡献的科技骨干，经评选表彰奖励一批全国第二次土壤普查先进工作者。对全国土壤普查先进单位也给予表彰。

在土壤普查工作中，注意解决以下问题：

1. 解决技术力量不足的困难

这次普查规模大、范围广、内容多、精度要求高。据25个省、市、区统计，参加全国第一次土壤普查的在职土肥干部和科技人员为7 000人，这次普查之初不足2 000人。国务院国发［1979］111号文件，要求每个省、地、县农业局迅速把土肥机构恢复起来，把专职干部配齐，加强土肥建设。同时加强技术培训，全国土壤普查办公室委托高等院校，多次举办航卫片调查制图培训班和青藏、内蒙古等少数民族地区培训班，土壤普查地区级成果汇总培训班，土壤普查汇总统计、数据处理研究会（班）、数据录入工作培训班。各省举办培训班1 486期，培训野外调查、制图、化验技术人员5.8万多人。在第二次全国土壤普查工作的推动下，各省、市、自治区建土肥站（处），地区（州、市）建土肥站274个、县土肥站1 788个，拥有土肥技术人员15 000多名。并协调科研、教育、林业、水利、测绘等部门的技术力量，参加这次普查的各级领导、农业科技人员共 8.4 万人，农民达 40 多万。通过土壤普查等项工作培养和造就的这支队伍多数都是业务骨干，他们为中国土壤农业化学事业，为中国的农业科技推广勤奋工作。

2. 改善土壤肥料测试手段

1979 年 2 月 9 日至 14 日，农业部召开筹建土壤（肥）测试中心（大区级）座谈会，研究了土壤测试中心的建设任务、规模、设备、工期、编制人数和投资的分配使用，落实了计划任务，全国建设 6 个大区级土壤（肥）测试中心。从这年开始，农业部专项投资 2 700 多万元，以及与地市联合投资，建设 27 个大区级和省级土肥测试中心，212 个地（市）级土肥化验室，1 878 个县级化验室，引进国外先进仪器 100 台（件）。如原吸收分光光度计、等离子发射光谱仪、紫外/可见光/近红外分光光度计、气象色谱、蛋白质分析系统等，改善了部分前处理和分析方法。全国省、地、县级土肥化验室建筑面积 27.96 万平方米，拥有仪器设备 6.06 万台（件），其中大型自动仪器 1 051 台（件），仪器总值折合 6 417.27 万元，初步形成了土肥测试网络，累计培训测试队伍 760 多人。据不完全统计，省级测试中心已完成 500 多万项次。这不但为全国土壤普查分析化验作出了贡献，而且在土壤监测、营养诊断、化肥质量鉴定、微肥推广和环境监测等方面发挥了巨大作用。

3. 节约开支，合理使用土壤普查经费

1979 年 3 月 12 日，农业部（79）农业（农）字第 21 号文，下达“关于用好土壤普查经费的通知”。同年 12 月 31 日，农财两部联合下达“关于土壤普查经费的使用和管理意见的通知”［农业部（79）农业计字 280 号、财政部（79）财农字 360 号文］。对土壤普查经费使用范围、经费管理作了规定。各级分管领导要检查经费使用情况，严格把关，做到节约使用，专款专用。从 1979 年起，分年按开展普查县的计划，农财两部联合发文下拨经费。平均按一个中等县补助 5 万元（农、林、牧、垦及华侨、军队、公安等部门的农、林、牧、垦殖场的土壤普查经费包括在内）。地区成果资料汇总，国家给每个地区补助 2 万元。省级汇总，根据省（市、自治区）的财力等不同情况，分别补助 15 万元、20 万元与 25 万元。全国土壤普查办公室重点深入调查经费使用情况，并选印一些用好管好经费的经验转发各地。执行结果：全国第二次土壤普查使用经费共约 2.8 亿元，其中国家划拨补助费和地方自筹资金大体各半。

4. 确保普查质量，搞好成果应用

在搞好试点的基础上，掌握一开始铺开面不过大。强调做好阶段质量检查。工作完成后组织检查验收，合格者发给证书。强调调查应用成果相结合，农业部从 1980 年起，数次召开全国土壤普查成果应用会议，推动这项工作深入、持久开展。

三

这次土壤普查取得了显著的成绩。主要表现在以下几方面：

1. 查清了中国的土壤资源

查清了全国土壤类型、数量、分布。根据《中国土壤分类系统》，全国共划分出 12 个土纲、29 个亚纲、61 个土类、229 个亚类。经过普查，新增土类 15 个，亚类 90 个。归纳整理出 1 万多个土种。基本查清了耕地资源的数量和全国各类土地利用现状，获得了全国省、地、县的幅员和耕地、园地、林地、牧草地、居民点及工矿用地、交通用地、水域和未利用土地等面积数据。1984 年 2 月 20 日农业部（84）农（土）字第 9 号文《关于全国耕地面积概算的报告》上报国务院；1987 年 12 月 17 日，农业部会同全国农业区划委员会、国家土地管理局以（1987）农（农）字第 5 号文《关于全国省、地、县级土地利用现状概查及汇总工作情况报告》上报国务院，建议将调查汇总数据作为国家土地利用现状的基础数据之一（内部数据）。这一成果经国务院国办发（1993）19 号文批转，用于土地利用总体规划、水土保持规划、制订经济发展计划、农业区域开发、中低产田改良等规划。查清了土壤肥力和土壤养分状况，对指导中国化肥生产分配使用起到一定作用。

2. 应用土壤普查成果，促进了农林牧业生产

各地本着边普查边应用的原则，为中国粮食生产登上 8 000 亿斤、9 000 亿斤两个台阶作出了重要贡献。例如：1988 年至 1994 年统计，全国完成中低产田改造 1 亿多亩，开垦宜农荒地 1 500 多万亩，造林近 1 600 万亩，新增粮食 1 700 多万吨，棉花 500 多万担。江苏省太湖地区改变过去过量偏施氮肥，适量增施磷钾肥，平均每年节氮 6 万吨，增粮 0.5 亿千克，降本增收 3 600 万元。湖南省对石灰性水田几年来停施石灰 3 850 万亩，节约石灰 6 160 万担，节支 1.23 亿元。根据生产需求和土壤“宜种性”，调整作物布局，实行因土种植面积达 1.47 亿亩，在发展特色农业和“两高一优”农业上取得新进展。

3. 培养了土肥科技队伍，丰富和发展了中国土壤科学

这次普查进一步建立、健全了中国土肥事业科技推广服务体系，培养了一批优秀土肥工作者。通过普查取得了一系列成果，在土壤分类、土壤调查制图、诊断配方施肥、高山土壤、水稻土和红壤的研究等方面，都丰富发展了中国土壤科学。

最后，摘录农业部原副部长刘成果于 1994 年 11 月 1 日在全国第二次土壤普查总结和表彰大会讲话中的两段话作为本文结尾：“总的说，第二次土壤普查完成了国务院下达的任务，达到了查清土壤资源、促进农业生产、培养人才、发展土壤科学的目的。土壤普查的成果，凝聚了各级领导和广大农业科技人员的心血，是集体劳动和智慧的结晶，是我们国家的无价之宝，十分珍贵。”“全国第二次土壤普查工作虽已告结束，但它的成果具有跨世纪效应，对指导未来农业生产，确保 2000 年增产 1 000 亿斤粮食，具有不可小视的作用。因此，我们要充分利用这些成果，为农业再上新台阶做贡献。”

（作者：农业部全国土肥总站原站长、全国第二次土壤普查汇总编辑委员会副主任）

西藏自治区土地资源调查与利用研究*

唐近春

1984年全国第二次土壤普查多数省（市、自治区）县级调查已经完成，全国土地利用详查工作开始部署，西藏自治区农业区划委员会向农牧渔业部提出请求技术援助。农牧渔业部原全国第二次土壤普查办公室（当时挂靠在农牧渔业部土地管理局）根据部领导的指示，于1984年夏天，组织河北、山东、湖南、湖北、陕西、四川、新疆7省（自治区）和中国科学院遥感研究所、地理研究所、土壤研究所以及中国农科院土壤肥料研究所的26名专家进藏考察，同西藏有关领导和技术人员分两路历时两月，分别到山南、林芝、日喀则、那曲地区，在总结前几年土壤普查工作情况和经验的基础上，进行路线踏勘，经过反复论证，制定了土壤普查、土地利用详查工作方案。考察组分别向西藏自治区政府和部领导作了汇报，并报请批准落实了调查经费。部领导还指示，增加土地资源农业适应性评价项目。随后西藏自治区农业区划委员会和农牧厅自筹经费，增加了草地资源调查研究项目。几项调查紧密结合，统称土地资源调查与利用研究，也叫“两土一草一评调查”。本文侧重从西藏土壤普查、土地利用调查和土地评价的情况作些回顾。

一

青藏高原地势高亢，幅员广袤，总面积约200万平方公里，平均海拔4 000～4 500米，是世界上最高的大高原，人们把它与南极、北极并列，被誉为地球上的“第三极”，或形象地称它为“世界屋脊”。青藏高原以西藏为主体，北连青海，还包括四川的甘孜和阿坝两州，构成我国西南部的高大原面。这里地理环境复杂，高寒缺氧，自然条件独特而多样，以往交通通信等十分不便，长期以来青藏高原是一个神秘的自然区域，土地资源调查研究基础十分薄弱。新中国成立前，限于当时的情况和条件，科技人员很难进藏大面积实地考察。至1941年全国的土壤文献中，土壤学家根据成土因素和环境等条件，只推论性地把西藏划定为水沼土等土壤类型。新中国成立后，1958年全国开展第一次土壤普查，由于当时西藏还未摆脱封建农奴制度的束缚，因此西藏没有进行普查。直到20世纪六七十年代，中国科学院青藏高原综合科学考察队和国家地质、测绘、农林牧等部门组织多学科的科技人员，先后两次进藏对部分地区进行了科学考察，获得了一些成果，拟定了高山土壤分类的高级单元，为这次西藏全面开展土壤普查初步打了一些基础。但全自治区缺乏全面、系统、准确的土地资源资料，难以适应西藏制订国民经济发展规划、保护生态和发展农牧业生产的需

---

* 本文收入内部报告《共和国农业史料征集与研究报告》第13集，2006年。

要。同时根据国务院（1979）111号文件、（1984）70号文件精神，全国开展土壤普查、土地利用详查，各省（市、自治区）需要及时提供土壤资源和土地准确统计数据，这些都说明西藏迫切需要开展这些方面的调查。

土地资源调查与利用研究工作，在自治区政府的关怀和农业区划委员会、农牧林业委员会的直接领导下，由自治区区划委员会办公室（即土地管理局）主持。成立了土地资源调查领导小组和自治区综合技术组（下设土地利用、土壤、草地和土地资源评查4个专业组）。西藏各级领导对这项工作非常重视，在调查工作方案论证、调查经费落实、机构设置、人员编制、交通车辆、组建技术队伍等方面，给予了大力支持。自治区农业区划委员会和农牧林业委员会领导，在各个阶段听取工作汇报，多次研究帮助解决工作中的实际困难，保证了调查工作的开展。

鉴于西藏农业科技力量薄弱，全国土壤普查办公室根据国务院（1979）111号文件"加强少数民族土壤普查科技队伍的培养"的精神，于1981年和1982年委托西南农业大学开办两届土壤普查培训班，共培训103人，经过实际工作锻炼成为一支技术骨干。1984年底，农牧渔业部以部发函商请上述7省（自治区）4所选派技术人员对口支援西藏这项工作。首批共派出57名专业技术人员，于1985年4月在参加专题研讨培训班后进藏开始工作。部分专家参加综合技术组和各专业组，与西藏技术人员一道共同制订修改技术规程、实地调查，并参与检查指导和技术把关，直至地县调查成果验收和自治区调查汇总。调查期间，全国土壤普查办公室每年都派员参与这方面的工作，和西藏同志一道走访各援藏单位，共同研究协调一些问题。全国土壤普查办公室当时委派我和章士炎、郑炜萱几次进藏参加这项工作。郑炜萱在1984—1989年外业调查期间作为全国土壤普查办公室援藏代表每年坚持在藏工作1个月以上，除阿里地区以外，全区到处都留下了他的足迹，在技术方案论证等方面做了不少工作。国家土地管理局于1987年成立后，派员进藏对土地利用现状调查和土地资源评价检查指导，并参与成果验收。为适应西藏草资源调查的需要，1987年后援藏队伍中增加了中国科学院自然资源综合考察委员会、成都生物研究所、四川省甘孜州草原站、甘肃省草原生态研究所、青海省草原工作站、中国农科院草原研究所，参加县级专业技术人员先后共计685人。自治区成果汇总工作，主要由技术组全体人员和地县调查骨干42人完成。

作为援藏人员能参加西藏土地资源调查，都感到难能可贵，都很珍惜，但也深知这是一个巨大的挑战。高原缺氧，刚进藏时，就连走平地都会感觉有些呼吸急促，外业调查交通不便，还要跋山涉水，连续作战，有时还要风餐露宿。调查人员要在短时间内迅速调整自己，适应高原环境。然而更大的难点还不至此，他们大多是本专业的专家，有着丰富的实践经验和较高的理论水平，对本省（自治区）的调查技术非常熟悉，但对于西藏的自然条件、资源类型、特点缺乏了解，对西藏土地资源调查与研究的技术方案也比较陌生。为使全体技术人员尽快熟悉西藏的技术规程，统一认识和操作方法，调查从"两土一评"试点入手，稳步渐进，逐步推开。采取实地调查示范讲解和学习培训相结合，以老带新和相互学习，专业调查紧密结合进行，并在实践中逐步完善了技术规程。援藏同志充满了责任感，在藏人员处处表现了主人翁的姿态，涌现出许多感人的事迹，最终克服重重困难，胜利完成了调查任务。一支以藏族为主体的西藏土地资源调查队伍也成长起来。到1991年10月全面完成各项成果，并通过国家验收和专家鉴定。累计使用经费2 317万元（含1984年以前西藏进行此项调查141万元），其中国家投资910万元，自治区财政拨款和自治区农委筹资1 351万元，地（市）财政补贴56万元。几个专业同步开展工作，互相补充，提高了成果资料的质量，加快了工作进度，并且节省了人力和经费。

二

这次调查有以下几个显著特点：

1. 指导思想明确，技术管理规范

遵循全国土地资源调查技术规程的基本要求，以全国的分类系统为基本依据，从西藏的生产实际出发，重点项目深入研究，以满足西藏经济建设和适应全国成果汇总的需要，为发展土壤和土地科学作贡献。本着“宜粗则粗，宜细则细，粗细结合，确保重点”的原则，不同区域采用不同精度、比例尺调查。“一江两河”重点农区（指雅鲁藏布江、拉萨河、年楚河中游河谷地区，约4万平方公里）重新航摄，用1∶3万比例尺航片和1∶2.5万地形图进行土壤、土地利用调查，要出专题成果，此区草资源调查采用1∶5万～1∶10万比例尺；藏东、藏南半农半牧区及林区（约40万平方公里），用1∶10万比例尺调查；藏北牧区用1∶20万比例尺调查；对无人区和中印边界实际控制线以外的我国领土，主要参照前人资料，依据卫片影像解译制图。统一的技术规程，对各项调查的目的、方法、关键技术、内外业工作量和质量精度、成果规格作出规定，严格检查验收。对验收不合格的进行返工补课，从而保证了调查成果质量。

2. 采用先进技术手段，常规技术和先进技术结合

全自治区120万平方公里土地，应用多片种、多时像的航空、航天等遥感资料，完成土壤、草地和土地利用现状等系列调查制图，每种类型都有相应的影像依据，因地制宜地建立了遥感图像的判读（或解译）标志，严格执行规范化的作业程序，使实地调查和遥感技术融为一体，提高了成果的可信度；应用计算机建立信息数据库，全自治区以乡为单位的各种类型面积和重点土样、草样分析的点位数据，全部储存在计算机内，分别建立了西藏土壤、草地、土地利用现状和农用适宜性评价4个专业信息数据库。

3. 基础工作扎实

采用迄今可能得到的最新图件资料，包括陆地卫星图件资料MSS图像、TM图像，航空相片资料1∶3万、1∶5万、1∶7万～1∶9万的黑白航片和部分彩红外航片；航天飞机资料，如局部地区假彩色合成像片和不同比例尺的航测地形图。航片和地形图用于农耕地、园地和部分牧草地、林地的调查制图；新摄的1∶3万左右黑白全色航片，用于“一江两河”流域22县主要农区；卫片经过精度纠正，MSS图像用于农耕地以外的地类调查；TM图像和1∶20万、1∶100万地形图主要用于地区和自治区汇总，校核县级成果图件；拉萨市和那曲地区还用了假彩色合成像片。由于基础图件资料新而全，信息多，精度高，有利于调查的顺利开展。

4. 调查以县为单位

土壤调查一类调查区平均300～800亩耕地挖1个主剖面，300～500亩采1个混合农化样；二类调查区平均800～1 000亩耕地挖1个土壤主剖面，500～1 000亩采1个混合农化样。非耕地采取样区点位研究与路线调查结合。一般每县土壤主剖面和土地评价点不少于50个，草场样地不少于30～50个，并进行农情访问，务求各项成果符合生产实际。累计调查行程近100万公里，实地调绘航片近万张，假彩色合成卫片1 000余张，土壤主剖面资料1万余份，土壤垂直带谱和样区调查资料200余份，采土壤剖面分析样3.5万个，农化样1.03万个，理化分析达75万项次。

5. 面积量算在各专业的标准分幅类型图上进行，经过平差再量算汇总

土地利用现状调查面积还要量算扣除公路、河流等线状地物和居民点等零星地物面积再汇总。量算和汇总方法严谨，调查的各专业类型面积准确无误。

6. 样品分析鉴定送请具有相应资质和分析水平的单位完成

土壤剖面样，除分析常规和微量等分项目外，骨干剖面增加全量矿质化学组成、粘粒化学组成、矿物组成、腐殖质组成、铁的形态等项目。这些资料用以确定土壤类型，全面论述土壤理化性状。牧草分析鉴定资料，共采取700多个分析样品，主要分析蛋白质、脂肪、纤维、无氮浸出物、灰分等7种营养成分，为合理利用西藏草地资源提供科学依据。

三

经过调查取得了以下主要收获和成果：

1. 基本查清了土壤资源

西藏自治区土地总面积180 716.45万亩（120.48平方公里）。实控区内土壤面积163 029.46万亩（108.69平方公里），占土地总面积的95.39%。土壤类型多样，按本次调查分类，全区土壤共划分9个土纲、28个土类、67个亚类、362个土属和2 236个土种。

高山土纲面积141 640.45万亩（不含实控区外2 154.02亩），占全自治区土壤资源总面积86.88%。高山土壤是青藏高原独特土壤类型，分布下限为海拔3 500～4 200米，上限为海拔5 000～5 400米。其中高山草原土和高山草甸土是西藏的主要夏秋牧场。亚高山草甸土、亚高山草原土、亚高山漠土分布海拔3 900～4 600米，多为冬春放牧场或四季牧场，少部分已垦殖为农耕地，有的已发生土壤侵蚀。山地灌丛草原土分布在藏南3 500～4 200米的干温河谷，地形开阔平缓，光温条件好，成为西藏的主要耕种土壤资源，但应注意防止水土流失。半淋溶土纲、淋溶土纲和铁铝土纲的10类土壤，主要分布在藏南和藏东，海拔4 500～5 000米以下，包括湿润热带（砖红壤）、亚热带（赤红壤、红壤、黄壤）和湿润半湿润山地暖温带（棕壤、褐土）、高原温带（暗棕壤、灰化土、灰褐土），森林面积分布较大，是西藏主要森林土壤资源。半水成土纲的潮土、草甸土，水成土纲的沼泽土分布在西藏江湖沿岸的平坦阶地或洼地，草甸土、沼泽土牧草生长繁茂，是西藏养育羔羊幼畜的牧场或割草场，潮土和耕种的草甸土是主要耕种土壤之一。人为土纲的水稻土和灌淤土面积很少。

在基本查清西藏土壤资源的基础上，对各种土类的形成、基本属性、理化性质、养分状况及合理施肥、利用改良进行了论述。对西藏土壤资源的构成特点和利用现状，耕地、草地和林地土壤资源的质量评价、利用和保护，以及土地利用改良分区也作了探讨。

2. 基本查清了土地利用类型现状

西藏土地利用的特点是，牧草地和未利用土地多，耕地和林地少，以牧业利用为主；低海拔河谷地区以农业利用为主。全自治区已利用土地面积占总土地面积的68.2%，以藏东、藏南和藏中地区较高，在70%以上。

耕地只占土地总面积的0.3%左右。包括灌溉水田、水浇地、旱地和菜地。多分布在热量和水分条件较好、海拔4 200米以下地方。西部云量少，日照百分率高，辐射强，日照长，西部日喀则地区耕地分布上限可达4 700米。主要农区和农业高产区“一江两河”地区海拔3 500～4 000米，耕地面积约占全自治区耕地的一半，其余为条带状分布或零星分布。这在全国和世界范围内，都是耕种土壤极限高程分布区，也是世界上海拔最高的高寒农业区。园地主要在气候条件较好的尼泽河、拉萨河、雅鲁藏布江及怒江、澜沧江和金沙江河谷地带。包括果园、茶园和其他园地（油桐园、花椒园）。

林地面积只占全自治区土地总面积的10.5%（实控区内只占6.27%）。包括有林地、灌木林地、疏林地、未成林造林地、迹地、苗圃。其中有林地面积只占土地总面积的6.7%（实控区内为3.49%）。森林覆盖率低。

牧草地分布在高原面和高原边缘的林地和耕地以外的地方，从2 000多米的河谷到5 000多米的高山。包括天然草地、改良造地和人工造地。在牧草地中，天然草地又分为冬春放牧场、夏秋放牧场、四季放牧场、割草放牧兼用草场、临时放牧场和沙化石质化低质草场6种类型。

居民点及工矿用地集中在“一江两河”重点农区，越往半农半牧区和纯牧区就越稀疏，藏北高原居民点极少。农村居民点占63.12%，城镇占19.77%。

水域面积包括河流（藏语称“藏布”或“曲”）、湖泊（藏语称“错”）、水库、坑塘、冰川、永久积雪等。

其中湖泊占水域面积的46.59%，是世界湖面最高、范围最大、数量最多的高原湖区。冰川及永久积雪占44.57%，是我国分布最多的地区之一。河流占3.38%，我国著名的澜沧江、怒江、雅鲁藏布江流经或发源于西藏。人工水域如水库、坑塘、水渠等面积较小。

调查全面反映了西藏土地资源的数量、分布、利用结构和开发利用状况以及土地利用总体规划的设想。针对在利用或发展中存在的问题，分别提出了对策建议。对目前尚未利用土地面积分布和构成、自然条件与区域差异、开发利用的制约因素及开发前景作了分析。

3. 基本查清了草地资源

西藏天然草地121 678.5万亩，从羌塘高原到“三江”流域，从雅鲁藏布江源头到下察隅的亚热带丛林都有分布，并拥有丰富的草地类型。全国统一划分的草地类中，除干热稀树草原类外，其余17个草地类均有分布。高寒草地类型是西藏草地的主体，包括高寒草原、高寒草甸、高寒荒漠、高寒草甸草原、高寒荒漠草原，而温性草地和热性草地很少。草地饲用植物资源丰富，有2 672个饲用植物种，隶属83科557属，分别占西藏草地植物物科、属、种数量的71.6%、80.0%和84.3%。

根据土地利用现状调查资料，西藏现有牧草地面积97 195.2万亩，实控面积为96 934.8万亩。以天然草地为主，占牧草地总面积的99.98%；改良草地和人工草地面积很小，两者合计仅占牧草地面积的0.02%。主要集中在城镇郊区种植业发达的地区。

西藏天然草地由于海拔高，气候干旱而寒冷，一年内牧草生长时间短，牧草生长低矮而稀疏，生物产量低，地区差异大，但牧草的质量较好。全自治区草地平均产草量 69.6 千克/亩，产草量最高的高寒草甸草地每亩 105.9 千克，最低的高寒荒漠草地每亩仅 22.4 千克。等级综合评定结果：优质低产草地占 21.4%，中质低产草地占 44.3%，优质中产草地占 14.4%，其他级别的草地占 19.9%。理论载畜量为 3 496.94 万绵羊单位（不含无人区草地）。1990 年调查汇总有牧畜 3 538.24 万绵羊单位，超载 1.18%，冷季草地严重不足。草地退化面积 7 100 多万亩，约占草地面积（不含无人区及难利用草地）的 17.2%。

调查针对西藏牧草利用中存在的问题，分析了草地畜牧业逐步向商品化和专业化发展的趋势，提出了加强牧草地规划、建设、管理和保护，合理利用牧草地，发展畜牧业生产的途径和措施方面的建议。

4. 进行了土地资源的农业适应性综合评定

在土壤、草地和土地利用现状调查研究的基础上，综合评定了宜牧、宜林、宜农和暂不宜农林牧土地资源。翔实的土地资源调查和农业适宜性评价，为合理利用土地提供了科学依据。

（1）宜牧土地资源。全自治区 92 146.28 万亩，占土地资源总面积的 53.92%，其中一等宜牧地占 2.44%；二等宜牧地占 9.5%；三等和四等宜牧地合计占 75.9%；五等宜牧地占 12.15%。宜牧地质量不高，主要是由于低温和干旱的影响。应增加对草地的投入和改善管理，部分草地应当停牧。

（2）宜林土地资源。全自治区 12 629.01 万亩，占土地资源总面积的 7.39%。其中宜薪炭林面积占宜林地面积的 5.09%，宜涵养林地面积占 38.16%，宜防护林面积占 11.06%，宜经济林面积占 3.25 万亩，主要分布在林芝地区，拉萨市、山南地区有少量分布。西藏宜林土地资源少，且分布不平衡，是农田生态环境脆弱的主要原因之一。本次评定的宜林土地资源面积，较现有林地面积（含园地）增加 1 911.25 万亩，主要增加防护林、薪炭林和涵养林，经济林增加 1.5 万亩，用材林地减少约 200 万亩。为保护和改善西藏生态环境，需要调整土地资源利用结构，继续增加宜林地面积。

（3）宜农土地资源。全区仅有 714.31 万亩（毛面积），占土地资源总面积的 0.42%。其中已耕垦的宜农地为 657.71 万亩，后备耕地为 56.6 万亩。宜农地中质量优良的一、二等地占 20.31%，三、四等地居多。应着重提高现有耕地的产量。

（4）暂不宜农林牧土地资源。全自治区为 65 416.48 万亩，占土地资源总面积的 36.9%。其中冰川积雪、水面及道路居民点等用地面积 7 867.03 万亩（占 12.03%）。高山寒漠、缺淡水源草地和砾石裸岩坡型合计占暂不宜农林牧土地面积的 75.17%。砾石滩型、风沙地型、盐碱地型和稀疏草地型面积共占暂不宜农林牧土地面积的 12.8%。

5. 取得了大量的科学成果与资料，在普及科学技术知识和提高及应用调查成果方面有了成效

成果资料方面，74 个县（市、区）都完成了 4 本专业报告，16 种不同比例尺专业图件，调查数据按乡级单位统计，土壤和草地调查数据以县为单位编绘成册；拉萨市和日喀则、山南、林芝、昌都、那曲、阿里地区，都编写（绘）出版土地资源系列丛书和系列图件，分专业数据统计册；自治区文字资料共 20 种，其中土地利用、土壤资源、草地资源、土地资源评价、土种志和西藏土地资源研究技术等 6 本专著和西藏土地资源图片集已由科学出版社出版；自治区图件资料共 32 种

103 幅，包括 1∶100 万、1∶150 万和 1∶200 万的 4 个专业有关图件和“一江两河”中部流域区 1∶20 万的 4 种类型图件等，还有自治区数据资料和标本资料。并形成了综合配套的土地资源信息系统，图片、图件、统计数据、文字资料都已建档保存。

在科技普及和提高方面，区内外科技人员广泛深入西藏农村、牧区，与群众交流民族文化，讨论土地资源研究成果应用和土地规划设想，开展了西藏历史上空前的大规模科技宣传普及工作；经过多年的专业培训和工作实践，一支以藏族技术干部为主体的土地资源调查队伍成长起来，并建立了土壤化验室，将成为土地资源调查成果应用及促进西藏科技事业发展的一支重要力量。

在调查成果应用方面，根据自治区政府的统一安排，西藏“八五”期间的重大开发研究项目：“一江两河”地区综合开发，尼泽河流域资源开发，以及西藏生态环境监测和牧区水利规划，自治区牧业开发项目和畜产品生产基地建设，农业开发的方向和重点目标，菜园、果园的地点选择等，都应用了该项土地资源调查研究成果，从而减少了前期工作量，节省了人力和财力。在农牧业生产中应用调查资料，制订低产田改造计划、推广增施肥料、调整畜群结构促进草、畜平衡，取得了明显效益。截至 1992 年，全国已有 36 个科研、教学和科技情报部门，索取了西藏土地资源调查研究的成果资料，为开展有关科研课题的研究和充实教学内容作出了贡献。

四

西藏地处祖国西南边陲，幅员约占全国总面积的 1/8。全面系统地探查西藏高原土地、土壤和草地资源，对挖掘该地区土地资源的潜力，促进西藏经济建设的发展，加强民族团结和维护国家领土完整，有着深远的意义。当这项工作胜利完成调查任务之时，自治区政府给予了高度评价。1991 年时任西藏自治区政府主席江村罗布为此题词：“艰巨的工程，巨大的成就。”1992 年 3 月西藏自治区副主席龚达希为此题词：“应用科技成果，发展西藏经济。”

正如西藏自治区秘书长、西藏自治区农业区划委员会副主任泽仁桑珠，西藏自治区农牧林业委员会主任洛桑丹珍为《西藏土地资源调查丛书》作序所指出：“这次土地资源调查是西藏自治区直接领导和组织的第一次大规模科学研究实践活动。……成为西藏科技史上的一大业绩。这次调查获得的丰硕成果，是西藏宝贵的科技财富，为自治区土地资源的合理开发、农业经济的振兴，提供了最新的基础性科学资料，不仅在生产、科研和教学等方面有着重要的应用价值，而且对西藏乃至全国的土地、土壤、草原等地学、生物学的发展，也作出了贡献。这次调查还为我区锻炼、培养了一批年轻的藏汉族科技人才，他们已逐步成为我区科技战线上的领导和骨干。总之，西藏首次土地资源调查是一次成功的社会主义科技大协作，是民族大团结的象征，体现了全国人民对西藏的关心，体现了党的民族政策的伟大胜利!”

西藏自治区首次土地资源调查，在大范围内应用航空航天遥感技术和常规技术结合，完成了全自治区土地利用现状、草地资源、土壤资源和土地资源评价 4 项重大科技成果，其中土地利用现状和土地资源评价两项成果在全国率先完成。全部通过了国家验收，得到主管部门的充分肯定及国内有关专家的高度评价，有的项目达到了国内外先进或领先的水平。极大地丰富发展了以往科学考察成果，填补了我国在西藏同类研究工作中的空白。为此自治区农业区划委员会和农牧林业委员会联合主持召开了全区土地资源调查与利用研究会议，进行了总结表彰。为表彰“西藏自治区土地资源调查与利用研究”项目在促进科学技术进步工作中作出重大贡献，经西藏自治区科学技术进步奖评审委员会评定，该项目评审为西藏自治区1993年度科技进步特等奖，并颁发证书以资鼓励。之后，西藏自治区土壤调查科技成果，还申报并获得了国家科技进步二等奖。

该项调查与利用研究西藏地、县级成果获奖项目有：全国农业区划科技成果奖三等奖4项；全国土壤普查科技成果奖二等奖2项，三等奖1项；全国土地利用现状调查优秀成果奖一等奖1项，二等奖3项，三等奖4项；国家土地管理局科技进步奖三等奖2项；西藏自治区农牧林业委员会科技进步奖一等奖9项，二等奖22项，三等奖27项。

本次调查取得的丰硕基础性科学成果，在今后西藏土地资源合理配置，农牧林产业结构调整，粮、畜、林、果和蔬菜等基地建设，资源节约和环境保护等方面，都有广阔的应用前景。在此基础上为适应生产发展的需要，还可以在重点地（市）县建立土地资源动态监测网点，对西藏土地利用、土壤肥力、草畜平衡动态作些跟踪调查，使成果资料常用常新，科学应用好成果，一定会取得更好的效益。

（作者：农业部全国土肥总站原站长、全国第二次土壤普查汇总编辑委员会副主任）

中国国家种质库的建立*

陈叔平

作物品种的改良与培育，离不开作物种质资源，因为作物种质资源含有培育新品种所需的基因。因此丰富的作物种质资源受到育种者的重视，尤其是作物野生种、野生近缘植物或特殊遗传材料，更受到现代育种技术的青睐。所以自20世纪50年代以来，世界各国都十分重视资源的收集和保存，并把它作为提高和发展农业生产的一项重要战略。

中国是多种农作物的起源中心，有着丰富多彩的农作物资源。全国约有各类农作物种质资源35万～40万份，过去由于缺乏保存条件，资源得而复失现象极为严重。自1978年以来，中国开始了低温种质库建设，先后于1984年和1986年在北京中国农业科学院院内建成两座国家种质库。20世纪90年代初，又在青海省农林科学院建成国家种质复份库一座，形成了国家库中、长期配套和异地相结合的种质资源保存体系。截至1996年底，国家长期库保存资源份数已逾31万余份，包括地方品种、改良品种、引进品种、特殊遗传材料和野生种、野生近缘植物材料等，分属30科、174属、600种或亚种。其保存体系、保存资源数量以及资源的丰富程度和现代化的管理水平在世界种质库中均属前列。它对中国近期和长远的农业发展具有现实和潜在的重大意义，是造福子孙万代的千秋大业。

一、中期库的建设

中期库是中国最早的国家种质资源库，尽管建设规模不大，仅1 000余平方米建筑面积，但经历了漫长的建设时间。整个工程本着自力更生、立足国内的精神，由中国工程技术人员自行设计、建设、安装，全部设备国产化。

（一）建库的历史背景

20世纪70年代初，毛泽东主席、周恩来总理审时度势，适应形势变化的需要，及时调整内外政策，在中美关系上作出了富有远见和胆略的重大决策。1972年邀请美国总统尼克松访华，在上海签订了《中美联合公报》，揭开了中美关系的新篇章。随之两国间的科学技术文化交流迅速发展，实现了政府间的两国科学家互访，并开始探讨两国间的科学技术合作项目，其中有一项就是品种资源。中国科学家们走访了美国，看到了现代科学技术，参观了美国国家种质资源库（NSSL），受

* 本文收入内部刊物《当代农史研究》1998年第2期。

到了极大启发。农业的竞争，说到底是资源的竞争，谁占有的资源多、资源丰富，谁将最终在农业上占优势。回国后，他们不仅把所见所闻向广大科学技术工作者如实作了汇报，而且向各级领导作了有力的宣传，为中国农业科学院作物品种资源研究所的成立作了舆论准备，也为中国国家种质库的建立奠定了基础。

（二）建库过程

1974年春，农林部主持召开了全国农作物品种资源工作会议，会上总结了中国品种资源研究工作的经验，并提出了关于加强中国农作物品种资源工作的意见。会议认为：整个中国品种资源工作，需要加强领导、统筹安排，但当务之急还是设法保住已征集到的品种资源。为此，建议在北京、西北、华中、华南等地修建几个种质库，目的是使我国丰富的作物品种资源得以长期保存，不断充实，既保持其旺盛的生命力，又保持其固有的优良特性，同时还可以大大减少每年仅仅为了保种而占用的大量人力、土地和财力。

对此，农林部给予积极支持，明确责成中国农林科学院筹建一个低温干燥品种资源保存库，并列入了1974年农林部制定的重要科学研究项目计划。为此，中国农林科学院先后于1974年7月31日和1974年11月13日向农林部上报了“关于低温种子库基建设计任务书”的报告和补充报告。初期提出种子库总建筑面积为800平方米，库房使用面积为210平方米，温度设－10℃±1℃和0℃±1℃两个级别，为了备战需要，建议品种资源库最好分两层，贮存种子的长期贮藏和极长期贮藏室应设于地下，机器房、工作间等设于地上。1975年10月23日中国农林科学院又向农林部上报了“关于修建中国农作物品种资源库”的报告，该报告详细地介绍了中国作物品种资源的丰富状况，列举了原产中国的作物，但由于保存不善，近年来资源损失严重。例如原中国农林科学院已故院长丁颖多年收集到的中国北方水稻品种2 000余份，已全部丧失发芽力；云南省原保存的约7 000份水稻品种资源，均已丧失殆尽（云南省于1974年组织力量重新征集，收到4 000余份）；同时介绍了美国资源的良好保存设施和体系。报告目的希望农林部基建局能尽早批准中国农林科学院上报的“关于低温种子库基建设计任务的报告”，以便请农林部设计院进行设计，并请将建库工程量纳入农林部1976年在京建筑面积任务之内。1975年12月11日，农林部（75）农林（基）字第82号文件，批复了中国农林科学院“关于低温种子库计划任务书”的报告，同意在中国农林科学院内建设低温种质资源保存库1座，建筑面积为800平方米，保存种子暂定10万～12万份，有效保存时间30年以上；种子库房的室内温度分别控制在－10℃±1℃，0℃±1℃；湿度控制在RH35％～50％之间。具体技术要求由中国农林科学院提交设计单位，建筑要根据中国的具体情况，本着节约适用的原则，尽量采用较先进的成熟工艺和国产设备，还要考虑平战结合使用的问题。遵照农业部（75）农林（基）第82号文件的批复精神，中国农林科学院农业所积极组织有关人员就低温种质库的设计工艺进行座谈，最后综合若干具体问题：（1）尽量扩大种子贮藏面积，压缩其他用房面积；（2）因建筑面积有限，每份材料不可能保存很多，本库服务对象只能是省级以上专业育种单位和国际交换用种；（3）综合国外建库经验，建议本库库房相对湿度采用35％±5％；（4）根据目前国家批准的投资及从现有技术条件出发，本库建设不宜采用自动化设备；（5）低温种质库离院部大楼很近，无须单独设立接待室，以压缩附属用房面积；（6）品种资源的检疫工作，拟由各省、市提供品种材料的单位负责，农村基层和国外征集的品种材料，由中国农林科学院检疫组负责，因此库内不设检疫室。熏蒸可能缩短种子寿命；低温、低含水量可以抑制病菌及害虫的繁殖，所以库内也不设熏蒸室。上述一些具体考虑，连同种质库工艺设计要求会后一并提交了农林部设计院。但由于农林部没有下达基本建设计划，致使库址选择、地质资料、施工单位无法落实。到1976年2月中国农林科学院科（农）字第33号文件，专门就筹建低温种子库中几个问题，包括库名、库址、任务、服务、平面布置等总共12项向农林部写了请示报告，农林部才向北京市建委发了请将低温种子库列入1976年基本建设计划的函。并抄送国家计委、国家建委，请他们予以支持。国家计委计划组副组长甘子玉在这个抄件上签署意见说："种子库确实急需，过去收集的种子有些已经失效，请批准安排，给予支持。"另一位副组长熙英签署的意见是："请北京市建委统筹安排，给予支持，像这样的小户，应适当给予照顾。"同时，1976年国家计委将农作物品种资源库的建设列入了全国科学技术发展计划（草案）[见全国计划会议文件1976年44号] 农业和支持农业项目第15项，即开展品种资源现代化保存技术研究，并下达给北京市建委。当时北京市建委吴润生表示："既然国家计委已同意，那你们尽快把扩初设计送来吧！"领导的意图很明确，只要我们能尽快把扩初设计送去，在1976年6月调整本年度基本建设计划时，批准下达农作物品种资源库的基建计划是有很大可能的。1976年5月中国农林科学院向部提交了"农作物品种资源库扩初设计"。1976年7月农林部（76）农林（基）字第40号文批复了中国农林科学院提交的"农作物品种资源库扩初设计"，批函中要求中国农林科学院，要以阶级斗争为纲，坚持独立自主，自力更生、勤俭节约的精神，搞好农作物品种资源库的设计。这项工程在中国还是一个比较新的项目，要加强调查研究，"精心设计、精心施工"，保证工程质量，满足需用要求。为保证工程质量，降低工程造价，建议将原设计的地下库改为地上库。关于制冷系统，建议采用氟利昂冷冻机组，尽可能采用自动控制，选用国内成熟先进工艺和设备以利操作和管理。为此种质库筹建同志，会同农林部设计组同志，先后赴北京有关设计单位和上海、南京、杭州、保定、成都等地，比较广泛地进行调研，开阔眼界，为搞好设计积累经验和资料，在年底又一次完成了改进后的扩初设计。但因当时图纸没有完成，主要设备没有到手，自筹特殊建筑材料没有备齐，所以直到1976年年底北京市始终未能安排施工单位。1976年3月，北京市革委计委、建委通知，在国务院未批准前，先将全国计划会议期间初步确定的方案，作为草案先行下达，以便安排工作，这无疑给农作物种质库的建设带来了一线希望。后因国家基建计划调整，农作物种质库的建设再次成为泡影。1977年农林部根据国务院批转国家计委关于1977年第一季度国民经济计划安排报告精神，将中国农林科学院低温种质库的建设列入了农林部1977年第一季度基本建设计划。与此同时，北京市基建指挥部在审查了种质库开工条件后，将施工任务作为一般工程项目，于5月下达到三建公司。1977年6月9日三建公司下达到第一工区，在工区接收并研究了设计图纸之后，1977年7月12日、21日，农林部设计院、三建一工区、建设银行、中国农林科学院4方先后2次召开会议进行设计交底。为了满足设计要求、方便施工，商定了需要修改的部分设计图纸，例如除湿自动化问题。到8月下旬，图纸修改完成，再交三建一工区，三建一工区计划将品种资源库安排到1977年第四季度开工。后因三建施工任务较重，又因北京市水泥供应紧张，直到年底也未开工。在这种情况下，种质库工作人员只好向方毅副总理写信，反映修建种质库的迫切性和北京市基建施工力量较紧的情况，希望得到他的支持。方毅副总理指示“项目不大，可否给予支持”。1978 年年初，种质库工作人员再与北京市建工局联系，他们准备 3、4 月份动工，后又因施工力量不足，而不能开工。5 月份农林部专门给北京市建委发函［见（78）农林（计）字第 67 号：请将农作物品种资源库建设列为限期年内完成工程的函］，此件还抄送国家计委、国家建委、国家科委、北京市建筑工程局、北京市建行西四支行、中国农业科学院。后来，北京市建工局将种质库工程作为四季度开工项目下达给三建公司，三建公司和三建一工区提出困难，并认为冬季施工不利，不如明年 3 月中旬开工为好。直到 1978 年 12 月 6 日，中国农业科学院作物品种资源研究所才与北京市第三建筑工程公司签订建筑、安排工程施工委托协议书，总建筑面积为 857.5 平方米，总投资为 163 万元，计划施工期 12 个月，同时破土动工，但等地基打好后，不久，又处于停工状态。由于种子库工程，从一开始就被列为一般工程项目，因而当施工单位有力量时就干，施工力量紧张时就停工，时干时停、断断续续。为了改变这种状况，1979 年 9 月 7 日［农科院（品资）字第 275 号文］中国农业科学院致函王任重副总理、国家农委、农业部，函件是关于将种质库列为重点工程要求今年建成投产使用的事，文件强调工程项目一拖再拖，这样拖下去，我国宝贵的农业遗产难免继续遭受损失。同时也难以落实农业部、国家科委联合文件（1979 农科字 13 号）关于开展作物品种资源补充征集的通知中指出：“要把农作物原始品种和近缘野生植物品种资源统统征集起来，保存好”的指示精神，而且会给国家造成极大的浪费。我们这一代人不仅对不起我们的祖先，也对不起子孙后代。在各级领导的关怀和直接支持下，在施工单位的努力下，种子库的建设总算于 1980 年完成结构工程，1981 年 9 月完成土建和设备安装，接着开始调试。调试时发现由于库的空调系统设计不当，库内温湿度达不到设计参数，库温仅能降至零上 8.5℃、相对湿度 60%。于 1983 年进行第一期工程改造，其主要内容是：（1）将冷冻机的蒸发器增加 1～2 倍。（2）增加热氟冲霜系统。（3）将库内气流由上送下回改为侧送侧回。（4）将循环风量增至 2～3 倍。（5）增设调节风阀。经上述改造后，1983 年 7 月至 9 月调试结果，库的冷冻空调系统改造是成功的，0℃库可降到－12.8℃，－10℃库可降至－17.6℃。但在调试中发现 8FS713 冷冻机质量差、故障多、回油不好、风阀关闭不严、部分风管保温不好、密封差，故仍需完善。1984 年更换了冷冻机、风阀，对风管的保温又重新做了处理，至 1984 年 8 月全部改造工程竣工，13 日举行了种子库落成典礼。农业部何康部长主持了剪彩仪式。并于 1985 年 10 月 15—17 日，由农业部科技司主持，对品种资源库进行了验收，验收组由国内部分有关品种资源库的技术人员、部科技司仪器技术顾问组、中国农业工程研究设计院工程技术人员和特邀重庆试验设备厂的技术人员组成。测试项目主要是库内温度的均匀度。测试方法参照英国 BS3898（1965）标准进行检测，所用仪器为英国 Solartron 公司生产的 7065 型 $6\frac{1}{2}$ 倍数字繁用表和气候环境试验设备参数计算机测试系统。分别对－10℃库和 0℃库在开机和停机 2 种状态下进行测试。测试结果：

（1）－10℃库和 0℃库保温性能较好，在停机状态下，温度场较为均匀，达到±1℃设计指标。

（2）由于库内风速不均匀，导致开机与停机状态温度变化较大。当风机制冷机运转时，温度性能稍差，接近±1℃设计标准。

（三）运转状况

该库自 1984 年落成典礼之后，1985 年年初就实现了开机运转，并组织种子入库，当年入库籽种3 077份。1986 年起国家库承担了“七五”期间 20 万份种质资源入库保存的国家攻关项目，该库为完成 20 万份种子入库作出了积极贡献。

1991 年起，由于南库已建成，并已有 3 年入库的经验，加之“八五”期间国家攻关指标仅为 10 万份种质资源入库，已没有必要再实行 2 个库同时入库，再从资源的保存体系考虑，有必要对 2 个库进行调整，明确任务，因而将此库改为交换库（实际上起中期库和工作库的作用)，贮存对外交换的资源，同时兼放各室掌握的其他材料，这样保证了种质资源的妥善保存和利用。到目前为止，中期保存资源已达 12 余万份，详见表 1。

表 1　国家交换库保存的资源

作　物	保存份数	作　物	保存份数	作　物	保存份数
小麦	23 591	蔬菜	507	红小豆	3 851
小麦稀有种	2 346	棉花	188	豌豆	1 403
水稻	38 661	荞麦	1 560	小扁豆	331
野生稻	1 903	大豆	20 261	鹰嘴豆	306
大麦	7 344	野生大豆	2 979	普通菜豆	462
野生大麦	3 326	饭豆	1 216	利马豆	21
玉米	1 700	绿豆	1 447	多花菜豆	36
谷子	3 379	豇豆	3 799	油菜	147
高粱	3 440	四棱豆	76		
总计	124 280				

二、长期库的建设

自 1972 年中美外交关系恢复以后，美国洛氏基金会成员纷纷来中国访问，探索洛氏基金会与中国的合作。这一主动性得到了中国农业科学院的积极响应。因为中国农业科学院的领导和科学家们深深知道：中国的作物品种资源异常丰富，目前虽然有一个种质库正在建设中，但这是远远不够的，中国需要建一个更大、更先进的国家种质库。1979 年洛氏基金会官员格雷博士以国际水稻所理事会主席身份随理事会访问中国，此行进一步加强了中国与洛氏基金会的接触。后经国务院批准，中国农业科学院正式邀请洛氏基金会访问中国，从而开始了中国与洛氏基金会的再度合作。

（一）长期库项目的提出

1980 年 1 月 20—23 日，洛氏基金会农业科学部主任 J. A. 皮诺博士、副主任 C. C. 格雷博士应邀来访，就中国农业发展问题和需要，在共同感兴趣和共同关心的广泛领域内交换意见，为洛氏基金会同中国农业科学院开展科技合作的领域以及基金会资助项目进行深入探讨。经过 3 天的紧张工作，双方的注意力都不约而同地集中到农作物品种资源，并一致认为建立一个全国性的基因库最为合适。进而商定 1980 年 6 月洛氏基金会派一个考察小组来中国，详细了解中国品种资源搜集、保存、研究和利用情况，并对拟由该会资助中国建设的种子库进行商讨。

1980 年 6 月 8—28 日，洛氏基金会考察小组，在皮诺博士率领下，由 C.C. 格雷博士（洛氏基金会农业科学部副主任、副组长）、R.O. 拉奇博士（植物科学家、洛氏基金会农业科学部副主任）、N.E. 布劳格博士（植物病理学家、洛氏基金会成员和国际玉米、小麦改良中心主任）、张德慈博士（遗传学家、国际水稻所品种资源计划负责人）、B.G. 吉布斯博士（澳大利亚联邦科学和工业研究组织高级工程师）6 人组团来中国访问。

考察组此行主要目的是考察中国品种资源研究工作的现状及其贮存技术和设备情况；制订具体合作计划；评估建立全国性植物基因库的重要性及其性质与作用。

中国农业科学院对洛氏基金会的来访十分重视，事前都已电告有关各省请协助做好接待工作。洛氏基金会在北京期间受到了中国农业科学院副院长何光文和任志秘书长的亲切接见，除了在北京参观访问了中国农业科学院及其品种资源研究所外，洛氏基金会考察组还应邀访问了四川省农业科学院（成都），中国农业科学院柑橘研究所（重庆），湖北省农业科学院（武昌），中国农业科学院油料研究所（武昌），上海市农业科学院，中国农业科学院茶叶研究所（杭州），浙江省农业科学院（杭州），浙江农业大学（杭州），还参观了部分人民公社。所到之处都受到了良好接待，各单位都详细介绍了作物品种资源收集、保存、评价、利用情况，以及目前正在进行的品种资源收集计划、具体活动和存在的一些问题与愿望。

通过参观访问，考察组看到了中国正在开展一个广泛的品种资源征集活动，重新建立国家作物种质资源收集、保存和利用的计划及体系。目前，地区性的中期库正在陆续筹建，因此，需要尽快筹建国家种子库。考察组相信：援建一个现代的、全国性的长期贮藏设施，肯定能作为建立全国作物种质资源保存体系的关键。而且，一个全国性的作物基因库能成为催化触媒物，它能加速地方种质库的建设，促进各省参加全国计划，推动全国种质资源保存事业的发展，进而会有助于国际合作和作物种质资源交换。同时考察组还认为：尽管北京的位置不是在中国的中心，而且它也不是中国农业的中心，冬天温度太低（平均一月份温度−5℃），它还在地震区。但是，北京是中国政府所在地，中国农业科学院及其作物品种资源所也设在此。北京还是中国铁路、文化和民航系统的中心，利用和服务方便，因此北京被认为是长期种子贮存设施的最理想的地点。

考察组返回美国之后，写了 1 份详细报告，提交洛氏基金会理事会全体会议审查，中国农业科学院于 12 月 6 日收到皮诺主任致何光文副院长的电报，正式通知关于洛氏基金会帮助中国建立的作物品种资源库已被理事会会议批准通过，至此洛氏基金会援建中国长期库项目正式确定。

（二）反复磋商

为了进一步落实建库问题，洛氏基金会于 1981 年 3 月再次派格雷博士来到中国，就建立种质库问题拟定双方工作计划。

经研究双方认为：首先应签署农业部与洛氏基金会之间的“谅解备忘录”，明确双方合作的内容和项目。其次批准建筑说明书和选择种质库所在地及其他要求。

为此，中国农业科学院于 1981 年 2 月 25 日致函农业部［农科院（品）字第 40 号］，请求批准接受美国洛氏基金会援建“作物遗传资源中心”，并列入国家基本建设计划的报告。

同年 3 月 27 日—4 月 2 日，洛氏基金会格雷博士和顾问张德慈博士再次与中国农业科学院领导会谈，双方就洛氏基金会资助中国农业科学院筹建全国植物遗传资源中心的问题进行了有关具体实施方案的会谈，并讨论了由洛氏基金会提出的双方“谅解备忘录”草案。双方初步商定，中国农业科学院5月间把“谅解备忘录”修改稿寄给洛氏基金会，暂定8月在北京签字，如有可能提前则更好。

对此，(81) 农科院（办）字第105号文专门就关于中国农业科学院和洛氏基金会会谈情况的报告和签署《谅解备忘录》的问题向农业部写了1份请示报告。随报告送上“关于洛氏基金会资助中国农业科学院筹建全国植物遗传资源中心的会议情况报告”和“中华人民共和国农业部和洛氏基金会关于在北京筹建全国植物遗传资源中心的谅解备忘录”（中方修改稿），请部审批。谅解备忘录具体记入了双方同意合作的内容，双方各自承担的职责以及具体实施计划的双方负责人员和计划实施过程中一旦发生争议的解决办法等。

与此同时，5月9日农业部向外国投资管理委员会、国家计委、北京市人民政府打了报告，请求批准“关于洛氏基金会资助中国在北京建设植物遗传资源中心项目建议书的报告”。6月16日，农业部接到了外国投资管理委员会文件，(81) 外资合字第126号，同意接受洛氏基金会资助建设植物遗传资源中心的复函。

关于规划和建设1个全国作物遗传资源中心的谅解备忘录经双方多次修改，终于1981年7月15日在北京签字。中国在谅解备忘录上签字是当时农业部副部长徐元泉，美方是洛氏基金会副主席斯蒂菲尔博士。至此拟议中的作物遗传资源中心建设的前期准备工作宣告结束，项目的具体实施阶段工作已提到议事日程。

（三）建库过程

早在1981年6月，中国农业科学院就报请国家计委请批准接受美国洛氏基金会援建“作物遗传资源中心”建筑面积，并列入国家1982年基本建设计划的报告。1981年6月中国农业科学院还给农业部上报了“关于美国洛氏基金会资助建设植物遗传资源中心项目的可行性报告（代基建计划任务书)”，对拟议中即将建设的遗传资源中心提出了初步设想。

自谅解备忘录签字以来，中国农业科学院于1981年7月30日向农业部上报了“关于农业部和洛氏基金会签署在华建立作物遗传资源中心谅解备忘录”送请备案报告。报告中提到在“备忘录”签字以后，应尽快召开执行委员会会议，以便安排项目执行计划，制订筹建种质库的具体实施方案，10月邀请洛氏基金会来京讨论。

1981年8月5日中国农业科学院致函农业部，望部将作物遗传资源长期贮存库建设报请国家计委、国家建委、北京市建委列为当年规划设计项目的报告。

1981年11月16—21日，中美双方在北京饭店就建筑设计、施工等问题进行了交谈，并商定分2个步骤进行。第一步通过国内外调查访问，完成中心主体工程的总体设计以及作出各部分的费用计划。第二步争取在1982年7月1日前中国农业科学院与洛氏基金会签订工程施工合同。应中国农业科学院的要求，洛氏基金会在美国找了Parters建筑公司为中国国家种质库进行主体工程的总体设计，北京市建筑设计院的工程师们负责结构图纸设计。建筑方案涉及消防、供电、供水、电信、热力、三废治理等方面内容的，北京市建筑设计院积极协助。当初步设计批准后，另行商议施工图纸的绘制。

1982 年 11 月 30 日—12 月 8 日，美国建筑师陈璋源等 3 人与北京建筑设计院六室的工程师马明益等 6 人以及中国农业科学院的有关人员，根据种质库建筑计划和投资经费概算的总目标，对种质库的建筑方案进行了详细的讨论，其主要结果有：（1）双方明确了投资和责任分工，包括初步设计和施工图的绘制。（2）初步商定于 1983 年 4 月下旬或 5 月上旬审批初步设计，并做出初步概算。

1983 年 5 月 2—4 日，格雷博士、张德慈博士和陈璋源设计师与中国农业科学院任志副院长、许运天所长及北京建筑设计院六室工程师们就初步设计图及工程估价问题进行了讨论。1983 年 5 月 5 日双方批准了初步设计和工程预算。

1984 年 6 月经双方同意中国政府派出工程设计人员一行 5 人赴美国和美方设计人员共同校对基因库图纸，至此完成了工程的全部设计。

1984 年 8 月 15 日举行工程奠基典礼。它标志着该工程已进入施工阶段。洛氏基金会阿普博士、格雷博士及来自农业部、北京市各界代表近 70 人参加了奠基典礼。此后，经过 2 年 2 个月的精心施工，全部工程于 1986 年 10 月竣工。其现代化、自动化程度均达到了国际同类设施的先进水平，表现在技术上采用空调、冷冻技术，有现代化的冷冻除湿机械，温湿度自控和故障报警系统；建筑上采用保温、隔湿、施工方便的装配式库板，库房内装有可移动的、密集型活动种子架，总容量大于 40 万份；管理上应用微机处理，实现了种质信息管理的计算机化。1986 年 10 月 15 日举行了中国农业科学院国家作物种质库落成典礼，农业部何康部长和洛氏基金会莱曼主席、国际植物遗传资源委员会（IBPGR）代表分别讲了话，宋健和莱曼主席为种质库落成剪彩。1987 年该库正式投入使用。至今已安全运行 10 年，保存作物种质资源 30 余万份，从而结束了中国长期以来资源分散、落后的保存局面。在资源入库的同时，还加强了作物种质资源保存技术的研究。现在，国家库已成为中国名副其实的作物种质资源保存与研究的中心。

三、复份库的建设

截至 1989 年年底，国家种质库已入库种子 187 327 份。到 1990 年完成国家“七五”攻关任务时，国家种质库贮存的各作物种质资源将达 200 000 份，这是国家的宝贵财富。种质资源大量集中国家库，加之空调技术的应用有利于种质资源的管理，也可防止资源的丢失和种子生活力的急速丧生。但同时也孕育着全军覆没的危险，例如战争或不可抗拒的自然灾害。从“七五”期间种子入库情况来看，部分作物在中国农业科学院有关专业所或省农科院已有复份贮存，但这些单位的贮存条件很差，管理工作跟不上，有的名义上有中期库，实际上库房运行无保障，存在问题很多，保存的种子生活力退化较快。还有一部分资源如食用豆、小宗作物，除国家库外，全国恐无复份贮存。一旦国家库资源丧失，就等于这些资源从地球上永远消失。

从国外的种质资源保存情况看，国际植物遗传资源委员会［国际植物遗传资源研究所（IPGRI）的前身］在促进各国搞好资源收集、保存、评价、鉴定和利用的同时，一直主张要重视资源的复份贮藏，提高资源保存的安全系数，他们曾建议各国把资源送到北欧瑞典的一废弃煤矿坑道去复份保存。美国历来中央保存单位（NSSL）与地方引种站有双重贮藏责任。国际水稻所把全部种质都送一份到美国国家种质库（NSSL）贮藏。可见复份贮藏在许多国家或国际机构均已得到认可并付诸实施。

鉴于以上情况，搞好国家库的管理是十分重要的，因此国家库完全有必要在全国设立第二个保存点，作为国家库的复份贮存。为此在“八五”行将结束的时候，为了保证近20万份种子的安全贮藏，国家种质库于1989年12月底，派出了一个考察小组，由国家库主任亲自带头赴青海省农林科学院考察。

（一）青海考察的提出

在考虑复份库址时，国家库曾考虑过黑龙江、新疆和青海。黑龙江与新疆维吾尔自治区地处中国北部和西部，气候均比较寒冷，从低温、干燥、冷凉角度考虑，他们均适宜种子复份贮藏。但有一点不利因素，此两地均处中国边陲，从种子贮藏的安全角度考虑，又有不妥之处，而青海省地处中国腹地，位于青藏高原，西宁市平均海拔1 900米，年均温度仅8.8℃，雨量稀少，属于高海拔、低温、干燥、冷凉地带。无论从温度因素、雨量因素还是从安全因素来考虑青海省均占有一定优势。还有一点优势也是黑龙江和新疆两地均无法比拟的，这就是农业部早在1978年已在青海省农林科学院投资兴建了1 200余平方米的自然库，有库房6间（使用面积约700平方米），设想复份库可以在原有库房基础上加以改造，这样既可节约经费，又可顺利完成复份库的建设。经过上述考虑后，最后终于选定了青海省农林科学院。

（二）青海考察的结果

1989年12月底，考察组到了青海省农林科学院。青海省农林科学院作物所现在1 200平方米6间房的自然库，自1982年正式启用以来，一直挂着中国农业科学院作物品种资源所青海分库的牌子，品资所每年拨5 000元维持费。该库多年来热心为全国品种资源保存事业服务，保存效果较好。共保存中国农业科学院作物品种资源所、作物所、植保所以及辽宁、吉林、山东、河南、云南、湖南、湖北、江西、四川、陕西、山西、上海、江苏等16个省、市、72个单位，847箱次，17种作物种子的保存。据青海库初步调查，各作物种在青海库目前的条件下（自然库、年均温8.8℃）生活力可保存10～20年。该库库房，大者100余平方米，仅此一间库房就够国家库复份贮存，且放种子的架子齐备，只要作部分修理，可容纳约400 000份种子。唯一需要改造的是目前的自然库，无降温设施，库房温度随外界气温的变化而变化，库房内部年平均温度为8.8℃，相对湿度约68.55%，除库房之间隔墙无保温层外，其余有保温层，但无隔湿条件。这种状况，总的说来只适宜于种子短期贮藏。而要成为国家库的复份库，要求保存年限50年乃至百年以上。基于这一点，考察组认为：比较实际的办法是完善一间库房，对隔墙作保温处理，把开放式库房改为全封闭式库房，增添两台压缩机，控制库房温度在0℃。再加上种子密封包装（用半真空铝盒），种子含水量除大豆8%外，其他作物种子5%～6%，最高不超过7%，估计种子生活力可保存30年，甚至更长。考察组还认为：严格地说，零度库作国家库复份贮存并不太理想，但这是不得已的。因为如果库房温度低于零度，青海库原建筑设计上无隔湿措施，整个库体结构均不适应，那就必须动大手术，国家投资就要增大，考虑到目前国家财政困难，青海复份贮存库的条件可稍低一些。如果国家条件允许，能建－10℃库则比较理想。考察组自青海回来后，向本所领导作了汇报，所领导对青海复份库的建设表示积极支持，在争得所同意后，国家库于1990年1月8日代所起草了报农业部的“关于建立国家种质库复份贮存的报告”。正是在国家库同志的努力和各级领导的重视之下，复份库的建设终于列入了“八五”国家攻关重点课题。

（三）复份库的建设

进入1991年后，开始了“八五”国家科技攻关计划专题可行性论证报告。青海复份库的完善已正式列入“八五”国家科技攻关项目。自1991年初起，就开始了起草青海国家复份库的完善及30万份种质转移及其研究的专题可行性论证报告，经过4次修改，于1991年12月与国家科委、农业部正式签订合同。合同规定：完善30万份复份库的建设，要求库温达到－10℃±2℃的技术指标。为了完成上述任务，国家库专门抽调了建设国家长期库的人员来承担复份库的建设任务。该课题组的同志们，在调查研究的基础上，1991年完成了保温库体、冷冻机械的选型、设计和设备订货。并于同年7月由生产厂家将保温库体和冷冻机组运抵青海省西宁市省农林科学院国家复份库库址。原计划保温库体在原自然贮存库内改装，在实际执行过程中发现，其一，旧库库容不够（指改造任何1间房），再在自然库内加盖低温冷库就显得更小，难以容纳30万份种子。其二，自然库内地方小，施工以后，保温库体无法维修，给今后工作会造成困难。其三，原自然库盖得不错，改造了它有些可惜，而且也不少花钱，有些不合算。经反复研究：决定改变原先的改造计划，另建一新库，费用仅增加几万元，但保留了原自然库的整体结构和布局。新建库与自然库邻近相连，形成中期、长期贮存的配套体系，这对种质资源保存更为理想。新库土建工程开始于1991年8月，至12月竣工，土建面积190.1平方米。1992年6月，保温库体和冷冻机组安装完毕。开机3小时，库温达到－20℃。在4台制冷机全部关闭的状态下，每小时库体内温度平均回升仅0.15℃，且库内任意位置的温度场比较一致。上述2项检查结果表明：库体的保温隔热性能优良，制冷机组制冷效益高，已完全达到库温≤－10℃，温度场均匀等合同要求。密集型活动种子架1992年11月运抵库址，11月中旬安装完毕。库内电源及照明均已安装就绪。青海复份库的建设任务，实际上是5年任务2年基本完成。它的建成使用使得中国种质资源保存的安全性大大地提高了，也是目前世界上唯一一个国家用一个库复份贮藏本国长期库的全套资源。

（作者：中国农业科学院国家种质库主任、研究员）

农民玉米育种家李登海培育紧凑型玉米*

佟屏亚

一、靠拼搏和意志闯进科学殿堂

20世纪70年代初，正当农村四级科技网蓬勃兴起的时候，只有初中文化程度的青年农民李登海担任了后邓村的科技队长。25岁正是朝气蓬勃、干劲十足的年龄，他仅凭从报纸、杂志上得到的片段科技知识，领着9位农民搞起了农业科学实验。当时后邓村的玉米平均亩产仅200多千克，甚至还比小麦的产量低。大粒庄稼为什么打不过小粒的？带着这个问题，李登海进行刻苦学习、钻研，寻求答案。1972年，他们科技队种的玉米高产示范田亩产达到512千克，比村上的普通田高出1倍多。农民夸奖，干部表扬，李登海很受鼓舞。

当时公社领导看他是个科技“苗子”，1974年送他去山东省莱阳农业学校学习。在那里，李登海学习了农作物遗传理论、育种方法和栽培技术。植物世界的千姿百态和遗传理论的奥秘激起了他无比的兴趣和无限的向往。他通宵达旦，废寝忘食，如饥似渴地学习科学技术，写下了40多万字的读书笔记。知识给了他力量，开阔了他的视野，奠定了他从事科学种田的信心。

李登海每每回顾决定他一生重大转折的这一段学习经历时，常常提到被深誉为“慧眼识英才”的刘恩训老师。当时刘恩训在莱阳农校执教作物遗传课程并从事玉米育种工作，他为李登海勤奋好学、刻苦钻研的精神所感动，把自己从美国玉米杂交种分离出的珍贵材料XL80赠送给了李登海，勉励他坚持不懈、孜孜求索。虽然只有20多粒，但却实实在在是“星星之火”！李登海后来培育的优良杂交种掖单2号，其亲本之一107就是从刘教授馈赠的材料中选出的。他深情地说：“技术是老师教的，种子是老师送的，功劳也应该有老师的一份。”李登海从此走上了科学育种和高产栽培之路。

有一次，李登海到烟台地区参加玉米科技攻关会议。玉米育种家于伊（烟单14号单交种的培育人）的讲话深深地嵌进他的心。于伊指出：“玉米高产的出路在于既增加密度，又增加光合效能，要设法培育一种叶片上冲、适于密植的理想型玉米。”当时中国生产上采用的玉米杂交种大多是平展叶型的，单株叶片所占空间比较大，种植密度上不去，过密时植株容易倒伏或果穗秃顶。要想提高玉米产量，就必须从选育自交系入手，培育出一种株型紧凑、适宜密植、有更多绿色叶片进行光合作用的高产玉米良种。

心有灵犀，一点即通。经过几年的努力，李登海从XL80分离出来的2 000多个株系中选出两

---

* 本文收入内部报告《共和国农业史料征集与研究报告》第1集，1999年。

个表现优良性状的自交系，把它们和自交系525、330测交，显示出很高的配合力和杂交优势。功夫不负有心人。1979年，李登海把配制的新组合107×黄早4播种在3.58亩高产田上，获得了亩产776.6千克的高产纪录。这个组合就是后来遍植大半个中国的优良玉米杂交种掖单2号。

玉米科技界的同行都知道，自从20世纪初美国遗传育种学家沙尔和伊斯特（Shull & East）创造了培育自交系间杂交种方法以来，它给全世界玉米产量带来惊人的增长。但是，在过去几十年里，杂交玉米育种仍然沿袭此法。现今全世界所采用的玉米杂交种，有2/3以上其亲本来源于二环系，即从杂交种选出自交系。也就是说，不论是科学院或大学的科学家，或是种子部门的技术员，乃至农业生产第一线的农民，大多是采用此法选系配种，例外者寡。

这样一来，玉米育种的优势就在两个方面显示出来：第一，获得成功的机会是同进行试验的数目成正比的。谁占有的材料多，选系多，组合多，谁获得成功的几率就多。第二，谁亲临田间的机会多，花去的时间多，观察的现象多，谁的经验丰富，谁就会在茫茫的绿色海洋中发现奇迹，获得果实。

20世纪70年代中国科研机构多数处于瘫痪状态，大部分科技人员在农村劳动，玉米育种工作长期“爬坡”。只有极少数科技人员从事育种工作，重视组配、轻于选系。因为选一个系至少要经过3～5年乃至更长时间，有捷径可循的就是把已有的国内外玉米自交系配制杂交种。彼此重复，收效甚微，优良的杂交种极少。李登海虽然涉猎玉米育种工作时间不长，但已经认识到，要改变玉米种子长期的“爬坡”状况，必须从培育新型的、配合力高的自交系做起。

中国地域辽阔，气候悬殊。北方地区1年只能种1季玉米，而南方地区1年可以种2季、3季乃至4季。人的辛勤劳作和植物的生长发育都是和时间呈现正比的。为了获取新型自交系和加速良种繁殖，李登海像候鸟逐春似地跋涉于胶东和海南之间。在海南岛繁种的最初几年里，吃的是家乡带去的干萝卜丝加窝窝头，住的是四周无遮挡的茅草棚子。白天，汗流浃背；夜晚，蚊子叮咬。特别是在那万家欢聚、笑语满堂的春节，李登海还在南国的农田里忙着给玉米杂交授粉呢！在过去的20多年里，李登海的大部分春节是在海南岛酷热的玉米地里度过的。大雁追春是为了温暖和生存，而李登海却是去迎接困难，争取时间，追求成功，赢得胜利。

人贵有志，志在不移。希望，在辛勤的汗水中闪光，在奋进的探索中结果。李登海辞冬度夏，南繁北育。1982年，他培育的掖单2号杂交种创造了亩产824.9千克的高产纪录，他所在的后邓村万亩夏玉米平均亩产536千克，比往年玉米产量高出1倍多。1982年9月在山东省全省玉米高产经验交流会上，农民李登海登台宣读了“掖单2号与夏玉米大面积高产”的论文，受到科学家的好评。他培育的紧凑型玉米掖单2号也被山东省科委授予科技成果二等奖。到了20世纪90年代，掖单2号年最大种植面积达2 000多万亩，荣获国家科委星火科技一等奖。

紧凑型玉米的培育和大面积推广，给中国玉米栽培理论和技术有所突破。第一是种植密度。过去平展叶型玉米每亩一般种2 500～3 000株，紧凑叶型玉米每亩可种4 000～5 000株。第二是叶面积指数。每亩从3.5～4.0增加到5.0～5.5，高的在6.0以上。第三是单株生产力高。经济系数从0.40～0.45提高到0.50～0.55，为玉米大面积高产创造了条件。李登海培育的紧凑型玉米掖单2号等10多个优良组合，1980—1994年累积种植面积2.5亿多亩，增产粮食100多亿千克。

二、创造夏玉米亩产最高纪录

科学发展，种子常新。当掖单 2 号在全国大面积推广方兴未艾、玉米育种家都在探索杂交优势更强的新型玉米的时候，李登海已经开始酝酿攀登玉米育种和高产栽培的新台阶了。

玉米，现今已发展成为全世界重要的粮、经、饲兼用作物，它的多种用途及其在人民生活中的重要地位，被世人誉为“皇冠上的珍珠”。全世界有成千上万的育种家在勤奋努力，培育玉米新品种，获取最高产量，企盼摘取这颗金灿灿的珍珠。

李登海自从接受了科学知识并用于玉米育种实践之后，开创了一条玉米育种与高产栽培结合的科研新路。他每年都坚持用自育的品种设置 10～20 块玉米高产田，通过良种良法配套反馈信息，不断修改育种方案。他种植高产田耕地如织棉、管理如绣花的精湛技艺令人叹服。比如，为使玉米一播全苗，整齐茁壮，他在玉米播种时抓了“四个一致”，即精选种子，均匀一致；带尺点籽，株距一致；开沟整齐，覆土一致；播前灌水，墒情一致。他把夏玉米高产经验概括为两句话：“五分种，五分管”。

李登海用平展叶型玉米创高产田，连续 8 年亩产徘徊在 500～600 千克。他发现，平展型玉米每亩密度超过 3 500 株，就会发生秃尖、小穗和倒伏，继续增加密度，必须从适宜密植和高产抗倒两方面去努力。改用紧凑型玉米掖单 2 号之后，果穗大，抗倒伏，每亩密度超过 4 000 株，仅仅用了 4 年时间，玉米亩产突破了 700 千克，最高达 800～900 千克。

在培创的掖单 2 号实现亩产 800 千克之后，李登海立即制订亩产 1 000 千克的奋斗目标。但是，20 世纪 80 年代中国培育的紧凑型玉米，其亲本之一黄早 4 严重感染斑病，是玉米生产上的一大隐患，要使玉米产量再上新台阶，必须扩大种质资源，从培育抗病高产自交系入手。从 1983 年起，李登海从全国征集优良杂交种和自交系，每年都要套袋自交和杂交几万份材料，测配几千个组合。这是一项十分浩繁而细致的工作。他起早贪黑，辛勤劳作，套袋授粉，观察评比，每年从数万份材料中选出 7～8 个比较好的材料或组合。到 1986 年，李登海已拥有十几个优良自交系和 20 多个杂交新组合，亩产分别达到 953 千克和 962 千克。

从数字显示虽未实现夏玉米亩产吨粮，却闪现出希望之光，但又说明要跨上这个台阶，仍需继续改进品种以及栽培技术。李登海抓着玉米亩产吨粮的育种目标，锲而不舍。他从全国征集的高产玉米品种产量比较中得到启示：平展叶型果穗大，但增加密度容易倒伏；紧凑叶型适宜密植，但果穗偏小。要实现玉米亩产吨粮，必须发挥个体生产力和群体生产力两个优势，培育出既要果穗大、又要耐密植的玉米杂交种。李登海立即从自己丰富的“种质库”中寻找，并培育出具有这种特征特性的杂交组合，经过南繁北育和温室加代，1988 年新组合 340×478（掖单 13）亩产达到 1 008.9 千克，首次创造了中国夏玉米亩产超过吨粮的最高纪录。李登海成功地摘取了这枚“皇冠上的珍珠”。

高产纪录从 500 千克到 700 千克，李登海花去了 8 年的时间；从 700 千克提高到 800 千克，李登海又用了 4 年的时间；而从 800 千克跨上了亩产 1 000 千克的台阶，李登海差不多又用了 8 年的时间。日月如梭，天道酬勤。从 1988 年至 1994 年，李登海的夏玉米高产田已连续 6 年（1992 年风灾除外）亩产超过或接近吨粮。

回顾过去20多年李登海培创玉米高产田的历史就会发现：20世纪70年代初期李登海初获亩产512千克的时候，中国的玉米平均亩产仅128千克，人们对这个农民的高产田一笑置之，但仅在几年之后，很多地区夏玉米大面积亩产500千克已经比比皆是了。80年代初李登海的高产田以紧凑型玉米掖单2号亩产超过800千克，它比全国玉米平均亩产200多千克高出两倍多，仅仅在几年之后，这个产量指标又在很多地区实现了。随着岁月流逝和高产纪录的逐年刷新，特别是李登海又以紧凑大果穗型玉米亩产超过1 000千克的时候，愈来愈多的人心悦诚服地承认，李登海的育种和高产之路事实上代表着当今中国玉米生产发展的方向。

三、紧凑型玉米良种撒布辽阔大地

农民李登海的名字随着他培育的紧凑型玉米杂交种和高产纪录传遍祖国各地。慕名而至川流不息的人们都要看一看李登海培育的紧凑型玉米和他的高产田。美国肯塔基农学院院长罗伯逊仔细参观李登海的玉米高产田，详细询问了育种方法和高产栽培技术。罗伯逊认为，李登海的工作含义深远，它指导人类战胜饥饿走向一个营养充足的世界；它还给极少数一些人上了难能可贵的一课——东方的农业科学成就已经超越了西方世界。罗伯逊院长高兴地向他发出到美国讲学和示范的邀请。美国先锋种子公司东亚地区负责人参观玉米高产田之后惊叹：李登海培育的玉米，耐密性超过了美国，他看到了“中国的真正的玉米生产水平”。李登海应邀多次去美国先锋种子公司作客。

面对着滚滚的参观人流和传播的信息，一下子把李登海的视野拓宽到全省以至全国玉米上去。他脑海里闪现一个念头：把全国的玉米高产经验凝聚起来，应用到自己的高产田中；把培育的紧凑型玉米良种传播出去，在中国大地掀起一场新的“绿色革命”。

1986年，李登海发起成立“紧凑型玉米研究会”，在每年玉米生产季节进行现场参观、学术讨论、经验交流，旨在推动紧凑型玉米育种和示范高产栽培技术。李登海的倡议一下子把自发而来的参观者变成了有计划、有组织的科学讨论会，经验交流会，也是良种交易会。

从1987年至1994年，李登海共召开了5届“紧凑型玉米学术研讨会”，全国有10多个省市的100多个单位的代表参加。他们之中有农业科研、高等院校以及种子、推广部门的代表，也有慕名而至的农民。李登海总是虚怀若谷，征询意见，学习外地经验；同时，也发挥科研成果共享的高尚品德，毫无保留地把自己的高产经验、育种材料和优良自交系奉献给全国的同行。李登海认为，要发展玉米育种事业和提高玉米产量，必须依靠成千上万科技工作者的共同努力。

紧凑型玉米像一颗瑰丽的宝石，在绿色王国中闪烁着灿烂的光辉。它为20世纪80年代乃至90年代玉米增产发挥了重要作用。紧凑型玉米研讨会则把全国玉米育种和推广部门的注意力吸引到了胶东半岛。有些玉米育种工作者在长期困惑迷惘中逐渐从李登海的育种工作实践中悟出了真谛，迅速改弦更张，开始把培育叶片直立、抗病、抗倒、配合力高的高产杂交种作为育种方向。科学研究是一个永无止境的前沿，谁看得准，谁转得快，谁早受益。据1997年初步统计，全国至少有30多家省、地、县科研单位在从事紧凑型玉米的选育，育成品种都先后在生产上发挥了作用。

南繁北育，精心选择，李登海的玉米种质库中储存下许多宝贵的自交系，例如478、107、

515、8001等，都为配制杂交种起了重要作用。特别是多基因优良自交系478，性状优良，配合力高，用它配制出来的杂交种，株型紧凑，植株矮健，茎秆坚韧，根系强大，耐密抗倒，果穗大，库容高，选育亩产800～1 000千克的杂交种都离不了这个系，例如掖单12号、掖单13号，都连续多年亩产超过吨粮。全国许多育种单位用它配制许多优良杂交种，如西玉3号、中单8号、连玉17等，都在生产上崭露头角。

1990年9月，农业部在山东省莱州市召开全国玉米生产会议，来自全国30多个省（市、区）的农业行政领导和科技工作者共商发展玉米生产大计，经过充分酝酿，决定“八五”期间在全国推广紧凑型玉米1亿亩；1996年，国家科委和农业部两次在莱州市开会，继续扩大紧凑型玉米，把莱州市建成为全国紧凑型玉米良种的生产基地，并把全国玉米研究工程中心挂靠在莱州市农业科学院。

李登海经过20多年的攻关探索，先后5次开创和刷新了中国夏玉米的高产纪录，同时开创了冬小麦、夏玉米一年两作亩产1 576千克高产纪录，展示了中国农业由当前1亩地养活2个人到养活4个人的光辉前景，为在21世纪养活16亿人进行了成功的试验探索，开辟了中国亩产吨半粮的成功路子。

李登海率先确立紧凑型玉米育种的方向，确立了应用紧凑型玉米杂交种提高中国玉米产量的有效途径。紧凑型玉米的高产模式化栽培技术已通过电视、广播、报纸、杂志等渠道在全国各地推广应用。他先后选育出16个具有株型紧凑、抗病、抗倒、高配合力等突出优点的骨干自交系，特别是478自交系，先后育成了22个掖单系列玉米杂交及一大批紧凑型玉米新组合，占全国玉米种植面积的35%，占山东省玉米种植面积的70%，每年为国家增产粮食100亿千克以上，社会效益达100亿元以上。新近推出的中早熟、抗病、高产夏玉米新品种登海1号在日本雄本的品比试验中，超过美国先锋公司的品种，表明“登海1号”的选育居世界先进水平；中晚熟、紧凑、大穗型玉米杂交种掖单22号是目前中国春、夏玉米区的高产型玉米新品种，1997年在全国示范面积达250万亩。

四、在改革开放大潮中再谱新篇

在李登海培育紧凑型玉米初见成效的时候，农村改革的大潮又把他推向另一个社会实验的浪头。改革给人以实现理想的天地，给人以发挥才能的机遇。他果断地、不失时机地抓住了这个机遇。

1988年1月，李登海率先主持成立了中国第一家民营莱州市玉米研究所。1993年5月，他又在研究所的基础上组建了民营莱州市农业科学院。

民营农业科学研究机构有以下几个特点：第一，意味着以科技人员组成的群体成了企业的真正主人。群众的创造热情得到了充分发挥和充分尊重。在用人上实行聘任制，竞争上岗，优胜劣汰；在分配上重效果、重贡献，拉开档次，多劳多得。既有在竞争中求生存的压力，又有自我壮大的动力和能力，永远具有灵活的机制和生命力。第二，科学研究实行自由组合、自筹资金、自主经营、自负盈亏的运行机制。他们不拿国家俸禄，不占国家编制，不用国家拨款。彻底摆脱了某些制度的管束和限制。第三，走科研、生产、推广、经营一体化的路子。在科研上，坚持围绕市场和生产搞科研，把重点放在研究开发贴近生产实际的实用技术上。既搞育种，又搞栽培，实行育种与良法配套。在生产方面，在全国10多个省区建立了制种繁种基地。在推广方面，实行高产田带路，在全国设置了100多个高产示范点，及时反馈信息。在经营方面，莱州市农业科学院成立了种子公司，每年经营推销良种1 000万千克以上，为进一步搞好科学研究奠定了雄厚的物质基础。

作为莱州市农业科学院的后盾，李登海从全国聘请了著名玉米育种专家和栽培专家任科技顾问。

一个既无固定模式，又无章法可循，而是在实践中不断改革完善的新型科研机构，为全国农业科技体制改革树立了榜样。

现今，李登海主持的莱州市农业科学院已经是一个拥有100多人的科研实体，其中各类专业技术人员60余人。拥有固定资产近7 000多万元，建筑面积1.2万平方米，良种温室和大棚3 600平方米，供试验场地300多亩；分设了10个试验分场，还建立了海南育种基地以及初步的科研设备和基础设施。成为全国最大的集科研、生产、推广、经营一体化民营农业科技企业。

1997年，农业部公布的中国农业科研单位成果排名榜和育种单位新品种推广面积排名榜中，莱州市农业科学院均名列第一。为加强农业科学院在国内外市场上的竞争能力，李登海于1998年4月正式组建“山东省登海种业集团”，买断莱州市其他两家种子公司，进行股份制改造，形成一个跨所有制的、具有强大竞争力的种子股份制合作企业。

对社会对人民作出贡献的人，人民会给予他应得到的荣誉和地位。李登海可贵的献身精神和科研成果得到社会的承认。他兼任国家玉米工程技术研究中心山东分部主任，农业部种植业专家顾问组成员，中国农业及农村科学技术专家咨询委员会委员，全国农作物品种审定委员会玉米专业委员会委员，中国种业集团常务董事，中国发明协会全国委员会委员，中国民营科技企业家协会理事，中国青少年发展基金会理事，山东省种子协会副理事长，山东省杂交玉米专家顾问团副团长，山东省省委、省府“九五”期间农业发展“三零”工程玉米育种执行专家，山东省莱阳农学院、山东省农业大学和河南农业大学兼职教授。

李登海为国家作出了重大贡献，先后被评为全国新长征突击手、全国先进工作者、全国十大杰出青年、全国青年科技先锋、中国优秀民办科技实业家以及山东最佳中青年科技工作者、山东专业技术拔尖人才等20多项国家及山东省先进称号，并先后获国家级科技奖6项，山东省科技进步奖6项、省星火奖3项、地市级科技奖10多项。1995年8月，亚洲农业研究发展基金会为表彰李登海在农业方面为人类作出的重大贡献，给予重大奖励。

（作者：中国农业科学院作物所研究员）

“中棉所 12”的选育与推广*

谭联望

中棉所 12 是中国农业科学院棉花研究所于 1983 年育成的抗病高产优质棉花品种。该品种 1984—1985 年参加河南省抗病品种区域试验，1985—1986 年参加黄河、长江流域抗病品种区域试验，先后被豫、鲁、陕、晋、冀、浙、鄂、新等 8 省区审（认）定，1989 年通过国家审定。1986 年开始大面积示范推广，1991 年全国种植面积 170.13 万公顷，占当年全国棉田面积的 26.1%，占全国病田面积 70%以上。据农业部种子总站年度统计，1986—1997 年中棉所 12 累计推广面积1 066.67万公顷，增产皮棉 96 万吨，纯增经济效益 71 亿元，是中国自育品种中累计推广面积最大的品种。

一、中棉所 12 的选育背景

作物优良品种是农业技术进步的主要载体，是农业高产优质高效的基础。中国已有 2 000 多年植棉史，种植历史最早的棉种是亚洲棉（中棉)。1865 年、1882 年、1892 年陆地棉开始引入中国，20 世纪的 20～50 年代，中国种植的棉花品种主要是从美国引进的脱字棉、斯字棉、德字棉、岱字棉等陆地棉品种，它们对提高中国棉花的产量和品质发挥了重要作用。但在美国品种引入的同时，也将枯萎病和黄萎病两大病害传入中国。20 世纪的 20～30 年代中国开始了棉花育种工作，50～60 年代育种目标着重于丰产性和纤维长度，育种方法着重于系统选择，先后选出一批丰产品种，如徐州 209、徐州 1818、洞庭 1 号、鄂棉 6 号、中棉所 3 号等，这些品种的产量超过了国外引进品种，从 60 年代起结束了大量引进国外棉花品种的局面。但当时却忽视了品种的抗病性选择，仅陕西、四川等省开展了抗病育种研究。而枯、黄萎是世界性的两大病害，32 个生产棉国家均有枯、黄萎发生，前苏联因枯、黄萎病每年损失皮棉 16 万吨，美国损失 10 万多吨。60 年代中国产棉区枯、黄萎病已广泛蔓延危害，据 1972—1976 年全国普查结果，曾有 21 个省不同程度发生枯、黄萎病，发病面积达 52.8 万公顷，每年损失皮棉约 10 万吨。国内外的实践表明，选育和推广抗病品种，是控制枯、黄萎病的最经济有效措施。

1972 年，中国成立了枯、黄萎病综合防治研究协作组，推动了各省抗病育种的开展，继陕棉 4 号后又选出川 73－27、中植 86－1、鲁抗 1 号等一大批抗病品种，对迅速控制枯、黄萎病起到决定性作用。但这些抗病品种多数仅抗枯萎病，而不抗黄萎病，且产量品质不及常规丰产品种。当时全

---

* 本文承蒙蒋国柱研究员大力支持和提出修改意见，杨付新副研究员、杨庆年、典辉英、李国海、俞鑫富等高级农艺师提供部分资料，谨此致谢。

本文收入内部报告《共和国农业史料征集与研究报告》第 1 集，1999 年。

国主要育种力量仍放在常规育种，先后育出了高产品种鲁棉1号、冀棉8号、泗棉2号等，但都不抗枯、黄萎病，生产上迫切需要兼抗两病而又丰产优质的品种。在这种形势下，中国农业科学院棉花研究所在1963年建立黄萎病圃的基础上，1972年又建立枯、黄萎混生病圃，成立了抗病育种课题组，经过10多年的努力，1983年由谭联望研究员主持工作的抗病育种课题组终于培育出抗枯、黄萎两种病害而又高产优质的棉花新品种中棉所12，首次使抗病品种的产量品质赶上和超过常规丰产品种，是中国棉花育种史上的重大突破。

二、中棉所12选育历程与经验

（一）选育历程

中棉所12（原名381），是1975年以优质丰产的乌干达4号为母本，高衣分丰产性好的邢台6871为父本杂交，1978年选出优系776429（F4），种于枯、黄萎混生病圃鉴定，因亲本都不抗病，该系严重感枯萎病，死苗率达56.1%，稍耐黄萎病，但存活株的丰产性好，于是采取两年的集团选择法，选抗耐株混收继续种于病圃。1980年从F6继续选择单株，种于高菌量的枯萎病钵，抗耐株移栽到枯、黄萎混生重病圃，这样反复筛选3年，选出抗耐枯、黄萎病、丰产性和品质较好、农艺性状类同的8个优系混合总称381品系，经区域试验通过审定后定名为中棉所12。1984年参加河南省抗病品种区域试验，霜前皮棉量较陕5245对照增产38.8%，各试点全部居第一位。1985年除继续参加河南省区试外，破例参加黄河、长江流域国家抗病品种区域试验，两年霜前皮棉平均分别较晋棉7号和86-1对照增产17.5%和11.5%。两年均居首位，以后被用作区试对照，霜前皮棉产量先后在黄河区试中连续3年居第一位，在长江流域区试中连续6年居第一位。据北方5省69个县206份棉样测试结果，纤维品质全赶上各省推广的丰产优质品种，抗枯、黄萎病指数优于国家标准。

（二）主要经验

1. 选择最佳组合和优系，种于枯萎病钵，枯、黄萎混生病圃连续定向筛选，逐步提高抗病性

先后组配丰产优质组合120多个，从中选出最佳组合为乌干达4号×邢台6871及优系776429等材料，种于枯、黄萎混生病圃进行两轮集团选择，提高了群体抗病性，再进行单株选择，单株种于人工接种的高菌量（1%枯萎培养物）的枯萎病钵中，进行苗期抗枯萎性筛选，感病死苗率达90%以上。将抗耐病株移入枯、黄萎混生重病圃，栽时每穴再接入枯萎病菌培养物5克，蕾期再进行抗枯萎筛选，花期进行抗黄萎病筛选，絮期进行结铃性、吐絮性及抗烂铃选择，如此反复筛选3轮，最后选出抗性不同的16个优系，其中以381混系综合性最好，枯萎病指从74.0下降到3.2，死苗率从56.1%下降到0，黄萎病指从31.7下降到7.2，皮棉产量提高12.5%，纤维比强度达20.8克/特克斯，提高1.3克，衣分和绒长保持原系水平。经过病钵、病圃结合筛选，相当于一年进行两次筛选，提高了选择准确率和缩短育种周期。

2. 为提高适应性，在不同生态条件下进行病地与非病地交替选择鉴定

借鉴墨西哥小麦生态育种的经验，将选出的16个优系分别在长江、黄河流域两大不同生态棉区病地与无病地进行多点鉴定，评选出适应性较强、综合性较好的4个主系及兼抗性和品质有差异的4个辅系。

3. 突破传统育种框架，采取多系混合互补法，育成中棉所12品种

过去育种最后决选一个最优单系而定名品种。但要使单系全面具备高产优质而又高抗枯、黄萎病难度较大，且耗费时间较长。该课题组借鉴MacKenzie D. R.（1979）提出的用多系品种来控制某些病害流行的理论及中国医学中药配伍和茅台酒勾兑的原理。决定在棉花抗病育种上采用多系混合互补的方法。1982年从8个优系中决选出381、381-2、383-1等4个综合性好的主系，按1∶1的比例混合为381混系与4个对照品种在轻病大田进行预备试验，结果皮棉产量分别超抗枯萎对照品种86-1和晋棉7号28.3%和38.2%，超过兼抗两病对照陕1155达31.7%，超过丰产对照鲁棉1号37.7%，从而肯定了走多系混合道路的正确性。为强化主系，选出高产兼抗性和品质有差异的4个辅系，最后将主辅系按3∶1的比例混合育成381系，参加多域试验，经审定后定名为中棉所12。为检验多系混合的效果，1984年又与原8个单系进行比较试验。结果表明，由8个系混合的中棉所12多系实际值，各性状均优于其组成系加权值，皮棉产量较加权值增加4.2%，枯萎病指降低6.3%，纤维断裂长度增加2.6%，证明多系品种性能不是其组成系的机械相加，而是各系间各性状的互补，能产生超补偿效应。

三、中棉所12主要优势及技术水平

（一）将产量、品质、抗性3个遗传负相关性状结合一体，得到同步提高

棉花各性状间都存在着错综复杂的相关，特别是产量品质和抗性间的负相关，是育种上的重大难题，中外学者多采用品种间或种间杂交、修饰回交等方法来打破产量、品质、抗性三者间的遗传负相关，虽取得显著成效，但花费时间较长。中国农科院棉花所突破常规育种方法，采取品种间杂交，优系种于枯、黄萎病钵、病圃筛选，选出的农艺性状基本相同、综合性好、抗病和品质略有差异的8个优系混合育成的中棉所12，初步实现了高产、优质、抗病三者的协调统一，是中国棉花育种上的重大突破。1985—1986年参加黄河、长江流域国家抗病品种区域试验，各性状明显超过16年来区试推荐的品种（见表1）。

表1　全国棉花抗病区试16年推荐代表品种主要性状

棉区	年份	推荐批数	品种	皮棉产量				早熟性	纤维品质					抗病性		对照品种
				产量（千克/亩）	比对照增产（%）	铃重（克）	衣分（%）	霜前花（%）	强力（克）	细度（米/克）	断裂长度（千米）	主体长度（毫米）	品质指标	枯萎病病情指数	黄萎病病情指数	
黄河流域	1974	1	陕401	57.94	3.51	5.3	36.60	75.70	3.84	5 700	21.9	27.8	2 466	3.90	11.5	陕棉4号
	1977	2	陕5245	58.98	16.90	5.2	36.70	82.00	3.45	6 210	21.3	27.3	2 231	2.70	9.4	陕401
	1980	3	陕1155	72.50	5.35	5.6	37.15	71.80	3.54	6 178	21.7	28.5	2 192	4.50	6.5	陕5245
	1983	4	晋棉7号	76.04	14.90	5.4	38.60	87.10	3.60	6 335	22.1	27.6	2 406	5.10	21.0	陕5245
	1986	5	中棉所12	91.94	17.60	5.6	42.78	91.08	3.70	6 161	22.8	30.2	2 428	6.67	14.1	晋棉7号

（续）

棉区	年份	推荐批数	品种	皮棉产量				早熟性	纤维品质					抗病性		对照品种
				产量（千克/亩）	比对照增产（%）	铃重（克）	衣分（%）	霜前花（%）	强力（克）	细度（米/克）	断裂长度（千米）	主体长度（毫米）	品质指标	枯萎病病情指数	黄萎病病情指数	
长江流域	1974	1	陕 401	60.49	16.04	5.3	38.66	58.58	3.84	5 700	21.9	27.8	2 466	3.90		陕棉 4 号
	1977	2	86-1	72.20	25.70	4.3	40.20	68.96	3.44	5 768	19.8	27.9	2 179	0.75		陕 401
	1984	3	湘棉 10 号	69.00	5.24	5.0	42.60	81.53	3.51	5 773	20.2	27.0	1 964	1.62		86-1
	1986	4	中棉所 12	84.65	8.14	5.3	40.92	89.50	4.13	5 549	22.8	29.6	2 349	2.01		86-1

资料引自：李广娴、杨付新，全国棉花抗枯萎病品种区试 16 年，中国棉花，1989 年。

两流域皮棉产量分别达 92 千克和 85 千克，分别较晋棉 7 号和 86-1 对照增产 17.6%和 8.1%，均居首位。在无病地生产试验中，两年平均皮棉超过丰产对照冀棉 8 号 11.2%，在河南省生产试验中，超过主栽高产品种豫棉 1 号 12.9%，超过美国珂字棉 304 号 22.8%。80 年代美国高产优质耐病品种岱字棉 90 和前苏联高产优质抗黄萎品种塔什干 1 号，在河南安阳亩产皮棉为 70～80 千克，低于中棉所 12.15%～20%；中棉所 12 的纤维断裂长度为 22.8 千米，除超过历次抗病品种外，与国内优质品种鲁棉 6 号和鄂荆 92（22.8 千米和 22.0 千米）相当，略低于国外岱字棉 90 和塔什干 1 号（23.8 千米和 23.1 千米）；中棉所 12 的突出表现是兼抗两病协调较好，枯、黄萎病指分别为 4.1 和 14.3，比国内抗病对照晋棉 7 号分别减轻 78.0%；兼抗性均高于国外品种，如美国岱字棉 90 和珂字棉 304 枯萎病指为 41～57，黄萎病指为 37；前苏联塔什干 1 号分别为 47 和 38。综上所述，中棉所 12 的丰产性、兼抗性与适应性均超过国内外品种，居国际领先水平。经中国科技情报所查新证明，能使产量、品质、兼抗性三者结合一体，尚属首例，1990 年获国家发明一等奖。

（二）高产、稳产、适应性广是该品种的独特优势

中棉所 12 的产量水平，在黄河流域亩产皮棉一般可达 80～100 千克，最高达 172 千克；在长江流域一般亩产皮棉 70～80 千克；在新疆棉区一般可达 110～150 千克，最高达 214 千克。如陕西大荔县晁邑坊村王长琐在 5 亩地上，6 年平均亩产皮棉 166.9 千克。位于新疆麦盖提县的农三师 45 团在 12.5 亩棉田上创亩产皮棉 214.3 千克的纪录，说明该品种具有很大的高产潜力。稳产性反映品种的适应性，既高产又稳产的品种才具有生命力，中棉所 12 正是一个具有稳产、性强、适应性广的品种，这可由已通过黄河、长江、新疆三大棉区 8 个省区的区域试验和生产试验结果并审定推广所证实（见表 2）。

表 2　中棉所 12 在各省区试验的产量结果

试验省区及名称	年份	试验点次	皮棉产量（千克/亩）	霜前皮棉产量			照品种
				产量（千克/亩）	为对照（%）	位次	
黄河流域抗病区试	1985—1986	20	92.0	84.1	117.5	1	晋棉 7 号
黄河流域生产试验	1986	5	96.8	87.1	118.6	1	晋棉 7 号
长江流域抗病区试	1985—1986	21	84.5	77.0	111.5	1	86-1
长江流域生产试验	1986	3	71.7	62.4	113.7	1	86-1

（续）

试验省区及名称	年份	试验点次	皮棉产量（千克/亩）	霜前皮棉产量			照品种
				产量（千克/亩）	为对照（%）	位次	
黄河流域无病地生产试验	1987	3	103.6	98.8	106.3	1	冀棉8号
河南省无病地生产试验	1986	7	72.6	62.9	112.9	1	豫棉1号
河南省抗病区域试验	1984—1985	17	87.1	79.0	127.3	1	晋棉7号
山东省抗病生产试验	1986	4	76.9	65.3	118.5	1	鲁抗1号
山西省区域试验	1986	8	91.9	85.7	119.1	1	晋棉7号
山西省生产试验	1986	3	100.3		113.6	1	晋棉7号
陕西省区试与生产试验	1986—1987	19	98.1		116.7	1	陕1155
河北省生产试验	1986	3	93.5		120.6	1	冀棉7号
浙江省生产试验	1986—1987	20	74.8		112.4	1	86-1
湖北省江陵试验	1984—1986	1	93.8		126.6	1	鄂荆92
新疆区域试验	1995—1996	6		106.1	106.4	4	新陆中3号

由表2可见，中棉所12在河南、山东、山西、陕西、河北、浙江、湖北、新疆等8省区试验中，皮棉产量较当地对照品种分别增产27.3%、18.5%、19.1%、16.7%、20.6%、12.4%、26.6%、6.4%，居首位的点次占93.3%。据各省试验的98个点次统计，霜前皮棉亩产居一、二位的有88个占89.8%。又据黄河、长江流域区试稳产性分析，皮棉产量与环境回归系数（b）接近1，属于稳产性品种。1985—1986年黄河、长江流域区试产量与环境回归系数分别1.09和1.03，10年后1995—1996年两流域回归系数仍分别在1.01和1.00，证明稳产性可靠。从两流域12年来历年平均产量、品质的变异系数看，皮棉产量为17.6%，衣分为2.45%，绒长为1.32%，纤维比强度为5.61%，以上资料证明中棉所12是一个难得的稳产品种，这也是其在已推广的品种中使用时间最长的原因所在。

四、中棉所12推广应用效益与贡献

农业部十分重视科技成果的推广应用，1989年10月召开了全国棉花新品种扩繁会议，中棉所12被列为扩繁的重点品种，并拨款30万元资助。中国农科院棉花所于11月12日随即在安阳召开了河南、山东等6省40多个重点县农业局和棉花办公室负责同志会议，落实了扩繁原种的任务，研讨了高产配套栽培技术及技术培训等工作。1990年河南新乡、山东平原、安丘等县及中棉所农场共种株行圃750亩，原种圃3万亩，原种一代35万亩，生产种子2 100万千克，可繁种700万亩，加上各省自繁的原种，1991年和1992年全国种植面积分别达2 552万亩和2 510万亩，占全国棉田面积的26.1%和26.0%，占病田70%，其中河南、山东、河北3省占省棉田40%～50%，陕西、浙江占省棉田70%～80%。1986—1997年据农业部种子总站年度统计，已在黄河、长江流域及新疆三大棉区的10个省区300多个县累计推广1 066.67万公顷，增产皮棉96万吨，增加经济效益71亿元。累计面积已超过中国曾推广面积最大的鲁棉1号660万公顷的61.6%。是中国累计推广面积最大、适应性最广、使用时间最长、效益最高的自育品种。中棉所 12 对中国棉花生产科研的贡献表现在以下几个方面：

（一）使枯、黄萎病得到控制，病区产量迅速回升，对稳定面积和产量发挥了重要作用

据 1982 年全国普查结果，枯、黄萎发病面积达 2 223 万亩，占调查面积的 31%，占全国棉田的 25.4%，每年损失皮棉 10 万吨以上。1991 年中棉所 12 推广 2 552 万亩，占病田面积 70%，每年可挽回约 10 万吨皮棉的损失，使老病区恢复生机，产量由 20～30 千克恢复到 50～70 千克。

黄河流域棉区，棉花枯、黄萎病发生面积最大，也是中棉所 12 推广面积最大、效益最高的区域。如河南省 1988 年全省发病面积 620 万亩，减产皮棉 6 万多吨，经济损失 2 亿多元。1990 年中棉所 12 推广到 600 万亩，占全省棉田 48.6%，占病田面积 95.7%，全省亩产皮棉由 46 千克上升到 55 千克。其中扶沟县 1987 年种植中棉所 12 达 32 万亩，平均亩产皮棉 78.7 千克，最高达 121.2 千克，比全县平均亩产皮棉 68.5 千克增加 10.2 千克，比其他抗病品种增产 20%～30%，全县人均增收 33 元。1986—1997 年全省累计推广 5 949 万亩，增产皮棉 37 万吨，增值 27 亿元。山东省 1987 年枯、黄萎病发生面积高达 845 万亩，占全省棉田面积 46%，减产皮棉 5 万多吨，1991 年和 1992 年种植中棉所 12 分别达 938 万亩和 902 万亩，病田面积全部普及，1986—1996 年全省累计推广中棉所 12 达 5 101 万亩，增产皮棉 32.8 万吨，纯增值 23.9 亿元。青岛国棉二厂曾调进中棉所 12 原棉 5 批 3 100 件，试配生产 27 号大、小胎帘子布，帘线强力指标仍达 9.7 千克和 8.7 千克，完全取代进口配棉，节省了外汇。仅 1988 年山东安丘、阳谷等县就向瑞士、日本等国出口中棉所 12 原棉 2 万吨，创汇 2 700 万美元。

长江流域棉区的浙江、湖北两省也审定推广中棉所 12，浙江省种子公司等单位于 1985—1987 年在慈溪、余姚等 6 个点试验，普遍表现增产，亩产皮棉达 75.4～113.6 千克，比抗病品种 86－1 增产 15.1%～21.7%，比当地丰产品种肖棉 1 号增产 29.6%。1988 年开始全省推广，8 年来均为主栽品种，直到 1997 年棉田面积下降后还占 50%。如余姚市 11.55 万亩棉田，1988 年发病面积 8.63 万亩，占 74.7%，亩产皮棉仅 32 千克，1990 年普及后，亩产皮棉上升到 62.5 千克，1991 年全市平均亩产高达 73 千克，较 1988 年全市棉田大部分成为病田时增产 1.3 倍。1988—1997 年全省累计推广 613 万亩，增产皮棉 3.9 万吨，增值 2.9 亿元。

新疆棉区枯、黄萎病到 80 年代已在喀什、阿克苏等地区成片发生，原丰产品种军棉 1 号等不抗枯、黄萎病，1989 年阿克苏地区农一师三团由杨庆年总农艺师主持引进中棉所 12 试种，摸索了一套“矮、密、早、匀、膜”的栽培模式，并开始生产原种，到 1992 年全团扩大到 2.5 万亩，平均亩产皮棉 130 千克。在病区比军棉 1 号增产 40%，在无病区增产 15%～20%。1994 年麦盖提县农三师 43 团，在 12.5 亩地上创亩产皮棉 214.3 千克纪录。该县两年区试平均亩产皮棉 132.7 千克，较对照新陆中 3 号增产 26.5%，居首位。1995 年巴楚全县普及中棉所 12 达 36 万亩，平均亩产 100 多千克，总产和单产分别进入全自治区的前 3、4 名，全县人均增收 680 元。至 1997 年全区累计推广 300 多万亩，增值 4 亿元。

（二）用作种质资源，培育抗病新品种潜力巨大

优良种质是杂交育种的物质基础。中棉所 12 被公认为集抗病、高产、优质三性结合为一体的

综合性优良的种质。已被多省科研教学单位广泛用于品种改良，高优势组合选配、转基因抗虫材料、区试对照、栽培植保、遗传生理生化等研究材料。据不完全统计，用中棉所 12 作亲本已育成参加省级和国家区试的新品种（系、含杂交种）共 43 个，其中已审定的品种 11 个（见表 3）。

表 3　用中棉所 12 作亲本育成并审定的新品种

品种名称	选育单位	杂交组合	审定年月	备注
豫棉 11	河南省农业科学院经作所	中 381×42273	1994.4	中 381 定名为中棉所 12
豫棉 13	河南新乡县七里营原种场	中 158 － 4×373 － 58	1995.4	158 － 4 为中棉所 12 优系
豫棉 17	河南新乡县七里营原种场	(383 － 1×373 － 3) ×6331	1997.4	383 - 1 为中棉所 12 优系
苏棉 9 号	江苏盐城市新洋试验站	泗棉 2 号×中棉所 12	1995.4	
鄂棉 21	湖北省农业科学院经作所	(551×2×PD4548) 中棉所 12	1996.3	
晋棉 15	山西省农业科学院植保所	中棉所 12＋PD9232	1994.3	用 9232DNA 注入中棉 12
冀棉 18	河北省农业科学院棉花所	中棉所 12×石 711	1993.3	原名杂 29
湘杂 2 号	湖南省农业科学院棉花所	8891×中棉所 12	1997	杂交组合种
川杂 9 号	四川省农业科学院棉花所	不育系 2A×中棉所 12	1996.4	杂交组合种
中棉所 28	中国农业科学院棉花所	中 381×4133	1997.8	原中杂 028
中棉所 29	中国农业科学院棉花所	中国优系×RP4 - 4	1998.1	原中抗杂 RH - 1

由表 3 可见，用中棉所 12 作母本的有 7 个占 63.6%。待审品种有石远 321、豫 2067、中 9409 等 12 个，其余仍在继续试验。中国农业科学院生物技术研究中心和棉花所、江苏省农业科学院经作所等已将抗棉铃虫的 Bt 基因转入中棉所 12 品种中；四川省棉花所培育出中棉所 12 不育系，并进行遗传研究，中国农业科学院棉花所、华中农业大学都对中棉所 12 进行了遗传研究，一致认为中棉所 12 的一般配合力最强，个别特殊配合力也高，抗性配合力中等，品质配合力稍次。因此，中棉所 12 用作种质资源具有巨大潜力和广阔前景。

（三）中棉所 12 的育种方法和理论，对棉花抗病育种有一定的指导意义

按照以往的抗病育种理论，没有抗源材料是不能育出抗病品种的。中棉所 12 的育种者从四川省棉花所等单位在重枯萎病田的感病品种德字棉和岱字棉 15 中选出高抗枯萎病的 52 - 128 和 57 - 681 两年抗源品种的启发和他们自己于 1963—1968 年在黄萎圃中连续筛选出抗黄萎病的 8004 和 8010 两个品系的实践，抛开了传统思想理论的束缚，大胆探索制定了从感病杂交组合中筛选丰产优质结合较好的优系，然后种于高菌量的枯萎病钵和枯黄萎混生重病圃中，进行定向培育连续筛选，获得抗病性提高系后，再置于不同生态条件下鉴定选择和多系混合的育种路线，终于育出了高产优质抗病三性状结合一体的突破性新品种中棉所 12，这一方法为抗病育种拓宽了新的育种途径，为诱导理论提供一个成功范例，为现代生物技术用枯、黄萎病菌毒素液，对感病棉种体细胞诱导出抗病突变体的细胞系所证实，该育种方法和理论，是生物间遗传学和群体遗传学理论的应用和发展，对棉花抗病育种具有指导意义。所选择的同一组合内不同优系的混合互补法与国外倡导的多系品种不同，说明同一组合内遗传变异的多样性，杂交后代的选择确是育种成败的关键。他们对综合育种各性状的指标，都不过于苛求，而是中等适度，循序渐进，有利于各性状的结合与稳定，为综

合育种提供了宝贵经验。

五、推广应用中的经验教训及育种的改进

（一）育种者必须抓好核心原种场的原种生产，并不断提高

一个新品种审定推广后，育种者还要跟踪服务，良种繁育是育种工作的继续和完善。中棉所12育种课题组曾抽出一部分力量协助中国农科院棉花所的2 300亩地核心原种场进行去杂选种工作，对当选的数千个单株，全部经过HY1900系列测定纤维品质，使纤维比强度由最初的19.5克/特克斯提高到21.5克/特克斯。繁育过程中对皮棉色泽不够洁白的问题有所改进，加强对单株种子短绒颜色与皮棉色泽对应比较选择，淘汰了种子短绒黄褐色的单株及株系，决选株系皮棉色泽提高到洁白型、约提高0.5～1级，经反光率测定由原先的74%上升到75%～76%。但核心原种工作也有失误，对开头几年当选的株系，全部进行抗枯、黄萎病苗期鉴定筛选，从1991年后放松对抗病性鉴定，而后生产的原种抗黄萎病明显下降。

（二）建立原种场、良繁区、加工厂统一供种的服务体系

中棉所12良繁工作吸取了鲁棉1号和86－1推广及河北满城县原种生产的种、管、收、轧、售一条龙的服务经验。1988年中国农科院棉花所成立科技开发部，主抓新品种的繁育推广，重点与河南新乡、山东安丘、平原县签订生产中棉所12原种合同，建成了棉花原种场、良繁区、加工厂的统一供种和配套技术服务体系，做到一县一种、一厂一种、年年换种、统一供种，起到示范辐射作用。此外，还与10个省50多个县的农业部门建立良种繁育推广协作关系，培训技术人员2万人次。

（三）中棉所12的缺陷与育种改进建议

中棉所12不足之处：一是衣分过高出苗慢、保全苗难；二是纤维强度尚不够高，难适应现代纺织工艺发展要求；三是黄萎病抗性还不够高。因为衣分偏高带来种子小，含油率低，含油率与出苗率成正相关，故该品种出苗慢1～2天，苗期抗低温与病害能力差。衣分偏高也降低纤维强力。因此，建议提高产量应从提高结铃率和铃重着手，育种者应从种植、纺织全面考虑，追踪世界科学和市场动向，育种目标应从产量向品质转变。所以，衣分可降低到38%～39%，子指宜提高到10.6～11.0克，纤维比强度提高到23克/特克斯以上，以适应高档纺织要求，20世纪90年代中国棉花黄萎病危害有普遍上升趋势，强致病的落叶型黄萎有所扩大，因此要加强抗黄萎病育种，原种生产全过程宜在重黄萎病地上进行，可继续选择提高抗性，以期育出高品质、高产量、高抗黄萎病的新品种。

（作者：中国农业科学院棉花研究所研究员）

四大家鱼人工繁殖成功*

——我国淡水养鱼史上的一大喜事

黄祥祺

我国淡水养鱼的历史悠久，是世界上池塘养鱼最早的国家。远在公元前 11 世纪殷末周初之际就已经有养鱼的记录了，且在纪元前 11 世纪的西周时，池塘养鲤已逐渐成为生产事业，在距今 2 400多年的春秋末期的越国大夫范蠡总结了当时劳动人民的生产经验，与人叙述的养鱼技术，后由北魏贾思勰录入《齐民要术》，被世人称为《陶朱公养鱼经》。它不仅是我国也是世界上最早的一篇养鱼著作。虽然全文不足 500 字，但言简意赅，内涵丰富，不仅对我国战国、秦汉、三国及两晋时期的养鱼起过巨大的指导作用，而且对欧洲的养鱼事业也发生过很大的影响。当时养的鱼主要是鲤鱼，池塘养鲤已极盛行。至唐代，因唐代皇帝姓李，李和鲤是谐音，鲤象征皇族，鲤就成了忌讳之物。把鲤鱼改称赤鲟公，捕到的鲤鱼要放生，市上不能卖，违者要打 60 大板。鲤鱼既不能吃，又不能卖，养鲤事业受到极其强暴的摧残和打击，很快就衰落下去了。劳动人民只得寻找新的养殖对象。长江、西江沿岸的人民在江中捕捞自然生长的鲢鱼、鳙鱼、青鱼、草鱼鱼苗放入池塘中养殖。由于这些鱼苗数量多，容易捕捞，生长也快，因此，自唐代开始，逐步养起了这 4 种鱼，成为我国淡水养鱼的主要品种，誉称为我国的“四大家鱼”。依此算来，这 4 种鱼作为养殖对象已有近 1 400 多年的历史。

千百年来，我国四大家鱼人工养殖所需的苗种都依赖长江、西江的自然资源，在 20 世纪 50 年代，每到春夏之交的产苗汛期，各地养殖单位和个人云集江边争购，再用火车、汽车、飞机、轮船各种交通工具以至人力肩挑运往各地培育鱼种，但由于受气候和生态环境的影响，鱼苗产量丰歉无常，且长途运输成本高、成活率低。随着人工养殖的迅速发展，天然苗产量供不应求，必须解决人工繁殖，才能人定胜天，才能保护自然资源的永恒利用。但这四大家鱼自然繁殖所要求的生态环境条件极为严格，性成熟的亲鱼只能在大江大河或水库上游急流中繁殖，在池塘中培育的亲鱼不经人工催产，不具备必要的产卵条件，其卵细胞不会最后成熟、排放，只在卵巢中退化吸收。我国早期取得的人工繁殖的成果均是利用天然产卵场的亲鱼。因此，如何使四大家鱼能在人工控制下达到亲鱼性成熟、自行排卵、孵化成鱼苗，一直是我国水产科研单位和广大科技人员为之努力的课题。1921—1935 年间，曾有人在江西产卵场收集草鱼亲鱼，进行人工授精及孵化工作。此后，前广西鱼类养殖场 1937—1938 年间在浔江、东塔、桂平等地进行过草鱼、鲢鱼、鳊鱼等的人工授精及孵化，并在群众中推广。新中国成立以后，很多科研单位进行科学实验。1951 年，前中央水产实验所在湘江产卵场进行草鱼和鲢鱼

---

* 本文收入内部报告《共和国农业史料征集与研究报告》第 8 集，2002 年。

的人工授精及低温处理鱼卵试验；1951—1952年，中国科学院水生生物研究所在湘江的衡阳、松柏和柏坊以及长江的宜昌江段产卵场进行调查后，在1953—1954年间，除了进行鲢鱼和草鱼的人工授精孵化工作以外，还将江中接近成熟的鳙鱼、草鱼进行人工催情，获得了鱼苗。这一试验为我国用催情方法人工控制繁殖提供了资料。1956年，广西石龙养殖场，成功地进行了鳙鱼的人工授精孵化试验。1958年，黑龙江水产科学研究所在松花江进行了较大规模的草鱼和鲢鱼的人工孵化试验，获得了成功。但是这些工作不是解决人工鱼苗的根本途径，而且从江河中捕捞成熟的亲鱼，也是对自然资源的损害。实现人工繁殖必须设法使四大家鱼在池塘中达到性腺成熟，并能在人工控制下产卵孵化。

1958年，水产部组织家鱼人工繁殖领导小组，领导全国水产科学工作者向人工繁殖方向突击。就在这一年的6月2日，南海水产研究所钟麟以“外界环境与内在催情相结合刺激法”孵化出第一批在池塘中繁殖的鲢鱼苗1万多尾、鳙鱼2万多尾，揭开了人工繁殖的新篇章。钟麟首创鲢、鳙鱼人工繁殖成功，并非偶然。早在1941年，他就开始了四大家鱼人工繁殖的探索。1950年广东解放后，他继续研究人工孵化问题：先在江边砌起与江水相通（模拟自然生态条件）的试验池，从小鱼苗养起，并用孕妇尿与鱼的脑下垂体注射催产，然而依然未能成功，后又离开试验池，去寻找鲢鳙鱼自然产卵的客观条件，并在黔江、郁江交汇处实地考察，终于创造了生理、生态结合法，使鲢、鳙鱼人工繁殖获得成功。不久，他用同样的办法解决了青鱼、草鱼的人工孵化问题，形成了我国独有的“四大家鱼”人工繁殖技术。

鲢、鳙鱼苗池塘产卵繁殖成功为我国淡水养殖事业开辟了新的途径，是全国水产试验研究工作直接为生产服务，解决重大关键性课题的范例。1958年的6月7日，水产部就鲢鳙鱼人工孵化成功给南海水产研究所写信祝贺。

1958年秋，中国科学院实验生物研究所同浙江省淡水水产研究所合作，还有海岸生物研究所、上海水产学院等单位参加，又进一步使用孕妇尿中所提取的绒毛膜性腺激素进行鲢鱼、鳙鱼催情获得成功，同年8月，广东顺德县桂洲乡先后孵出了10万尾鲢鱼苗和1万多尾鳙鱼苗，为群众大规模生产树立了榜样。9月，浙江省淡水水产研究所试验鲢、鳙鱼秋季池塘产孵成功。10月，广东省东莞县在南海水产研究所的指导下，进行鲤鱼、鳙鱼杂交孵化试验成功；1960—1961年，中国科学院水生生物研究所应用催情方法先后解决了草鱼和青鱼在池塘中繁殖的技术。此后，全国各地相继解决了四大家鱼的人工繁殖，并很快在群众中普及推广。1962年，全国四大家鱼人工繁殖鱼苗达到10亿多尾，1963年达到30亿尾左右。

四大家鱼人工繁殖的成功和推广，从根本上解决了人工养殖依靠天然苗的历史。如长江天然苗重点产区的湖北省，1957年鱼苗总产量45.62亿尾，全部来自长江；1970年鱼苗总产量48.95亿尾，其中天然苗37.93亿尾，占77.5%；1978年，鱼苗总产量94.2亿尾，其中天然苗17亿尾，占18%；1983年，总产136.35亿尾，其中天然苗11.06亿尾，只占8.1%。

四大家鱼人工繁殖的成功，不仅是中国也是世界水产科学技术的重大发明，大大促进了我国淡水养殖业和水产科学技术的发展，对世界水产养殖业也作出了很大的贡献，而且还促进了与人工繁殖相关的细胞学、细胞化学、组织学、生物化学、内分泌学等学科的发展。

（作者：农业部原水产司养殖增殖处处长、高级工程师）

我国恢复和参加联合国粮农机构的经过*

吴天锡

联合国有关粮农的机构有4个，分别是：（1）粮农组织（Food and Agriculture Organization，简称FAO），成立于1945年，负责协调国际农业政策、规划，并进行实地计划活动；（2）世界粮食理事会（World Food Council，简称WFC），成立于1974年，是联合国系统中唯一的部长级理事会，负责监督各国粮食政策执行情况，并及时提出有关的政策性建议；（3）世界粮食计划署（World Food Programme，简称WFP），成立于1962年，负责粮食援助工作；（4）国际农业发展基金（International Fund for Agricultural Development，简称IFAD），成立于1975年，负责农业贷款工作。这4个机构的总部均设在意大利首都罗马市。我国政府从1972—1980年，历经8年的了解和谈判，才逐步完成了恢复和参加联合国粮农机构的工作。

一、恢复粮农组织的合法席位

我国恢复了联合国合法席位以后，国务院当即指示农林部，筹备恢复我国在粮农组织合法席位的工作，以开展农业多边对外合作，逐步了解并交流各国农业发展经验，维护我国在国际粮农领域内的各项权益。农林部党组随即指令时任外事组军代表的李永楷牵头，从各有关单位抽调有农业外事工作经验、外语能力强的干部组成“国际组”，进行筹复工作。

中国是联合国粮农组织的创始成员国之一。当年曾参与筹建粮农组织工作，并担任该组织首任驻亚远地区办事处主任的邹秉文先生，时任农林部顾问。于是，就近访问了邹老，他介绍了粮农组织有关业务、功能、义务等有关情况，大意是：粮农组织集中了各国农界优秀的专业人才，在各大洲及主要农业国家都设有办事联系机构，有世界农业部之称；粮农组织的实地计划（Field Programme）项目对我国今后的农业建设将大有裨益；我们不仅要参与国际粮农领域的会议和谈判，而且要恢复常任理事国的地位，并派人进去担任公职，以进一步扩大影响。外交部国际司和我驻意使馆，也对我国的筹备工作给予了协助。

1972年秋后，时任粮农组织总干事的布尔马（A. H. Boerma）先生率团访华，由当时农林部部长沙风和副部长郝中士等接待，着重就我国“恢复在粮农组织合法席位”问题进行谈判，决定比照联合国条件恢复我国合法席位，即：担任理事会成员、以中文作为其工作语言之一、按发展中国家条件交纳会费、组成代表处常驻粮农组织总部等。1973年春，我国政府任命原中国农科院秘书

---

* 本文收入内部报告《共和国农业史料征集与研究报告》第15集，2008年。

长任志为驻粮农组织代表；同时调集英法文翻译工作人员组成“中文组”进入总部工作。同年11月，由郝中士副部长率团参加粮农组织的第17届大会，在会上发言介绍了我国农业发展及社会主义改造等情况，受到与会发展中国家代表的关注和欢迎。

1974年年初，阿尔及利亚总理布迈丁代表77国集团就“世界粮食危机”问题紧急访华，要求中国政府支持召开“世界粮食会议”，拯救数以亿计的饥民，保障世界粮食安全。粮食问题和能源问题当时被纠缠在一起，成为西方世界和广大发展中国家之间斗争的焦点。周恩来总理对此会坚决予以支持，并责成农林、外交等部组团参加，“打好恢复联合国粮农组织合法席位后的这一仗”。农林部为此做了充分的准备工作。先后商请中联部苏东所、北师大美国所、南开大学欧洲所、农业科学院农经所、情报所等单位协作，就主要粮食生产国的粮农政策、粮食贸易、粮食储备、粮食援助和粮食安全理念等问题作了专题研究。并在此基础上，制定了有针对性的与会方案、综合发言和一些专题发言提纲。世界粮食会议于1974年11月在罗马召开，联合国秘书长主持了开幕式，一些国家的领导人与会，美国派出以国务卿基辛格为首的代表团。我国代表团由郝中士副部长率领，在会上发言阐述了我国自力更生地解决粮食问题的做法，并积极支持发展中国家在会上提出的合理建议。经过激烈争论，会议发布了“消除饥饿和营养不良的世界宣言”，通过了《世界粮食安全的国际约定》，有利于发展粮食生产、贸易、储备、援助和建立世界粮食理事会，国际农业发展基金等机构的22项决议。

1976年8月，由农林部外事局李永楷局长率团，首次参加在马尼剌召开的“粮农组织亚远区域会议”及有关活动，并应邀在菲律宾进行友好访问，同国际水稻研究所建立了联系。同年冬季，先后选派吴天锡、黄可训（北农大教授、知名植保专家），分别到总部经社司政策分析处和亚远区域办事处工作。1979年，我国正式接受粮农组织“技术合作计划”的技术援助，引进烘干设备，参与其“实地计划”活动。至此，意味着我国已全面恢复了联合国粮农组织的合法席位。

二、陆续参加其他3个国际粮农机构

1978年，党的十一届三中全会提出“改革开放”方针，国内外农业外事工作人员在学习过程中，联系实际，揭露并批判了一些“妄自尊大”、“不思进取”的思想，有力地推动并加快了我国全面参加联合国有关农业机构的进程。1979年，调整了外事局和驻FAO代表处的领导班子，任命孔灿东为外事局局长，林干为驻FAO代表处处长。同年7月，霍士廉部长和何康副部长利用到罗马参加“世界农村改革和发展大会”的机会，对联合国各有关农业机构的功能及其相互制约关系，进行了全面了解，并指令曾在FAO工作过的吴天锡、薛子平到WFP和IFAD等单位深入了解和谈判“参加”的一些具体问题。同年11月，邢从智副部长乘参加FAO第20届大会之便，进一步与WFP和IFAD等机构领导人接触，并听取随团外交、财政等部门有关工作人员的意见，敲定了申报粮食援助项目的意见。1979年年底，部党组研究决定参加WFP和IFAD等组织，开展了农业利用外资的工作。

首先是参加世界粮食计划署，并接受其无偿提供的粮食援助。

WFP是全球仅次于世界银行进行农业援助的机构，凡联合国成员均可参加，按各国GDP份额提供粮食或现金，并对其中缺粮的发展中国家提供粮食援助，直接发放给受援农民。WFP的权力机构为“粮食援助政策和计划委员会”（CFA），由 30 个成员国组成，其中一半在 CFA 理事会上选出；另一半在联合国经社理事会上选出。CFA 每年开会两次，负责审议和批准各类粮援项目。粮援方式有 3 个：（1）紧急救济；（2）快速粮食援助行动；（3）通过以工代赈形式把粮食援助用于发展。

1979 年，由于越南大量驱赶华侨、华裔人民，大量难民涌回国内，亟须安排为其谋生，我国被迫申请紧急救济项目，向流入华南 4 省、区约 25 万难民提供重建援助。以后，除河北、湖北水灾还申请过紧急救济以外，全部都是采取以工代赈形式，把粮援用于发展项目。粮食援助仅限于提供参与项目活动的居民的口粮，其余有关项目建设和管理所需资金，全部由我国政府负担（注：配套资金一般占项目总开支的 2/3，粮援占 1/3）。开发性项目开始多用于部门发展（如水产、畜牧），以后逐渐发展为农业综合开发项目。WFP 粮援项目中最大的一个项目为：北京、上海等六大城市的奶类项目，由 WFP 提供黄油和脱脂奶粉同当地生产的鲜奶混合成为再生奶，再将其上市销售所得收入，用于进一步扶持当地奶业的发展。1982 年，我国当选为 CFA 成员，全面参与了粮食援助的政策与计划工作。1979—1995 年，我国政府共接受 WFP 提供的 56 个开发项目和紧急援助，粮援折合 7.55 亿美元，覆盖我国缺粮、贫困的 181 个县，约 2 000 多万贫困人口直接受益。

1980 年，我国正式加入国际农业发展基金（IFAD），并接受其优惠贷款。IFAD 的成员国分为 3 个类型：石油生产国、发达国家、受援的发展中国家，一共拥有 600 个股权，由上述 3 类国家平分，发展中国家占据 2/3 的股权。所以 IFAD 是联合国系统中唯一由发展中国家自己掌握、自己受益的农业金融机构。IFAD 的农业贷款有 3 类：（1）优惠贷款，每年收 1%的服务费，分 50 年分期偿还，宽缓期 10 年；（2）中等贷款，年利率为 4%，分 20 年偿还，宽缓期 5 年；（3）普通贷款，年利率 8%，15～18 年偿还，宽缓期 3 年。我国申请的第一个优惠贷款项目为：北方草原建设（包括河北、内蒙古、黑龙江等 3 省、区），协议金额 3 500 万美元，我国配套投资金额 7 000 万美元。该项目经过评估等程序后于 1981 年 7 月执行。1983 年，我国利用粮农组织的“技术合作计划”的技术援助，从北农大和南农大选派两位老师赴英进修，学习选项、评估、监测评价和管理等方面的理论和具体做法。学成后，在南农开班培训各地已执行和待执行农业项目的管理人员，两期约 100 多人，为各地农业利用外资工作打下基础。到 1995 年，IFAD 共向我国提供了 11 个项目总额达 2.61 亿美元的贷款（其中 9 个优惠贷款，2 个中等贷款），项目区覆盖 12 个省、区的 95 个贫困县，脱贫的受益人口达到 426 万人。

鉴于国际粮农领域四大组织工作的牵连和互动关系，以及许多发展中国家的敦促，1980 年农业部派出外事局刘延民副局长率团到坦桑尼亚，以观察员身份列席世界粮食理事会的第六届会议。后经联合国经社理事会选举，我国正式成为 36 个理事国的一个成员。1982 年，由刘锡庚副部长率团到墨西哥参加第八届世界粮食理事会。

1980 年初期，我国向“国际农业研究磋商小组”（由非政府组织和部分联合国成员出资组成）捐款并参加其研究活动。1981 年，还配合财政部利用世界银行的农业贷款，负责执行江西红壤改良等项目，1984 年财政部决定成立“农业利用外资办公室”，此项工作移归“外资办”办理。至此，我国已全面恢复和参加了联合国有关的粮农机构的主要活动。

（作者：农业部国际合作司原副局级研究员）

利用世界粮食计划署粮食援助推进缺粮贫困地区农业开发建设*

朱丕荣

一、国际粮食援助的由来

世界粮食计划署是由联合国和联合国粮农组织合办的提供粮食援助的国际机构，成立于1963年。其宗旨是帮助缺粮低收入的发展中国家及其国内贫困人民，以粮食作为经济和社会发展的援助，特别在供给和改进最易受害和最迫切需要的阶层的营养条件，提高农业产量和生产率，鼓励使用大量劳动力的项目和促进农村就业与福利以及人力资源开发。既从长远角度支持开展建设，发展生产，解决产生贫困和饥饿的原因，又及时救济难民或饥饿的人克服短期内的粮食困难。凡是低收入缺粮国家（20世纪70年代后期，年人均国民生产总值不足1 070美元，1996年不足1 505美元，而粮食不能自给需进口的）就可以申请国际粮食援助。

世界粮食计划署的基金和粮食来源由各国自愿捐赠，每两年在联合国召开一次认捐大会。多年来募捐的目标每期14亿～15亿美元，实际只捐到10亿美元左右。其中以发达国家捐赠额较大。其中美国占40%，欧盟占32%，加拿大占8%，日本与澳大利亚各占5%。大体上现金占1/3，实物占2/3。每年向缺粮低收入的发展中国家用以工代赈的办法为主，提供粮食援助，解决农村劳动就业，从事农业生产建设来增强自力更生的能力。援助一般分两类：一类是紧急援助（救济性），如发生灾荒或突发性灾难时提供粮食援助；另一类是开发性援助，按一定地区的项目工程规划要求，向从事农业开发工程建设的劳力提供粮食援助。每个项目提供的援助额较大（一般5.6万吨粮食以上，即1 000万～2 000万美元）。粮食援助项目的执行，不仅需要粮食援助，还需要有资金和技术的投入（一般由受援国政府负担配套支持）。

世界粮食计划署由执行主任负责（一般由发达国家人选担任），另有一个由36个成员国（其中发达国家占12席、发展中国家占24席）组成的执行局。凡是300万美元以下的小型项目，授权执行主任直接审批；300万美元以上的项目，则由粮食援助政策和计划委员会、后改由执行局审批。该署总部设在罗马，并在80多个发展中国家驻有代表处。

世界粮食计划署从成立到1996年年底，共向发展中国家提供了1 600多个开发援助项目，1

---

* 本文收入内部报告《共和国农业史料征集与研究报告》第1集，1999年。

本文承农业部国际合作司国际处屈四喜同志审阅修改并提供部分情况，特此致谢。

200多个紧急援助项目和长期难民及流离失所人员安置项目，援助金额累计达122亿美元和90亿美元，累计受益人口超过2.5亿人。在开发援助中，亚太地区国家约占34%，非洲及中东国家约占52.5%，拉美及加勒比海国家约占13%。

世界粮食援助刚开始时，与粮食出口国处理剩余农产品联系在一起。1974年世界粮食大会确定：全球粮援数量（包括多边、双边、民间渠道）每年为1 000万吨的指标。从1971年至1993年间看，多数年份每年在1 000万吨以上，其中通过世界粮食计划署承办的数量约占20%～30%。1994年以来，全球粮援总量已下降到每年600万～700万吨。近几年来，受自然灾害影响，需要紧急援助的项目急剧增长。据世界粮食计划署统计，1980—1989年粮食援助76%用于开发性建设，24%用于紧急救济，而1994年粮食援助72%用于紧急救济，28%用于以工代赈，发展生产。

二、中国利用世界粮食计划署粮食援助情况

实行开放政策后，中国于1979年参加世界粮食计划署，既是捐赠国，又是主要受援国。1979年从安置越南华侨难民（25万人）、接着河北与湖北救灾开始接受该署提供的粮食援助，后来逐步发展成部门的开发项目（农、牧、渔、林、水利等），乃至目前的农业综合开发项目。从地域看，散布全国各地逐步集中到西南和西北地区。据统计，1979—1996年止，世界粮食计划署批准中国58个项目（9个尚在执行），提供了282万吨粮食及其他实物，相当于7.55亿美元的粮食援助，受益范围涉及181个贫困县市的2 000多万贫困农民，改善了贫困缺粮状况及基本生产条件，促进了项目区经济、社会、生态环境的综合发展。

项目内容可分6类：（1）紧急快速项目：如印度支那难民安置在海南、云南、广西、广东的一些农场，河北、湖北救灾，黑龙江森林火灾、四川龙卷风灾、浙江两次台风灾害的紧急援助以及四川卧龙自然保护区抢救熊猫等。（2）林业建设项目：如宁夏西吉植树种草，山东莘县、冠县、四川珙县营造速生林，辽宁北票、建平种树种草、治理水土流失、河北平山通过造林治理水土流失，湖南常宁、永兴、会宁3县油茶林更新，贵州纳维、织金通过林业及综合措施控制水土流失等。（3）发展水产养殖项目：如江苏洪泽湖渔业发展，浙江杭州湾开发渔业，天津市郊区低洼地开发渔牧业，河北、山东渤海湾4县水产养殖，江西星子、都昌水产养殖，9个城市（郑州、呼和浩特、长春、济南、银川、合肥、南京、昆明、西安）开发低洼地发展水产等。（4）畜牧业建设项目：如六大城市（上海、北京、天津、南京、西安、武汉）奶业发展，新疆阿尔泰地区发展牧草养畜。（5）农村建设项目：如山西乡村道路建设，陕西、辽宁两省9个县农村缺水。（6）扩大灌溉、改良土壤和农业综合开发项目：如甘肃皋兰西岔水利，靖远兴堡子川灌溉，甘谷、会宁、靖远3县的灌溉工程，宁夏中卫南山台水利配套工程，河北南皮、曲周盐碱地改良，安徽淮北改进排水发展农业，河南开封、兰考、商丘排淤改土，陕西合阳、大荔、隆城引黄灌溉，米脂黄土高原治理，吉子河流域综合治理，青海海东6县低产田改造，乌兰县农业开发，海南岛松涛水库项目区开发，贵州安顺地区5县低产田改造，西藏拉萨河谷农业综合发展，河北涉县农业综合开发，广西上林、马山、象州3县农业综合发展，湘西、鄂西6县乡村基础建设，山西吕梁地区综合开发，云南曲靖地

区红壤改良开发，河南信阳3县低产田综合开发，宁夏固原、隆德、彭阳3县农业综合开发，内蒙古凉城、和林格尔、托克托3县粮产区开发建设，贵州铜仁地区综合开发等。

据农业部国际合作司1995年对41个粮援项目进行的调查资料，16个已完成的项目，项目区粮食总产量平均增长150%，粮食作物产值平均增长200%。项目区80.7%的贫困人口得以脱贫，人均占有粮食由项目前的203.8千克增加到项目后的394千克。17个项目区共修建了299所学校，使项目区的适龄儿童入学率由项目前的80.6%上升到项目后的90.5%。11个项目区的人口死亡率平均从项目前的7.07‰降到项目后的5.78‰。15个项目统计，生态环境明显好转，控制水土流失面积达22.7万公顷，森林覆盖率由项目前的11.3%上升到项目后的18.5%。

总的来看，95%以上的项目用于开发性建设，其中约60%用于农业综合开发；20世纪80年代期间每年援助量达40万～50万吨粮食，90年代逐渐减少，近几年平均每年只10万吨粮食左右；从1996年开始，采取粮食计划署与国际农业发展基金会合作，采取联合投资的方式（如四川及重庆8个县、青海的海南州区、安徽岳西山区项目），扶植贫困缺粮地区农业开发建设。

三、认真做好争取粮援的对外工作

受国务院委托，世界粮食计划署的业务，由农业部归口管理。近20年来，在外交部和财政部的大力配合支持下，农业部积极开展对外工作。既要搞好与世界粮食计划署和各捐赠国之间的合作关系，又要搞好与第三世界国家的友好合作，更重要的是要执行好项目，使之发挥应有效益，在国际上树立良好的形象与信誉。

1. 适当捐款，支持世界粮食计划署工作

中国在参加初期每两年度捐款40万美元，以后逐渐增加到60万美元、100万美元、120万美元、150万美元、200万美元。1985年、1986年非洲发生灾荒时，中国也通过多边组织捐赠了粮食、装卸用具及农药等物资。

2. 切实执行好每个粮援项目，并扩大对外宣传和影响

在国际上，有些发达国家对多边粮食援助的作用有怀疑，认为容易助长依赖思想，不太愿意捐赠，有的改为双边粮食援助。为了宣传中国利用粮食援助的良好效果，在世界粮食计划署的支持下，农业部与外交部联合多次邀请主要捐赠国组织去项目点实地参观考察。如1984年赴宁夏西吉，甘肃皋兰、靖远；1986年去江苏洪泽湖、安徽淮北、山东聊城（临沂贫困山区）；1988年去陕西米脂、青海海东等粮食援助项目区。1994年3月世界粮食计划署组织在中国参观广西的粮援项目，并在北京召开了粮食援助与发展的国际研讨会。1996年组织驻华使馆农业官员赴贵州安顺和四川简阳参观，1996年和1997年两次组织捐赠国代表赴甘肃、青海项目区参观。项目执行都获得了各国代表的好评。他们认为："中国农民在艰苦的条件下，付出辛勤劳动，国家给予大力支持，奋发图强，善于利用粮援进行巨大开发性工程建设，成效十分显著。"有了良好的信誉，有利于审议中国项目得到顺利通过。

3. 1984年中国农业丰收后，对外宣传过热，强调"农村卖粮难"、"仓库贮不下"、成为"粮食净出口国"等，使国际上造成中国粮食过多的错觉

世界粮食计划署一些官员也认为中国既然成为粮食出口国，就不需要粮食援助了。农业部向其总部高级官员及驻华代表多次做说明，反复指出：中国粮食生产年度间变幅较大、自然灾害多、抗灾能力弱、丰歉不稳定；人口多、人均粮食占有量不高；粮食品种和地区间余缺不平衡，缺粮贫困地区与人口还不少（20 世纪 80 年代初有 8 000 万以上）；城市的工业发展以及养殖业发展对粮食需求不断增长；因此，粮食尚未过关，要解决中国粮食问题还需作很大努力。通过他们向国际社会做解释，以正确认识与对待中国。1986 年春农业部特邀请世界粮食计划署执行主任英格拉姆先生（澳大利亚籍）访问中国，由国务院领导出面会谈做工作，使其了解中国粮食实况并实地参观项目效果，他明确表示要继续支持中国粮援项目。1986 年组织主要捐赠国代表参观江苏、安徽、山东粮援项目时特地安排参观山东沂蒙贫困山区，使他们真实了解中国农村发展的不平衡性，当时德国代表表示同情，要支持沂蒙山区，给予双边粮食援助。1992 年和 1995 年农业部邀请世界粮食计划署新执行主任贝尔蒂尼（美籍）女士访华，参观云南曲靖和河南大别山粮援项目，她对中国认真执行项目深表赞赏。

4. 粮食援助政策及计划委员会是世界粮食计划署的权力机构，由 42 个成员国组成，其中发达国家和发展中国家各占一半

中国于 1987 年参加竞选（一任 3 年），连续当选这个委员会的成员国，有了更多的发言权和表决权。1996 年该委员会改革为执行局，有 36 个成员国，中国仍是首届执行局的成员国。

5. 世界粮食计划署属联合国及联合国粮农组织管辖，由于工作发展迅速，有些规章制度不太适应新形势的需要

世界粮食计划署与联合国粮农组织之间的矛盾日益尖锐，发达国家作为主要捐赠国从自身的利益出发支持世界粮食计划署获得更大的独立性。多次召开粮食援助政策与计划委员会，把世界粮食计划署的管理问题作为主要议事日程。在外交部的协作配合下，农业部认真分析形势，抓住主要矛盾，掌握斗争策略，取得了良好效果。对修改总规则，提高工作效率的问题，采取具体问题具体对待的灵活立场，使世界粮食计划署及其执行主任得到了提高效率所需的授权；对南北双方在联合国多边粮援领域内控制与反控制的斗争这个主要矛盾，旗帜鲜明地维护发展中国家的整体利益。在扩权并升格后的粮食援助政策与计划委员会组成等关键问题上，促使发达国家作出了让步，给发展中国家更多的席位，因而受到了与会各国的好评。

四、利用国际粮援，搞好贫困地区开发建设

1. 粮食援助项目适用于改善农业生产以基本条件为主的劳动密集型农村基本建设

实践经验证明，项目区要具备缺粮贫困、农村劳动力多、生产潜力大，对外开放、无军事设施的地区；项目点要适当集中连片，便于管理发挥效益；要求领导力量强、能善于发动群众奋发图强实施项目计划；还要有相应的配套资金和技术力量以及得力的精干办事机构。要采取工程措施和生物措施相结合，山、水、林、田、路综合治理，把长远利益和当前利益相结合，实行农林牧渔综合发展，讲究发挥经济、社会、生态效益，促进农业与农村可持续发展。投入要以劳动积累为主，能见效快、收益大，对周围有影响，有利于增强自我发展的活力，变“输血”为“造血”，起到示范

和辐射作用。

随着世界粮食计划署粮食援助资源减少的趋势和重点用于最不发达国家和非洲，因此对一般低收入缺粮国家的项目审查更为严格。今后中国利用粮援的重点应安排在中西部缺粮贫困省区的山区、少数民族地区。

2. 粮援项目的准备时间较长，申请立项和审批手续比较麻烦，需要耐心细致地做好各项工作

要由省人民政府和农业部报国务院批准后有计划地对外。项目设计要经过实地调查勘察，工程经济技术要可行，要精确计算工程量，每户要有一个劳动力参加劳动，每工日发给 3.25 千克小麦。项目实施除劳动积累外，要有相应的配套资金（包括工程所需要的工具、材料等投资，粮食接运、中转、管理费以及工资补差等），才能形成生产力。据调查，各级政府投资占总投资的比例，通常为 30%～66%，要按世界粮食计划署要求编写项目提纲和项目文件，内容包括问题分析、优先地位目标、产出、粮食援助的作用、受益者和效益、项目可行性、项目支持、外部的财政援助和技术援助、监测与评价系统、项目规划图、执行期限进度、政府配套资金等。世界粮食计划署经驻在国代表、处、区域局、项目委员会及有关专业机构审定项目设想和项目提纲，然后派评估组复审，写出项目概要。项目批准后 3 个月内签署项目实施计划。经实地检查后，确认项目开始执行的日期。从立项到批准一般需要 2 年以上时间。

3. 在项目执行中，要按协议执行，注意维护对外信誉

如有的未经对方同意，擅自修改施工计划或降低工程质量，有的配套资金迟迟不到位、失信于外，要求及早纠正。项目管理上，要严格执行财务和审计制度，粮食收支要有明细账目，防止铺张浪费、贪污、挪用等现象发生。要重视技术培训和农村妇女参加劳动和她们的收益情况。项目结束要有总结报告，对效果要有科学依据，作定量、定性的分析。要自始至终积累资料，建立完整档案，以便随时查阅。项目完成后要加强持续管理和后续监测，重视项目效益的跟踪调查分析，稳定管理机构与人员，巩固和发展项目的综合效益，推动农村经济持续发展，真正脱贫致富。

（作者：农业部国际合作司原司长、教授级高级农艺师）

我国与国际农业研究机构的科技合作*

朱丕荣

一、国际农业研究磋商组织（CGIAR）

国际农业研究磋商组织（Consultation Group on International Agricultural Research）成立于1971年。由世界银行、联合国粮农组织、联合国开发计划署、联合国环境规划署等国际机构和30多个成员国以及私人基金会（洛克菲勒、福特基金会）等共同资助的全球性、公益性的国际农业科研机构。总部设在美国华盛顿。目前这个组织拥有58个成员国，下属15个国际农业研究机构，遍及世界各洲，大多在发展中国家，有科学家和技术人员8 500多名，分布在100多个国家开展全球性农业科研活动。

国际农业研究磋商组织下属的单位包括：国际水稻研究中心（IRRI菲律宾）、国际玉米小麦改良中心（GMMYI墨西哥）、国际马铃薯中心（GIP秘鲁）、国际水产资源管理中心（ICLARM菲律宾）、国际植物遗传资源研究所（IPGRI意大利）、国际热带农业中心（CIAT哥伦比亚）、国际粮食政策研究所（IFPRI美国）、国际干旱地区农业研究中心（ICARDA叙利亚）、国际畜牧研究所（ILRI肯尼亚）、国际热带农业研究中心（IITA尼日利亚）、国际农用林业研究中心（ICRAF肯尼亚）、国际半干旱地区热带作物研究所（ICRISAT印度）、国际水资源管理研究所（IIMI斯里兰卡）、国际林业研究中心（CIFOR印度尼西亚）和西非水稻发展协会（WARDA科特迪瓦）。

国际农业研究磋商组织的宗旨是通过在农牧业、林业、渔业政策与环境领域开展科研活动，以最先进的科学手段，提高粮食安全、减少贫困和保护生态环境。这个组织是世界第一次绿色革命的发起者、组织者和实施者。20世纪60年代和70年代的绿色革命在科技方面所取得的成就，大都是该组织下属的科研中心与其伙伴所做的工作。如国际水稻研究所育成的品种在亚洲推广，占水稻种植面积的33.33％～40％。

据联合国粮农组织资料，1995年发达国家的农业研究体系的经费占全球农业科研经费的48％左右，而他们拥有的科学家人数只占全球的1/3。发展中国家的农业研究体系的经费也占全球的48％左右，与发达国家大体相同，但拥有的科学家人数却占全球的近2/3。国际农业研究磋商组织所属的各个国际农业研究中心的经费约占全球的4％，拥有科学家和技术人员8 500名。但是这个组织的影响极为显著。开始他们把重点放在提高粮食作物的产量上，以后逐步扩大到其他粮食作物

---

* 本文收入内部报告《共和国农业史料征集与研究报告》第15集，2008年。
本文得到中国农业科学院国际合作局冯东昕同志帮助并提供部分资料，特此致谢。

和非粮食作物、畜牧业、渔业、林业、遗传资源、自然资源管理和环境可持续发展方面。所有中心保存的种质资源数量是目前世界上最多的。

他们在战略性和应用研究方面具有特殊优势，担负着区域性或全球性领域广泛的战略性和实地研究，可以开展跨国的和区域性的国际性公共研究，推进全球体系中农业科技事业的相互合作与发展。各个研究机构有双重责任：一方面需要本身拿出高水平的科研成果，解决全球农业研究体系中的重大问题，并在该体系中起领导作用；另一方面需要通过合作研究和培训科学家及管理人员，帮助有关国家建立各自的农业研究体系，以便认真地解决粮食安全、贫困、资源和环境退化的问题。该组织注重开发技术来满足发展中国家的需求，向贫困农民提供他们无法从市场上获得的先进技术，以便增产、增收和保护与改善自然资源和环境。

近年来又实行改革和战略性调整，注意解决生物多样性、水资源管理、气候变化对农业的影响、疫病对动植物生产与贸易的影响等全球性、共同关注的问题，并提出了在公开、公平竞争的条件下选择确定研究项目。

二、我国与国际农业研究机构的合作

1974年开始，我国与国际农业科研机构逐步建立联系。1974年国际水稻研究所所长布雷迪访华，开始品种资源交流与人员互访。1976年我国农林部副部长杨立功率团访问国际水稻研究所，增进互相了解与交往。1979年我国与国际水稻研究所签署了科技合作协议。此后又与国际玉米小麦改良中心、国际马铃薯研究中心、国际植物遗传资源研究所、国际半干旱热带地区作物研究所、国际干旱地区农业研究中心、国际热带农业研究中心、国际粮食政策研究所等相继签署了合作协议，双方根据平等互利、成果共享的原则，在种质资源交换、合作研究、信息交流、人才培养等方面进行广泛的交流与合作。

1983年中国农业科学院院长卢良恕应邀率团出席国际农业研究组织在华盛顿召开的年会。接着该组织的副主任、世界银行副行长访华，与农业部、财政部商谈，希望中国捐款，成为正式成员国，当时承诺每年捐款50万美元，进一步加强与所属各研究机构的全面合作。1984年起，我国成为该组织的成员国。由农业部对外联络，由中国农业科学院负责主持和协调执行合作项目。到2005年年底，我国已与该组织下属的11个研究机构正式签署了合作协议。除上述8个研究中心外，还有国际畜牧研究所、国际农用林研究中心、国际林业研究中心。有7个研究机构（国际水稻研究所、马铃薯中心、玉米小麦改良中心、植物遗传资源研究所、粮食政策研究所、畜牧研究所、农用林研究中心）在北京设立了办事处。另外有的机构还在我国建立了联合实验室或研究中心。如与国际畜牧研究所合作建立禽畜牧草遗传资源联合实验室，与粮食政策研究所合建国际农业发展研究中心，与植物遗传资源研究所合建农业生物多样性研究与发展中心，与玉米小麦改良中心合建小麦品质联合实验室，与国际水稻研究所合建稻米品质与营养联合研究中心。

我国农业部门的一些领导和学者应聘担任国际农业研究磋商组织及其下属机构的理事。如中国农业科学院林世成、章一华、徐冠仁，农业部张宝文担任过国际水稻研究所理事，农业科学院王韧担任过马铃薯中心理事，又担任水稻研究所副所长。农业科学院章志勇、农业部牛盾担任国际玉米小麦改良中心的理事，农业科学院屈冬玉、章力建副院长担任过国际农业研究磋商组织的执行委员等职务。

国际农业研究磋商组织在中国的合作伙伴有中国农业科学院、中国热带作物研究院、中国水产科学研究院、中国林业科学院及中国农业大学、南京农业大学等及各省、市、区农业科学院等50多个单位，涉及20多个省、市、自治区。合作项目达200多项，内容广泛，涉及种质资源评价和利用，生物多样性保护，作物品种改良与选育，有害生物综合防治与生物防治，生物技术，农业经济发展政策等。一般都是无偿资助性质。合作方式有互相访问考察，参加研讨会，人才培训，访问学者，交换品种资源和情报资料，商定课题进行合作研究，成果共享。

三、我国取得的合作研究成果与效益

21年来，我国向国际农业研究磋商组织的捐款总额达1 500余万美元，而我国从该组织获得的直接项目经费总额达2 500多万美元。对促进我国农业科技发展起到了支持作用，同时为我国提供了大量科技情报资料和遗传资源。先后引进主要作物种质资源近5万份，丰富了种质基因库，共育成优良品种252个，其中小麦160个，水稻25个，玉米12个，花生15个，马铃薯18个，高粱22个。先后有40个合作项目的研究成果获得省、部和国家级的成果奖。为我国培养了各类业务人才3 400余人，其中高级访问学者180人，博士后50人，博士生49人，硕士生98人。有近150人成为国家级课题主持人或系主任，有近40人成为各研究所的所长或副所长，近10人成为省农科院院长或厅局长。

现将一些较为重要的科研成果举例如下：

1. 与国际水稻研究所合作

该所20年来向我国提供9 421份栽培稻种和1 574份野生稻种质资源。中国农业科学院与该所开展水稻品种试验、土壤肥力和肥料评价、水稻组织培养、水稻白叶枯病防治等合作研究。

我国利用该所IR系列品种、品系和种质，推广了21个品种，作为亲本，间接育成160多个品种，累计推广1 300多万公顷。用该所的IR8做杂交亲本，育成湘矮早9号、洞庭晚稻等良种；用IR35水稻恢复系，使中国稻型杂交三系配套，育成的杂交稻在生产上大面积推广应用。用该所的水稻亲本材料育成杂交稻组合，如威优64，威优35，汕优30，汕优8号、2号，汕优桂33号等。IR25、IR30、IR50、IR9261-19-1等已成为我国杂交水稻重要的强恢复系和强恢复系亲本，含IR血统的杂交稻约占中国水稻总面积的40%。我国与该所合作研究查明了中国水稻白叶枯病菌致病类型，制定了抗病育种策略，育成了一批抗病品种推广应用，基本控制了我国南方稻区白叶枯病的发生流行。1991年云南省农科院引进国际水稻所超级稻良种，试验证明，具有高产、抗病、适应性好的优点，扩大试种推广。我国与该所的合作项目有5项，获得了部、省级科技进步奖。该所为我国培养了博士36名，硕士48名，还培训了601名青年科学家，在华出版了60部水稻专著。

2. 与国际马铃薯中心合作

从1978年起，我国从该中心引进马铃薯种质资源3 000余份，甘薯种质资源1 200余份，其中包括抗病毒资源，抗干旱、抗晚疫病，耐青枯病和适合于加工的品种等。有的经评价后直接利用推广，有的做亲本选育新品种。已推广的有CIP-24，1-1085，CFK69-1等，其中CIP-24推广面积较多。新育成的品种有合作88、川育5、中薯2号、鄂马铃薯1号、克新11号等，合作88品种在西南高原地区成为大面积推广的品种。

引进的甘薯种质资源可分：高淀粉、高胡萝卜素和抗线虫、病毒等类。在该中心的帮助下，开展中国甘薯种质资源征集工作，已收集国内712份甘薯种质资源，其中40份与国外进行了交换。据不完全统计，该中心马铃薯、甘薯品种在我国推广每年达250万亩以上。

与该中心合作研究，提出了快速简便的评价马铃薯块茎对软腐病抗性的新方法；利用核酸分子斑点杂交测定马铃薯类病毒技术和甘薯羽状病毒血清制备及检测技术，填补了国内技术空白。以云南为基地，建立了西南马铃薯生产体系，解决了多年来北种南调问题。2005—2008年在四川绵阳进行科技扶贫，建立马铃薯示范基地。四川省农业科学院与该中心合作研究马铃薯加工技术，研究出6SDC型淀粉加工设备，荣获星火计划成果奖，设备还可出口越南。

与该中心合作，在内蒙古试种甘薯获得成功，使我国甘薯种植区域北移1 000多公里。

3. 与国际玉米小麦改良中心的合作

我国从该中心引进小麦种质资源1万多份，大都有抗锈、优质、抗倒伏，对日长不敏感的特性，可以加以利用。我国用这些种质资源先后育成160多个高产、抗叶锈和秆锈病的良种。四川省农业科学院与该中心合作，培育出抗病、耐旱、高产小麦新品种（川麦25和SW3243），川麦25在全省32个县示范试种，比当地品种增产6%～8%，SW3243在38个县示范试种，比当地品种增产7%～10%。

4. 与国际半干旱地区热带作物研究所合作

我国从该所引进的高粱种质资源，育成晋杂4号、辽杂1号等高粱新品种，显著改良与提高了高粱品质。与该所合作研究花生，明确了花生病毒病流行地区在山东、辽宁、河北、河南和江苏等地，危害面积占全国花生面积的2/3。并选育出3个抗青枯病的花生新品种。首次研究发现珍珠豆型花生的青枯病抗性与固氮能力的负相关关系，明确了固氮能力差是抗病品种产量水平相对较低的原因之一。还发现花生青枯病抗性的生化机制，提出了抗青枯病遗传改良的新思路。从该所引进的木豆品种，蛋白质含量达18%～32%，在广西部分地区推广，有良好的经济效益。

5. 与国际植物遗传资源研究所的合作

与该所合作收集中国北方12个省市区小麦族种质资源547份，并进行了染色体数目检查，研究了部分种的核型，鉴定了大部分材料的抗白粉病和黄矮病特性，研究了一些种与小麦可交配性，建立了小麦族多年生种质圃，为促进中国小麦育种工作的开展创造了条件。

6. 与国际热带农业研究中心的合作

1983年与该中心建立联系。双方专家互访、交换种质资源和科技资料。该中心向我国提供木薯、牧草、豆类良种和热带经济作物种苗。经试种已选出29个优良木薯无性系，1987年开始示范推广。该中心还为我国培训了多个技术人员。

7. 与国际畜牧研究所的合作

由亚洲开发银行资助，国际畜牧研究所执行的东南亚雨育地区家畜生产系统改良的项目，对包括我国等5个国家实施。我国云南、四川两省参加与该所合作，使众多贫困农户从中获益，并有一批技术人员出国培训，提高了业务能力和科技水平。成效在5个国家中居首位，得到亚洲开发银行的高度评价。

8. 与国际干旱地区农业研究中心的合作

1982年开始接触，交换了蚕豆种质资源，我国派学者参加豆类改良的合作研究。

四、我国对国际农业研究机构的贡献

国际水稻研究所：我国向该所先后提供了3 399份栽培稻和30份野生稻种质资源。该所从全球8 000多份水稻种质资源中筛选出5个抗寒性强的品种，其中有2个就是中国的“冷光”和“1039”品种。该所利用中国“低脚乌尖”品种育成著名IR8高产品种。利用中国野生稻中的雄性不育类型，才使杂交稻选育成功，得到推广利用。

该所对我国培育杂交稻的技术和水稻花药培养，有机肥和红萍的研究给予很高评价。杂交稻方面，该所与中国专家密切合作，改进育种技术。1981年从中国引进了有效而稳定的细胞质雄性不育系，如矮丰南、IA、V20A、V41A等，1983年育成了具有抗病虫害的雄性不育系。利用中国杂交稻种子生产技术，获得了雄性不育系高达30%的结籽率，并在旱季使杂交种子每公顷产量达1.5吨。20世纪80年代初，该所委托湖南省农业科学院d举办杂交稻技术国际培训班，推广杂交稻的利用。现在朝鲜、越南、印度、菲律宾、哥伦比亚、巴西、圭亚那等国都在推广杂交稻。

该所与中国农机研究院专家协作研制成两种水稻收割机。一种割1.6米，可装在6马力耕作机上，速度每小时3公里，收割7～8亩。还有一种割幅1米，可用3马力耕作机，每小时收割5亩。这两种收割机已在巴基斯坦、印度尼西亚、泰国、埃及、缅甸试验推广。

我国向国际玉米小麦改良中心提供了1 000多份小麦种质资源，包括品种和重要的赤霉病抗源。中国的冬麦和春麦种质对印度腥黑穗病、赤霉病、斑枯病、黄叶斑病和叶枯病，表现出良好的抗性。中国冬性和半冬性小麦的产量潜力、快速灌浆特性和早熟性是世界公认的。他们利用中国的这些遗传资源作为亲本选育成不少新的品系、品种，进入国际圃并引入其他国家。

中国与玉米小麦改良中心合作，在尼泊尔和孟加拉试验推广水稻与小麦轮作制和使用手扶拖拉机进行播种、耕地及收获技术，能够按季节，保证双季增产，获得成功。孟加拉西北部小麦生产区70%的面积广泛使用，同时还开发手扶拖拉机的多功能利用，为当地无地的穷人提供就业机会。

我国向国际半干旱地区热带作物研究所提供高粱种质资源646份，花生资源231份，鹰咀豆资源24份、谷子资源62份、木豆资源2份。

（作者：农业部国际合作司原司长、教授级高级农艺师）

开放初期农业对外科技合作中的棘手问题*

朱丕荣

改革开放前，农业外事以苏联、东欧与亚非发展中国家往来居多，外事队伍以政治素质高的老同志和外语干部为主。1979年开放后，与发达国家和国际组织机构的往来增多，农业专业交往与经济技术合作项目迅速增加。为了适应这种新形势发展的需要，农业部外事机构扩大。在原有综合处、对外联络处、国际处、援外处、翻译室的基础上，增设了技术合作处和经济合作处。同时调入了一些农业专业干部。笔者原从事过粮食生产和农业计划工作，在这种背景下，于1979年春奉命调到外事司任技术合作处处长，1982年任副司长，1985年任司长。

开放初期的农业外事工作任务繁重，压力较大。据笔者回忆，遇到了一些新的棘手问题，主要涉及4个方面。

一、稀有名贵的动植物品种资源交流问题

品种资源交换是国际农业技术交流的内容之一，也是简而易行友好合作方式之一。在涉外活动中，一些国家和国际农业科研单位提出索要我国一些稀有名贵的品种资源。如国际水稻研究所索要我国的野生水稻品种资源，美国提出收集我国野生大豆的品种资源，法国和日本等提出索要我国太湖地区“梅山猪”品种，这种猪具有性早熟、产仔率高、耐粗饲、抗病力强、肉质鲜美等特性。另一方面，发现外方来华窃取我国一些特有品种资源，如日本驻香港领事馆曾派人到成都收集四川的魔芋品种资源、日本旅游者到云南收集山茶花、杜鹃等花卉品种资源，还到沪宁沿线采集我国“白沙”枇杷等名贵品种资源，在出境时均被我国海关查获截留。此外，国内有些地方和单位为了迎合外方的需求，随意向外赠送一些蔬菜、水果、蚕桑等特殊品种资源。

为此，我们商请国家科委共同研究对策，拟对引进和交换的动植物品种资源实行归口统一管理，坚持平等互利，以宝换宝的原则，对我国独有、稀罕、珍贵的动植物品种资源要严加保护和控制，未经国家主管部门（农业、林业、水产）审批，不得擅自对外赠送输出。并委托中国农业科学院品种资源研究室起草农作物品种资源对外交换的管理办法（条例）。对于引进的品种资源要统一登记申报归口部门备案（农作物由中国农科院、林木由中国林科院、热作由中国热带作物研究院、水产由中国水产科研院）；要加强对种子种苗的检验与检疫，防止病虫害传播，保证生产安全；组织试种鉴定试验，有计划地加以利用。

---

* 本文收入内部报告《共和国农业史料征集与研究报告》第15集，2008年。

二、动植物检疫的对象与手段问题

农产品进出口贸易（包括种畜贸易）与动植物检验检疫工作过去均由外贸部门经管。改革开放后，种畜进出口、动植物检验检疫工作移交农业部管理。农业产品（包括活体）检验检疫是贸易的前提条件。对哪些危险性疫病、病虫害要进行检疫？其方法与标准如何？需要双方进行考察和磋商，取得共识后签订协议。但在执行中，常因看法不一，发生矛盾。20 世纪 80 年代初，我国进口加拿大、澳大利亚的种牛、种羊和匈牙利瘦肉型种猪，到了我国港口，在隔离检疫期间发生了疾病，我方向对方交涉索赔，对方说，这是常见病（类似感冒），不是传染病；同时由于我方检疫场所简陋、环境不好，引进的种畜生活不能适应，或是仪器设备陈旧落后，不能确诊，证据不足，造成双方各执己见，引起纠纷。经反复协调，勉强平息。为此，我方向加拿大和澳大利亚申请加强与提高动植物检验检疫的技术援助项目，很快得到他们的支持。加拿大发展署向天津市口岸提供动植物检验检疫设备并接受派员出国培训和技术指导。澳大利亚发展署向在青岛建立的我国动物检疫实验所和在北京建立的植物检疫实验所提供必要的设备与技术培训，提高检验检疫水平。

有一次澳大利亚驻华使馆官员为了欢度圣诞节，他们从澳大利亚自己运来牛肉（当时北京市场不能供应小牛肉，只供应淘汰役牛的老牛肉），但到了北京机场，被我国检疫部门扣留，以澳大利亚有兰舌病为由予以销毁。澳方极为不满，通过向我国外交部交涉并向农业部提出质询。我方就动物疫病检验规定作了解释，希望对方予以谅解。事后，农业部所属中国牧工商总公司与德商阿努斯公司合资在北京成立华安肉类公司，专门生产高档小牛肉，供应外宾与高级宾馆（在河北大厂县饲养屠宰肉用牛）。

我国每年从美国进口小麦，但美国西部小麦染有腥黑穗病，属传染性危险性病害，是我国检疫的对象。一旦发现，将禁止入境，予以销毁处理并索赔。美国为了让我方了解这种病害的发生规律和提高监测检疫技术，邀请我国植物检疫专家前去产区考察并进修有关技术，以便采取防治的有效措施，并就此磋商有关检疫问题。我国向日本开始出口肉用活牛和新疆哈密瓜，日本常用检疫借口，刁难我方。为了让日方了解我产区病虫害情况，我方邀请日方检疫人员到我国产区考察监测，取得共识，达成检疫协议，以利贸易。

三、农药专利纠纷问题

我国实行对外开放政策后，外国农药厂商蜂拥而入，相继积极向我国推荐介绍其农药产品，开展技术交流并在我国不同地区不同作物进行药效和残留试验，以求拓展市场推销其产品。1981—1982 年农业部分别颁布了“外国公司在我国进行农药田间药效试验管理办法”和“农药登记规定”，“农药登记田间药效试验资料要求和农药登记的残留试验资料要求”等规定。明确提出，国外公司必须按规定向我方申请农药登记和进行农药药效和残留试验，审批通过后才能进入中国市场。

1983 年时有 10 个国家 80 家外国公司申请在华进行农药登记和试验，有 150 多个产品，包括杀虫、杀菌、除草、生长调节、灭鼠剂等，涉及农、林、化工、卫生、商业、轻工、环保、教育等部门，遍及 27 个省、直辖市、自治区。

外国农药向我国登记时，需将其化学成分结构详细说明，因此有利于我国吸收创新，加快农药更新换代。当时我国一些科研单位对某些农药仿制成功后急于公开宣传，并原封不动地注明是仿制某公司的产品。这就不得不引起外界的强烈不满，纷纷向我国农业外事部门交涉，认为侵犯了其专利权。不仅商界出面，还通过对方政府农业部向我国提出抗议，影响了农业对外合作的信誉，给工作带来了一定的被动。如法国罗纳普朗克公司的“乙磷铝”、德国巴塞夫公司的棉花生长调节剂“缩节安”、拜耳公司的“粉锈宁”等农药，都受到对方的指责。

当时我国专利局刚成立，规定对农药产品（化学制品）是不予专利保护的，何况对方尚未向我国登记专利权。尽管我们对外解释（农业部只管农药使用，农药制造属化工部门，销售属供销商业部门）并适当购买进口这些农药，照顾外商利益，但终难使外商感到满意。后来他们联合了日本、美国、英国、瑞士等一些农药公司共同向我国经济委员会综合部门反映，控告我国农业与化工部门，一致指责至少是一种不公正和不道德的行为。经委会即时召集有关部门开会讨论，认为要吸取教训，对国内生产的农药同样也要采取登记与审批手续，以便做好协调和保密工作；要注意技术改进与创新；对仿制成功而泄密的农药尽快更名；适当进口一些国外原药，顾及这些厂商的商业利益，解决纠纷，维护对外声誉。

四、能掌握与熟悉外语的农业专业人才短缺问题

新中国成立后到“文化大革命”阶段，就世界范围内，我国农业科技教育事业是滞后的。由于“一边倒”学习苏联，受米丘林遗传学说的影响，排斥摩尔根细胞遗传基因理论，走了弯路，同时只提倡学俄语，不提倡学英语，闭关自守，对迅速发展的西方发达国家的农业科技信息不甚了解，与之差距拉大；又因进行“文化大革命”，农业高等教育中断，农业高级科技人才断层、匮缺。改革开放后，需加快步伐，学习吸取世界农业科技成果，特别是西方发达国家的科技进步，推进我国农业迅速发展。但是突出地遇到了缺乏掌握和熟悉外语的农业科技人才的困难。1979 年我国申请世界银行优惠贷款的首个项目是国家农委组织的“加强农业科技教育”。要引进科技设备教材和智力人才并派出一批进修、留学的科技人员。为了执行项目内容，从各地选拔有基础经验的中年科技专业人员出国。因此在中国农科院、北京农业大学、江苏省农业科学院、农垦干部学院等单位临时开办英语培训班。同时在西南农业大学开设法语、延边大学农学院开设日语、西北农业大学开设德语的教学培训，有计划培养掌握不同语种的农业科技人才。

农业部科技司及早向国务院申请专项经费，用“请进来、派出去”的办法，加快提高农业科技水平。分批选派中年、有经验、懂外语的科技骨干出国，采取访问、实习、合作研究等方式，争取尽快吸收掌握国外先进农业科技，以推进振兴我国农业科技事业发展。同时积极引进美籍和外籍华裔学者来华系统讲学或指导，可以克服语言障碍，较快传播新的知识与技术，特别是填补一些新的空白学科。如细胞遗传学、生物技术、生理生化、营养、植物病理、兽医、农产品加工、电子计算机在农业上的应用等。这方面工作尽管费了较大精力，但是收到了良好的成效，使我国农业科技水平缩短了与世界的差距，派出的不少访问学者回国后，都成为科技领导和骨干力量，有的当选为院士。

改革开放初期，我国农业外事部门常接到国外或国际组织、学术团体的邀请，希望选派能听、讲英语的专家学者出国去参加国际会议或接受专业培训。为此，我们联合农业科研、教育单位在全国系统范围内组织调查了解、掌握人才信息资源，需要时可以随即调派，扩大对外学术交往。

农业外事干部需求急剧增加。在罗马开设常驻联合国粮农组织代表处，联合国粮农组织总部的中文组人员，联合国粮农组织和世界粮食计划署开设了驻华代表处都需要中方官员。经国务院批准，在驻美国、日本、法国、澳大利亚、比利时等使馆的科技处增派农业秘书。随着对外交往的发展，每年派出和来访的农业各种代表团组不断增多，均需有随团的翻译，因农业部本身外语干部不足，有时不得不商请外交部、新华社、外语学院、情报所等借调不同语种的翻译人员。后来，经向国家编制委员会特殊申请批准，增加编制，补充储备一些外语干部，加以专业岗位培训；选调一些英语有基础的专业干部强化外语培训、提高外语水平、充实农业外事队伍。曾委托南京农业大学开办了英语培训班，对农业科技人员进行一两年的英文和口语培训，以满足选派的需要。

1984 年外事司从分配来的大学毕业生中选拔了近 20 名青年派去南京农业大学，培训 2 年英语，使他们既有一些农业知识又能掌握英语。经多年岗位实践，现在都已成为从事农业国际合作工作的骨干力量（局、处长）。我们还曾与南京农业大学商定，在农经系中培养农业外事专业本科生，只招了一班（10 余人）试办，后因分配政策变动，停办了。

20 世纪 80 年代初，欧洲一些国家（法国、丹麦、瑞典、德国等）为了与我国发展农业经贸与科技合作，每年吸收我国派一些专业科技人员（如农药、植保、畜牧饲养、兽医、肉类加工等）出国学习培训。由于他们不懂外语，只能配备翻译随行，但是翻译不懂专业词汇，效果不佳。后来，欧盟（欧洲共同体）与我方商量，希望在北京建立一个中欧农业技术交流中心，由欧盟提供技术援助，派欧盟专家来华讲授、指导、培训中方专业人员，由中方配备留学生或懂外语的专家协助翻译，这样可以扩大培养人才，有利于提高培训效果。我方同意这个建议，并建成了这个中心，办了一期后，因无后续项目而中断了。现已改组成农业部对外经济合作中心。

（作者：农业部国际合作司原司长、教授级高级农艺师）

奶类发展项目助推我国奶业健康发展*

李易方

一、综　　述

自1982年开始在我国实施的奶类发展项目，是中国政府与联合国世界粮食计划署和欧盟在农业领域合作的最大的奶业开发性项目。依次为：（1）世界粮食计划署（WFP）援助的六大城市及其郊区的奶类发展项目（项目编号：2647）；（2）欧洲经济共同体（EEC）援助的20个城市奶类发展项目（项目编号：ALA/CHN/87/11）；（3）欧洲经济共同体（EEC）援助我国24个城市和地区的过渡期奶类发展项目（项目编号：ALA/CHN/87/11）：（4）欧洲联盟（EU）（前身为欧洲经济共同体）援助我国11个地区的奶业及食品加工业的技术与商务合作项目（项目编号：ALA/CHN/95/17）；（5）欧洲联盟（EU）援助我国三省、区的水牛开发项目（项目编号：ALA/CHN/95/22）。所提供援助的物资和资金都是无偿的。5期奶类项目援助资金包括援助物资折合人民币在内合计10.5亿元，项目地区配套资金为17.3亿元，总计27.8亿元（见表1）。

表1　奶类项目资金投入

项目名称	总计	援助资金	配套资金
“2647”项目	7.6	2.5	5.1
20城市奶类项目	12.1	4	8.1
过渡期项目	1.6	0.7	0.9
EU奶类项目	6.0	3.0	3.0
水牛开发项目	0.5	0.3	0.2
总计	27.8	10.5	17.3

注：EU奶类项目，即中国-EU奶业及食品加工业的技术及商务合作项目。

这样大规模的资金投入在我国奶业史上是前所未有的。农业部为加强项目的领导和管理，设立奶类项目办公室（管理监测组）专管此项工作。在农业部、对外经济贸易合作部和各项目地区人民政府的正确领导下，与世界粮食计划署和欧盟密切合作，依靠项目地区奶业工作者的艰苦努力和广大农民的积极参与，有效地利用国际援助物资和资金及现代化技术装备，取得了巨大成就。各项目地区的奶业生产和市场供应面貌一新，不仅较快地缓解了一些大中城市“喝奶难”的问题，同时直

* 本文收入内部报告《共和国农业史料征集与研究报告》第16集，2009年。

接或间接地推动了全国奶业的发展。在实践中积累的经验也是丰富的。根据笔者的回忆、笔记及《中国奶类项目》① 一书提供资料，特摘要整理分述之。

二、逐期项目的实施

（一）WFP 援助的中国六大城市及其郊区奶类发展项目

20 世纪的 70 年代末到 80 年代初，市场商品供应特别是奶类食品的生产与供应矛盾甚为突出。在大中城市不得不采取严格的限量供应办法，优先满足婴幼儿、病人、儿童、老人及特种劳动者的需求。在北京、上海、天津等大城市中，婴儿要凭出生证明、病人要凭医院证明，才能订购每人每天 250～750 克的巴氏消毒牛奶。就是这样，一般每月也只能供应 20～25 天。奶粉的供应也是凭票证定量供应。

而当时的国际市场上特别是西方发达国家奶粉、黄油过剩，政府每年要对此拿出补贴，还要承担贮存费用。为了给过剩的奶粉、黄油寻找出路，又支持发展中国家摆脱贫困，发展经济，他们直接或通过国际组织向一些发展中国家提供奶粉和黄油的无偿援助。印度从 20 世纪 60 年代起先后 3 期利用国际组织多边和双边的无偿援助，进行了一场有名的“白色革命”，使印度的奶业获得空前发展，国家受益，贫民受惠。

我国农业部于 1981 年着手准备向联合国粮食及农业组织（FAO）和世界粮食计划署（WFP）寻求支持。经过反复研究、论证，决定首先在中国的北京、上海、天津、武汉、南京、西安六大城市及其郊区，执行联合国 WFP 奶业发展项目，于 1982 年 1 月向 WFP 提交了项目申请书。FAO 和 WFP 曾先后派出先遣组和评估团及再制奶生产车间设计小组等到六大城市进行考察评估。1983 年 5 月于罗马召开的第十五次粮食援助政策及计划会议上（CFA）批准了该项目。同年 8 月 11 日，由农牧渔业部外事司相重扬司长和 WFP 驻华代表处夏龙代表，分别代表中国政府和 WFP 在北京签署了项目的《执行计划》。12 月，农牧渔业部畜牧总局局长、奶类项目主任李易方签发了致 WFP 的项目就绪函。1985 年和 1986 年，农牧渔业部外事司朱丕荣司长和 WFP 驻华代表处孔雷萨代表分别代表双方两次签署了“执行计划”的补充条款。

根据“执行计划”，WFP 在项目执行期间，向六大城市提供总价值为 6 473.3 万美元的 45 000 吨脱脂奶粉、13 330 吨无水黄油。这些脱脂奶粉和无水黄油经过加工成再制奶，与当地鲜奶按一定比例进行混合后供应市场。5 年内援助物资转化的销售收入达 25 240 万元人民币，加上中方的 50 618 万元人民币的配套资金，共计 75 858 万元，共同用于扶助发展奶畜、奶的收集、分发、加工和技术服务体系的建设。另外，由 FAO 向北京的 4 个乳品加工厂提供实验室化验仪器设备和一套再制奶加工设备，总价值 38.2 万美元。各受援城市的受援比例为北京 38%，上海 19%，天津 13%，武汉、南京、西安各 10%。

本项目的主要成果如下：

① 《中国奶类项目》编委会：《中国奶类项目》，天津科学技术出版社 2001 年 1 月出版。

1. 扭转了项目区奶牛发展长期徘徊的局面

1973—1977 年 5 年中，北京、上海、天津、南京市奶牛头数分别保持在 16 000 头、21 000 头、5 000 头、3 000 头左右；西安市在 1972—1980 年 9 年中徘徊在 4 000 头上下。由于项目的实施和实行国营、集体、个体一齐上的方针政策，集体和个体户养牛大发展，奶牛头数和产奶量大幅度增加。1989 年末，6 市黑白花奶牛存栏达到 183 803 头，比项目基础年（1982 年的）的 90 032 头增长 115%，超过项目目标 23.5%，年平均递增 10.7%。在此期间，农户个体饲养的奶牛发展得最快，计 7 年增长 12 倍；使农户饲养的奶牛在全部奶牛中所占的比例由 3.2%上升到 20.7%。1989 年 6 市牛奶总产量达到 55.97 万吨，是 1982 年 25.54 万吨的 2.19 倍，年平均增长 11.86%。每头成母牛平均年单产 5 258 千克，比 1982 年提高 200 千克，增长 8.03%。

2. 缓和了市场液态奶供应的紧张状况

六大城市液态奶上市量以年均 30.13%的速度递增，迅速缓解了鲜奶市场的供需矛盾。6 城市人均生产占有量达到 18.4 千克。在 1984 年各市还陆续发展了学校课间加餐牛奶的供应工作，1985 年 6 市供应加餐牛奶共有 835 所学校的 34.7 万名学生。项目结束时，北京、天津、武汉、南京、西安市已基本上取消了对订奶的限制。

在巴氏消毒奶的供求矛盾得到缓解或基本解决的条件下，6 市陆续开发出丰富而口味多样的几十种乳制品，各种酸奶、可可牛奶、咖啡牛奶、果汁牛奶、牛奶汽水、乳酸饮料、冰淇淋等受到广大消费者的欢迎。1982 年酸奶产量 6 市总计为 1 710 吨，1989 年达到 47 605 吨，增长了 27.8 倍。

3. 服务体系建设有了较大的改进

6 市本着上技术培训先行，收奶与养牛同步发展的原则，资金投入重点用于配种、防疫、收奶、代购饲料与人员培训等配套服务体系以及销售网点的建设，逐步建成了市、区（县）、乡三级技术服务网。在市一级有奶业培训中心、奶牛育种改良中心，在区（县）、乡有畜牧兽医站。各市根据本地实际情况在奶牛集中的地区还新建了 48 个奶牛综合服务站。综合服务站不仅帮助奶农贷款、买牛、负责奶牛配种、疫病防治，而且提供代购代运饲料、收奶并结算奶款等服务。各市还利用这个完善的技术服务网，广泛进行了奶牛饲料、乳品加工、分析化验技术和奶牛、乳品企业管理方面的技术业务培训。1985—1989 年间举办了 1 018 期奶业技术和管理培训班，接受培训的各类人员共 23 830 人次。除了短期培训外，上海和武汉等市还在有关中等学校开设了学制 3～4 年的乳品加工或奶牛专业班。

为了方便奶牛场、奶牛户就近交售鲜奶，保证鲜奶的质量，6 市新建了 113 个收奶站，新添置奶罐车 131 辆。奶的分发销售服务网点比以前增多，计新增乳品门市部 117 个、中心发奶站 238 个、销售点 2 788 个。

实施项目以来，6 市普遍重视牛奶的卫生和质量，建成了牛奶质量和卫生监测网，不仅培养和配备了不同层次的技术人员，而且用项目资金购置了一部分国际、国内比较先进的检测仪器。有的城市还专门设立了乳品监测中心，装备了先进的牛奶质量监测仪器设备。

4. 奶的生产、加工、销售体系业已建立，初步形成了奶业产、加、销一体化经营

5. 乳品加工能力增强，技术水平提高

项目期间共计改、扩建乳品加工厂 14 个，新建乳品厂（车间）20 个；日处理鲜奶能力达到

2 390吨，比1982年增长2.1倍。超高温灭菌奶、奶酪、冰淇淋、软包装等关键设备138台（套）。一部分乳品厂还安装了就地清洗设备，卫生条件得到改善。

6. 促进了农业结构调整，增加了社会就业机会，提高了农民收入

据统计，1982年6市在奶业系统（包括生产、加工、销售及服务部门）就业人数是4.39万人，项目结束时为7.17万人，净增3.69万人。6市仅养奶牛一项，平均每户每年就增加3 000多元收入。各市郊区还积极总结推广农牧结合、渔牧结合、果牧结合的经验，收到了较好的良性循环的效果。武汉市在项目期间率先推广牛舍鱼塘联建，牛粪入塘，增加了水中浮游生物，丰富了饵料；鱼塘冬闲时种草，以草养牛，多层次利用，从而既可增加奶农的收入，又减少了对环境的污染。

7. 积累了引进、消化、吸收外资和先进技术的经验，加强对奶业的宏观管理，培养和训练了一支有较高素质的奶类项目管理队伍

8. 1986年8月到1987年6月，农业部畜牧局奶类项目管理监测组和北京市人民政府政策研究室共同发起，北京、上海、天津、武汉、南京、西安6市政策研究部门及奶类项目办公室联合开展了奶业调查研究，就奶业的发展状况、发展前景、消费市场的变化和要求、奶业的限制因素，发展过程中遇到的问题，奶类项目的社会、经济效益等，进行了科学的分析研究，为奶业主管部门提供了制订规划和决策的依据。

（二）EEC援助的中国20个城市奶类发展项目

根据中欧双方签署的项目"议定书"，EEC向项目城市无偿提供45 000吨脱脂奶粉和15 000吨无水黄油。另外追赠无水黄油1 700吨，用于WFP援助的六大城市配套加工再制奶，上述脱脂奶粉和无水黄油总价值7 500万欧洲货币单位（ECU，后改为欧元），约9 149万美元。EEC还提供450万欧元（约折合549万美元）的财政技术援助，用于聘请外国专家进行技术服务，资助中方人员出国培训，购买分析化验仪器等。以上两项总计7 950万欧元，折合9 698万美元。在实施项目期间，由于欧洲脱脂奶粉和无水黄油价格上涨，EEC实际支付了1.01亿ECU贷款。各城市受援比例如下：甲组：北京8%，上海8%，天津6%，武汉、南京、西安各3%。乙组：广州、沈阳、重庆、成都各8%，青岛、福州、杭州、合肥、长沙各5%，南昌4%，大连、桂林、苏州、无锡各2%。

本项目是六大城市奶类项目的继续扩大和深化。除把重点放在增加牛群，增加牛奶产量，改善供应，促使加工现代化，改善服务体系，提高质量等外，还由中外专家合作对我国奶业发展战略做了深入研究并形成报告，对我国奶业现代化建设起到了策划指导作用。

本项目的主要成果如下：

1. 牛羊奶总产量持续增长

"2647"项目期间，北京、上海、天津、武汉、南京、西安六大城市奶牛存栏增长了74.6%，牛、羊奶总产量增长了89.3%，全面超过了项目目标。执行EEC奶类发展项目期末1992年，六大城市奶牛存栏量达到234 889头，比1987年增长40.4%；牛、羊奶总产量达到516 137吨，比1987年增长57.4%；广州、沈阳、重庆、成都、青岛、福州、杭州、合肥、长沙、南昌、大连、桂林、苏州、无锡 14 个城市 1993 年奶牛存栏量达到 162 320 头，比 1987 年增长 54.7%；牛、羊奶总产量达到 507 752 吨，比 1987 年增长 65.5%。20 个城市均完成或超额完成了项目规划目标。

2. 市场供应继续好转

1993 年，20 个城市城镇人均占有奶量超过 20 千克，比 1987 年增长 22%。对婴、幼、弱、残奶的供应有了保证，在部分城市取消了奶制品限量供应，北京、上海、杭州等部分项目城市已从市区发展到市郊重点工业区和郊县城镇。市场上乳制品花色品种增多，消费者有了更大的选择余地。

3. 生产能力提高

奶类项目的实施，不仅促进了项目地区奶产量的大幅度提高，同时奶的收集、分发及兽医等服务体系也逐渐建立和完善，为奶农提供了较全面的服务。通过新建和改造，扩建乳品厂和饲料厂，乳品加工能力超前，饲料加工能力也可基本保证项目地区奶牛配混合饲料的供应。

4. 推动科技进步

（1）奶牛饲养实用技术得到推广。各市奶牛人工授精达到了 100%，受胎率在 90%以上；在大部分国有和集体牛场和部分个体养牛户中推广了机械化挤奶；配（混）合饲料的产量和供应量逐年增加，青贮与氨化等实用技术也得到推广。

（2）奶业的装备水平提高。各市普遍装备起了比较现代化的乳品加工厂，很多市从国外引进了先进设备，有的为大型全套乳品加工生产线，使乳品工业的技术水平向前迈进了一大步。项目城市基本普及了冷贮收奶、罐车运奶，并添置了一些乳脂测定仪器。同时，奶牛饲养业的机械化水平也有提高，有些城市还建成了现代化示范牛场。

（3）奶及奶制品的卫生质量改善。项目城市普遍重视了提高牛奶卫生质量工作，为奶农统一购置了不锈钢和铝合金奶桶，购置牛奶化验设备，从收奶环节严格把关；部分城市统一购置了自动清洗设备（CIP）；利用 EEC 的技术援助，在天津、沈阳和长沙 3 市实施了乳品质量控制示范项目。

5. 促进农村经济的发展

项目的执行和奶业的发展，促进了农业结构的调整，创造了就业机会，增加了农民收入。许多项目城市还开展了渔牧、果牧、农牧相结合的资源综合利用，不但提高了奶牛饲养者的经济效益，还减少了污染。

6. 引导奶农发展适度规模经营

个体奶牛户一般经营规模很小，不利于新技术的推广，特别是难以实现机械化。项目期间，天津等项目城市率先总结并推广奶牛适度规模饲养小区的成功经验，实施统分结合的方式，突破了庭院经济的局限，为科学技术在奶牛养殖业中的应用创造了条件。

7. 中国奶业发展战略研究

1989 年中国奶业专家组与 EEC 技术援助咨询专家共同进行了中国奶业发展战略研究工作，他们对历史的、现实的国内外发展奶业的资料进行收集、整理和分析，深入到农村、牧区和城郊做了大量的调查研究，以翔实的资料和客观分析，写成了中国奶业发展战略研究报告。

8. 奶价监测

在计划经济条件下，奶价是受政府严格控制的，在企业因价格因素而经营困难时，政府往往采用补偿的方式给予扶持，这样便加大了财政负担。为了给政府决策提供依据，遂开展了奶价监测工作。

（三）中国-EU过渡期奶类发展项目

在中国-EEC（即EU）20个城市奶类发展项目获得初步成功的基础上，1992年初，外经贸部代表中国政府向EU提出了延续扩大“20个城市奶类发展项目”的申请。由于EU将改变过去的食品援助方式为资金援助方式，又由于准备这一项目所需的时间长，工作量大，因此，双方同意在准备下一期奶类项目期间，合作上一个过渡期的奶类项目，为下期奶类项目摸索经验。该项目于1995年1月在北京签字开始执行，1996年年底结束。

根据中欧双方达成一致的援助款“附加条款”的规定，EU在项目执行期间向项目地区提供610万欧元（PVD-ALA预算）的技术援助，总计698万欧元。中方提供折合630万欧元的人民币为配套资金。项目的总资金为1 240万欧洲货币单位（ECU）。

项目地区为：北京、上海、天津、武汉、南京、西安、广州、沈阳、成都、重庆、青岛、杭州、合肥、长沙、南昌、大连、桂林、苏州、无锡20城市和新疆维吾尔自治区的乌鲁木齐、呼图壁、石河子3个地区；贵州省的3个地区，甘肃省的兰州市、庆阳市、张掖市3个地区；黑龙江农垦局和畜牧局系统在三江平原的一些农场和县市。

各地区受援比例为（以人民币计）：

甲组（新区）：甘肃454万元、贵州581万元、新疆548万元、黑龙江农垦298万元、黑龙江畜牧305万元。

乙组（牛奶生产与卫生质量示范城市）：长沙222万元、沈阳208万元、天津196万元、福州190万元、青岛209万元。

丙组：成都138万元、大连132万元、合肥104万元、广州150万元、武汉197万元、上海134万元、南京115万元、北京200万元、重庆119万元、桂林62万元、无锡117万元、西安108万元、苏州104万元。

过渡期项目的执行采用了全新的援助方式和管理方式，即财政援助和报账制。项目期间共进行了6次报账。24个项目地区共使用资金15 737万元，其中EU资金6 820万元，国内配套资金8 917万元。这些资金投资于发展奶畜、乳品加工牛奶收集、销售和技术服务与培训领域，取得了显著经济效益。项目期间的奶业形势及项目的主要成果可概括为：

1. 奶畜发展和牛奶生产稳中有升

1996年末，24个项目地区的黑白花奶牛存栏达到451 558头，奶产量达到1 467 605吨，分别比执行项目前的1994年增长了1.54%和3.55%。从各种所有制分别看，个体奶业增长速度快于国营、集体。24个地区个体奶农的奶牛和奶产量分别达到221 487头和693 694吨，两项所占比例由1994年年底的48%和43%分别提高到1996年年底的49%和47%。此外，各项目区还积极探索以股份合作制为代表的新型奶业经营体制，取得了一定的经验。

2. 奶业基础设施与技术装备得到了改善

截至1996年年底，项目地区共有乳品厂160家，收奶站629个，分发中心436个，发奶点和站 716 个，饲料加工厂 127 个，育种中心 61 个。项目期间，举办了各种培训班 1 200 期。

3. 技术援助工作进展顺利

项目期间，欧盟向中国项目地区共派出畜牧、乳品加工及其他各类奶业专家达 22 人/月。主要用于：

（1）在青岛、福州和南昌开展提高奶牛生产性能的试点。围绕降低生产成本，提高经济效益，推广标准化饲养管理，开发饲料资源，加强奶牛繁殖疾病防治，建立、健全奶牛生产性能记录体系、强化技术推广和技术服务等工作。欧盟专家长期进驻南昌市的奶牛示范村，对奶农进行技术指导，从用啤酒渣代替精料、提高奶牛单产、节约饲料、提高牛奶等级 4 个方面计算，每头牛可净增效 330 元。

（2）在天津、沈阳、长沙开展了牛奶质量控制工作。以建立和推广按质论价体系为中心，强化鲜奶质量管理，取得了成果。在专家的指导下，组织相关部门在反复协商、科学测算的基础上，制定出一套按质论价的计价标准及从样品采取、化验分析到结果计算的一套细则，较好地协调了奶农、收奶站、乳品厂三者的利益，减少和杜绝了掺杂使假现象，调动了农民生产优质奶的积极性。

过渡期奶类项目加大了技术援助的资金投入，有效地加大奶业的科技含量。例如，上海等地除推广冷冻精液配种改良外，并积极推广优秀种公牛胚胎移植；青岛、福州、南昌等地按不同阶段奶牛的营养需要，进行科学饲养，大连采用新型饲料添加剂等。这些措施对于提高单产、降低生产成本均起到了积极的作用。24 个项目区成年母牛平均单产达到 5 000 千克以上的有 14 个城市，上海市达到了头均年单产 6 290 千克。

（四）中国- EU 奶业和食品加工业技术及商务合作项目

由外经贸部李岚清部长于 1992 年 3 月 2 日致函 EEC 委员会主席德洛尔先生，提出了本项目的申请。经过多次评估考察与谈判，于 1996 年 5 月，在北京签署了中国- EU 奶业和食品加工业技术及商务合作项目的“援款协议”。1997 年又进行了启动评估，1998 年正式进入了实施阶段；2001 年 12 月末结束。根据“援款协议”的规定，EU 在项目执行期间，将向项目地区提供 3 000 万欧元的财政技术援助，中方提供折合 3 000 万欧元的人民币配套资金。资金重点用于提高奶业质量和管理水平，促进中欧双方的经贸合作。

项目地区为：四川省成都市、江西省南昌市、山东省济南市和青岛市、辽宁省大连市、河南省郑州市、河北省石家庄市、新疆维吾尔自治区乌鲁木齐市、贵州省（贵阳、安顺、遵义）、黑龙江省三江平原（农垦系统和畜牧系统）。

项目主要实施情况如下：

本项目由丹麦的 DANAGRO 公司负责项目技术援助的实施，并组成技术援助专家组。根据协议的规定，在 1997 年上半年，由技术援助专家组对每个项目区逐一进行评估，提出了不同项目区的实施重点和实施计划，同时逐步组建了中方专家组。下半年提出了启动期工作报告初稿，经过多次修改，在年底经 EU 委员会批准，于 1998 年年初正式进入实施阶段。

1. 制订每个项目区的商务计划

2. 开始了项目的建设工作

根据欧盟的要求和我国的有关规定，项目实施中的工程项目和大中（型）仪器设备的采购，均采用了国际、国内竞争性招标的办法进行采购。截至 2000 年 6 月底，已完成和正在进行的 4 次国际招标、5 次国内招标。主要的项目和仪器设备有：新建乳品厂 3 座；新建乳品加工生产线 3 条；污水处理工程 26 个；兽药 87 套；兽医器械 57 套；优良奶牛冷冻精液 91 500 支；乳品、饲料、兽医分析化验仪器设备 13 套；铝合金和不锈钢奶桶 8 710 只；液氮罐 107 只；铡草机 65 台；车辆 253 辆；冷藏贮奶罐 74 台；冷藏保鲜柜 1 694 台；烟尘处理设备 7 套；蒸汽锅炉 7 台；挤奶机 14 台；就地清洗设备 12 套；乳品加工设备 58 台（套）；乳品加工辅助设备 29 台（套）。

3. 组织成立基层奶农协会

项目地区先后成立或筹备成立的奶农协会共 36 个。

4. 开展了国际、国内的培训工作

从项目开始实施到 2000 年 6 月底共组织了 117 人次的国际培训和考察，2001 年还有 28 人次的国际培训。培训内容包括项目的综合管理，乳品加工与质量控制，奶农合作组织的建立与管理，财务与计划管理，培训方法，畜牧生产，兽医防疫，乳品的营销与管理以及有关国际会议等。国内组织 70 期全国性和区域性培训班，培训了 1 351 人次，内容包括培训方法、培训技能、繁殖技术、乳品加工、牛奶质量控制、奶农合作组织建立、奶牛饲料加工、奶牛保健及青贮制作技术等。1999 年 EU 专家在华人员总计达到 263.49 人/月。主要用于畜牧管理、动物营养、饲料、牛奶质量控制、市场、营销、奶农合作组织和乳品工艺等的技术援助和咨询活动。

5. 经济改革与课题研究全面展开，分别为

课题一：奶业体系研究。中方执行单位为中国农业大学；欧方合作者为荷兰瓦格宁根农业大学。

课题二：奶业的成人教育与培训。中方执行单位为中国农业大学；欧方合作者为荷兰瓦格宁根农业大学。

课题三：奶业市场的调研。中方执行单位为哈尔滨工业大学；欧方合作者为欧盟奶类项目技术援助专家组。

课题四：畜群繁殖率研究。中方执行单位为中国农科院畜牧研究所；欧方合作者为英国利物浦大学。

课题五：饲料质量与开发的研究。中方执行单位为中国农业大学；欧方合作者为英国利兹大学。

课题六：奶牛乳房炎防治的研究。中方执行单位为中国农科院兰州中兽医研究所；欧方合作者为英国利物浦大学。

课题七：中国奶业战略研究。中方执行单位为中国农村经济研究中心；欧方合作者为欧盟奶类项目技术援助专家组。

课题八：WTO 与中国奶业的研究。中方执行单位为中国农业科学院农业经济研究所；欧方合作者为 FAO。

（五）中国- EU 水牛开发项目

中欧双方协商确定，在实施中国- EU 奶业食品加工业技术及商务合作的同时，单独立项实施

“水牛开发项目”，并于1996年5月在北京签订协议，于1997年正式实施；2003年7月结束。根据协议规定，EU在项目执行期间，将向项目地区提供278.7万欧元的财政技术援助。中方投入相当于232.5万欧元人民币配套资金，共计511.2万欧元，用于资助EU技术专家、培训和采购各种仪器设备，中方的配套资金大部分用于基本建设项目。

项目的地区为：云南省的省畜牧局、水漕河农场、德宏州、陇川县、盈江县；广西壮族自治区的水牛研究所种公牛站、畜禽品种改良站、水牛研究所技术培训中心；广东省的南海市和汕头市。

本项目的主要成果如下：

1. 牛群改良与种畜交流

云南省：项目区共进行了水牛人工授精1 278头。为了保证冻改的顺利进行，项目对本地公牛进行了去势工作，共去势成年公牛377头，另外还从广西水牛研究所购进6头摩拉种公牛。为今后的改良工作打下基础。

广西壮族自治区：水牛研究所基存栏水牛363头。繁殖犊牛123头，育成110头；推广种牛89头，其中云南10头、广东27头、广西40头、贵州12头。

广东省：共引进种畜95头水牛。分别投放在良种繁育场和农户中饲养。

2. 设备采购

完成了育种设备、加工设备、分析化验设备、运输车辆的采购，并逐步投入使用。

3. 培训工作

云南省共举办94期培训班，培训5 581人次，包括业务管理人员、技术人员和养牛农民。广西共举办4期，对102名专业技术人员进行了培训，再由这些人员下乡到现场对农民进行实地培训。另外，水牛所通过项目派出1名专业人员赴欧洲参加培训。广东省共举办2期，培训专业人员150人次。

4. 土建工作

主要是场区建设和青贮、灌溉设施的改善等。

5. 草场改良与牧草种植

云南省项目区的陇川县和水漕河农场人工播种牧草319.09公顷，并继续扩大和推广。广西水牛研究所改良草地36.35公顷，并采用了喷灌技术，单产、总产都达到历史最高水平。

6. 信贷发放工作

7. 技术援助工作，主要是欧盟技术专家组按照计划分别到云南、广西、广东项目区进行咨询、观察和指导。

三、20世纪末我国奶业发展的里程碑——中国奶业发展战略研究的策划与实践

1989年间，我国专家组与欧共体专家组密切合作，在深入调查研究并借鉴国外先进经验的基础上，完成了《中国奶业发展战略研究》（以下简称《战略研究》）的撰写工作。1990年3月29日，农业部将该《战略研究》批转各地“作为‘菜篮子’工程奶业发展部分制订实施方案的重要依

据，根据各地的情况逐步组织实施”。当年9月将研究报告及有关资料汇集成册（约74万字）由湖北科学技术出版社出版发行。在党中央、国务院的正确领导下，乘改革开放的东风通过各级政府和广大干部群众的艰苦努力，我国奶业进一步得到长足发展，这项研究成果基本上得到实现。实践证明，这项战略研究根据科学分析拟定我国奶业中长期发展战略方针、目标、区域布局、结构调整和政策性建议等是正确的，符合我国国情，符合国民经济发展和人民生活改善的要求，符合奶业经济发展的客观规律，对之后奶业的继续发展是具有前瞻性和指导意义的。

（一）经过反复论证提出的我国奶业的发展目标在20世纪末如期基本实现

1989年全国奶产量为435.8万吨，人均占有量3.7千克。根据需要与可能，20世纪末全国人均占有奶量究竟能够达到多少？当时《战略研究》课题组设想了3个方案，即6千克、8千克和10千克。经过反复论证，认为以人均占8千克为宜。遂在《战略研究》“提要”内明确提出：“经过现状和历史发展趋势的审议之后，建议2000年的奶产量目标应定为人均奶的占有量8千克，为1988年的2.1倍。”2000年全国奶类总产量达到919.1万吨，人均占有奶量7.3千克，总产量相当于原规划指标的89.8%，人均占有量相当于原规划指标的91.3%。说明《战略研究》所提出的规划指标是比较符合实际的。所达到的水平略低于8千克的主要原因是：20世纪90年代前期，粮食价格放开后，原料奶收购价和巴氏消毒奶销售价仍然实行严格的政府管制，许多地方又取消了80年代所实行的扶持奶业发展的优惠政策，这种“一头活，一头死”的价格扭曲，挫伤了奶农的积极性，影响了奶业的发展；山羊奶业不振与水牛奶未能发展起来，对计划的圆满实现也不无影响。

《战略研究》所提出的远期规划目标是，预计2030年全国奶类总产量达到4 030万吨，人均占有奶量25千克。这一规划目标已经被农业部和国家计委所采纳，列入我国奶业中长期发展规划之中。

（二）《战略研究》关于奶业区域布局调整论证意见得到实施，并被实践所肯定

《战略研究》提出：“发展中国奶业要从实际出发，因地制宜，分类指导。在区域布局上，除继续抓好城郊奶牛圈的巩固提高，适当向外发展外，要实现战略转移，重点抓好农村奶牛带的发展，大力开发和建设农村奶源基地。”这一战略方针得到各地比较普遍认同并付诸实施，取得了积极的成果。例如，河北省冀中奶牛带，1988年16个县及石家庄市，存栏奶牛11 054头，总产奶量27 700吨；2000年奶牛存栏6.5万头，全年收购牛奶17.6万吨。乳及乳制品产量达到7.4万吨，其中配方奶粉产量为4.5万吨。

在奶源基地建设和畜种结构的调整方面，不无遗憾的是，《战略研究》中设想的开发水牛奶业、奶山羊基地建设及其新产品的开发等，由于缺乏进一步研究和具体措施而未能在面上得到很好的落实。

（三）奶业所有制结构的调整和演进结果已达到《战略研究》的预期

《战略研究》提出，“80年代以来，中国奶业发展坚持以国营为骨干，实行国家、集体、个体三者一起上，形成多种所有制并存的格局，这是符合中国国情的重要经济方针”。由于中国人多地

少，饲料资源分散，经济基础薄弱，奶牛饲养业在相当长时期内，还必须依靠千家万户饲养。并强调“做好产前产后社会化服务，同时，积极提倡奶牛饲养户在真正自愿互利的基础上组织起来，建立奶牛业经济联合体（合作社），实行生产、加工、销售一体化经营。也可以多种所有制联合，建立经济实体，以加快奶业发展，繁荣奶业经济”。贯彻实行多种所有制并存，并以户养奶牛为主（包括私有及家庭承包经营）的方针和目标已基本如期实现。据1997年北京、天津、河北、黑龙江等25个省、市、自治区的统计，个体饲养的奶牛头数已占存栏奶牛总头数的76.86%。同时，一大批奶牛专业户（其规模在几十至上百头、数百头不等）应运而生，随着挤奶机械化的逐步开展，适度规模饲养小区的经验也在推广之中，实行“公司＋基地＋农户”，在产前、产中、产后综合服务搞得比较好的地方，龙头企业与奶农之间的关系，逐步由松散联合向紧密联合具有经济共同体性质的联合过渡，效益较好，优势突出。

（四）乳制品结构的调整初见成效，市场上乳制品丰富多彩

《战略研究》阐明：“提高奶品质量，增加花色品种，以满足人民对奶制品多样化的需求，也是奶业发展战略的重要目标之一。”12年间我国在这方面取得了显著的进展：

第一，市售液态奶产销量迅速增加。1996年市售液态奶产量为51.9万吨（1996年以前无统计数字），2000年约为150万吨，4年增长189%，平均年增长率为47.3%。不仅取消了牛奶凭证限量供应，而且花色品种繁多，档次提高。

第二，在液态奶中，巴氏消毒奶（杀菌奶）约占60%，超高温灭菌奶（灭菌奶）约占22%，酸奶约占18%。

第三，干乳制品产量，1989年为28.7万吨，2000年增至82.9万吨，为1989年的2.89倍。1989年，市场上的奶粉品种单调，几乎是清一色的全脂加糖奶粉。12年中，适应人体不同需要的具有保健功能的配方奶粉得到较快发展。在奶粉产品中，加糖奶粉约占35%，全脂奶粉约占15%，婴儿配方奶粉约占20%，其他奶粉（脱脂奶粉、学生奶粉、中老年奶粉、糖尿病人用奶粉等）约占30%。

第四，乳制品质量有了提高。据国家质量技术监督局于2000年下半年分别在北京、武汉、济南、郑州、沈阳、哈尔滨等10个城市的31家经销商店抽样，共抽查了45家企业的45种强化奶粉样品，结果显示，大型企业生产的奶粉各项指标全部合格。不过中小企业的产品还存在较多问题，此次抽查的38家中小型企业的产品，均有至少一项达不到产品执行标准或产品包装明示保质期的要求。

（五）《战略研究》所提出关于发展奶业的政策性建议，受到广泛重视，被政府和有关部门、企业单位等所采纳

1. “把奶业作为重点支持和发展的产业，认真落实国务院颁布的产业政策要点和‘菜篮子工程’实施方案。”

在城市“菜篮子工程”，七个字（肉、禽、蛋、奶、鱼、菜、果）中，奶及奶制品的生产供应，在许多大城市是作为重点项目来抓的。1997年国务院将奶业列为重点鼓励发展的产业；1998年，

国务院批准实施的《中国营养改善行动》又把奶业放在重要地位；农业部在农业和农村经济结构调整中，将奶业作为突出发展的产业；2000 年 8 月，农业部等 8 部委联合发布《关于“学生饮用奶计划”的通知》，并相继颁布了《国家“学生饮用奶计划”暂行管理办法》，在农业部等 8 部委列出的 151 家重点扶持的农业产业化龙头企业名单中，有 13 家奶业企业。

美中不足的是，有些重要战略措施未能很好落实。“在作物布局中，将饲草饲料作物生产统筹加以安排”这一战略举措，在大部分地区停留在一般号召上。玉米按照饲料或青贮饲料的要求选择饲用玉米品种、栽培技术及加工贮存方式者不多；按照奶牛生产的需要种植足够的牧草者更少。

2. 采取有利于稳定奶业生产发展的价格政策及相应的措施

接受牛奶生产多次波动的教训，20 世纪 90 年代中期以后，各地奶价已经逐步放开：在乳制品市场繁荣，原料奶供应不足的新情况下，企业及奶农均收入不菲，生产积极性高涨。《战略研究》提出，为了把好原料奶质量关，今后需要切实贯彻“优质优价”政策。鲜奶收购要经过严格检验，实行按质论价制度，按质定等，优质优价，以鼓励奶农交好奶，杜绝掺假行为。“水牛奶和牦牛奶的脂肪、蛋白质和干物质含量均高于黑白花奶牛所产的奶，应当按质量标准提高收购价。”《战略研究》提出的与此相应的措施有：(1) 及早制定和颁布有关奶及奶制品的统一检验标准；(2) 建立国家一级乳品质量检测中心；(3) 制造供应乳品质量检验仪器设备。这些政策和措施已经逐步付诸实施。

3. “要把职业培训工作放在重要位置”

一些先进企业在这方面已有成效，使实用技术转化为生产力。

4. 其他一些建议

如“增加资金投入”、“在自力更生的基础上，继续争取外援和国际技术合作”，以及“加强行业管理”等建议，也受到重视和采纳。

《中国奶业发展战略研究》有它的前瞻性，也有其局限性；而在我国奶业现代化进程中，其承前启后的里程碑意义是昭著的。

（作者：农业部原畜牧兽医局局长）

1953—1989年中央农口机构设置回忆*

赵 明

一、中共中央农村工作部的建立与撤销（1953—1962）

1952年11月12日，中共中央决定省委以上建立农村工作部，指出：农村工作部是中共党委在领导农村工作方面的助手。它的任务是帮助党委掌握农村各项政策方针，而中心任务是组织与领导广大农民的互助合作运动，以便配合国家工业化的发展，逐步引导农民走向集体化的道路。并规定中共中央农村工作部的机构的具体设置。设五处一室：一处，主办有关国营农场的方针政策与发展规划事项；二处，主办有关农村互助合作运动事项；三处，主办有关农林牧渔各业和水利工作的方针政策事项；四处，主办供销合作、信用合作、手工业的方针政策事项；五处，主办乡村政建、负担、文化、教育、卫生、民兵等方针政策及其他不属于一、二、三、四处的事项；办公室，主办文电及机关事务。

1953年2月，中共中央农村工作部正式成立，邓子恢任部长（1952年11月—1962年11月）。副部长有陈伯达（1952年11月—1956年4月）、廖鲁言（常务，1952年11月—1962年11月）、陈正人（1955年1月—1959年9月）、王观澜（1955年1月—1962年11月兼机关党委书记）、刘建勋（1955年11月—1957年12月）。秘书长杜润生（1953年2月—1955年11月）、刘建勋（兼）（1955年11月—1957年12月）、陈正人（兼）（1958年1月—1959年9月）。副秘书长有陶桓馥（1953年2月—1962年11月）、王谦（1955—1957年）、李友九（1957年9月—1958年5月，1962年9月—1962年11月）。

中央农工部成立时，邓子恢向机关干部传达毛泽东主席指示：中央农村工作部的任务，在十年、十五年或更长时期内，配合国家工业化进展，并在工业化的帮助下，把4.7亿农民组织起来，通过互助合作，引导农民逐步走集体化道路。

此时中央又批准县和专区两级党委也设立生产合作部或农村工作部，作为党委的助手机构，负责农村战线的日常指导工作。

中共中央农村工作部成立时，其办事机构，基本按前述中央设想设置的。1954年各大区中央局撤销后，各大区农村工作部部分同志并入中共中央农村工作部。因而又成立了华北处、东北处、

---

* 根据《当代中国的农业合作制》、《中国农业合作史资料》、《邓子恢传》、《李友九回忆录》、《农村工作通讯五十年》等书刊资料和原农工部15位同志（刘汝洪、李国杰、窦志勇、张桂新、姜向生、秦宇奇、丁仪、何蔚华、王玉芝、张庭佑、张家骐、王立志、郭刚、罗贞治、赵明）的回忆，赵明整理。最后又经施铸英、裴润同志审改。此件发表后，又根据王立诚、孟庆楷等同志意见进行了修改。但可能还有记错之处，请知情者补充、指正。

本文收入内部报告《共和国农业史料征集与研究报告》第14集，2006年。

西北处、华东处、中南处、西南处。其中东北处又与西北处合并几个月为关外处。约在1955年冬，撤销了各地区处，其业务合并到各业务处。经过实践，各业务机构逐步调整如下：

一处，主办农牧业生产和国营农场的方针政策事项（后段国营农场业务转到五处）。处长，先后为许子威、张维城。副处长先后为赵达、乔备果、郑重。许、张调走后曾有一段时间与三处合署办公，由金少英牵头。后来赵、乔调走后郑重为处长。

二处，主办互助合作方针、政策事项。开始处长是李友九，副处长霍泛。约在1955年冬，各大区处有关互助合作业务及人员转入二处。这时干部达三、四十人。大二处处长由副秘书长王谦兼，副处长有李友九、霍泛、王录、裴润、张维城、宋惠。约在1956年冬机构精简，王谦、张维城、宋惠调出后处长为李友九，副处长霍泛、王录、裴润。后来李、霍外调，处长为王录，副处长为裴润、郝盛琦（约在1959年调出）。

三处，主办林、水、气各项方针政策事项。处长金少英，副处长闫濂甫。

四处，主办供销信用合作，渔业、手工业的方针政策事项。处长贺致平，副处长马一鸣、杨煜。贺、马调出后，杨煜为处长。

五处，主办农口干部工作、农业基层组织工作和不属于一、二、三、四处的事项。后期又将一处农垦（国营农场）事项转移到五处。处长李福祥，副处长姜英岩、武静安。李、姜、武调走后，马一鸣为处长，徐明清、仲星帆为副处长。马调出后，徐明清为处长、仲星帆为副处长。

计划财务处，只有副处长冯治国。

《农村工作通讯》，原是农工部为筹办一个内部刊物，报告毛泽东主席并请题写刊名，毛主席就题写了《农村工作通讯》。该刊于1956年5月20日公开出版。当时是由李友九、霍泛负责此事，李、霍调出后，由王录负责。当时二处设立编刊科，负责人是陈平、李林朴和后调来的刘咨周。部里由副部长刘建勋分管。1957年编刊科从二处分出，成立编辑室，主任郝中士、副主任史林琪、陈平。从1957年至1962年由农工部常务副部长廖鲁言审稿。

办公室，开始设立第一、二办公室。第一办公室，主办文电等事项。主任任雷远，副主任施铸英（兼机要室主任）、刘锡庚；第二办公室，主办机关事务。开始主任是丁武夫（兼管机关党委工作），副主任史占道。后来撤销二办专设机关党委，书记为王观澜，副书记为丁武夫，其他业务归办公室。任、刘、史调出后，杨煜为办公室主任，施铸英、赵璧为副主任，后来施也调走。

1962年11月5日，中央撤销了中央农村工作部，理由是十年没干一件好事。庙拆了菩萨就得搬走，邓子恢调任国家计委副主任。1981年3月9日中央办公厅转发了国家农委党组《关于邓子恢同志在农业集体化运动中几个历史问题的调查报告》，中央同意为邓子恢平反，与此相联系，对中央农村工作部工作的不正确批判也予以平反。

二、原中共中央农村工作部，也是中央人民政府财经委员会第四办公室、国务院第七办公室，以后又改为国务院农林办公室（1953—1969）

七办主任是邓子恢，副主任有廖鲁言、陈正人、杜润生、陶桓馥、王光伟、李登瀛。农工部的具体办事机构也就是七办的办事机构。

中央农工部撤销后，仍保留七办，并改名为国务院农林办公室（1962.11—1969）。主任为谭震林，副主任有廖鲁言、曹幼民、陶桓馥。副主任先后又增加了张修竹（后期常务副主任）、郝中士、梁步庭、杨煜。

农办的办事机构在延续原农工部处室业务基础上，加以调整和精简，最后形成以下单位：

农牧组：主办农牧业生产等方面的方针政策事项。组长郑重。

公社组：主办人民公社方面的方针政策事项。组长谢华，副组长裴润。谢调出后，组长为裴润，副组长王涵之、牛启年。

林业组：主办林业方面的方针政策事项。先是朱鹏负责，后调来组长王殿文。

水气组：主办水产、水利、气象方面的方针政策事项。先是朱祖武、蒋恩榜、张泮英等负责，后调来组长刘铭西。

农垦组：主办农垦（主要是国营农场）等方面的方针政策事项。组长徐明清，副组长仲星帆、王再泉。

科教组：主办农村科学技术方面的方针政策事项。组长吴学艺，副组长孔灿东。

编辑室：主办《农村工作通讯》刊物。先是农办副主任陈正人领导。后由张修竹副主任领导。1964年后由梁步庭副主任领导。1965年秋，编辑人员因大部分下乡搞四清而休刊。1966年准备复刊，并调来编辑室副主任叶石，但又因"文化大革命"开始而未成。

秘书组：主办文电及机关事务。组长耿华零，副组长赵璧。

机关党委：书记为王观澜，副书记先后为丁武夫、彭儒。丁外调后副书记为彭儒。

1964年又设立中共中央农林政治部。主任为秦化龙，副主任为江学斌、王振扬。秘书长谢华。

1969年4月，农林办公室、农林政治部全体同志及其家属，由农林口军代表带领到湖北省沙洋农林口五七干校劳动锻炼。

三、1970年后农口机构的设置与撤销（1970—1989）

1970年5月1日，国务院农林办公室、中共中央农林政治部、农业部、林业部、水产部、农垦部合并，成立农林部，农林口军代表沙风任部长，杨立功任副部长。1978年3月杨立功任部长，李友九、赵凡、肖鹏、罗玉川、郝中士、朱荣等也先后任副部长。王观澜任顾问组长，顾问有刘瑞龙等。

1979年2月17日至23日五届人大常委会六次会议决定，设立国家农业委员会；撤销农林部，设立农业部、林业部、农林机械部，将水利电力部分设为电力工业部和水利部。

1979年5月3日，中共中央、国务院发出《关于国家农业委员会的任务和机构的通知》。规定国家农委"是国务院指导农业的职能机构，它同时也办理中央委托的农村工作任务"，并"指导各省、市、自治区农业委员会或相应机构的工作"。国家农委主任为王任重，副主任有张平化、李瑞山、张秀山、杜润生、何康、赵辛初、陈国栋，常务副主任张平化。农委委员，除正副主任外还有朱则民。1981年万里为主任，副主任为杜润生、何康。国家农委办公厅主任谢华，副主任施铸英、金丰、杨坤泉、王胜。农委政策研究室主任裴润，副主任张余三，一组、二组、三组、四组……组长分别为刘堪、张云千、段应碧、黄道霞等。

1979年2月27日，国家农委副主任张平化、李瑞山指示《农村工作通讯》要复刊，并请农业部副部长李友九牵头筹备。农业部党组书记签发由李友九、陈平起草的复刊方案，上报国家农委。国家农委批复："经报华国锋同志审定，农委批准《农村工作通讯》复刊。请按所报方案，抓紧筹备……"于1979年10月《农村工作通讯》复刊。当时编辑部主任是杨蕉国，副主任陈平、武文。1980年陈平任《农村工作通讯》杂志社社长。

农业部部长霍士廉、副部长有李友九（1980年4月21日担任部党组副书记）、朱荣、肖鹏、郑重等。后霍外调，于1981年3月林乎加任部长。

1979年5月恢复农垦部。

1982年4月8日，国务院发出《关于成立农村发展研究中心的通知》。主任为杜润生，副主任有郑重、杨珏、武少文、吴象，顾问为张平化、张铁夫、石山，后来又增加张根生、朱厚泽为副主任。

1982年5月4日，五届人大常委会第二十三次会议决定：撤销农业委员会，将农业部、农垦部、国家水产总局合并，设立农牧渔业部。部长何康，副部长先后有朱荣、肖鹏、刘锡庚、王常柏等，李友九为顾问。

农委撤销后中央书记处设立农村政策研究室。1988年2月27日中共中央决定，将中央书记处农村政策研究室改为中共中央农村政策研究室。主任杜润生，副主任有谢华、刘堪、翁永曦（很快调出）。后又增加王郁昭为副主任。

党的十一届三中全会以后，农口（农委、农研室）继承了中央农村工作部的优良传统，经常下到基层与农民促膝谈心，做深入的调查研究。每年都召开全国农村工作会议，以足够的时间，上下共同总结广大农民、农村工作干部创造的好经验，共同探讨解决存在问题的措施，然后加以概括和提高，形成了中央的5个一号文件和1个五号文件，指导着全国农村改革的健康进行，促进着农村经济全面地、持续地发展。因而受到邓小平、陈云等中央领导人的称赞。

1988年4月9日，七届人大一次会议决定将农牧渔业部改称农业部。

1989年7月28日，中共中央决定撤销中央财经领导小组、中央政治体制改革办公室、中央农村政策研究室，成立中央政策研究室。

大约在1989年8月，国务院撤销国务院农村发展研究中心。

（作者：农业部原人民公社局局长）